この本の特長と使い方

問題回数ギガ増しドリル!

算数　国語　理科　社会　英語　1年間で学習する内容が，この1冊でたっぷり学べます。

キリトリ式プリ

1回分を1枚ずつ切りとって使え
学習しやすく，達成感も得られ

マルつけはスマホでサクッと!

その場でサクッと，赤字解答入り誌面が見られます。

くわしくはp.2へ

もう1回チャレンジできる!

裏面には，表面と同じ問題を掲載。
解きなおしや復習がしっかりできます。

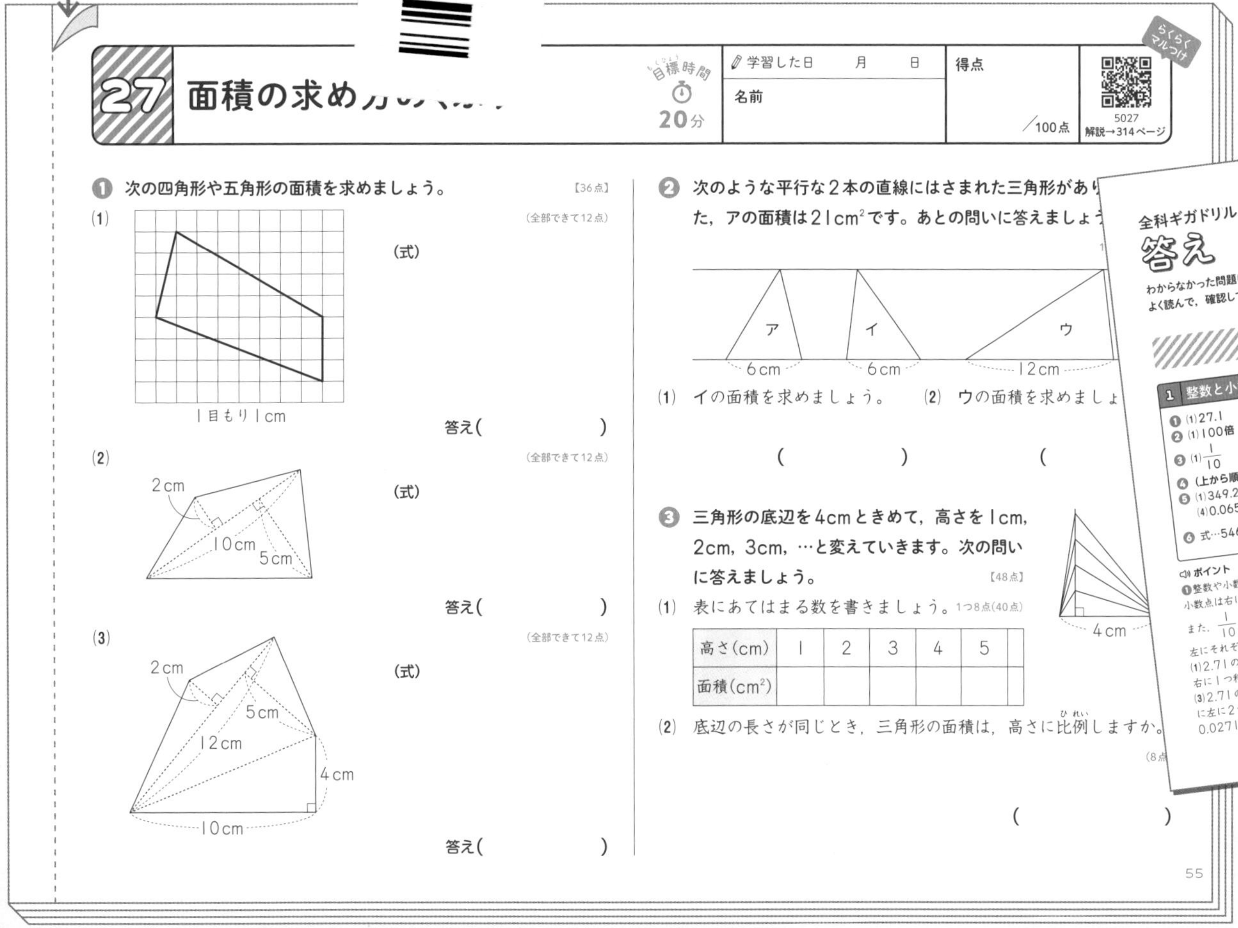

27 面積の求め方のくふう

目標時間 20分　学習した日 月 日　名前　得点 ／100点　らくらくマルつけ　5027 解説→314ページ

❶ 次の四角形や五角形の面積を求めましょう。【36点】

(1)（全部できて12点）

1目もり1cm

(式)

答え(　　　)

(2)（全部できて12点）

2cm　10cm　5cm

(式)

答え(　　　)

(3)（全部できて12点）

2cm　5cm　12cm　4cm　10cm

(式)

答え(　　　)

❷ 次のような平行な2本の直線にはさまれた三角形があります。また，アの面積は$21cm^2$です。あとの問いに答えましょう。1つ8点【16点】

ア　イ　ウ　6cm　6cm　12cm

(1) イの面積を求めましょう。　(2) ウの面積を求めましょう。

(　　　)　(　　　)

❸ 三角形の底辺を4cmときめて，高さを1cm，2cm，3cm，…と変えていきます。次の問いに答えましょう。【48点】

4cm

(1) 表にあてはまる数を書きましょう。1つ8点(40点)

高さ(cm)	1	2	3	4	5	
面積(cm^2)						

(2) 底辺の長さが同じとき，三角形の面積は，高さに比例《ひれい》しますか。(8点)

(　　　)

55

裏面

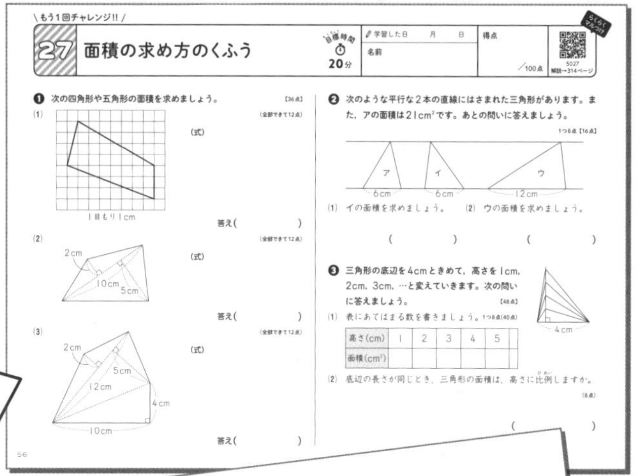

＼もう1回チャレンジ!! ／

27 面積の求め方のくふう

目標時間 20分　学習した日 月 日　名前　得点 ／100点　らくらくマルつけ　5027 解説→314ページ

❶ 次の四角形や五角形の面積を求めましょう。【36点】

(1)（全部できて12点）　1目もり1cm　(式)　答え(　　　)

(2)（全部できて12点）　2cm　10cm　5cm　(式)　答え(　　　)

(3)（全部できて12点）　2cm　5cm　12cm　4cm　10cm　(式)　答え(　　　)

❷ 次のような平行な2本の直線にはさまれた三角形があります。また，アの面積は$21cm^2$です。あとの問いに答えましょう。1つ8点【16点】

ア　イ　ウ　6cm　6cm　12cm

(1) イの面積を求めましょう。　(2) ウの面積を求めましょう。

(　　　)　(　　　)

❸ 三角形の底辺を4cmときめて，高さを1cm，2cm，3cm，…と変えていきます。次の問いに答えましょう。【48点】

4cm

(1) 表にあてはまる数を書きましょう。1つ8点(40点)

高さ(cm)	1	2	3	4	5	
面積(cm^2)						

(2) 底辺の長さが同じとき，三角形の面積は，高さに比例《ひれい》しますか。(8点)

(　　　)

56

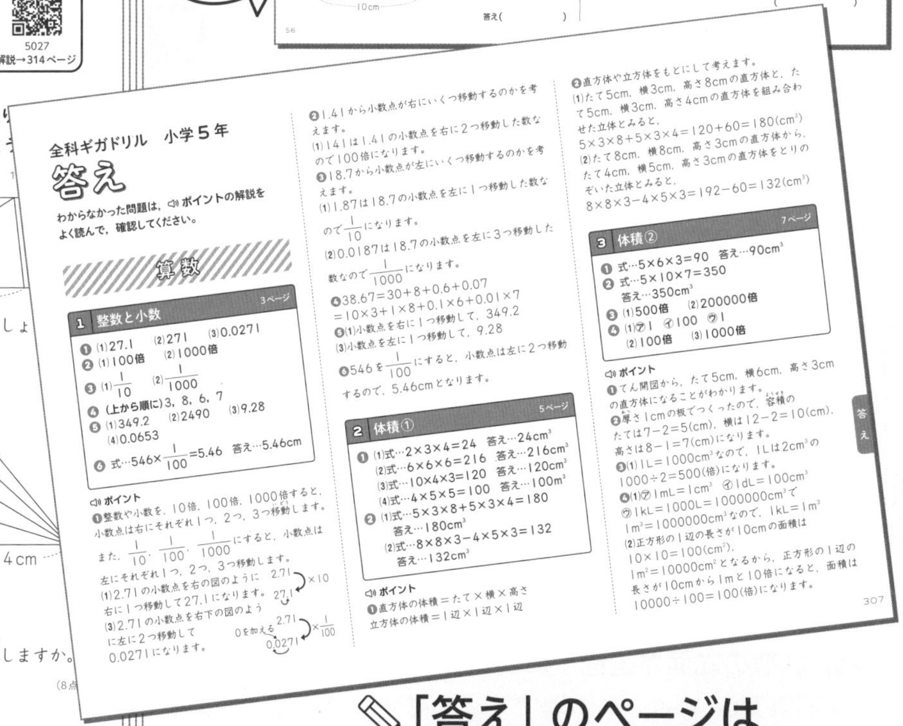

全科ギガドリル　小学5年

答え

わからなかった問題は，ポイントの解説をよく読んで，確認してください。

算数

1 整数と小数　3ページ

❶ (1)27.1　(2)271　(3)0.0271
❷ (1)100倍　(2)1000倍
❸ (1)$\frac{1}{10}$　(2)$\frac{1}{1000}$
❹ (上から順に)3，8，6，7
❺ (1)349.2　(2)2490　(3)9.28
(4)0.0653
❻ 式…$546\times\frac{1}{100}=5.46$　答え…5.46cm

ポイント

❶整数や小数を，10倍，100倍，1000倍すると，小数点は右にそれぞれ1つ，2つ，3つ移動《どう》します。
また，$\frac{1}{10}$，$\frac{1}{100}$，$\frac{1}{1000}$にすると，小数点は左にそれぞれ1つ，2つ，3つ移動します。
(1)2.71の小数点を右の図のように右に1つ移動して27.1になります。
(3)2.71の小数点を右下の図のように左に2つ移動して0.0271になります。

2.71 ×10 27.1
2.71 ×$\frac{1}{100}$ 0を加える 0.0271

❷1.41から小数点が右にいくつ移動するのかを考えます。
(1)141は1.41の小数点を右に2つ移動した数なので100倍になります。
❸18.7から小数点が左にいくつ移動するのかを考えます。
(1)1.87は18.7の小数点を左に1つ移動した数なので$\frac{1}{10}$になります。
(2)0.0187は18.7の小数点を左に3つ移動した数なので$\frac{1}{1000}$になります。
❹$38.67=30+8+0.6+0.07$
$=10\times3+1\times8+0.1\times6+0.01\times7$
❺(1)小数点を右に1つ移動して，349.2
(3)小数点を左に1つ移動して，9.28
❻546を$\frac{1}{100}$にすると，小数点は左に2つ移動するので，5.46cmとなります。

2 体積①　5ページ

❶ (1)式…$2\times3\times4=24$　答え…$24cm^3$
(2)式…$6\times6\times6=216$　答え…$216cm^3$
(3)式…$10\times4\times3=120$　答え…$120cm^3$
(4)式…$4\times5\times5=100$　答え…$100m^3$
❷ (1)式…$5\times3\times8+5\times3\times4=180$
答え…$180cm^3$
(2)式…$8\times8\times3-4\times5\times3=132$
答え…$132cm^3$

ポイント

❶直方体の体積＝たて×横×高さ
立方体の体積＝1辺×1辺×1辺
❷直方体や立方体をもとにして考えます。
(1)たて5cm，横3cm，高さ8cmの直方体と，たて5cm，横3cm，高さ4cmの直方体を組み合わせた立体とみると，
$5\times3\times8+5\times3\times4=120+60=180(cm^3)$
(2)たて8cm，横8cm，高さ3cmの直方体から，たて4cm，横5cm，高さ3cmの直方体をとりのぞいた立体とみると，
$8\times8\times3-4\times5\times3=192-60=132(cm^3)$

3 体積②　7ページ

❶ 式…$5\times6\times3=90$　答え…$90cm^3$
❷ 式…$5\times10\times7=350$
答え…$350cm^3$
❸ (1)500倍　(2)200000倍
❹ (1)㋐1　㋑100　㋒1
(2)100倍　(3)1000倍

ポイント

❶てん開図から，たて5cm，横6cm，高さ3cmの直方体になることがわかります。
❷厚《あつ》さ1cmの板でつくったので，容積《ようせき》のたては$7-2=5(cm)$，横は$12-2=10(cm)$，高さは$8-1=7(cm)$になります。
❸(1)$1L=1000cm^3$なので，1Lは$2cm^3$の$1000\div2=500$(倍)になります。
❹(1)㋐$1mL=1cm^3$　㋑$1dL=100cm^3$
㋒$1kL=1000L=1000000cm^3$で$1m^3=1000000cm^3$なので，$1kL=1m^3$
(2)正方形の1辺の長さが10cmの面積は$10\times10=100(cm^2)$，$1m^2=10000cm^2$となるから，正方形の1辺の長さが10cmから1mと10倍になると，面積は$10000\div100=100$(倍)になります。

307

答え

「答え」のページはていねいな解説つき!

解き方がわかるポイントがついています。

スマホでサクッと！
らくらくマルつけシステム

「答え」のページを
見なくても！
その場でスピーディーに！

10 ものがある場所を伝えよう
目標《もくひょう》時間《じかん》 20分
学習した日　月　日
名前
得点
／100点
らくらくマルつけ
5058
解説→324ページ
❶ 音声を聞いて，絵と合う英語を選び，記号を○で囲《かこ》みましょう。
1つ8点【16点】
英語音声はこちらから！
♪5-10
(1)
(2)
【ア　イ　ウ】
【ア　イ　ウ】
❷ 音声を聞いて，読まれた英語が絵と合っていれば○，ちがっていれば×を書きましょう。
1つ12点【48点】
(1)（　　）(2)（　　）(3)（　　）(4)（　　）
❸ 音声を聞いて，読まれた質問《しつもん》に対して，次の絵と合う答えの文になるように，にあてはまる英語をあとからそれぞれ選んで
英文を完成させましょう。
(1)
It's
(それは箱の中にいます)
(2)
It's
the book.
❹ 音声を聞いて，
ましょう。また
(のりはどこにあ
英語

らくらくマルつけ
学習した日　月　日
名前
得点
目標《もくひょう》時間《じかん》 20分
／100点
5058
解説→324ページ
❸ 音声を聞いて，読まれた質問《しつもん》に対して，次の絵と合う答えの文になるように，にあてはまる英語をあとからそれぞれ選んで書き，英文を完成させましょう。
1つ12点【24点】
(1)
It's in the box.
(それは箱の中にいます)
(2)
It's on the book.
(それは本の上にあります)
by　in　on　under
❹ 音声を聞いて，にあてはまる英語をあとから2語選び，書きましょう。また，他の文字もなぞりましょう。
【12点】
Where is the glue?
(のりはどこにありますか)
Who　is　Where　am
117
英語

●問題ページ右上のQRコードを，お手持ちのスマートフォンやタブレットで読みとってください。そのページの解答が印字された状態の誌面が画面上に表示されるので，「答え」のページを確認しなくても，その場ですばやくマルつけができます。

●くわしい解説が必要な場合は，「答え」のページのポイントをご確認ください。

英語音声も スマホでらくらく！

以下の３通りの方法で，カンタンに再生することができます。

① スマートフォン・タブレットで手軽に再生！

誌面のQRコードをスマートフォンなどで読みとり，表示されるURLにアクセスすると，メニュー画面が表示されます。▶ボタンで再生を開始してください。

② 無料リスニングアプリで便利に再生！

無料アプリ「シグマプレーヤー２」でも聞くことができます。音声を「はやい」「ふつう」「ゆっくり」の３段階の速度にできます。

SigmaPlayer2
リスニングアプリ（音声再生用）
SigmaPlayer2
無料アプリで文英堂の参考書・問題集の音声を聞くことができます。音声の速度を３段階に調整できます。
App Store，Google Playで「シグマプレーヤー」を検索！
●通信料は別途必要です。動作環境は弊社ホームページをご覧ください。●App StoreはApple Inc.のサービスマークです。●Google PlayはGoogle LLCの商標です。

③ パソコンでも再生できる！

文英堂Webサイトから，MP3ファイルを一括ダウンロードすれば，スマートフォンやタブレットがなくても，パソコンで音声を聞くことができます。
文英堂Webサイト　www.bun-eido.co.jp

●音声および「らくらくマルつけシステム」は無料でご利用いただけますが，通信料金はお客様のご負担となります。●すべての機器での動作を保証するものではありません。●やむを得ずサービス内容に予告なく変更が生じる場合があります。●QRコードは㈱デンソーウェーブの登録商標です。

1 整数と小数

目標《もくひょう》時間 20分

✎ 学習した日　　月　　日

名前

得点

／100点

5001
解説→307ページ

らくらくマルつけ

1 **2.71という数について，次の問いに答えましょう。** 1つ6点【18点】

(1) 10倍した数はなんですか。

(　　　　　)

(2) 100倍した数はなんですか。

(　　　　　)

(3) $\frac{1}{100}$にした数はなんですか。

(　　　　　)

2 **次の数は，1.41を何倍した数ですか。** 1つ7点【14点】

(1) 141　　(2) 1410

(　　　　　)　　(　　　　　)

3 **次の数は，18.7の何分の1の数ですか。** 1つ7点【14点】

(1) 1.87　　(2) 0.0187

(　　　　　)　　(　　　　　)

4 **次の文の(　)にあてはまる数を答えましょう。** 【全部できて14点】

38.67は10を(　　　)こ，1を(　　　)こ，0.1を(　　　)こ，0.01を(　　　)こ集めた数です。

5 **次の計算をしましょう。** 1つ6点【24点】

(1) 34.92×10＝

(2) 24.9×100＝

(3) 92.8÷10＝

(4) 65.3÷1000＝

6 **高さが546cmの木を，$\frac{1}{100}$の大きさにしたもけいをつくります。もけいの高さは何cmになりますか。** 【全部できて16点】

(式)

答え(　　　　　)

＼もう１回チャレンジ!! ／

らくらくマルつけ

1 整数と小数

目標《もくひょう》時間 20分

学習した日　　月　　日

名前

得点　　／100点

5001 解説→307ページ

❶ 2.71 という数について，次の問いに答えましょう。 1つ6点【18点】

(1) 10倍した数はなんですか。

(　　　　　　)

(2) 100倍した数はなんですか。

(　　　　　　)

(3) $\frac{1}{100}$ にした数はなんですか。

(　　　　　　)

❷ 次の数は，1.41 を何倍した数ですか。 1つ7点【14点】

(1) 141　(　　　　　　)

(2) 1410　(　　　　　　)

❸ 次の数は，18.7 の何分の 1 の数ですか。 1つ7点【14点】

(1) 1.87　(　　　　　　)

(2) 0.0187　(　　　　　　)

❹ 次の文の(　)にあてはまる数を答えましょう。 【全部できて14点】

38.67は10を(　　　)こ，1を(　　　)こ，0.1を(　　　)こ，0.01を(　　　)こ集めた数です。

❺ 次の計算をしましょう。 1つ6点【24点】

(1) $34.92 \times 10 =$

(2) $24.9 \times 100 =$

(3) $92.8 \div 10 =$

(4) $65.3 \div 1000 =$

❻ 高さが546cmの木を，$\frac{1}{100}$ の大きさにしたもけいをつくります。もけいの高さは何cmになりますか。 【全部できて16点】

(式)

答え(　　　　　　)

2 体積 ①

目標《もくひょう》時間 20分

学習した日　　月　　日	得点	5002
名前	／100点	解説→307ページ

らくらくマルつけ

算数

1 次の直方体や立方体の体積を求めましょう。 【60点】

(1)

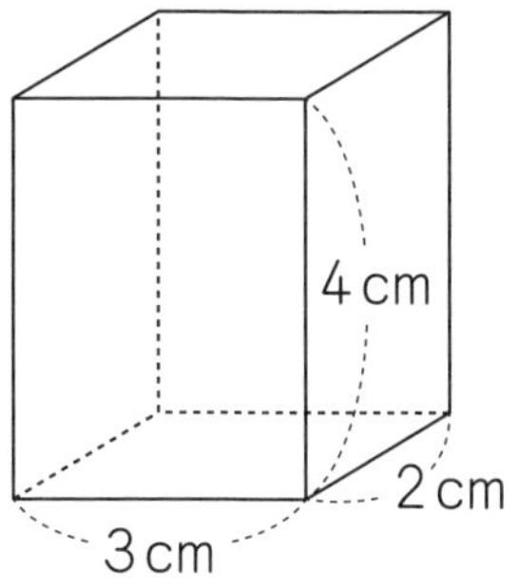

（全部できて15点）

（式）

答え（　　　　　　　　）

(2)

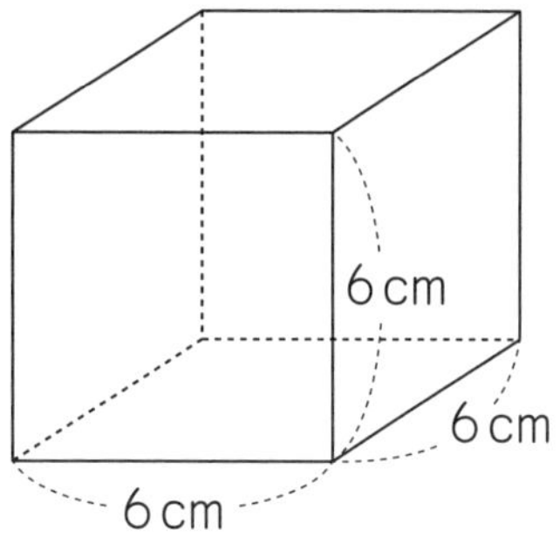

（全部できて15点）

（式）

答え（　　　　　　　　）

(3)

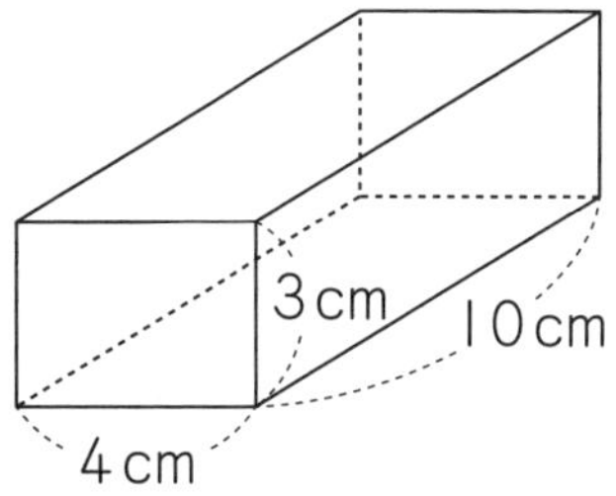

（全部できて15点）

（式）

答え（　　　　　　　　）

(4)

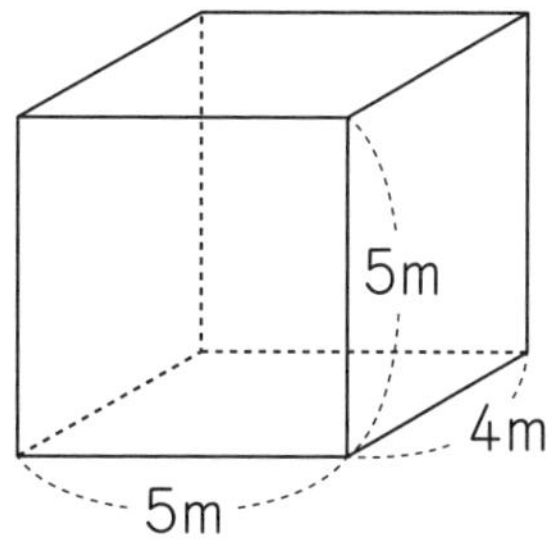

（全部できて15点）

（式）

答え（　　　　　　　　）

2 次のような，直方体を組み合わせた立体の体積を求めましょう。

【40点】

(1)

（全部できて20点）

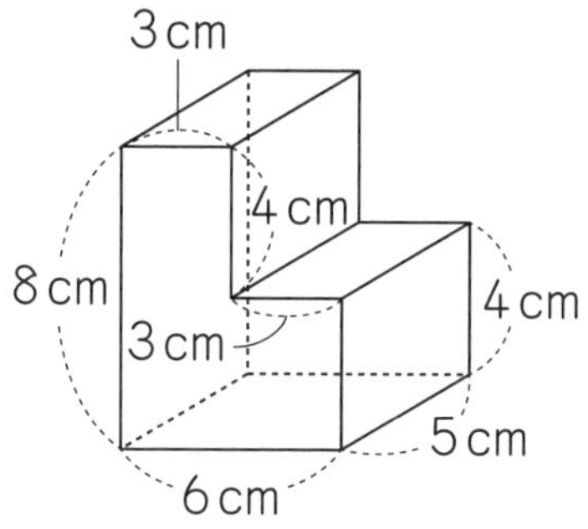

（式）

答え（　　　　　　　　）

(2)

（全部できて20点）

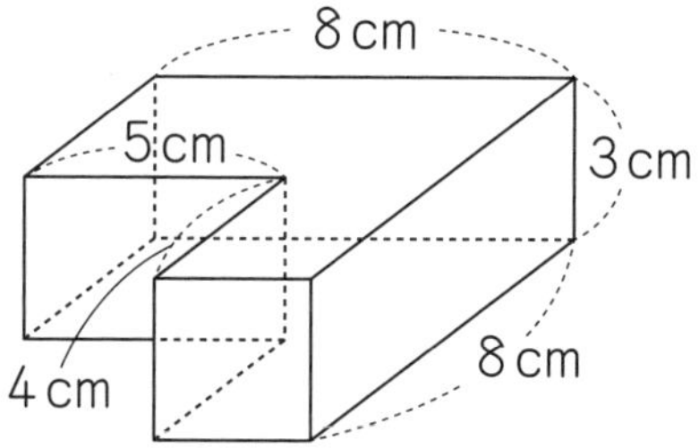

（式）

答え（　　　　　　　　）

2 体積 ①

目標《もくひょう》時間 20分

学習した日　　月　　日

名前

得点　　／100点

らくらくマルつけ

5002
解説→307ページ

❶ 次の直方体や立方体の体積を求めましょう。 【60点】

(1)

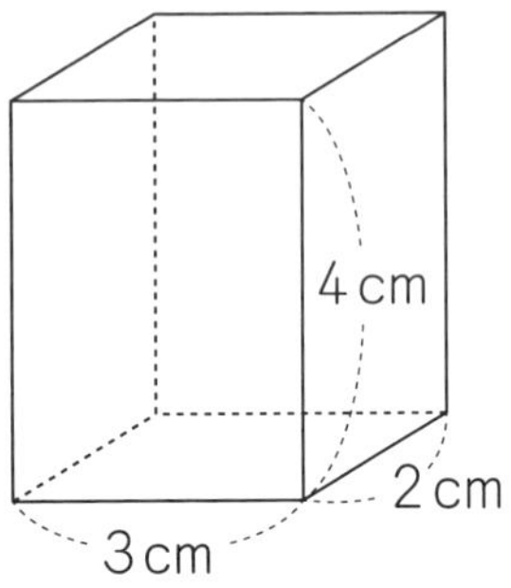

（全部できて15点）

（式）

答え（　　　　　　　　　　）

(2)

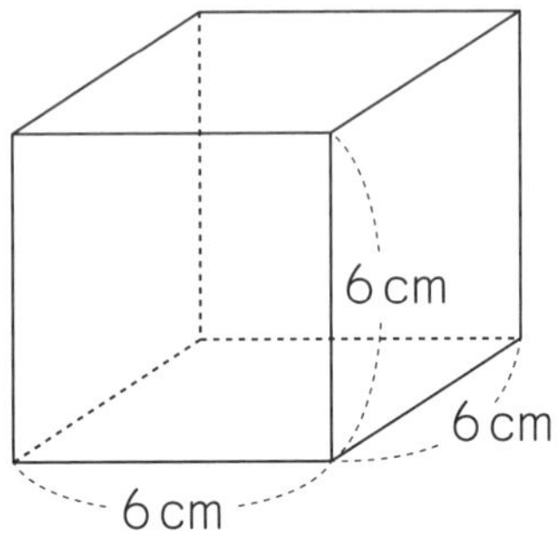

（全部できて15点）

（式）

答え（　　　　　　　　　　）

(3)

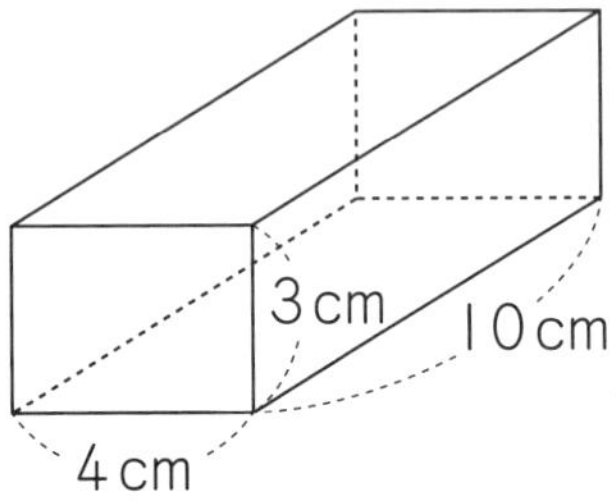

（全部できて15点）

（式）

答え（　　　　　　　　　　）

(4)

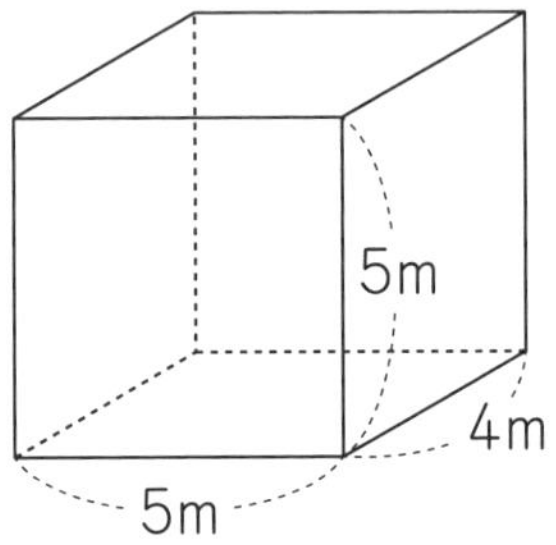

（全部できて15点）

（式）

答え（　　　　　　　　　　）

❷ 次のような，直方体を組み合わせた立体の体積を求めましょう。

【40点】

(1)

（全部できて20点）

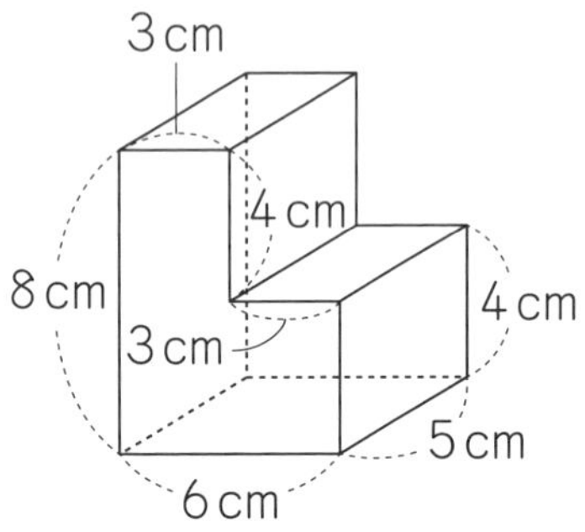

（式）

答え（　　　　　　　　　　）

(2)

（全部できて20点）

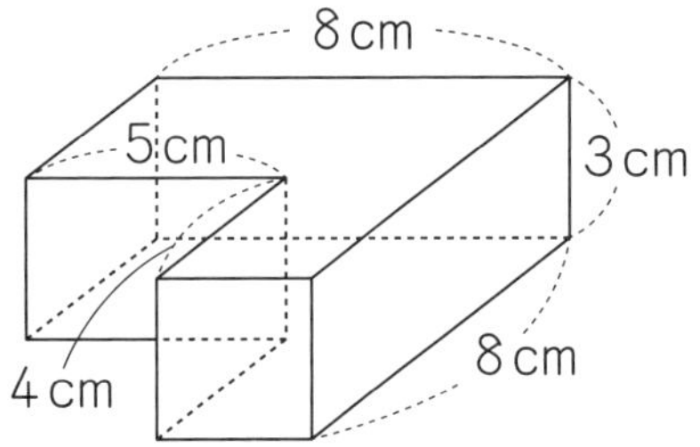

（式）

答え（　　　　　　　　　　）

3 体積②

目標時間《もくひょう》 20分

学習した日　　月　　日

名前

得点　　／100点

らくらくマルつけ

5003

解説→307ページ

1 次の図は，直方体のてん開図です。この直方体の体積は何 cm^3 ですか。　【全部できて25点】

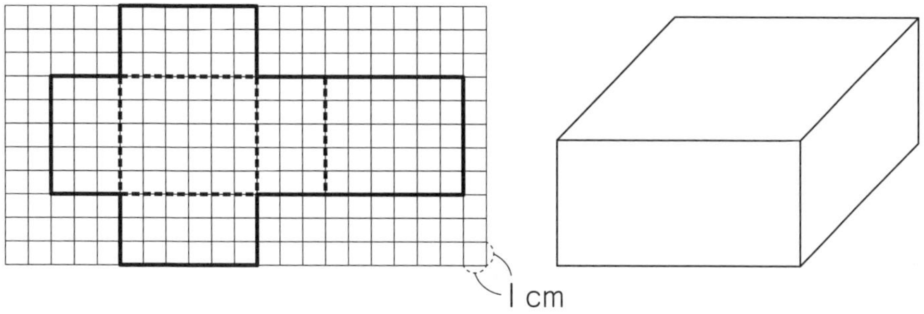

(式)

答え(　　　　　　)

2 厚《あつ》さ1cmの板で，次のような直方体の入れ物をつくりました。この入れ物の容積《ようせき》は何 cm^3 ですか。　【全部できて30点】

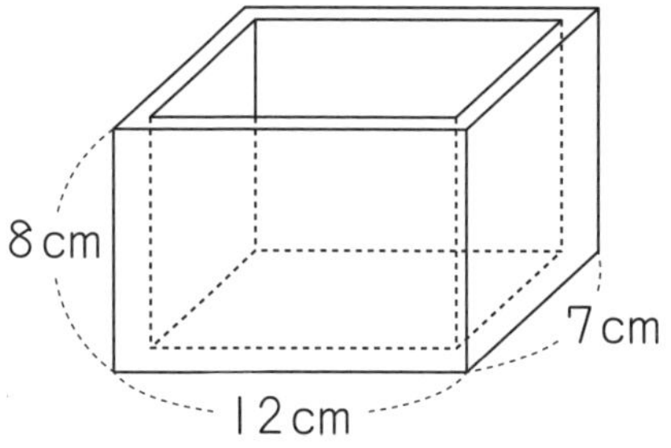

(式)

答え(　　　　　　)

3 次の問いに答えましょう。　1つ10点【20点】

(1) 1Lは $2cm^3$ の何倍ですか。

(　　　　　　)

(2) $1m^3$ は $5cm^3$ の何倍ですか。

(　　　　　　)

4 次の表について，あとの問いに答えましょう。　【25点】

1辺の長さ	1cm	−	10cm	1m
正方形の面積	$1cm^2$	−	$100cm^2$	$1m^2$
立方体の体積	$1cm^3$ ㋐mL	㋑cm^3 1dL	$1000cm^3$ 1L	$1m^3$ ㋒kL

(1) ㋐，㋑，㋒にあてはまる数を書きましょう。　1つ5点(15点)

㋐(　　　　)　㋑(　　　　)　㋒(　　　　)

(2) 正方形の1辺の長さが10cmから1mと10倍になると，面積は何倍になりますか。　(5点)

(　　　　　　)

(3) 立方体の1辺の長さが10cmから1mと10倍になると，体積は何倍になりますか。　(5点)

(　　　　　　)

＼もう1回チャレンジ!!／

3 体積 ②

目標《もくひょう》時間 20分

学習した日　　月　　日

名前

得点

／100点

5003
解説→307ページ

らくらくマルつけ

1 次の図は，直方体のてん開図です。この直方体の体積は何cm^3ですか。 【全部できて25点】

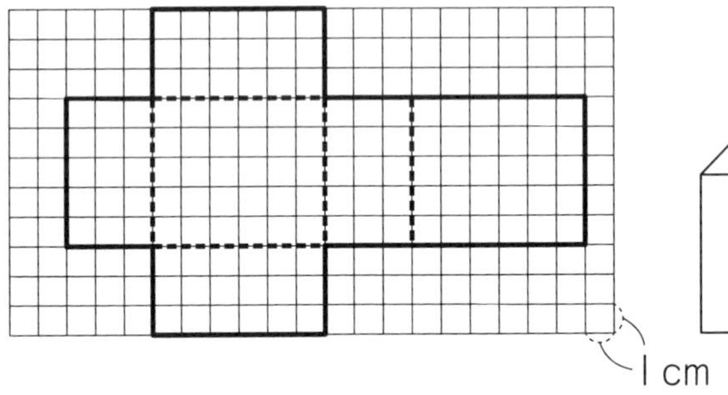

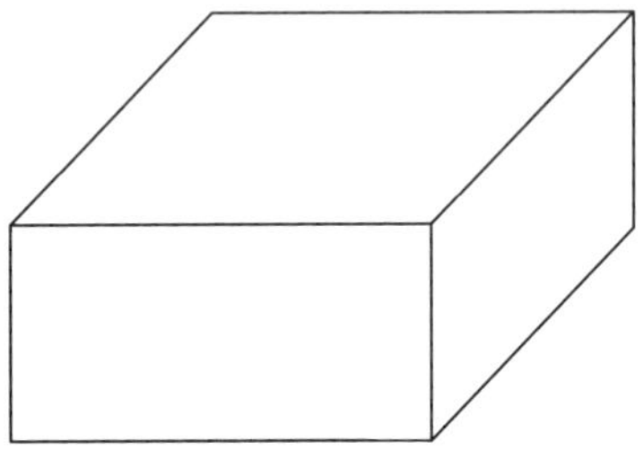

（式）

答え（　　　　　）

2 厚《あつ》さ1cmの板で，次のような直方体の入れ物をつくりました。この入れ物の容積《ようせき》は何cm^3ですか。 【全部できて30点】

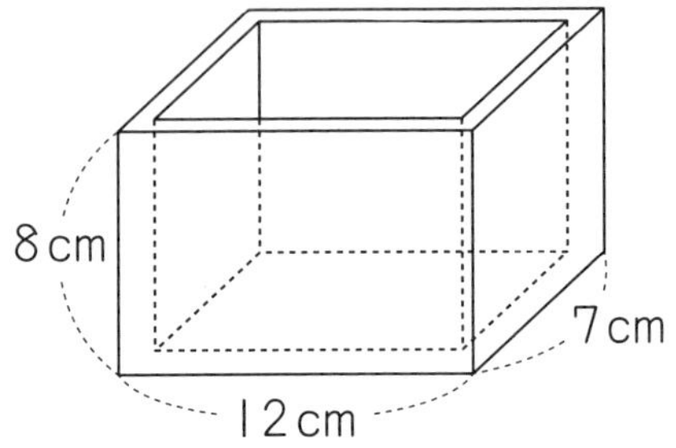

（式）

答え（　　　　　）

3 次の問いに答えましょう。 1つ10点【20点】

(1) 1Lは2cm^3の何倍ですか。

（　　　　　）

(2) 1m^3は5cm^3の何倍ですか。

（　　　　　）

4 次の表について，あとの問いに答えましょう。 【25点】

1辺の長さ	1cm	－	10cm	1m
正方形の面積	1cm^2	－	100cm^2	1m^2
立方体の体積	1cm^3 ㋐mL	㋑cm^3 1dL	1000cm^3 1L	1m^3 ㋒kL

(1) ㋐，㋑，㋒にあてはまる数を書きましょう。 1つ5点(15点)

㋐（　　　　）　㋑（　　　　）　㋒（　　　　）

(2) 正方形の1辺の長さが10cmから1mと10倍になると，面積は何倍になりますか。 (5点)

（　　　　　）

(3) 立方体の1辺の長さが10cmから1mと10倍になると，体積は何倍になりますか。 (5点)

（　　　　　）

4 比例《ひれい》

目標《もくひょう》時間 20分

学習した日　月　日	得点
名前	／100点

5004
解説→308ページ

らくらくマルつけ

算数

1 **1mで9gのはりがねについて，次の問いに答えましょう。** 【48点】

(1) はりがねの長さと重さの関係について次の表にまとめます。表にあてはまる数を書きましょう。 1つ3点(15点)

長さ(m)	1	2	3	4	5	6	
重さ(g)	9						

(2) はりがねの重さは，長さに比例《ひれい》しますか。 (11点)

(　　　　　　　)

(3) はりがねの長さが9mのときの重さは何gですか。 (全部できて11点)

(式)

答え(　　　　　　　)

(4) はりがねの長さが20mのときの重さは何gですか。 (全部できて11点)

(式)

答え(　　　　　　　)

2 **次の図のように，1辺が2cmの正方形を横に1つずつならべます。** 【52点】

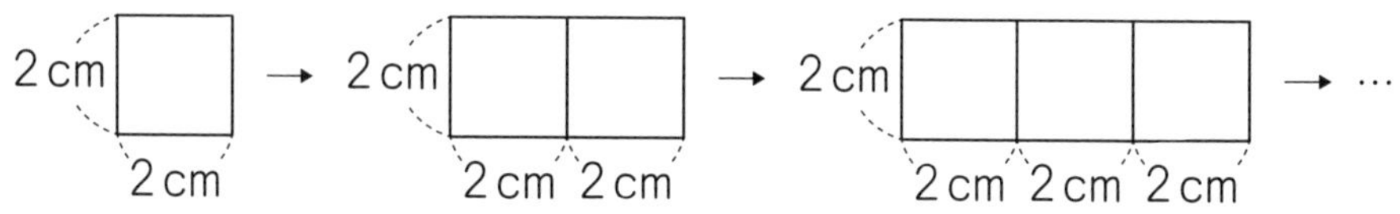

(1) 正方形の数と周りの長さについて次の表にまとめます。表にあてはまる数を書きましょう。 1つ4点(16点)

正方形の数(個)	1	2	3	4	5	6	
周りの長さ(cm)	8	12					

(2) 周りの長さは，正方形の数に比例しますか。 (10点)

(　　　　　　　)

(3) 正方形の数と面積について次の表にまとめます。表にあてはまる数を書きましょう。 1つ4点(16点)

正方形の数(個)	1	2	3	4	5	6	
面積(cm^2)	4	8					

(4) 面積は，正方形の数に比例しますか。 (10点)

(　　　　　　　)

＼もう１回チャレンジ!! ／

4 比例《ひれい》

目標《もくひょう》時間 20分

学習した日　　月　　日

名前

得点　　／100点

5004
解説→308ページ

らくらくマルつけ

❶ Ｉmで9gのはりがねについて，次の問いに答えましょう。【48点】

(1) はりがねの長さと重さの関係について次の表にまとめます。表にあてはまる数を書きましょう。 1つ3点(15点)

長さ(m)	Ｉ	2	3	4	5	6	
重さ(g)	9						

(2) はりがねの重さは，長さに比例《ひれい》しますか。 (11点)

(　　　　　　)

(3) はりがねの長さが9mのときの重さは何gですか。 (全部できて11点)

(式)

答え(　　　　　　)

(4) はりがねの長さが20mのときの重さは何gですか。 (全部できて11点)

(式)

答え(　　　　　　)

❷ 次の図のように，Ｉ辺が2cmの正方形を横にＩつずつならべます。【52点】

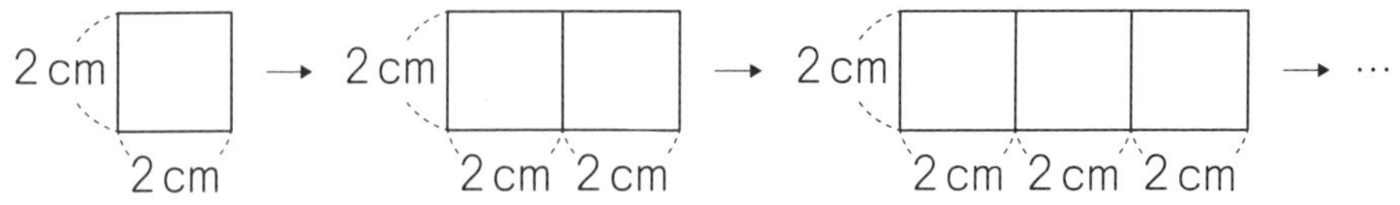

(1) 正方形の数と周りの長さについて次の表にまとめます。表にあてはまる数を書きましょう。 1つ4点(16点)

正方形の数(個)	Ｉ	2	3	4	5	6	
周りの長さ(cm)	8	Ｉ2					

(2) 周りの長さは，正方形の数に比例しますか。 (10点)

(　　　　　　)

(3) 正方形の数と面積について次の表にまとめます。表にあてはまる数を書きましょう。 1つ4点(16点)

正方形の数(個)	Ｉ	2	3	4	5	6	
面積(cm^2)	4	8					

(4) 面積は，正方形の数に比例しますか。 (10点)

(　　　　　　)

5 小数のかけ算①

目標《もくひょう》時間 20分

学習した日　月　日

名前

得点　／100点

らくらくマルつけ

5005

解説→308ページ

1 次の計算をしましょう。　1つ8点【32点】

(1) 60×1.7＝

(2) 400×4.2＝

(3) 20×1.5＝

(4) 700×3.1＝

2 次の計算をしましょう。　1つ8点【32点】

(1) 800×0.06＝

(2) 20×0.07＝

(3) 50×0.24＝

(4) 350×0.18＝

3 次のかけ算の式について，あとの問いに答えましょう。　1つ8点【24点】

ア　18×0.4　　イ　18×1

ウ　18×1.7　　エ　18×3

オ　18×0.7　　カ　18×2.1

(1) 積が18より大きくなる式をすべて選び，記号で答えましょう。

(　　　　　)

(2) 積が18と等しくなる式を選び，記号で答えましょう。

(　　　)

(3) 積が18より小さくなる式をすべて選び，記号で答えましょう。

(　　　　　)

4 1mのねだんが400円の布があり，この布を2.4m買いました。2.4mの代金はいくらですか。　【全部できて12点】

(式)

答え(　　　　　)

＼もう1回チャレンジ!! ／

5 小数のかけ算①

目《もく》標《ひょう》時間 20分

学習した日　　月　　日

名前

得点

／100点

5005
解説→308ページ

らくらくマルつけ

❶ 次の計算をしましょう。 1つ8点【32点】

(1) 60×1.7＝

(2) 400×4.2＝

(3) 20×1.5＝

(4) 700×3.1＝

❷ 次の計算をしましょう。 1つ8点【32点】

(1) 800×0.06＝

(2) 20×0.07＝

(3) 50×0.24＝

(4) 350×0.18＝

❸ 次のかけ算の式について，あとの問いに答えましょう。 1つ8点【24点】

ア　18×0.4　　イ　18×1

ウ　18×1.7　　エ　18×3

オ　18×0.7　　カ　18×2.1

(1) 積が18より大きくなる式をすべて選び，記号で答えましょう。

(　　　　　)

(2) 積が18と等しくなる式を選び，記号で答えましょう。

(　　　)

(3) 積が18より小さくなる式をすべて選び，記号で答えましょう。

(　　　　　)

❹ 1mのねだんが400円の布があり，この布を2.4m買いました。2.4mの代金はいくらですか。 【全部できて12点】

(式)

答え(　　　　　)

6 小数のかけ算 ②

目標《もくひょう》時間 20分

学習した日　月　日

名前

得点　／100点

らくらくマルつけ

5006

解説→308ページ

1 次の計算をしましょう。　1つ7点【28点】

(1) $0.6 \times 0.4 =$

(2) $1.3 \times 0.5 =$

(3) $1.7 \times 0.03 =$

(4) $6.7 \times 5.3 =$

2 次の筆算をしましょう。　1つ7点【28点】

(1)
$$\begin{array}{r} 0.46 \\ \times \quad 2.3 \\ \hline \end{array}$$

(2)
$$\begin{array}{r} 3.9 \\ \times \quad 6.8 \\ \hline \end{array}$$

(3)
$$\begin{array}{r} 5.7 \\ \times \quad 7.2 \\ \hline \end{array}$$

(4)
$$\begin{array}{r} 9.8 \\ \times \quad 8.7 \\ \hline \end{array}$$

3 次の筆算をしましょう。　1つ7点【28点】

(1)
$$\begin{array}{r} 5.13 \\ \times \quad 2.1 \\ \hline \end{array}$$

(2)
$$\begin{array}{r} 3.58 \\ \times \quad 4.7 \\ \hline \end{array}$$

(3)
$$\begin{array}{r} 18.9 \\ \times \quad 6.9 \\ \hline \end{array}$$

(4)
$$\begin{array}{r} 2.47 \\ \times \quad 0.83 \\ \hline \end{array}$$

4 1mの重さが1.7kgのパイプがあります。次の問いに答えましょう。　【16点】

(1) このパイプ0.4mの重さは何kgですか。　(全部できて8点)

(式)

答え(　　　　　　)

(2) このパイプ2.1mの重さは何kgですか。　(全部できて8点)

(式)

答え(　　　　　　)

＼もう1回チャレンジ!!／

らくらくマルつけ

6 小数のかけ算②

目標《もくひょう》時間 20分

学習した日　　月　　日

名前

得点　　／100点

5006
解説→308ページ

❶ 次の計算をしましょう。 1つ7点【28点】

(1) 0.6×0.4＝

(2) 1.3×0.5＝

(3) 1.7×0.03＝

(4) 6.7×5.3＝

❷ 次の筆算をしましょう。 1つ7点【28点】

(1)
$$\begin{array}{r} 0.46 \\ \times \quad 2.3 \\ \hline \end{array}$$

(2)
$$\begin{array}{r} 3.9 \\ \times \quad 6.8 \\ \hline \end{array}$$

(3)
$$\begin{array}{r} 5.7 \\ \times \quad 7.2 \\ \hline \end{array}$$

(4)
$$\begin{array}{r} 9.8 \\ \times \quad 8.7 \\ \hline \end{array}$$

❸ 次の筆算をしましょう。 1つ7点【28点】

(1)
$$\begin{array}{r} 5.13 \\ \times \quad 2.1 \\ \hline \end{array}$$

(2)
$$\begin{array}{r} 3.58 \\ \times \quad 4.7 \\ \hline \end{array}$$

(3)
$$\begin{array}{r} 18.9 \\ \times \quad 6.9 \\ \hline \end{array}$$

(4)
$$\begin{array}{r} 2.47 \\ \times \quad 0.83 \\ \hline \end{array}$$

❹ 1mの重さが1.7kgのパイプがあります。次の問いに答えましょう。 【16点】

(1) このパイプ0.4mの重さは何kgですか。 (全部できて8点)

(式)

答え(　　　　　　)

(2) このパイプ2.1mの重さは何kgですか。 (全部できて8点)

(式)

答え(　　　　　　)

7 小数のかけ算③

目標《もくひょう》時間 20分

学習した日　　月　　日

名前

得点　　／100点

らくらくマルつけ

5007
解説→308ページ

算数

1 次の計算をしましょう。　1つ6点【24点】

(1) 3.4×1.5＝

(2) 1.6×0.75＝

(3) 0.25×9.6＝

(4) 4.4×2.5＝

2 次の筆算をしましょう。　1つ7点【28点】

(1)
　　0.3 7
× 0.2 4

(2)
　　0.1 9
× 0.3 8

(3)
　　0.3 5
× 0.4 2

(4)
　　0.7 5
×　　6.4

3 計算のきまりを使って，くふうして計算しましょう。　1つ8点【48点】

(1) 0.5×5.9×0.2＝

(2) 0.83×2.5×0.4＝

(3) 0.8×7.5＋1.2×7.5＝

(4) 1.21×5.1−0.21×5.1＝

(5) 17.2×3＝

(6) 98×0.12＝

\ もう1回チャレンジ!! /

7 小数のかけ算③

目標《もくひょう》時間 20分

✎学習した日　　月　　日

名前

得点　　／100点

5007
解説→308ページ

らくらくマルつけ

❶ 次の計算をしましょう。 1つ6点【24点】

(1) 3.4×1.5＝

(2) 1.6×0.75＝

(3) 0.25×9.6＝

(4) 4.4×2.5＝

❷ 次の筆算をしましょう。 1つ7点【28点】

(1)
$$\begin{array}{r} 0.37 \\ \times\ 0.24 \\ \hline \end{array}$$

(2)
$$\begin{array}{r} 0.19 \\ \times\ 0.38 \\ \hline \end{array}$$

(3)
$$\begin{array}{r} 0.35 \\ \times\ 0.42 \\ \hline \end{array}$$

(4)
$$\begin{array}{r} 0.75 \\ \times\ 6.4 \\ \hline \end{array}$$

❸ 計算のきまりを使って，くふうして計算しましょう。 1つ8点【48点】

(1) 0.5×5.9×0.2＝

(2) 0.83×2.5×0.4＝

(3) 0.8×7.5＋1.2×7.5＝

(4) 1.21×5.1－0.21×5.1＝

(5) 17.2×3＝

(6) 98×0.12＝

8 小数のわり算 ①

目標《もくひょう》時間 20分

学習した日　　月　　日

名前

得点　　／100点

らくらくマルつけ

5008
解説→309ページ

❶ 次の計算をしましょう。 1つ8点【32点】

(1) 51÷1.7＝

(2) 124÷3.1＝

(3) 680÷3.4＝

(4) 360÷1.5＝

❷ 次の計算をしましょう。 1つ8点【32点】

(1) 35÷0.7＝

(2) 320÷0.4＝

(3) 45÷0.15＝

(4) 55÷0.25＝

❸ 次のわり算の式について，あとの問いに答えましょう。 1つ8点【24点】

ア　72÷0.3　　イ　72÷1.8

ウ　72÷1　　エ　72÷0.6

オ　72÷4.5　　カ　72÷12

(1) 商が72より小さくなる式をすべて選び，記号で答えましょう。

(　　　　)

(2) 商が72と等しくなる式を選び，記号で答えましょう。

(　　　　)

(3) 商が72より大きくなる式をすべて選び，記号で答えましょう。

(　　　　)

❹ 1.8mで144円のテープを買いました。このテープ1m分のねだんはいくらですか。 【全部できて12点】

(式)

答え(　　　　)

8 小数のわり算①

目標《もくひょう》時間 20分

学習した日　　月　　日

名前

得点　／100点

らくらくマルつけ

5008
解説→309ページ

❶ 次の計算をしましょう。 1つ8点【32点】

(1) 51÷1.7＝

(2) 124÷3.1＝

(3) 680÷3.4＝

(4) 360÷1.5＝

❷ 次の計算をしましょう。 1つ8点【32点】

(1) 35÷0.7＝

(2) 320÷0.4＝

(3) 45÷0.15＝

(4) 55÷0.25＝

❸ 次のわり算の式について，あとの問いに答えましょう。 1つ8点【24点】

ア　72÷0.3　　イ　72÷1.8

ウ　72÷1　　エ　72÷0.6

オ　72÷4.5　　カ　72÷12

(1) 商が72より小さくなる式をすべて選び，記号で答えましょう。

（　　　　　）

(2) 商が72と等しくなる式を選び，記号で答えましょう。

（　　　）

(3) 商が72より大きくなる式をすべて選び，記号で答えましょう。

（　　　　　）

❹ 1.8mで144円のテープを買いました。このテープ1m分のねだんはいくらですか。 【全部できて12点】

(式)

答え（　　　　　）

9 小数のわり算②

目標《もくひょう》時間 20分

学習した日　　月　　日	得点	5009
名前	／100点	解説→309ページ

らくらくマルつけ

❶ 次の計算をしましょう。 1つ7点【28点】

(1) 8.5÷1.7＝　　(2) 9.2÷2.3＝

(3) 0.3÷0.075＝　　(4) 5.04÷7.2＝

❷ 次の筆算をしましょう。 1つ7点【28点】

(1) $5.6\overline{)\,7.84}$

(2) $0.4\overline{)\,6.28}$

(3) $0.45\overline{)\,3.6}$

(4) $3.6\overline{)\,1.08}$

❸ 次の計算をわり切れるまでしましょう。 1つ7点【14点】

(1) 4.5÷2.5＝　　(2) 0.7÷0.28＝

❹ 次の筆算をしましょう。 1つ7点【14点】

(1) $7.2\overline{)\,10.8}$

(2) $2.5\overline{)\,3}$

❺ 面積0.7m^2の重さが1.75kgの鉄の板があります。次の問いに答えましょう。 【16点】

(1) この板が1m^2のときの重さは何kgですか。 (全部できて8点)

(式)

答え(　　　　　)

(2) この板が1kgのときの面積は何m^2ですか。 (全部できて8点)

(式)

答え(　　　　　)

\ もう1回チャレンジ!! /

9 小数のわり算②

目標《もくひょう》時間 20分

学習した日　月　日

名前

得点　／100点

らくらくマルつけ

5009
解説→309ページ

❶ 次の計算をしましょう。　1つ7点【28点】

(1) 8.5÷1.7＝

(2) 9.2÷2.3＝

(3) 0.3÷0.075＝

(4) 5.04÷7.2＝

❷ 次の筆算をしましょう。　1つ7点【28点】

(1) 5.6) 7.8 4

(2) 0.4) 6.2 8

(3) 0.45) 3.6

(4) 3.6) 1.0 8

❸ 次の計算をわり切れるまでしましょう。　1つ7点【14点】

(1) 4.5÷2.5＝

(2) 0.7÷0.28＝

❹ 次の筆算をしましょう。　1つ7点【14点】

(1) 7.2) 1 0.8

(2) 2.5) 3

❺ 面積0.7m^2の重さが1.75kgの鉄の板があります。次の問いに答えましょう。　【16点】

(1) この板が1m^2のときの重さは何kgですか。　(全部できて8点)

(式)

答え(　　　　)

(2) この板が1kgのときの面積は何m^2ですか。　(全部できて8点)

(式)

答え(　　　　)

10 小数のわり算③

目標《もくひょう》時間 20分

学習した日　　月　　日

名前

得点　　／100点

らくらくマルつけ

5010
解説→309ページ

1 次のわり算の商を一の位まで求めて，余《あま》りも出しましょう。

1つ16点【32点】

(1) $18.6 \div 2.4 =$

(2) $22.5 \div 3.7 =$

(　　　　　　)　(　　　　　　)

2 商を四捨五入して，$\frac{1}{10}$の位までの概数《がいすう》で表しましょう。

1つ16点【32点】

(1) $0.7 \overline{)\,1.32}$

(2) $0.9 \overline{)\,4}$

3 長さが17mの板を4.1mずつに切ります。板は何まいできて，何m余りますか。

【全部できて12点】

(式)

答え(　　　　　　)

4 3.9Lのジュースを1人に0.2Lずつ分けていきます。何人に配ることができて，何L余りますか。

【全部できて12点】

(式)

答え(　　　　　　)

5 0.3Lの塩の重さをはかったら，0.37kgありました。この塩1L分の重さは約何kgですか。四捨五入して，$\frac{1}{10}$の位までの概数で表しましょう。

【全部できて12点】

(式)

答え(　　　　　　)

10 小数のわり算③

目標《もくひょう》時間 20分

学習した日　　月　　日

名前

得点　　／100点

5010
解説→309ページ

らくらくマルつけ

❶ 次のわり算の商を一の位まで求めて，余《あま》りも出しましょう。

1つ16点【32点】

(1) 18.6÷2.4＝

(　　　　　)

(2) 22.5÷3.7＝

(　　　　　)

❷ 商を四捨五入して，$\frac{1}{10}$の位までの概数《がいすう》で表しましょう。

1つ16点【32点】

(1)

$0.7\overline{)\,1.3\ 2}$

(2)

$0.9\overline{)\,4}$

❸ 長さが17mの板を4.1mずつに切ります。板は何まいできて，何m余りますか。

【全部できて12点】

(式)

答え(　　　　　)

❹ 3.9Lのジュースを1人に0.2Lずつ分けていきます。何人に配ることができて，何L余りますか。

【全部できて12点】

(式)

答え(　　　　　)

❺ 0.3Lの塩の重さをはかったら，0.37kgありました。この塩1L分の重さは約何kgですか。四捨五入して，$\frac{1}{10}$の位までの概数で表しましょう。

【全部できて12点】

(式)

答え(　　　　　)

11 小数の倍

目《もく》標《ひょう》時間 20分

学習した日　　月　　日

名前

得点

／100点

らくらくマルつけ

5011

解説→310ページ

算数

❶ 次の数は1.2の何倍ですか。 1つ8点【32点】

(1) 3.6

(　　　　　　)

(2) 48

(　　　　　　)

(3) 0.84

(　　　　　　)

(4) 0.18

(　　　　　　)

❷ 1mあたりの重さが2.8kgのぼうがあります，ぼうが次の長さのときの重さは何kgになりますか。 1つ8点【32点】

(1) 4m

(　　　　　　)

(2) 0.6m

(　　　　　　)

(3) 2.5m

(　　　　　　)

(4) 7.1m

(　　　　　　)

❸ 青，赤，黄の3つのバケツがあります。それぞれのバケツに水を入れると，青のバケツは3L，赤のバケツは2.4L，黄のバケツは1.5L入ります。次の問いに答えましょう。 【27点】

(1) 青のバケツに入る水の量は赤のバケツに入る水の量の何倍ですか。

(全部できて9点)

(式)

答え(　　　　　　)

(2) 赤のバケツに入る水の量は黄のバケツに入る水の量の何倍ですか。

(全部できて9点)

(式)

答え(　　　　　　)

(3) 黄のバケツに入る水の量は青のバケツに入る水の量の何倍ですか。

(全部できて9点)

(式)

答え(　　　　　　)

❹ あるビルのかげの長さをはかると14.7mでした。これは，ビルの高さの0.7倍です。ビルの高さは何mですか。 【全部できて9点】

(式)

答え(　　　　　　)

＼もう1回チャレンジ!!／

11 小数の倍

目標《もくひょう》時間 20分

学習した日　　月　　日

名前

得点

／100点

5011
解説→310ページ

らくらくマルつけ

❶ 次の数は1.2の何倍ですか。 1つ8点【32点】

(1) 3.6

(　　　　　)

(2) 48

(　　　　　)

(3) 0.84

(　　　　　)

(4) 0.18

(　　　　　)

❷ 1mあたりの重さが2.8kgのぼうがあります，ぼうが次の長さのときの重さは何kgになりますか。 1つ8点【32点】

(1) 4m

(　　　　　)

(2) 0.6m

(　　　　　)

(3) 2.5m

(　　　　　)

(4) 7.1m

(　　　　　)

❸ 青，赤，黄の3つのバケツがあります。それぞれのバケツに水を入れると，青のバケツは3L，赤のバケツは2.4L，黄のバケツは1.5L入ります。次の問いに答えましょう。 【27点】

(1) 青のバケツに入る水の量は赤のバケツに入る水の量の何倍ですか。

(全部できて9点)

(式)

答え(　　　　　)

(2) 赤のバケツに入る水の量は黄のバケツに入る水の量の何倍ですか。

(全部できて9点)

(式)

答え(　　　　　)

(3) 黄のバケツに入る水の量は青のバケツに入る水の量の何倍ですか。

(全部できて9点)

(式)

答え(　　　　　)

❹ あるビルのかげの長さをはかると14.7mでした。これは，ビルの高さの0.7倍です。ビルの高さは何mですか。 【全部できて9点】

(式)

答え(　　　　　)

12 合同な図形①

目標《もくひょう》時間 20分

学習した日　月　日

名前

得点

／100点

らくらくマルつけ

5012

解説→310ページ

❶ 次のア〜エの三角形の中から，色をつけた三角形と合同な三角形を選び，記号で答えましょう。 【20点】

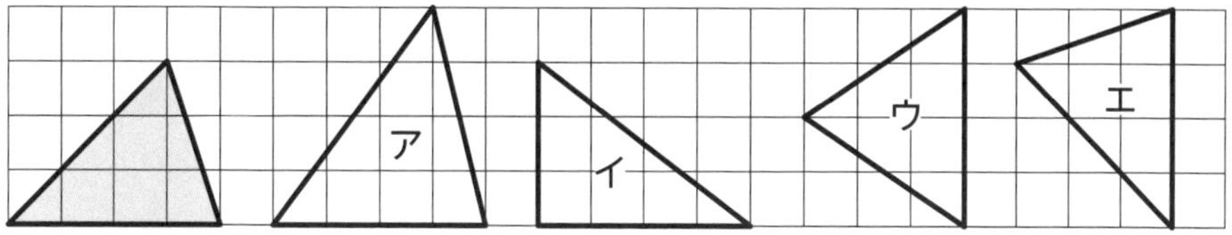

（　　　）

❷ 次のア〜エの四角形の中から，色をつけた四角形と合同な四角形を選び，記号で答えましょう。 【20点】

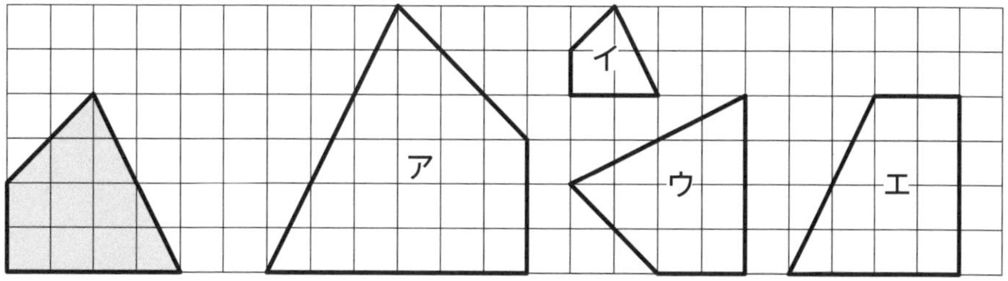

（　　　）

❸ 図の三角形ABCと三角形DEFは合同です。あとの問いに答えましょう。 1つ12点【60点】

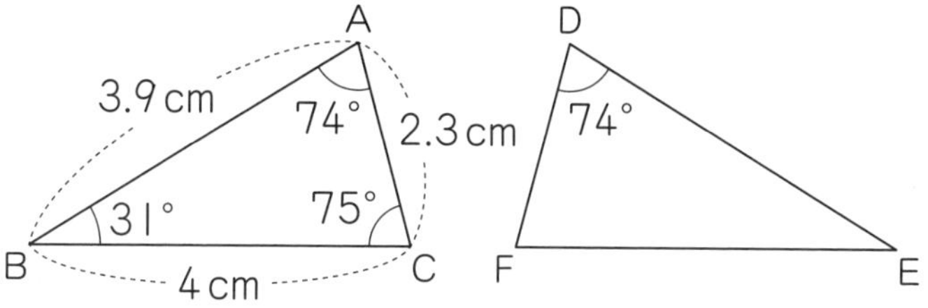

(1) 頂点《ちょうてん》Aに対応《たいおう》する頂点を答えましょう。

（　　　）

(2) 辺BCに対応する辺を答えましょう。

（　　　）

(3) 角Fに対応する角を答えましょう。

（　　　）

(4) 辺DFの長さは何cmですか。

（　　　）

(5) 角Eの大きさは何度ですか。

（　　　）

＼もう1回チャレンジ!!／

12 合同な図形①

目標《もくひょう》時間 20分

学習した日　　月　　日

名前

得点

／100点

5012
解説→310ページ

らくらくマルつけ

❶ 次のア～エの三角形の中から，色をつけた三角形と合同な三角形を選び，記号で答えましょう。【20点】

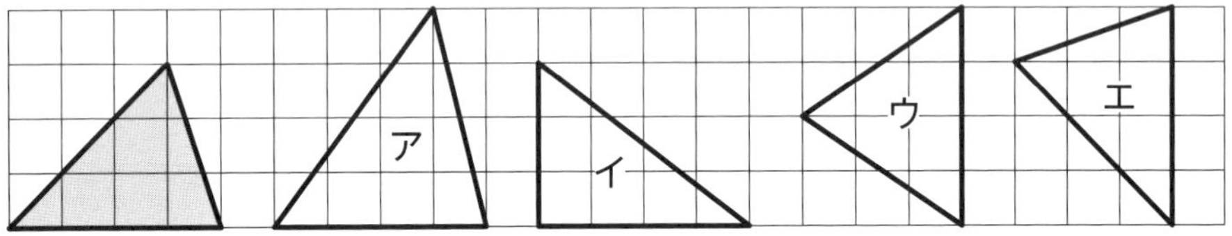

(　　　)

❷ 次のア～エの四角形の中から，色をつけた四角形と合同な四角形を選び，記号で答えましょう。【20点】

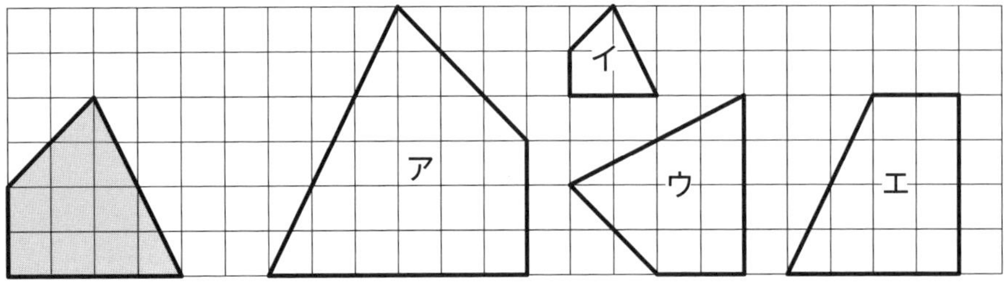

(　　　)

❸ 図の三角形ABCと三角形DEFは合同です。あとの問いに答えましょう。1つ12点【60点】

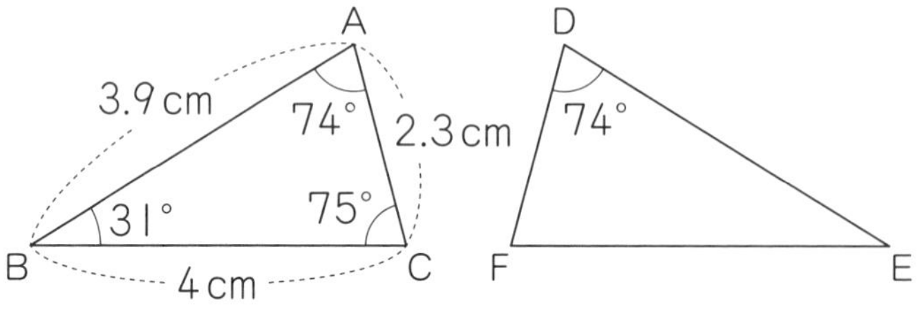

(1) 頂点《ちょうてん》Aに対応《たいおう》する頂点を答えましょう。

(　　　　　)

(2) 辺BCに対応する辺を答えましょう。

(　　　　　)

(3) 角Fに対応する角を答えましょう。

(　　　　　)

(4) 辺DFの長さは何cmですか。

(　　　　　)

(5) 角Eの大きさは何度ですか。

(　　　　　)

13 合同な図形 ②

目標《もくひょう》時間 20分

学習した日　　月　　日

名前

得点　　／100点

らくらくマルつけ

5013
解説→310ページ

1 左の三角形ABCと合同な三角形を，コンパスと定《じょう》規《ぎ》を使って，右にかきましょう。【25点】

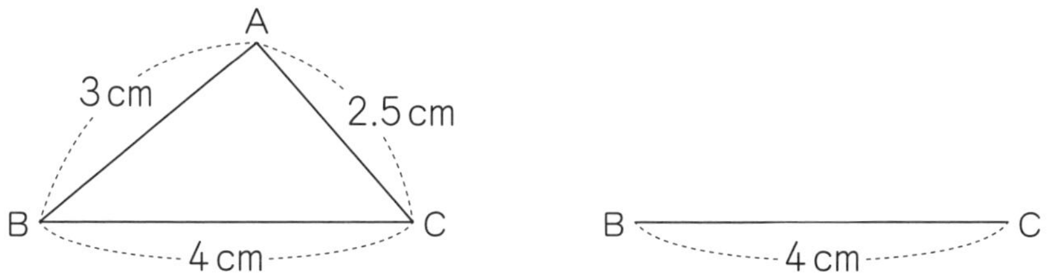

2 左の三角形ABCと合同な三角形を，分度器と定規を使って，右にかきましょう。【25点】

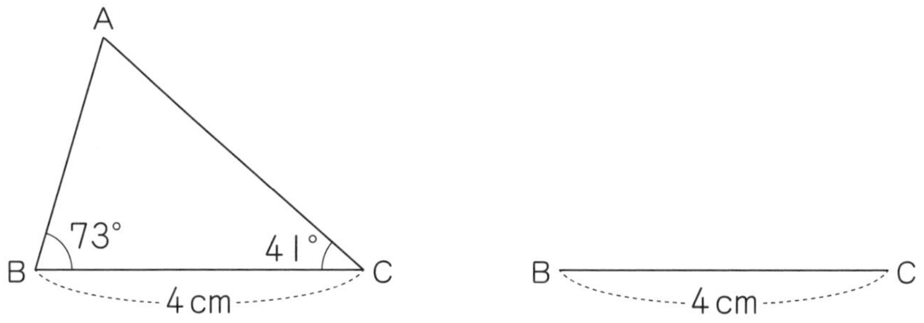

3 左の三角形ABCと合同な三角形を，コンパス，分度器と定規を使って，右にかきましょう。【25点】

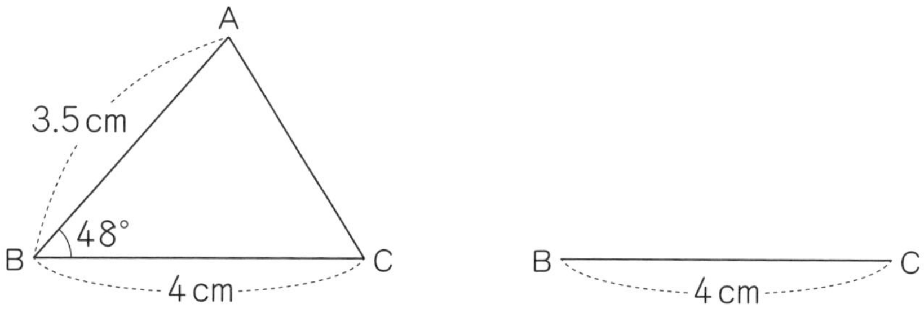

4 左の四角形ABCDと合同な四角形を，コンパス，分度器と定規を使って，右にかきましょう。【25点】

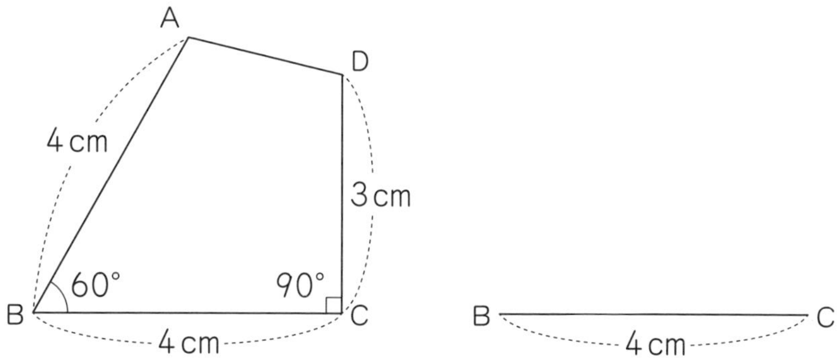

＼もう１回チャレンジ!!／

13 合同な図形②

目標《もくひょう》時間 20分

学習した日　月　日

名前

得点　／100点

らくらくマルつけ

5013
解説→310ページ

1 左の三角形ABCと合同な三角形を，コンパスと定規《じょうぎ》を使って，右にかきましょう。【25点】

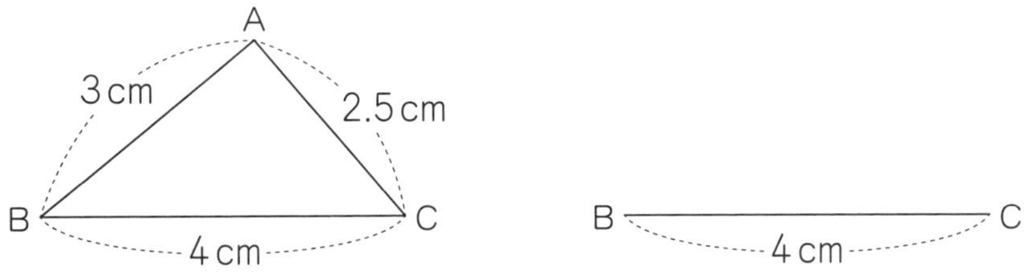

2 左の三角形ABCと合同な三角形を，分度器と定規を使って，右にかきましょう。【25点】

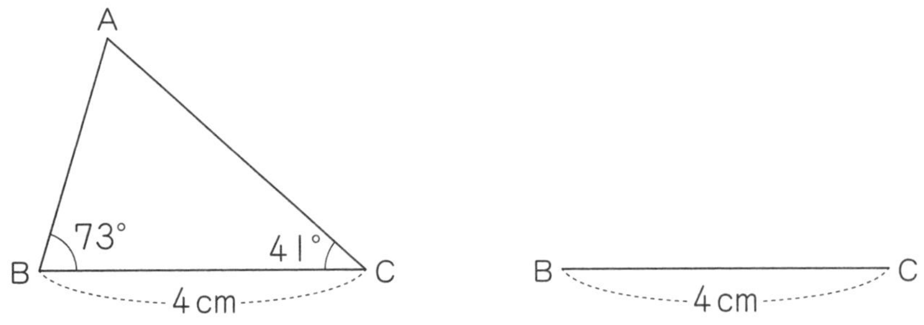

3 左の三角形ABCと合同な三角形を，コンパス，分度器と定規を使って，右にかきましょう。【25点】

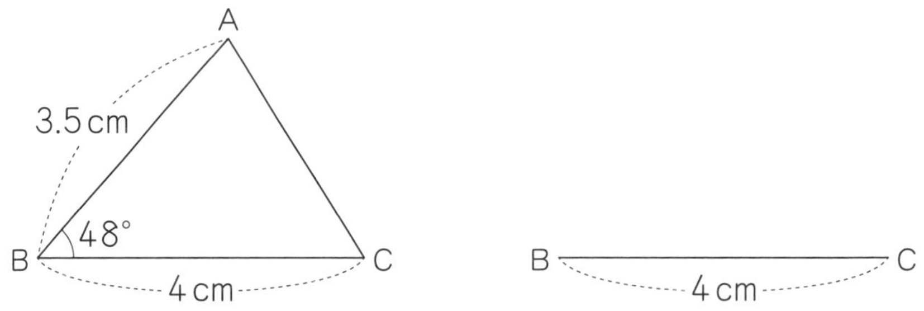

4 左の四角形ABCDと合同な四角形を，コンパス，分度器と定規を使って，右にかきましょう。【25点】

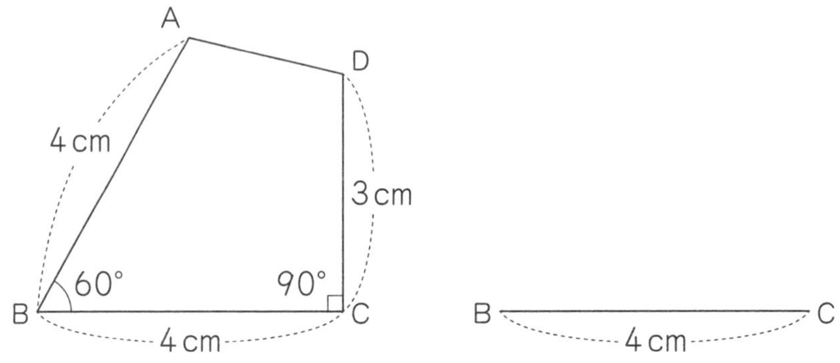

14 三角形の角

目標《もくひょう》時間 20分

学習した日　　月　　日

名前

得点　　／100点

5014
解説→311ページ

1 次の角あの大きさは何度ですか。【52点】

(1)

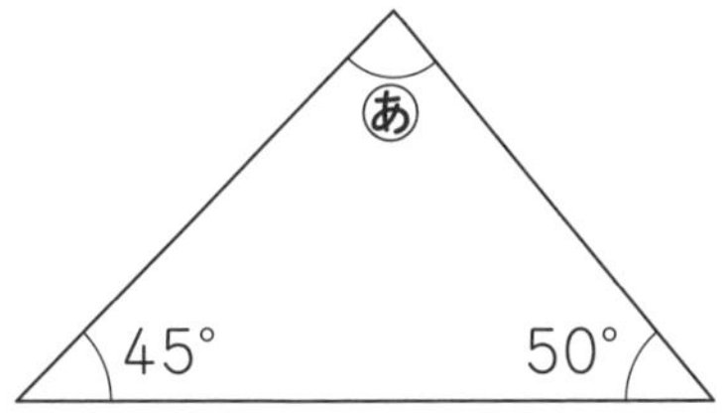

（全部できて13点）

(式)

答え(　　　　　　)

(2)

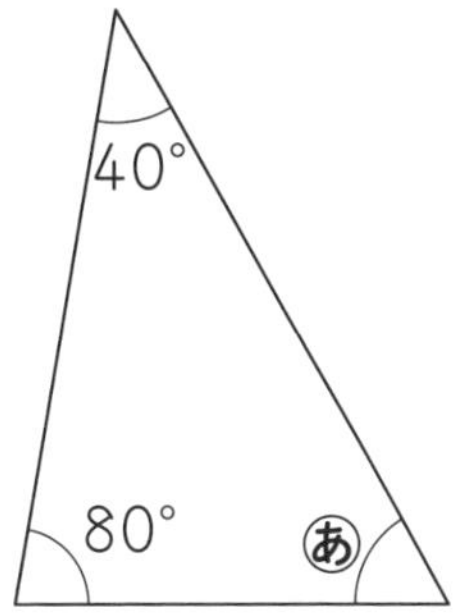

（全部できて13点）

(式)

答え(　　　　　　)

(3)

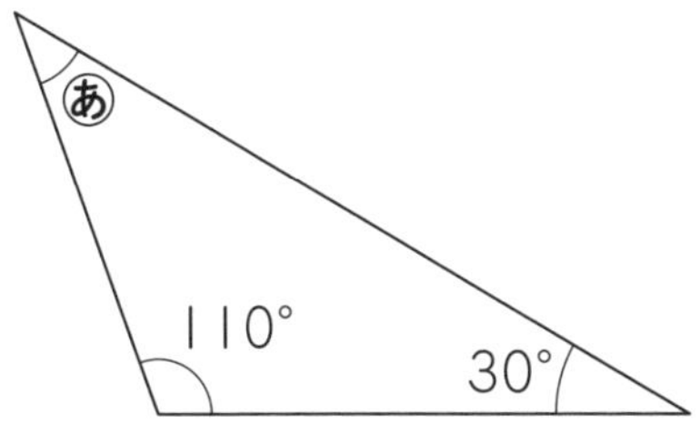

（全部できて13点）

(式)

答え(　　　　　　)

(4)

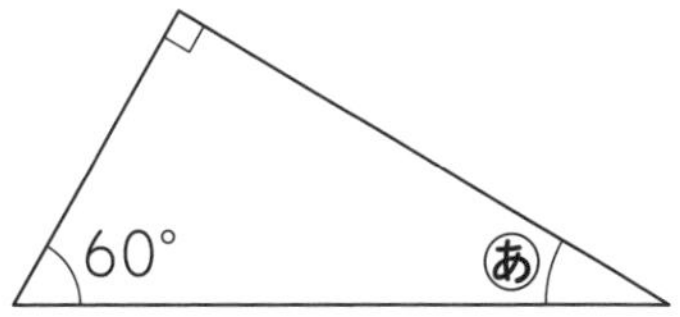

（全部できて13点）

(式)

答え(　　　　　　)

2 次の角あの大きさは何度ですか。【48点】

(1)（全部できて16点）

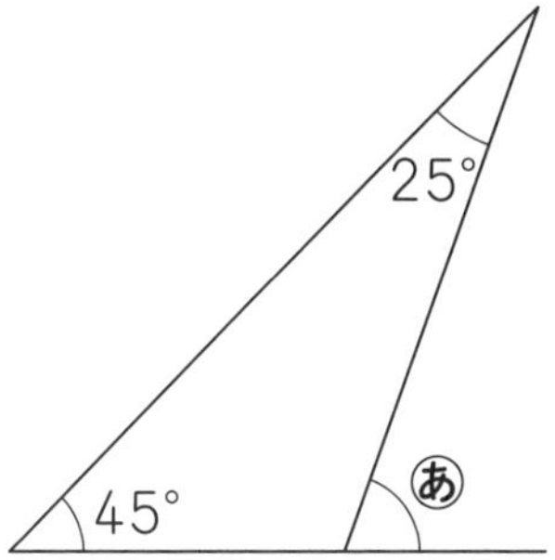

(式)

答え(　　　　　　)

(2)（全部できて16点）

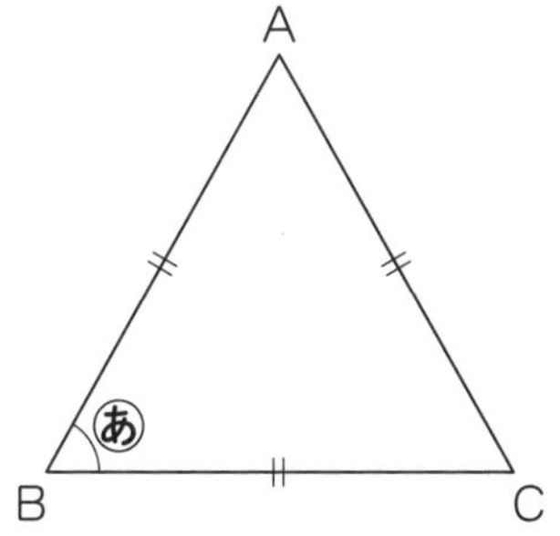

三角形ＡＢＣは正三角形

(式)

答え(　　　　　　)

(3)（全部できて16点）

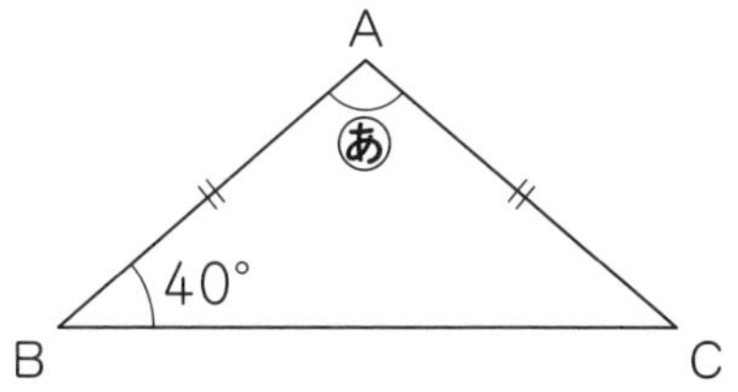

三角形ＡＢＣは二等辺三角形

(式)

答え(　　　　　　)

14 三角形の角

目標《もくひょう》時間 20分

学習した日　　月　　日

名前

得点

／100点

らくらくマルつけ

5014
解説→311ページ

❶ 次の角あの大きさは何度ですか。 【52点】

(1)

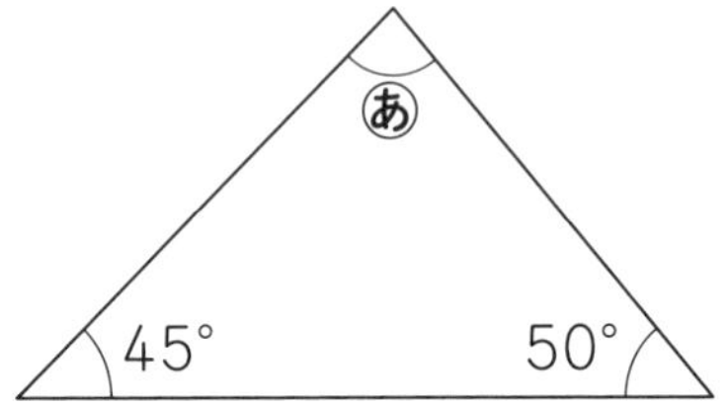

（全部できて13点）

(式)

答え(　　　　　　)

(2)

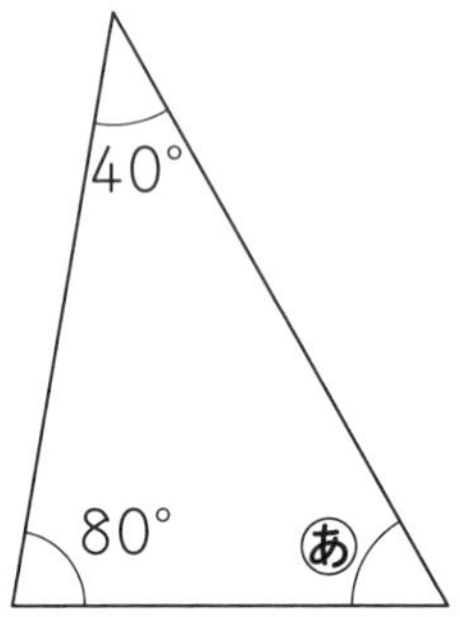

（全部できて13点）

(式)

答え(　　　　　　)

(3)

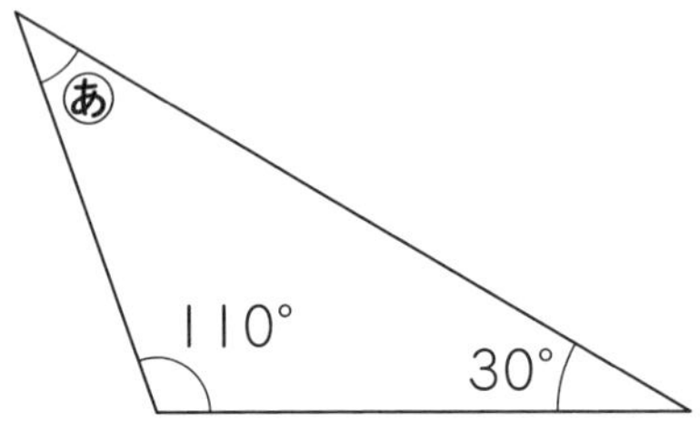

（全部できて13点）

(式)

答え(　　　　　　)

(4)

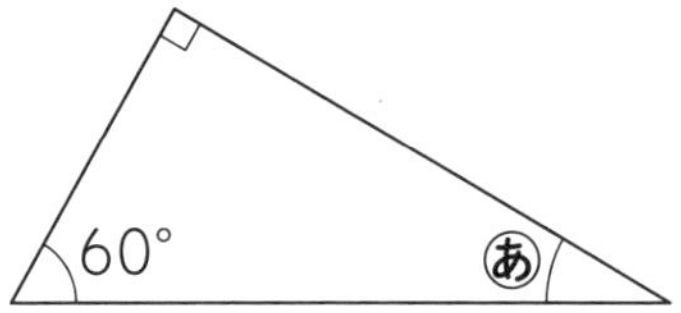

（全部できて13点）

(式)

答え(　　　　　　)

❷ 次の角あの大きさは何度ですか。 【48点】

(1)　（全部できて16点）

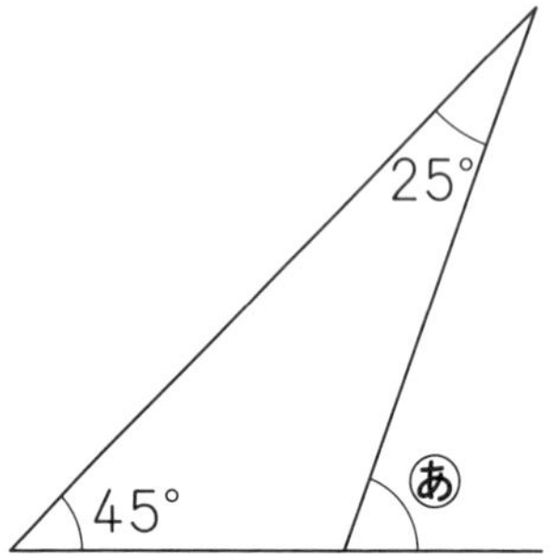

(式)

答え(　　　　　　)

(2)　（全部できて16点）

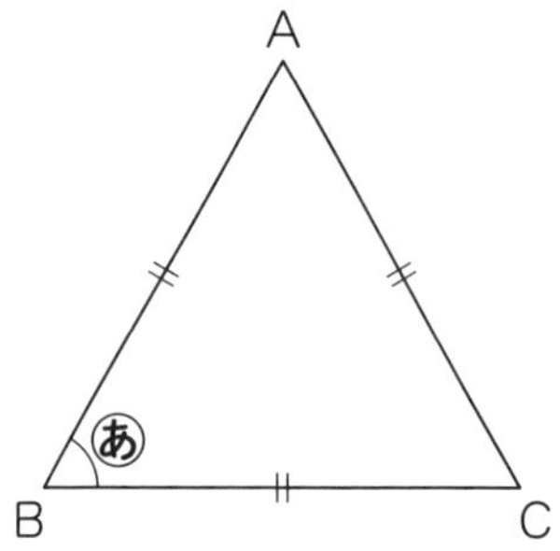

三角形ＡＢＣは正三角形

(式)

答え(　　　　　　)

(3)　（全部できて16点）

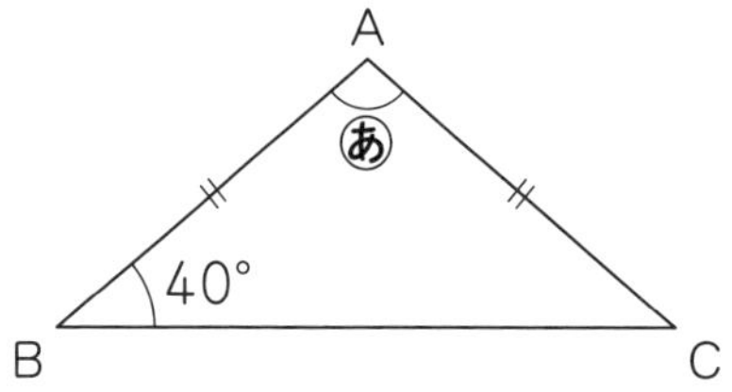

三角形ＡＢＣは二等辺三角形

(式)

答え(　　　　　　)

15 四角形の角，多角形の角

目標《もくひょう》時間 20分

学習した日　月　日

名前

得点　／100点

5015
解説→311ページ

1 次の角あの大きさは何度ですか。【40点】

(1)

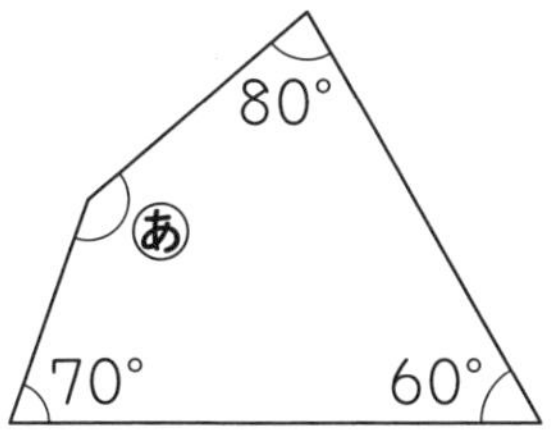

(全部できて10点)

(式)

答え(　　　　)

(2)

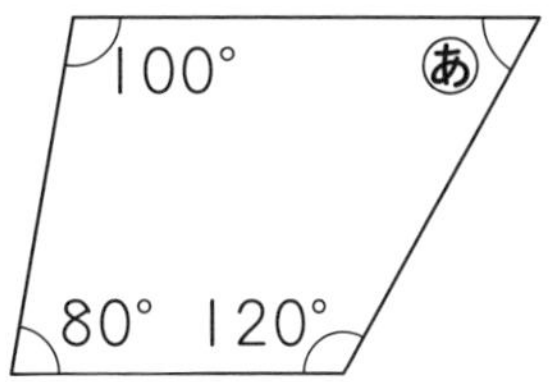

(全部できて10点)

(式)

答え(　　　　)

(3)

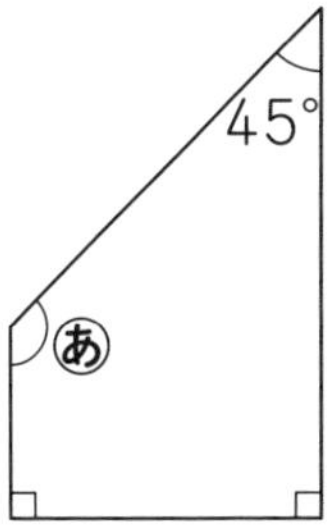

(全部できて10点)

(式)

答え(　　　　)

(4)

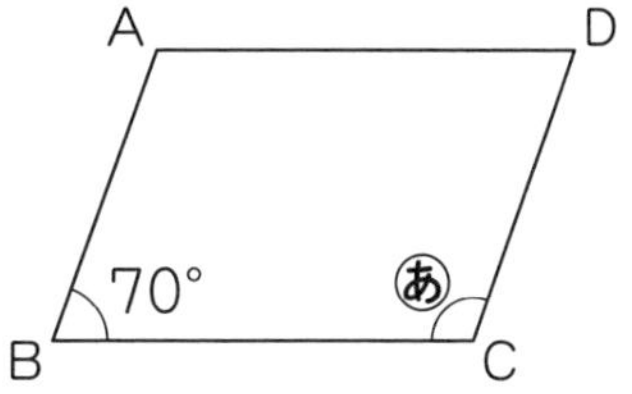

四角形ＡＢＣＤは平行四辺形

(全部できて10点)

(式)

答え(　　　　)

2 次の多角形の角の大きさの和は何度ですか。【30点】

(1)

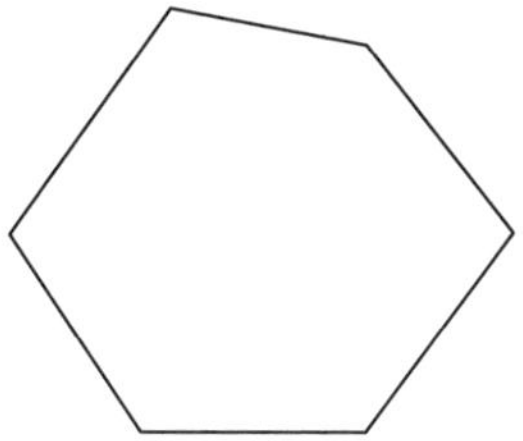

六角形　(全部できて15点)

(式)

答え(　　　　)

(2)

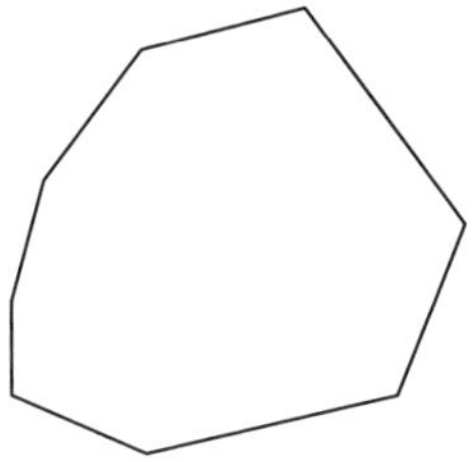

八角形　(全部できて15点)

(式)

答え(　　　　)

3 次の角あの大きさは何度ですか。【30点】

(1)

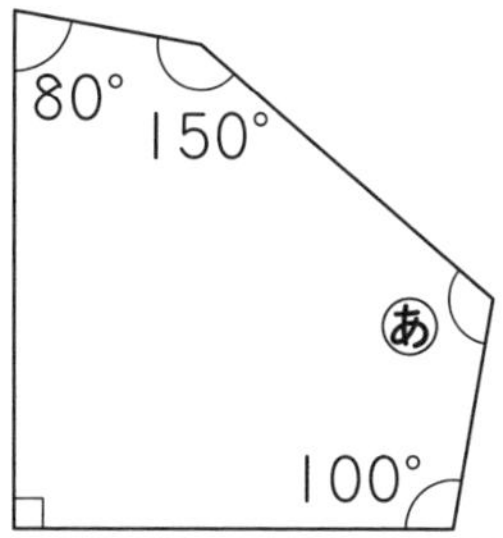

(全部できて15点)

(式)

答え(　　　　)

(2)

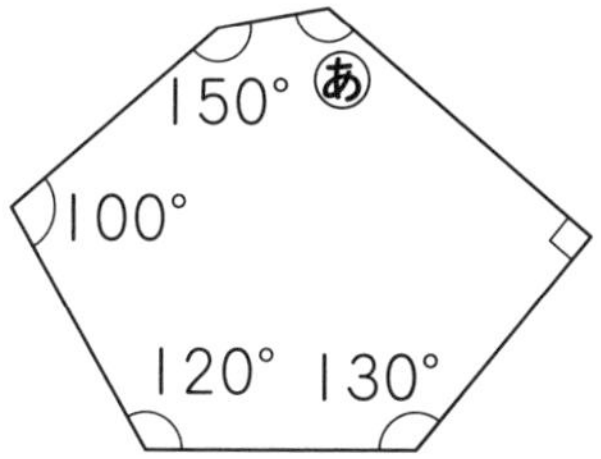

(全部できて15点)

(式)

答え(　　　　)

15 四角形の角，多角形の角

目標《もくひょう》時間 20分

学習した日　　月　　日

名前

得点　　／100点

5015
解説→311ページ

らくらくマルつけ

❶ 次の角あの大きさは何度ですか。【40点】

(1)

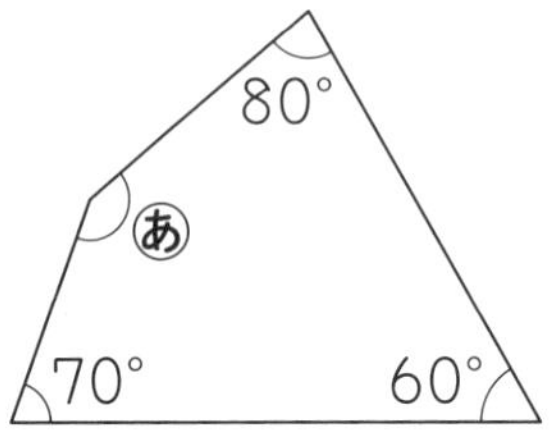

（全部できて10点）

(式)

答え(　　　　　　)

(2)

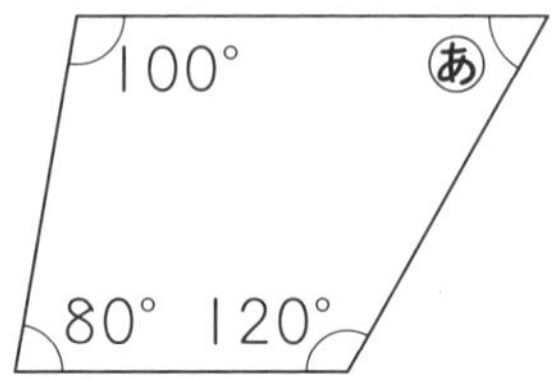

（全部できて10点）

(式)

答え(　　　　　　)

(3)

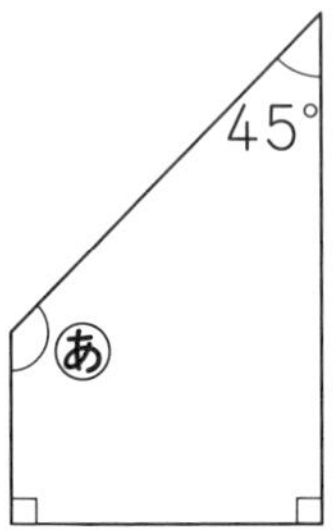

（全部できて10点）

(式)

答え(　　　　　　)

(4)

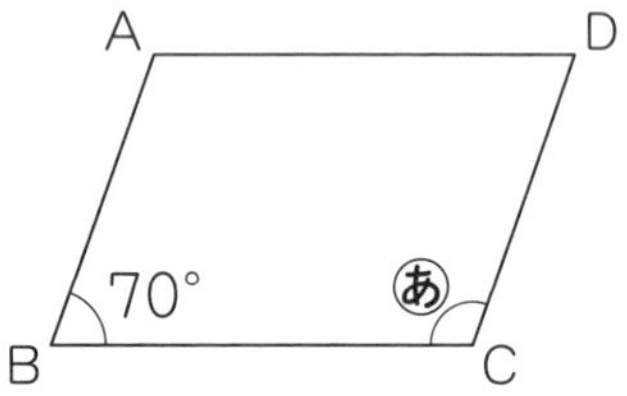

四角形ＡＢＣＤは平行四辺形

（全部できて10点）

(式)

答え(　　　　　　)

❷ 次の多角形の角の大きさの和は何度ですか。【30点】

(1)

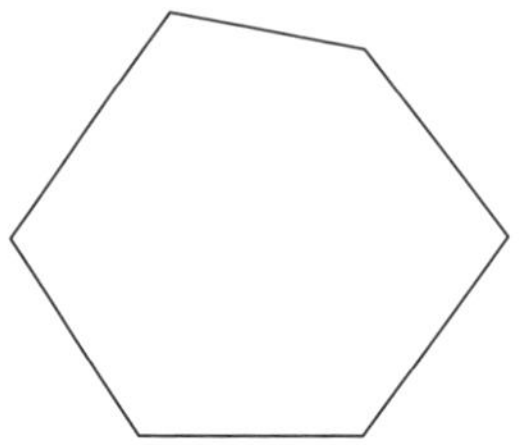

六角形　（全部できて15点）

(式)

答え(　　　　　　)

(2)

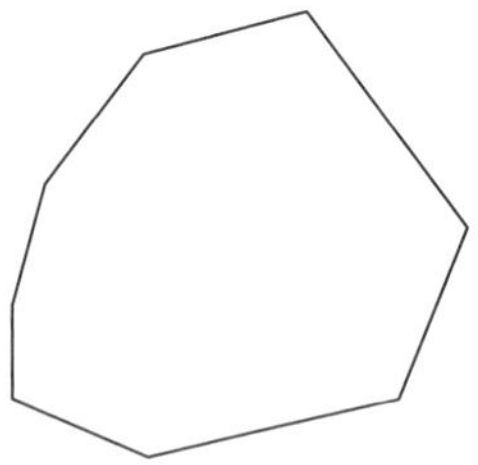

八角形　（全部できて15点）

(式)

答え(　　　　　　)

❸ 次の角あの大きさは何度ですか。【30点】

(1)

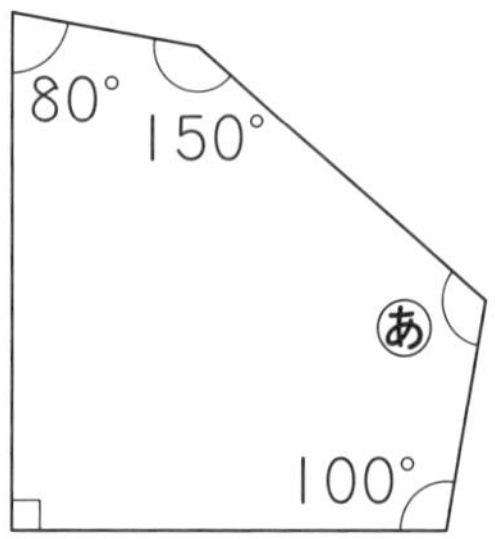

（全部できて15点）

(式)

答え(　　　　　　)

(2)

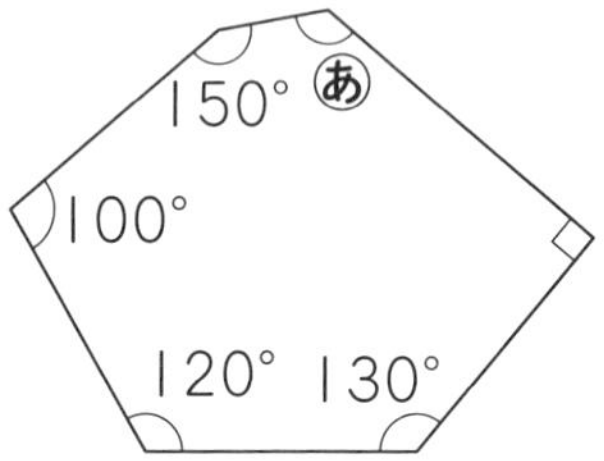

（全部できて15点）

(式)

答え(　　　　　　)

16 偶数《ぐうすう》と奇数《きすう》

目標時間《もくひょう》 20分

学習した日　　月　　日

名前

得点　　／100点

らくらくマルつけ

5016
解説→311ページ

❶ 次の数は偶数《ぐうすう》ですか，奇数《きすう》ですか。偶数なら○，奇数なら△を書きましょう。　1つ5点【50点】

(1) 16　（　　）

(2) 23　（　　）

(3) 37　（　　）

(4) 44　（　　）

(5) 69　（　　）

(6) 82　（　　）

(7) 108　（　　）

(8) 123　（　　）

(9) 350　（　　）

(10) 871　（　　）

❷ □にあてはまる数を書きましょう。　1つ8点【40点】

(1) $7=2\times\square+1$

(2) $16=2\times\square$

(3) $19=2\times\square+1$

(4) $22=2\times\square$

(5) $25=2\times\square+1$

❸ 7，16，19，22，25のうち，奇数はどれですか。すべて選びましょう。　【10点】

（　　　　　）

16 偶数《ぐうすう》と奇数《きすう》

目標《もくひょう》時間 20分

学習した日　　月　　日

名前

得点　　／100点

5016
解説→311ページ

らくらくマルつけ

❶ 次の数は偶数《ぐうすう》ですか，奇数《きすう》ですか。偶数なら○，奇数なら△を書きましょう。　1つ5点【50点】

(1) 16　（　　）

(2) 23　（　　）

(3) 37　（　　）

(4) 44　（　　）

(5) 69　（　　）

(6) 82　（　　）

(7) 108　（　　）

(8) 123　（　　）

(9) 350　（　　）

(10) 871　（　　）

❷ □にあてはまる数を書きましょう。　1つ8点【40点】

(1) $7=2\times\square+1$

(2) $16=2\times\square$

(3) $19=2\times\square+1$

(4) $22=2\times\square$

(5) $25=2\times\square+1$

❸ 7，16，19，22，25のうち，奇数はどれですか。すべて選びましょう。　【10点】

（　　　　　）

17 倍数《ばいすう》と公倍数《こうばいすう》

目標《もくひょう》時間 20分

学習した日　　月　　日

名前

得点　　／100点

らくらくマルつけ

5017

解説→311ページ

❶ 次の数の倍数《ばいすう》を，小さい順に3個書きましょう。 1つ7点【21点】

(1) 6

(　　　　　)

(2) 7

(　　　　　)

(3) 12

(　　　　　)

❷ 次の2つの数の公倍数《こうばいすう》を，小さい順に3個書きましょう。 1つ7点【21点】

(1) 2，7

(　　　　　)

(2) 8，16

(　　　　　)

(3) 10，15

(　　　　　)

❸ 次の数の最小公倍数《さいしょうこうばいすう》を書きましょう。 1つ8点【48点】

(1) 3，4

(　　　)

(2) 5，7

(　　　)

(3) 10，20

(　　　)

(4) 12，18

(　　　)

(5) 3，4，6

(　　　)

(6) 5，9，15

(　　　)

❹ 6cmのテープと8cmのテープをそれぞれ横にならべていきます。最初に長さが等しくなるのは，何cmのときですか。 【10点】

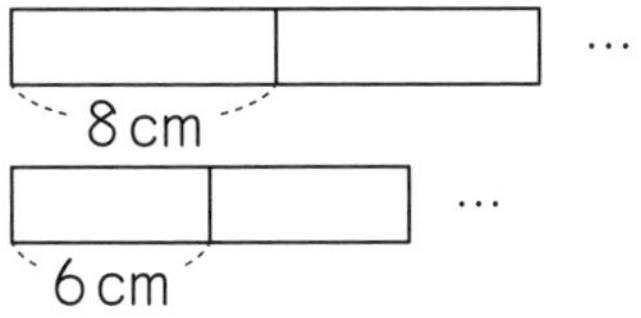

(　　　　)

算数

17 倍数《ばいすう》と公倍数《こうばいすう》

目標《もくひょう》時間 20分

学習した日　　月　　日

名前

得点　　／100点

らくらくマルつけ

5017
解説→311ページ

❶ 次の数の倍数《ばいすう》を，小さい順に3個書きましょう。　1つ7点【21点】

(1) 6

(　　　　　　)

(2) 7

(　　　　　　)

(3) 12

(　　　　　　)

❷ 次の2つの数の公倍数《こうばいすう》を，小さい順に3個書きましょう。

1つ7点【21点】

(1) 2, 7

(　　　　　　)

(2) 8, 16

(　　　　　　)

(3) 10, 15

(　　　　　　)

❸ 次の数の最小公倍数《さいしょうこうばいすう》を書きましょう。　1つ8点【48点】

(1) 3, 4　　(　　　)

(2) 5, 7　　(　　　)

(3) 10, 20　　(　　　)

(4) 12, 18　　(　　　)

(5) 3, 4, 6　　(　　　)

(6) 5, 9, 15　　(　　　)

❹ 6cmのテープと8cmのテープをそれぞれ横にならべていきます。最初に長さが等しくなるのは，何cmのときですか。　【10点】

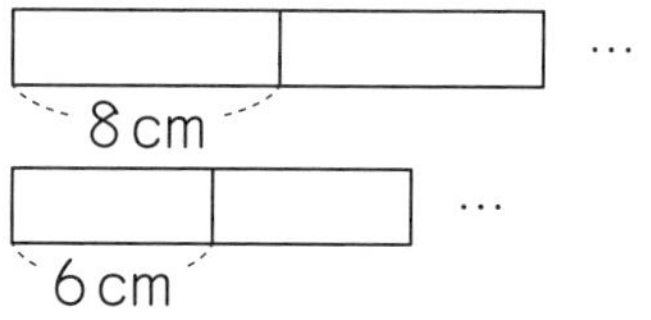

(　　　　　　)

18 約数《やくすう》と公約数《こうやくすう》

目標《もくひょう》時間 20分

学習した日　　月　　日

名前

得点　　／100点

らくらくマルつけ

5018
解説→312ページ

1 次の数の約数《やくすう》をすべて書きましょう。　1つ7点【21点】

(1) 8

(　　　　　　　　)

(2) 11

(　　　　　　　　)

(3) 28

(　　　　　　　　)

2 次の数の公約数《こうやくすう》をすべて書きましょう。　1つ7点【21点】

(1) 6, 14

(　　　　　　　　)

(2) 10, 25

(　　　　　　　　)

(3) 12, 30

(　　　　　　　　)

3 次の数の最大公約数《さいだいこうやくすう》を書きましょう。　1つ8点【48点】

(1) 7, 21

(　　　　)

(2) 9, 16

(　　　　)

(3) 12, 18

(　　　　)

(4) 24, 36

(　　　　)

(5) 20, 30, 50

(　　　　)

(6) 12, 18, 42

(　　　　)

4 30個のりんごと42個のみかんがあります。それぞれ同じ数ずつ，何人かの子どもに分けていきます。できるだけ多くの子どもに分けるとき，何人の子どもに分けることができますか。　【10点】

(　　　　)

18 約数《やくすう》と公約数《こうやくすう》

目標《もくひょう》時間 20分

学習した日　　月　　日

名前

得点　　／100点

5018
解説→312ページ

らくらくマルつけ

❶ 次の数の約数《やくすう》をすべて書きましょう。 1つ7点【21点】

(1) 8

(　　　　　　　　)

(2) 11

(　　　　　　　　)

(3) 28

(　　　　　　　　)

❷ 次の数の公約数《こうやくすう》をすべて書きましょう。 1つ7点【21点】

(1) 6, 14

(　　　　　　　　)

(2) 10, 25

(　　　　　　　　)

(3) 12, 30

(　　　　　　　　)

❸ 次の数の最大公約数《さいだいこうやくすう》を書きましょう。 1つ8点【48点】

(1) 7, 21

(　　　　)

(2) 9, 16

(　　　　)

(3) 12, 18

(　　　　)

(4) 24, 36

(　　　　)

(5) 20, 30, 50

(　　　　)

(6) 12, 18, 42

(　　　　)

❹ 30個のりんごと42個のみかんがあります。それぞれ同じ数ずつ，何人かの子どもに分けていきます。できるだけ多くの子どもに分けるとき，何人の子どもに分けることができますか。 【10点】

(　　　　)

19 分数①

目標《もくひょう》時間 20分

学習した日　　月　　日

名前

得点　　／100点

らくらくマルつけ

5019
解説→312ページ

1 次の分数について，あとの問いに答えましょう。　1つ12点【36点】

$\frac{1}{2}$, $\frac{1}{4}$, $\frac{3}{6}$, $\frac{1}{7}$, $\frac{4}{7}$, $\frac{5}{8}$, $\frac{4}{9}$, $\frac{6}{9}$, $\frac{4}{10}$, $\frac{6}{15}$, $\frac{10}{15}$, $\frac{10}{16}$

(1) $\frac{2}{5}$と等しい分数をすべて選びましょう。

（　　　　）

(2) $\frac{2}{3}$と等しい分数をすべて選びましょう。

（　　　　）

(3) $\frac{6}{12}$と等しい分数をすべて選びましょう。

（　　　　）

2 次の分数を約分《やくぶん》しましょう。　1つ8点【64点】

(1) $\frac{3}{9}$　（　　）

(2) $\frac{6}{8}$　（　　）

(3) $\frac{5}{10}$　（　　）

(4) $\frac{14}{21}$　（　　）

(5) $\frac{24}{30}$　（　　）

(6) $\frac{20}{50}$　（　　）

(7) $\frac{12}{36}$　（　　）

(8) $\frac{18}{42}$　（　　）

19 分数①

目標《もくひょう》時間 20分

学習した日　　月　　日

名前

得点　　／100点

らくらくマルつけ

5019
解説→312ページ

❶ 次の分数について，あとの問いに答えましょう。 1つ12点【36点】

$\frac{1}{2}$, $\frac{1}{4}$, $\frac{3}{6}$, $\frac{1}{7}$, $\frac{4}{7}$, $\frac{5}{8}$, $\frac{4}{9}$, $\frac{6}{9}$, $\frac{4}{10}$, $\frac{6}{15}$, $\frac{10}{15}$, $\frac{10}{16}$

(1) $\frac{2}{5}$と等しい分数をすべて選びましょう。

(　　　　　　)

(2) $\frac{2}{3}$と等しい分数をすべて選びましょう。

(　　　　　　)

(3) $\frac{6}{12}$と等しい分数をすべて選びましょう。

(　　　　　　)

❷ 次の分数を約分《やくぶん》しましょう。 1つ8点【64点】

(1) $\frac{3}{9}$

(　　　)

(2) $\frac{6}{8}$

(　　　)

(3) $\frac{5}{10}$

(　　　)

(4) $\frac{14}{21}$

(　　　)

(5) $\frac{24}{30}$

(　　　)

(6) $\frac{20}{50}$

(　　　)

(7) $\frac{12}{36}$

(　　　)

(8) $\frac{18}{42}$

(　　　)

20 分数 ②

目標《もくひょう》時間 20分

学習した日　月　日

名前

得点

／100点

らくらくマルつけ

5020

解説→312ページ

1 次の分数を通分《つうぶん》しましょう。　1つ6点【48点】

(1) $\frac{1}{2}$, $\frac{3}{5}$　(　　　)

(2) $\frac{2}{3}$, $\frac{1}{4}$　(　　　)

(3) $\frac{3}{4}$, $\frac{5}{8}$　(　　　)

(4) $\frac{1}{3}$, $\frac{5}{9}$　(　　　)

(5) $\frac{1}{6}$, $\frac{7}{8}$　(　　　)

(6) $\frac{5}{6}$, $\frac{8}{9}$　(　　　)

(7) $\frac{4}{3}$, $\frac{6}{5}$　(　　　)

(8) $\frac{1}{2}$, $\frac{1}{3}$, $\frac{3}{4}$　(　　　)

2 次の□にあてはまる等号や不等号を書きましょう。　1つ6点【36点】

(1) $\frac{1}{3}$ □ $\frac{1}{4}$

(2) $\frac{1}{2}$ □ $\frac{4}{7}$

(3) $\frac{3}{4}$ □ $\frac{5}{6}$

(4) $\frac{3}{6}$ □ $\frac{4}{8}$

(5) $\frac{1}{6}$ □ $\frac{3}{10}$

(6) $\frac{5}{8}$ □ $\frac{7}{12}$

3 次の3つの分数を，小さいものから左から順に書きましょう。　1つ8点【16点】

(1) $\frac{1}{2}$, $\frac{1}{4}$, $\frac{3}{8}$　(　　→　　→　　)

(2) $\frac{2}{3}$, $\frac{3}{5}$, $\frac{5}{6}$　(　　→　　→　　)

20 分数②

目標《もくひょう》時間 20分

学習した日　　月　　日	得点	らくらくマルつけ
名前	／100点	5020 解説→312ページ

❶ 次の分数を通分《つうぶん》しましょう。

1つ6点【48点】

(1) $\frac{1}{2}$, $\frac{3}{5}$　（　　　　　）

(2) $\frac{2}{3}$, $\frac{1}{4}$　（　　　　　）

(3) $\frac{3}{4}$, $\frac{5}{8}$　（　　　　　）

(4) $\frac{1}{3}$, $\frac{5}{9}$　（　　　　　）

(5) $\frac{1}{6}$, $\frac{7}{8}$　（　　　　　）

(6) $\frac{5}{6}$, $\frac{8}{9}$　（　　　　　）

(7) $\frac{4}{3}$, $\frac{6}{5}$　（　　　　　）

(8) $\frac{1}{2}$, $\frac{1}{3}$, $\frac{3}{4}$　（　　　　　）

❷ 次の□にあてはまる等号や不等号を書きましょう。

1つ6点【36点】

(1) $\frac{1}{3}$ □ $\frac{1}{4}$

(2) $\frac{1}{2}$ □ $\frac{4}{7}$

(3) $\frac{3}{4}$ □ $\frac{5}{6}$

(4) $\frac{3}{6}$ □ $\frac{4}{8}$

(5) $\frac{1}{6}$ □ $\frac{3}{10}$

(6) $\frac{5}{8}$ □ $\frac{7}{12}$

❸ 次の3つの分数を，小さいものから左から順に書きましょう。

1つ8点【16点】

(1) $\frac{1}{2}$, $\frac{1}{4}$, $\frac{3}{8}$　（　　→　　→　　）

(2) $\frac{2}{3}$, $\frac{3}{5}$, $\frac{5}{6}$　（　　→　　→　　）

21 分数のたし算①

目標《もくひょう》時間 20分

✎学習した日　　月　　日

名前

得点

／100点

らくらくマルつけ

5021

解説→313ページ

❶ 次の計算をしましょう。 1つ8点【48点】

(1) $\frac{1}{2}+\frac{1}{5}=$

(2) $\frac{1}{3}+\frac{3}{4}=$

(3) $\frac{1}{4}+\frac{5}{8}=$

(4) $\frac{2}{3}+\frac{1}{7}=$

(5) $\frac{5}{6}+\frac{3}{4}=$

(6) $\frac{1}{4}+\frac{7}{10}=$

❷ 次の計算をしましょう。 1つ10点【40点】

(1) $1\frac{1}{2}+2\frac{1}{3}=$

(2) $2\frac{2}{3}+1\frac{1}{5}=$

(3) $2\frac{5}{6}+1\frac{3}{4}=$

(4) $\frac{1}{2}+\frac{3}{4}+\frac{3}{10}=$

❸ $\frac{1}{6}$ Lのオレンジジュースと $\frac{5}{9}$ Lのりんごジュースがあります。ジュースは合わせて何Lありますか。 【全部できて12点】

(式)

答え(　　　　　)

＼もう1回チャレンジ!!／

21 分数のたし算①

目標《もくひょう》時間 20分

学習した日　月　日

名前

得点　／100点

らくらくマルつけ

5021
解説→313ページ

❶ 次の計算をしましょう。 1つ8点【48点】

(1) $\frac{1}{2}+\frac{1}{5}=$

(2) $\frac{1}{3}+\frac{3}{4}=$

(3) $\frac{1}{4}+\frac{5}{8}=$

(4) $\frac{2}{3}+\frac{1}{7}=$

(5) $\frac{5}{6}+\frac{3}{4}=$

(6) $\frac{1}{4}+\frac{7}{10}=$

❷ 次の計算をしましょう。 1つ10点【40点】

(1) $1\frac{1}{2}+2\frac{1}{3}=$

(2) $2\frac{2}{3}+1\frac{1}{5}=$

(3) $2\frac{5}{6}+1\frac{3}{4}=$

(4) $\frac{1}{2}+\frac{3}{4}+\frac{3}{10}=$

❸ $\frac{1}{6}$ L のオレンジジュースと $\frac{5}{9}$ L のりんごジュースがあります。ジュースは合わせて何 L ありますか。 【全部できて12点】

(式)

答え(　　　　　)

22 分数のたし算 ②

目標《もくひょう》時間 20分

学習した日　　月　　日

名前

得点　　／100点

5022
解説→313ページ

❶ 次の計算をしましょう。　1つ8点【48点】

(1) $\frac{1}{2}+\frac{1}{6}=$

(2) $\frac{1}{4}+\frac{7}{12}=$

(3) $\frac{3}{20}+\frac{1}{4}=$

(4) $\frac{2}{3}+\frac{7}{12}=$

(5) $\frac{5}{6}+\frac{3}{10}=$

(6) $\frac{7}{12}+\frac{11}{30}=$

❷ 次の計算をしましょう。　1つ10点【40点】

(1) $1\frac{1}{3}+2\frac{1}{6}=$

(2) $3\frac{1}{4}+2\frac{5}{12}=$

(3) $2\frac{2}{15}+\frac{1}{6}=$

(4) $\frac{1}{2}+\frac{2}{9}+\frac{1}{6}=$

❸ こうたさんは$\frac{5}{12}$m，ひなこさんは$\frac{5}{6}$m，さくらさんは$\frac{1}{8}$mのひもを持っています。3人のひもは合わせて何mありますか。

【全部できて12点】

(式)

答え(　　　　　　)

22 分数のたし算②

目標《もくひょう》時間 20分

学習した日　月　日

名前

得点　／100点

らくらくマルつけ

5022
解説→313ページ

❶ 次の計算をしましょう。 1つ8点【48点】

(1) $\frac{1}{2}+\frac{1}{6}=$

(2) $\frac{1}{4}+\frac{7}{12}=$

(3) $\frac{3}{20}+\frac{1}{4}=$

(4) $\frac{2}{3}+\frac{7}{12}=$

(5) $\frac{5}{6}+\frac{3}{10}=$

(6) $\frac{7}{12}+\frac{11}{30}=$

❷ 次の計算をしましょう。 1つ10点【40点】

(1) $1\frac{1}{3}+2\frac{1}{6}=$

(2) $3\frac{1}{4}+2\frac{5}{12}=$

(3) $2\frac{2}{15}+\frac{1}{6}=$

(4) $\frac{1}{2}+\frac{2}{9}+\frac{1}{6}=$

❸ こうたさんは$\frac{5}{12}$m，ひなこさんは$\frac{5}{6}$m，さくらさんは$\frac{1}{8}$mのひもを持っています。3人のひもは合わせて何mありますか。

【全部できて12点】

(式)

答え(　　　　　　)

23 分数のひき算①

目標《もくひょう》時間 20分

学習した日　　月　　日

名前

得点

／100点

らくらくマルつけ

5023

解説→314ページ

算数

❶ 次の計算をしましょう。 1つ8点【48点】

(1) $\frac{1}{3}-\frac{1}{6}=$

(2) $\frac{5}{7}-\frac{1}{2}=$

(3) $\frac{5}{6}-\frac{1}{4}=$

(4) $\frac{5}{8}-\frac{1}{6}=$

(5) $\frac{7}{10}-\frac{3}{8}=$

(6) $\frac{7}{15}-\frac{1}{12}=$

❷ 次の計算をしましょう。 1つ10点【40点】

(1) $2\frac{2}{3}-1\frac{3}{5}=$

(2) $1\frac{1}{3}-\frac{1}{2}=$

(3) $3\frac{1}{8}-1\frac{7}{9}=$

(4) $\frac{5}{6}-\frac{1}{4}-\frac{1}{2}=$

❸ ひろとさんは$\frac{3}{4}$kgの荷物，ひまりさんは$\frac{1}{10}$kgの荷物を持っています。重い荷物を持っているのはだれで，ちがいは何kgですか。 【全部できて12点】

(式)

答え(　　　　　　)さんで，ちがいは(　　　　　　)

23 分数のひき算①

目標《もくひょう》時間 20分

学習した日　　月　　日

名前

得点

／100点

5023
解説→314ページ

らくらくマルつけ

❶ 次の計算をしましょう。　1つ8点【48点】

(1) $\frac{1}{3}-\frac{1}{6}=$

(2) $\frac{5}{7}-\frac{1}{2}=$

(3) $\frac{5}{6}-\frac{1}{4}=$

(4) $\frac{5}{8}-\frac{1}{6}=$

(5) $\frac{7}{10}-\frac{3}{8}=$

(6) $\frac{7}{15}-\frac{1}{12}=$

❷ 次の計算をしましょう。　1つ10点【40点】

(1) $2\frac{2}{3}-1\frac{3}{5}=$

(2) $1\frac{1}{3}-\frac{1}{2}=$

(3) $3\frac{1}{8}-1\frac{7}{9}=$

(4) $\frac{5}{6}-\frac{1}{4}-\frac{1}{2}=$

❸ ひろとさんは$\frac{3}{4}$kgの荷物，ひまりさんは$\frac{1}{10}$kgの荷物を持っています。重い荷物を持っているのはだれで，ちがいは何kgですか。　【全部できて12点】

(式)

答え(　　　　　)さんで，ちがいは(　　　　　)

24 分数のひき算②

目標《もくひょう》時間 20分

学習した日　　月　　日

名前

得点　　／100点

らくらくマルつけ

5024

解説→314ページ

❶ 次の計算をしましょう。

1つ8点【48点】

(1) $\frac{5}{6}-\frac{1}{2}=$

(2) $\frac{5}{12}-\frac{1}{4}=$

(3) $\frac{5}{6}-\frac{3}{10}=$

(4) $\frac{4}{3}-\frac{5}{6}=$

(5) $\frac{14}{15}-\frac{5}{6}=$

(6) $\frac{8}{15}-\frac{1}{12}=$

❷ 次の計算をしましょう。

1つ10点【40点】

(1) $3\frac{4}{5}-2\frac{3}{10}=$

(2) $3\frac{1}{12}-1\frac{3}{4}=$

(3) $2\frac{7}{15}-\frac{11}{12}=$

(4) $\frac{19}{15}-\frac{3}{5}-\frac{1}{2}=$

❸ $\frac{2}{3}$Lあるジュースを$\frac{1}{6}$L飲みました。残りは何Lですか。

【全部できて12点】

(式)

答え(　　　　　)

＼もう1回チャレンジ!!／

24 分数のひき算 ②

目標《もくひょう》時間 20分

学習した日　月　日

名前

得点　／100点

5024
解説→314ページ

らくらくマルつけ

❶ 次の計算をしましょう。 1つ8点【48点】

(1) $\frac{5}{6}-\frac{1}{2}=$

(2) $\frac{5}{12}-\frac{1}{4}=$

(3) $\frac{5}{6}-\frac{3}{10}=$

(4) $\frac{4}{3}-\frac{5}{6}=$

(5) $\frac{14}{15}-\frac{5}{6}=$

(6) $\frac{8}{15}-\frac{1}{12}=$

❷ 次の計算をしましょう。 1つ10点【40点】

(1) $3\frac{4}{5}-2\frac{3}{10}=$

(2) $3\frac{1}{12}-1\frac{3}{4}=$

(3) $2\frac{7}{15}-\frac{11}{12}=$

(4) $\frac{19}{15}-\frac{3}{5}-\frac{1}{2}=$

❸ $\frac{2}{3}$Lあるジュースを$\frac{1}{6}$L飲みました。残りは何Lですか。

【全部できて12点】

(式)

答え(　　　　　)

25 平行四辺形・三角形の面積

目標《もくひょう》時間 20分

学習した日　　月　　日	得点	5025
名前	／100点	解説→314ページ

らくらくマルつけ

1 次の平行四辺形の面積を求めましょう。【40点】

(1)

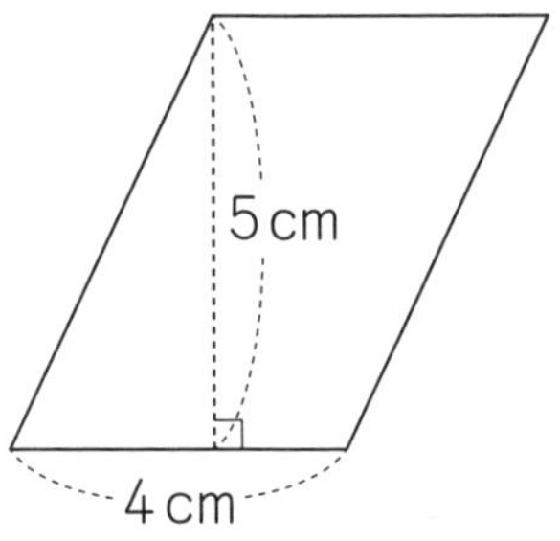

（全部できて10点）

(式)

答え(　　　　　　　)

(2)

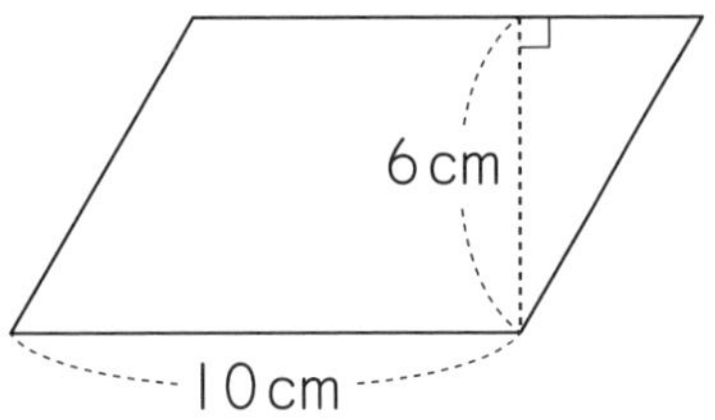

（全部できて10点）

(式)

答え(　　　　　　　)

(3)

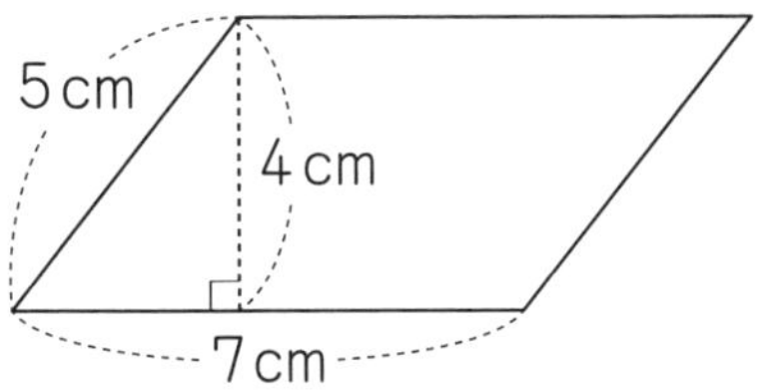

（全部できて10点）

(式)

答え(　　　　　　　)

(4)

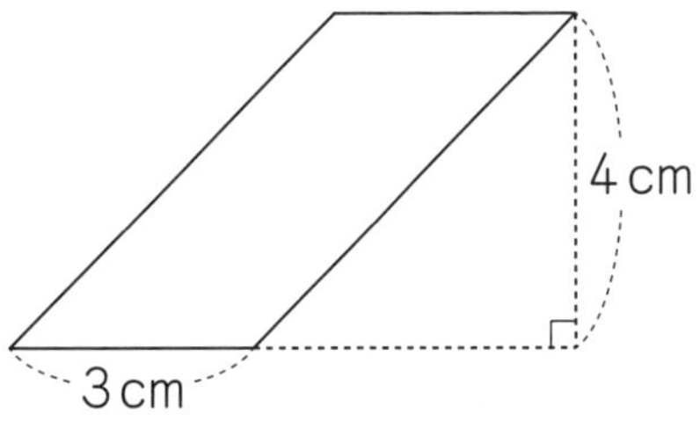

（全部できて10点）

(式)

答え(　　　　　　　)

2 次の三角形の面積を求めましょう。【60点】

(1)

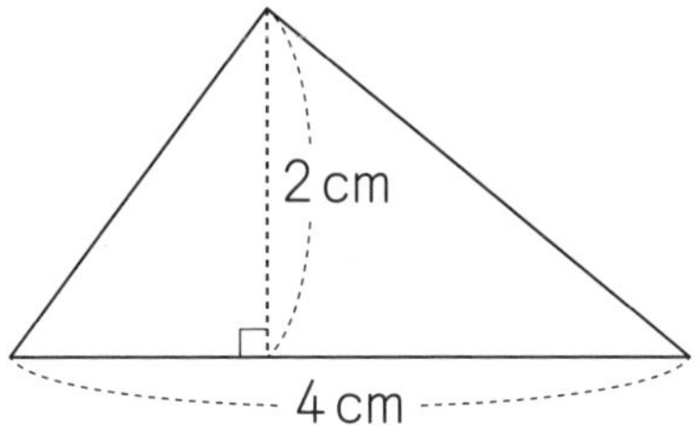

（全部できて15点）

(式)

答え(　　　　　　　)

(2)

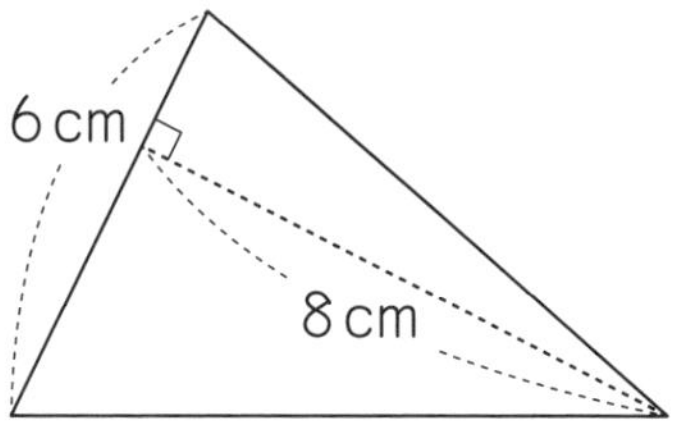

（全部できて15点）

(式)

答え(　　　　　　　)

(3)

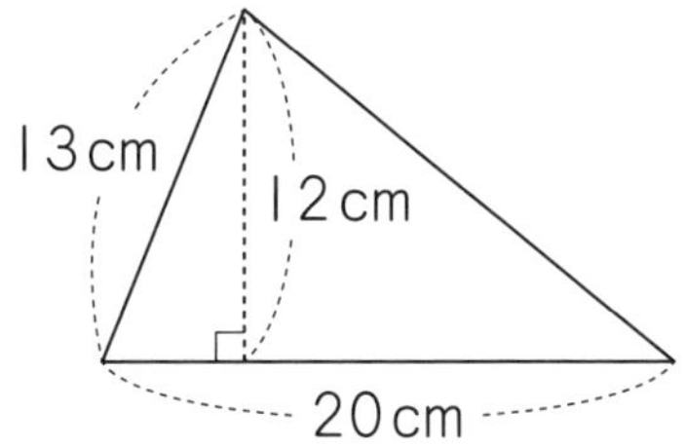

（全部できて15点）

(式)

答え(　　　　　　　)

(4)

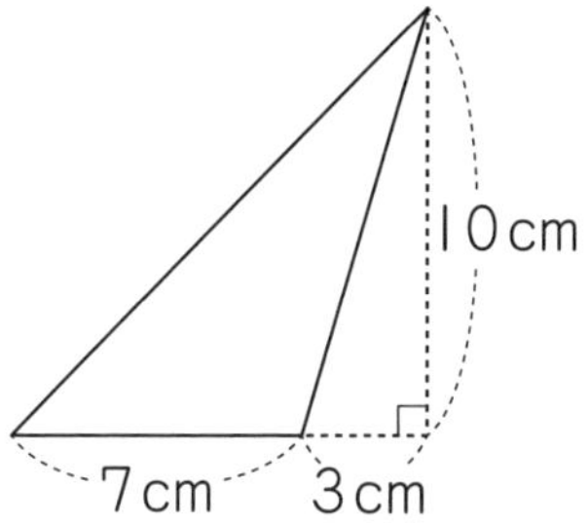

（全部できて15点）

(式)

答え(　　　　　　　)

\ もう1回チャレンジ!! /

25 平行四辺形・三角形の面積

目《もく》標《ひょう》時間 20分

学習した日　　月　　日

名前

得点　　／100点

らくらくマルつけ

5025
解説→314ページ

❶ 次の平行四辺形の面積を求めましょう。　【40点】

(1)

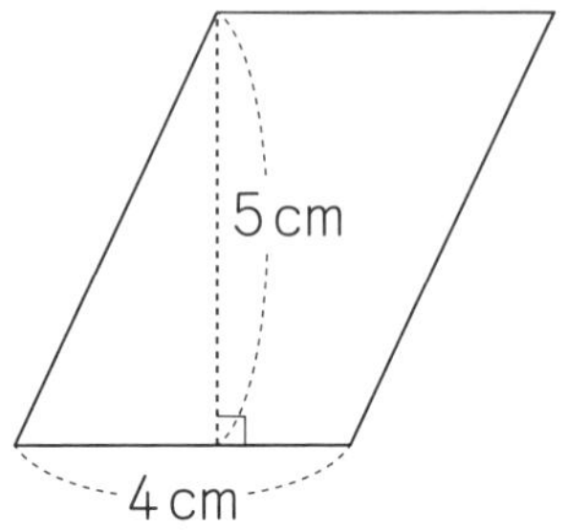

（全部できて10点）

(式)

答え(　　　　　　)

(2)

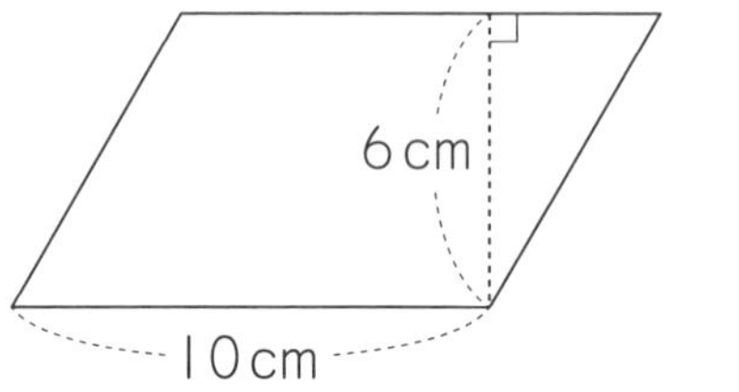

（全部できて10点）

(式)

答え(　　　　　　)

(3)

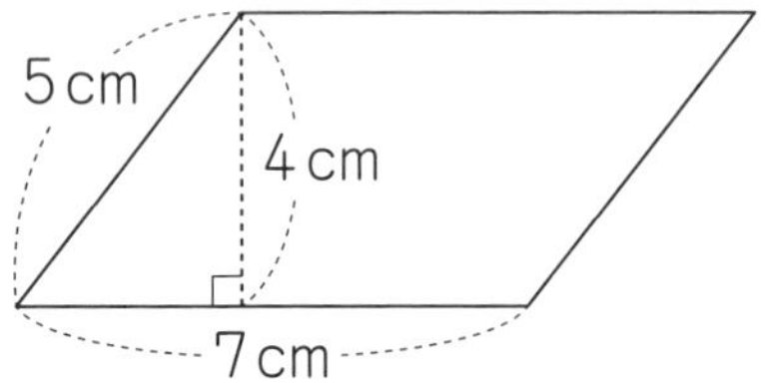

（全部できて10点）

(式)

答え(　　　　　　)

(4)

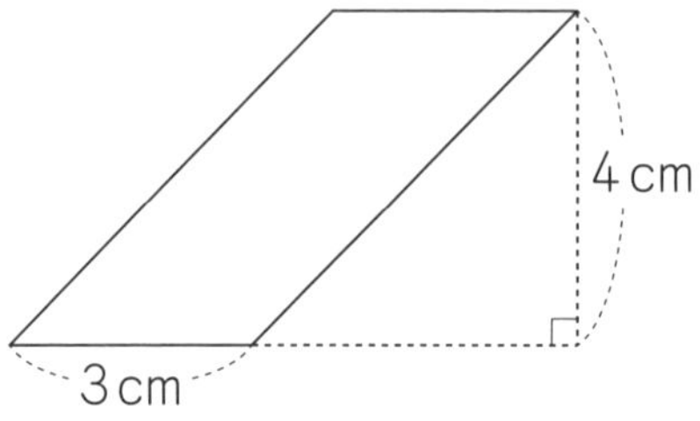

（全部できて10点）

(式)

答え(　　　　　　)

❷ 次の三角形の面積を求めましょう。　【60点】

(1)

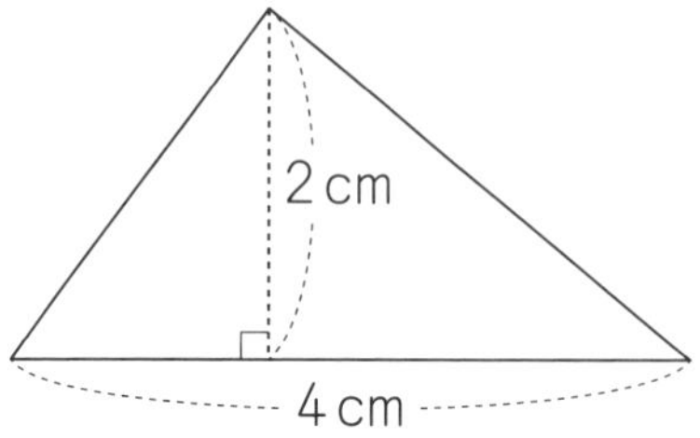

（全部できて15点）

(式)

答え(　　　　　　)

(2)

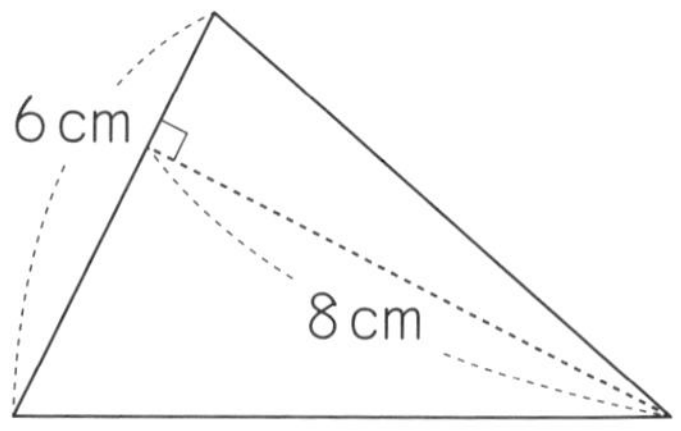

（全部できて15点）

(式)

答え(　　　　　　)

(3)

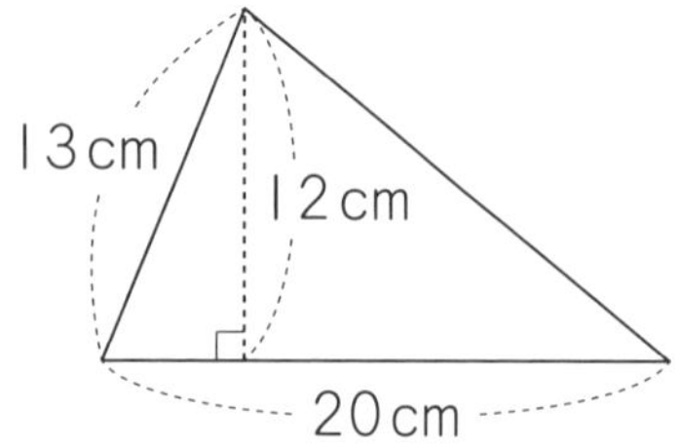

（全部できて15点）

(式)

答え(　　　　　　)

(4)

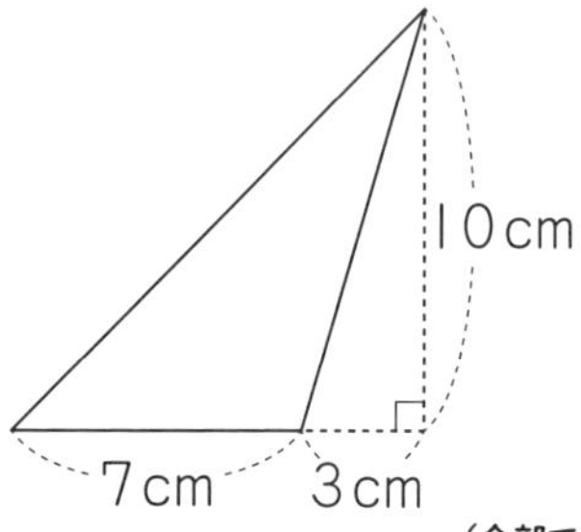

（全部できて15点）

(式)

答え(　　　　　　)

26 いろいろな四角形の面積

目標《もくひょう》時間 20分

学習した日　　月　　日

名前

得点　　／100点

らくらくマルつけ

5026

解説→314ページ

算数

❶ 次の台形の面積を求めましょう。　【40点】

(1)

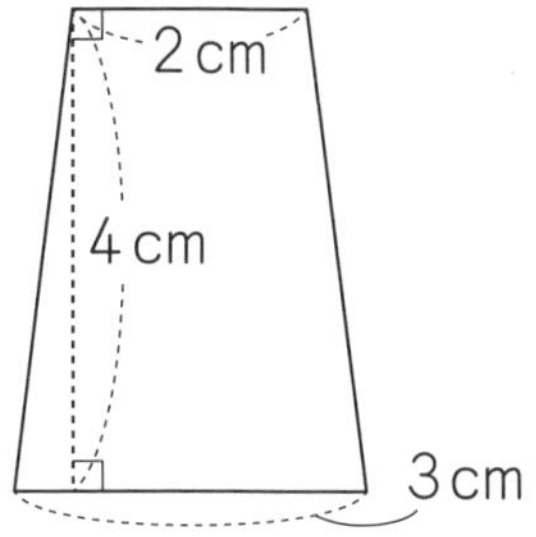

（全部できて10点）

（式）

答え(　　　　　　　)

(2)

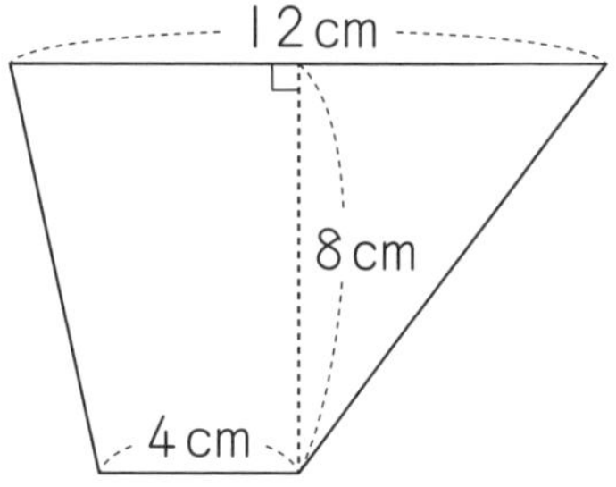

（全部できて10点）

（式）

答え(　　　　　　　)

(3)

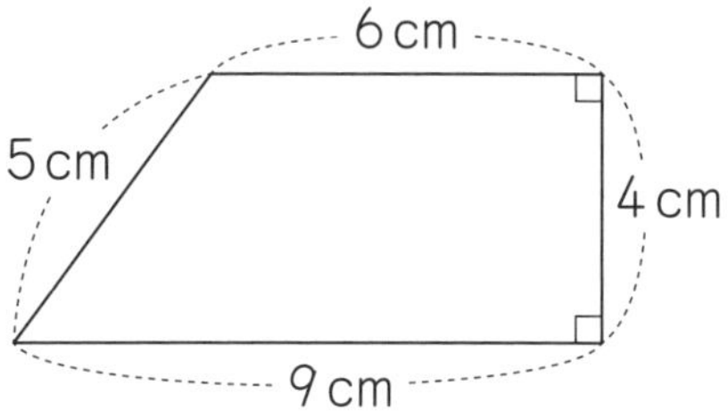

（全部できて10点）

（式）

答え(　　　　　　　)

(4)

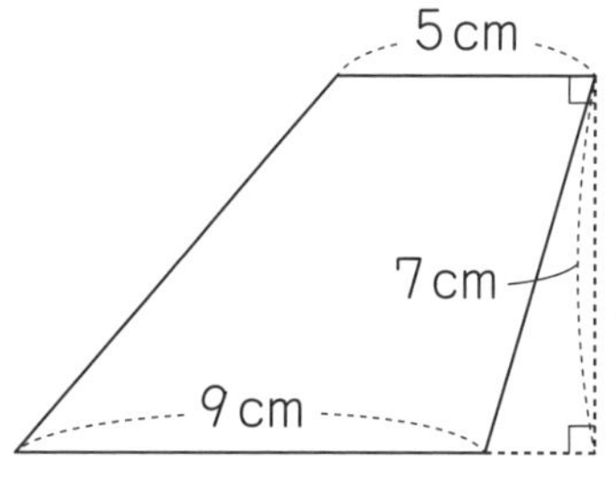

（全部できて10点）

（式）

答え(　　　　　　　)

❷ 次の四角形の面積を求めましょう。　【60点】

(1)

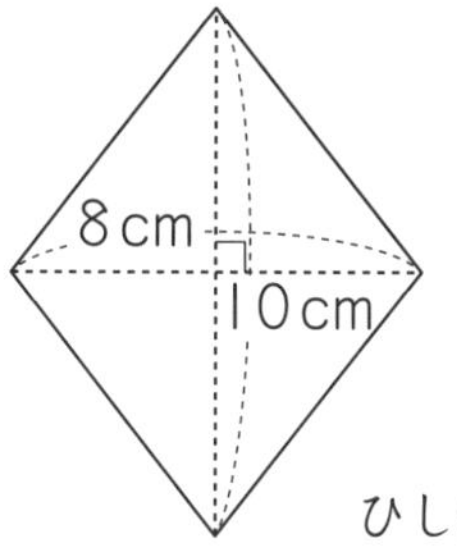

ひし形

（全部できて15点）

（式）

答え(　　　　　　　)

(2)

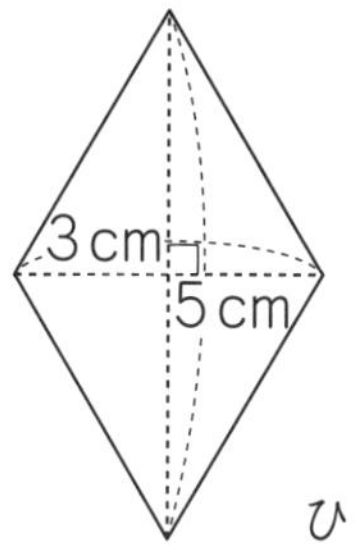

ひし形

（全部できて15点）

（式）

答え(　　　　　　　)

(3)

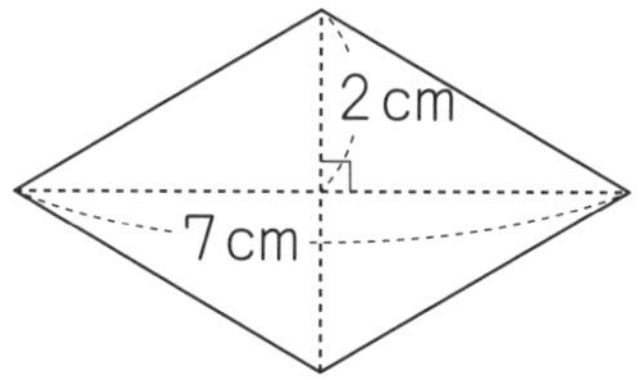

ひし形

（全部できて15点）

（式）

答え(　　　　　　　)

(4)

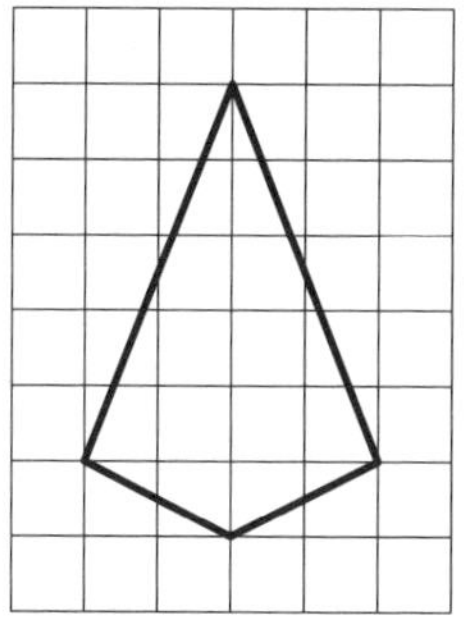

1目もり1cm　（全部できて15点）

（式）

答え(　　　　　　　)

＼もう1回チャレンジ!!／

26 いろいろな四角形の面積

目標《もくひょう》時間 20分

学習した日　月　日

名前

得点　／100点

5026
解説→314ページ

らくらくマルつけ

❶ 次の台形の面積を求めましょう。【40点】

(1)

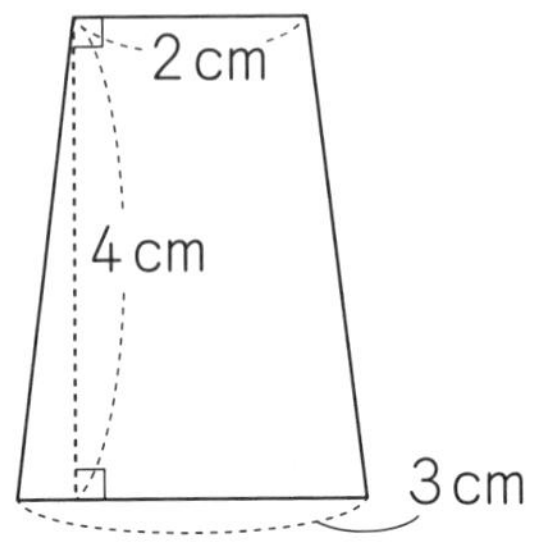

（全部できて10点）

(式)

答え(　　　　　)

(2)

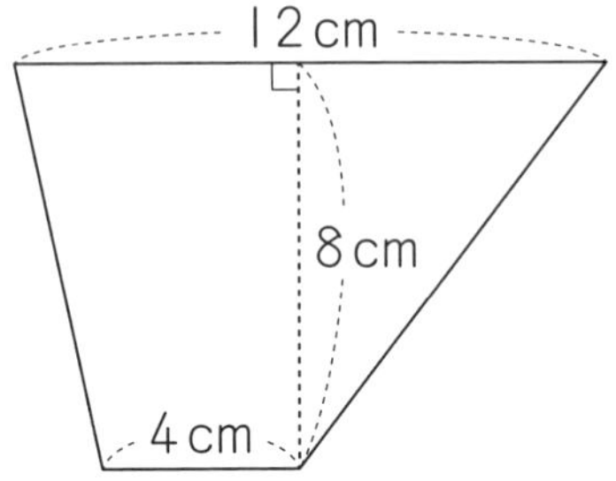

（全部できて10点）

(式)

答え(　　　　　)

(3)

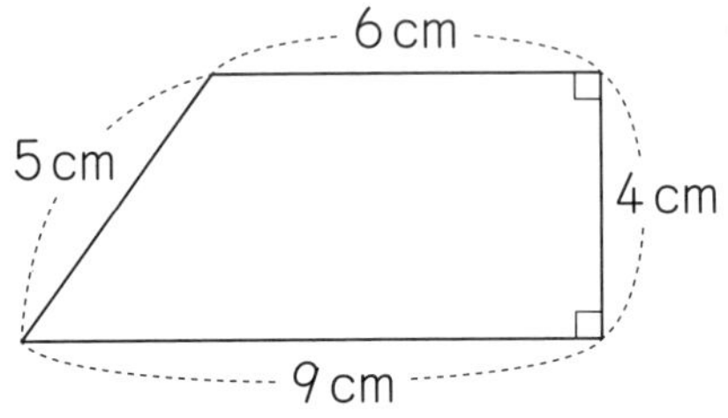

（全部できて10点）

(式)

答え(　　　　　)

(4)

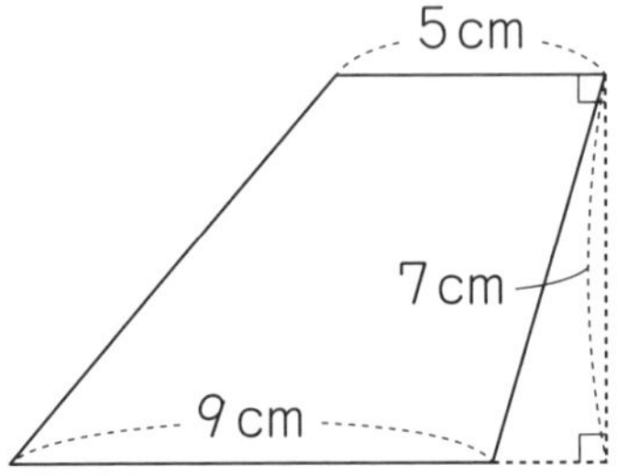

（全部できて10点）

(式)

答え(　　　　　)

❷ 次の四角形の面積を求めましょう。【60点】

(1)

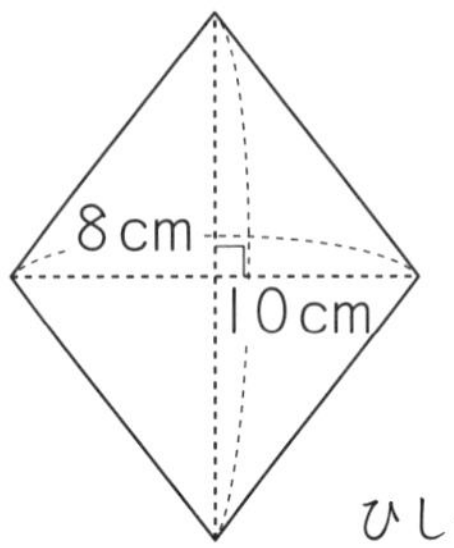

ひし形

（全部できて15点）

(式)

答え(　　　　　)

(2)

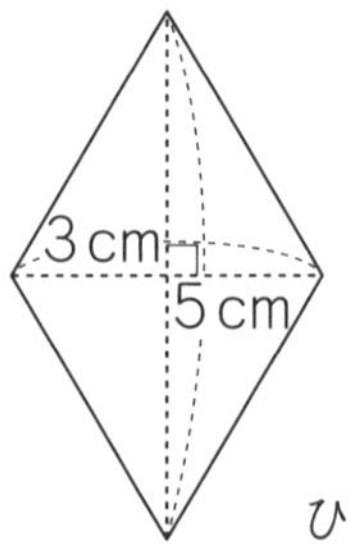

ひし形

（全部できて15点）

(式)

答え(　　　　　)

(3)

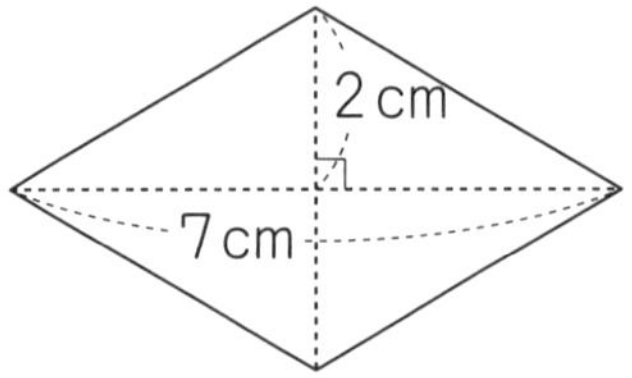

ひし形

（全部できて15点）

(式)

答え(　　　　　)

(4)

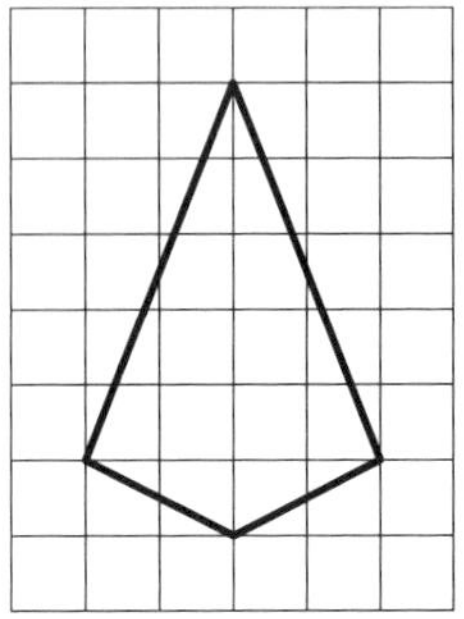

1目もり1cm

（全部できて15点）

(式)

答え(　　　　　)

27 面積の求め方のくふう

目標《もくひょう》時間 20分

学習した日　　月　　日

名前

得点　　／100点

らくらくマルつけ
5027
解説→314ページ

1 次の四角形や五角形の面積を求めましょう。【36点】

(1)（全部できて12点）

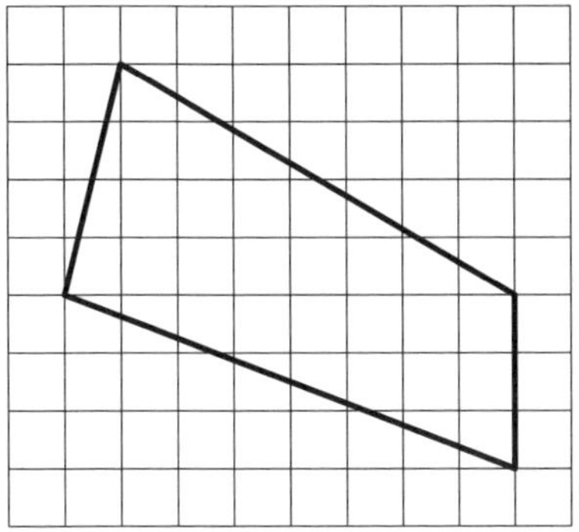

1目もり1cm

（式）

答え（　　　　）

(2)（全部できて12点）

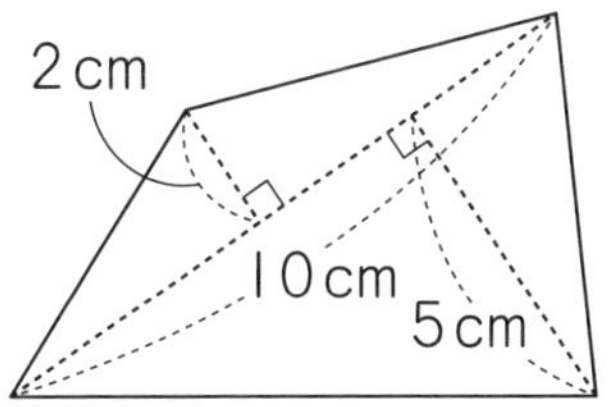

（式）

答え（　　　　）

(3)（全部できて12点）

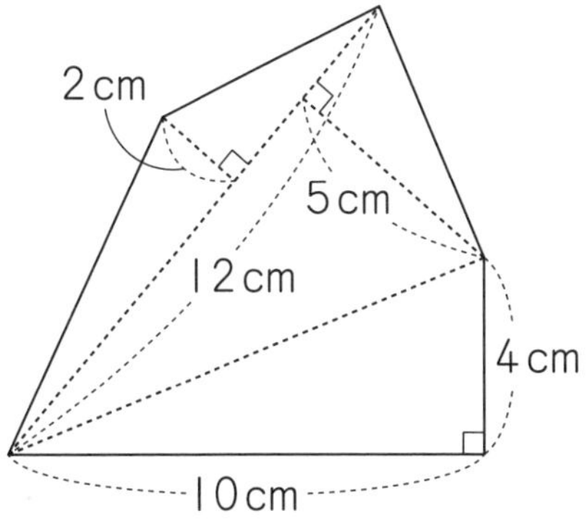

（式）

答え（　　　　）

2 次のような平行な２本の直線にはさまれた三角形があります。また，アの面積は21cm^{2}です。あとの問いに答えましょう。

1つ8点【16点】

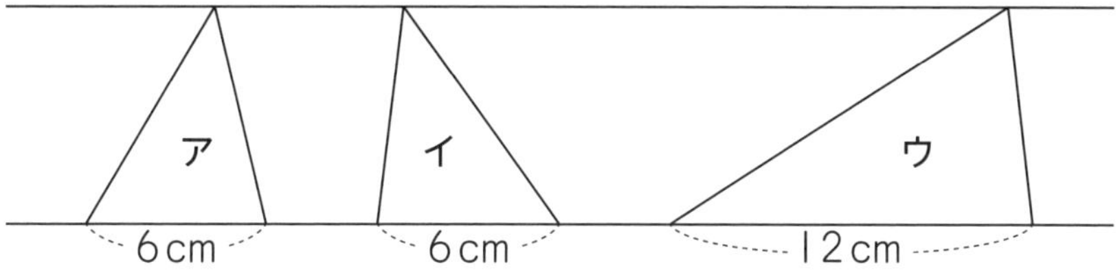

(1) イの面積を求めましょう。　(2) ウの面積を求めましょう。

（　　　　）　（　　　　）

3 三角形の底辺を4cmときめて，高さを1cm，2cm，3cm，…と変えていきます。次の問いに答えましょう。【48点】

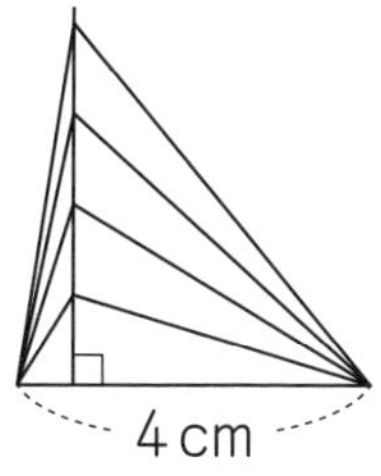

(1) 表にあてはまる数を書きましょう。1つ8点(40点)

高さ(cm)	1	2	3	4	5	
面積(cm^2)						

(2) 底辺の長さが同じとき，三角形の面積は，高さに比例《ひれい》しますか。(8点)

（　　　　）

27 面積の求め方のくふう

目標時間《もくひょうじかん》 20分

学習した日　月　日	得点	5027
名前	/100点	解説→314ページ

らくらくマルつけ

❶ 次の四角形や五角形の面積を求めましょう。 【36点】

(1) （全部できて12点）

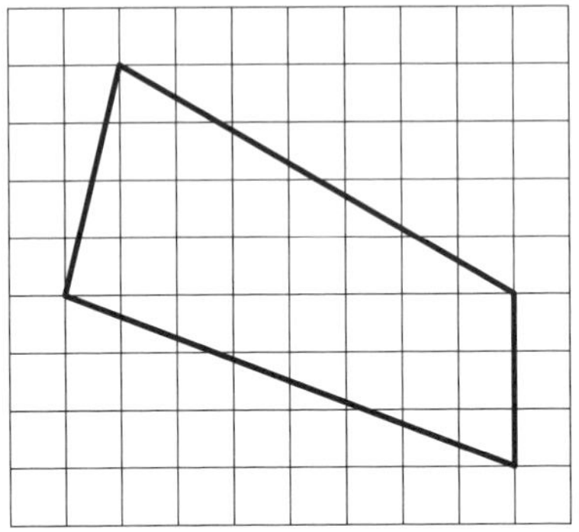

1目もり1cm

（式）

答え（　　　　　）

(2) （全部できて12点）

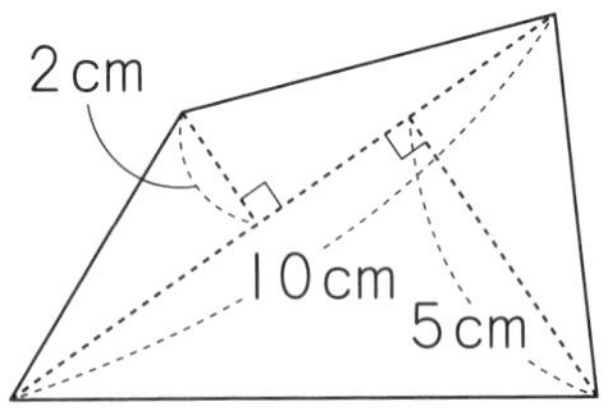

（式）

答え（　　　　　）

(3) （全部できて12点）

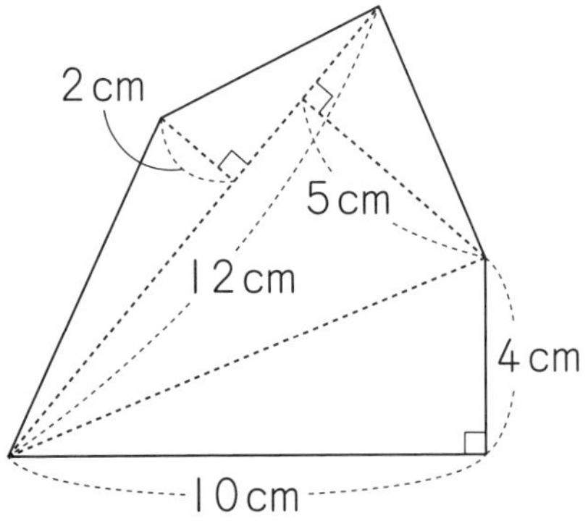

（式）

答え（　　　　　）

❷ 次のような平行な2本の直線にはさまれた三角形があります。また，アの面積は21cm²です。あとの問いに答えましょう。

1つ8点【16点】

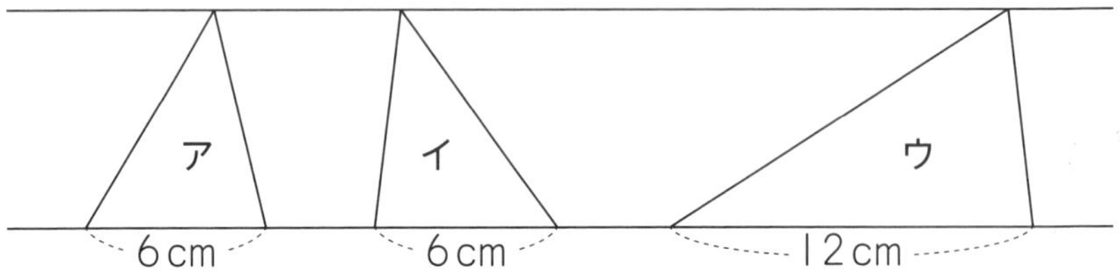

(1) イの面積を求めましょう。

（　　　　　）

(2) ウの面積を求めましょう。

（　　　　　）

❸ 三角形の底辺を4cmときめて，高さを1cm，2cm，3cm，…と変えていきます。次の問いに答えましょう。 【48点】

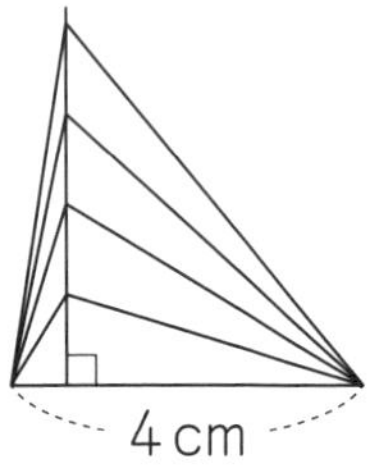

(1) 表にあてはまる数を書きましょう。1つ8点(40点)

高さ(cm)	1	2	3	4	5	
面積(cm^2)						

(2) 底辺の長さが同じとき，三角形の面積は，高さに比例《ひれい》しますか。

(8点)

（　　　　　）

28 平均《へいきん》とその利用

目標《もくひょう》時間 20分

学習した日　　月　　日	得点
名前	／100点

5028
解説→315ページ

1 きゅうり4本の重さをはかったら，次のようになりました。きゅうりの重さは，1本平均《へいきん》何gですか。【全部できて20点】

103g	108g	92g	105g

(式)

答え(　　　　　　)

2 学校の花だんにさいているあじさいの高さをはかったら，次のようでした。あじさいの高さは1本平均何cmですか。【全部できて20点】

35cm	45cm	33cm	48cm
52cm	42cm	39cm	

(式)

答え(　　　　　　)

3 5月と6月にバスケットボールの試合をしたら，まことさんの得点《とくてん》は次のようでした。あとの問いに答えましょう。【60点】

バスケットボールの試合の得点(5月)

5点	7点	10点	0点	12点	8点

バスケットボールの試合の得点(6月)

9点	3点	6点	10点	8点

(1) 5月のバスケットボールの試合で，まことさんの得点は，1試合平均何点ですか。(全部できて20点)

(式)

答え(　　　　　　)

(2) 6月のバスケットボールの試合で，まことさんの得点は，1試合平均何点ですか。(全部できて20点)

(式)

答え(　　　　　　)

(3) 平均点を比《くら》べると，5月と6月ではどちらのほうが，得点が多かったといえますか。(20点)

(　　　　)

＼もう1回チャレンジ!!／

28 平均《へいきん》とその利用

目標《もくひょう》時間 20分

学習した日　　月　　日

名前

得点

／100点

5028
解説→315ページ

らくらくマルつけ

❶ きゅうり4本の重さをはかったら，次のようになりました。きゅうりの重さは，1本平均《へいきん》何gですか。　【全部できて20点】

103g	108g	92g	105g

(式)

答え(　　　　　　)

❷ 学校の花だんにさいているあじさいの高さをはかったら，次のようでした。あじさいの高さは1本平均何cmですか。　【全部できて20点】

35cm	45cm	33cm	48cm
52cm	42cm	39cm	

(式)

答え(　　　　　　)

❸ 5月と6月にバスケットボールの試合をしたら，まことさんの得点《とくてん》は次のようでした。あとの問いに答えましょう。　【60点】

バスケットボールの試合の得点(5月)

5点	7点	10点	0点	12点	8点

バスケットボールの試合の得点(6月)

9点	3点	6点	10点	8点

(1) 5月のバスケットボールの試合で，まことさんの得点は，1試合平均何点ですか。　(全部できて20点)

(式)

答え(　　　　　　)

(2) 6月のバスケットボールの試合で，まことさんの得点は，1試合平均何点ですか。　(全部できて20点)

(式)

答え(　　　　　　)

(3) 平均点を比《くら》べると，5月と6月ではどちらのほうが，得点が多かったといえますか。　(20点)

(　　　　　　)

29 単位量あたりの大きさ

目標《もくひょう》時間 20分

学習した日　月　日

名前

得点　／100点

らくらくマルつけ

5029
解説→315ページ

算数

❶ 次の表はA市とB町の面積と人口を表したものです。あとの問いに答えましょう。 【45点】

	面積(km^2)	人口(人)
A市	310	73000
B町	72	30000

(1) A市の人口密度《じんこうみつど》を，四捨五入して，一の位までの概数《がいすう》で求めましょう。 (全部できて15点)

(式)

答え　$1km^2$あたり(　　　　　)

(2) B町の人口密度を，四捨五入して，一の位までの概数で求めましょう。 (全部できて15点)

(式)

答え　$1km^2$あたり(　　　　　)

(3) A市とB町では，どちらのほうが，面積のわりに人口が多いですか。 (15点)

(　　　　　)

❷ Aの花束は15本入って975円，Bの花束は12本入って660円です。次の問いに答えましょう。 【39点】

(1) Aの花束は1本あたり何円ですか。 (全部できて13点)

(式)

答え(　　　　　)

(2) Bの花束は1本あたり何円ですか。 (全部できて13点)

(式)

答え(　　　　　)

(3) 1本あたりのねだんは，どちらがどれだけ安いですか。

(式) (全部できて13点)

答え(　　　　　)

❸ ガソリン30Lで1140km走ることができるバイクAと，ガソリン20Lで920km走ることができるバイクBがあります。同じガソリンの量でより長い道のりを走ることができるのは，バイクA，バイクBのどちらですか。 【16点】

(　　　　　)

29 単位量あたりの大きさ

目標《もくひょう》時間 20分

学習した日　　月　　日

名前

得点　　／100点

5029
解説→315ページ

らくらくマルつけ

1 次の表はA市とB町の面積と人口を表したものです。あとの問いに答えましょう。【45点】

	面積(km^2)	人口(人)
A市	310	73000
B町	72	30000

(1) A市の人口密度《じんこうみつど》を，四捨五入して，一の位までの概数《がいすう》で求めましょう。（全部できて15点）

(式)

答え　1km^2あたり(　　　　　)

(2) B町の人口密度を，四捨五入して，一の位までの概数で求めましょう。（全部できて15点）

(式)

答え　1km^2あたり(　　　　　)

(3) A市とB町では，どちらのほうが，面積のわりに人口が多いですか。（15点）

(　　　　　)

2 Aの花束は15本入って975円，Bの花束は12本入って660円です。次の問いに答えましょう。【39点】

(1) Aの花束は1本あたり何円ですか。（全部できて13点）

(式)

答え(　　　　　)

(2) Bの花束は1本あたり何円ですか。（全部できて13点）

(式)

答え(　　　　　)

(3) 1本あたりのねだんは，どちらがどれだけ安いですか。（全部できて13点）

(式)

答え(　　　　　)

3 ガソリン30Lで1140km走ることができるバイクAと，ガソリン20Lで920km走ることができるバイクBがあります。同じガソリンの量でより長い道のりを走ることができるのは，バイクA，バイクBのどちらですか。【16点】

(　　　　　)

30 わり算と分数，分数と小数

目標《もくひょう》時間 20分

学習した日　　月　　日

名前

得点　　／100点

らくらくマルつけ

5030
解説→315ページ

1 11dLのりんごジュースと8dLのぶどうジュースがあります。次の問いに答えましょう。【16点】

(1) 11dLのりんごジュースを3人で等分すると1人分は何dLになりますか。分数で表しましょう。（全部できて8点）

(式)

答え（　　　　）

(2) 8dLのぶどうジュースを6人で等分すると1人分は何dLになりますか。分数で表しましょう。（全部できて8点）

(式)

答え（　　　　）

2 次の分数を小数で表しましょう。1つ7点【28点】

(1) $\frac{2}{5}$　（　　　　）

(2) $\frac{7}{4}$　（　　　　）

(3) $\frac{1}{8}$　（　　　　）

(4) $\frac{23}{10}$　（　　　　）

3 次の小数を分数で表しましょう。1つ7点【28点】

(1) 0.9　（　　　　）

(2) 0.17　（　　　　）

(3) 0.45　（　　　　）

(4) 3.75　（　　　　）

4 次の計算をしましょう。1つ7点【28点】

(1) $\frac{4}{7}+0.3=$

(2) $0.4-\frac{1}{3}=$

(3) $1.4+2\frac{4}{15}=$

(4) $\frac{7}{12}-0.25=$

＼もう1回チャレンジ!!／

30 わり算と分数，分数と小数

目標《もくひょう》時間 20分

学習した日　月　日

名前

得点　／100点

5030
解説→315ページ

らくらくマルつけ

❶ 11dLのりんごジュースと8dLのぶどうジュースがあります。次の問いに答えましょう。【16点】

(1) 11dLのりんごジュースを3人で等分すると1人分は何dLになりますか。分数で表しましょう。（全部できて8点）

(式)

答え(　　　　)

(2) 8dLのぶどうジュースを6人で等分すると1人分は何dLになりますか。分数で表しましょう。（全部できて8点）

(式)

答え(　　　　)

❷ 次の分数を小数で表しましょう。 1つ7点【28点】

(1) $\frac{2}{5}$　(　　　　)

(2) $\frac{7}{4}$　(　　　　)

(3) $\frac{1}{8}$　(　　　　)

(4) $\frac{23}{10}$　(　　　　)

❸ 次の小数を分数で表しましょう。 1つ7点【28点】

(1) 0.9　(　　　　)

(2) 0.17　(　　　　)

(3) 0.45　(　　　　)

(4) 3.75　(　　　　)

❹ 次の計算をしましょう。 1つ7点【28点】

(1) $\frac{4}{7}+0.3=$

(2) $0.4-\frac{1}{3}=$

(3) $1.4+2\frac{4}{15}=$

(4) $\frac{7}{12}-0.25=$

31 割合《わりあい》①

目標《もくひょう》時間 20分

学習した日　月　日

名前

得点

／100点

5031 解説→315ページ

❶ 次の表は，サッカークラブとバスケットボールクラブと野球クラブの定員と希望者の数を表したものです。あとの問いに答えましょう。 【48点】

	定員(人)	希望者(人)
サッカークラブ	15	9
バスケットボールクラブ	12	18
野球クラブ	20	15

(1) サッカークラブは，定員の何倍の希望者がいますか。 (全部できて16点)

(式)

答え(　　　　　　)

(2) バスケットボールクラブは，定員の何倍の希望者がいますか。 (全部できて16点)

(式)

答え(　　　　　　)

(3) 野球クラブは，定員の何倍の希望者がいますか。 (全部できて16点)

(式)

答え(　　　　　　)

❷ A町の5年生155人のうち，9月に本を読んだ人の数は93人，本を読まなかった人の数は62人でした。次の問いに答えましょう。 【52点】

(1) 5年生全体の数をもとにしたときの本を読んだ人の数の割合《わりあい》を求めましょう。 (全部できて13点)

(式)

答え(　　　　　　)

(2) 5年生全体の数をもとにしたときの本を読んだ人の数の割合は何%ですか。 (全部できて13点)

(式)

答え(　　　　　　)

(3) 5年生全体の数をもとにしたときの本を読まなかった人の数の割合は何%ですか。 (全部できて13点)

(式)

答え(　　　　　　)

(4) 本を読まなかった人の数をもとにしたときの本を読んだ人の数の割合は何%ですか。 (全部できて13点)

(式)

答え(　　　　　　)

31 割合《わりあい》①

目標《もくひょう》時間 20分

学習した日　　月　　日

名前

得点

／100点

らくらくマルつけ

5031
解説→315ページ

❶ 次の表は，サッカークラブとバスケットボールクラブと野球クラブの定員と希望者の数を表したものです。あとの問いに答えましょう。　【48点】

	定員(人)	希望者(人)
サッカークラブ	15	9
バスケットボールクラブ	12	18
野球クラブ	20	15

(1) サッカークラブは，定員の何倍の希望者がいますか。(全部できて16点)

(式)

答え(　　　　　　　)

(2) バスケットボールクラブは，定員の何倍の希望者がいますか。

(式)　(全部できて16点)

答え(　　　　　　　)

(3) 野球クラブは，定員の何倍の希望者がいますか。　(全部できて16点)

(式)

答え(　　　　　　　)

❷ A町の5年生155人のうち，9月に本を読んだ人の数は93人，本を読まなかった人の数は62人でした。次の問いに答えましょう。

【52点】

(1) 5年生全体の数をもとにしたときの本を読んだ人の数の割合《わりあい》を求めましょう。　(全部できて13点)

(式)

答え(　　　　　　　)

(2) 5年生全体の数をもとにしたときの本を読んだ人の数の割合は何%ですか。　(全部できて13点)

(式)

答え(　　　　　　　)

(3) 5年生全体の数をもとにしたときの本を読まなかった人の数の割合は何%ですか。　(全部できて13点)

(式)

答え(　　　　　　　)

(4) 本を読まなかった人の数をもとにしたときの本を読んだ人の数の割合は何%ですか。　(全部できて13点)

(式)

答え(　　　　　　　)

32 割合《わりあい》②

目標《もくひょう》時間 20分

学習した日　　月　　日

名前

得点

／100点

らくらくマルつけ

5032

解説→316ページ

❶ A小学校の児童の数は416人で，このうちメガネをかけている人の数は，その0.25倍でした。メガネをかけている人の数は何人ですか。 【全部できて20点】

(式)

答え(　　　　　　)

❷ B小学校のしき地面積は9100m^{2}で，しき地面積全体の53%が建物の面積です。次の問いに答えましょう。 【30点】

(1) 53%を小数で表しましょう。 (15点)

(　　　　　　)

(2) 建物の面積は何m^{2}ですか。 (全部できて15点)

(式)

答え(　　　　　　)

❸ 2500円の洋服が15%引きで売られています。次の問いに答えましょう。 【30点】

(1) 15%を小数で表しましょう。 (15点)

(　　　　　　)

(2) 洋服の代金はいくらですか。 (全部できて15点)

(式)

答え(　　　　　　)

❹ A町の去年の5年生の人数は620人で，今年の5年生の人数は去年よりも5%増えました。今年の5年生の人数は何人ですか。

(式) 【全部できて20点】

答え(　　　　　　)

＼もう1回チャレンジ!!／

32 割合《わりあい》②

目標《もくひょう》時間 20分

学習した日　　月　　日

名前

得点　　／100点

らくらくマルつけ

5032

解説→316ページ

❶ A小学校の児童の数は416人で，このうちメガネをかけている人の数は，その0.25倍でした。メガネをかけている人の数は何人ですか。【全部できて20点】

(式)

答え(　　　　　　)

❷ B小学校のしき地面積は9100m^2で，しき地面積全体の53%が建物の面積です。次の問いに答えましょう。【30点】

(1) 53%を小数で表しましょう。(15点)

(　　　　　　)

(2) 建物の面積は何m^2ですか。(全部できて15点)

(式)

答え(　　　　　　)

❸ 2500円の洋服が15%引きで売られています。次の問いに答えましょう。【30点】

(1) 15%を小数で表しましょう。(15点)

(　　　　　　)

(2) 洋服の代金はいくらですか。(全部できて15点)

(式)

答え(　　　　　　)

❹ A町の去年の5年生の人数は620人で，今年の5年生の人数は去年よりも5%増えました。今年の5年生の人数は何人ですか。【全部できて20点】

(式)

答え(　　　　　　)

33 割合《わりあい》③

目標《もくひょう》時間 20分

学習した日　　月　　日

名前

得点　　／100点

5033
解説→316ページ

らくらくマルつけ

❶ ゆうまさんの家の近くの公園には面積が72m²の花だんがあり，これは公園の面積の0.18倍にあたります。公園全体の面積は何m²ですか。 【全部できて20点】

(式)

答え(　　　　　　)

❷ ある乗り物に65人が乗っていて，この人数は定員の130%にあたります。次の問いに答えましょう。 【30点】

(1) 定員は何人ですか。 (全部できて15点)

(式)

答え(　　　　　　)

(2) 乗り物には定員よりも何人多く乗っていますか。 (全部できて15点)

(式)

答え(　　　　　　)

❸ ある品物をもとのねだんの30%引きで買った代金は1400円でした。次の問いに答えましょう。 【30点】

(1) 30%を小数で表しましょう。 (15点)

(　　　　　　)

(2) もとのねだんはいくらですか。 (全部できて15点)

(式)

答え(　　　　　　)

❹ あるおかしの商品が25%増量《ぞうりょう》して，重さが75gになりました。増量前の重さは何gでしたか。 【全部できて20点】

(式)

答え(　　　　　　)

＼もう1回チャレンジ!!／

33 割合《わりあい》③

目標《もくひょう》時間 20分

学習した日　月　日

名前

得点　／100点

らくらくマルつけ

5033
解説→316ページ

❶ ゆうまさんの家の近くの公園には面積が72m^2の花だんがあり，これは公園の面積の0.18倍にあたります。公園全体の面積は何m^2ですか。【全部できて20点】

(式)

答え(　　　　　)

❷ ある乗り物に65人が乗っていて，この人数は定員の130%にあたります。次の問いに答えましょう。【30点】

(1) 定員は何人ですか。(全部できて15点)

(式)

答え(　　　　　)

(2) 乗り物には定員よりも何人多く乗っていますか。(全部できて15点)

(式)

答え(　　　　　)

❸ ある品物をもとのねだんの30%引きで買った代金は1400円でした。次の問いに答えましょう。【30点】

(1) 30%を小数で表しましょう。(15点)

(　　　　　)

(2) もとのねだんはいくらですか。(全部できて15点)

(式)

答え(　　　　　)

❹ あるおかしの商品が25%増量《ぞうりょう》して，重さが75gになりました。増量前の重さは何gでしたか。【全部できて20点】

(式)

答え(　　　　　)

34 円と多角形①

目標《もくひょう》時間 20分

学習した日　月　日

名前

得点

／100点

5034
解説→316ページ

らくらくマルつけ

算数

❶ 次のような多角形があります。あとの問いに答えましょう。

1つ20点【60点】

ア　イ　ウ

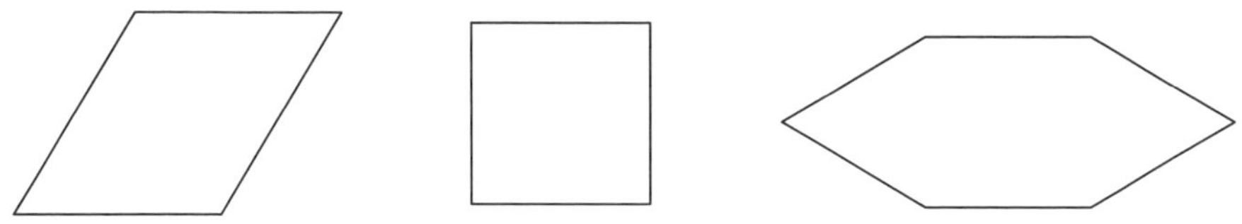

平行四辺形　正方形　六角形

(1) アの図形は正多角形といえますか。

(　　　　)

(2) イの図形は正多角形といえますか。

(　　　　)

(3) ウの図形は正多角形といえますか。

(　　　　)

❷ 右の図形は正八角形です。㋐の角度は何度ですか。

【全部できて20点】

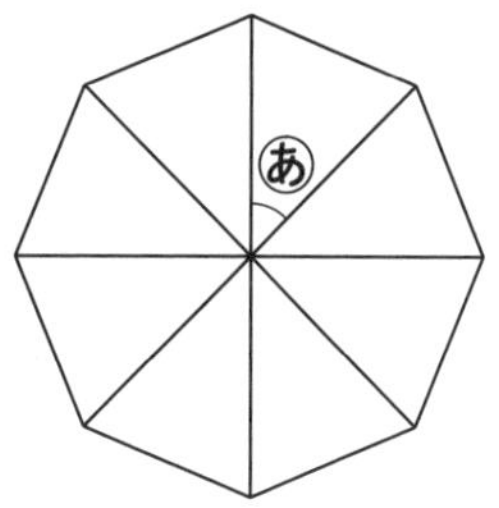

(式)

答え(　　　　)

❸ 次の図は，円とその中心です。コンパスと定規《じょうぎ》を使って，正六角形をかきましょう。

【20点】

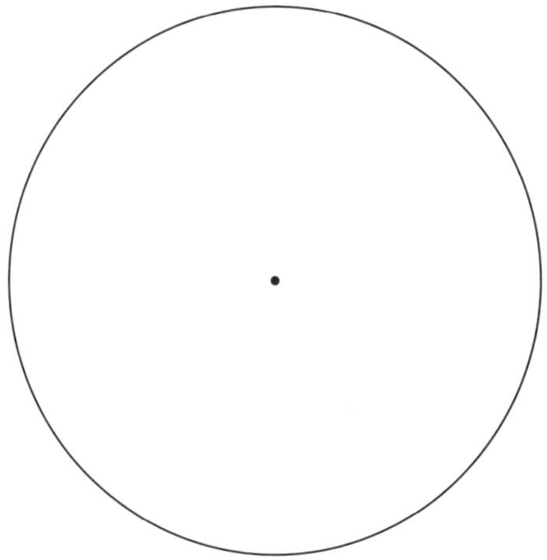

＼もう1回チャレンジ!!／

34 円と多角形①

目《もく》標《ひょう》時間 20分

学習した日　月　日

名前

得点　／100点

5034 解説→316ページ

らくらくマルつけ

❶ 次のような多角形があります。あとの問いに答えましょう。

1つ20点【60点】

ア　イ　ウ

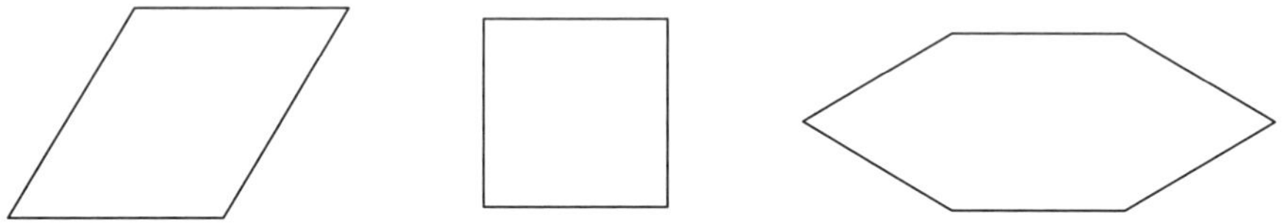

平行四辺形　正方形　六角形

(1) アの図形は正多角形といえますか。

(　　　　　)

(2) イの図形は正多角形といえますか。

(　　　　　)

(3) ウの図形は正多角形といえますか。

(　　　　　)

❷ 右の図形は正八角形です。㋐の角度は何度ですか。

【全部できて20点】

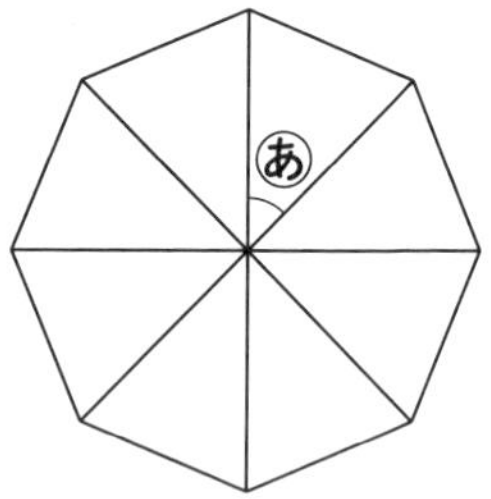

(式)

答え(　　　　　)

❸ 次の図は，円とその中心です。コンパスと定《じょう》規《ぎ》を使って，正六角形をかきましょう。

【20点】

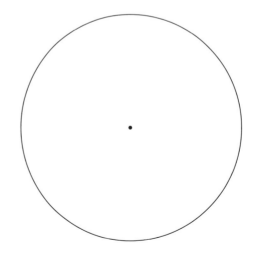

35 円と多角形②

目標《もくひょう》時間 20分

学習した日　月　日

名前

得点　／100点

らくらくマルつけ

5035

解説→317ページ

1 円の直径が次の長さのとき，円周を求めましょう。【36点】

(1) 3cm（全部できて9点）

(式)

答え(　　　　　)

(2) 20cm（全部できて9点）

(式)

答え(　　　　　)

(3) 8m（全部できて9点）

(式)

答え(　　　　　)

(4) 40m（全部できて9点）

(式)

答え(　　　　　)

2 円周が次の長さのとき，円の直径を求めましょう。【36点】

(1) 15.7cm（全部できて9点）

(式)

答え(　　　　　)

(2) 31.4cm（全部できて9点）

(式)

答え(　　　　　)

(3) 21.98m（全部できて9点）

(式)

答え(　　　　　)

(4) 1884m（全部できて9点）

(式)

答え(　　　　　)

3 円周が100mの円をかくには，円の直径を何mにすればよいですか。四捨五入して，一の位までの概数《がいすう》で求めましょう。

【全部できて12点】

(式)

答え(　　　　　)

4 下の図のまわりの長さは何cmですか。【全部できて16点】

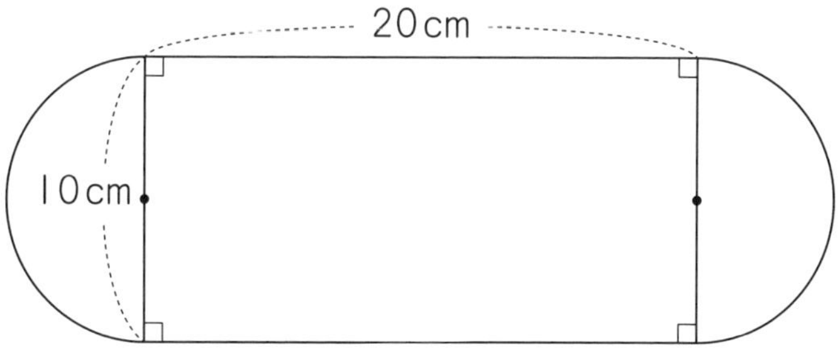

(式)

答え(　　　　　)

＼もう1回チャレンジ!!／

35 円と多角形②

目標《もくひょう》時間 20分

学習した日　　月　　日

名前

得点　　／100点

らくらくマルつけ

5035

解説→317ページ

❶ 円の直径が次の長さのとき，円周を求めましょう。【36点】

(1) 3cm （全部できて9点）

(式)

答え(　　　　　　)

(2) 20cm （全部できて9点）

(式)

答え(　　　　　　)

(3) 8m （全部できて9点）

(式)

答え(　　　　　　)

(4) 40m （全部できて9点）

(式)

答え(　　　　　　)

❷ 円周が次の長さのとき，円の直径を求めましょう。【36点】

(1) 15.7cm （全部できて9点）

(式)

答え(　　　　　　)

(2) 31.4cm （全部できて9点）

(式)

答え(　　　　　　)

(3) 21.98m （全部できて9点）

(式)

答え(　　　　　　)

(4) 1884m （全部できて9点）

(式)

答え(　　　　　　)

❸ 円周が100mの円をかくには，円の直径を何mにすればよいですか。四捨五入して，一の位までの概数《がいすう》で求めましょう。

【全部できて12点】

(式)

答え(　　　　　　)

❹ 下の図のまわりの長さは何cmですか。【全部できて16点】

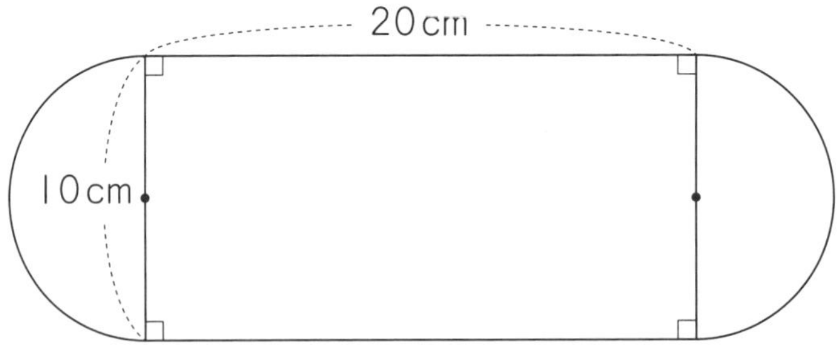

(式)

答え(　　　　　　)

らくらくマルつけ

36 割合《わりあい》とグラフ①

目標《もくひょう》時間 20分

学習した日　　月　　日	得点
名前	／100点

5036
解説→317ページ

❶ れんさんの学校の図書室にある本の種類別の割合《わりあい》は，次の帯《おび》グラフのようになりました。あとの問いに答えましょう。 1つ10点【40点】

図書室の本の数の割合(種類別)

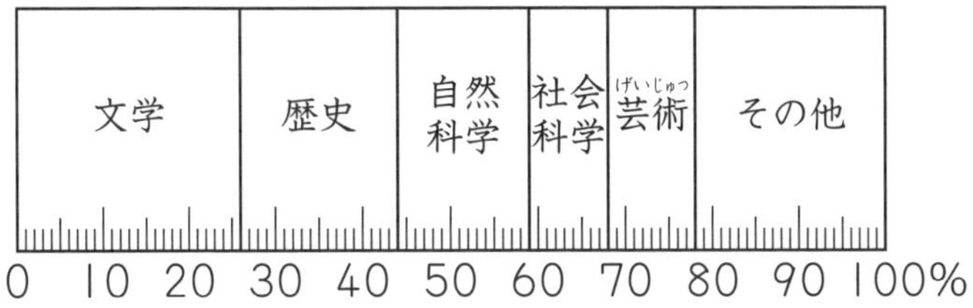

(1) 文学の本の数の割合は，全体の何％ですか。

(　　　　　)

(2) 自然科学の本の数の割合は，全体の何％ですか。

(　　　　　)

(3) 社会科学の本の数の割合は，全体の何％ですか。

(　　　　　)

(4) 歴史の本の数は芸術の本の数の何倍ですか。

(　　　　　)

❷ ゆいさんの学校の児童200人に好きな給食のメニューについてアンケートをとったところ，次の表のようになりました。あとの問いに答えましょう。 【60点】

好きな給食	カレー	からあげ	やきそば	ゼリー	その他
人数(人)	76	54	30	16	24
割合(％)	38				

(1) カレーと答えた児童の数は，全体の何倍ですか。 (10点)

(　　　　　)

(2) 表にあてはまる数を書きましょう。 1つ10点(40点)

(3) 表をもとに帯グラフをかきましょう。 (10点)

好きな給食の割合

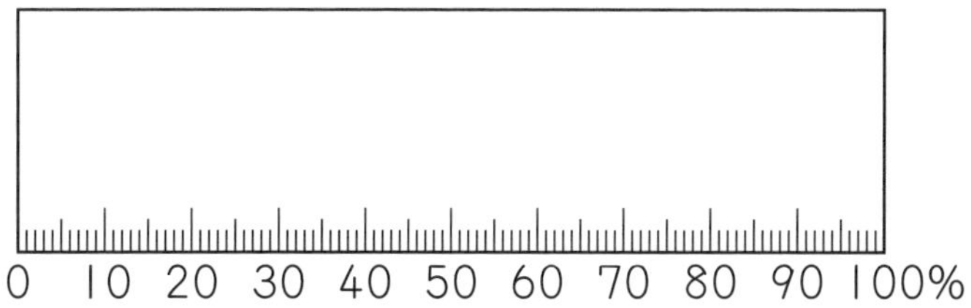

算数

36 割合《わりあい》とグラフ①

目標《もくひょう》時間 20分

学習した日　月　日

名前

得点　／100点

らくらくマルつけ

5036
解説→317ページ

❶ れんさんの学校の図書室にある本の種類別の割合《わりあい》は，次の帯《おび》グラフのようになりました。あとの問いに答えましょう。 1つ10点【40点】

図書室の本の数の割合(種類別)

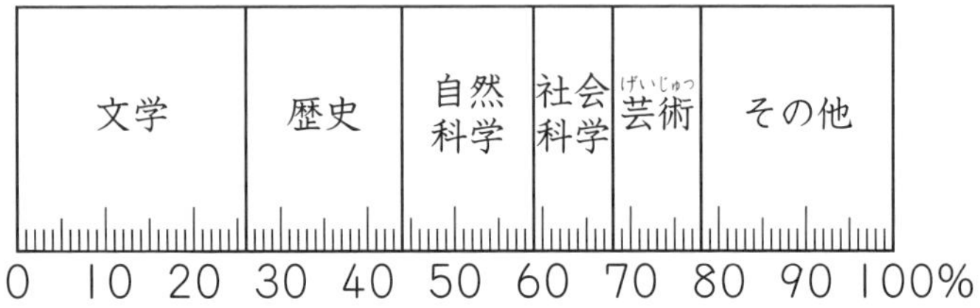

(1) 文学の本の数の割合は，全体の何％ですか。

(　　　　　)

(2) 自然科学の本の数の割合は，全体の何％ですか。

(　　　　　)

(3) 社会科学の本の数の割合は，全体の何％ですか。

(　　　　　)

(4) 歴史の本の数は芸術の本の数の何倍ですか。

(　　　　　)

❷ ゆいさんの学校の児童200人に好きな給食のメニューについてアンケートをとったところ，次の表のようになりました。あとの問いに答えましょう。 【60点】

好きな給食	カレー	からあげ	やきそば	ゼリー	その他
人数(人)	76	54	30	16	24
割合(％)	38				

(1) カレーと答えた児童の数は，全体の何倍ですか。 (10点)

(　　　　　)

(2) 表にあてはまる数を書きましょう。 1つ10点(40点)

(3) 表をもとに帯グラフをかきましょう。 (10点)

好きな給食の割合

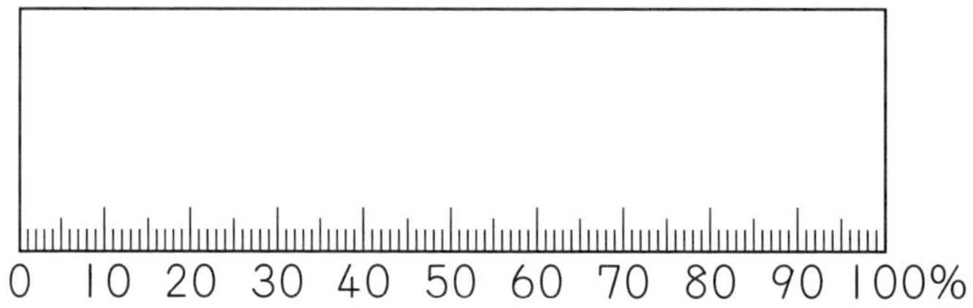

37 割合《わりあい》とグラフ②

目標時間《もくひょうじかん》 20分

学習した日　月　日

名前

得点　／100点

5037
解説→317ページ

らくらくマルつけ

1 次の円グラフは，ある年のレタスのしゅうかく量の都道府県別の割《わり》合《あい》を表したものです。あとの問いに答えましょう。　1つ10点【30点】

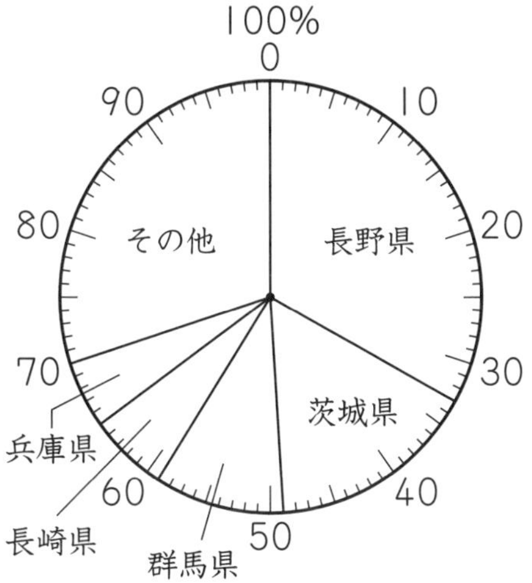

(1) 長野県の割合は，全体の何％ですか。

（　　　　）

(2) 長崎県の割合は，全体の何％ですか。

（　　　　）

(3) 群馬県のしゅうかく量は兵庫県のしゅうかく量の何倍ですか。

（　　　　）

2 次の表は，いつきさんの学校の400人の学年別の児童数です。あとの問いに答えましょう。　【70点】

学年	1年	2年	3年	4年	5年	6年
児童数(人)	56	60	88	52	76	68
割合(%)						

(1) 表にあてはまる数を書きましょう。　1つ10点(60点)

(2) 割合の大きい学年順に，円グラフをかきましょう。　(10点)

学校の学年別児童数の割合

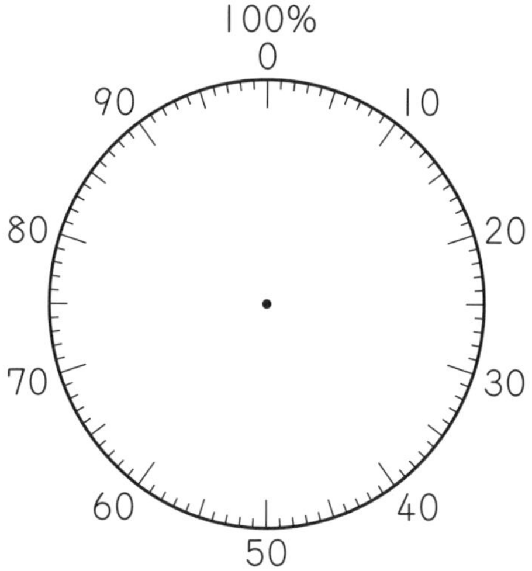

37 割合《わりあい》とグラフ②

目標《もくひょう》時間 20分

学習した日　　月　　日

名前

得点　　／100点

5037 解説→317ページ

らくらくマルつけ

❶ 次の円グラフは，ある年のレタスのしゅうかく量の都道府県別の割《わり》合《あい》を表したものです。あとの問いに答えましょう。　1つ10点【30点】

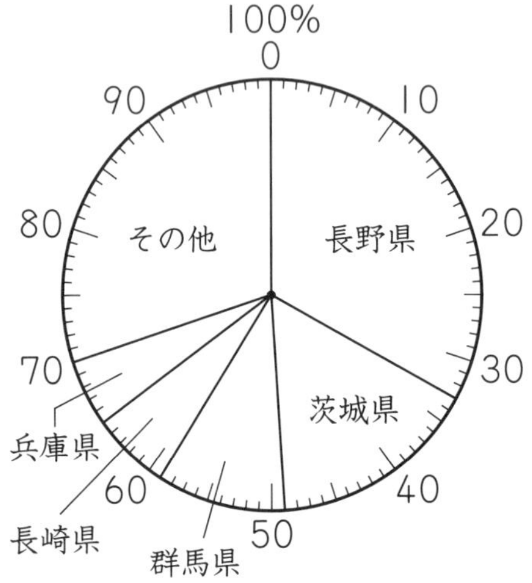

(1)　長野県の割合は，全体の何％ですか。

(　　　　　)

(2)　長崎県の割合は，全体の何％ですか。

(　　　　　)

(3)　群馬県のしゅうかく量は兵庫県のしゅうかく量の何倍ですか。

(　　　　　)

❷ 次の表は，いつきさんの学校の400人の学年別の児童数です。あとの問いに答えましょう。　【70点】

学年	1年	2年	3年	4年	5年	6年
児童数(人)	56	60	88	52	76	68
割合(%)						

(1)　表にあてはまる数を書きましょう。　1つ10点(60点)

(2)　割合の大きい学年順に，円グラフをかきましょう。　(10点)

学校の学年別児童数の割合

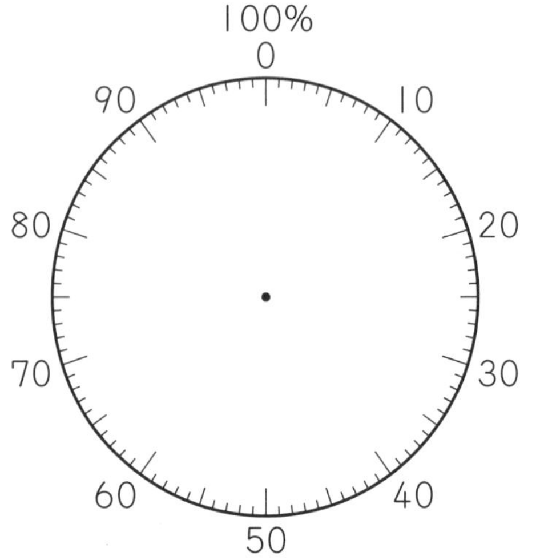

38 割合《わりあい》とグラフ③

目標《もくひょう》時間 20分

学習した日　月　日

名前

得点　／100点

5038
解説→318ページ

1 A町では，A町にある小学校１年生400人と５年生600人に好きなスポーツのアンケートをとりました。次のグラフは，１年生と５年生に分けて帯《おび》グラフに表したものです。あとの問いに答えましょう。

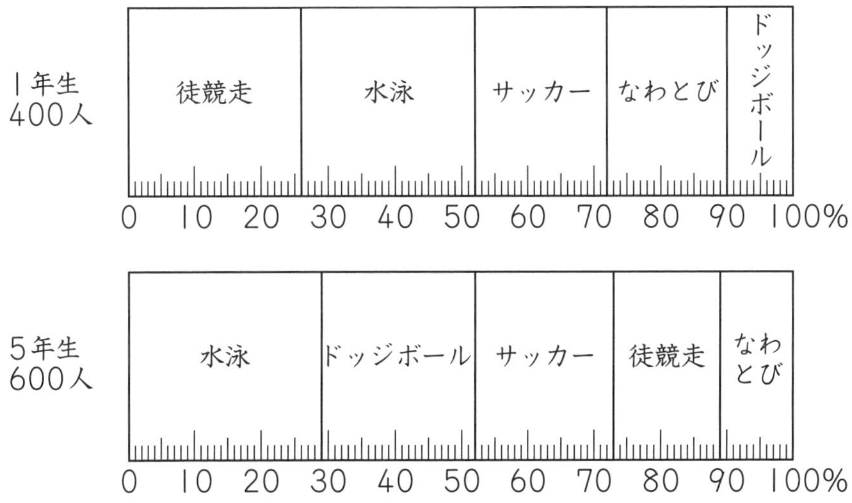

(1) １年生で，「サッカー」が好きと答えた人の割合《わりあい》は何％ですか。（16点）

（　　　　　）

(2) ５年生で，「サッカー」が好きと答えた人の割合は何％ですか。（16点）

（　　　　　）

(3) １年生と５年生では，「徒競走」の割合はどちらが何％大きいですか。（17点）

（　　　　　）

(4) １年生で「水泳」と答えた人の数は何人ですか。（全部できて17点）

(式)

答え（　　　　　）

(5) ５年生で「なわとび」と答えた人の数は何人ですか。（全部できて17点）

(式)

答え（　　　　　）

(6) ５年生で「ドッジボール」と答えた人の数は，１年生で「ドッジボール」と答えた人の数の何倍ですか。（全部できて17点）

(式)

答え（　　　　　）

＼もう1回チャレンジ!!／

38 割合《わりあい》とグラフ③

目標《もくひょう》時間 20分

学習した日　月　日

名前

得点　／100点

らくらくマルつけ

5038
解説→318ページ

❶ A町では，A町にある小学校1年生400人と5年生600人に好きなスポーツのアンケートをとりました。次のグラフは，1年生と5年生に分けて帯《おび》グラフに表したものです。あとの問いに答えましょう。

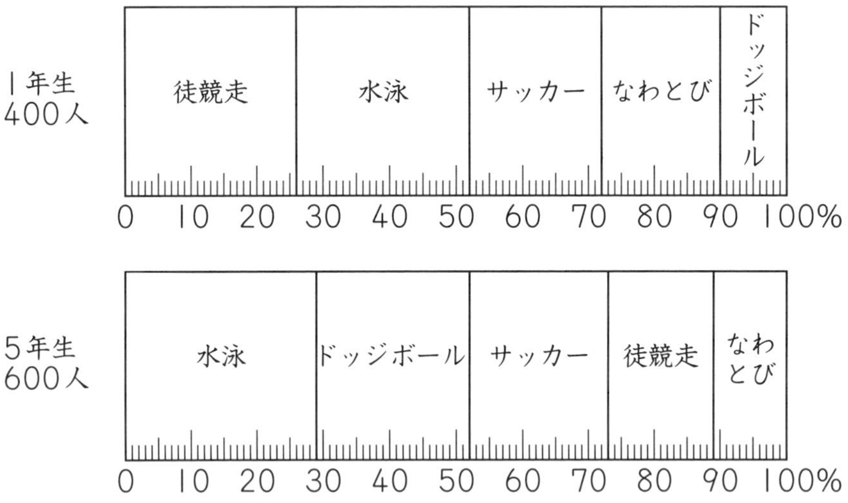

(1) 1年生で，「サッカー」が好きと答えた人の割合《わりあい》は何％ですか。（16点）

（　　　　）

(2) 5年生で，「サッカー」が好きと答えた人の割合は何％ですか。（16点）

（　　　　）

(3) 1年生と5年生では，「徒競走」の割合はどちらが何％大きいですか。（17点）

（　　　　）

(4) 1年生で「水泳」と答えた人の数は何人ですか。（全部できて17点）

(式)

答え（　　　　）

(5) 5年生で「なわとび」と答えた人の数は何人ですか。（全部できて17点）

(式)

答え（　　　　）

(6) 5年生で「ドッジボール」と答えた人の数は，1年生で「ドッジボール」と答えた人の数の何倍ですか。（全部できて17点）

(式)

答え（　　　　）

39 角柱と円柱 ①

目標《もくひょう》時間 20分

学習した日　月　日

名前

得点　／100点

らくらくマルつけ

5039
解説→318ページ

算数

❶ 次の立体について，あとの問いに答えましょう。 1つ15点【45点】

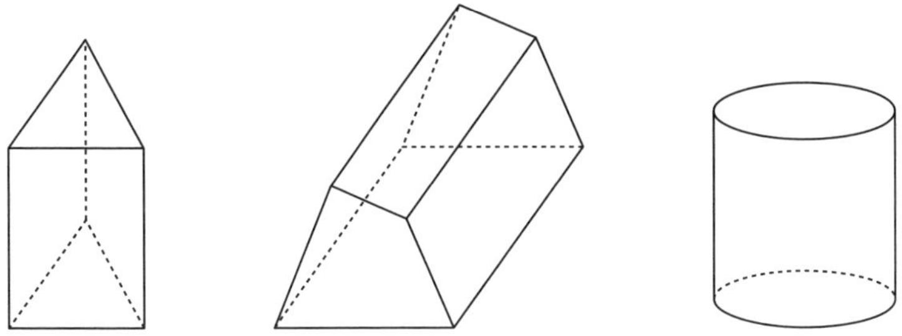

ア　イ　ウ

(1) アの立体の名前は何ですか。

(　　　　)

(2) イの立体の名前は何ですか。

(　　　　)

(3) ウの立体の名前は何ですか。

(　　　　)

❷ 右の立体について，次の問いに答えましょう。 1つ11点【55点】

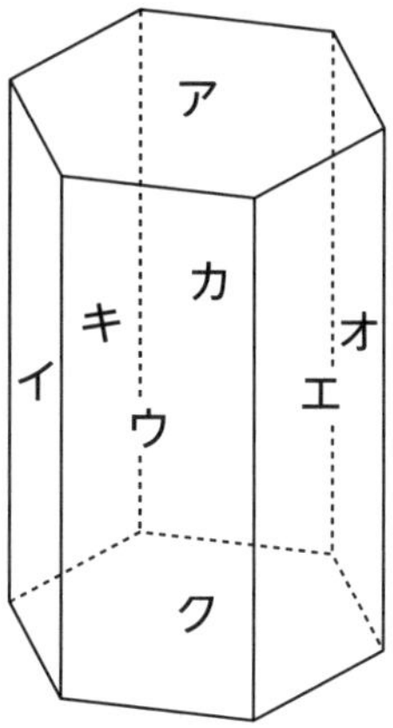

(1) この立体の名前は何ですか。

(　　　　)

(2) この立体の底面をすべて選び，記号で書きましょう。

(　　　　)

(3) この立体の側面をすべて選び，記号で書きましょう。

(　　　　)

(4) この立体の頂点《ちょうてん》の数は何個《こ》ですか。

(　　　　)

(5) この立体の辺の数は何本ですか。

(　　　　)

39 角柱と円柱 ①

目標《もくひょう》時間 20分

学習した日　　月　　日

名前

得点　　／100点

らくらくマルつけ

5039
解説→318ページ

❶ 次の立体について，あとの問いに答えましょう。 1つ15点【45点】

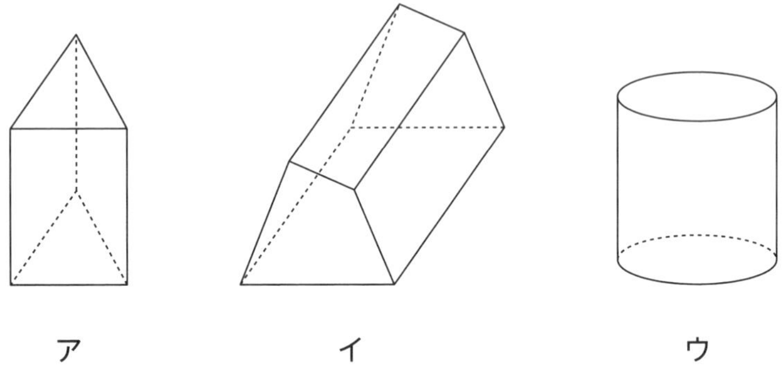

(1) アの立体の名前は何ですか。

(　　　　　)

(2) イの立体の名前は何ですか。

(　　　　　)

(3) ウの立体の名前は何ですか。

(　　　　　)

❷ 右の立体について，次の問いに答えましょう。 1つ11点【55点】

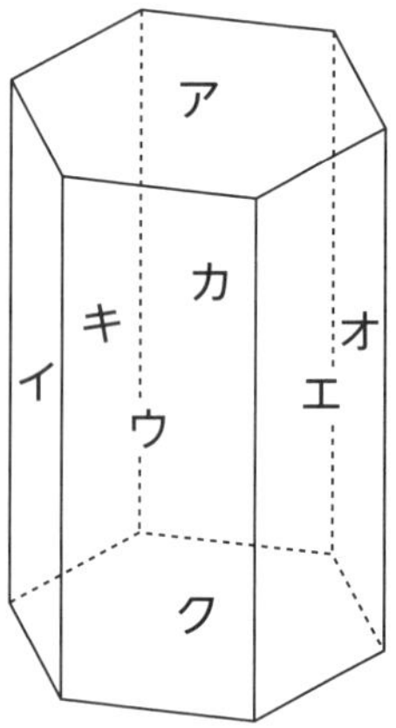

(1) この立体の名前は何ですか。

(　　　　　)

(2) この立体の底面をすべて選び，記号で書きましょう。

(　　　　　)

(3) この立体の側面をすべて選び，記号で書きましょう。

(　　　　　)

(4) この立体の頂点《ちょうてん》の数は何個《こ》ですか。

(　　　　　)

(5) この立体の辺の数は何本ですか。

(　　　　　)

40 角柱と円柱②

目標《もくひょう》時間 20分

学習した日　　月　　日

名前

得点

／100点

らくらくマルつけ

5040
解説→318ページ

1 次の立体の見取図の続きをかきましょう。　1つ25点【50点】

(1)

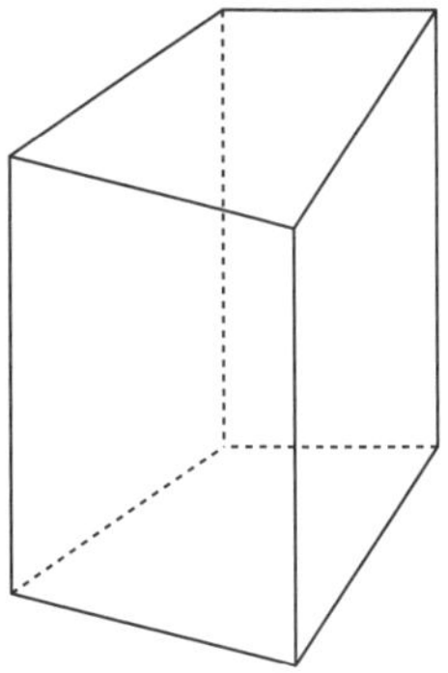

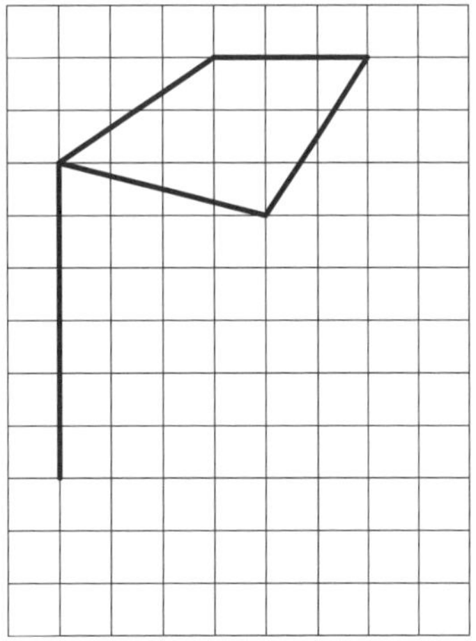

(2)

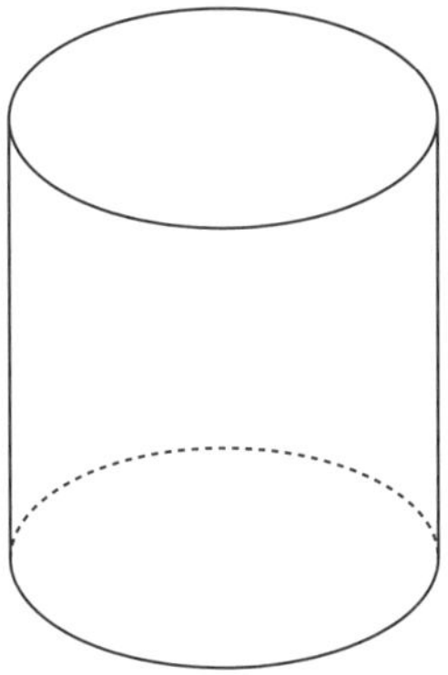

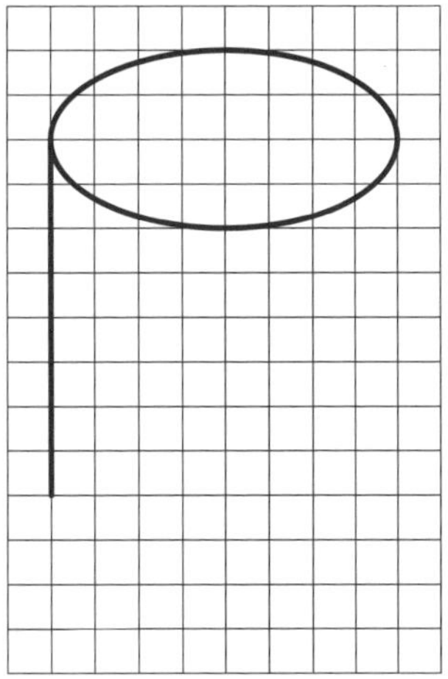

2 次の三角柱のてん開図の続きをかきましょう。　【25点】

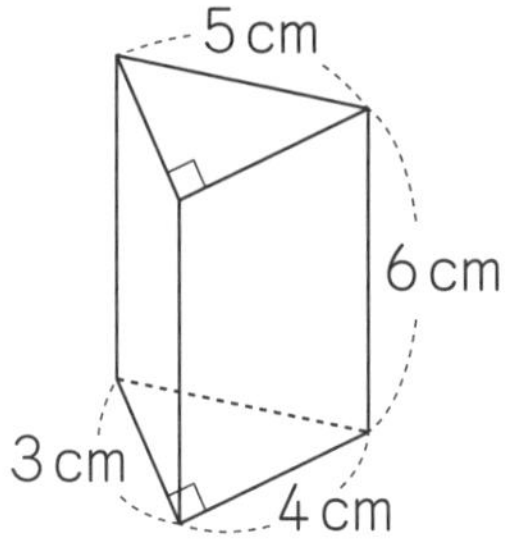

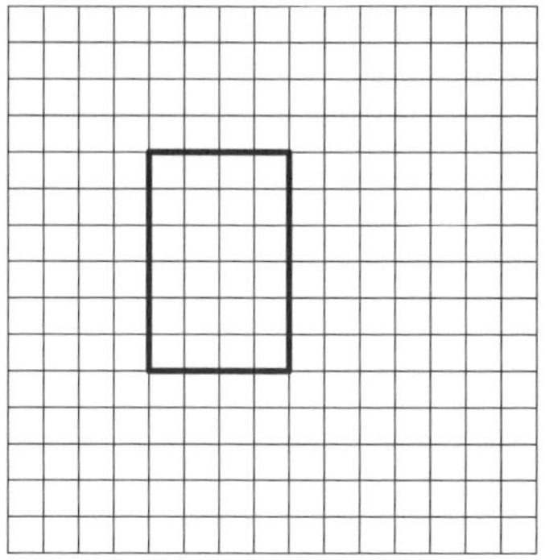

(1目もり1cm)

3 右のような円柱のてん開図があります。次の問いに答えましょう。　【25点】

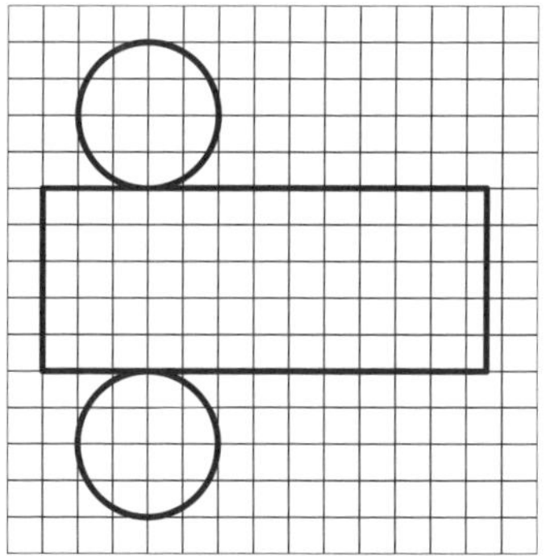

(1目もり1cm)

(1) この円柱の底面の円の直径は何cmですか。　(5点)(　　　　　)

(2) この円柱の高さは何cmですか。　(5点)(　　　　　)

(3) この円柱の側面の面積は，何cm^2ですか。　(全部できて15点)

(式)

答え(　　　　　　　)

＼もう1回チャレンジ!!／

40 角柱と円柱 ②

目標《もくひょう》時間 20分

学習した日　　月　　日

名前

得点

／100点

5040
解説→318ページ

らくらくマルつけ

❶ 次の立体の見取図の続きをかきましょう。 1つ25点【50点】

(1)

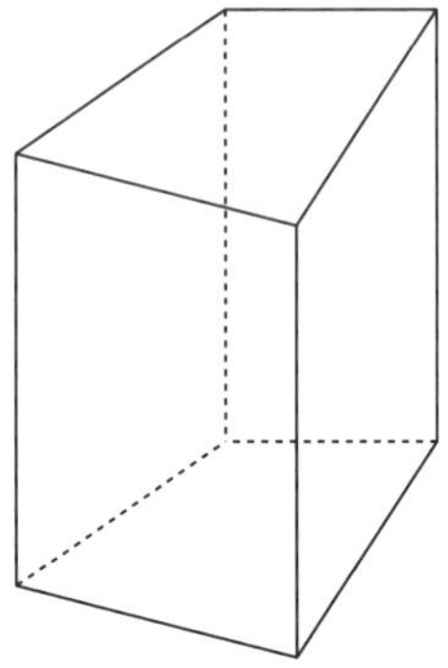

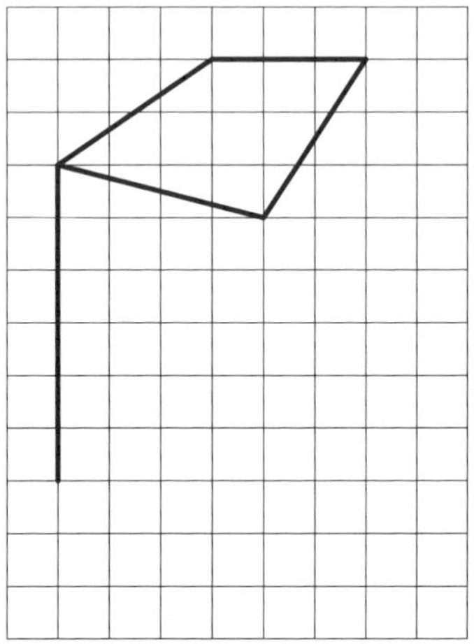

(2)

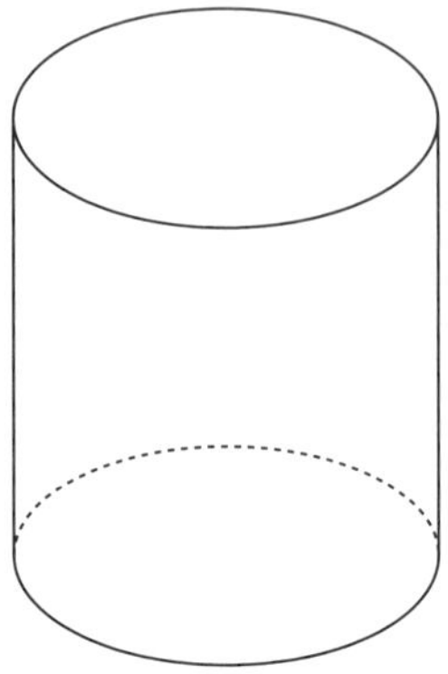

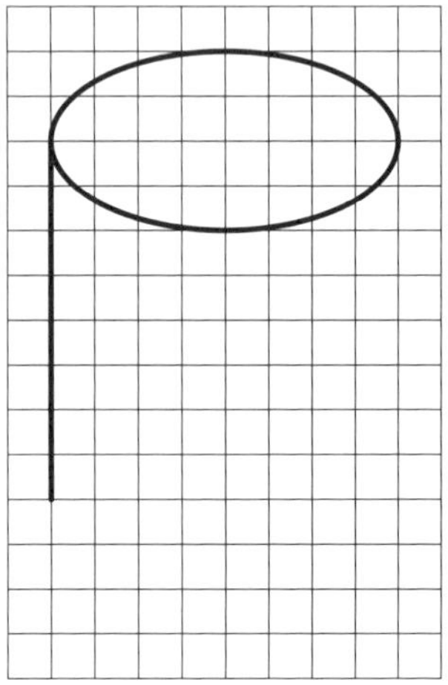

❷ 次の三角柱のてん開図の続きをかきましょう。 【25点】

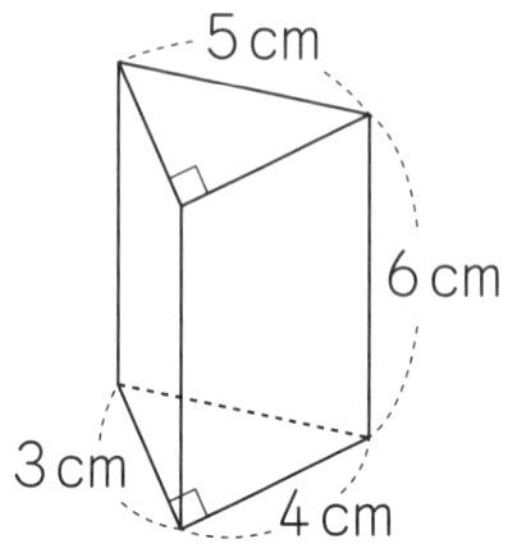

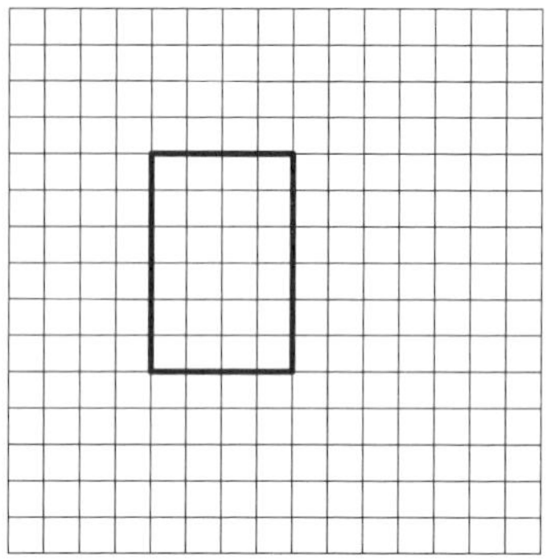

（1目もり1cm）

❸ 右のような円柱のてん開図があります。次の問いに答えましょう。 【25点】

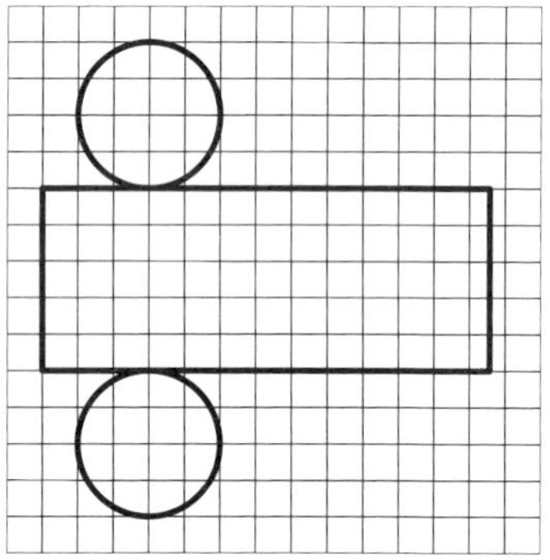

（1目もり1cm）

(1) この円柱の底面の円の直径は何cmですか。 (5点)(　　　　　)

(2) この円柱の高さは何cmですか。 (5点)(　　　　　)

(3) この円柱の側面の面積は，何cm^2ですか。 (全部できて15点)

(式)

答え(　　　　　　　)

41 速さ①

目標《もくひょう》時間 20分

学習した日　　月　　日

名前

得点　　／100点

5041
解説→319ページ

❶ れんさんの持っているラジコンカーAとかえでさんの持っているラジコンカーBの速さを比《くら》べます。2つのラジコンカーを走らせたところ次の表のようになりました。あとの問いに答えましょう。【48点】

	時間(秒)	きょり(m)
ラジコンカーA	15	150
ラジコンカーB	8	64

(1) ラジコンカーAは1秒あたり何m走りますか。　(全部できて12点)

(式)

答え(　　　　　)

(2) ラジコンカーBは1秒あたり何m走りますか。　(全部できて12点)

(式)

答え(　　　　　)

(3) ラジコンカーAは1mあたり何秒で走りますか。　(全部できて12点)

(式)

答え(　　　　　)

(4) ラジコンカーBは1mあたり何秒で走りますか。　(全部できて12点)

(式)

答え(　　　　　)

❷ 電車Aは160kmを4時間で，電車Bは270kmを6時間で進みました。次の問いに答えましょう。【36点】

(1) 電車Aは時速《じそく》何kmですか。　(全部できて12点)

(式)

答え(　　　　　)

(2) 電車Bは時速何kmですか。　(全部できて12点)

(式)

答え(　　　　　)

(3) 電車Aと電車Bでは，どちらが速いですか。　(12点)

(　　　　　)

❸ ひろとさんは自転車で，1800mの道のりを12分で進みました。このとき，ひろとさんは分速《ふんそく》何mで進みましたか。【全部できて16点】

(式)

答え(　　　　　)

41 速さ①

目標《もくひょう》時間 20分

学習した日　　月　　日

名前

得点　　／100点

らくらくマルつけ

5041
解説→319ページ

❶ れんさんの持っているラジコンカーＡとかえでさんの持っているラジコンカーＢの速さを比《くら》べます。２つのラジコンカーを走らせたところ次の表のようになりました。あとの問いに答えましょう。【48点】

	時間(秒)	きょり(m)
ラジコンカーＡ	15	150
ラジコンカーＢ	8	64

(1) ラジコンカーＡは１秒あたり何ｍ走りますか。（全部できて12点）

(式)

答え(　　　　　)

(2) ラジコンカーＢは１秒あたり何ｍ走りますか。（全部できて12点）

(式)

答え(　　　　　)

(3) ラジコンカーＡは１ｍあたり何秒で走りますか。（全部できて12点）

(式)

答え(　　　　　)

(4) ラジコンカーＢは１ｍあたり何秒で走りますか。（全部できて12点）

(式)

答え(　　　　　)

❷ 電車Ａは160kmを４時間で，電車Ｂは270kmを６時間で進みました。次の問いに答えましょう。【36点】

(1) 電車Ａは時速《じそく》何kmですか。（全部できて12点）

(式)

答え(　　　　　)

(2) 電車Ｂは時速何kmですか。（全部できて12点）

(式)

答え(　　　　　)

(3) 電車Ａと電車Ｂでは，どちらが速いですか。（12点）

(　　　　　)

❸ ひろとさんは自転車で，1800ｍの道のりを12分で進みました。このとき，ひろとさんは分速《ふんそく》何ｍで進みましたか。【全部できて16点】

(式)

答え(　　　　　)

42 速さ ②

目標《もくひょう》時間 20分

学習した日　月　日

名前

得点

／100点

らくらくマルつけ

5042

解説→319ページ

算数

1 140kmを2時間で進む高速バスがあります。次の問いに答えましょう。【52点】

(1) この高速バスは時速《じそく》何kmですか。（全部できて13点）

(式)

答え(　　　　　　)

(2) この高速バスは3時間で何km進みますか。（全部できて13点）

(式)

答え(　　　　　　)

(3) この高速バスは5時間30分で何km進みますか。（全部できて13点）

(式)

答え(　　　　　　)

(4) この高速バスは，280km進むのに何時間かかりますか。（全部できて13点）

(式)

答え(　　　　　　)

2 ひなたさんは分速《ふんそく》50mで歩いています。15分間で何m進みますか。【全部できて16点】

(式)

答え(　　　　　　)

3 秒速《びょうそく》8mで走るサイが96m進むのにかかる時間は何秒間ですか。【全部できて16点】

(式)

答え(　　　　　　)

4 あるワシは時速180kmで進むことができます。450km進むのにかかる時間は何時間何分ですか。【全部できて16点】

(式)

答え(　　　　　　)

42 速さ②

目標《もくひょう》時間 20分

学習した日　　月　　日

名前

得点　　／100点

らくらくマルつけ

5042
解説→319ページ

❶ 140kmを２時間で進む高速バスがあります。次の問いに答えましょう。【52点】

(1) この高速バスは時速《じそく》何kmですか。（全部できて13点）

(式)

答え(　　　　　　　)

(2) この高速バスは３時間で何km進みますか。（全部できて13点）

(式)

答え(　　　　　　　)

(3) この高速バスは５時間30分で何km進みますか。（全部できて13点）

(式)

答え(　　　　　　　)

(4) この高速バスは，280km進むのに何時間かかりますか。（全部できて13点）

(式)

答え(　　　　　　　)

❷ ひなたさんは分速《ふんそく》50mで歩いています。15分間で何m進みますか。【全部できて16点】

(式)

答え(　　　　　　　)

❸ 秒速《びょうそく》8mで走るサイが96m進むのにかかる時間は何秒間ですか。【全部できて16点】

(式)

答え(　　　　　　　)

❹ あるワシは時速180kmで進むことができます。450km進むのにかかる時間は何時間何分ですか。【全部できて16点】

(式)

答え(　　　　　　　)

43 速さ③

目標時間《もくひょう》 20分

✎学習した日　　月　　日

名前

得点　　／100点

らくらくマルつけ
5043
解説→319ページ

❶ あるF1カーは3600mを40秒で走ります。次の問いに答えましょう。 【44点】

(1) このF1カーの速さは，秒速《びょうそく》何mですか。 (全部できて11点)

(式)

答え(　　　　　　　　)

(2) このF1カーは，分速《ふんそく》何mですか。 (全部できて11点)

(式)

答え(　　　　　　　　)

(3) このF1カーは，時速《じそく》何kmですか。 (全部できて11点)

(式)

答え(　　　　　　　　)

(4) 分速5.2kmのヘリコプターとこのF1カーではどちらが速いですか。 (11点)

(　　　　　　　　)

❷ ゆなさんはキリンの走る速さとペンギンの泳ぐ速さを比《くら》べています。次の問いに答えましょう。 【56点】

	秒速	分速	時速
キリン	m	m	54km
ペンギン	5.5m	m	km

(1) 表にあてはまる数を書きましょう。 1つ8点(32点)

(2) キリンが100m進むのにかかる時間は何秒間ですか。四捨五入して，$\frac{1}{10}$の位までの概数《がいすう》で表しましょう。 (全部できて8点)

(式)

答え(　　　　　　　　)

(3) ペンギンが100m進むのにかかる時間は何秒間ですか。四捨五入して，$\frac{1}{10}$の位までの概数で表しましょう。 (全部できて8点)

(式)

答え(　　　　　　　　)

(4) キリンの走る速さとペンギンの泳ぐ速さではどちらのほうが速いですか。 (8点)

(　　　　　　　　)

43 速さ③

目標時間《もくひょうじかん》 20分

学習した日　　月　　日

名前

得点　　／100点

5043
解説→319ページ

らくらくマルつけ

❶ あるF1カーは3600mを40秒で走ります。次の問いに答えましょう。 【44点】

(1) このF1カーの速さは，秒速《びょうそく》何mですか。 (全部できて11点)

(式)

答え(　　　　　　)

(2) このF1カーは，分速《ふんそく》何mですか。 (全部できて11点)

(式)

答え(　　　　　　)

(3) このF1カーは，時速《じそく》何kmですか。 (全部できて11点)

(式)

答え(　　　　　　)

(4) 分速5.2kmのヘリコプターとこのF1カーではどちらが速いですか。 (11点)

(　　　　　　)

❷ ゆなさんはキリンの走る速さとペンギンの泳ぐ速さを比《くら》べています。次の問いに答えましょう。 【56点】

	秒速	分速	時速
キリン	m	m	54km
ペンギン	5.5m	m	km

(1) 表にあてはまる数を書きましょう。 1つ8点(32点)

(2) キリンが100m進むのにかかる時間は何秒間ですか。四捨五入して，$\frac{1}{10}$の位までの概数《がいすう》で表しましょう。 (全部できて8点)

(式)

答え(　　　　　　)

(3) ペンギンが100m進むのにかかる時間は何秒間ですか。四捨五入して，$\frac{1}{10}$の位までの概数で表しましょう。 (全部できて8点)

(式)

答え(　　　　　　)

(4) キリンの走る速さとペンギンの泳ぐ速さではどちらのほうが速いですか。 (8点)

(　　　　　　)

44 変わり方

目標《もくひょう》時間 20分

学習した日　月　日

名前

得点　／100点

5044 解説→320ページ

らくらくマルつけ

算数

❶ 長さ20cmのひもを使って，長方形をつくります。次の問いに答えましょう。 【50点】

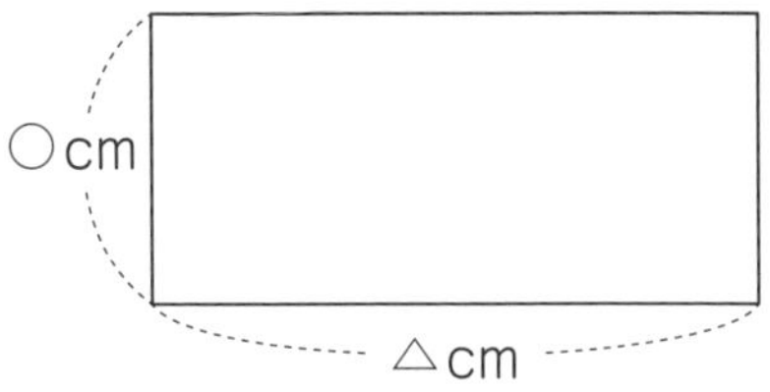

(1) 長方形のたての長さを8cmにするとき，横の長さは何cmになりますか。 （全部できて10点）

(式)

答え(　　　　　)

(2) 長方形のたての長さを○cm，横の長さを△cmとして，○と△の関係を式に表しましょう。 （10点）

(　　　　　　　　　)

(3) 長方形のたての長さと横の長さの変わり方を，表に書いて調べましょう。 1つ5点(30点)

○(cm)	1	2	3	4	5	6	7
△(cm)	9						

❷ 150gの箱に，1個《こ》100gの荷物を入れていきます。荷物の個数を○個，全体の重さを△gとして，○と△の関係を式に表しましょう。 【22点】

(　　　　　　　　　)

❸ 次のように1辺が1cmの正三角形をならべていきます。段数と1辺が1cmの正三角形の個数の変わり方を，表に書いて調べましょう。 1つ7点【28点】

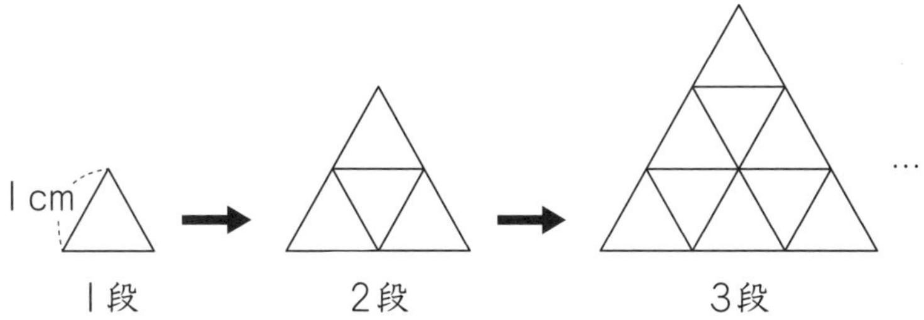

○(段)	1	2	3	4	5	6
△(個)	1	4				

44 変わり方

目標《もくひょう》時間 20分

学習した日　月　日

名前

得点　/100点

5044
解説→320ページ

らくらくマルつけ

❶ 長さ20cmのひもを使って，長方形をつくります。次の問いに答えましょう。【50点】

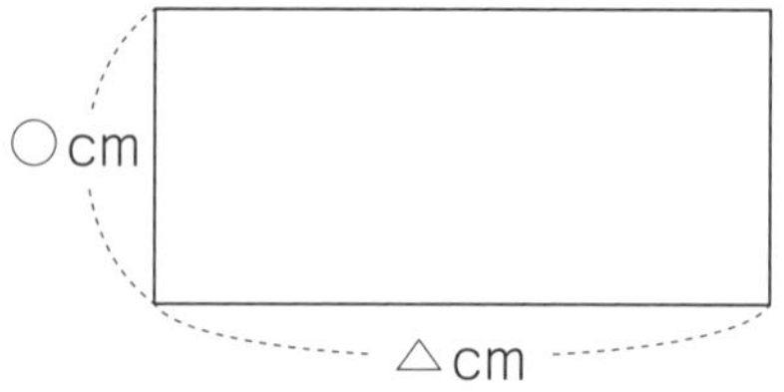

(1) 長方形のたての長さを8cmにするとき，横の長さは何cmになりますか。(全部できて10点)

(式)

答え(　　　　)

(2) 長方形のたての長さを○cm，横の長さを△cmとして，○と△の関係を式に表しましょう。(10点)

(　　　　)

(3) 長方形のたての長さと横の長さの変わり方を，表に書いて調べましょう。1つ5点(30点)

○(cm)	1	2	3	4	5	6	7
△(cm)	9						

❷ 150gの箱に，1個《こ》100gの荷物を入れていきます。荷物の個数を○個，全体の重さを△gとして，○と△の関係を式に表しましょう。【22点】

(　　　　)

❸ 次のように1辺が1cmの正三角形をならべていきます。段数と1辺が1cmの正三角形の個数の変わり方を，表に書いて調べましょう。1つ7点【28点】

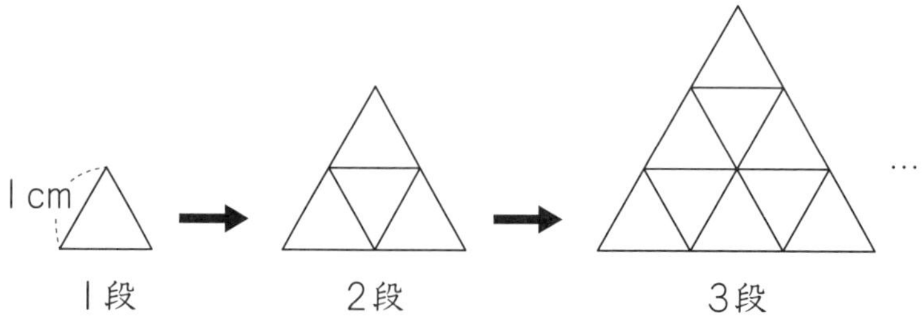

○(段)	1	2	3	4	5	6
△(個)	1	4				

45 まとめのテスト❶

目標《もくひょう》時間 20分

✎学習した日　月　日

名前

得点

／100点

らくらくマルつけ

5045

解説→320ページ

❶ 91.7という数について，次の問いに答えましょう。 1つ10点【20点】

(1) 100倍した数は何ですか。

(　　　　　　)

(2) $\frac{1}{1000}$にした数は何ですか。

(　　　　　　)

❷ 次の計算をしましょう。 1つ5点【30点】

(1) 40×0.12＝

(2) 3.8×1.3＝

(3) 6.5×8.8＝

(4) 228÷5.7＝

(5) 6.65÷0.38＝

(6) 3÷0.8＝

❸ 1辺が30cmの立方体があります。次の問いに答えましょう。 【20点】

(1) この立方体の体積は何cm^3ですか。 (全部できて10点)

(式)

答え(　　　　　　)

(2) この立方体の体積は何Lですか。 (10点)

(　　　　　　)

❹ 26.1cmのテープを5.3cmずつに切っていきます。テープは何まいできて，何cm余《あま》りますか。 【全部できて15点】

(式)

答え(　　　　　　)

❺ やまとさんの家に花の大きさが17.1cmのひまわりがさいていて，あおいさんの家には花の大きさが9.5cmのひまわりがさいています。やまとさんの家にあるひまわりの花の大きさは，あおいさんの家にあるひまわりの花の大きさの何倍ですか。 【全部できて15点】

(式)

答え(　　　　　　)

＼もう1回チャレンジ!!／

45 まとめのテスト❶

目標《もくひょう》時間 20分

学習した日　　月　　日

名前

得点

／100点

5045
解説→320ページ

らくらくマルつけ

❶ 91.7という数について，次の問いに答えましょう。 1つ10点【20点】

(1) 100倍した数は何ですか。

(　　　　　)

(2) $\frac{1}{1000}$にした数は何ですか。

(　　　　　)

❷ 次の計算をしましょう。 1つ5点【30点】

(1) 40×0.12＝

(2) 3.8×1.3＝

(3) 6.5×8.8＝

(4) 228÷5.7＝

(5) 6.65÷0.38＝

(6) 3÷0.8＝

❸ 1辺が30cmの立方体があります。次の問いに答えましょう。 【20点】

(1) この立方体の体積は何cm^3ですか。 (全部できて10点)

(式)

答え(　　　　　)

(2) この立方体の体積は何Lですか。 (10点)

(　　　　　)

❹ 26.1cmのテープを5.3cmずつに切っていきます。テープは何まいできて，何cm余《あま》りますか。 【全部できて15点】

(式)

答え(　　　　　)

❺ やまとさんの家に花の大きさが17.1cmのひまわりがさいていて，あおいさんの家には花の大きさが9.5cmのひまわりがさいています。やまとさんの家にあるひまわりの花の大きさは，あおいさんの家にあるひまわりの花の大きさの何倍ですか。 【全部できて15点】

(式)

答え(　　　　　)

46 まとめのテスト②

目標時間《もくひょうじかん》 20分

学習した日　月　日

名前

得点 ／100点

らくらくマルつけ

5046 解説→320ページ

❶ 次の計算をしましょう。　1つ7点【28点】

(1) $\frac{1}{3}+\frac{5}{7}=$

(2) $2\frac{1}{6}+3\frac{1}{12}=$

(3) $\frac{1}{2}-\frac{2}{9}=$

(4) $\frac{2}{3}-\frac{1}{15}=$

❷ 次の問いに答えましょう。　1つ8点【16点】

(1) $\frac{12}{36}$ を約分《やくぶん》しましょう。

(　　　)

(2) $\frac{7}{12}$，$\frac{9}{20}$ を通分《つうぶん》しましょう。

(　　　　　　)

❸ 十角形の角の大きさの和は何度ですか。　【8点】

(　　　　)

❹ 次の数について，あとの問いに答えましょう。　1つ8点【24点】

18	24	33	36	41	78	81	105

(1) 奇数《きすう》をすべて選びましょう。

(　　　　　　　　　　)

(2) 24と36の最小公倍数《さいしょうこうばいすう》は何ですか。

(　　　)

(3) 18と81の最大公約数《さいだいこうやくすう》は何ですか。

(　　　)

❺ 2つの合同な三角形があります。次の問いに答えましょう。　1つ8点【24点】

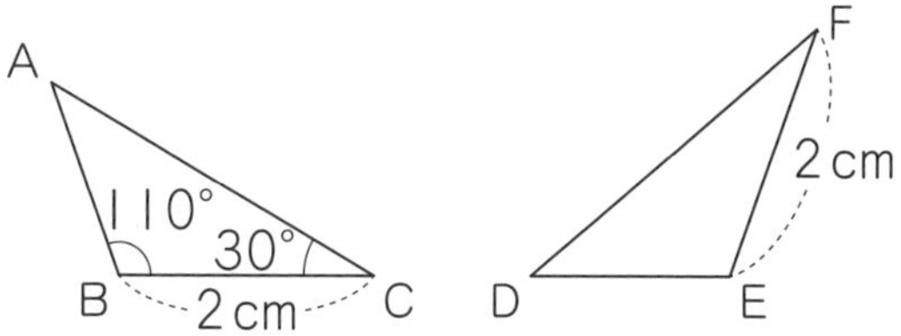

(1) 辺ＡＢに対応《たいおう》する辺を答えましょう。

(　　　　)

(2) 角Ｄの大きさは何度ですか。

(　　　　)

(3) 三角形ＡＢＣと合同な三角形を，分度器と定規《じょうぎ》を使ってかきましょう。

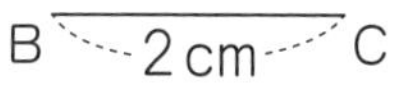

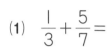

46 まとめのテスト②

目標《もくひょう》時間 20分

学習した日　月　日

名前

得点　／100点

5046
解説→320ページ

らくらくマルつけ

❶ 次の計算をしましょう。 1つ7点【28点】

(1) $\frac{1}{3}+\frac{5}{7}=$

(2) $2\frac{1}{6}+3\frac{1}{12}=$

(3) $\frac{1}{2}-\frac{2}{9}=$

(4) $\frac{2}{3}-\frac{1}{15}=$

❷ 次の問いに答えましょう。 1つ8点【16点】

(1) $\frac{12}{36}$を約分《やくぶん》しましょう。

(　　　)

(2) $\frac{7}{12}$，$\frac{9}{20}$を通分《つうぶん》しましょう。

(　　　　　　)

❸ 十角形の角の大きさの和は何度ですか。 【8点】

(　　　　)

❹ 次の数について，あとの問いに答えましょう。 1つ8点【24点】

18	24	33	36	41	78	81	105

(1) 奇数《きすう》をすべて選びましょう。

(　　　　　　　　　　)

(2) 24と36の最小公倍数《さいしょうこうばいすう》は何ですか。

(　　　)

(3) 18と81の最大公約数《さいだいこうやくすう》は何ですか。

(　　　)

❺ 2つの合同な三角形があります。次の問いに答えましょう。 1つ8点【24点】

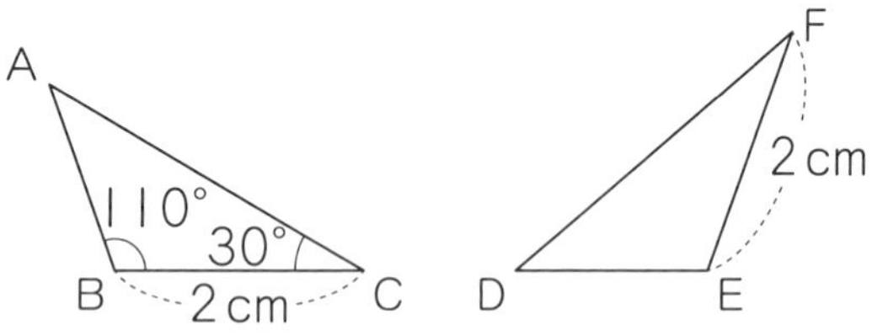

(1) 辺ＡＢに対応《たいおう》する辺を答えましょう。

(　　　　)

(2) 角Ｄの大きさは何度ですか。

(　　　　)

(3) 三角形ＡＢＣと合同な三角形を，分度器と定規《じょうぎ》を使ってかきましょう。

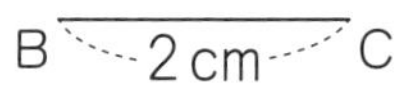

47 まとめのテスト❸

目標《もくひょう》時間 20分

学習した日　　月　　日

名前

得点　　／100点

らくらくマルつけ

5047
解説→321ページ

算数

❶ 次の分数を小数で，小数を分数で表しましょう。　1つ10点【20点】

(1) $\frac{8}{5}$　(　　　　)　(2) 0.22　(　　　　)

❷ 次の図形の面積を求めましょう。　【20点】

(1)

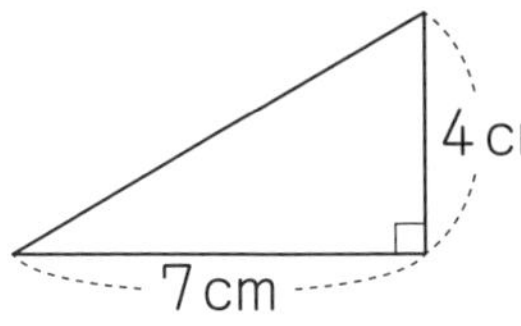

(全部できて10点)

(式)

答え(　　　　)

(2)

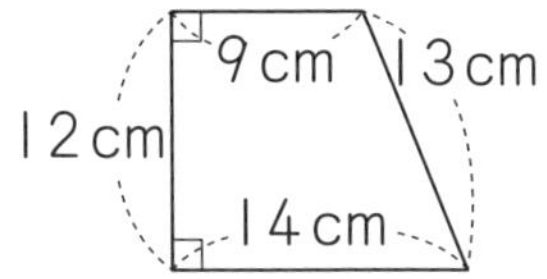

(全部できて10点)

(式)

答え(　　　　)

❸ 次のような平行な2本の直線にはさまれた平行四辺形アと長方形イがあります。

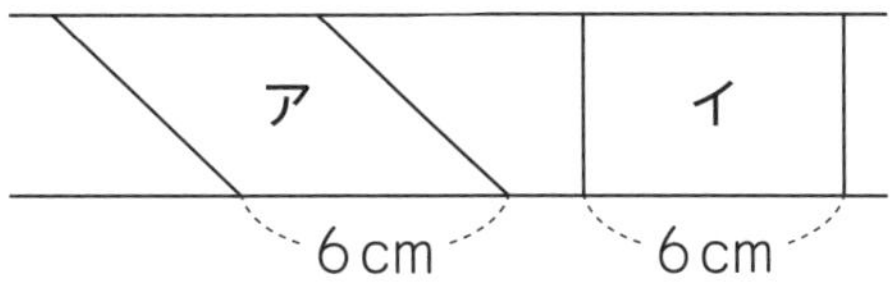

アの面積が$24cm^2$のときのイの面積は何cm^2ですか。　【10点】

(　　　　)

❹ A市の面積は$1600km^2$で，人口は80万人です。A市の人口密《じんこうみつ》度《ど》を求めましょう。　【全部できて10点】

(式)

答え　$1km^2$あたり(　　　　)

❺ はるとさんは5日間の最高気温を調べたら，次のようになりました。5日間の最高気温の平均《へいきん》を求めましょう。　【全部できて10点】

14度	17度	18度	16度	19度

(式)

答え(　　　　)

❻ あるイベントに5年生の男子は32人，女子は20人参加しました。次の問いに答えましょう。　【30点】

(1) 男子の人数は女子の人数の何倍でしたか。　(全部できて10点)

(式)

答え(　　　　)

(2) 女子の60%がメガネをかけていました。メガネをかけている女子の人数は何人でしたか。　(全部できて10点)

(式)

答え(　　　　)

(3) 男子は希望者の80%の32人が参加しました。希望者は何人でしたか。　(全部できて10点)

(式)

答え(　　　　)

47 まとめのテスト❸

目標《もくひょう》時間 20分

学習した日　月　日

名前

得点　／100点

5047
解説→321ページ

らくらくマルつけ

❶ 次の分数を小数で，小数を分数で表しましょう。 1つ10点【20点】

(1) $\frac{8}{5}$ (　　　　)　(2) 0.22 (　　　　)

❷ 次の図形の面積を求めましょう。 【20点】

(1)

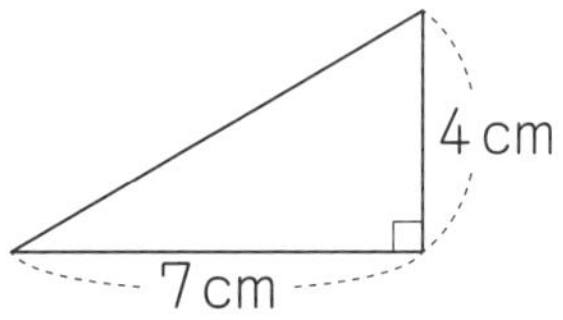

(全部できて10点)

(式)

答え(　　　　　)

(2)

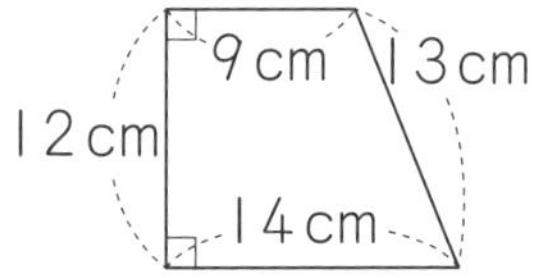

(全部できて10点)

(式)

答え(　　　　　)

❸ 次のような平行な2本の直線にはさまれた平行四辺形アと長方形イがあります。

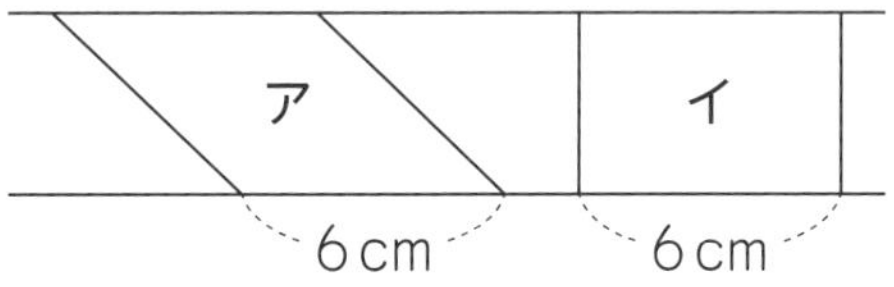

アの面積が24cm²のときのイの面積は何cm²ですか。 【10点】

(　　　　　)

❹ A市の面積は1600km²で，人口は80万人です。A市の人口密《じんこうみつ》度《ど》を求めましょう。 【全部できて10点】

(式)

答え　1km²あたり(　　　　　)

❺ はるとさんは5日間の最高気温を調べたら，次のようになりました。5日間の最高気温の平均《へいきん》を求めましょう。 【全部できて10点】

14度	17度	18度	16度	19度

(式)

答え(　　　　　)

❻ あるイベントに5年生の男子は32人，女子は20人参加しました。次の問いに答えましょう。 【30点】

(1) 男子の人数は女子の人数の何倍でしたか。 (全部できて10点)

(式)

答え(　　　　　)

(2) 女子の60%がメガネをかけていました。メガネをかけている女子の人数は何人でしたか。 (全部できて10点)

(式)

答え(　　　　　)

(3) 男子は希望者の80%の32人が参加しました。希望者は何人でしたか。 (全部できて10点)

(式)

答え(　　　　　)

48 まとめのテスト④

目標《もくひょう》時間 20分

学習した日　月　日
名前
得点　／100点
5048
解説→321ページ
らくらくマルつけ

算数

❶ 正六角形と正六角形の頂点《ちょうてん》を通る円があります。次の問いに答えましょう。【20点】

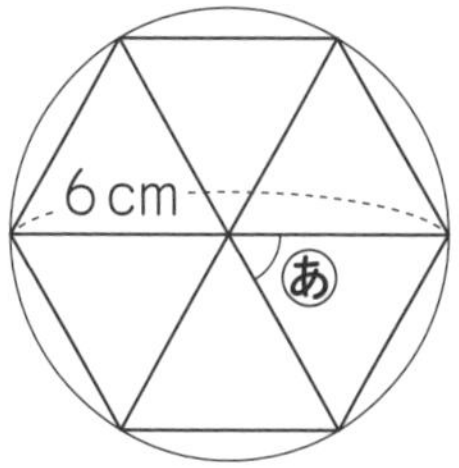

(1) あの角度は何度ですか。（全部できて10点）

(式)

答え（　　　　）

(2) この円の円周は何cmですか。（全部できて10点）

(式)

答え（　　　　）

❷ 右のような立体があります。次の問いに答えましょう。 1つ10点【20点】

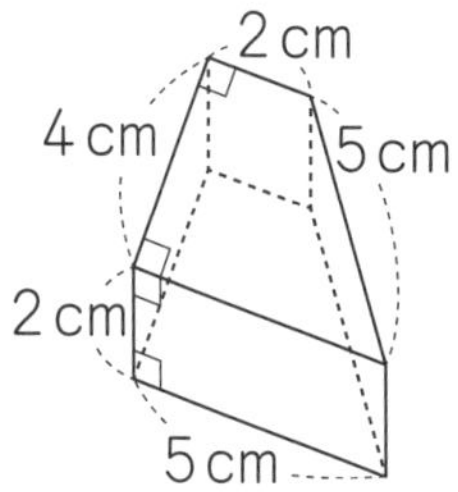

(1) この立体の名前は何ですか。

（　　　　）

(2) この立体のてん開図をかきましょう。

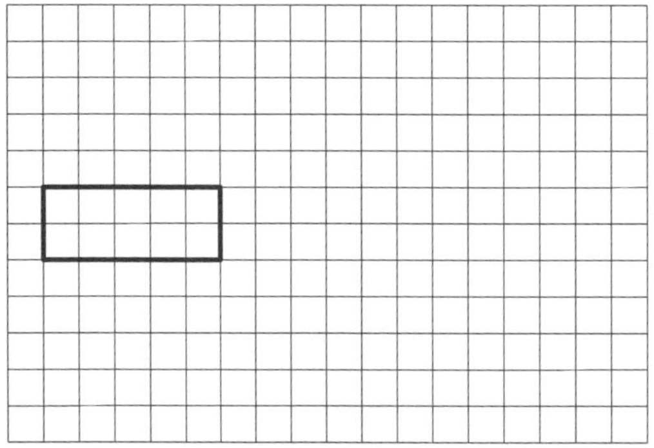

（1目もり1cm）

❸ まもるさんは，A市の7万人の人口を5つのグループに分けて帯《おび》グラフに表しました。次の問いに答えましょう。【20点】

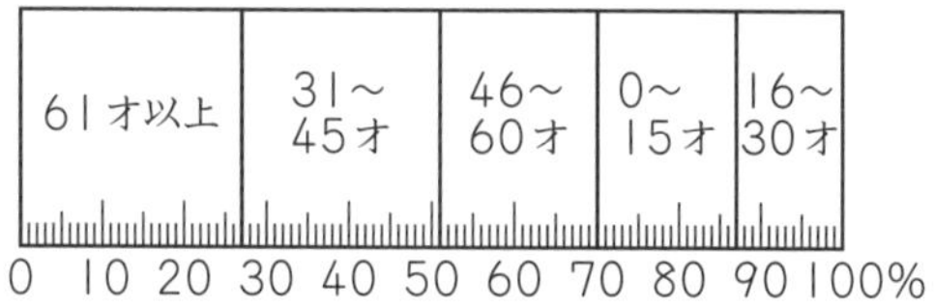

(1) 46～60才の割合《わりあい》は全体の何％ですか。（10点）（　　　　）

(2) 0～15才の人口は何人ですか。（全部できて10点）

(式)

答え（　　　　）

❹ 1本100円のボールペンを30円引きのクーポンを1まい使って何本か買います。ボールペンの本数を○，代金を△として，○と△の関係を式に表しましょう。【10点】

（　　　　）

❺ ツバメが154mのきょりを11秒で進みました。次の問いに答えましょう。【30点】

(1) ツバメの進む速さは秒速《びょうそく》何mですか。（全部できて15点）

(式)　　答え（　　　　）

(2) ツバメの進む速さは分速《ふんそく》何mですか。（全部できて15点）

(式)　　答え（　　　　）

48 まとめのテスト❹

目標《もくひょう》時間 20分

学習した日　　月　　日

名前

得点　　／100点

5048
解説→321ページ

らくらくマルつけ

❶ 正六角形と正六角形の頂点《ちょうてん》を通る円があります。次の問いに答えましょう。【20点】

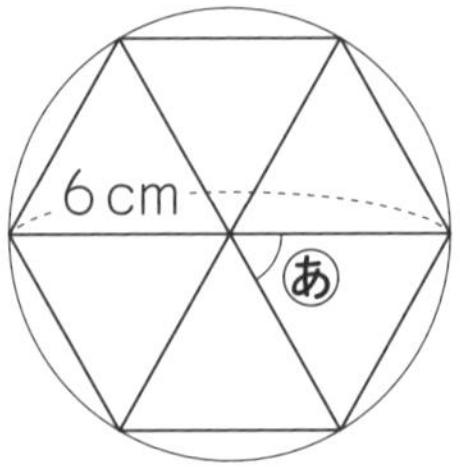

(1) あの角度は何度ですか。（全部できて10点）

（式）

答え（　　　　）

(2) この円の円周は何cmですか。（全部できて10点）

（式）

答え（　　　　）

❷ 右のような立体があります。次の問いに答えましょう。1つ10点【20点】

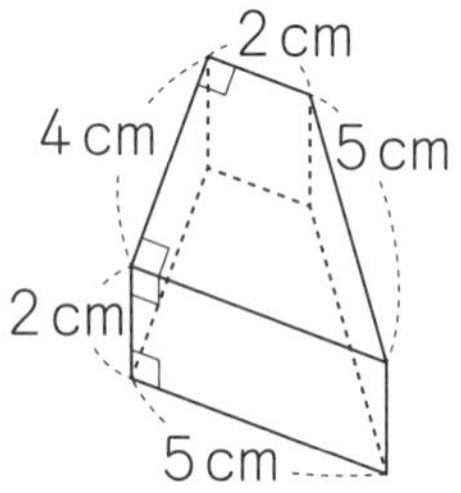

(1) この立体の名前は何ですか。

（　　　　）

(2) この立体のてん開図をかきましょう。

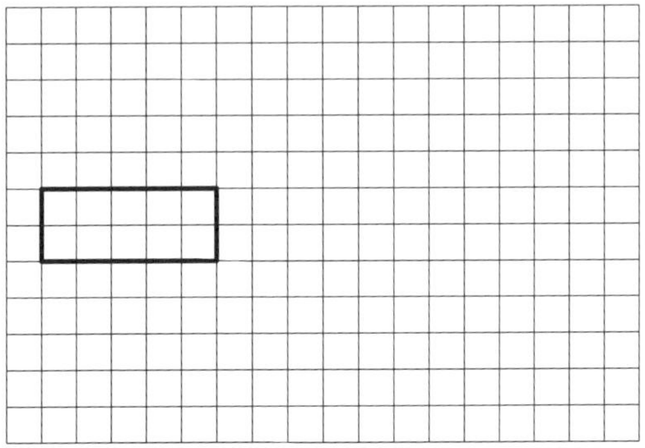

（1目もり1cm）

❸ まもるさんは，A市の7万人の人口を5つのグループに分けて帯《おび》グラフに表しました。次の問いに答えましょう。【20点】

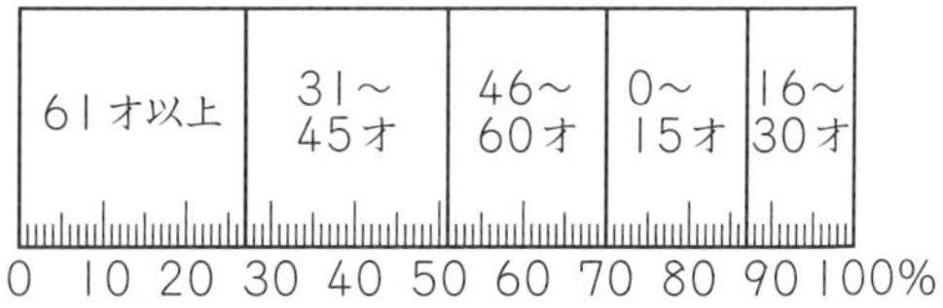

(1) 46～60オの割合《わりあい》は全体の何%ですか。（10点）（　　　　）

(2) 0～15オの人口は何人ですか。（全部できて10点）

（式）

答え（　　　　）

❹ 1本100円のボールペンを30円引きのクーポンを1まい使って何本か買います。ボールペンの本数を○，代金を△として，○と△の関係を式に表しましょう。【10点】

（　　　　）

❺ ツバメが154mのきょりを11秒で進みました。次の問いに答えましょう。【30点】

(1) ツバメの進む速さは秒速《びょうそく》何mですか。（全部できて15点）

（式）

答え（　　　　）

(2) ツバメの進む速さは分速《ふんそく》何mですか。（全部できて15点）

（式）

答え（　　　　）

らくらくマルつけ

1 アルファベット

目標《もくひょう》時間 20分

学習した日　月　日

名前

得点

／100点

5049
解説→322ページ

1 音声を聞いて，読まれたアルファベットを○で囲《かこ》みましょう。　1つ4点【16点】

英語音声はこちらから！
♪5-01

(1)【 O ， Q 】

(2)【 M ， L 】

(3)【 v ， u 】

(4)【 k ， y 】

2 音声を聞いて，読まれた順にアルファベットを大文字で書きましょう。　【12点】

(1) ＿＿ → ＿＿ → ＿＿　（全部できて4点）

(2) ＿＿ → ＿＿ → ＿＿　（全部できて4点）

(3) ＿＿ → ＿＿ → ＿＿　（全部できて4点）

3 音声を聞いて，読まれたアルファベットを小文字で書きましょう。　1つ6点【36点】

(1) ＿＿　(2) ＿＿　(3) ＿＿

(4) ＿＿　(5) ＿＿　(6) ＿＿

4 音声を聞いて，読まれたアルファベットを大文字，小文字の順に書きましょう。　【36点】

大文字　小文字　　大文字　小文字

(1) ＿＿　＿＿（全部できて6点）　(2) ＿＿　＿＿（全部できて6点）

(3) ＿＿　＿＿（全部できて6点）　(4) ＿＿　＿＿（全部できて6点）

(5) ＿＿　＿＿（全部できて6点）　(6) ＿＿　＿＿（全部できて6点）

英語

＼もう１回チャレンジ!! ／

1 アルファベット

目標《もくひょう》時間 20分

学習した日　　月　　日

名前

得点

／100点

5049
解説→322ページ

らくらくマルつけ

❶ 音声を聞いて，読まれたアルファベットを○で囲《かこ》みましょう。　1つ4点【16点】

英語音声はこちらから！
♪5-01

(1)【 O ， Q 】

(2)【 M ， L 】

(3)【 v ， u 】

(4)【 k ， y 】

❷ 音声を聞いて，読まれた順にアルファベットを大文字で書きましょう。　【12点】

(1) → → 　（全部できて4点）

(2) → → 　（全部できて4点）

(3) → → 　（全部できて4点）

❸ 音声を聞いて，読まれたアルファベットを小文字で書きましょう。　1つ6点【36点】

(1)　(2)　(3)

(4)　(5)　(6)

❹ 音声を聞いて，読まれたアルファベットを大文字，小文字の順に書きましょう。　【36点】

大文字　小文字

(1)　（全部できて6点）

(2)　（全部できて6点）

(3)　（全部できて6点）

(4)　（全部できて6点）

(5)　（全部できて6点）

(6)　（全部できて6点）

2 自こしょうかいをしよう①

目標《もくひょう》時間 20分

学習した日　　月　　日
名前
得点　　／100点

5050
解説→322ページ

❶ 音声を聞いて，読まれた英語と合う絵を次からそれぞれ選び，記号で書きましょう。 1つ5点【20点】

英語音声はこちらから！
♪5-02

(1) (　　　)　(2) (　　　)　(3) (　　　)
(4) (　　　)

ア

イ

ウ

エ

❷ 音声を聞いて，次の人物の名前を英語で書きましょう。 1つ10点【20点】

(1)

(2)

❸ 音声を聞いて，次の日本語の質問《しつもん》の答えと合うものをあとから選び，記号で書きましょう。 1つ15点【30点】

(1) 質問：ブライアンの名前の正しいつづりはどれですか。
ア Blian　イ Vryan　(　　　)
ウ Bryan　エ Vlian

(2) 質問：ブライアンの好きなスポーツは何ですか。　(　　　)

ア

イ

ウ

エ

❹ 音声を聞いて，＿＿にあてはまる英語をあとからそれぞれ選んで書き，英文を完成させましょう。 1つ15点【30点】

(1) What ＿＿＿＿＿＿ do you like?
（あなたは何色が好きですか）

(2) I like ＿＿＿＿＿＿ .
（わたしは茶色が好きです）

color	food	sport	black	brown	bread

2 自こしょうかいをしよう ①

目標《もくひょう》時間 20分

学習した日 月 日

名前

得点 ／100点

らくらくマルつけ

5050
解説→322ページ

❶ 音声を聞いて，読まれた英語と合う絵を次からそれぞれ選び，記号で書きましょう。 1つ5点【20点】

英語音声はこちらから！
♪5-02

(1) (　　) (2) (　　) (3) (　　)
(4) (　　)

ア

イ

ウ

エ

❷ 音声を聞いて，次の人物の名前を英語で書きましょう。

1つ10点【20点】

(1)

(2)

❸ 音声を聞いて，次の日本語の質問《しつもん》の答えと合うものをあとから選び，記号で書きましょう。 1つ15点【30点】

(1) 質問：ブライアンの名前の正しいつづりはどれですか。

ア Blian　　イ Vryan　　(　　)
ウ Bryan　　エ Vlian

(2) 質問：ブライアンの好きなスポーツは何ですか。 (　　)

ア

イ

ウ

エ

❹ 音声を聞いて，＿＿にあてはまる英語をあとからそれぞれ選んで書き，英文を完成させましょう。 1つ15点【30点】

(1) What ＿＿＿＿ do you like?
(あなたは何色が好きですか)

(2) I like ＿＿＿＿ .
(わたしは茶色が好きです)

color	food	sport	black	brown	bread

3 自己しょうかいをしよう②

目標《もくひょう》時間 20分

学習した日　月　日

名前

得点　／100点

らくらくマルつけ

5051
解説→322ページ

1 音声を聞いて，読まれた英語が絵と合っていれば○，ちがっていれば×を書きましょう。

英語音声はこちらから！
♪5-03

1つ5点【20点】

(1)

(　　　)

(2)

(　　　)

(3)

(　　　)

(4)

(　　　)

2 音声を聞いて，絵と合う英語を選び，記号を○で囲《かこ》みましょう。

1つ10点【20点】

(1)

【ア　イ　ウ】

(2)

【ア　イ　ウ】

3 音声を聞いて，次の人物のたん生日を数字で書きましょう。

【30点】

(1)

メグ

(全部できて15点)

(　　　)月(　　　)日

(2)

サム

(全部できて15点)

(　　　)月(　　　)日

4 音声を聞いて，＿＿にあてはまる英語をあとからそれぞれ選んで書き，英文を完成させましょう。

1つ15点【30点】

(1) ＿＿＿＿＿＿ is your birthday?

(あなたのたん生日はいつですか)

(2) My birthday is ＿＿＿＿＿＿ 9th.

(わたしのたん生日は８月９日です)

When	What	How
October	August	April

3 自こしょうかいをしよう②

目標《もくひょう》時間 20分

学習した日　　月　　日

名前

得点　　／100点

5051
解説→322ページ

らくらくマルつけ

❶ 音声を聞いて，読まれた英語が絵と合っていれば○，ちがっていれば×を書きましょう。

英語音声はこちらから！
♪5-03

1つ5点【20点】

(1)

(　　　)

(2)

(　　　)

(3)

(　　　)

(4)

(　　　)

❷ 音声を聞いて，絵と合う英語を選び，記号を○で囲《かこ》みましょう。

1つ10点【20点】

(1)

【ア　イ　ウ】

(2)

【ア　イ　ウ】

❸ 音声を聞いて，次の人物のたん生日を数字で書きましょう。

【30点】

(1)

メグ

(全部できて15点)

(　　　)月(　　　)日

(2)

サム

(全部できて15点)

(　　　)月(　　　)日

❹ 音声を聞いて，＿＿にあてはまる英語をあとからそれぞれ選んで書き，英文を完成させましょう。

1つ15点【30点】

(1) ＿＿＿＿＿ is your birthday?

(あなたのたん生日はいつですか)

(2) My birthday is ＿＿＿＿＿ 9th.

(わたしのたん生日は8月9日です)

When	What	How
October	August	April

4 たん生日にほしいものを言おう

目標《もくひょう》時間 20分

学習した日　　月　　日

名前

得点　　／100点

らくらくマルつけ

5052 解説→322ページ

1 音声を聞いて，読まれた英語の順に，記号で書きましょう。【20点】

英語音声はこちらから！ ♪5-04

(1) ア  イ 

（全部できて10点）

（　　→　　）

(2) ア  イ  ウ 

（全部できて10点）

（　　→　　→　　）

2 音声を聞いて，読まれた英語の答えの意味を表す文を次から選び，記号で書きましょう。1つ10点【20点】

(1) ア　わたしのたん生日は６月 10 日です。　（　　）

イ　わたしは緑色のTシャツがほしいです。

ウ　わたしはバスケットボールが好きです。

(2) ア　ありがとう。　（　　）

イ　はい，そうです。

ウ　M-I-K-U，ミクです。

3 音声を聞いて，＿＿＿にあてはまる英語をあとからそれぞれ選んで書き，英文を完成させましょう。1つ15点【60点】

(1)

① ＿＿＿＿＿ do you want for your birthday?

（あなたはたん生日に何がほしいですか）

② I want a blue ＿＿＿＿＿.

（ぼくは青いぼうしがほしいです）

(2)

① This is for you.

＿＿＿＿＿ you are.

（これはあなたに，です。はい，どうぞ）

② ＿＿＿＿＿ you.

（ありがとう）

Thank	Here	cap	When	bag	What

らくらくマルつけ

4 たん生日にほしいものを言おう

目標《もくひょう》時間 20分

学習した日　　月　　日

名前

得点　　／100点

5052
解説→322ページ

❶ 音声を聞いて，読まれた英語の順に，記号で書きましょう。【20点】

英語音声はこちらから！
♪5-04

(1) ア

イ

（全部できて10点）

(　　→　　)

(2) ア

イ

ウ

（全部できて10点）

(　　→　　→　　)

❷ 音声を聞いて，読まれた英語の答えの意味を表す文を次から選び，記号で書きましょう。 1つ10点【20点】

(1) ア　わたしのたん生日は６月 10 日です。　(　　)
　　イ　わたしは緑色のTシャツがほしいです。
　　ウ　わたしはバスケットボールが好きです。

(2) ア　ありがとう。　(　　)
　　イ　はい，そうです。
　　ウ　M-I-K-U，ミクです。

❸ 音声を聞いて，＿＿にあてはまる英語をあとからそれぞれ選んで書き，英文を完成させましょう。 1つ15点【60点】

(1)

① ＿＿＿＿＿ do you want for your birthday?
（あなたはたん生日に何がほしいですか）

② I want a blue ＿＿＿＿＿ .
（ぼくは青いぼうしがほしいです）

(2)

① This is for you.
＿＿＿＿＿ you are.
（これはあなたに，です。はい，どうぞ）

② ＿＿＿＿＿ you.
（ありがとう）

Thank	Here	cap	When	bag	What

5 何を勉強したい？

目標《もくひょう》時間 20分

学習した日　月　日

名前

得点　／100点

5053 解説→323ページ

らくらくマルつけ

1 音声を聞いて，読まれた英語と合う絵を次からそれぞれ選び，記号で書きましょう。　1つ5点【20点】

英語音声はこちらから！ ♪5-05

(1) (　　　)　(2) (　　　)　(3) (　　　)

(4) (　　　)

ア

イ

ウ

エ

2 音声を聞いて，＿＿にあてはまる英語をあとからそれぞれ選んで書き，英文を完成させましょう。　1つ10点【20点】

(1) I like ＿＿＿＿＿＿.

（わたしは書写が好きです）

(2) I want to study ＿＿＿＿＿＿.

（わたしは英語を勉強したいです）

science	calligraphy	English	Japanese

3 トムとスーザンの会話を聞いて，トムとスーザンが勉強したい教科を表す絵を次からそれぞれ選び，記号で書きましょう。　1つ15点【30点】

(1) トム (　　　)　(2) スーザン (　　　)

ア

イ

ウ

エ

4 音声を聞いて，□にあてはまる英語をあとからそれぞれ選んで書き，英文を完成させましょう。また，他の文字もなぞりましょう。　【30点】

（全部できて15点）

(1) What □ you □ to □ ?

（あなたは何を勉強したいですか）

（全部できて15点）

(2) I want □ study □ .

（わたしは算数を勉強したいです）

want	math	to	do	study

英語

＼もう１回チャレンジ!!／

5 何を勉強したい？

目標《もくひょう》時間 20分

学習した日　　月　　日

名前

得点　　／100点

5053
解説→323ページ

らくらくマルつけ

❶ 音声を聞いて，読まれた英語と合う絵を次からそれぞれ選び，記号で書きましょう。 1つ5点【20点】

英語音声はこちらから！
♪5-05

(1) (　　　) (2) (　　　) (3) (　　　)
(4) (　　　)

ア

イ

ウ

エ

❷ 音声を聞いて，＿＿＿にあてはまる英語をあとからそれぞれ選んで書き，英文を完成させましょう。 1つ10点【20点】

(1) I like ＿＿＿＿＿＿＿＿＿＿ .

(わたしは書写が好きです)

(2) I want to study ＿＿＿＿＿＿＿＿ .

(わたしは英語を勉強したいです)

science	calligraphy	English	Japanese

❸ トムとスーザンの会話を聞いて，トムとスーザンが勉強したい教科を表す絵を次からそれぞれ選び，記号で書きましょう。 1つ15点【30点】

(1) トム (　　　) (2) スーザン (　　　)

ア

イ

ウ

エ

❹ 音声を聞いて，＿＿＿にあてはまる英語をあとからそれぞれ選んで書き，英文を完成させましょう。また，他の文字もなぞりましょう。 【30点】

(全部できて15点)

(1) What ＿＿＿ you ＿＿＿＿＿
to ＿＿＿＿＿ ?

(あなたは何を勉強したいですか)

(全部できて15点)

(2) I want ＿＿＿ study ＿＿＿＿＿ .

(わたしは算数を勉強したいです)

want	math	to	do	study

6 何になりたいかをたずねよう

目標《もくひょう》時間 20分

学習した日　月　日

名前

得点

／100点

らくらくマルつけ

5054
解説→323ページ

1 音声を聞いて，読まれた英語が絵と合っていれば○，ちがっていれば×を書きましょう。

1つ5点【20点】

英語音声はこちらから！
♪5-06

(1)

(　　)

(2)

(　　)

(3)

(　　)

(4)

(　　)

2 音声を聞いて，絵と合う英語を選び，記号を○で囲《かこ》みましょう。

1つ10点【20点】

(1)

【ア　イ　ウ】

(2)

【ア　イ　ウ】

3 音声を聞いて，カナとデニスがなりたい職業《しょくぎょう》をあとからそれぞれ選び，＿＿＿に書きましょう。また，それぞれの意味を（　）に日本語で書きましょう。

1つ10点【40点】

デニス	カナ
(1) ＿＿＿＿＿＿	(2) ＿＿＿＿＿＿
(3) (　　　　)	(4) (　　　　)

cook　comedian　dentist　doctor

4 音声を聞いて，読まれた英語を［　］から選んで書き，英文を完成させましょう。

1つ10点【20点】

(1) What do you ＿＿＿＿＿＿ to be?

［like ／ want］

（あなたは何になりたいですか）

(2) I want to be a ＿＿＿＿＿＿.

［teacher ／ musician］

（わたしは先生になりたいです）

6 何になりたいかをたずねよう

目標《もくひょう》時間 20分

学習した日　　月　　日

名前

得点　　／100点

5054
解説→323ページ

らくらくマルつけ

1 音声を聞いて，読まれた英語が絵と合っていれば〇，ちがっていれば×を書きましょう。

1つ5点【20点】

英語音声はこちらから！
♪5-06

(1)

(　　　)

(2)

(　　　)

(3)

(　　　)

(4)

(　　　)

2 音声を聞いて，絵と合う英語を選び，記号を〇で囲《かこ》みましょう。

1つ10点【20点】

(1)

【ア　イ　ウ】

(2)

【ア　イ　ウ】

3 音声を聞いて，カナとデニスがなりたい職業《しょくぎょう》をあとからそれぞれ選び，┈┈┈に書きましょう。また，それぞれの意味を（　　）に日本語で書きましょう。

1つ10点【40点】

デニス	カナ
(1) ＿＿＿＿＿＿＿＿	(2) ＿＿＿＿＿＿＿＿
(3) (　　　　　　)	(4) (　　　　　　)

cook　　comedian　　dentist　　doctor

4 音声を聞いて，読まれた英語を［　　］から選んで書き，英文を完成させましょう。

1つ10点【20点】

(1) What do you ＿＿＿＿＿＿＿＿ to be?

［ like ／ want ］

（あなたは何になりたいですか）

(2) I want to be a ＿＿＿＿＿＿＿＿ .

［ teacher ／ musician ］

（わたしは先生になりたいです）

らくらくマルつけ

7 だれなのかをたずねよう

目標《もくひょう》時間 20分

✎学習した日　　月　　日	得点
名前	／100点

5055
解説→323ページ

❶ 音声を聞いて，読まれた英語を表す絵を次から選び，記号で書きましょう。　1つ5点【10点】

英語音声はこちらから！
♪5-07

(1) ア

イ

(　　　)

(2) ア

イ

ウ

(　　　)

❷ 音声を聞いて，読まれた英語に合う英語を○で囲《かこ》みましょう。　1つ5点【15点】

(1) (What ／ Who) is this?
(こちらはどなたですか)

(2) (He ／ She) is my sister, Hana.
(かの女はわたしの姉［妹］のハナです)

(3) He is (kind ／ brave).
(かれは勇かんです)

❸ 音声を聞いて，トムとルーシーが話している人物について，(　　) にあてはまる日本語を書きましょう。　1つ15点【30点】

名前	スーザン・ホワイト
職業《しょくぎょう》	(1) (　　　　　　　　)
得意《とくい》なこと	(2) (　　　　　　　　)

❹ 音声を聞いて，□にあてはまる英語をあとからそれぞれ2語選び，書きましょう。また，他の文字もなぞりましょう。同じ語を何度使ってもかまいません。　【45点】

(全部できて15点)
(1) □ this?
(こちらはどなたですか)

(全部できて15点)
(2) □ an artist.
(かの女は芸術《げいじゅつ》家です)

(全部できて15点)
(3) □ a teacher.
(かれは先生です)

He	is	She	Who

＼もう1回チャレンジ!!／

7 だれなのかをたずねよう

目標時間《もくひょうじかん》 20分

学習した日　　月　　日

名前

得点　　／100点

らくらくマルつけ

5055
解説→323ページ

1 音声を聞いて，読まれた英語を表す絵を次から選び，記号で書きましょう。 1つ5点【10点】

英語音声はこちらから！
♪5-07

(1) ア

イ

（　　　）

(2) ア

イ

ウ

（　　　）

2 音声を聞いて，読まれた英語に合う英語を○で囲《かこ》みましょう。 1つ5点【15点】

(1) (What ／ Who) is this?
（こちらはどなたですか）

(2) (He ／ She) is my sister, Hana.
（かの女はわたしの姉［妹］のハナです）

(3) He is (kind ／ brave).
（かれは勇かんです）

3 音声を聞いて，トムとルーシーが話している人物について，（　　）にあてはまる日本語を書きましょう。 1つ15点【30点】

名前	スーザン・ホワイト
職業《しょくぎょう》	(1)（　　　　　　　）
得意《とくい》なこと	(2)（　　　　　　　）

4 音声を聞いて，□にあてはまる英語をあとからそれぞれ2語選び，書きましょう。また，他の文字もなぞりましょう。同じ語を何度使ってもかまいません。 【45点】

（全部できて15点）
(1) □ this?
（こちらはどなたですか）

（全部できて15点）
(2) □ an artist.
（かの女は芸術《げいじゅつ》家です）

（全部できて15点）
(3) □ a teacher.
（かれは先生です）

He	is	She	Who

8 できることを伝えよう

目標《もくひょう》時間 20分

学習した日　　月　　日

名前

得点　　／100点

らくらくマルつけ

5056 解説→324ページ

1 音声を聞いて，読まれた英語と合う絵を次からそれぞれ選び，記号で書きましょう。　1つ4点【16点】

英語音声はこちらから！

♪5-08

(1) (　　　) (2) (　　　)

(3) (　　　) (4) (　　　)

ア

イ

ウ

エ

2 音声を聞いて，サトルができることには○，できないことには×を書きましょう。　1つ8点【24点】

(1) ピアノを演奏《えんそう》する。　(　　　)

(2) 上手に料理をする。　(　　　)

(3) 上手に絵をかく。　(　　　)

3 音声を聞いて，(1), (2)の人物ができることとできないことを表す絵をあとからそれぞれ選び，記号で書きましょう。　1つ10点【40点】

名前	できること	できないこと
(1) フレッド	①	②
(2) アンディ	①	②

ア

イ

ウ

エ

4 音声を聞いて，読まれた質問《しつもん》に対するあなた自身の答えをあとからそれぞれ選び，＿＿に書きましょう。　1つ10点【20点】

(1)

(はい，歌えます／いいえ，歌えません)

(2)

(はい，飲めます／いいえ，飲めません)

Yes, I can.　No, I can’t.

8 できることを伝えよう

目標《もくひょう》時間 20分

学習した日　　月　　日

名前

得点　　／100点

5056 解説→324ページ

らくらくマルつけ

❶ 音声を聞いて，読まれた英語と合う絵を次からそれぞれ選び，記号で書きましょう。 1つ4点【16点】

英語音声はこちらから！ ♪5-08

(1)（　　）(2)（　　）

(3)（　　）(4)（　　）

ア

イ

ウ

エ

❷ 音声を聞いて，サトルができることには○，できないことには×を書きましょう。 1つ8点【24点】

(1) ピアノを演奏《えんそう》する。（　　）

(2) 上手に料理をする。（　　）

(3) 上手に絵をかく。（　　）

❸ 音声を聞いて，(1)，(2)の人物ができることとできないことを表す絵をあとからそれぞれ選び，記号で書きましょう。 1つ10点【40点】

名前	できること	できないこと
(1) フレッド	①	②
(2) アンディ	①	②

ア

イ

ウ

エ

❹ 音声を聞いて，読まれた質問《しつもん》に対するあなた自身の答えをあとからそれぞれ選び，＿＿＿に書きましょう。 1つ10点【20点】

(1)

（はい，歌えます／いいえ，歌えません）

(2)

（はい，飲めます／いいえ，飲めません）

Yes, I can.　　No, I can't.

9 しせつの場所を伝えよう

目標《もくひょう》時間 20分

学習した日　　月　　日

名前

得点　　／100点

5057
解説→324ページ

1 音声を聞いて，読まれた英語が絵と合っていれば○，ちがっていれば×を書きましょう。

1つ10点【40点】

英語音声はこちらから！
♪5-09

(1) 

(　　)

(2) 

(　　)

(3) 

(　　)

(4) 

(　　)

2 音声を聞いて，読まれた英語と合う英語を○で囲《かこ》みましょう。

1つ12点【24点】

(1) 

(Go ／ Look) straight.
(まっすぐに行ってください)

(2) 

Turn (right ／ left).
(左に曲がってください)

3 音声を聞いて，建物の場所を次の絵のア～エからそれぞれ選び，記号で書きましょう。

1つ12点【24点】

(1) 図書館 (　　)　(2) ゆうびん局 (　　)

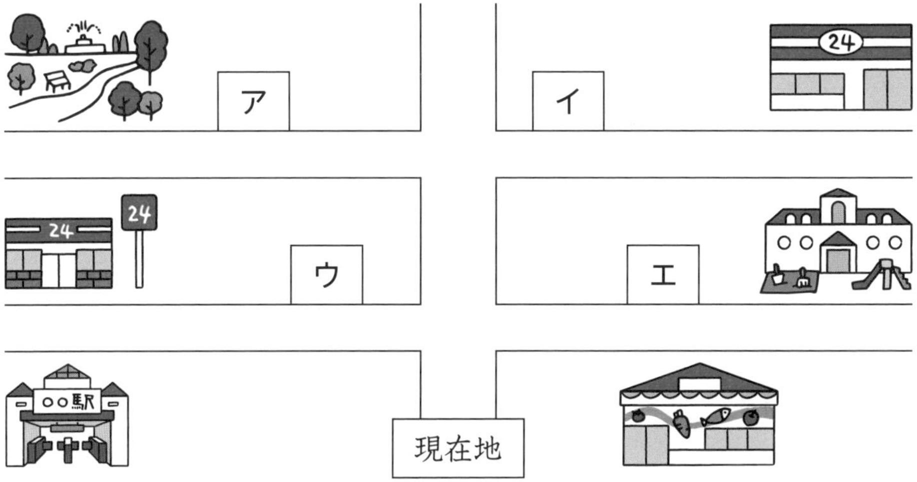

4 音声を聞いて，□にあてはまる英語をあとからそれぞれ選び，書きましょう。また，他の文字もなぞりましょう。

1つ6点【12点】

Turn □ at the □.

(公園で右に曲がってください)

block	right	park	school

＼もう1回チャレンジ!!／

らくらくマルつけ

9 しせつの場所を伝えよう

目標《もくひょう》時間 20分

学習した日　月　日

名前

得点　／100点

5057

解説→324ページ

❶ 音声を聞いて，読まれた英語が絵と合っていれば○，ちがっていれば×を書きましょう。

1つ10点【40点】

英語音声はこちらから！

♪5-09

(1)

(　　)

(2)

(　　)

(3)

(　　)

(4)

(　　)

❷ 音声を聞いて，読まれた英語と合う英語を○で囲《かこ》みましょう。

1つ12点【24点】

(1)

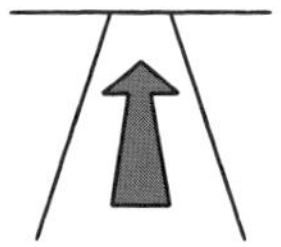

(Go ／ Look) straight.

(まっすぐに行ってください)

(2)

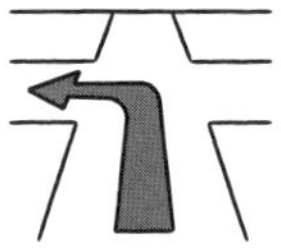

Turn (right ／ left).

(左に曲がってください)

❸ 音声を聞いて，建物の場所を次の絵のア～エからそれぞれ選び，記号で書きましょう。

1つ12点【24点】

(1) 図書館 (　　) (2) ゆうびん局 (　　)

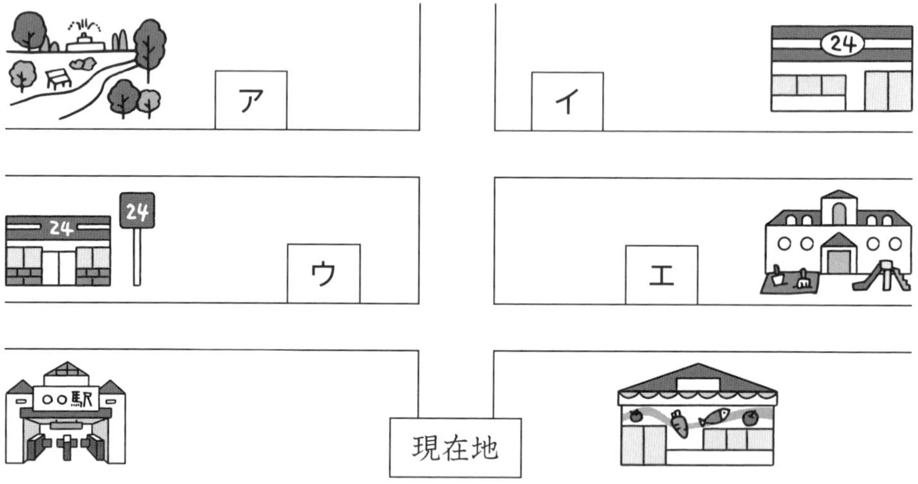

❹ 音声を聞いて，□にあてはまる英語をあとからそれぞれ選び，書きましょう。また，他の文字もなぞりましょう。

1つ6点【12点】

Turn □ at the □ .

(公園で右に曲がってください)

block	right	park	school

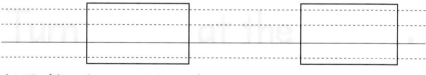

10 ものがある場所を伝えよう

目標《もくひょう》時間 20分

✎学習した日　　月　　日

名前

得点

／100点

らくらくマルつけ

5058
解説→324ページ

1 音声を聞いて，絵と合う英語を選び，記号を〇で囲《かこ》みましょう。　1つ8点【16点】

英語音声はこちらから！
♪5-10

(1)

【ア　イ　ウ】

(2)

【ア　イ　ウ】

2 音声を聞いて，読まれた英語が絵と合っていれば〇，ちがっていれば×を書きましょう。　1つ12点【48点】

(1)（　　　）(2)（　　　）(3)（　　　）(4)（　　　）

3 音声を聞いて，読まれた質問《しつもん》に対して，次の絵と合う答えの文になるように，＿＿＿にあてはまる英語をあとからそれぞれ選んで書き，英文を完成させましょう。　1つ12点【24点】

(1)

It's ＿＿＿＿＿＿ the box.

（それは箱の中にいます）

(2)

It's ＿＿＿＿＿＿ the book.

（それは本の上にあります）

by	in	on	under

4 音声を聞いて，☐にあてはまる英語をあとから2語選び，書きましょう。また，他の文字もなぞりましょう。　【12点】

☐ the glue?

（のりはどこにありますか）

Who	is	Where	am

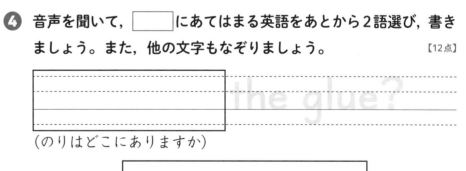

10 ものがある場所を伝えよう

目標《もくひょう》時間 20分

学習した日　　月　　日

名前

得点　／100点

5058 解説→324ページ

らくらくマルつけ

1 音声を聞いて，絵と合う英語を選び，記号を○で囲《かこ》みましょう。　1つ8点【16点】

英語音声はこちらから！ ♪5-10

(1)

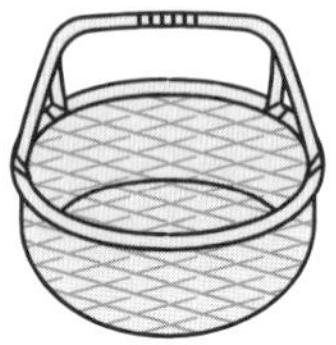

【ア　イ　ウ】

(2)

【ア　イ　ウ】

2 音声を聞いて，読まれた英語が絵と合っていれば○，ちがっていれば×を書きましょう。　1つ12点【48点】

(1) (　　　) (2) (　　　) (3) (　　　) (4) (　　　)

3 音声を聞いて，読まれた質問《しつもん》に対して，次の絵と合う答えの文になるように，＿＿にあてはまる英語をあとからそれぞれ選んで書き，英文を完成させましょう。　1つ12点【24点】

(1)

It's ＿＿＿＿＿＿ the box.

(それは箱の中にいます)

(2)

It's ＿＿＿＿＿＿ the book.

(それは本の上にあります)

by	in	on	under

4 音声を聞いて，□にあてはまる英語をあとから2語選び，書きましょう。また，他の文字もなぞりましょう。　【12点】

□ the glue?

(のりはどこにありますか)

Who	is	Where	am

11 注文しよう

目標《もくひょう》時間 20分

学習した日　　月　　日

名前

得点　　／100点

らくらくマルつけ
5059
解説→325ページ

1 音声を聞いて，読まれた英語と合う絵を次からそれぞれ選び，記号で書きましょう。 1つ5点【20点】

英語音声はこちらから！
♪5-11

(1) (　　　) (2) (　　　) (3) (　　　)
(4) (　　　)

ア

イ

ウ

エ

2 音声を聞いて，＿＿＿にあてはまる英語をあとからそれぞれ選んで書き，英文を完成させましょう。 1つ8点【16点】

(1) I'd like ＿＿＿＿＿＿＿＿＿＿.

(ぼくはお茶がほしいです)

(2) It's ＿＿＿＿＿＿＿＿＿＿.

(それは熱いです)

hard	hot	sandwiches	tea

3 音声を聞いて，お客さんが注文したものを次からそれぞれ2つずつ選び，記号で書きましょう。 1つ8点【48点】

(1) (　　　)(　　　) (2) (　　　)(　　　)
(3) (　　　)(　　　)

ア

イ
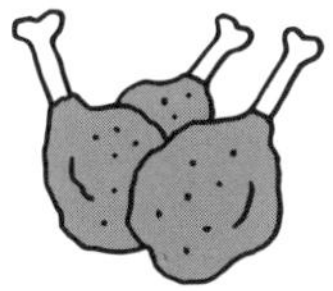

ウ

エ

オ

カ

4 音声を聞いて，読まれた英語を［　　］から選んで書き，英文を完成させましょう。 【16点】

(全部できて8点)

(1) ＿＿＿＿＿＿ would you ＿＿＿＿＿＿?

［ When ／ What ］　［ like ／ want ］

(全部できて8点)

(2) ＿＿＿＿ like ＿＿＿＿＿＿＿＿＿＿.

［ I'm ／ I'd ］［ pancakes ／ pudding ］

＼もう１回チャレンジ!!／

11 注文しよう

目《もく》標《ひょう》時間 20分

学習した日　　月　　日

名前

得点

／100点

5059
解説→325ページ

らくらくマルつけ

❶ 音声を聞いて，読まれた英語と合う絵を次からそれぞれ選び，記号で書きましょう。　1つ5点【20点】

英語音声はこちらから！
♪5-11

(1) (　　　)　(2) (　　　)　(3) (　　　)

(4) (　　　)

ア

イ

ウ

エ

❷ 音声を聞いて，＿＿にあてはまる英語をあとからそれぞれ選んで書き，英文を完成させましょう。　1つ8点【16点】

(1) I'd like ＿＿＿＿＿＿＿＿.

（ぼくはお茶がほしいです）

(2) It's ＿＿＿＿＿＿＿＿.

（それは熱いです）

hard	hot	sandwiches	tea

❸ 音声を聞いて，お客さんが注文したものを次からそれぞれ２つずつ選び，記号で書きましょう。　1つ8点【48点】

(1) (　　　)(　　　)　(2) (　　　)(　　　)

(3) (　　　)(　　　)

ア

イ
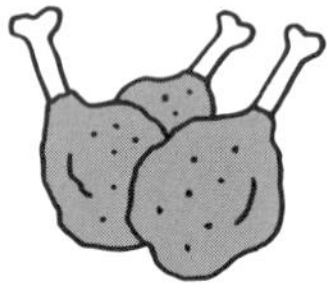

ウ

エ
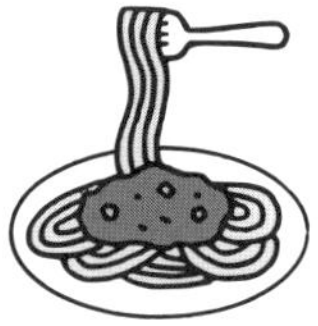

オ

カ

❹ 音声を聞いて，読まれた英語を［　］から選んで書き，英文を完成させましょう。　【16点】

（全部できて8点）

(1) ＿＿＿＿＿＿ would you ＿＿＿＿＿＿?

［ When ／ What ］　［ like ／ want ］

（全部できて8点）

(2) ＿＿＿＿ like ＿＿＿＿＿＿＿＿.

［ I'm ／ I'd ］［ pancakes ／ pudding ］

12 ねだんをたずねよう

目標《もくひょう》時間 20分

学習した日 月 日	得点	らくらくマルつけ
名前	／100点	5060 解説→325ページ

1 音声を聞いて，読まれた英語が数字と合っていれば○，ちがっていれば×を書きましょう。

1つ6点【12点】

英語音声はこちらから！ ♪5-12

(1) 400 (　　)

(2) 820 (　　)

2 音声を聞いて，読まれた英語をあとからそれぞれ選び，＿＿に書きましょう。また，英語を表す絵と線で結びましょう。 【30点】

(全部できて10点)

(1) ＿＿＿＿＿＿＿＿ ・

(全部できて10点)

(2) ＿＿＿＿＿＿＿＿ ・

(全部できて10点)

(3) ＿＿＿＿＿＿＿＿ ・

・ 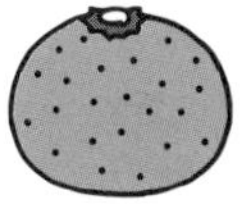

・ 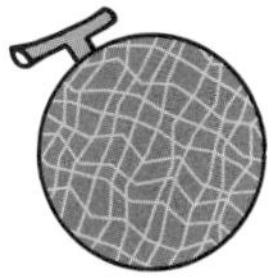

・ 

melon	orange	lemon	onion

3 音声を聞いて，次の日本語の質問《しつもん》に対する答えを，数字で書きましょう。

1つ11点【22点】

(1) ホットドッグはいくらですか。

(　　　　)円

(2) アイスクリームをいくつ買いますか。

(　　　　)個

4 音声を聞いて，＿＿にあてはまる英語をあとからそれぞれ選んで書き，英文を完成させましょう。

1つ12点【36点】

(1) How ＿＿＿＿＿＿ is it?

(それはいくらですか)

(2) It's ＿＿＿＿＿＿ yen.

(それは70円です)

(3) How ＿＿＿＿＿＿ flowers do you want?

(あなたは何本の花がほしいですか)

seventy	seventeen	many	much

英語

＼もう1回チャレンジ!!／

らくらくマルつけ

12 ねだんをたずねよう

目標《もくひょう》時間 20分

学習した日　　月　　日

名前

得点　　／100点

5060
解説→325ページ

❶ 音声を聞いて，読まれた英語が数字と合っていれば○，ちがっていれば×を書きましょう。

英語音声はこちらから！
♪5-12

1つ6点【12点】

(1) 400
(　　　)

(2) 820
(　　　)

❷ 音声を聞いて，読まれた英語をあとからそれぞれ選び，＿＿に書きましょう。また，英語を表す絵と線で結びましょう。【30点】

(全部できて10点)
(1) ＿＿＿＿＿＿＿＿ •　　　　　•

(全部できて10点)
(2) ＿＿＿＿＿＿＿＿ •　　　　　•

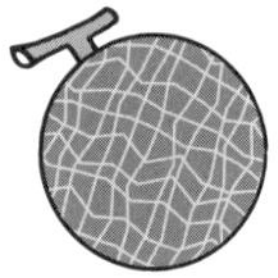

(全部できて10点)
(3) ＿＿＿＿＿＿＿＿ •　　　　　•

melon	orange	lemon	onion

❸ 音声を聞いて，次の日本語の質問《しつもん》に対する答えを，数字で書きましょう。

1つ11点【22点】

(1) ホットドッグはいくらですか。
(　　　　　)円

(2) アイスクリームをいくつ買いますか。
(　　　　　)個

❹ 音声を聞いて，＿＿にあてはまる英語をあとからそれぞれ選んで書き，英文を完成させましょう。

1つ12点【36点】

(1) How ＿＿＿＿＿＿＿＿ is it?
(それはいくらですか)

(2) It's ＿＿＿＿＿＿＿＿ yen.
(それは70円です)

(3) How ＿＿＿＿＿＿＿＿ flowers do you want?
(あなたは何本の花がほしいですか)

seventy	seventeen	many	much

13 日本の行事や文化を説明しよう

目標《もくひょう》時間 20分

学習した日　月　日

名前

得点　／100点

5061
解説→325ページ

らくらくマルつけ

❶ 音声を聞いて，絵と合う英語を選び，記号を○で囲《かこ》みましょう。 1つ10点【20点】

英語音声はこちらから！
♪5-13

(1)

【ア　イ　ウ】

(2)

【ア　イ　ウ】

❷ 音声を聞いて，読まれた英語の順に，記号で書きましょう。 【20点】

(1) (　→　→　) (全部できて10点)

ア

イ

ウ

(2) (　→　→　) (全部できて10点)

ア

イ

ウ

❸ 音声を聞いて，次の質問《しつもん》に対する答えを，日本語で書きましょう。 1つ10点【30点】

(1) コハルは何の行事について説明していますか。
(　　)

(2) コハルはその行事の何の食べ物が好きですか。
(　　)

(3) コハルはその行事で(2)の食べ物のほかに何を食べることができますか。
(　　)

❹ 音声を聞いて，[　] にあてはまる英語をあとからそれぞれ2語選び，書きましょう。また，他の文字もなぞりましょう。 【30点】

(全部できて15点)

(1) [　　] Children's Day [　　].

(春にこどもの日があります)

(全部できて15点)

(2) [　　] see kabuto.

(かぶとを見ることができます)

can	have	in	You	We	spring

13 日本の行事や文化を説明しよう

目標《もくひょう》時間 20分

学習した日　　月　　日

名前

得点　　／100点

らくらくマルつけ　5061　解説→325ページ

❶ 音声を聞いて，絵と合う英語を選び，記号を〇で囲《かこ》みましょう。 1つ10点【20点】

英語音声はこちらから！　♪5-13

(1)

【ア　イ　ウ】

(2)

【ア　イ　ウ】

❷ 音声を聞いて，読まれた英語の順に，記号で書きましょう。 【20点】

(1) (　　→　　→　　) (全部できて10点)

ア

イ

ウ

(2) (　　→　　→　　) (全部できて10点)

ア

イ

ウ

❸ 音声を聞いて，次の質問《しつもん》に対する答えを，日本語で書きましょう。 1つ10点【30点】

(1) コハルは何の行事について説明していますか。

(　　　　　　)

(2) コハルはその行事の何の食べ物が好きですか。

(　　　　　　)

(3) コハルはその行事で(2)の食べ物のほかに何を食べることができますか。 (　　　　　　)

❹ 音声を聞いて，□にあてはまる英語をあとからそれぞれ2語選び，書きましょう。また，他の文字もなぞりましょう。 【30点】

(1) (全部できて15点)

□ Children's

Day □.

(春にこどもの日があります)

(2) (全部できて15点)

□ see kabuto.

(かぶとを見ることができます)

can	have	in	You	We	spring

14 年中行事を説明しよう

目標《もくひょう》時間 20分

学習した日　　月　　日

名前

得点

／100点

らくらくマルつけ

5062
解説→326ページ

1 音声を聞いて，読まれた英語と合う絵を次からそれぞれ選び，記号で書きましょう。 1つ5点【15点】

英語音声はこちらから！
♪5-14

(1) (　　　) (2) (　　　) (3) (　　　)

ア

イ

ウ

2 音声を聞いて，絵と合う英語をあとからそれぞれ選んで書き，英文を完成させましょう。 1つ15点【30点】

(1) I ＿＿＿＿＿＿＿＿＿＿＿＿

on my birthday.

（わたしはたん生日にケーキを食べます）

(2) I ＿＿＿＿＿＿＿＿＿＿＿＿

on New Year's Day.

（ぼくは元日にかるたをします）

play *karuta*	read a book	eat cake

3 音声を聞いて，次の質問《しつもん》に対する答えを，日本語で書きましょう。 【25点】

(1) ハルトが夏が好きな理由としてあげている行事は何ですか。

(　　　　　　　) (10点)

(2) ハルトはその行事で何と何をしますか。 (全部できて15点)

(　　　　　　　)(　　　　　　　)

4 音声を聞いて，読まれた英語を［　　］から選んで書き，英文を完成させましょう。 【30点】

(全部できて15点)

(1) ＿＿＿＿＿＿ do you do on

［ What ／ Where ］

＿＿＿＿＿＿＿＿＿＿＿＿?

［ Doll's Festival ／ Star Festival ］

（あなたは七夕に何をしますか）

(全部できて15点)

(2) ＿＿＿＿＿＿ do you like ＿＿＿＿＿＿?

［ How ／ Why ］　［ fall ／ spring ］

（あなたはなぜ秋が好きなのですか）

＼もう1回チャレンジ!! ／

14 年中行事を説明しよう

目標《もくひょう》時間 20分

学習した日　　月　　日

名前

得点　　／100点

らくらくマルつけ

5062 解説→326ページ

❶ 音声を聞いて，読まれた英語と合う絵を次からそれぞれ選び，記号で書きましょう。 1つ5点【15点】

英語音声はこちらから！ ♪5-14

(1) (　　　) (2) (　　　) (3) (　　　)

ア  イ  ウ 

❷ 音声を聞いて，絵と合う英語をあとからそれぞれ選んで書き，英文を完成させましょう。 1つ15点【30点】

(1) I ______________________ on my birthday.

(わたしはたん生日にケーキを食べます)

(2) I ______________________ on New Year's Day.

(ぼくは元日にかるたをします)

play *karuta*	read a book	eat cake

❸ 音声を聞いて，次の質問《しつもん》に対する答えを，日本語で書きましょう。 【25点】

(1) ハルトが夏が好きな理由としてあげている行事は何ですか。

(　　　　　　　) (10点)

(2) ハルトはその行事で何と何をしますか。 (全部できて15点)

(　　　　　　　)(　　　　　　　)

❹ 音声を聞いて，読まれた英語を［　］から選んで書き，英文を完成させましょう。 【30点】

(全部できて15点)

(1) ______________ do you do on

［ What ／ Where ］

______________________ ?

［ Doll's Festival ／ Star Festival ］

(あなたは七夕に何をしますか)

(全部できて15点)

(2) ______________ do you like ______________ ?

［ How ／ Why ］　　［ fall ／ spring ］

(あなたはなぜ秋が好きなのですか)

15 まとめのテスト①

目標《もくひょう》時間 20分

学習した日　　月　　日	得点	らくらくマルつけ
名前	／100点	5063 解説→326ページ

❶ 音声を聞いて，絵と合う英語を選び，記号を〇で囲《かこ》みましょう。 1つ5点【20点】

英語音声はこちらから！ ♪5-15

(1)

【ア　イ　ウ】

(2)

【ア　イ　ウ】

(3)

【ア　イ　ウ】

(4)

【ア　イ　ウ】

❷ 音声を聞いて，読まれた英語と合う絵をそれぞれ選び，記号で書きましょう。 1つ10点【20点】

(1) (　　　)　(2) (　　　)

ア

イ

❸ 音声を聞いて，内容《ないよう》と合うように（　　）に入る日本語を書きましょう。 1つ15点【30点】

(1) タクミは (　　　　　　　　　　) が好きです。

(2) ジュリアは (　　　　　　　　) になりたいと思っています。

❹ 音声を聞いて，読まれた質問《しつもん》に対する答えの文になるように，□にあてはまる英語をあとからそれぞれ選び，書きましょう。また，他の文字もなぞりましょう。 1つ15点【30点】

(1) I like ＿＿＿＿＿＿.

（わたしはテニスが好きです）

(2) My birthday is

＿＿＿＿＿＿ 6th.

（わたしのたん生日は２月６日です）

tennis	soccer	February	January

英語

＼もう1回チャレンジ!! ／

15 まとめのテスト❶

目標《もくひょう》時間 20分

学習した日　　月　　日

名前

得点

／100点

5063
解説→326ページ

らくらくマルつけ

❶ 音声を聞いて，絵と合う英語を選び，記号を○で囲《かこ》みましょう。 1つ5点【20点】

英語音声はこちらから！
♪5-15

(1)

【ア　イ　ウ】

(2)

【ア　イ　ウ】

(3)

【ア　イ　ウ】

(4)

【ア　イ　ウ】

❷ 音声を聞いて，読まれた英語と合う絵をそれぞれ選び，記号で書きましょう。 1つ10点【20点】

(1)（　　　）　(2)（　　　）

ア

イ

❸ 音声を聞いて，内容《ないよう》と合うように（　　）に入る日本語を書きましょう。 1つ15点【30点】

(1) タクミは（　　　　　　　　　　）が好きです。

(2) ジュリアは（　　　　　　）になりたいと思っています。

❹ 音声を聞いて，読まれた質問《しつもん》に対する答えの文になるように，☐にあてはまる英語をあとからそれぞれ選び，書きましょう。また，他の文字もなぞりましょう。 1つ15点【30点】

(1) I like ☐ .

（わたしはテニスが好きです）

(2) My birthday is

☐ 6th.

（わたしのたん生日は２月６日です）

tennis	soccer	February	January

16 まとめのテスト❷

目標《もくひょう》時間 20分

学習した日　　月　　日

名前

得点　　／100点

らくらくマルつけ

5064
解説→326ページ

❶ 音声を聞いて，読まれた英語と合う英語を○で囲《かこ》みましょう。 1つ6点【18点】

英語音声はこちらから！
♪5-16

(1) 

I (can ／ can't)
ski well.

（わたしは上手にスキーをすることができません）

(2) 

I go (camping ／ fishing).
（ぼくはキャンプに行きます）

(3) 

We have Halloween
in (October ／ November).
（10月にハロウィーンがあります）

❷ 音声を聞いて，読まれた質問《しつもん》の答えの意味を表す文を次から選び，記号で書きましょう。 1つ14点【28点】

(1) ア　わたしは野菜を買います。　（　　　）
イ　まっすぐ行って，左に曲がってください。
ウ　それはつくえの下にあります。

(2) ア　わたしはハンバーガーがほしいです。　（　　　）
イ　わたしは寺に行きたいです。
ウ　わたしは緑色とオレンジ色が好きです。

❸ 音声を聞いて，読まれた質問に対して，次の絵と合う答えの文になるように，□にあてはまる英語をあとからそれぞれ選び，書きましょう。また，他の文字もなぞりましょう。 1つ18点【54点】

(1) 

(2) 

(3) 

(1) He can ☐ well.
（かれは上手に泳ぐことができます）

(2) It's ☐ the basket.
（それはバスケットの中にいます）

(3) It's one hundred
and ☐ yen.
（それは150円です）

white	swim	nine	fifty	in	on	by

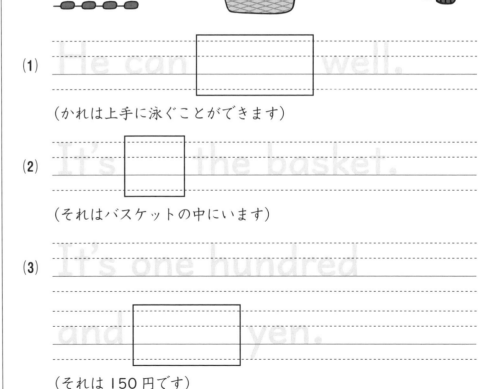

16 まとめのテスト❷

目標《もくひょう》時間 20分

学習した日　　月　　日	得点
名前	／100点

らくらくマルつけ

5064
解説→326ページ

❶ 音声を聞いて，読まれた英語と合う英語を○で囲《かこ》みましょう。 1つ6点【18点】

英語音声はこちらから！
♪5-16

(1) 

I (can ／ can't) ski well.

(わたしは上手にスキーをすることができません)

(2) 

I go (camping ／ fishing).

(ぼくはキャンプに行きます)

(3) 

We have Halloween in (October ／ November).

(10月にハロウィーンがあります)

❷ 音声を聞いて，読まれた質問《しつもん》の答えの意味を表す文を次から選び，記号で書きましょう。 1つ14点【28点】

(1) ア　わたしは野菜を買います。　(　　　)
イ　まっすぐ行って，左に曲がってください。
ウ　それはつくえの下にあります。

(2) ア　わたしはハンバーガーがほしいです。　(　　　)
イ　わたしは寺に行きたいです。
ウ　わたしは緑色とオレンジ色が好きです。

❸ 音声を聞いて，読まれた質問に対して，次の絵と合う答えの文になるように，□にあてはまる英語をあとからそれぞれ選び，書きましょう。また，他の文字もなぞりましょう。 1つ18点【54点】

(1) 

(2) 

(3) 

(1) He can □ well.

(かれは上手に泳ぐことができます)

(2) It's □ the basket.

(それはバスケットの中にいます)

(3) It's one hundred
and □ yen.

(それは150円です)

white	swim	nine	fifty	in	on	by

1 天気の変化①

目標《もくひょう》時間 20分

学習した日　月　日

名前

得点　／100点

5065
解説→327ページ

らくらくマルつけ

理科

1 右の図は，雨や雪のふっていないある日に空のようすをスケッチしたものです。次の問いに答えましょう。

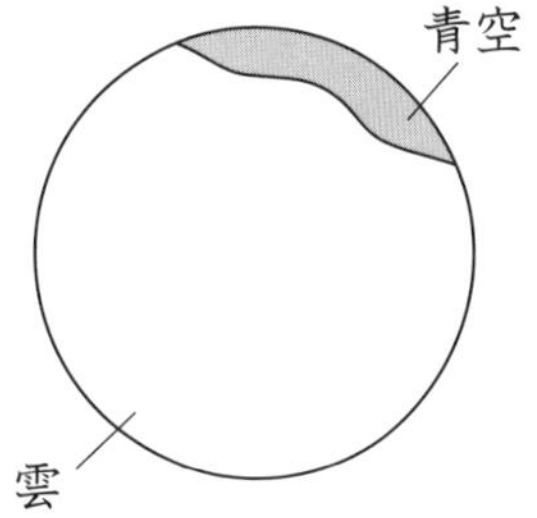

1つ8点【24点】

(1) 図の空の広さを10としたとき，雲のしめる量はどのぐらいですか。次から選び，記号で書きましょう。　（　　）

ア 1　イ 3　ウ 6　エ 9

(2) 図のスケッチをしたときの天気は何ですか。　（　　　）

(3) しばらくすると，雲のしめる量が空の広さの半分になり，雨がふりました。このときの天気は何ですか。　（　　　）

2 雲について，次の問いに答えましょう。　1つ9点【36点】

(1) 雲の種類は，何によって分けられますか。次から2つ選び，記号で書きましょう。　（　　）（　　）

ア 雲の形　イ 雲の色

ウ 雲ができる高さ　エ 雲ができる時こく

(2) 雲について説明した次の①，②のうち，正しいものには○，まちがっているものには×を書きましょう。

① 天気が変わるとき，雲の量も変わることが多い。　（　　）

② どの種類の雲も雨のふりやすさは同じである。　（　　）

3 右の図は，雨や雪のふっていないある日の午前9時に雲のようすと天気について観察した記録です。次の問いに答えましょう。　1つ8点【40点】

雲のようすと天気
4月15日　午前9時

天気…［A］
雲の量…5
雲の色や形…白っぽくうすい雲が多くあった。

(1) 空を見るときに，直接《ちょくせつ》見てはいけないものは何ですか。　（　　　）

(2) Aにあてはまる天気は何ですか。　（　　　）

(3) 1日の雲のようすを調べるとき，2回目の観察はいつ行うとよいですか。次から選び，記号で書きましょう。　（　　）

ア 1週間後の午前9時

イ 次の日の午前9時

ウ 同じ日の午前9時15分

エ 同じ日の午後1時

(4) 次の文中の①，②について，ア，イからあてはまることばをそれぞれ選び，記号で書きましょう。　①（　　）　②（　　）

雲は①（ア　動いていて　イ　動かず），時間がたつと雲の量は②（ア　変わらない　イ　変わる）。

1 天気の変化①

目標《もくひょう》時間 20分

学習した日　　月　　日

名前

得点　　／100点

らくらくマルつけ

5065

解説→327ページ

❶ 右の図は，雨や雪のふっていないある日に空のようすをスケッチしたものです。次の問いに答えましょう。

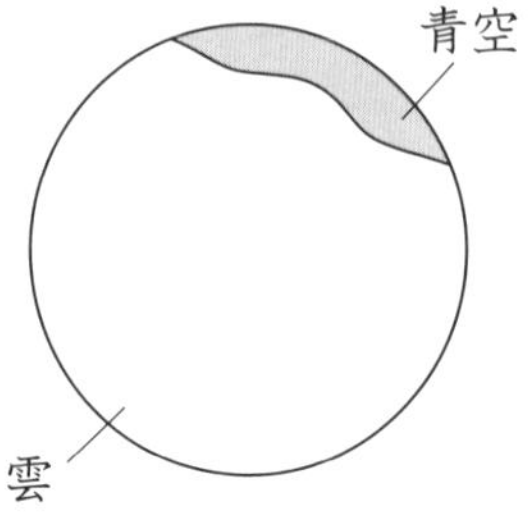

1つ8点【24点】

(1) 図の空の広さを10としたとき，雲のしめる量はどのぐらいですか。次から選び，記号で書きましょう。　（　　　）

ア 1　イ 3　ウ 6　エ 9

(2) 図のスケッチをしたときの天気は何ですか。　（　　　　　）

(3) しばらくすると，雲のしめる量が空の広さの半分になり，雨がふりました。このときの天気は何ですか。　（　　　　　）

❷ 雲について，次の問いに答えましょう。　1つ9点【36点】

(1) 雲の種類は，何によって分けられますか。次から2つ選び，記号で書きましょう。　（　　　）（　　　）

ア 雲の形　　イ 雲の色

ウ 雲ができる高さ　　エ 雲ができる時こく

(2) 雲について説明した次の①，②のうち，正しいものには○，まちがっているものには×を書きましょう。

① 天気が変わるとき，雲の量も変わることが多い。　（　　　）

② どの種類の雲も雨のふりやすさは同じである。　（　　　）

❸ 右の図は，雨や雪のふっていないある日の午前9時に雲のようすと天気について観察した記録です。次の問いに答えましょう。　1つ8点【40点】

雲のようすと天気

4月15日 午前9時

天気・・・ A

雲の量・・・5

雲の色や形・・・白っぽくうすい雲が多くあった。

(1) 空を見るときに，直接《ちょくせつ》見てはいけないものは何ですか。　（　　　　　）

(2) Aにあてはまる天気は何ですか。　（　　　　　）

(3) 1日の雲のようすを調べるとき，2回目の観察はいつ行うとよいですか。次から選び，記号で書きましょう。　（　　　）

ア 1週間後の午前9時

イ 次の日の午前9時

ウ 同じ日の午前9時15分

エ 同じ日の午後1時

(4) 次の文中の①，②について，ア，イからあてはまることばをそれぞれ選び，記号で書きましょう。　①（　　　）②（　　　）

> 雲は①（ア 動いていて　イ 動かず），時間がたつと雲の量は②（ア 変わらない　イ 変わる）。

2 天気の変化②

目標《もくひょう》時間 20分

学習した日　　月　　日

名前

得点　　／100点

5066
解説→327ページ

らくらくマルつけ

1 **右の図は，ある日の雨量情《じょう》報《ほう》を表したものです。次の問いに答えましょう。**

1つ10点【50点】

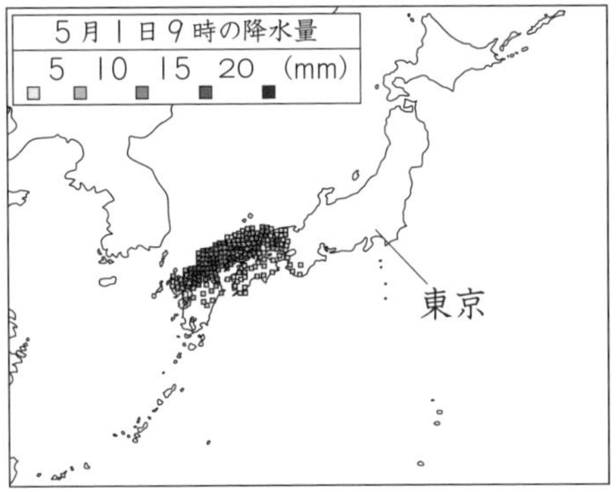

(1) 図の雨量情報は，何を使って調べるとよいですか。次から選び，記号で書きましょう。

(　　　)

ア　ラジオ　　イ　インターネット

ウ　新聞　　エ　理科の教科書

(2) 図の雨量情報は，全国各地の雨量や風速，風向，気温などのデータを自動的に計測《けいそく》し，そのデータをまとめるシステムによってつくられたものです。このシステムを何といいますか。

(　　　　　)

(3) 次の文中の①，②について，ア，イからあてはまることばをそれぞれ選び，記号で書きましょう。　①(　　　)　②(　　　)

> 天気の変化を調べるためには，雲画像《くもがぞう》や図の雨量情報を①（ア　数か月分　　イ　数日分）集めて，②（ア　日付順　　イ　雨がふっている地いきが広い順）にならべる。

(4) 図で，東京では雨がふっていますか。

(　　　　　)

2 **次のA～Cは，ある春の3日間の同じ時こくにさつえいされた画像です。ただし，A～Cは日付順にはならんでいません。あとの問いに答えましょう。**

【50点】

A　　B　　C

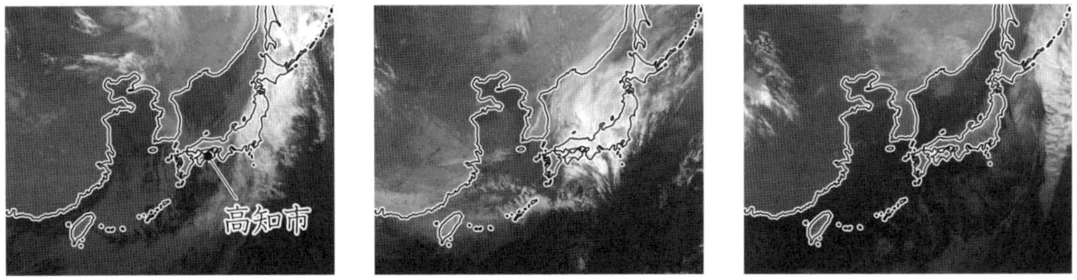

（写真提供：気象庁）

(1) 図のような画像を何といいますか。

(10点)(　　　　　)

(2) 図の画像は何からの情報をもとにつくられたものですか。

(10点)(　　　　　)

(3) **A～C**を日付順にならべかえ，記号で書きましょう。

(全部できて10点)(　　→　　→　　)

(4) 春のころの日本付近では，雲はどの方向からどの方向へ動いていますか。東西南北から1つずつ選び，書きましょう。

(全部できて10点)(　　から　　)

(5) **A～C**のうち，高知市では1日だけ雨がふっていました。高知市で雨がふっていたと考えられる日の画像を**A～C**から選び，記号で書きましょう。

(10点)(　　　)

2 天気の変化②

目標《もくひょう》時間 20分

学習した日　　月　　日

名前

得点　　／100点

らくらくマルつけ

5066
解説→327ページ

❶ 右の図は，ある日の雨量情《じょう》報《ほう》を表したものです。次の問いに答えましょう。

1つ10点【50点】

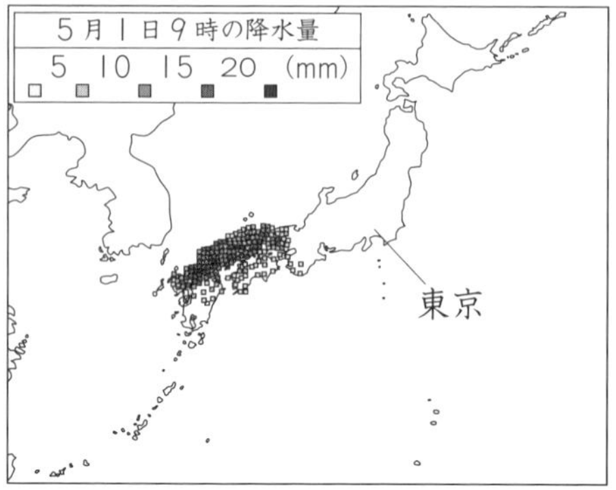

(1) 図の雨量情報は，何を使って調べるとよいですか。次から選び，記号で書きましょう。　（　　）

ア　ラジオ　　イ　インターネット
ウ　新聞　　エ　理科の教科書

(2) 図の雨量情報は，全国各地の雨量や風速，風向，気温などのデータを自動的に計測《けいそく》し，そのデータをまとめるシステムによってつくられたものです。このシステムを何といいますか。

（　　　　）

(3) 次の文中の①，②について，ア，イからあてはまることばをそれぞれ選び，記号で書きましょう。　①（　　）②（　　）

天気の変化を調べるためには，雲画像《くもがぞう》や図の雨量情報を①（ア　数か月分　　イ　数日分）集めて，②（ア　日付順　　イ　雨がふっている地いきが広い順）にならべる。

(4) 図で，東京では雨がふっていますか。

（　　　　）

❷ 次のA～Cは，ある春の3日間の同じ時こくにさつえいされた画像です。ただし，A～Cは日付順にはならんでいません。あとの問いに答えましょう。

【50点】

A

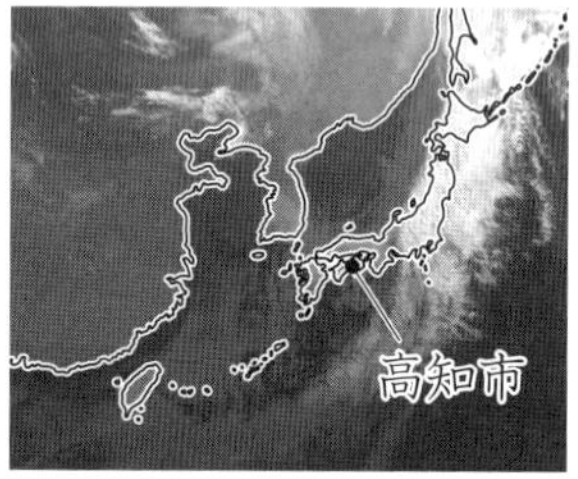

B

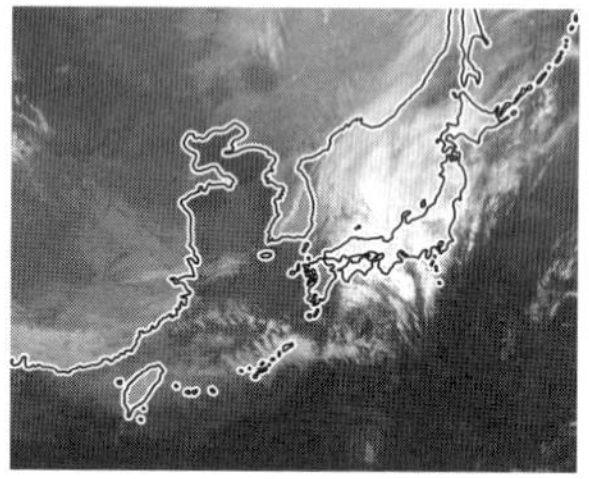

C

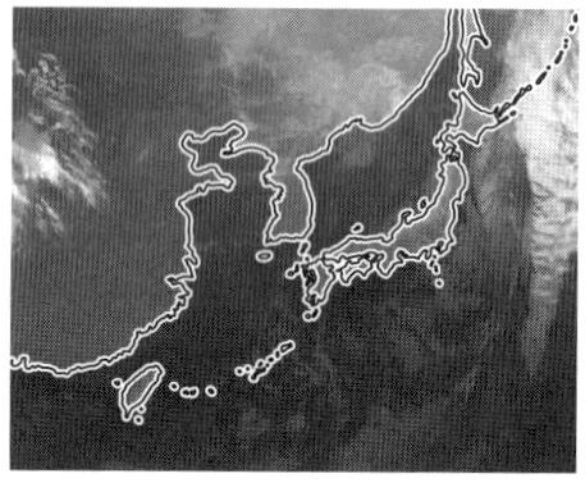

（写真提供：気象庁）

(1) 図のような画像を何といいますか。

（10点）（　　　　）

(2) 図の画像は何からの情報をもとにつくられたものですか。

（10点）（　　　　）

(3) A～Cを日付順にならべかえ，記号で書きましょう。

（全部できて10点）（　　→　　→　　）

(4) 春のころの日本付近では，雲はどの方向からどの方向へ動いていますか。東西南北から1つずつ選び，書きましょう。

（全部できて10点）（　　から　　）

(5) A～Cのうち，高知市では1日だけ雨がふっていました。高知市で雨がふっていたと考えられる日の画像をA～Cから選び，記号で書きましょう。

（10点）（　　）

3 植物の発芽と成長①

目標時間《もくひょう》 20分

学習した日　　月　　日

名前

得点　　／100点

5067
解説→327ページ

らくらくマルつけ

1 図のA～Cのように条件《じょうけん》を変えてインゲンマメの種子をまいたり水にしずめたりして，直接《ちょくせつ》日光の当たらない明るい場所に置いたところ，Aの種子だけから芽が出てきました。あとの問いに答えましょう。

1つ11点【44点】

A　　B　　C

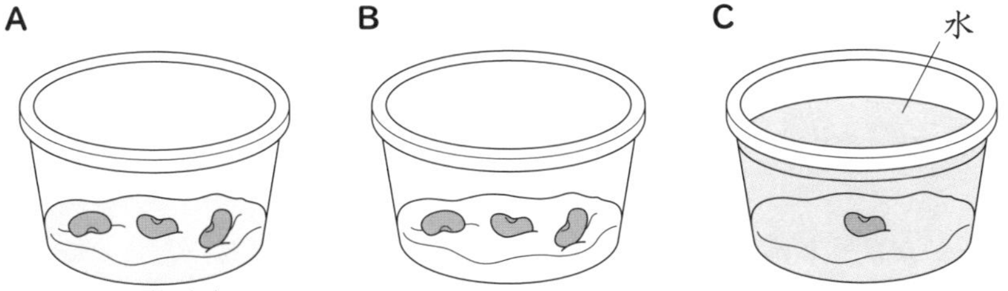

A しめらせただっし綿《めん》　B かわいただっし綿　C 種子を水にしずめる

(1) Aのように，植物の種子から芽が出ることを何といいますか。
（　　　　）

(2) 次の文中の①，②について，ア，イからあてはまることばをそれぞれ選び，記号で書きましょう。　①（　　）②（　　）

> Aと比《くら》べたとき，Bは①（ア　光　　イ　水）の条件を変えて，ほかは②（ア　ちがう　　イ　同じ）条件にしている。

(3) Cで種子から芽が出なかったのはなぜですか。次から選び，記号で書きましょう。（　　）

ア　だっし綿の量が多かったから。
イ　種子の数が少なかったから。
ウ　水の量が少なすぎたから。
エ　種子のまわりに空気がなかったから。

2 図のA～Cのように条件を変えてインゲンマメの種子をまき，種子から芽が出るか調べました。あとの問いに答えましょう。

1つ8点【56点】

A　　B　　C

A しめらせただっし綿　B しめらせただっし綿　C しめらせただっし綿（冷ぞう庫の中に置く）

(1) 種子から芽が出たものを，A～Cからすべて選び，記号で書きましょう。（　　　　）

(2) 次の文中の①にあてはまるものをA，Bから選び，記号で書きましょう。また，②にあてはまることばを書きましょう。
①（　　）②（　　　　）

> 図のCと（　①　）の結果を比べることで，種子から芽が出ることと（　②　）の関係を調べることができる。

(3) 実験から，種子から芽が出るために必要ないとわかる条件は何ですか。（　　　　）

(4) 種子から芽が出るために必要な条件は何ですか。3つ書きましょう。（　　　　）（　　　　）（　　　　）

理科

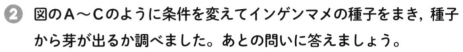

3 植物の発芽と成長①

目標《もくひょう》時間 20分

学習した日　　月　　日

名前

得点

／100点

5067
解説→327ページ

らくらくマルつけ

1 図のA～Cのように条件《じょうけん》を変えてインゲンマメの種子をまいたり水にしずめたりして，直接《ちょくせつ》日光の当たらない明るい場所に置いたところ，Aの種子だけから芽が出てきました。あとの問いに答えましょう。

1つ11点【44点】

(1) A のように，植物の種子から芽が出ることを何といいますか。
（　　　　　）

(2) 次の文中の①，②について，ア，イからあてはまることばをそれぞれ選び，記号で書きましょう。　①（　　　）　②（　　　）

> A と比《くら》べたとき，B は①（ア　光　　イ　水）の条件を変えて，ほかは②（ア　ちがう　　イ　同じ）条件にしている。

(3) C で種子から芽が出なかったのはなぜですか。次から選び，記号で書きましょう。　（　　　）

ア　だっし綿の量が多かったから。
イ　種子の数が少なかったから。
ウ　水の量が少なすぎたから。
エ　種子のまわりに空気がなかったから。

2 図のA～Cのように条件を変えてインゲンマメの種子をまき，種子から芽が出るか調べました。あとの問いに答えましょう。

1つ8点【56点】

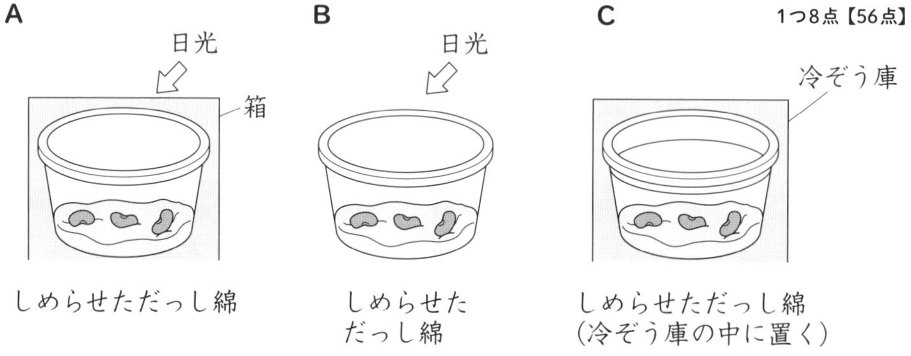

(1) 種子から芽が出たものを，A～C からすべて選び，記号で書きましょう。　（　　　　　）

(2) 次の文中の①にあてはまるものを A，B から選び，記号で書きましょう。また，②にあてはまることばを書きましょう。
①（　　　）　②（　　　　　）

> 図の C と（　①　）の結果を比べることで，種子から芽が出ることと（　②　）の関係を調べることができる。

(3) 実験から，種子から芽が出るために必要ないとわかる条件は何ですか。　（　　　　　）

(4) 種子から芽が出るために必要な条件は何ですか。3つ書きましょう。　（　　　　　）（　　　　　）（　　　　　）

4 植物の発芽と成長②

目標《もくひょう》時間 20分

学習した日　　月　　日

名前

得点　　／100点

5068
解説→328ページ

らくらくマルつけ

1 図は，インゲンマメの種子をたてに2つにわったようすです。次の問いに答えましょう。 1つ10点【30点】

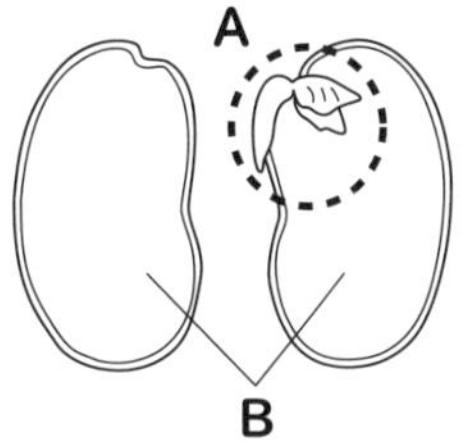

(1) Aの部分の説明として正しいものを次から選び，記号で書きましょう。

(　　)

ア　発芽したあと何も変わらない。

イ　発芽したあとつぼみができる。

ウ　発芽したあと根・くき・葉になる。

エ　発芽したあとしぼんでしまう。

(2) Bの部分を何といいますか。

(　　　)

(3) 養分をたくわえているのは，A，Bのどちらですか。

(　　)

2 図のように，発芽する前のインゲンマメの種子（P）と発芽してしばらくした子葉（Q）を横に切り，それぞれの切り口にヨウ素液《そえき》をかけました。あとの問いに答えましょう。 1つ10点【70点】

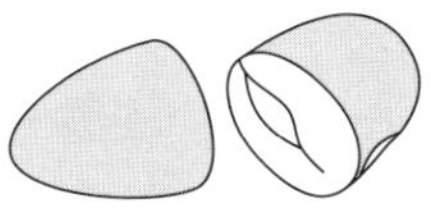

発芽する前の種子P

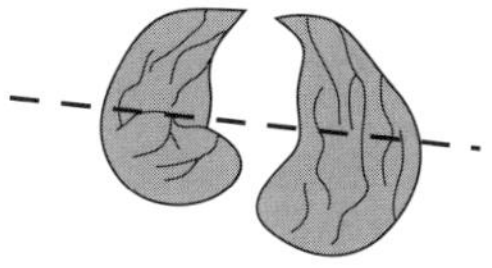

発芽してしばらくした子葉Q

(1) Pには，切る前にどのようなことをしておきますか。次から選び，記号で書きましょう。

(　　)

ア　氷水に入れる。

イ　熱湯に入れる。

ウ　風通しのよいところに置く。

エ　水にひたしておく。

(2) しぼんでいるのはP，Qのどちらですか。

(　　)

(3) ヨウ素液をかけたとき，色が変わったのはP，Qのどちらですか。

(　　)

(4) (3)では，何色に変わりましたか。

(　　　)

(5) (3)で色が変わったものには，何がふくまれているとわかりますか。

(　　　)

(6) 次の文中の①にあてはまることばを書きましょう。また，②にあてはまることばをア，イから選び，記号で書きましょう。

①(　　　)　②(　　)

種子にふくまれていた(5)は，種子の（　①　）や成長のために使われるため，①のあとしばらくした子葉には養分が②（ア　多く残っている　　イ　ほとんど残っていない）。

理科

＼もう1回チャレンジ!! ／

4 植物の発芽と成長②

目標《もくひょう》時間 20分

学習した日　　月　　日

名前

得点　　／100点

らくらくマルつけ

5068

解説→328ページ

❶ 図は，インゲンマメの種子をたてに２つにわったようすです。次の問いに答えましょう。 1つ10点【30点】

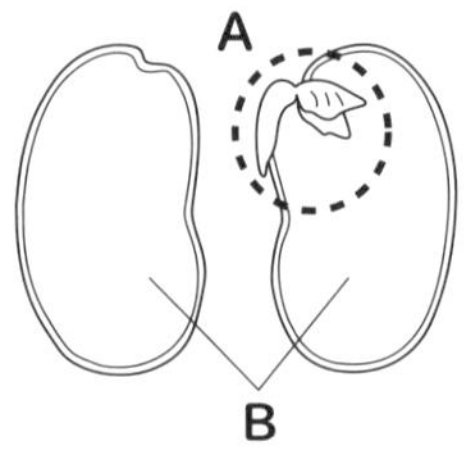

(1) A の部分の説明として正しいものを次から選び，記号で書きましょう。

(　　　)

ア　発芽したあと何も変わらない。
イ　発芽したあとつぼみができる。
ウ　発芽したあと根・くき・葉になる。
エ　発芽したあとしぼんでしまう。

(2) B の部分を何といいますか。

(　　　　　)

(3) 養分をたくわえているのは，A，B のどちらですか。

(　　　)

❷ 図のように，発芽する前のインゲンマメの種子（P）と発芽してしばらくした子葉（Q）を横に切り，それぞれの切り口にヨウ素《そ》液《えき》をかけました。あとの問いに答えましょう。 1つ10点【70点】

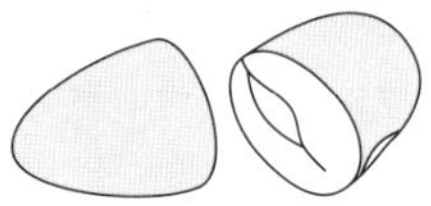

発芽する前の種子P

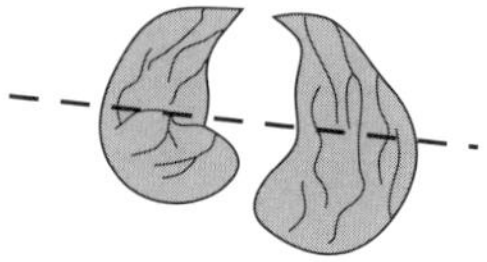

発芽してしばらくした子葉Q

(1) P には，切る前にどのようなことをしておきますか。次から選び，記号で書きましょう。

(　　　)

ア　氷水に入れる。
イ　熱湯に入れる。
ウ　風通しのよいところに置く。
エ　水にひたしておく。

(2) しぼんでいるのは P，Q のどちらですか。

(　　　)

(3) ヨウ素液をかけたとき，色が変わったのは P，Q のどちらですか。

(　　　)

(4) (3)では，何色に変わりましたか。

(　　　　　　　)

(5) (3)で色が変わったものには，何がふくまれているとわかりますか。

(　　　　　)

(6) 次の文中の①にあてはまることばを書きましょう。また，②にあてはまることばをア，イから選び，記号で書きましょう。

①(　　　　　)　②(　　　)

種子にふくまれていた(5)は，種子の（　①　）や成長のために使われるため，①のあとしばらくした子葉には養分が②（ア　多く残っている　イ　ほとんど残っていない）。

5 植物の発芽と成長③

目標《もくひょう》時間 20分

学習した日　　月　　日

名前

得点　　／100点

5069
解説→328ページ

1 **図のように，条件《じょうけん》を変えてインゲンマメのなえA，Bを育てました。次の問いに答えましょう。**

1つ8点【40点】

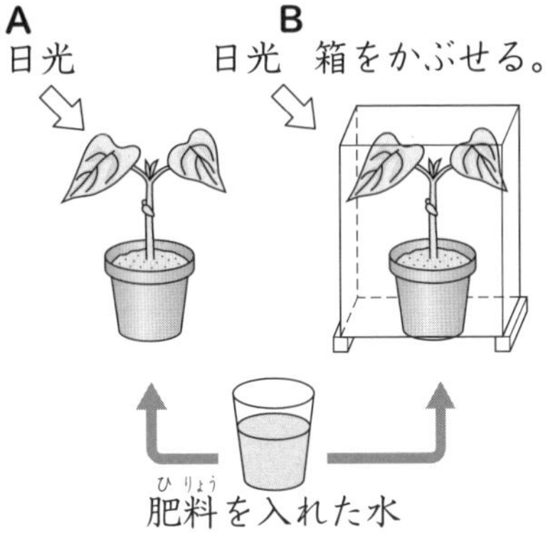

(1) 図では，どのようなインゲンマメのなえを使いますか。次から選び，記号で書きましょう。（　　）

ア　同じ時期に発芽したなえ。
イ　同じくらいの大きさに育ったなえ。
ウ　同じ葉の数のなえ。
エ　同じ時期に種をまいたなえ。

(2) Bにかぶせた箱の下にすきまをつくったのは何が出入りできるようにするためですか。（　　）

(3) 1～2週間後，よく成長しているなえはA，Bのどちらですか。（　　）

(4) 次の文中の①，②について，ア，イからあてはまることばをそれぞれ選び，記号で書きましょう。
①（　　）②（　　）

1～2週間後，よく成長しなかったなえでは，①（ア　こい緑色の　　イ　黄色っぽい）葉が見られ，葉の数が②（ア　少ない　　イ　多い）。

2 **図のように，条件を変えてインゲンマメのなえA，Bを育て，1～2週間後のなえのようすを調べました。次の問いに答えましょう。**

1つ10点【60点】

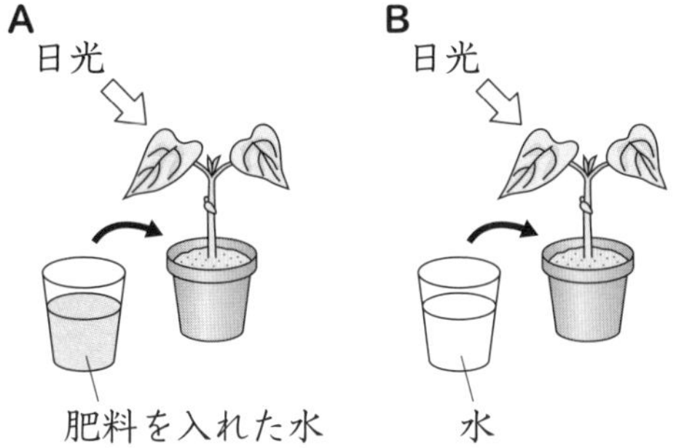

(1) A，Bでちがっている条件は何ですか。次から選び，記号で書きましょう。（　　）

ア　肥料　　イ　土　　ウ　日光　　エ　空気

(2) Aと比《くら》べてBのなえのようすはどのようになっていますか。次から選び，記号で書きましょう。（　　）

ア　かれている。
イ　同じくらい成長している。
ウ　あまり成長していない。
エ　よく成長している。

(3) 次の文中の①，②について，ア，イからあてはまることばをそれぞれ選び，記号で書きましょう。①（　　）②（　　）

Bと比べてAのなえは，全体的に①（ア　小さく　　イ　大きく）成長し，くきが②（ア　太い　　イ　細い）。

(4) 植物の発芽には必要なく，植物の成長に必要な条件は何ですか。2つ書きましょう。
（　　　　）（　　　　）

5 植物の発芽と成長③

目標時間《もくひょう》 20分

学習した日　月　日

名前

得点　／100点

らくらくマルつけ

5069

解説→328ページ

❶ 図のように，条件《じょうけん》を変えてインゲンマメのなえA，Bを育てました。次の問いに答えましょう。

1つ8点【40点】

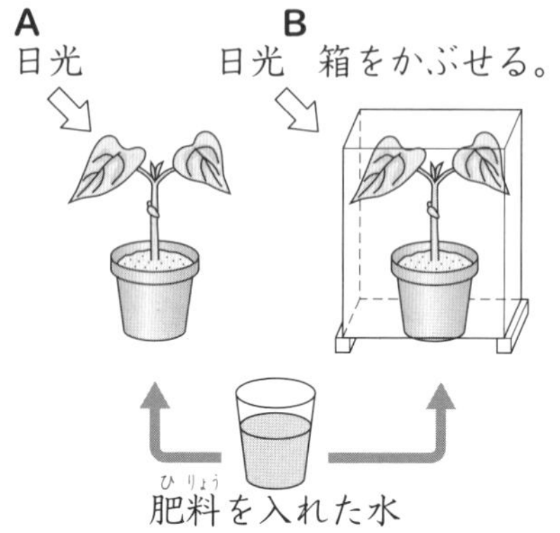

(1) 図では，どのようなインゲンマメのなえを使いますか。次から選び，記号で書きましょう。
（　　）

ア　同じ時期に発芽したなえ。

イ　同じくらいの大きさに育ったなえ。

ウ　同じ葉の数のなえ。

エ　同じ時期に種をまいたなえ。

(2) Bにかぶせた箱の下にすきまをつくったのは何が出入りできるようにするためですか。（　　）

(3) 1～2週間後，よく成長しているなえはA，Bのどちらですか。
（　　）

(4) 次の文中の①，②について，ア，イからあてはまることばをそれぞれ選び，記号で書きましょう。

①（　　）②（　　）

> 1～2週間後，よく成長しなかったなえでは，①（ア　こい緑色の　　イ　黄色っぽい）葉が見られ，葉の数が②（ア　少ない　　イ　多い）。

❷ 図のように，条件を変えてインゲンマメのなえA，Bを育て，1～2週間後のなえのようすを調べました。次の問いに答えましょう。

1つ10点【60点】

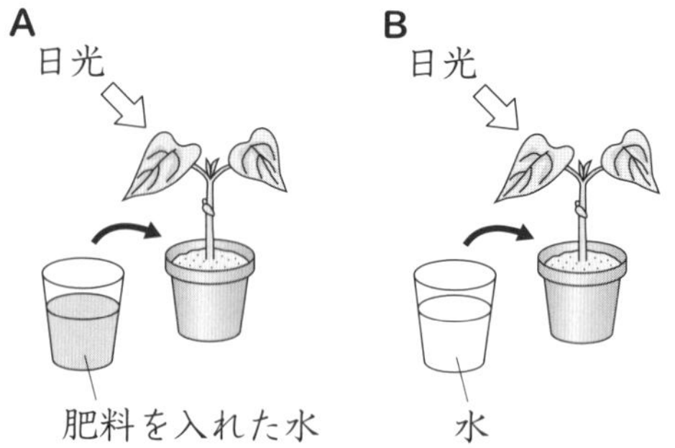

(1) A，Bでちがっている条件は何ですか。次から選び，記号で書きましょう。（　　）

ア　肥料　　イ　土　　ウ　日光　　エ　空気

(2) Aと比《くら》べてBのなえのようすはどのようになっていますか。次から選び，記号で書きましょう。（　　）

ア　かれている。

イ　同じくらい成長している。

ウ　あまり成長していない。

エ　よく成長している。

(3) 次の文中の①，②について，ア，イからあてはまることばをそれぞれ選び，記号で書きましょう。　①（　　）②（　　）

> Bと比べてAのなえは，全体的に①（ア　小さく　　イ　大きく）成長し，くきが②（ア　太い　　イ　細い）。

(4) 植物の発芽には必要なく，植物の成長に必要な条件は何ですか。2つ書きましょう。

（　　）（　　）

6 メダカのたんじょう①

目標《もくひょう》時間 20分

学習した日　月　日

名前

得点　／100点

らくらくマルつけ

5070 解説→328ページ

1 メダカを水そうに入れて飼《か》います。次の問いに答えましょう。

1つ7点【35点】

(1) メダカの飼い方について説明した次の①～④のうち，正しいものには○，まちがっているものには×を書きましょう。

① 水そうは直しゃ日光がよく当たる，明るい場所に置く。 (　　)

② 水そうには，よくあらった小石やすなをしく。 (　　)

③ 水そうには水草を入れる。 (　　)

④ えさは，食べ残しが出るくらいじゅうぶんにあたえる。 (　　)

(2) 水そうの水がよごれたときには，どのようにしますか。次から選び，記号で書きましょう。 (　　)

ア 全部をくみ置きの水ととりかえる。

イ 全部を水道水ととりかえる。

ウ 半分ぐらいをくみ置きの水ととりかえる。

エ 半分ぐらいを水道水ととりかえる。

2 右の図のようなけんび鏡を使って，メダカのたまごを観察します。次の問いに答えましょう。

1つ7点【35点】

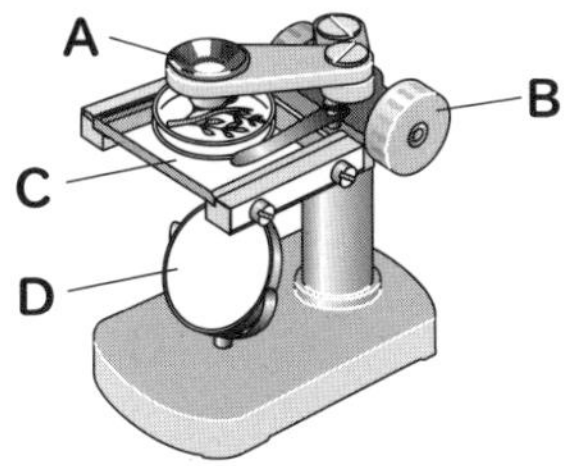

(1) 図のけんび鏡を何といいますか。

(　　　　　　　　)

(2) 図のけんび鏡では，はじめにどの部分を調節して明るく見えるようにしますか。図のA～Dから選び，記号で書きましょう。また，その部分の名前を書きましょう。

記号 (　　)

名前 (　　　　)

(3) 観察するものをのせたあとにピントを合わせるとき，どの部分を手で動かして調節しますか。図のA～Dから選び，記号で書きましょう。また，その部分の名前を書きましょう。

記号 (　　)

名前 (　　　　)

3 図のけんび鏡について，次の問いに答えましょう。

1つ6点【30点】

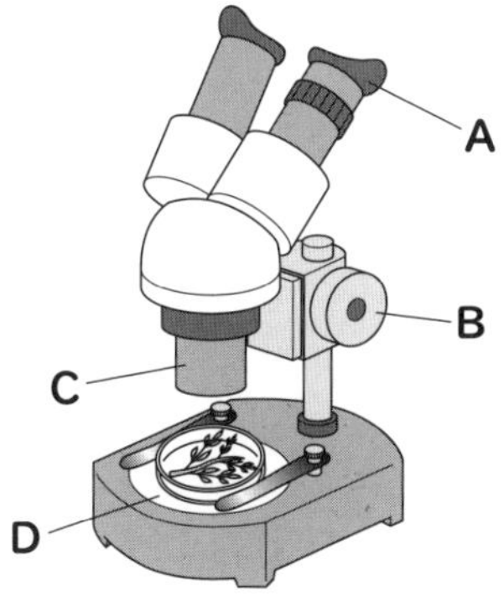

(1) 図のけんび鏡を何といいますか。

(　　　　　　　　)

(2) A～Dの部分をそれぞれ何といいますか。

A (　　　　)

B (　　　　)

C (　　　　)

D (　　　　)

理科

6 メダカのたんじょう①

目標《もくひょう》時間 20分

学習した日　月　日

名前

得点　／100点

らくらくマルつけ

5070
解説→328ページ

1 メダカを水そうに入れて飼《か》います。次の問いに答えましょう。

1つ7点【35点】

(1) メダカの飼い方について説明した次の①～④のうち，正しいものには○，まちがっているものには×を書きましょう。

① 水そうは直しゃ日光がよく当たる，明るい場所に置く。
(　　)

② 水そうには，よくあらった小石やすなをしく。　(　　)

③ 水そうには水草を入れる。　(　　)

④ えさは，食べ残しが出るくらいじゅうぶんにあたえる。
(　　)

(2) 水そうの水がよごれたときには，どのようにしますか。次から選び，記号で書きましょう。　(　　)

ア 全部をくみ置きの水ととりかえる。

イ 全部を水道水ととりかえる。

ウ 半分ぐらいをくみ置きの水ととりかえる。

エ 半分ぐらいを水道水ととりかえる。

2 右の図のようなけんび鏡を使って，メダカのたまごを観察します。次の問いに答えましょう。

1つ7点【35点】

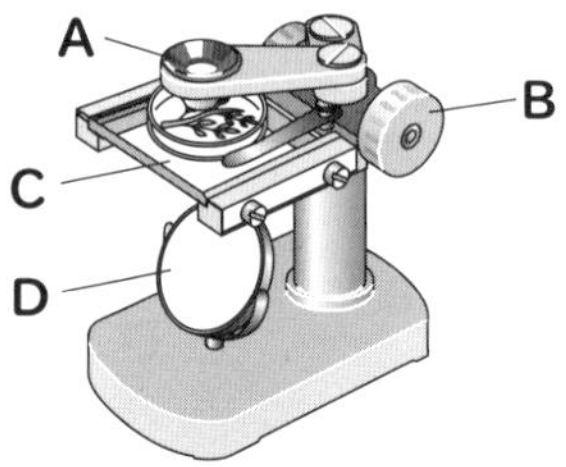

(1) 図のけんび鏡を何といいますか。

(　　　　　　　)

(2) 図のけんび鏡では，はじめにどの部分を調節して明るく見えるようにしますか。図のA～Dから選び，記号で書きましょう。また，その部分の名前を書きましょう。

記号 (　　)

名前 (　　　　)

(3) 観察するものをのせたあとにピントを合わせるとき，どの部分を手で動かして調節しますか。図のA～Dから選び，記号で書きましょう。また，その部分の名前を書きましょう。

記号 (　　)

名前 (　　　　)

3 図のけんび鏡について，次の問いに答えましょう。

1つ6点【30点】

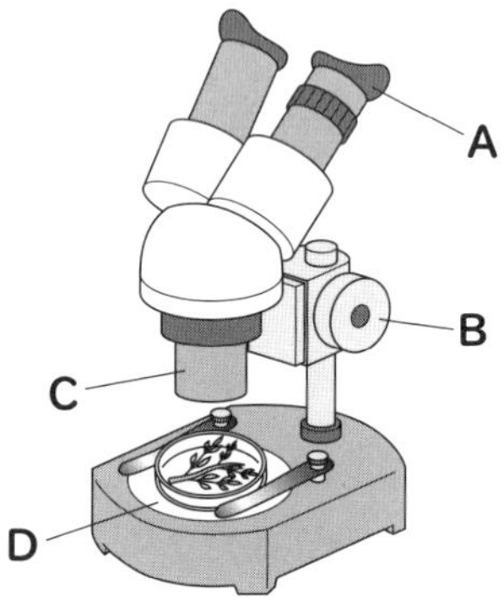

(1) 図のけんび鏡を何といいますか。

(　　　　　　　)

(2) A～Dの部分をそれぞれ何といいますか。

A (　　　　　　)

B (　　　　　　)

C (　　　　　　)

D (　　　　　　)

7 メダカのたんじょう②

目標《もくひょう》時間 20分

学習した日　　月　　日

名前

得点　　／100点

らくらくマルつけ

5071
解説→329ページ

❶ 右の図は，メダカのめすとおすをスケッチしたものです。次の問いに答えましょう。 1つ8点【72点】

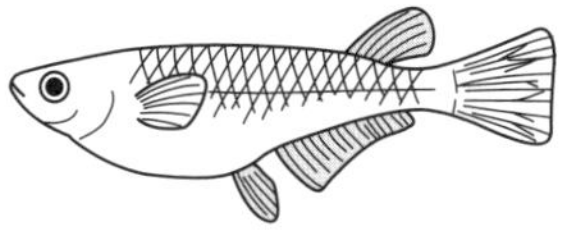

(1) おすはA，Bのどちらですか。記号で書きましょう。　（　　）

(2) おすとめすで形がちがうひれを2つかきましょう。

（　　　　）（　　　　）

(3) 水そうで飼《か》っているメダカは，たまごをどこにうみますか。次から選び，記号で書きましょう。　（　　）

ア　小石やすな　　イ　水そうのかべ

ウ　水草　　　　　エ　水面

(4) 次の文中の①，②について，ア，イからあてはまることばをそれぞれ選び，記号で書きましょう。また，③にあてはまることばを書きましょう。①（　　）②（　　）③（　　）

メダカの①（ア　おす　　イ　めす）がたまごをうむと，②（ア　おす　　イ　めす）がたまごに（　③　）をかける。

(5) メダカのたまごが(4)の③と結びつくことを，何といいますか。

（　　　　）

(6) (4)の③と結びついたたまごを何といいますか。

（　　　　）

❷ 図1のA～Dは，メダカのたまごが育つようすを表したものです。あとの問いに答えましょう。 【28点】

図1

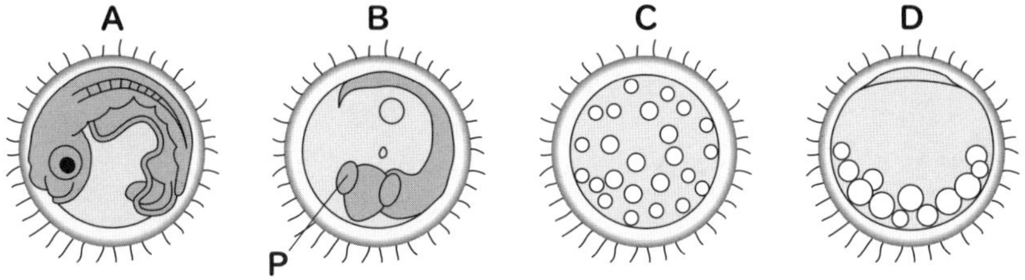

(1) たまごの大きさはどのくらいですか。次から選び，記号で書きましょう。 (7点)（　　）

ア　約1mm　　イ　約1cm

ウ　約5cm　　エ　約10cm

(2) A～Dをたまごが育つ順にならべかえ，記号で書きましょう。

(全部できて7点)（　　→　　→　　→　　）

(3) 図1のPの部分は何ですか。

(7点)（　　）

(4) 図2は，たまごからかえったばかりの子メダカのようすを表したものです。Qの中には何が入っていますか。次から選び，記号で書きましょう。

図2

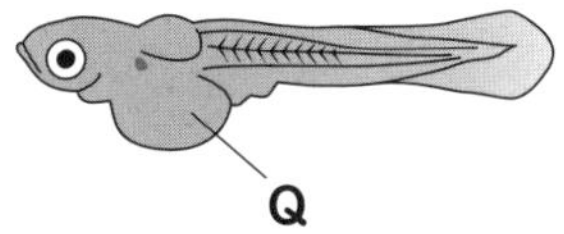

(7点)（　　）

ア　空気　　イ　すな　　ウ　養分　　エ　水草

理科

7 メダカのたんじょう②

目標《もくひょう》時間 20分

学習した日　　月　　日

名前

得点　　／100点

らくらくマルつけ

5071
解説→329ページ

❶ 右の図は，メダカのめすとおすをスケッチしたものです。次の問いに答えましょう。 1つ8点【72点】

A

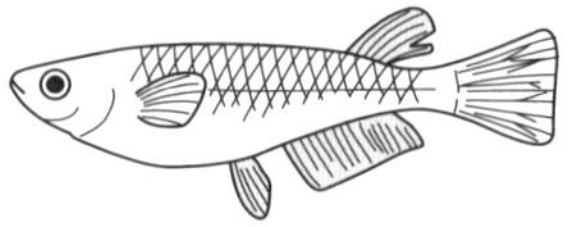

B

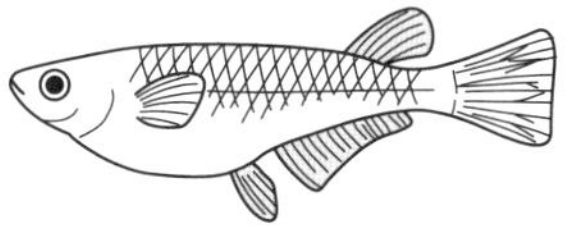

(1) おすはA，Bのどちらですか。記号で書きましょう。　（　　）

(2) おすとめすで形がちがうひれを2つかきましょう。

（　　　　）（　　　　）

(3) 水そうで飼《か》っているメダカは，たまごをどこにうみますか。次から選び，記号で書きましょう。　（　　）

ア　小石やすな　　イ　水そうのかべ

ウ　水草　　エ　水面

(4) 次の文中の①，②について，ア，イからあてはまることばをそれぞれ選び，記号で書きましょう。また，③にあてはまることばを書きましょう。①（　　）②（　　）③（　　）

メダカの①（ア　おす　　イ　めす）がたまごをうむと，②（ア　おす　　イ　めす）がたまごに（　③　）をかける。

(5) メダカのたまごが(4)の③と結びつくことを，何といいますか。

（　　　　）

(6) (4)の③と結びついたたまごを何といいますか。

（　　　　）

❷ 図1のA～Dは，メダカのたまごが育つようすを表したものです。あとの問いに答えましょう。 【28点】

図1

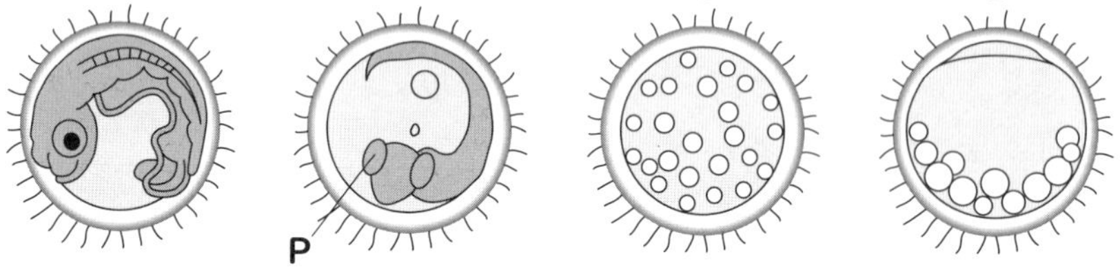

(1) たまごの大きさはどのくらいですか。次から選び，記号で書きましょう。 (7点)（　　）

ア　約1mm　　イ　約1cm

ウ　約5cm　　エ　約10cm

(2) A～Dをたまごが育つ順にならべかえ，記号で書きましょう。

(全部できて7点)（　　→　　→　　→　　）

(3) 図1のPの部分は何ですか。

(7点)（　　）

(4) 図2は，たまごからかえったばかりの子メダカのようすを表したものです。Qの中には何が入っていますか。次から選び，記号で書きましょう。

図2

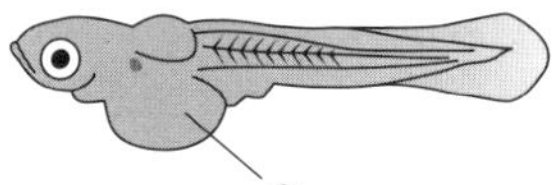

(7点)（　　）

ア　空気　　イ　すな　　ウ　養分　　エ　水草

らくらくマルつけ

8 台風と防災《ぼうさい》

目標時間《もくひょうじかん》 20分

学習した日　月　日

名前

得点　／100点

5072
解説→329ページ

理科

1 **図は，台風が発生しているときにさつえいされた雲画像《くもがぞう》です。次の問いに答えましょう。**　1つ8点【40点】

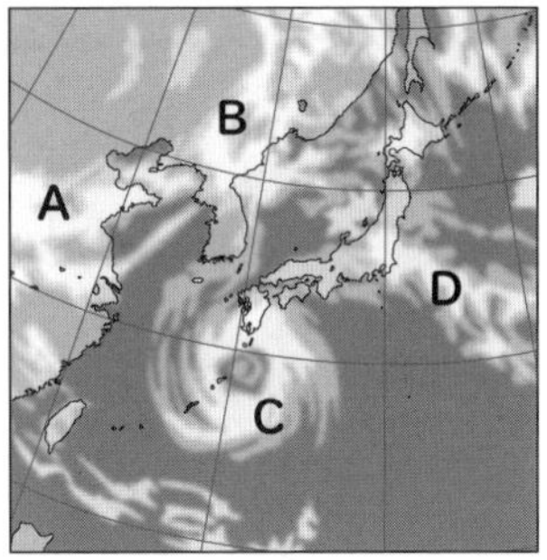

(1) 台風の位置を，図のA～Dから選び，記号で書きましょう。　（　　）

(2) 台風が日本に近づくのはいつごろですか。次から選び，記号で書きましょう。　（　　）

ア　春から夏にかけて　　イ　夏から秋にかけて

ウ　秋から冬にかけて　　エ　冬から春にかけて

(3) 次の文中の①，②について，ア，イからあてはまることばをそれぞれ選び，記号で書きましょう。　①（　　）②（　　）

> 台風は，日本の①（ア　北　　イ　南）の②（ア　海上　　イ　陸上）で発生する。

(4) 図の雲画像が見られたときの雨量情報《じょうほう》を表したものを次から選び，記号で書きましょう。　（　　）

ア

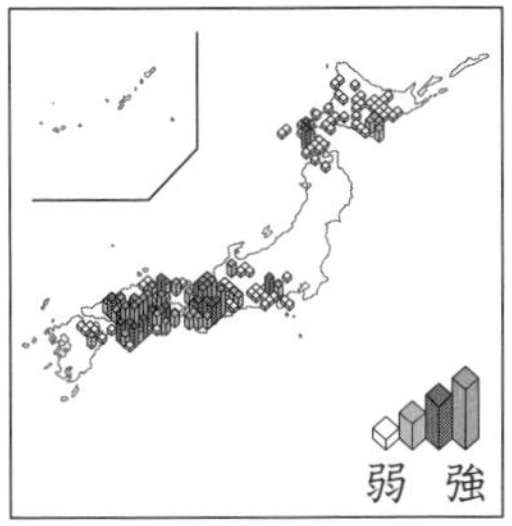

イ

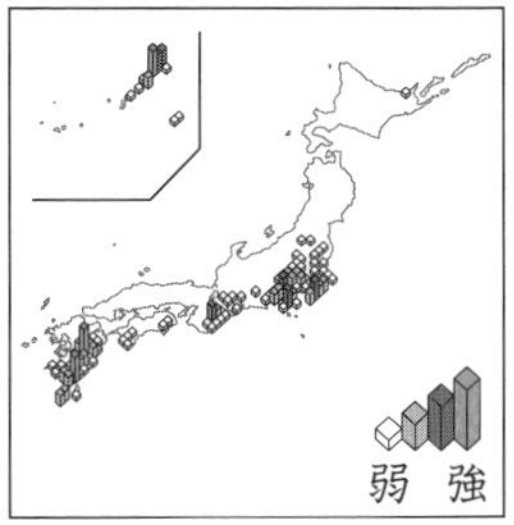

ウ

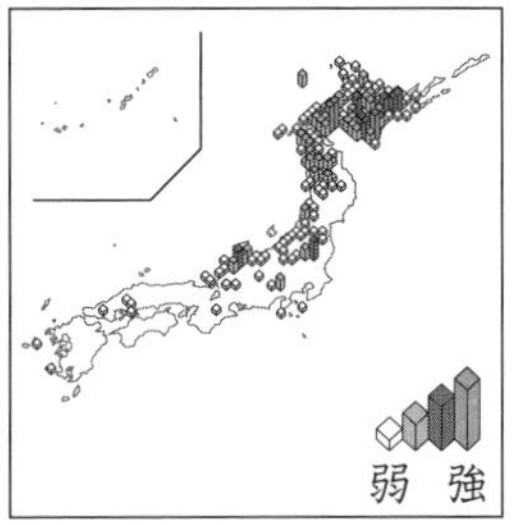

2 **次のA～Cは，連続した3日間の同じ時こくにさつえいされた雲画像です。ただし，A～Cは日付順にはならんでいません。あとの問いに答えましょう。**　【60点】

A　　B　　C

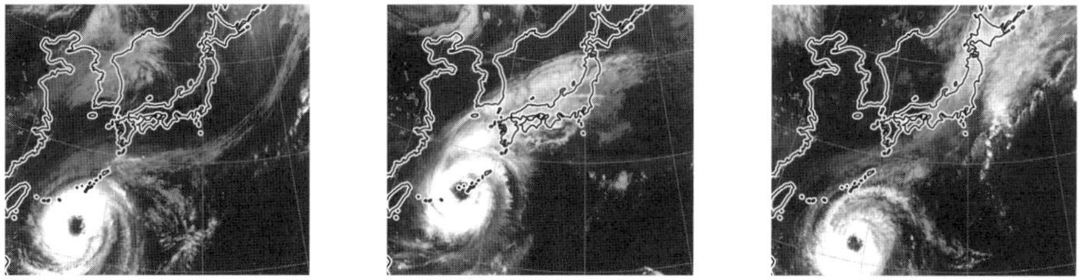

（写真提供：気象庁）

(1) A～Cを日付順にならべかえ，記号で書きましょう。
（全部できて10点）（　　→　　→　　）

(2) 次の文中の①，②について，ア，イからあてはまることばをそれぞれ選び，記号で書きましょう。（1つ10点）①（　　）②（　　）

> 台風は，①（ア　西　　イ　南）へ動いたあと，②（ア　北や東　　イ　北や西）へ動くことが多い。

(3) 台風が近づくと風の強さと雨の量はどのようになることが多いですか。　（1つ10点）

風の強さ（　　　　）

雨の量（　　　　）

(4) 台風が近づいたときに起こることがある災害《さいがい》を次からすべて選び，記号で書きましょう。　（全部できて10点）（　　　　）

ア　土砂《どしゃ》くずれ　　イ　火災《かさい》　　ウ　こう水　　エ　なだれ

8 台風と防災《ぼうさい》

目標《もくひょう》時間 20分

学習した日　　月　　日

名前

得点　　／100点

らくらくマルつけ

5072 解説→329ページ

❶ 図は，台風が発生しているときにさつえいされた雲画像《くもがぞう》です。次の問いに答えましょう。 1つ8点【40点】

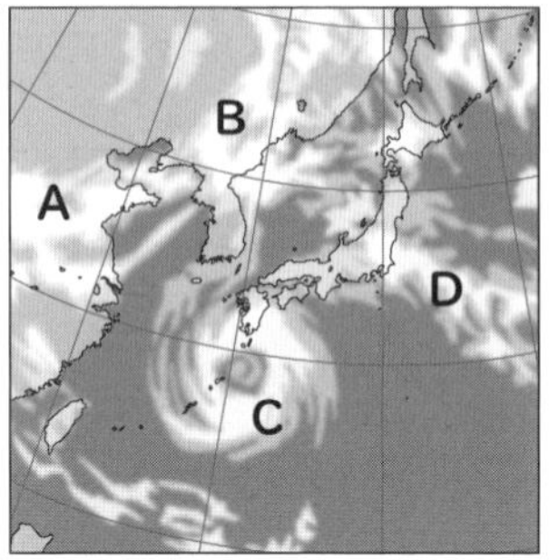

(1) 台風の位置を，図のA～Dから選び，記号で書きましょう。

(　　　)

(2) 台風が日本に近づくのはいつごろですか。次から選び，記号で書きましょう。 (　　　)

ア　春から夏にかけて　　イ　夏から秋にかけて

ウ　秋から冬にかけて　　エ　冬から春にかけて

(3) 次の文中の①，②について，ア，イからあてはまることばをそれぞれ選び，記号で書きましょう。 ①(　　　) ②(　　　)

> 台風は，日本の①（ア　北　　イ　南）の②（ア　海上　　イ　陸上）で発生する。

(4) 図の雲画像が見られたときの雨量情報《じょうほう》を表したものを次から選び，記号で書きましょう。 (　　　)

ア

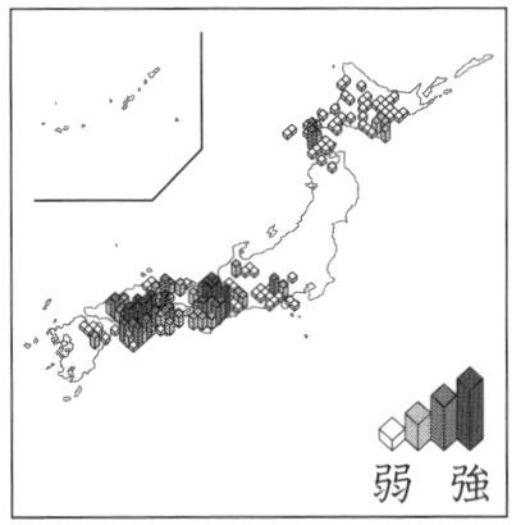

イ

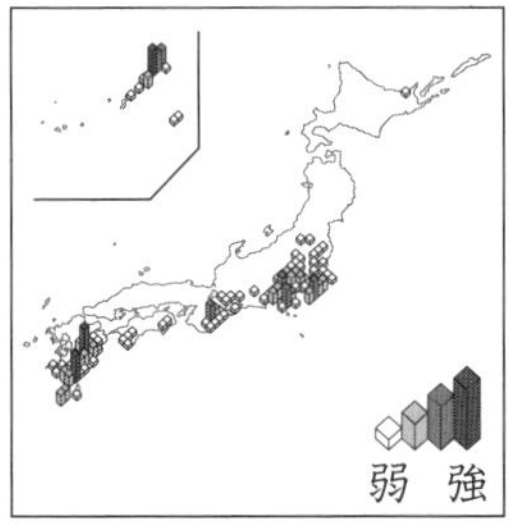

ウ

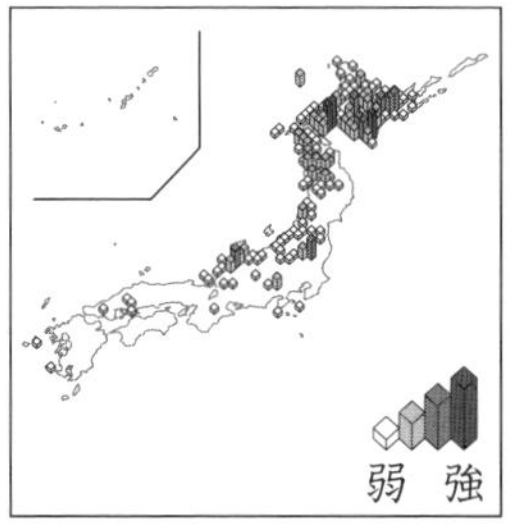

❷ 次のA～Cは，連続した3日間の同じ時こくにさつえいされた雲画像です。ただし，A～Cは日付順にはならんでいません。あとの問いに答えましょう。 【60点】

A

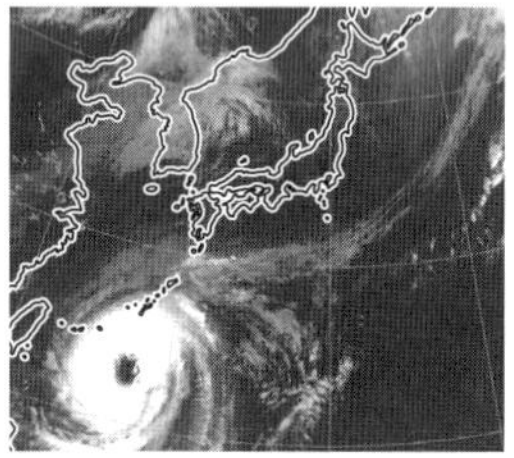

B

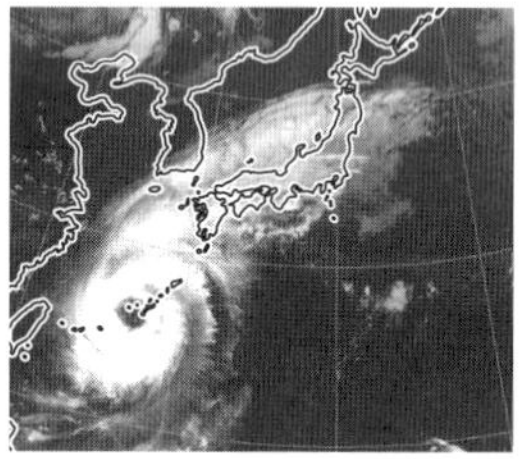

C

（写真提供：気象庁）

(1) A～Cを日付順にならべかえ，記号で書きましょう。

（全部できて10点）(　　　→　　　→　　　)

(2) 次の文中の①，②について，ア，イからあてはまることばをそれぞれ選び，記号で書きましょう。（1つ10点）①(　　　) ②(　　　)

> 台風は，①（ア　西　　イ　南）へ動いたあと，②（ア　北や東　　イ　北や西）へ動くことが多い。

(3) 台風が近づくと風の強さと雨の量はどのようになることが多いですか。 （1つ10点）

風の強さ(　　　　　　　　)

雨の量(　　　　　　　　)

(4) 台風が近づいたときに起こることがある災害《さいがい》を次からすべて選び，記号で書きましょう。 （全部できて10点）(　　　　　)

ア　土砂《どしゃ》くずれ　　イ　火災《かさい》　　ウ　こう水　　エ　なだれ

9 花から実へ①

目標《もくひょう》時間 20分

学習した日　　月　　日

名前

得点　　／100点

5073
解説→329ページ

らくらくマルつけ

❶ 図は，アサガオの花のつくりを表したものです。次の問いに答えましょう。【52点】

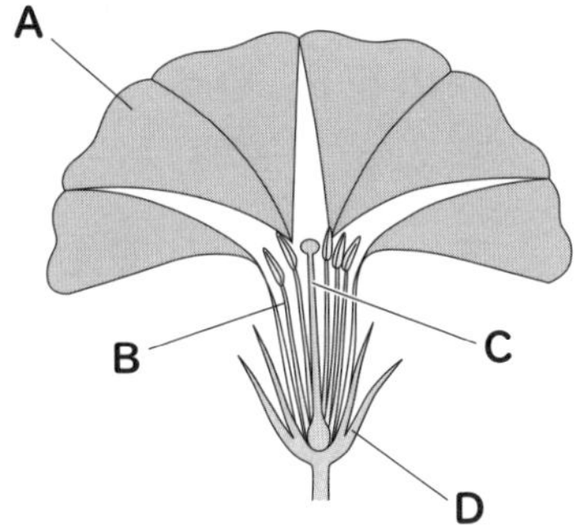

(1) A～Dの部分をそれぞれ何といいますか。1つ6点（24点）

A（　　　　　）
B（　　　　　）
C（　　　　　）
D（　　　　　）

(2) Bでつくられる粉《こな》のようなものを何といいますか。

（6点）（　　　　　）

(3) Cについての説明として，正しいものには○，まちがっているものには×を書きましょう。1つ5点（15点）

① 1つの花に1本だけある。（　　）
② 先に(2)の粉のようなものがついていることがある。（　　）
③ もとのほうは細くなっている。（　　）

(4) アサガオの花と比《くら》べたとき，ツルレイシの2種類の花の両方にある部分はどれですか。A～Dからすべて選び，記号で書きましょう。ただし，ツルレイシの花のつくりはヘチマの花のつくりと同じものとします。（7点）

（　　　　　）

❷ 図は，ヘチマの2種類の花P，Qのつくりを表したものです。次の問いに答えましょう。ただし，ヘチマの花のつくりはツルレイシの花のつくりと同じものとします。1つ6点【48点】

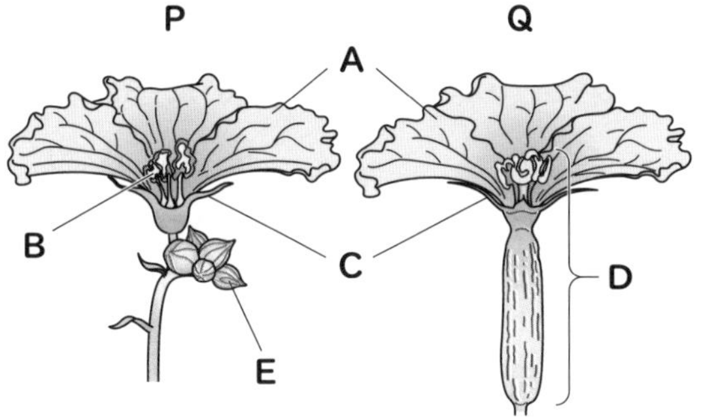

(1) P，Qの花をそれぞれ何といいますか。

P（　　　　　）　Q（　　　　　）

(2) A～Dの部分をそれぞれ何といいますか。

A（　　　　　）　B（　　　　　）
C（　　　　　）　D（　　　　　）

(3) Dについての説明として正しいものを次から選び，記号で書きましょう。

（　　）

ア 先の部分に実ができる。
イ もとの部分に実ができる。
ウ 先の部分に新しい葉ができる。
エ もとの部分に新しい葉ができる。

(4) Eの部分は何ですか。（　　　　　）

理科

9 花から実へ①

目《もく》標《ひょう》時間 20分

学習した日　月　日

名前

得点　／100点

らくらくマルつけ

5073

解説→329ページ

❶ 図は，アサガオの花のつくりを表したものです。次の問いに答えましょう。 【52点】

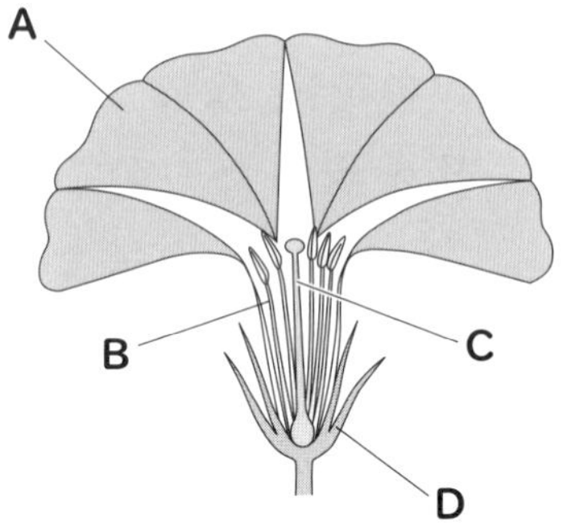

(1) A～Dの部分をそれぞれ何といいますか。 1つ6点（24点）

A（　　　　　　）
B（　　　　　　）
C（　　　　　　）
D（　　　　　　）

(2) Bでつくられる粉《こな》のようなものを何といいますか。

（6点）（　　　　　　）

(3) Cについての説明として，正しいものには○，まちがっているものには×を書きましょう。 1つ5点（15点）

① Ⅰつの花にⅠ本だけある。（　　）
② 先に(2)の粉のようなものがついていることがある。（　　）
③ もとのほうは細くなっている。（　　）

(4) アサガオの花と比《くら》べたとき，ツルレイシの2種類の花の両方にある部分はどれですか。A～Dからすべて選び，記号で書きましょう。ただし，ツルレイシの花のつくりはヘチマの花のつくりと同じものとします。 （7点）

（　　　　　　）

❷ 図は，ヘチマの2種類の花P，Qのつくりを表したものです。次の問いに答えましょう。ただし，ヘチマの花のつくりはツルレイシの花のつくりと同じものとします。 1つ6点【48点】

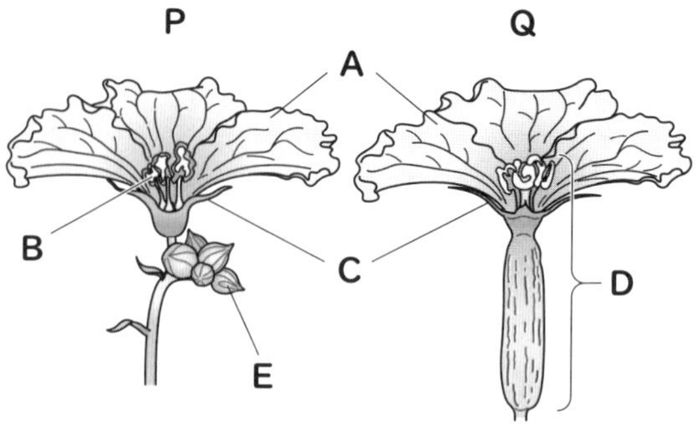

(1) P，Qの花をそれぞれ何といいますか。

P（　　　　　　）　Q（　　　　　　）

(2) A～Dの部分をそれぞれ何といいますか。

A（　　　　　　）　B（　　　　　　）
C（　　　　　　）　D（　　　　　　）

(3) Dについての説明として正しいものを次から選び，記号で書きましょう。

（　　）

ア　先の部分に実ができる。
イ　もとの部分に実ができる。
ウ　先の部分に新しい葉ができる。
エ　もとの部分に新しい葉ができる。

(4) Eの部分は何ですか。（　　　　　　）

らくらくマルつけ

10 花から実へ②

目標《もくひょう》時間 20分

学習した日　　月　　日

名前

得点　　／100点

5074
解説→330ページ

1 図のようなけんび鏡を使って，花粉《かふん》を観察しました。次の問いに答えましょう。【75点】

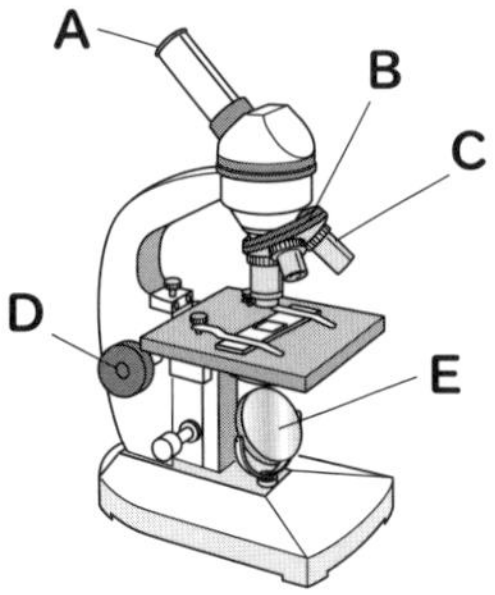

(1) A～Eの部分をそれぞれ何といいますか。 1つ8点（40点）

A（　　　　　　）
B（　　　　　　）
C（　　　　　　）
D（　　　　　　）　E（　　　　　　）

(2) けんび鏡で見るものは，実際《じっさい》のものと比《くら》べてどのような向きに見えますか。次から選び，記号で書きましょう。 (8点)（　　）

ア　上下左右が同じ向き
イ　上下左右が逆《ぎゃく》向き
ウ　上下は逆向きだが，左右は同じ向き。
エ　上下は同じ向きだが，左右は逆向き。

(3) 次の文中の①にあてはまることばをア，イから選び，記号で書きましょう。また，②にあてはまるものをA～Eから選び，記号で書きましょう。 1つ9点（18点）①（　　）②（　　）

> ①（ア　横から　　イ　Aを）見ながらCと観察するものをできるだけ近づけたあと，（　②　）を使って観察するものからCを遠ざけてピントを合わせる。

(4) 倍率《ばいりつ》が15倍のA，倍率が40倍のCを使って観察したとき，けんび鏡の倍率は何倍になりますか。 (9点)

（　　　　）倍

2 図は，いろいろな花の花粉をけんび鏡で観察したときのようすです。あとの問いに答えましょう。【25点】

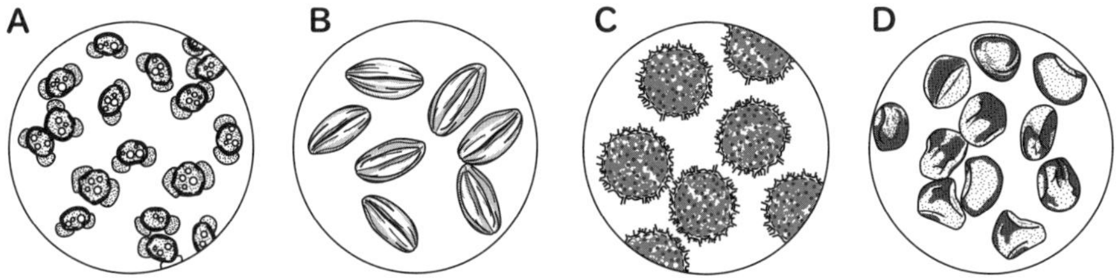

(1) アサガオの花粉をA～Dから選び，記号で書きましょう。 (8点)

（　　）

(2) 花粉は，花の何という部分でつくられますか。 (8点)

（　　　　）

(3) ヘチマの花の花粉についての説明として正しいものを次から選び，記号で書きましょう。ただし，ヘチマの花のつくりはツルレイシの花のつくりと同じです。 (9点)（　　）

ア　めばなのおしべでつくられる。
イ　めばなのめしべでつくられる。
ウ　おばなのおしべでつくられる。
エ　おばなのめしべでつくられる。

10 花から実へ②

目標《もくひょう》時間 20分

学習した日　　月　　日

名前

得点　　／100点

らくらくマルつけ

5074
解説→330ページ

❶ 図のようなけんび鏡を使って，花粉《かふん》を観察しました。次の問いに答えましょう。【75点】

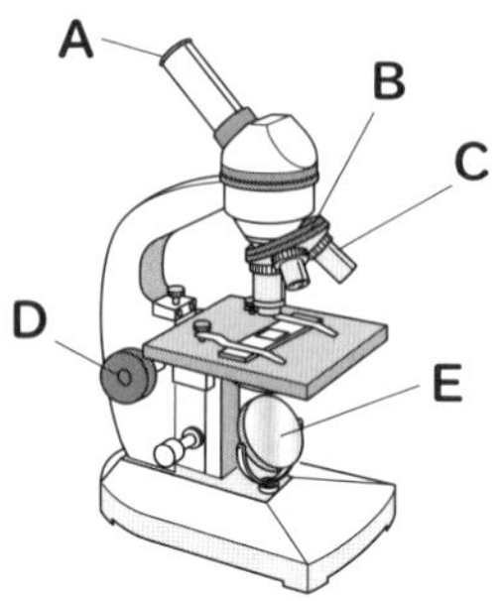

(1) A～Eの部分をそれぞれ何といいますか。 1つ8点（40点）

A（　　　　　　）
B（　　　　　　）
C（　　　　　　）
D（　　　　　　）　E（　　　　　　）

(2) けんび鏡で見るものは，実際《じっさい》のものと比《くら》べてどのような向きに見えますか。次から選び，記号で書きましょう。 (8点)（　　）

ア　上下左右が同じ向き
イ　上下左右が逆《ぎゃく》向き
ウ　上下は逆向きだが，左右は同じ向き。
エ　上下は同じ向きだが，左右は逆向き。

(3) 次の文中の①にあてはまることばをア，イから選び，記号で書きましょう。また，②にあてはまるものをA～Eから選び，記号で書きましょう。 1つ9点（18点）①（　　）②（　　）

> ①（ア　横から　　イ　Aを）見ながらCと観察するものをできるだけ近づけたあと，（　②　）を使って観察するものからCを遠ざけてピントを合わせる。

(4) 倍率《ばいりつ》が15倍のA，倍率が40倍のCを使って観察したとき，けんび鏡の倍率は何倍になりますか。 (9点)

（　　　　）倍

❷ 図は，いろいろな花の花粉をけんび鏡で観察したときのようすです。あとの問いに答えましょう。【25点】

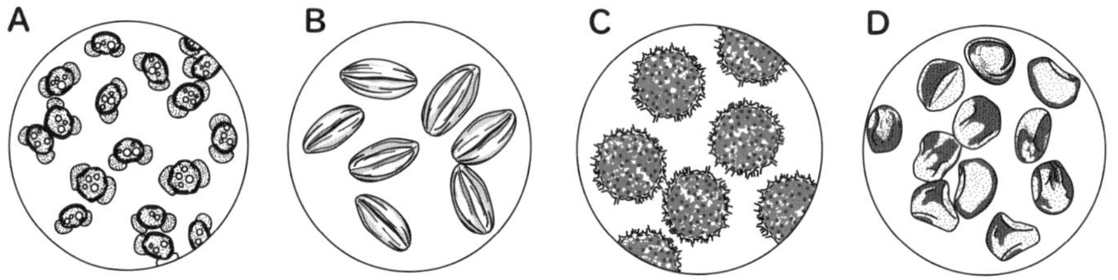

(1) アサガオの花粉をA～Dから選び，記号で書きましょう。 (8点)

（　　）

(2) 花粉は，花の何という部分でつくられますか。 (8点)

（　　　　）

(3) ヘチマの花の花粉についての説明として正しいものを次から選び，記号で書きましょう。ただし，ヘチマの花のつくりはツルレイシの花のつくりと同じです。 (9点)（　　）

ア　めばなのおしべでつくられる。
イ　めばなのめしべでつくられる。
ウ　おばなのおしべでつくられる。
エ　おばなのめしべでつくられる。

11 花から実へ③

目標《もくひょう》時間 20分

学習した日　月　日

名前

得点　／100点

5075
解説→330ページ

1 アサガオのつぼみの中を調べたところ，おしべの先とめしべの先には花粉《かふん》がついていませんでしたが，花が開いたあとには両方に花粉がついていました。次の問いに答えましょう。 1つ10点【20点】

(1) 花が開いたあと，おしべの先に花粉がついていたのはなぜですか。次から選び，記号で書きましょう。（　　）

ア　花のまわりから花粉が飛んできたから。

イ　花びらでつくられた花粉がついたから。

ウ　めしべの先でつくられた花粉がついたから。

エ　おしべの先から花粉が出てきたから。

(2) めしべの先に花粉がつくことを何といいますか。

（　　　　）

2 図のように，次の日にさきそうなヘチマのつぼみA，Bにふくろをかけました。花がさいたらAのめしべの先に花粉をつけて再《ふたた》びふくろをかけました。あとの問いに答えましょう。 1つ10点【80点】

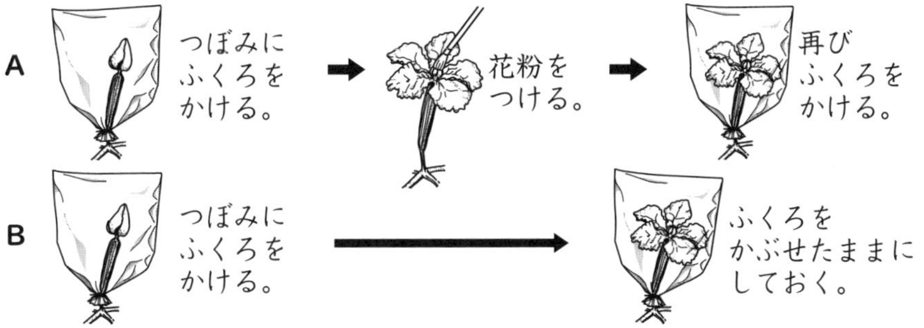
A
つぼみにふくろをかける。
花粉をつける。
再びふくろをかける。
B
つぼみにふくろをかける。
ふくろをかぶせたままにしておく。

(1) つぼみA，Bは，おばなとめばなのどちらですか。

（　　　　）

(2) はじめにA，Bにふくろをかけたのはなぜですか。次から選び，記号で書きましょう。

（　　）

ア　早く花をさかせるため。

イ　つぼみのまわりの温度を高くするため。

ウ　つぼみが雨にぬれないようにするため。

エ　ほかのヘチマの花粉がつかないようにするため。

(3) 実ができるのはA，Bのどちらですか。（　　）

(4) (3)でできた実がじゅくすと，中に何ができていますか。

（　　　　）

(5) アサガオの花を使って同じ実験を行う方法について説明した次の文中の①～③について，ア，イからあてはまることばをそれぞれ選び，記号で書きましょう。

①（　　）②（　　）③（　　）

> 選んだ2つのつぼみから①（ア　おしべ　　イ　めしべ）をとり，②（ア　一方　　イ　両方）のつぼみにふくろをかけ，花がさいたら③（ア　一方　　イ　両方）の花に花粉をつける。

(6) 自然の状態《じょうたい》では，ヘチマの花粉は何によって運ばれますか。次から選び，記号で書きましょう。（　　）

ア　鳥　　イ　水　　ウ　こん虫　　エ　風

11 花から実へ③

目標《もくひょう》時間 20分

学習した日　　月　　日

名前

得点

／100点

らくらくマルつけ

5075
解説→330ページ

❶ アサガオのつぼみの中を調べたところ，おしべの先とめしべの先には花粉《かふん》がついていませんでしたが，花が開いたあとには両方に花粉がついていました。次の問いに答えましょう。 1つ10点【20点】

(1) 花が開いたあと，おしべの先に花粉がついていたのはなぜですか。次から選び，記号で書きましょう。 (　　)

ア　花のまわりから花粉が飛んできたから。

イ　花びらでつくられた花粉がついたから。

ウ　めしべの先でつくられた花粉がついたから。

エ　おしべの先から花粉が出てきたから。

(2) めしべの先に花粉がつくことを何といいますか。

(　　　　)

❷ 図のように，次の日にさきそうなヘチマのつぼみA，Bにふくろをかけました。花がさいたらAのめしべの先に花粉をつけて再《ふたた》びふくろをかけました。あとの問いに答えましょう。 1つ10点【80点】

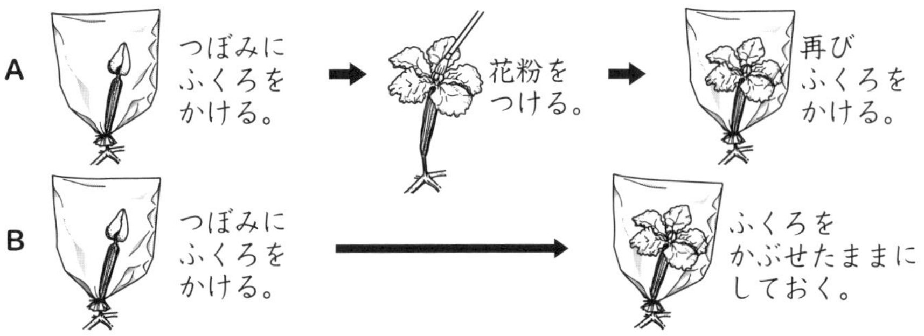
A
つぼみにふくろをかける。
花粉をつける。
再びふくろをかける。
B
つぼみにふくろをかける。
ふくろをかぶせたままにしておく。

(1) つぼみA，Bは，おばなとめばなのどちらですか。

(　　　　)

(2) はじめにA，Bにふくろをかけたのはなぜですか。次から選び，記号で書きましょう。

(　　)

ア　早く花をさかせるため。

イ　つぼみのまわりの温度を高くするため。

ウ　つぼみが雨にぬれないようにするため。

エ　ほかのヘチマの花粉がつかないようにするため。

(3) 実ができるのはA，Bのどちらですか。 (　　)

(4) (3)でできた実がじゅくすと，中に何ができていますか。

(　　　　)

(5) アサガオの花を使って同じ実験を行う方法について説明した次の文中の①～③について，ア，イからあてはまることばをそれぞれ選び，記号で書きましょう。

①(　　)　②(　　)　③(　　)

> 選んだ2つのつぼみから①（ア　おしべ　　イ　めしべ）をとり，②（ア　一方　　イ　両方）のつぼみにふくろをかけ，花がさいたら③（ア　一方　　イ　両方）の花に花粉をつける。

(6) 自然の状態《じょうたい》では，ヘチマの花粉は何によって運ばれますか。次から選び，記号で書きましょう。 (　　)

ア　鳥　　イ　水　　ウ　こん虫　　エ　風

12 流れる水のはたらき①

目標《もくひょう》時間 20分

学習した日　月　日

名前

得点　／100点

5076
解説→330ページ

らくらくマルつけ

❶ 右の図のように，土でつくった山の上から水を流すと，土が水にけずられました。次の問いに答えましょう。

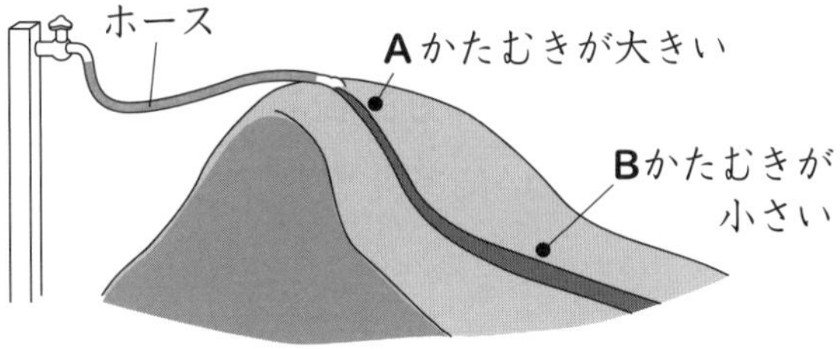

【55点】

(1) 流れる水が土などをけずることを何といいますか。 (9点)

(　　　　　)

(2) 水の流れが速いのは，図の**A**，**B**のどちらですか。 (9点)

(　　　)

(3) 次の文中の①，②にあてはまる流れる水のはたらきを，それぞれ書きましょう。 1つ9点（18点）

①(　　　　　)　②(　　　　　)

> 流れる水にけずられた土は，（　①　）というはたらきによっておし流され，（　②　）というはたらきによって図の**B**に積もった。

(4) 流す水の量を増《ふ》やすと，**B**の水の流れの速さはどのようになりますか。 (9点)

(　　　　　)

(5) 流す水の量を増やすと，**A**で土をけずるはたらきの大きさはどのようになりますか。 (10点)

(　　　　　)

❷ 右の図は，山の中を流れる川の曲がって流れる部分を表したものです。次の問いに答えましょう。

1つ9点【45点】

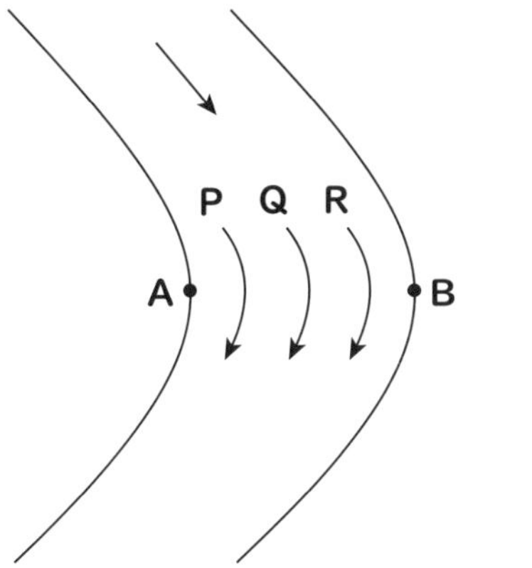

(1) 図の**A**，**B**の説明として正しいものを次から選び，記号で書きましょう。

(　　　)

ア　**A**は川原になっていて，**B**はがけになっていることが多い。
イ　**A**はがけになっていて，**B**は川原になっていることが多い。
ウ　**A**，**B**の両方が川原になっていることが多い。
エ　**A**，**B**の両方ががけになっていることが多い。

(2) **P**～**R**の中で，川底が最も深くなっている部分はどれですか。記号で書きましょう。

(　　　)

(3) **P**～**R**の中で，流れが最もおそい部分はどれですか。記号で書きましょう。

(　　　)

(4) **P**と比《くら》べたとき，**R**では，流れる水の何というはたらきが大きくなっていますか。2つ書きましょう。

(　　　　　)(　　　　　)

理科

12 流れる水のはたらき①

目標《もくひょう》時間 20分

学習した日　月　日

名前

得点

／100点

らくらくマルつけ
5076
解説→330ページ

❶ 右の図のように，土でつくった山の上から水を流すと，土が水にけずられました。次の問いに答えましょう。　【55点】

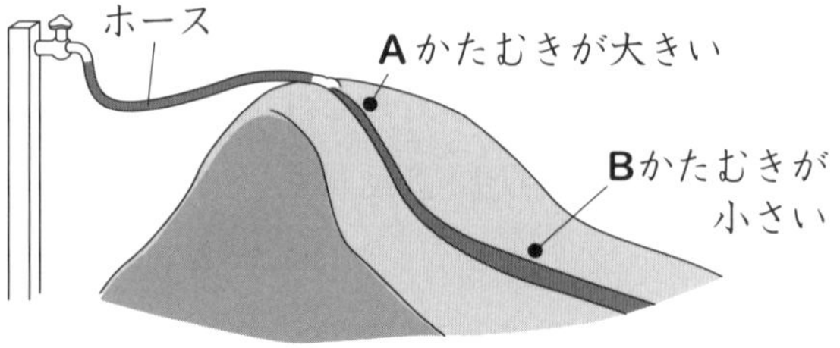

(1) 流れる水が土などをけずることを何といいますか。　(9点)

(　　　　)

(2) 水の流れが速いのは，図のA，Bのどちらですか。　(9点)

(　　)

(3) 次の文中の①，②にあてはまる流れる水のはたらきを，それぞれ書きましょう。　1つ9点（18点）

①(　　　　)　②(　　　　)

> 流れる水にけずられた土は，(　①　)というはたらきによっておし流され，(　②　)というはたらきによって図のBに積もった。

(4) 流す水の量を増《ふ》やすと，Bの水の流れの速さはどのようになりますか。　(9点)

(　　　　)

(5) 流す水の量を増やすと，Aで土をけずるはたらきの大きさはどのようになりますか。　(10点)

(　　　　)

❷ 右の図は，山の中を流れる川の曲がって流れる部分を表したものです。次の問いに答えましょう。　1つ9点【45点】

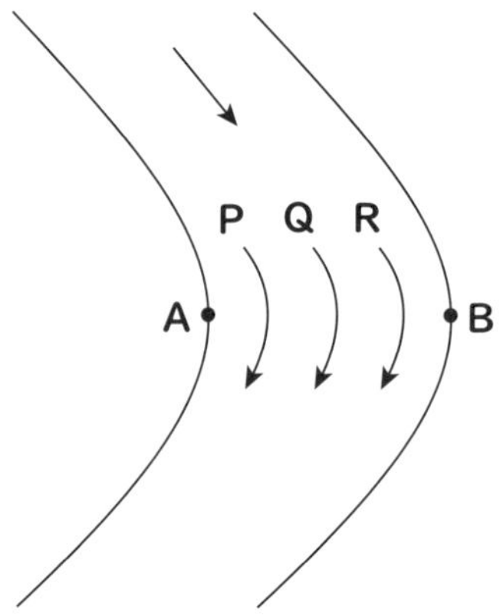

(1) 図のA，Bの説明として正しいものを次から選び，記号で書きましょう。

(　　)

ア　Aは川原になっていて，Bはがけになっていることが多い。
イ　Aはがけになっていて，Bは川原になっていることが多い。
ウ　A，Bの両方が川原になっていることが多い。
エ　A，Bの両方ががけになっていることが多い。

(2) P～Rの中で，川底が最も深くなっている部分はどれですか。記号で書きましょう。

(　　)

(3) P～Rの中で，流れが最もおそい部分はどれですか。記号で書きましょう。

(　　)

(4) Pと比《くら》べたとき，Rでは，流れる水の何というはたらきが大きくなっていますか。2つ書きましょう。

(　　　　)(　　　　)

13 流れる水のはたらき②

目標《もくひょう》時間 20分

学習した日　月　日

名前

得点　／100点

5077
解説→331ページ

❶ 図のA～Cは，平地を流れる川，山から平地へ流れ出る川，山の中を流れる川のいずれかを表したものです。次の問いに答えましょう。【32点】

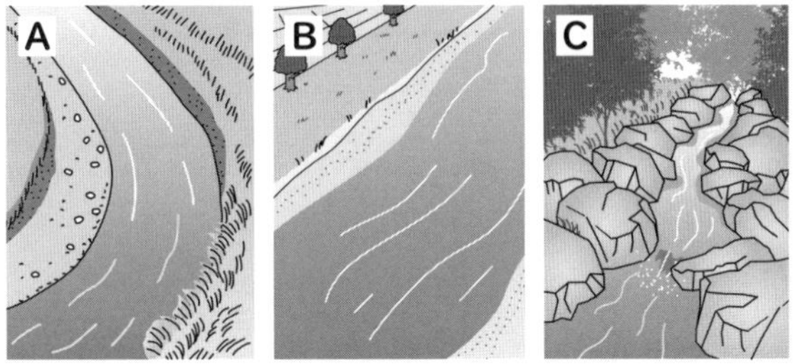

(1) 平地を流れる川をA～Cから選び，記号で書きましょう。(8点)
(　　)

(2) 川はばが最もせまい川をA～Cから選び，記号で書きましょう。
(8点) (　　)

(3) たい積のはたらきが最も大きい川をA～Cから選び，記号で書きましょう。(8点) (　　)

(4) A～Cを，流れが速い川からおそい川の順にならべかえ，記号で書きましょう。(全部できて8点) (　　→　　→　　)

❷ 図のA～Cは，平地を流れる川，山から平地へ流れ出る川，山の中を流れる川のいずれかで見た石のようすです。あとの問いに答えましょう。1つ8点【32点】

A　B　C

(1) 山から平地へ流れ出る川の川岸で見た石をA～Cから選び，記号で書きましょう。(　　)

(2) 山の中を流れる川で見た石をA～Cから選び，記号で書きましょう。(　　)

(3) 次の文中の①，②について，ア，イからあてはまることばを選び，記号で書きましょう。①(　　)②(　　)

> A～Cのように石の形がちがうのは，大きくて①（ア　角ばった　イ　丸みをもった）石が，流れる水のはたらきによって小さく②（ア　角ばった　イ　丸みをもった）石に変わったためである。

❸ 大雨と災害《さいがい》について，次の問いに答えましょう。1つ12点【36点】

(1) 大雨がふったときに起こることがある災害を次から選び，記号で書きましょう。(　　)
ア　こう水　イ　火事　ウ　津波《つなみ》

(2) 右の図のように川岸にブロックを置くのは，流れる水の何というはたらきの力を弱くするためですか。
(　　　　)

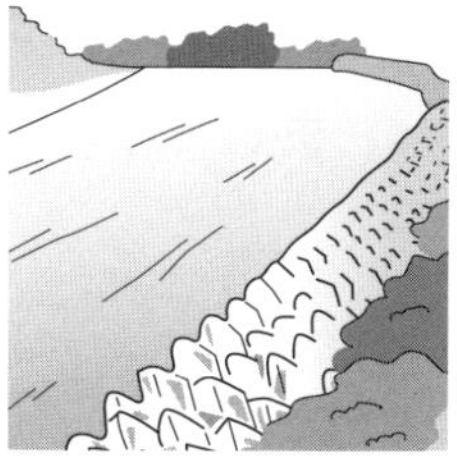

(3) 災害へ備《そな》えるために，災害が起きたときひ害を受けるはん囲や地いきに住む人のひなん場所などを地図にまとめた資料《しりょう》を何といいますか。(　　　　)

13 流れる水のはたらき②

目標《もくひょう》時間 20分

学習した日　月　日

名前

得点

／100点

らくらくマルつけ

5077

解説→331ページ

❶ **図のA～Cは，平地を流れる川，山から平地へ流れ出る川，山の中を流れる川のいずれかを表したものです。次の問いに答えましょう。** 【32点】

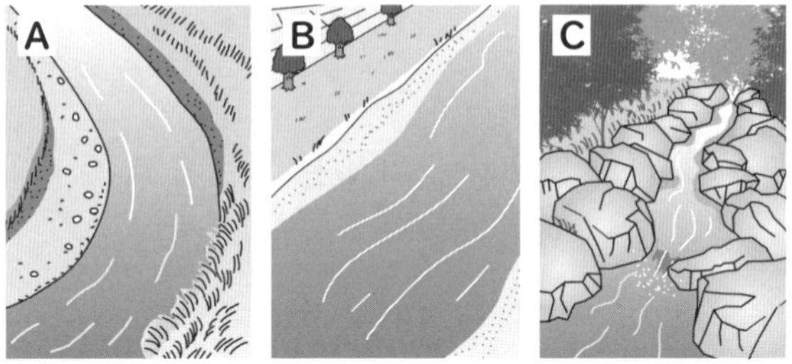

(1) 平地を流れる川をA～Cから選び，記号で書きましょう。 (8点)
(　　)

(2) 川はばが最もせまい川をA～Cから選び，記号で書きましょう。
(8点) (　　)

(3) たい積のはたらきが最も大きい川をA～Cから選び，記号で書きましょう。 (8点) (　　)

(4) A～Cを，流れが速い川からおそい川の順にならべかえ，記号で書きましょう。 (全部できて8点) (　　→　　→　　)

❷ **図のA～Cは，平地を流れる川，山から平地へ流れ出る川，山の中を流れる川のいずれかで見た石のようすです。あとの問いに答えましょう。** 1つ8点【32点】

A　B　C

(1) 山から平地へ流れ出る川の川岸で見た石をA～Cから選び，記号で書きましょう。 (　　)

(2) 山の中を流れる川で見た石をA～Cから選び，記号で書きましょう。 (　　)

(3) 次の文中の①，②について，ア，イからあてはまることばを選び，記号で書きましょう。 ①(　　) ②(　　)

A～Cのように石の形がちがうのは，大きくて①（ア　角ばった　イ　丸みをもった）石が，流れる水のはたらきによって小さく②（ア　角ばった　イ　丸みをもった）石に変わったためである。

❸ **大雨と災害《さいがい》について，次の問いに答えましょう。** 1つ12点【36点】

(1) 大雨がふったときに起こることがある災害を次から選び，記号で書きましょう。 (　　)

ア　こう水　イ　火事　ウ　津波《つなみ》

(2) 右の図のように川岸にブロックを置くのは，流れる水の何というはたらきの力を弱くするためですか。

(　　)

(3) 災害へ備《そな》えるために，災害が起きたときひ害を受けるはん囲や地いきに住む人のひなん場所などを地図にまとめた資料《しりょう》を何といいますか。 (　　)

14 もののとけ方①

目標《もくひょう》時間 20分

学習した日　　月　　日

名前

得点　　／100点

らくらくマルつけ

5078
解説→331ページ

1 右の図のように，水に食塩を加えてよく混《ま》ぜ合わせると，すべてとけて食塩水ができました。次の問いに答えましょう。 【34点】

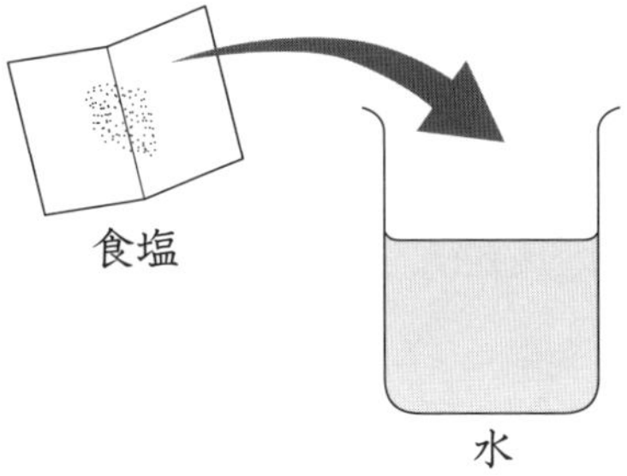

(1) 食塩水のように，水にものがとけたとうめいな液体《えきたい》を何といいますか。 (11点)

(　　　　　　)

(2) 食塩以外のものをとかした(1)の液のようすについて正しく説明したものを次からすべて選び，記号で書きましょう。 (11点)

(　　　　　　)

ア　すべて色がついていない。
イ　色がついているものもある。
ウ　すべてとうめいである。
エ　とうめいではないものもある。

(3) 食塩をとかしたあと，食塩のつぶは見えますか。 (12点)

(　　　　　　)

2 図1のように，Pに水50gを入れた容器《ようき》と薬包紙にのせた食塩10gをのせて全体の重さをはかったあと，図2のように，水を入れた容器に食塩を加えてとかしました。さらに，図3のようにして全体の重さをはかりました。あとの問いに答えましょう。

1つ11点【66点】

図1

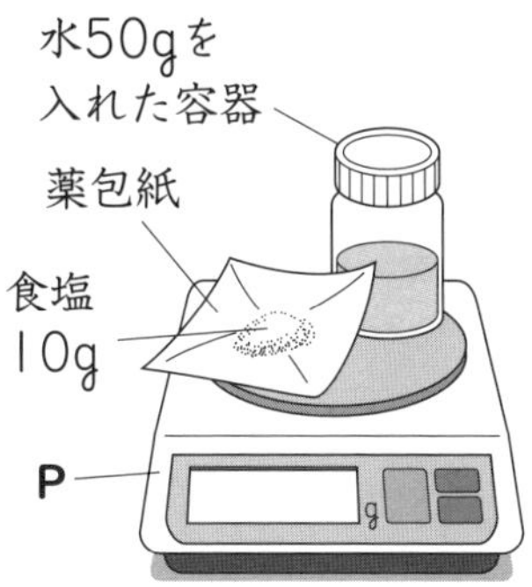

図2

図3

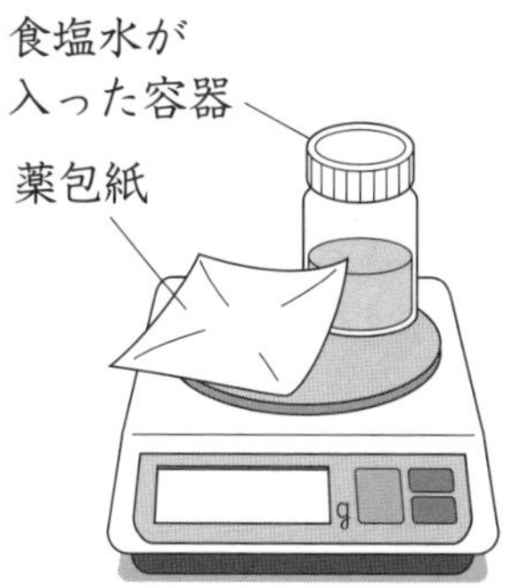

(1) Pを何といいますか。 (　　　　　　)

(2) 重さを正しくはかるために，Pはどのようなところに置きますか。

(　　　　　　)

(3) 図1で，水を入れた容器と，薬包紙にのせた食塩をPにのせる前に，表示《ひょうじ》がどの数字であることを確《たし》かめますか。

(　　　)

(4) 図1ではかった重さは92gでした。容器と薬包紙の重さの合計は何gですか。 (　　　　)g

(5) 図3ではかった重さは何gですか。 (　　　　)g

(6) 図3で容器に入っている液体の重さを求める式を次から選び，記号で書きましょう。 (　　　)

ア　(図1ではかった重さ)－(食塩の重さ)
イ　(水の重さ)＋(食塩の重さ)
ウ　(図3ではかった重さ)－(水の重さ)
エ　(図1ではかった重さ)＋(図3ではかった重さ)

14 もののとけ方①

目標時間《もくひょう》 20分

学習した日　　月　　日

名前

得点

/100点

らくらくマルつけ

5078
解説→331ページ

❶ 右の図のように，水に食塩を加えてよく混《ま》ぜ合わせると，すべてとけて食塩水ができました。次の問いに答えましょう。 【34点】

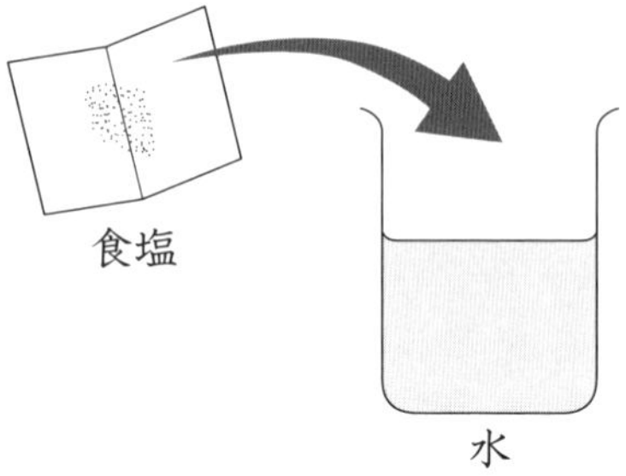

(1) 食塩水のように，水にものがとけたとうめいな液体《えきたい》を何といいますか。 (11点)

(　　　　　　　)

(2) 食塩以外のものをとかした(1)の液のようすについて正しく説明したものを次からすべて選び，記号で書きましょう。 (11点)

(　　　　　)

ア　すべて色がついていない。
イ　色がついているものもある。
ウ　すべてとうめいである。
エ　とうめいではないものもある。

(3) 食塩をとかしたあと，食塩のつぶは見えますか。 (12点)

(　　　　　　　)

❷ 図1のように，Pに水50gを入れた容器《ようき》と薬包紙にのせた食塩10gをのせて全体の重さをはかったあと，図2のように，水を入れた容器に食塩を加えてとかしました。さらに，図3のようにして全体の重さをはかりました。あとの問いに答えましょう。

1つ11点【66点】

図1

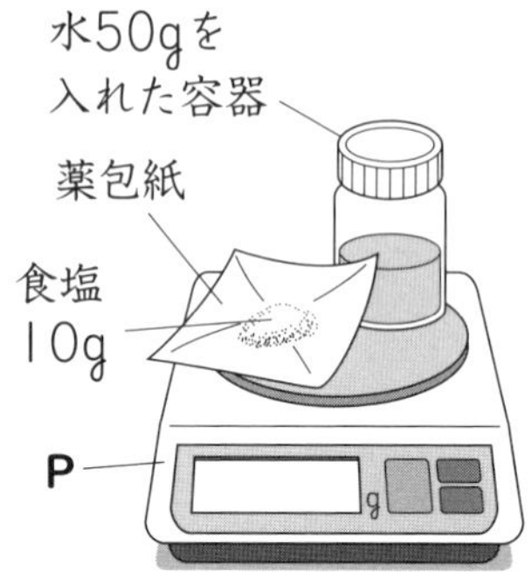

図2

図3

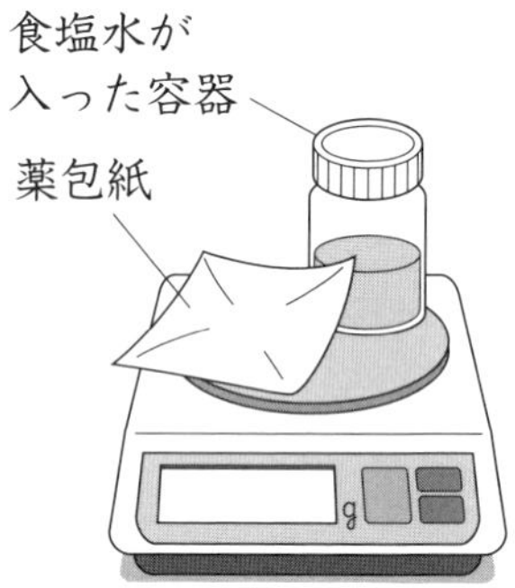

(1) Pを何といいますか。 (　　　　　　)

(2) 重さを正しくはかるために，Pはどのようなところに置きますか。

(　　　　　　)

(3) 図1で，水を入れた容器と，薬包紙にのせた食塩をPにのせる前に，表示《ひょうじ》がどの数字であることを確《たし》かめますか。

(　　)

(4) 図1ではかった重さは92gでした。容器と薬包紙の重さの合計は何gですか。 (　　　)g

(5) 図3ではかった重さは何gですか。 (　　　)g

(6) 図3で容器に入っている液体の重さを求める式を次から選び，記号で書きましょう。 (　　)

ア　(図1ではかった重さ)－(食塩の重さ)
イ　(水の重さ)＋(食塩の重さ)
ウ　(図3ではかった重さ)－(水の重さ)
エ　(図1ではかった重さ)＋(図3ではかった重さ)

15 もののとけ方②

目標《もくひょう》時間 20分

学習した日　　月　　日

名前

得点　　／100点

らくらくマルつけ

5079
解説→331ページ

❶ 図の器具を使って，水を50mLはかりとりました。次の問いに答えましょう。 1つ10点【50点】

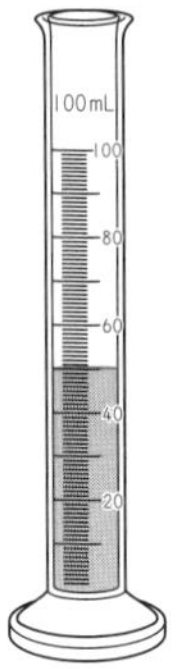

(1) 図の器具を何といいますか。

（　　　　　　　　　　）

(2) 図の器具の使い方について説明した次の①～③のうち，正しいものには○，まちがっているものには×を書きましょう。

① 水平なところに置く。（　　　）

② はじめは50の目もりより少し下まで水を入れる。（　　　）

③ 計量スプーンを使って水を少しずつ加える。（　　　）

(3) 図の器具の目もりを読みとるときは，水面のへこんだところをどの方向から見ますか。次から選び，記号で答えましょう。

（　　　）

ア 真横から見る。

イ ななめ上から見る。

ウ ななめ下から見る。

❷ 水50mLの入ったビーカーを2つ用意し，食塩とミョウバンを計量スプーンですり切り1ぱいずつ別々のビーカーにとかして，何はいまでとけるかを表に記録しました。次の問いに答えましょう。 1つ10点【30点】

とかしたもの	食塩	ミョウバン
とけた量	6はい	2はい

(1) 水の量を増《ふ》やすと，食塩がとける量はどのようになりますか。

（　　　　　　　　　　）

(2) 水の量を100mLに変えて実験を行うと，食塩がとける量は何はいになると考えられますか。（　　　）はい

(3) 水の量を25mLに変えて実験を行うと，ミョウバンがとける量は何はいになると考えられますか。（　　　）はい

❸ 右の図は，50mLの水の温度を10℃，30℃，60℃に変えて，食塩とミョウバンが計量スプーンですり切り何はいとけるかを調べた結果をぼうグラフに表したものです。次の問いに答えましょう。

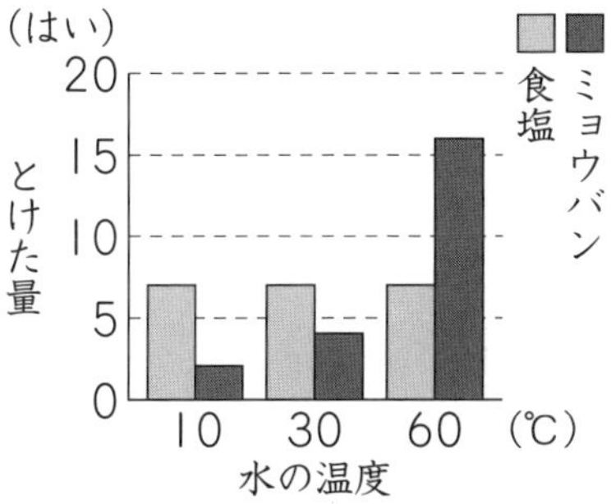

1つ10点【20点】

(1) 水の温度を高くするほど，食塩のとける量はどのようになっていますか。次から選び，記号で書きましょう。（　　　）

ア 大きく増えている。

イ 大きく減《へ》っている。

ウ ほとんど変わらない。

(2) 30℃の水50mLにミョウバンをとけるだけとかしました。さらにミョウバンがとけるようにするには，水の温度をどのようにすればよいですか。

（　　　　　　　　　　）

15 もののとけ方②

目標《もくひょう》時間 20分

学習した日　　月　　日

名前

得点　／100点

らくらくマルつけ
5079
解説→331ページ

❶ 図の器具を使って，水を50mLはかりとりました。次の問いに答えましょう。 1つ10点【50点】

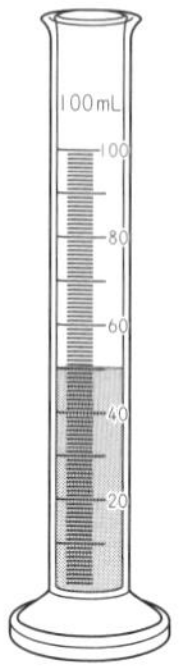

(1) 図の器具を何といいますか。

(　　　　　　　　　　)

(2) 図の器具の使い方について説明した次の①～③のうち，正しいものには○，まちがっているものには×を書きましょう。

① 水平なところに置く。(　　　)

② はじめは50の目もりより少し下まで水を入れる。(　　　)

③ 計量スプーンを使って水を少しずつ加える。(　　　)

(3) 図の器具の目もりを読みとるときは，水面のへこんだところをどの方向から見ますか。次から選び，記号で答えましょう。

(　　　)

ア 真横から見る。

イ ななめ上から見る。

ウ ななめ下から見る。

❷ 水50mLの入ったビーカーを２つ用意し，食塩とミョウバンを計量スプーンですり切り１ぱいずつ別々のビーカーにとかして，何はいまでとけるかを表に記録しました。次の問いに答えましょう。 1つ10点【30点】

とかしたもの	食塩	ミョウバン
とけた量	6はい	2はい

(1) 水の量を増《ふ》やすと，食塩がとける量はどのようになりますか。

(　　　　　　　　　　)

(2) 水の量を100mLに変えて実験を行うと，食塩がとける量は何はいになると考えられますか。(　　　)はい

(3) 水の量を25mLに変えて実験を行うと，ミョウバンがとける量は何はいになると考えられますか。(　　　)はい

❸ 右の図は，50mLの水の温度を10℃，30℃，60℃に変えて，食塩とミョウバンが計量スプーンですり切り何はいとけるかを調べた結果をぼうグラフに表したものです。次の問いに答えましょう。

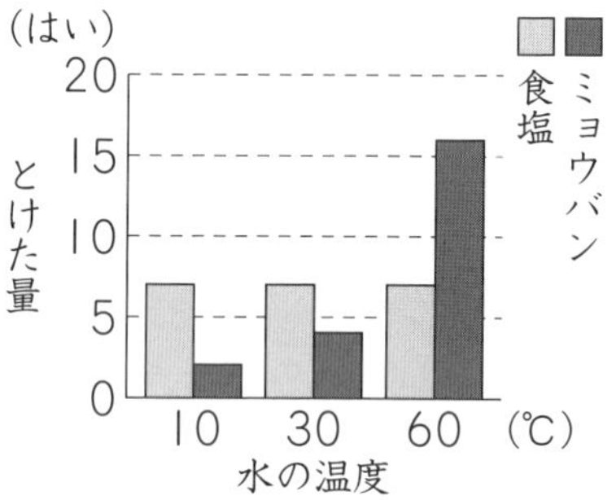

1つ10点【20点】

(1) 水の温度を高くするほど，食塩のとける量はどのようになっていますか。次から選び，記号で書きましょう。(　　　)

ア 大きく増えている。

イ 大きく減《へ》っている。

ウ ほとんど変わらない。

(2) 30℃の水50mLにミョウバンをとけるだけとかしました。さらにミョウバンがとけるようにするには，水の温度をどのようにすればよいですか。

(　　　　　　　　　　)

もののとけ方③

目標《もくひょう》時間 20分

学習した日　月　日

名前

得点　／100点

5080
解説→332ページ

らくらくマルつけ

1 実験で，図のようなそう置を用意しました。次の問いに答えましょう。 1つ8点【40点】

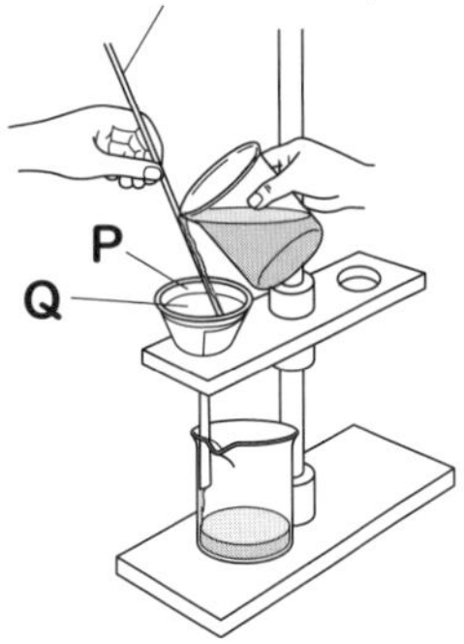

(1) 図のようなそう置を使った方法を何といいますか。

（　　　　）

(2) 図のそう置の**P**の器具を何といいますか。

（　　　　）

(3) **Q**の紙の使い方について説明した次の文中の①，②について，ア，イからあてはまることばをそれぞれ選び，記号で書きましょう。

①（　　）②（　　）

> ①（ア　折らずに　　イ　折ってから）**P**の器具にはめて，②（ア　水でぬらす　　イ　かわいたままにしておく）。

(4) 図のそう置を使うと，とけ残りのある水《すい》よう液《えき》から何をとり出すことができますか。次から選び，記号で書きましょう。

（　　）

ア　とけているものの一部　　イ　すべての水
ウ　とけているものすべて　　エ　一部の水
オ　とけ残ったものすべて
カ　とけ残ったものの一部

2 ビーカーA，Bに60℃の水を50gずつ入れ，ビーカーAには食塩，ビーカーBにはミョウバンをとけるだけとかしました。次の問いに答えましょう。ただし，表は，さまざまな温度の水50gにとける食塩とミョウバンの重さをまとめたものです。 1つ10点【60点】

水の温度	食塩	ミョウバン
0℃	17.8g	2.8g
20℃	17.9g	5.7g
40℃	18.2g	11.9g
60℃	18.5g	28.7g

(1) ビーカー**A**，**B**でできた水よう液の重さはそれぞれ何gですか。

A（　　　）g　**B**（　　　）g

(2) ビーカー**A**，**B**を0℃まで冷やしたとき，ビーカー**A**ではほとんどつぶが出てきませんでした。このことについて説明した次の文中の①，②について，ア，イからあてはまることばをそれぞれ選び，記号で書きましょう。　①（　　）②（　　）

> 水にとける食塩の重さは温度によって①（ア　ほとんど変化しない　　イ　大きく変化する）ため，多くのつぶが出てくるようにするには②（ア　0℃の水を50g加える　　イ　水を蒸発《じょうはつ》させる）とよい。

(3) ビーカー**B**を冷やしていったとき，40℃と0℃で，出てきたつぶが少なかったのはどちらですか。　（　　　）℃

(4) (3)で，ビーカー**B**の温度が0℃のとき，出てきたつぶの重さは何gですか。　（　　　）g

16 もののとけ方③

目標《もくひょう》時間 20分

学習した日　　月　　日

名前

得点　　／100点

らくらくマルつけ

5080
解説→332ページ

❶ 実験で，図のようなそう置を用意しました。次の問いに答えましょう。 1つ8点【40点】

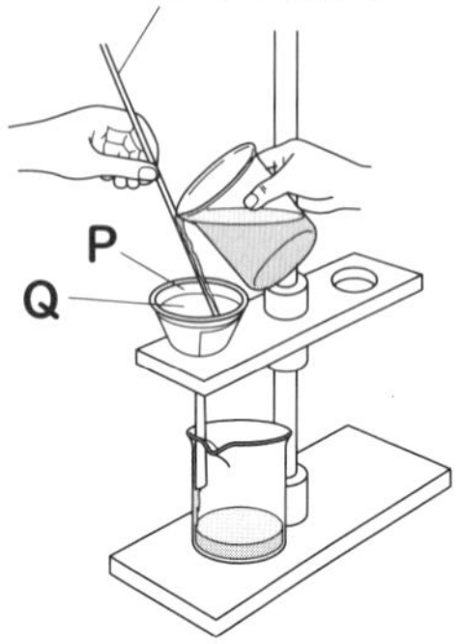

(1) 図のようなそう置を使った方法を何といいますか。

(　　　　　　)

(2) 図のそう置の **P** の器具を何といいますか。

(　　　　　　)

(3) **Q** の紙の使い方について説明した次の文中の①，②について，**ア**，**イ**からあてはまることばをそれぞれ選び，記号で書きましょう。

①(　　　)　②(　　　)

> ①（**ア**　折らずに　　**イ**　折ってから）**P** の器具にはめて，②（**ア**　水でぬらす　　**イ**　かわいたままにしておく）。

(4) 図のそう置を使うと，とけ残りのある水《すい》よう液《えき》から何をとり出すことができますか。次から選び，記号で書きましょう。

(　　　)

ア　とけているものの一部　　**イ**　すべての水
ウ　とけているものすべて　　**エ**　一部の水
オ　とけ残ったものすべて
カ　とけ残ったものの一部

❷ ビーカーA，Bに60℃の水を50gずつ入れ，ビーカーAには食塩，ビーカーBにはミョウバンをとけるだけとかしました。次の問いに答えましょう。ただし，表は，さまざまな温度の水50gにとける食塩とミョウバンの重さをまとめたものです。 1つ10点【60点】

水の温度	食塩	ミョウバン
0℃	17.8g	2.8g
20℃	17.9g	5.7g
40℃	18.2g	11.9g
60℃	18.5g	28.7g

(1) ビーカー **A**，**B** でできた水よう液の重さはそれぞれ何gですか。

A(　　　　　)g　　**B**(　　　　　)g

(2) ビーカー **A**，**B** を0℃まで冷やしたとき，ビーカー **A** ではほとんどつぶが出てきませんでした。このことについて説明した次の文中の①，②について，**ア**，**イ**からあてはまることばをそれぞれ選び，記号で書きましょう。　①(　　　)　②(　　　)

> 水にとける食塩の重さは温度によって　①（**ア**　ほとんど変化しない　　**イ**　大きく変化する）ため，多くのつぶが出てくるようにするには②（**ア**　0℃の水を50g加える　　**イ**　水を蒸発《じょうはつ》させる）とよい。

(3) ビーカー **B** を冷やしていったとき，40℃と0℃で，出てきたつぶが少なかったのはどちらですか。　(　　　　　)℃

(4) (3)で，ビーカー **B** の温度が0℃のとき，出てきたつぶの重さは何gですか。　(　　　　　)g

ふりこのきまり①

目標時間《もくひょう》 20分

学習した日　　月　　日

名前

得点　　／100点

5081 解説→332ページ

らくらくマルつけ

❶ 図のように，ひもにおもりをつけて左右にふらせました。次の問いに答えましょう。 1つ10点【60点】

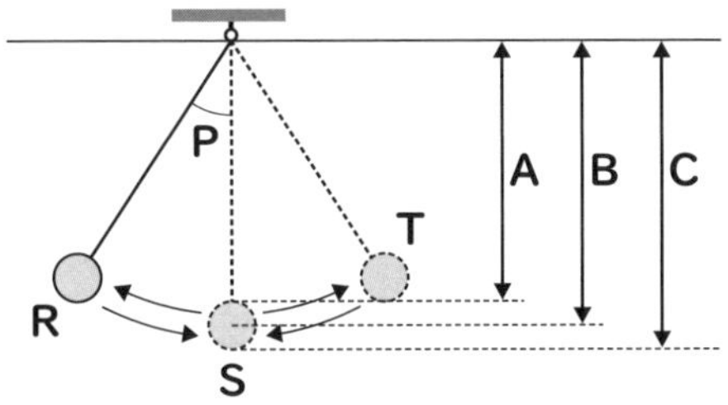

(1) 図のように，糸におもりをつけておもりが左右にふれるようにしたものを何といいますか。

(　　　　　)

(2) (1)の長さはどれですか。図のA～Cから選び，記号で書きましょう。

(　　　)

(3) おもりがふれているときのPの角度の大きさを何といいますか。

(　　　　　)

(4) (1)が1往復《おうふく》するまでのおもりの動き方を，次から選び，記号で書きましょう。

(　　　)

ア　R→S→Tの順　　イ　R→S→T→Sの順

ウ　R→S→Rの順　　エ　R→S→T→S→Rの順

(5) 左右にふれたおもりは，しばらくするとどのようになりますか。次から選び，記号で答えましょう。

(　　　)

ア　ふれるはばが，だんだん大きくなる。

イ　同じはばでしばらくふれ続ける。

ウ　1往復して止まる。

(6) おもりが1往復する時間を求めるとき，何を使って時間をはかりますか。1人で調べるときに適《てき》さないものを次から選び，記号で書きましょう。

(　　　)

ア　デジタルタイマー

イ　ストップウォッチ

ウ　理科室の時計

❷ おもりが10往復する時間を3回調べたところ，表のような結果になりました。あとの問いに答えましょう。ただし，計算問題の答えは，小数第2位を四捨五入《ししゃごにゅう》して小数第1位まで書きましょう。 1つ10点【40点】

	1回目	2回目	3回目
10往復する時間	12.2秒	13.4秒	12.8秒

(1) 10往復する時間がいちばん長かったのは何回目ですか。

(　　　　)回目

(2) 10往復する時間の3回の合計は何秒ですか。

(　　　　)秒

(3) 10往復する時間の3回の平均《へいきん》は何秒ですか。

(　　　　)秒

(4) 1往復する時間の平均は何秒ですか。

(　　　　)秒

理科

17 ふりこのきまり①

目標《もくひょう》時間 20分

学習した日　　月　　日

名前

得点　　／100点

らくらくマルつけ

5081
解説→332ページ

❶ 図のように，ひもにおもりをつけて左右にふらせました。次の問いに答えましょう。 1つ10点【60点】

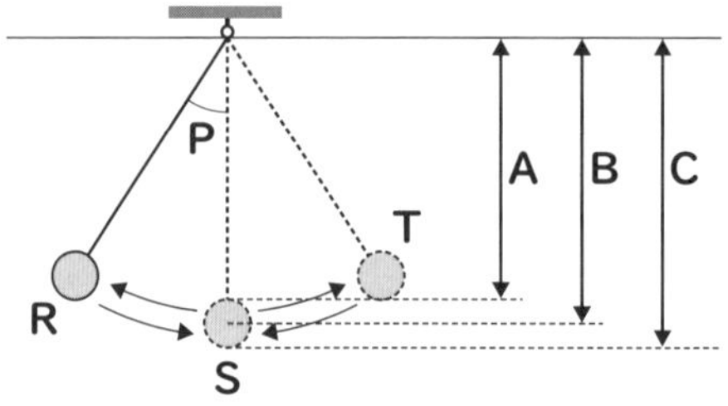

(1) 図のように，糸におもりをつけておもりが左右にふれるようにしたものを何といいますか。

(　　　　　　)

(2) (1)の長さはどれですか。図の **A**～**C** から選び，記号で書きましょう。

(　　　)

(3) おもりがふれているときの **P** の角度の大きさを何といいますか。

(　　　　　　)

(4) (1)が1往復《おうふく》するまでのおもりの動き方を，次から選び，記号で書きましょう。

(　　　)

ア　**R**→**S**→**T** の順　　イ　**R**→**S**→**T**→**S** の順

ウ　**R**→**S**→**R** の順　　エ　**R**→**S**→**T**→**S**→**R** の順

(5) 左右にふれたおもりは，しばらくするとどのようになりますか。次から選び，記号で答えましょう。

(　　　)

ア　ふれるはばが，だんだん大きくなる。

イ　同じはばでしばらくふれ続ける。

ウ　1往復して止まる。

(6) おもりが1往復する時間を求めるとき，何を使って時間をはかりますか。1人で調べるときに適《てき》さないものを次から選び，記号で書きましょう。

(　　　)

ア　デジタルタイマー

イ　ストップウォッチ

ウ　理科室の時計

❷ おもりが10往復する時間を3回調べたところ，表のような結果になりました。あとの問いに答えましょう。ただし，計算問題の答えは，小数第2位を四捨五入《ししゃごにゅう》して小数第1位まで書きましょう。 1つ10点【40点】

	1回目	2回目	3回目
10往復する時間	12.2秒	13.4秒	12.8秒

(1) 10往復する時間がいちばん長かったのは何回目ですか。

(　　　　)回目

(2) 10往復する時間の3回の合計は何秒ですか。

(　　　　)秒

(3) 10往復する時間の3回の平均《へいきん》は何秒ですか。

(　　　　)秒

(4) 1往復する時間の平均は何秒ですか。

(　　　　)秒

18 ふりこのきまり②

目標時間《もくひょう》 20分

学習した日　　月　　日

名前

得点　／100点

5082
解説→332ページ

らくらくマルつけ

❶ 図のA～Cのように条件《じょうけん》を変えて，ふりこが1往復《おうふく》する時間を調べました。あとの問いに答えましょう。 1つ10点【40点】

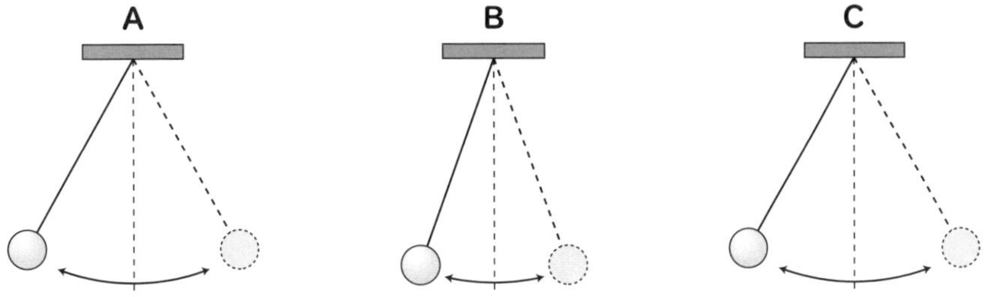

A（おもり10g　ふれはば30°　ふりこの長さ40cm）
B（おもり30g　ふれはば20°　ふりこの長さ40cm）
C（おもり30g　ふれはば30°　ふりこの長さ40cm）

(1) 次の文中の①，②について，ア，イからあてはまることばをそれぞれ選び，記号で書きましょう。

①（　　　）　②（　　　）

> ふりこは，①（ア　糸をまっすぐにしたまま　　イ　糸をたるませてから），②（ア　静かに　　イ　いきおいよく）ふらせる。

(2) ふりこが1往復する時間とおもりの重さとの関係を調べるには，A～Cのうちどれとどれの結果を比《くら》べればよいですか。

（　　と　　）

(3) ふりこが1往復する時間とふれはばとの関係を調べるには，A～Cのうちどれとどれの結果を比べればよいですか。

（　　と　　）

❷ 表のA～Dのように条件を変えて，ふりこが1往復する時間を調べました。あとの問いに答えましょう。 1つ10点【60点】

ふりこ	A	B	C	D
おもりの重さ	30g	10g	10g	30g
ふりこの長さ	20cm	40cm	60cm	40cm
ふれはば	25°	15°	25°	25°

(1) 次の文中の①，②にあてはまる記号やことばをそれぞれ書きましょう。

①（　　　）　②（　　　　　　）

> 表のAと（　①　）の結果を比べると，ふりこが1往復する時間と（　②　）との関係を調べることができる。

(2) 表から，ふりこが1往復する時間との関係を調べることができない条件は何ですか。2つ書きましょう。

（　　　　　　）（　　　　　　）

(3) 表のA～Dから，ふりこが1往復する時間が最も長いものを選び，記号で書きましょう。

（　　）

(4) 表のDのふりこのおもりを10gのものにかえてふらせました。1往復する時間は，もとのDのふりこと比べてどのようになりますか。（　　　　　　）

理科

＼もう1回チャレンジ!!／

18 ふりこのきまり②

目標《もくひょう》時間 20分

学習した日　　月　　日

名前

得点

／100点

5082
解説→332ページ

らくらくマルつけ

❶ 図のA～Cのように条件《じょうけん》を変えて，ふりこが1往復《おうふく》する時間を調べました。あとの問いに答えましょう。 1つ10点【40点】

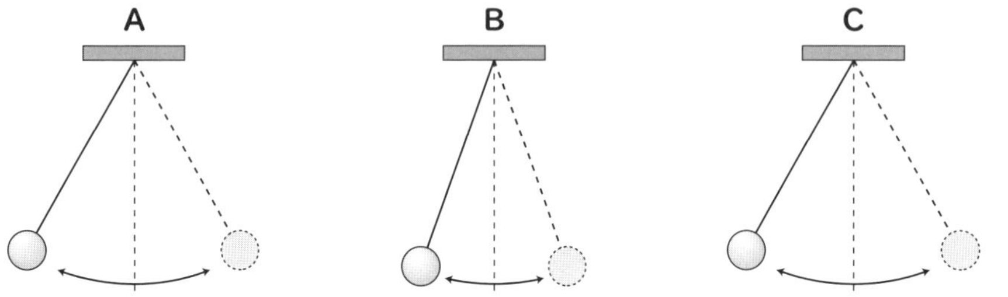

A（おもり10g　ふれはば30°　ふりこの長さ40cm）
B（おもり30g　ふれはば20°　ふりこの長さ40cm）
C（おもり30g　ふれはば30°　ふりこの長さ40cm）

(1) 次の文中の①，②について，ア，イからあてはまることばをそれぞれ選び，記号で書きましょう。

①（　　　）②（　　　）

> ふりこは，①（ア　糸をまっすぐにしたまま　　イ　糸をたるませてから），②（ア　静かに　　イ　いきおいよく）ふらせる。

(2) ふりこが1往復する時間とおもりの重さとの関係を調べるには，A～Cのうちどれとどれの結果を比《くら》べればよいですか。

（　　と　　）

(3) ふりこが1往復する時間とふれはばとの関係を調べるには，A～Cのうちどれとどれの結果を比べればよいですか。

（　　と　　）

❷ 表のA～Dのように条件を変えて，ふりこが1往復する時間を調べました。あとの問いに答えましょう。 1つ10点【60点】

ふりこ	A	B	C	D
おもりの重さ	30g	10g	10g	30g
ふりこの長さ	20cm	40cm	60cm	40cm
ふれはば	25°	15°	25°	25°

(1) 次の文中の①，②にあてはまる記号やことばをそれぞれ書きましょう。

①（　　　）②（　　　　　　）

> 表のAと（　①　）の結果を比べると，ふりこが1往復する時間と（　②　）との関係を調べることができる。

(2) 表から，ふりこが1往復する時間との関係を調べることができない条件は何ですか。2つ書きましょう。

（　　　　　　）（　　　　　　）

(3) 表のA～Dから，ふりこが1往復する時間が最も長いものを選び，記号で書きましょう。

（　　　）

(4) 表のDのふりこのおもりを10gのものにかえてふらせました。1往復する時間は，もとのDのふりこと比べてどのようになりますか。（　　　　　　）

19 電磁石《でんじしゃく》の性質《せいしつ》①

目標時間《もくひょう》 20分

学習した日　月　日

名前

得点　／100点

らくらくマルつけ

5083
解説→333ページ

❶ 図のように，導線《どうせん》を同じ向きに何回もまいたものの中に鉄心を入れました。次の問いに答えましょう。

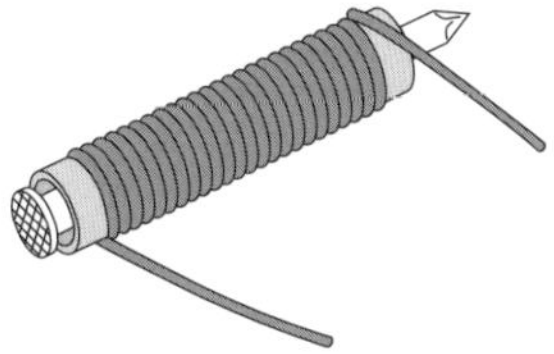

1つ10点【40点】

(1) 導線を同じ向きに何回もまいたものを何といいますか。

（　　　　　　）

(2) (1)の中に鉄心を入れたものは電流を流したときに鉄を引きつけるはたらきをします。これを何といいますか。

（　　　　　　）

(3) (2)に電流を流しているとき，ゼムクリップが引きつけられました。これは，ゼムクリップが何でできているためですか。

（　　　　　　）

(4) (3)のあと電流を流すのをやめると，ゼムクリップはどのようになりますか。

（　　　　　　　　　　　　）

❷ 図のように，電磁石《でんじしゃく》の左はしに方位磁針《じしん》を置いて，電磁石に電流を流したときの方位磁針のはりのようすを調べました。次の問いに答えましょう。

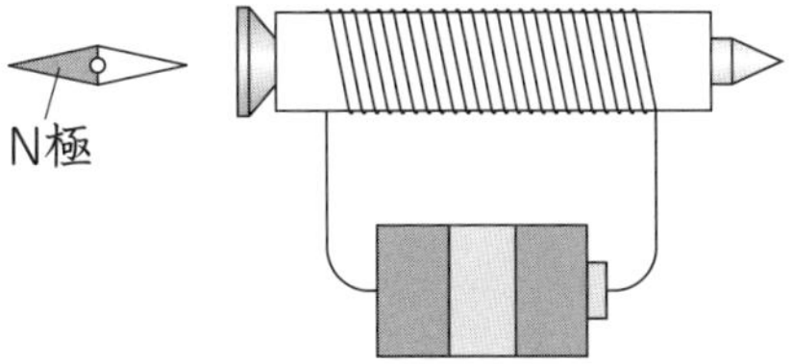

1つ10点【40点】

(1) 図の電磁石の左はしは何極になっていますか。

（　　　　）極

(2) 次の文中の①，②について，ア，イからあてはまることばを選び，記号で書きましょう。　①（　　）②（　　）

図では，かん電池をつないだままにすると，①（ア　コイル　イ　方位磁針）が熱くなるので，②（ア　調べるとき以外にも　イ　調べるときだけ）電流を流す。

(3) かん電池の＋極と－極を反対にすると，方位磁針のはりはどのようになりますか。次から選び，記号で書きましょう。

（　　）

ア　ふれない。
イ　図と同じ向きにふれる。
ウ　図と反対向きにふれる。
エ　回転し続ける。

❸ 図の道具を回路につないで，電流の大きさを調べました。次の問いに答えましょう。

1つ10点【20点】

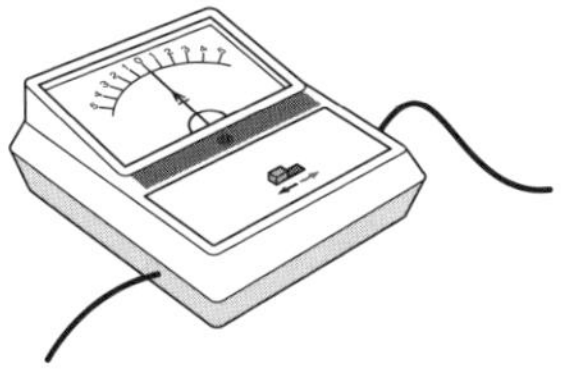

(1) 図の道具を何といいますか。

（　　　　　　）

(2) (1)を使うと電流の大きさのほかに，どのようなことを調べることができますか。　（　　　　　　）

理科

19 電磁石《でんじしゃく》の性質《せいしつ》①

目標《もくひょう》時間 20分

学習した日　　月　　日

名前

得点　　／100点

らくらくマルつけ

5083

解説→333ページ

1 **図のように，導線《どうせん》を同じ向きに何回もまいたものの中に鉄心を入れました。次の問いに答えましょう。**

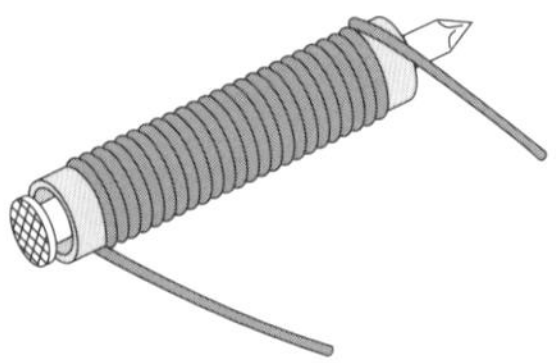

1つ10点【40点】

(1) 導線を同じ向きに何回もまいたものを何といいますか。

（　　　　　　）

(2) (1)の中に鉄心を入れたものは電流を流したときに鉄を引きつけるはたらきをします。これを何といいますか。

（　　　　　　）

(3) (2)に電流を流しているとき，ゼムクリップが引きつけられました。これは，ゼムクリップが何でできているためですか。

（　　　　　　）

(4) (3)のあと電流を流すのをやめると，ゼムクリップはどのようになりますか。

（　　　　　　　　　　　　）

2 **図のように，電磁石《でんじしゃく》の左はしに方位磁針《じしん》を置いて，電磁石に電流を流したときの方位磁針のはりのようすを調べました。次の問いに答えましょう。**

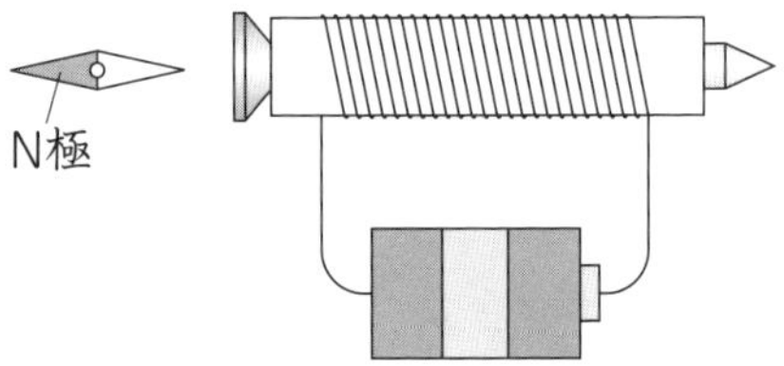

1つ10点【40点】

(1) 図の電磁石の左はしは何極になっていますか。

（　　　　）極

(2) 次の文中の①，②について，ア，イからあてはまることばを選び，記号で書きましょう。　①（　　）②（　　）

図では，かん電池をつないだままにすると，①（ア　コイル　イ　方位磁針）が熱くなるので，②（ア　調べるとき以外にも　イ　調べるときだけ）電流を流す。

(3) かん電池の＋極と－極を反対にすると，方位磁針のはりはどのようになりますか。次から選び，記号で書きましょう。

（　　）

ア　ふれない。

イ　図と同じ向きにふれる。

ウ　図と反対向きにふれる。

エ　回転し続ける。

3 **図の道具を回路につないで，電流の大きさを調べました。次の問いに答えましょう。**

1つ10点【20点】

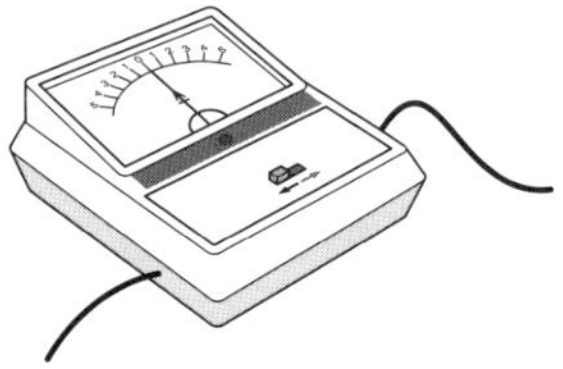

(1) 図の道具を何といいますか。

（　　　　　　）

(2) (1)を使うと電流の大きさのほかに，どのようなことを調べることができますか。（　　　　　　）

20 電磁石《でんじしゃく》の性質《せいしつ》②

目標《もくひょう》時間 20分

学習した日　　月　　日
名前
得点　　／100点
5084 解説→333ページ
らくらくマルつけ

❶ 図のA～Eのように，コイルのまき数とかん電池のつなぎ方を変えて，電《でん》磁石《じしゃく》をゼムクリップに近づけました。次の問いに答えましょう。ただし，導線《どうせん》の太さや長さはすべて同じとします。

【58点】

A

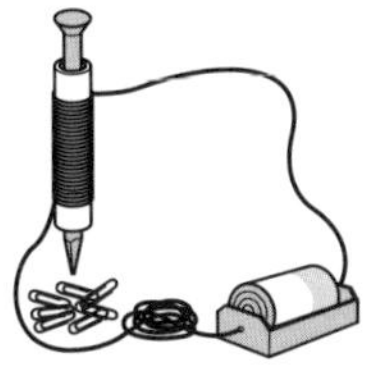

50回まき

B

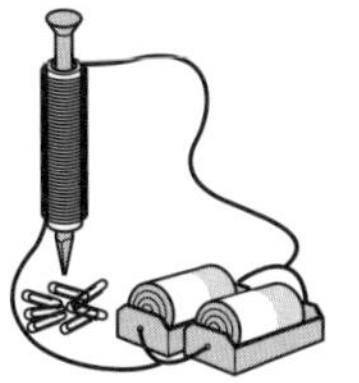

100回まき

C

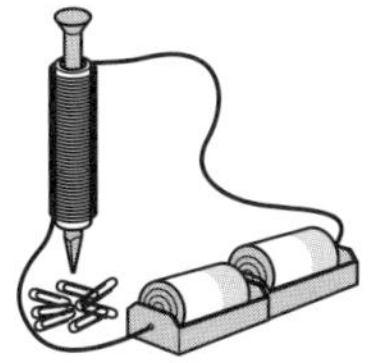

100回まき

D

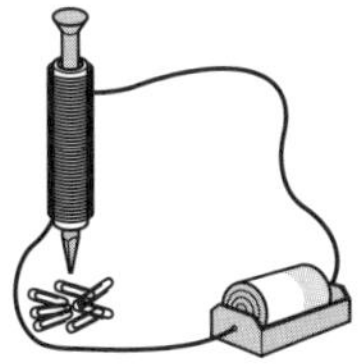

100回まき

E

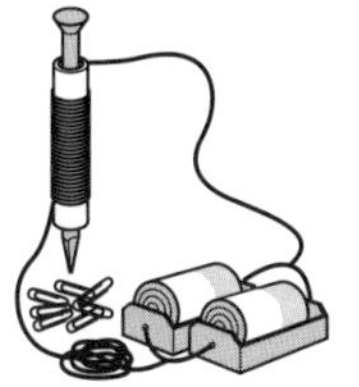

50回まき

(1) 電磁石のはたらきが大きいほど，引きつけられるゼムクリップの数はどのようになりますか。

(8点)

(　　　　　　　　　)

(2) 電磁石のはたらきとコイルのまき数との関係を調べるには，A～Eのうちどれとどれを比《くら》べればよいですか。2通り書きましょう。

(全部できて9点) (　　と　　)

(全部できて9点) (　　と　　)

(3) 電磁石のはたらきと電流の大きさとの関係を調べるには，A～Eのうちどれとどれを比べればよいですか。

(全部できて8点)

(　　と　　)

(4) 引きつけるゼムクリップの数が最も多いものを，A～Eから選び，記号で書きましょう。

(8点)

(　　　)

(5) 次の文中の①，②について，ア，イからあてはまることばを選び，記号で書きましょう。

1つ8点 (16点)

①(　　　) ②(　　　)

コイルのまき数が①（ア　少ない　　イ　多い）ほど，電流が②（ア　小さい　　イ　大きい）ほど，電磁石のはたらきは大きくなる。

❷ 次の①～⑥のうち，磁石だけに見られる性質《せいしつ》には○，電磁石だけに見られる性質には△，磁石と電磁石の両方に見られる性質には◎，磁石にも電磁石にも見られない性質には×を書きましょう。

1つ7点【42点】

① 鉄でできたものを引きつける。　(　　)
② 磁石の力の大きさを変えることができる。　(　　)
③ N極とS極がある。　(　　)
④ N極とS極を変えることができる。　(　　)
⑤ 電流を流していないときにも磁石の性質がある。　(　　)
⑥ 鉄とくっついているときだけ，磁石のはたらきがある。　(　　)

理科

20 電磁石《でんじしゃく》の性質《せいしつ》②

目標《もくひょう》時間 20分

学習した日　　月　　日

名前

得点　　／100点

らくらくマルつけ 5084

解説→333ページ

❶ 図のA～Eのように，コイルのまき数とかん電池のつなぎ方を変えて，電《でん》磁石《じしゃく》をゼムクリップに近づけました。次の問いに答えましょう。ただし，導線《どうせん》の太さや長さはすべて同じとします。

【58点】

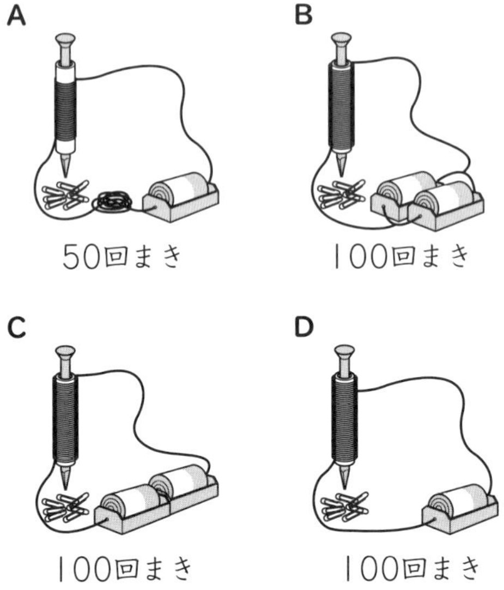

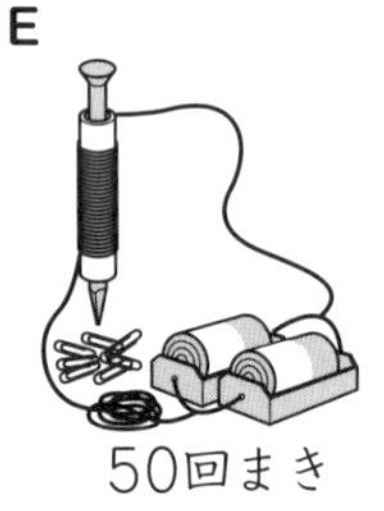

(1) 電磁石のはたらきが大きいほど，引きつけられるゼムクリップの数はどのようになりますか。

(8点)

(　　　　　　　　　)

(2) 電磁石のはたらきとコイルのまき数との関係を調べるには，A～Eのうちどれとどれを比《くら》べればよいですか。2通り書きましょう。

(全部できて9点) (　　と　　)

(全部できて9点) (　　と　　)

(3) 電磁石のはたらきと電流の大きさとの関係を調べるには，A～Eのうちどれとどれを比べればよいですか。(全部できて8点)

(　　と　　)

(4) 引きつけるゼムクリップの数が最も多いものを，A～Eから選び，記号で書きましょう。

(8点)

(　　)

(5) 次の文中の①，②について，ア，イからあてはまることばを選び，記号で書きましょう。

1つ8点 (16点)

①(　　)　②(　　)

> コイルのまき数が①（ア　少ない　　イ　多い）ほど，電流が②（ア　小さい　　イ　大きい）ほど，電磁石のはたらきは大きくなる。

❷ 次の①～⑥のうち，磁石だけに見られる性質《せいしつ》には○，電磁石だけに見られる性質には△，磁石と電磁石の両方に見られる性質には◎，磁石にも電磁石にも見られない性質には×を書きましょう。

1つ7点【42点】

① 鉄でできたものを引きつける。(　　)

② 磁石の力の大きさを変えることができる。(　　)

③ N極とS極がある。(　　)

④ N極とS極を変えることができる。(　　)

⑤ 電流を流していないときにも磁石の性質がある。(　　)

⑥ 鉄とくっついているときだけ，磁石のはたらきがある。

(　　)

人のたんじょう

目標時間《もくひょう》 20分

学習した日　　月　　日

名前

得点　　／100点

5085 解説→333ページ

らくらくマルつけ

1 図のA，Bは，それぞれ人の精子《せいし》と卵《らん》（卵子《らんし》）のいずれかを表したものです。次の問いに答えましょう。 1つ9点【36点】

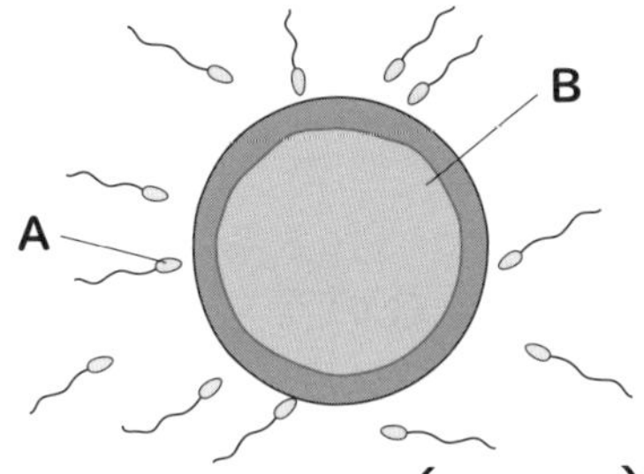

(1) 精子はA，Bのどちらですか。記号で書きましょう。　（　　）

(2) 精子と卵は，それぞれ女性《じょせい》と男性のどちらの体の中でつくられますか。

精子（　　　）　卵（　　　）

(3) 精子と卵が結びつくことを何といいますか。

（　　　）

2 図は，子どもが母親の体の中にいるようすを表したものです。次の問いに答えましょう。 1つ8点【48点】

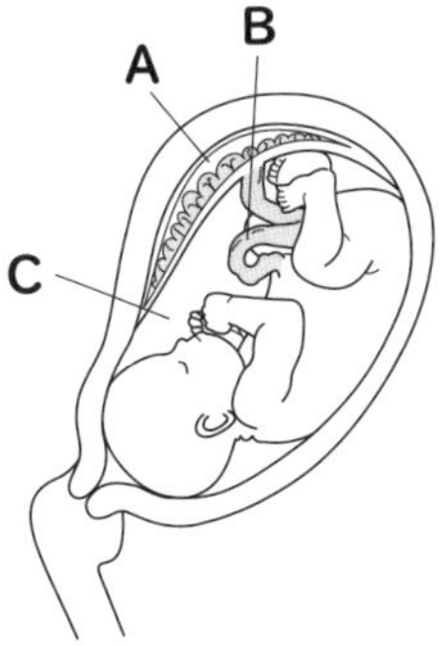

(1) 図で子どもが育っているのは，母親の体の中にある何というところですか。

（　　　）

(2) A～Cは，それぞれ何といいますか。

A（　　　）
B（　　　）
C（　　　）

(3) A～Cのうち，外から受けるしょうげきから子どもを守るはたらきをする部分はどれですか。記号で書きましょう。

（　　）

(4) A～Cのうち，母親の体から送られてきた養分などと，子どものいらなくなったものなどを交かんする部分はどれですか。記号で書きましょう。　（　　）

3 図は，母親の体の中で育つ子どものようすを表したものです。あとの問いに答えましょう。ただし，A～Dは子どもが育つ順にはならんでいません。 【16点】

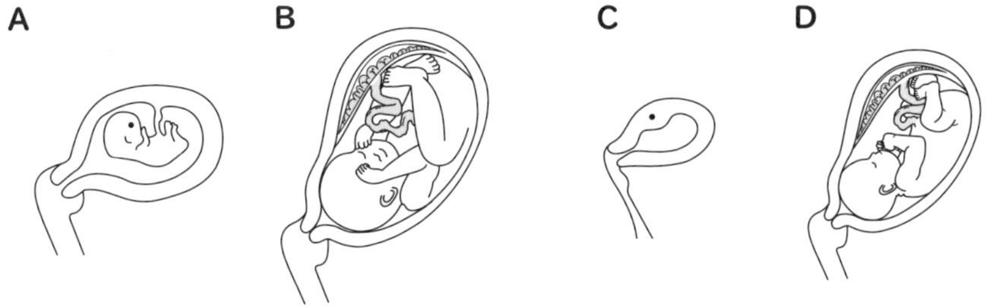

(1) A～Dを子どもが育つ順にならべかえ，記号で書きましょう。

（全部できて8点）（　　→　　→　　→　　）

(2) 子どもがたんじょうするのは，精子と卵が結びついてから約何週間後ですか。次から選び，記号で書きましょう。 （8点）

（　　）

ア　約22週間後　　イ　約30週間後
ウ　約38週間後　　エ　約46週間後

理科

＼もう1回チャレンジ!!／

21 人のたんじょう

目標《もくひょう》時間 20分

学習した日　　月　　日

名前

得点

／100点

らくらくマルつけ

5085

解説→333ページ

❶ 図のA，Bは，それぞれ人の精子《せいし》と卵《らん》（卵子《らんし》）のいずれかを表したものです。次の問いに答えましょう。 1つ9点【36点】

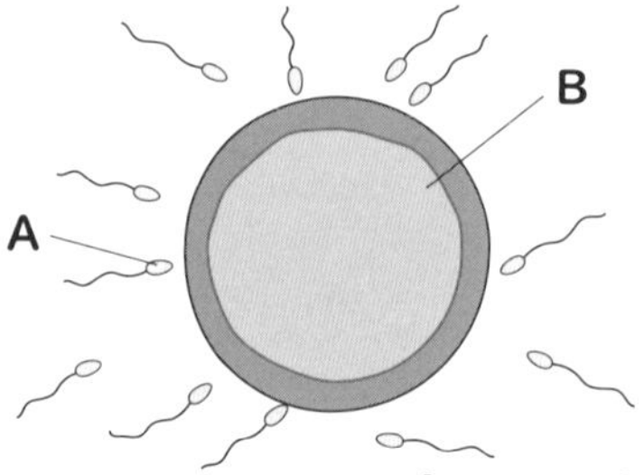

(1) 精子はA，Bのどちらですか。記号で書きましょう。

（　　　）

(2) 精子と卵は，それぞれ女性《じょせい》と男性のどちらの体の中でつくられますか。

精子（　　　　）　卵（　　　　）

(3) 精子と卵が結びつくことを何といいますか。

（　　　）

❷ 図は，子どもが母親の体の中にいるようすを表したものです。次の問いに答えましょう。 1つ8点【48点】

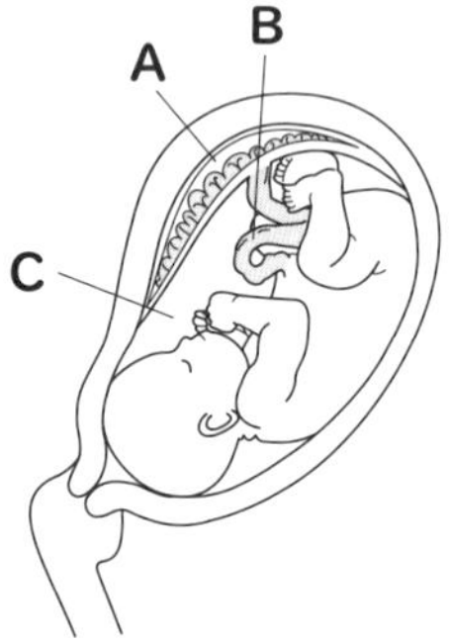

(1) 図で子どもが育っているのは，母親の体の中にある何というところですか。

（　　　）

(2) A～Cは，それぞれ何といいますか。

A（　　　　）

B（　　　　）

C（　　　　）

(3) A～Cのうち，外から受けるしょうげきから子どもを守るはたらきをする部分はどれですか。記号で書きましょう。

（　　　）

(4) A～Cのうち，母親の体から送られてきた養分などと，子どものいらなくなったものなどを交かんする部分はどれですか。記号で書きましょう。

（　　　）

❸ 図は，母親の体の中で育つ子どものようすを表したものです。あとの問いに答えましょう。ただし，A～Dは子どもが育つ順にはならんでいません。 【16点】

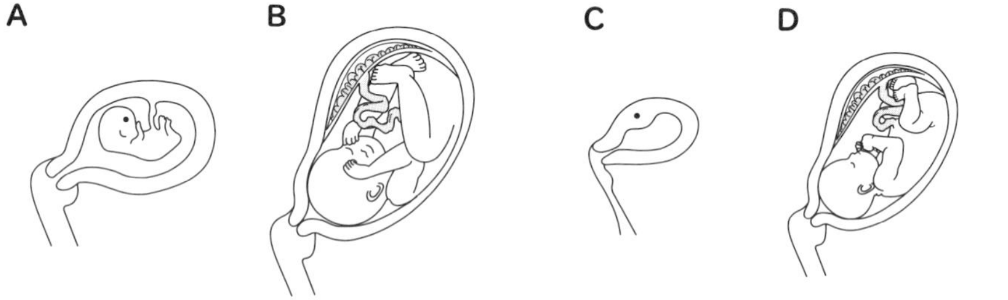

(1) A～Dを子どもが育つ順にならべかえ，記号で書きましょう。

（全部できて8点）（　　→　　→　　→　　）

(2) 子どもがたんじょうするのは，精子と卵が結びついてから約何週間後ですか。次から選び，記号で書きましょう。 (8点)

（　　　）

ア　約22週間後　　イ　約30週間後

ウ　約38週間後　　エ　約46週間後

22 まとめのテスト①

目標《もくひょう》時間 20分

学習した日　　月　　日

名前

得点

／100点

らくらくマルつけ

5086
解説→334ページ

1 **次のA～Cは，ある春の3日間の同じ時こくにさつえいされた画像《がぞう》です。ただし，A～Cは日付順にはならんでいません。あとの問いに答えましょう。** 1つ10点【30点】

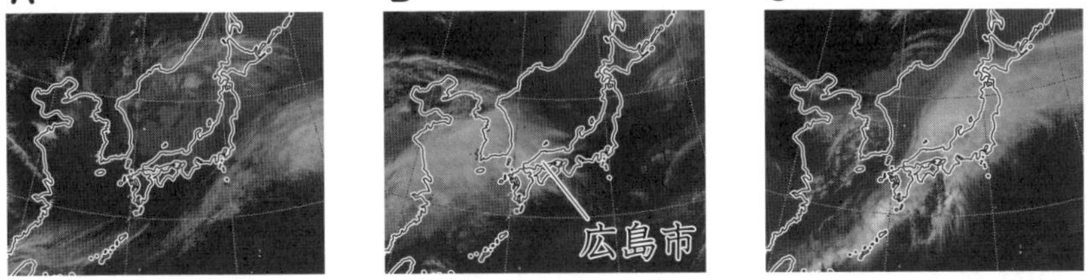

（写真提供：気象庁）

(1) A～Cを日付順にならべたとき，2番目になるものはどれですか。記号を書きましょう。（　　）

(2) 春のころの天気はどの方位からどの方位へ変わりますか。次から選び，記号で書きましょう。（　　）

ア　北から南　　イ　南から北

ウ　西から東　　エ　東から西

(3) Bの広島市では雨がふっておらず，空の広さを10としたとき雲のしめる量が9でした。このときの天気は何ですか。

（　　　）

2 **図のA～Cのように条件《じょうけん》を変えて，同じくらいに育ったインゲンマメのなえを育てました。次の問いに答えましょう。** 1つ10点【30点】

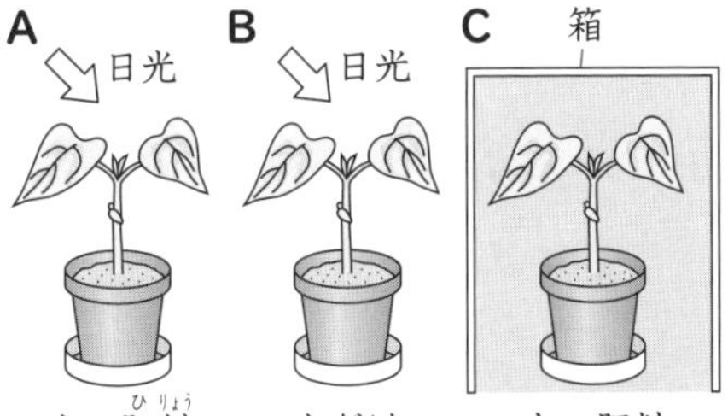

水＋肥料《ひりょう》　水だけ　水＋肥料

(1) AとCを比《くら》べると，植物の成長に何が必要かを調べることができますか。（　　）

(2) 最もよく育ったなえはA～Cのどれですか。記号を書きましょう。（　　）

(3) (2)のなえの葉の緑色のこさは，ほかのなえと比べてどのようになっていますか。（　　　）

3 **図のメダカについて，次の問いに答えましょう。** 1つ10点【40点】

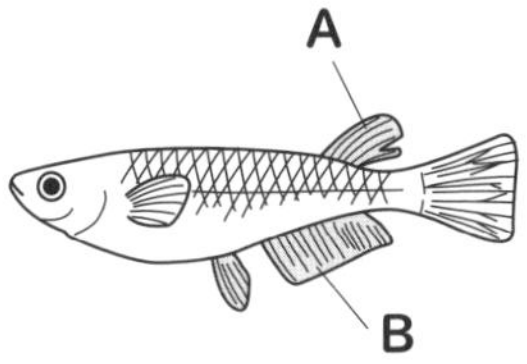

(1) 次の文中の①，②について，ア，イからあてはまることばをそれぞれ選び，記号で書きましょう。①（　　）②（　　）

> おすのメダカとめすのメダカを比べたとき，めすのメダカは，Aのひれには切れこみが①（ア　あり　　イ　なく），Bのひれの後ろが，おすのメダカに比べて②(ア　短い　　イ　長い)。

(2) めすのうんだたまごとおすが出した精子《せいし》が結びついたものを何といいますか。

（　　　）

(3) メダカを飼《か》う水そうに入れるものを，次からすべて選び，記号で書きましょう。（　　　）

ア　どろ　　イ　石やすな　　ウ　水道水

エ　くみ置きの水　　オ　水草

理科

22 まとめのテスト①

目標《もくひょう》時間 20分

学習した日　　月　　日

名前

得点　　／100点

らくらくマルつけ　5086　解説→334ページ

❶ 次のA～Cは，ある春の3日間の同じ時こくにさつえいされた画像《がぞう》です。ただし，A～Cは日付順にはならんでいません。あとの問いに答えましょう。 1つ10点【30点】

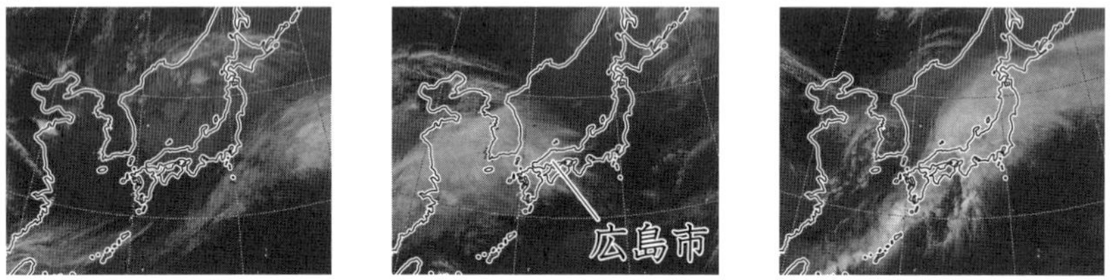

（写真提供：気象庁）

(1) A～Cを日付順にならべたとき，2番目になるものはどれですか。記号を書きましょう。（　　）

(2) 春のころの天気はどの方位からどの方位へ変わりますか。次から選び，記号で書きましょう。（　　）

ア　北から南　　イ　南から北

ウ　西から東　　エ　東から西

(3) Bの広島市では雨がふっておらず，空の広さを10としたとき雲のしめる量が9でした。このときの天気は何ですか。

（　　）

❷ 図のA～Cのように条件《じょうけん》を変えて，同じくらいに育ったインゲンマメのなえを育てました。次の問いに答えましょう。 1つ10点【30点】

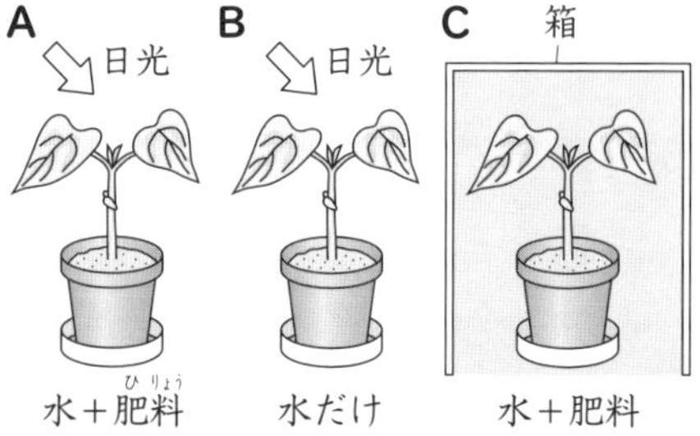

(1) AとCを比《くら》べると，植物の成長に何が必要かを調べることができますか。（　　）

(2) 最もよく育ったなえはA～Cのどれですか。記号を書きましょう。（　　）

(3) (2)のなえの葉の緑色のこさは，ほかのなえと比べてどのようになっていますか。（　　）

❸ 図のメダカについて，次の問いに答えましょう。 1つ10点【40点】

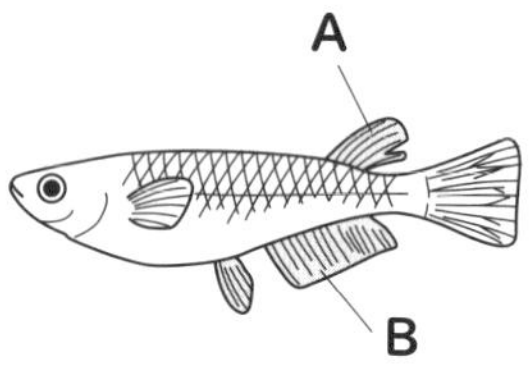

(1) 次の文中の①，②について，ア，イからあてはまることばをそれぞれ選び，記号で書きましょう。①（　　）②（　　）

> おすのメダカとめすのメダカを比べたとき，めすのメダカは，Aのひれには切れこみが①（ア　あり　　イ　なく），Bのひれの後ろが，おすのメダカに比べて②（ア　短い　　イ　長い）。

(2) めすのうんだたまごとおすが出した精子《せいし》が結びついたものを何といいますか。

（　　）

(3) メダカを飼《か》う水そうに入れるものを，次からすべて選び，記号で書きましょう。（　　）

ア　どろ　　イ　石やすな　　ウ　水道水

エ　くみ置きの水　　オ　水草

23 まとめのテスト②

目標《もくひょう》時間 20分

学習した日　　月　　日

名前

得点

／100点

5087
解説→334ページ

① 図は，日本付近の雲画像《くもがぞう》です。次の問いに答えましょう。

1つ10点【30点】

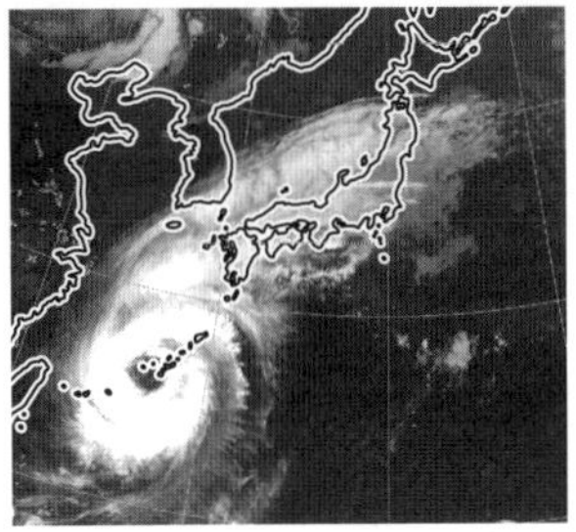

（写真提供:気象庁）

(1) 図で見られる，うずをまいた雲のかたまりを何といいますか。

（　　　　）

(2) 次の文中の①，②について，ア，イからあてはまることばをそれぞれ選び，記号で書きましょう。　①（　　）②（　　）

(1)が近づくと，風が①（ア　強く　　イ　弱く）なり，雨の量が②（ア　少なく　　イ　多く）なる。

② 図は，ヘチマの２種類の花P，Qのつくりを表したものです。次の問いに答えましょう。ただし，ヘチマの花のつくりはツルレイシの花のつくりと同じものとします。

1つ10点【20点】

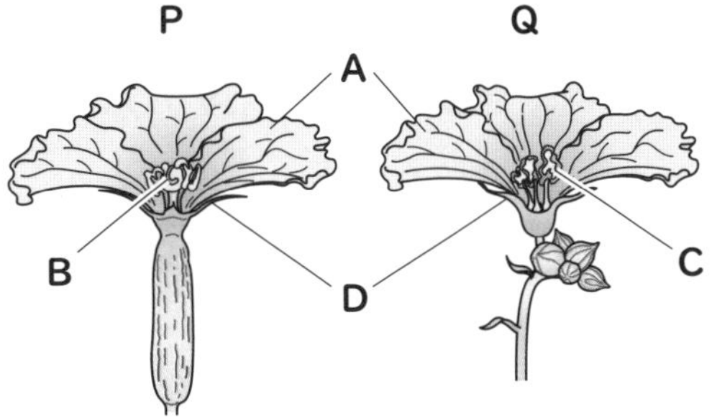

(1) 受粉《じゅふん》したあと実ができるのはP，Qのどちらの花ですか。

（　　）

(2) 花粉《かふん》がつくられる部分を，図のA～Dから選び，記号で書きましょう。

（　　）

③ 図1は，山から平地へ流れる川のようす，図2は，平地側から見たときの川の断面《だんめん》図《ず》です。次の問いに答えましょう。

1つ10点【30点】

図1

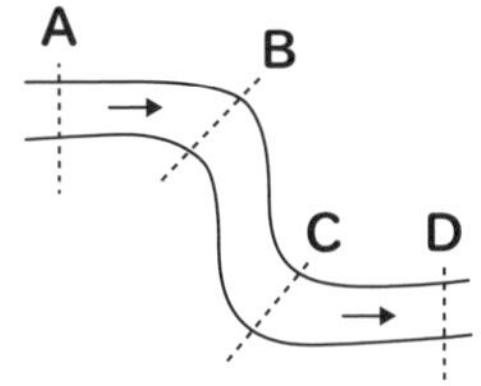

図2

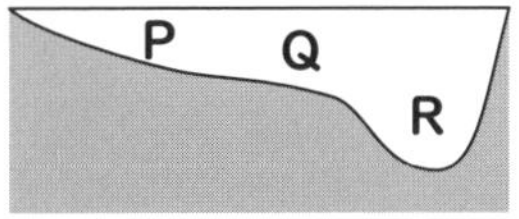

(1) 図2は，図1のA～Dのうちどの位置の断面図ですか。記号で書きましょう。

（　　）

(2) 図2で，石やすながたい積しやすいところ，最も流れが速いところをP～Rからそれぞれ選び，記号で書きましょう。

たい積しやすいところ（　　）

最も流れが速いところ（　　）

④ 表は，さまざまな温度の水50gにとける食塩とホウ酸《さん》の重さをまとめたものです。次の問いに答えましょう。

1つ10点【20点】

水の温度	食塩	ホウ酸
10℃	17.9g	1.8g
20℃	17.9g	2.4g
30℃	18.0g	3.4g
40℃	18.2g	4.4g
50℃	18.3g	5.7g

(1) 30℃の水50gに食塩10gをとかしました。食塩はあと何gとけますか。　（　　）g

(2) 50℃の水50gにホウ酸10gを加えました。とけ残ったホウ酸は何gですか。　（　　）g

理科

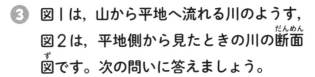

23 まとめのテスト❷

目標時間《もくひょうじかん》 20分

学習した日　　月　　日

名前

得点

／100点

らくらくマルつけ

5087

解説→334ページ

❶ 図は，日本付近の雲《くも》画《が》像《ぞう》です。次の問いに答えましょう。

1つ10点【30点】

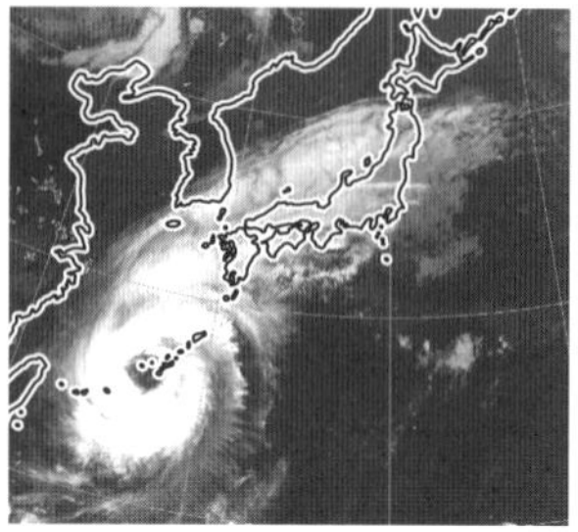

（写真提供：気象庁）

(1) 図で見られる，うずをまいた雲のかたまりを何といいますか。

（　　　　　）

(2) 次の文中の①，②について，ア，イからあてはまることばをそれぞれ選び，記号で書きましょう。　①（　　　）②（　　　）

> (1)が近づくと，風が①（ア　強く　　イ　弱く）なり，雨の量が②（ア　少なく　　イ　多く）なる。

❷ 図は，ヘチマの2種類の花P，Qのつくりを表したものです。次の問いに答えましょう。ただし，ヘチマの花のつくりはツルレイシの花のつくりと同じものとします。

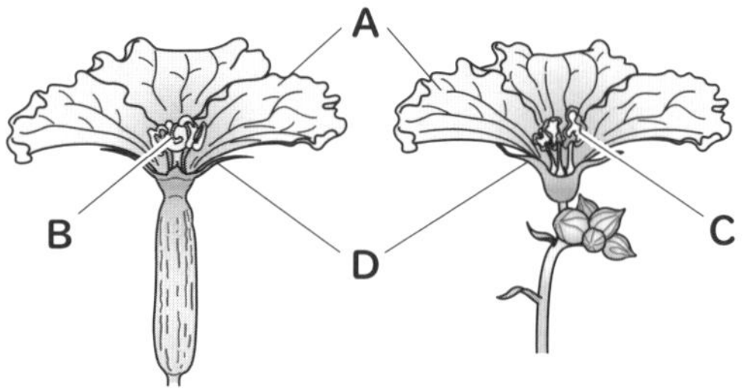

1つ10点【20点】

(1) 受粉《じゅふん》したあと実ができるのはP，Qのどちらの花ですか。

（　　　）

(2) 花粉《かふん》がつくられる部分を，図のA～Dから選び，記号で書きましょう。

（　　　）

❸ 図1は，山から平地へ流れる川のようす，図2は，平地側から見たときの川の断面《だんめん》図《ず》です。次の問いに答えましょう。

1つ10点【30点】

図1

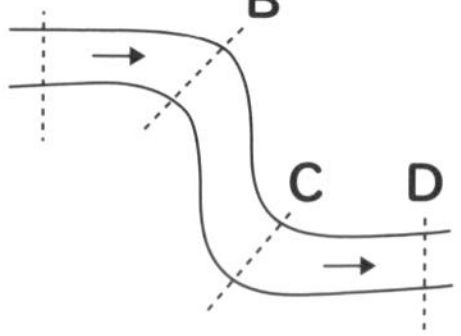

図2

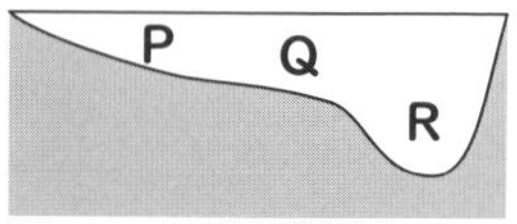

(1) 図2は，図1のA～Dのうちどの位置の断面図ですか。記号で書きましょう。

（　　　）

(2) 図2で，石やすながたい積しやすいところ，最も流れが速いところをP～Rからそれぞれ選び，記号で書きましょう。

たい積しやすいところ（　　　）

最も流れが速いところ（　　　）

❹ 表は，さまざまな温度の水50gにとける食塩とホウ酸《さん》の重さをまとめたものです。次の問いに答えましょう。

1つ10点【20点】

水の温度	食塩	ホウ酸
10℃	17.9g	1.8g
20℃	17.9g	2.4g
30℃	18.0g	3.4g
40℃	18.2g	4.4g
50℃	18.3g	5.7g

(1) 30℃の水50gに食塩10gをとかしました。食塩はあと何gとけますか。　（　　　）g

(2) 50℃の水50gにホウ酸10gを加えました。とけ残ったホウ酸は何gですか。　（　　　）g

24 まとめのテスト③

目標《もくひょう》時間 20分

学習した日　月　日	得点
名前	／100点

5088 解説→334ページ

らくらくマルつけ

1 **ふりこを次の表のA～Fのような条件《じょうけん》でふらせて，10往復《おうふく》する時間を調べました。あとの問いに答えましょう。** 【30点】

	A	B	C	D	E	F
ふれはば（度）	10	20	10	20	20	20
ふりこの長さ（cm）	20	60	40	20	40	60
おもりの重さ（g）	20	30	30	20	10	10
10往復する時間（秒）	8.7	15.7	12.7	8.7	12.7	15.7

(1) Aのふりこが1往復する時間は何秒ですか。小数第2位を四捨五《ししゃご》入《にゅう》して小数第1位まで書きなさい。 (10点)

（　　　）秒

(2) ふりこが10往復する時間とふりこの長さとの関係を調べるには，A～Fのうちどれとどれの結果を比《くら》べればよいですか。

(全部できて10点)（　　と　　）

(3) ふりこが10往復する時間とふれはばとの関係を調べるには，A～Fのうちどれとどれの結果を比べればよいですか。

(全部できて10点)（　　と　　）

2 **図のように，コイルに鉄心を入れたものPにかん電池をつなぎました。次の問いに答えましょう。** 1つ10点【40点】

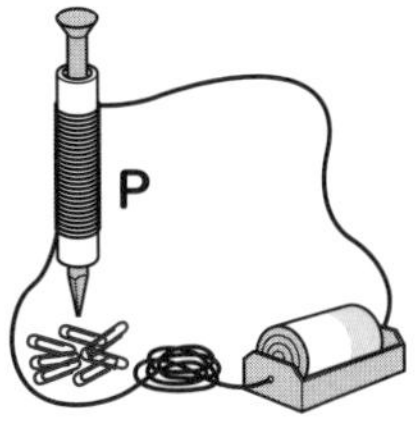

100回まき

(1) Pを何といいますか。

（　　　　）

(2) Pにたくさんのゼムクリップが引きつけられるように，次の文中の①～③について，ア，イからあてはまることばを選び，記号で書きましょう。　①（　　）②（　　）③（　　）

- コイルのまき数を①（ア　200回まき　　イ　50回まき）にする。
- かん電池を2個《こ》に増《ふ》やして②（ア　直列　　イ　へい列）につなぐ。
- 電流を③（ア　小さく　　イ　大きく）する。

3 **図は，子宮の中で育つ子どものようすを表したものです。次の問いに答えましょう。** 1つ10点【30点】

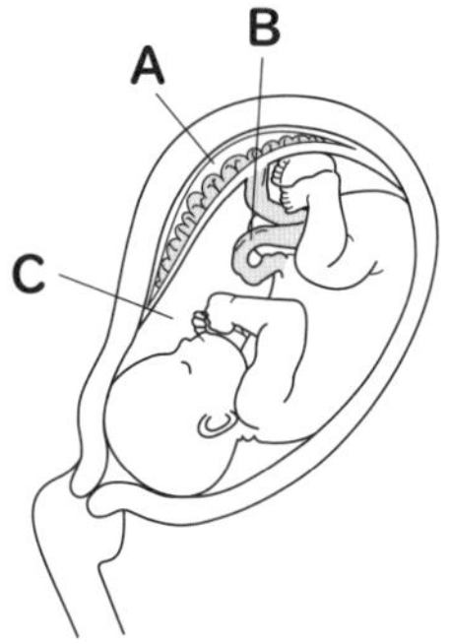

(1) A～Cのうち，母親からの養分や子どものいらなくなったものが運ばれる通り道となる部分はどれですか。記号とその名前を書きましょう。

記号（　　）名前（　　　　）

(2) 子どもの心ぞうが動き始めるのは，受精《じゅせい》してからおよそ何週間後ですか。次から選び，記号で書きましょう。

（　　）

ア　約1週間後　　イ　約4週間後
ウ　約9週間後　　エ　約20週間後

理科

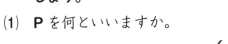

24 まとめのテスト③

目標《もくひょう》時間 20分

学習した日　　月　　日	得点
名前	／100点

らくらくマルつけ

5088
解説→334ページ

❶ ふりこを次の表のA～Fのような条件《じょうけん》でふらせて，10往復《おうふく》する時間を調べました。あとの問いに答えましょう。 【30点】

	A	B	C	D	E	F
ふれはば（度）	10	20	10	20	20	20
ふりこの長さ（cm）	20	60	40	20	40	60
おもりの重さ（g）	20	30	30	20	10	10
10往復する時間（秒）	8.7	15.7	12.7	8.7	12.7	15.7

(1) Aのふりこが1往復する時間は何秒ですか。小数第2位を四捨五入《ししゃごにゅう》して小数第1位まで書きなさい。 (10点)

（　　　）秒

(2) ふりこが10往復する時間とふりこの長さとの関係を調べるには，A～Fのうちどれとどれの結果を比《くら》べればよいですか。

(全部できて10点)（　　と　　）

(3) ふりこが10往復する時間とふれはばとの関係を調べるには，A～Fのうちどれとどれの結果を比べればよいですか。

(全部できて10点)（　　と　　）

❷ 図のように，コイルに鉄心を入れたものPにかん電池をつなぎました。次の問いに答えましょう。 1つ10点【40点】

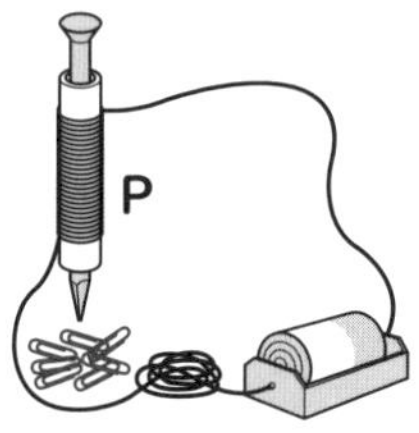

100回まき

(1) Pを何といいますか。

（　　　　）

(2) Pにたくさんのゼムクリップが引きつけられるように，次の文中の①～③について，ア，イからあてはまることばを選び，記号で書きましょう。 ①（　　）②（　　）③（　　）

・コイルのまき数を①（ア　200回まき　　イ　50回まき）にする。
・かん電池を2個《こ》に増《ふ》やして②（ア　直列　　イ　へい列）につなぐ。
・電流を③（ア　小さく　　イ　大きく）する。

❸ 図は，子宮の中で育つ子どものようすを表したものです。次の問いに答えましょう。 1つ10点【30点】

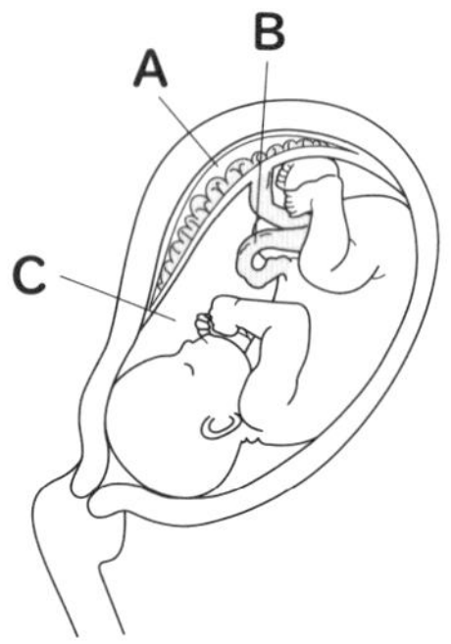

(1) A～Cのうち，母親からの養分や子どものいらなくなったものが運ばれる通り道となる部分はどれですか。記号とその名前を書きましょう。

記号（　　）名前（　　　　）

(2) 子どもの心ぞうが動き始めるのは，受精《じゅせい》してからおよそ何週間後ですか。次から選び，記号で書きましょう。

（　　）

ア　約1週間後　　イ　約4週間後
ウ　約9週間後　　エ　約20週間後

1 世界のすがたと日本の国土

目標時間《もくひょうじかん》 20分

学習した日　　月　　日

名前

得点　　／100点

らくらくマルつけ
5089
解説→335ページ

1 右の図は地球儀《ちきゅうぎ》を示《しめ》しています。これを見て，次の問いに答えましょう。 1つ8点【32点】

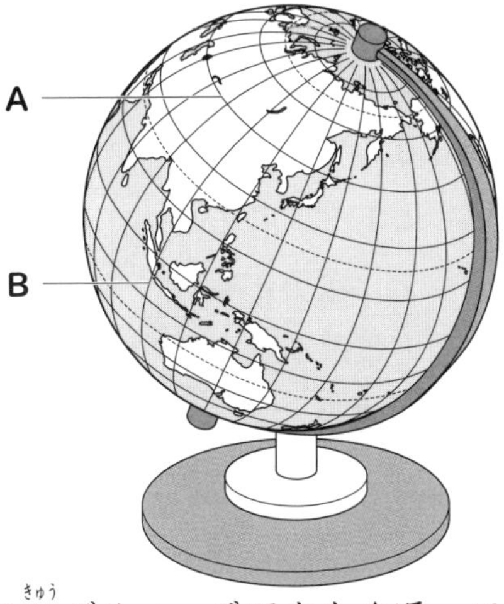

(1) 図中のA，Bの線を何といいますか。次からそれぞれ選び，書きましょう。

A（　　　　）

B（　　　　）

【 経線《けいせん》　緯線《いせん》 】

(2) 図中のAの線のうち，0度の線を特に何といいますか。

（　　　　）

(3) Bの線のうち0度の線は，ある国の旧《きゅう》グリニッジ天文台を通っています。その国の名前を書きましょう。　（　　　　）

2 次の①〜③の国旗はどこの国のものですか。あとからそれぞれ選び，記号で書きましょう。 1つ4点【12点】

① 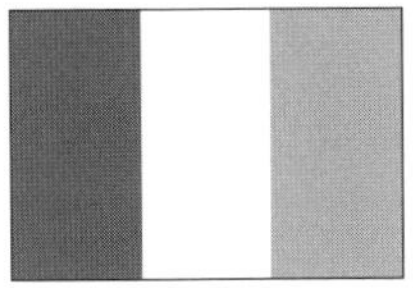

（　　）

② 

（　　）

③ 

（　　）

ア　アメリカ合衆国《がっしゅうこく》　　イ　フランス

ウ　中華《ちゅうか》人民共和国（中国）

3 右の地図を見て，次の問いに答えましょう。 1つ8点【56点】

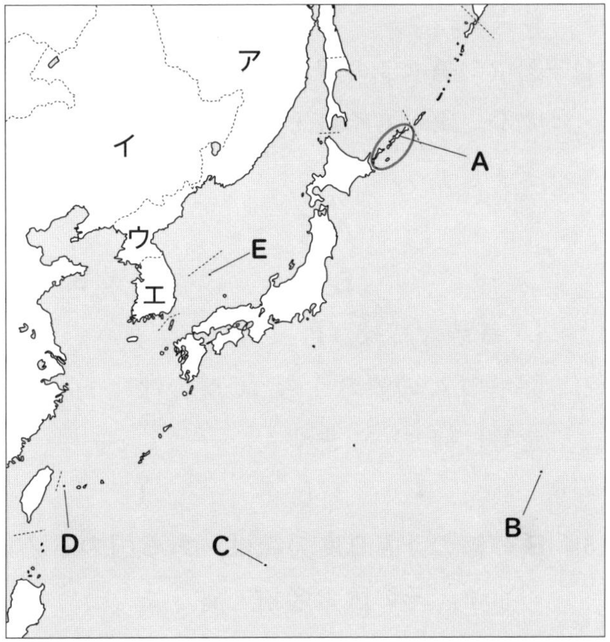

(1) 地図中のA〜Dは，日本の東西南北のはしにある島です。あてはまる島の名前を，次からそれぞれ選び，記号で書きましょう。

A（　　　）

B（　　　）

C（　　　）

D（　　　）

ア　南鳥島《みなみとりしま》　イ　与那国島《よなぐにじま》　ウ　択捉島《えとろふとう》　エ　沖ノ鳥島《おきのとりしま》

(2) 地図中の⬭は，日本固有の領土《りょうど》であるにもかかわらず，ロシア連邦《れんぽう》によって不法に占領《せんりょう》されている島々です。これらの島々を合わせて何といいますか。　（　　　　）

(3) 島根県に属《ぞく》している地図中のEの島について，次の問いに答えましょう。

① Eの島を何といいますか。　（　　　　）

② Eの島を不法に占領している国を，地図中のア〜エから選び，記号で書きましょう。　（　　）

1 世界のすがたと日本の国土

目標《もくひょう》時間 20分

学習した日　　月　　日

名前

得点　　／100点

らくらくマルつけ
5089
解説→335ページ

❶ 右の図は地球儀《ちきゅうぎ》を示《しめ》しています。これを見て，次の問いに答えましょう。 1つ8点【32点】

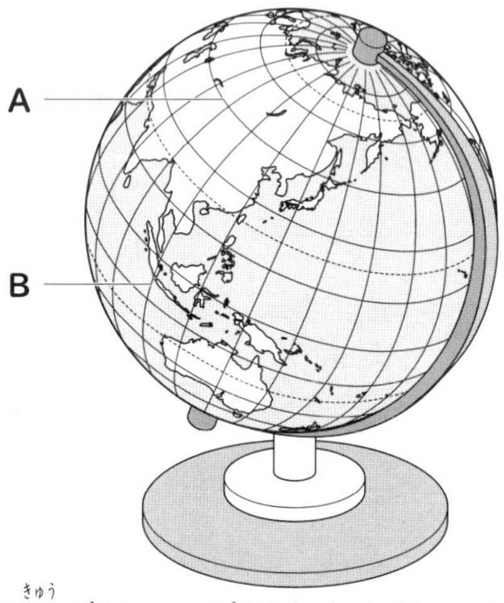

(1) 図中のA，Bの線を何といいますか。次からそれぞれ選び，書きましょう。

A（　　　　）
B（　　　　）

【 経線《けいせん》　緯線《いせん》 】

(2) 図中のAの線のうち，0度の線を特に何といいますか。
（　　　　）

(3) Bの線のうち0度の線は，ある国の旧《きゅう》グリニッジ天文台を通っています。その国の名前を書きましょう。　（　　　　）

❷ 次の①～③の国旗はどこの国のものですか。あとからそれぞれ選び，記号で書きましょう。 1つ4点【12点】

① 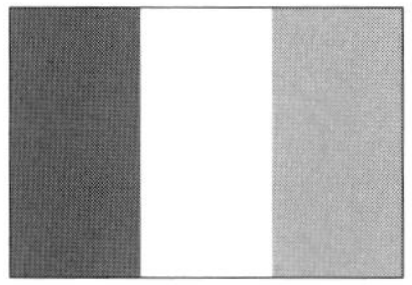
（　　　）

② 
（　　　）

③ 
（　　　）

ア　アメリカ合衆国《がっしゅうこく》　　イ　フランス
ウ　中華《ちゅうか》人民共和国（中国）

❸ 右の地図を見て，次の問いに答えましょう。 1つ8点【56点】

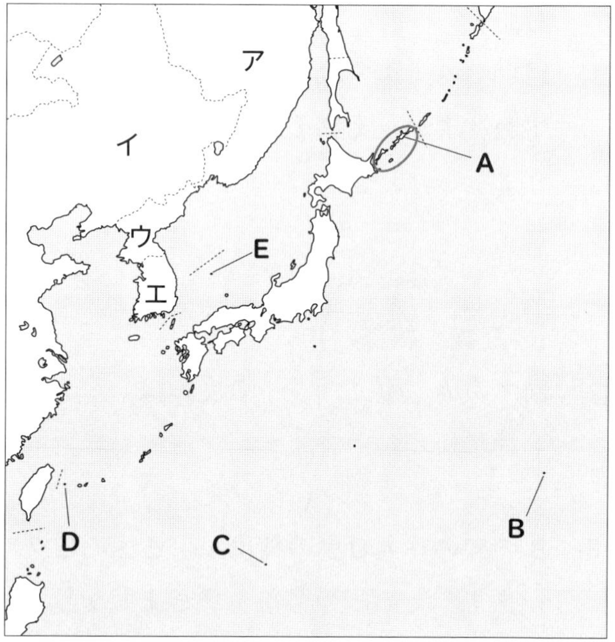

(1) 地図中のA～Dは，日本の東西南北のはしにある島です。あてはまる島の名前を，次からそれぞれ選び，記号で書きましょう。

A（　　　）
B（　　　）
C（　　　）
D（　　　）

ア　南鳥島《みなみとりしま》　イ　与那国島《よなぐにじま》　ウ　択捉島《えとろふとう》　エ　沖ノ鳥島《おきのとりしま》

(2) 地図中の⬭は，日本固有の領土《りょうど》であるにもかかわらず，ロシア連邦《れんぽう》によって不法に占領《せんりょう》されている島々です。これらの島々を合わせて何といいますか。　（　　　　）

(3) 島根県に属《ぞく》している地図中のEの島について，次の問いに答えましょう。

① Eの島を何といいますか。　（　　　　）

② Eの島を不法に占領している国を，地図中のア～エから選び，記号で書きましょう。　（　　）

2 日本の地形の特色

目標《もくひょう》時間 20分

学習した日　　月　　日

名前

得点　　／100点

5090
解説→335ページ

らくらくマルつけ

❶ 次の問いに答えましょう。 【44点】

(1) 次の文が示《しめ》す地形を，右の図中からそれぞれ選び，書きましょう。

1つ8点（24点）

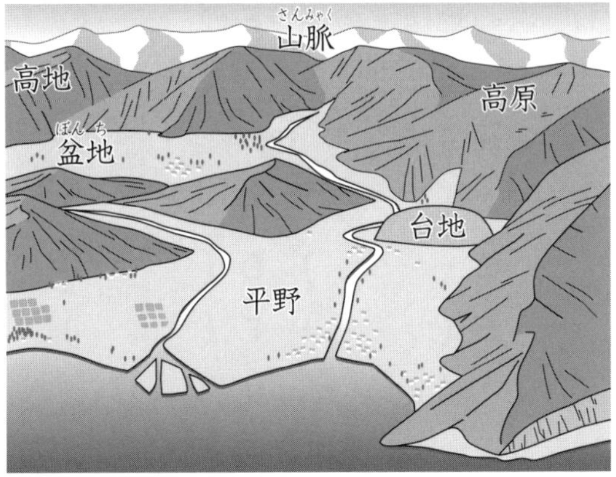

① 平地のうち，まわりを山に囲《かこ》まれた土地。
(　　　　)

② 平地のうち，海に面している土地。 (　　　　)

③ 山地のうち，山が連続して連なっている所。 (　　　　)

(2) 日本の国土面積にしめる山地のわりあいを，次から選び，記号で書きましょう。 (8点) (　　　　)

ア 約4分の3　　イ 約3分の2

ウ 約3分の1　　エ 約4分の1

(3) 次の文のうち，正しいものを2つ選び，記号で書きましょう。

1つ6点（12点）(　　　)(　　　)

ア 日本では，山地などに多くの火山が見られる。

イ まわりの土地より高くなっている平らな土地を高地という。

ウ 山地のうち，表面がなだらかになっている土地を高原という。

エ 日本列島の中心には，山脈が連なっている。

❷ 次の問いに答えましょう。 1つ7点【56点】

(1) 右の地図中のA～Fの(　　)にあてはまる地名を，次からそれぞれ選び，記号で書きましょう。

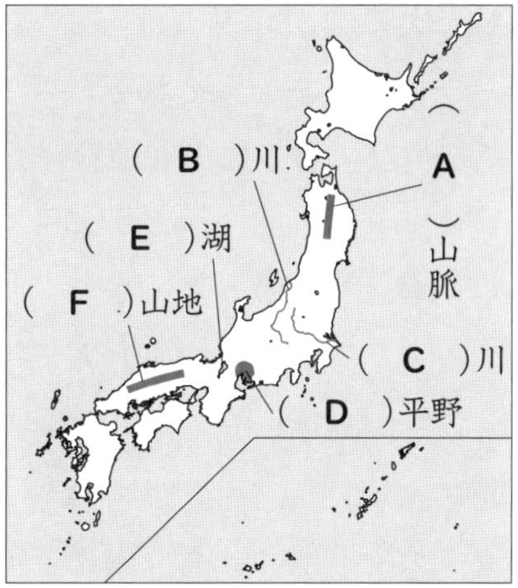

A (　　　　)　B (　　　　)

C (　　　　)　D (　　　　)

E (　　　　)　F (　　　　)

ア 利根《とね》　　イ 琵琶《びわ》

ウ 中国　　エ 濃尾《のうび》

オ 信濃《しなの》　　カ 奥羽《おうう》

(2) 次の図は，世界のおもな川の長さとかたむきを示した図です。この図を見て，あとの文中の①，②について，ア，イからあてはまることばをそれぞれ選び，記号で書きましょう。

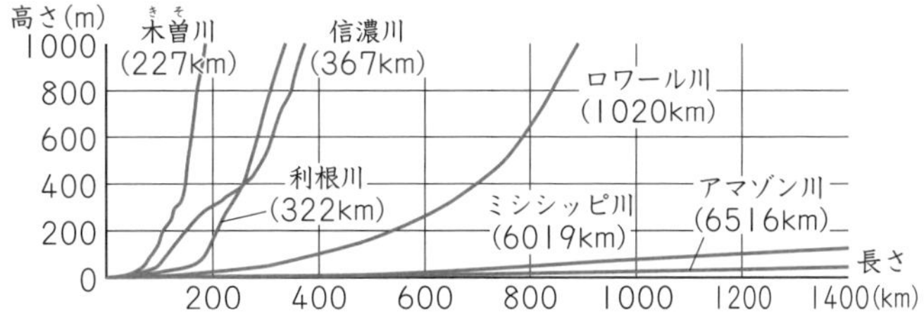

(「日本の川〈日本の自然3〉」ほか)

① (　　　　)　② (　　　　)

日本の川は世界の川に比《くら》べると，長さが①（ア 長く イ 短く），流れが②（ア 急 イ ゆるやか）である。

社会

＼もう１回チャレンジ!! ／

2 日本の地形の特色

目標時間《もくひょう》 20分

学習した日　月　日

名前

得点　／100点

らくらくマルつけ

5090
解説→335ページ

❶ 次の問いに答えましょう。 【44点】

(1) 次の文が示《しめ》す地形を，右の図中からそれぞれ選び，書きましょう。

1つ8点（24点）

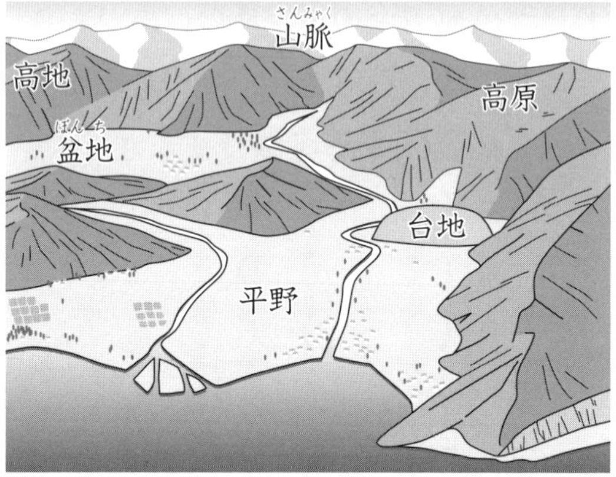

① 平地のうち，まわりを山に囲《かこ》まれた土地。 (　　　)

② 平地のうち，海に面している土地。 (　　　)

③ 山地のうち，山が連続して連なっている所。 (　　　)

(2) 日本の国土面積にしめる山地のわりあいを，次から選び，記号で書きましょう。 (8点) (　　　)

ア 約４分の３　イ 約３分の２

ウ 約３分の１　エ 約４分の１

(3) 次の文のうち，正しいものを２つ選び，記号で書きましょう。

1つ6点（12点）(　　　)(　　　)

ア 日本では，山地などに多くの火山が見られる。

イ まわりの土地より高くなっている平らな土地を高地という。

ウ 山地のうち，表面がなだらかになっている土地を高原という。

エ 日本列島の中心には，山脈が連なっている。

❷ 次の問いに答えましょう。 1つ7点【56点】

(1) 右の地図中のA～Fの(　　)にあてはまる地名を，次からそれぞれ選び，記号で書きましょう。

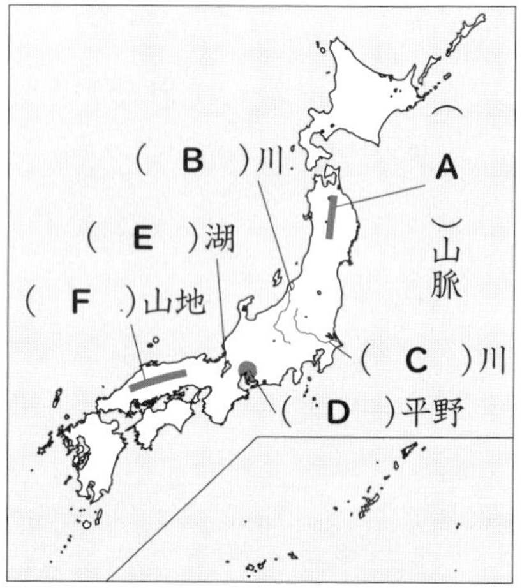

A (　　　) B (　　　)

C (　　　) D (　　　)

E (　　　) F (　　　)

ア 利根《とね》　イ 琵琶《びわ》

ウ 中国　エ 濃尾《のうび》

オ 信濃《しなの》　カ 奥羽《おうう》

(2) 次の図は，世界のおもな川の長さとかたむきを示した図です。この図を見て，あとの文中の①，②について，ア，イからあてはまることばをそれぞれ選び，記号で書きましょう。

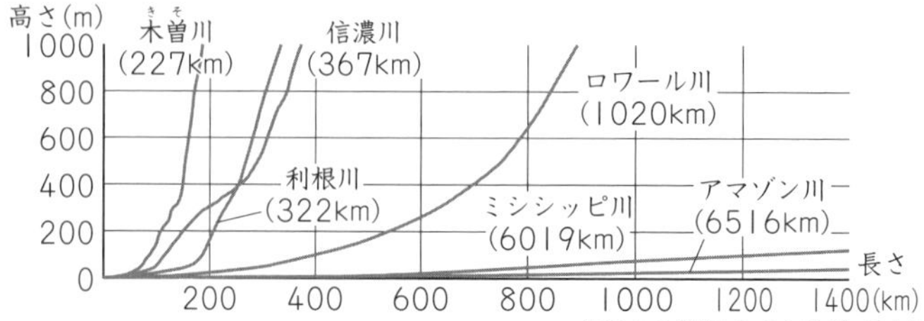

(「日本の川〈日本の自然3〉」ほか)

① (　　　) ② (　　　)

日本の川は世界の川に比《くら》べると，長さが①（ア　長く　イ　短く），流れが②（ア　急　イ　ゆるやか）である。

らくらくマルつけ

3 低い土地と高い土地

目標時間《もくひょう》 20分

学習した日　月　日

名前

得点　／100点

5091
解説→335ページ

❶ 右の図は，岐阜県海津《かいづ》市のある地域《ちいき》の断面図《だんめんず》です。これを見て，次の問いに答えましょう。　1つ10点【40点】

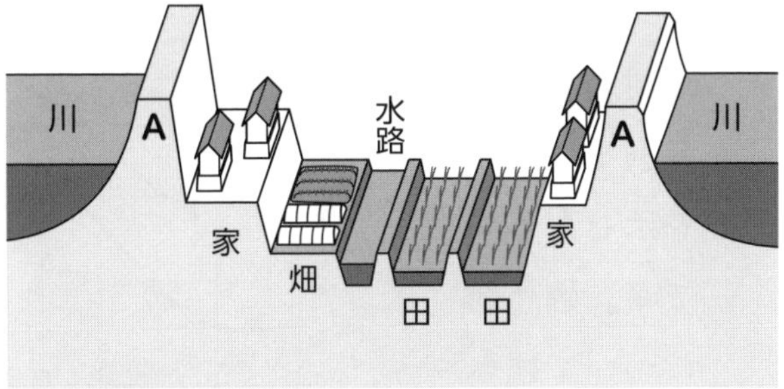

(1) 図中のAにあてはまる，まわりよりも土地を高くもりあげた所を何といいますか。
(　　　　)

(2) 図中のAがつくられた目的として正しいものを，次から選び，記号で書きましょう。　(　　)

ア　強い風に備《そな》えるため。

イ　土砂《どしゃ》くずれを防《ふせ》ぐため。

ウ　こう水などの水害を防ぐため。

(3) 次の文中の①，②にあてはまることばを，あとからそれぞれ選び，記号で書きましょう。　①(　　)　②(　　)

土地が低い海津市などでは，川の流れや（　①　）を改良することで水害を防ぎ，水をくらしや産業に役立てるようにする（　②　）が行われてきた。

ア　治水　　イ　水防《すいぼう》倉庫　　ウ　水路　　エ　水防演習《えんしゅう》

❷ 次の問いに答えましょう。　1つ12点【60点】

(1) 右のグラフは，群馬県嬬《つま》恋《ごい》村と東京の月別平均《へいきん》気温を示《しめ》したものです。嬬恋村について述《の》べた次の文中の①，②について，ア，イからあてはまることばをそれぞれ選び，記号で書きましょう。　①(　　)　②(　　)

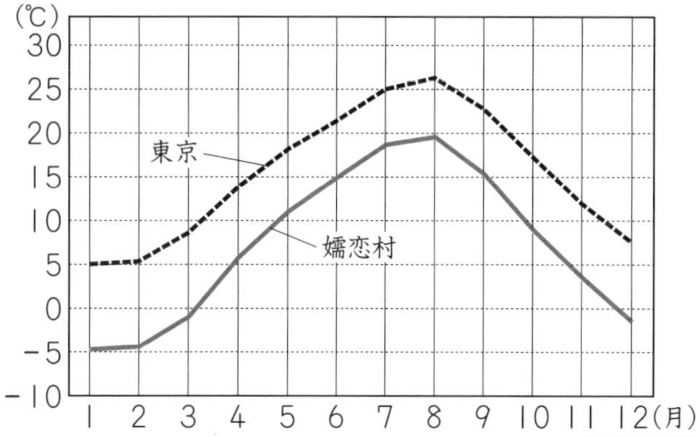

(気象庁資料)

- 夏は東京と比《くら》べると，月別平均気温が毎月，約①（ア　5℃　イ　10℃）低く，とてもすずしい。
- 冬は月別平均気温が②（ア　0℃近く　イ　0℃以下）になるので，寒さがとてもきびしい。

(2) 嬬恋村では，夏でもすずしい気候を生かしたキャベツなどのさいばいがさかんです。

① このような野菜を何といいますか。　(　　　　)

② キャベツのほか，①にあてはまるものを，次から2つ選び，記号で書きましょう。　(　　)(　　)

ア　なす　　イ　はくさい　　ウ　レタス　　エ　ピーマン

社会

3 低い土地と高い土地

目標時間《もくひょう》 20分

✎学習した日　　月　　日

名前

得点

／100点

らくらくマルつけ

5091
解説→335ページ

❶ 右の図は，岐阜県海津《かいづ》市のある地域《ちいき》の断面図《だんめんず》です。これを見て，次の問いに答えましょう。 1つ10点【40点】

(1) 図中のAにあてはまる，まわりよりも土地を高くもりあげた所を何といいますか。

(　　　　)

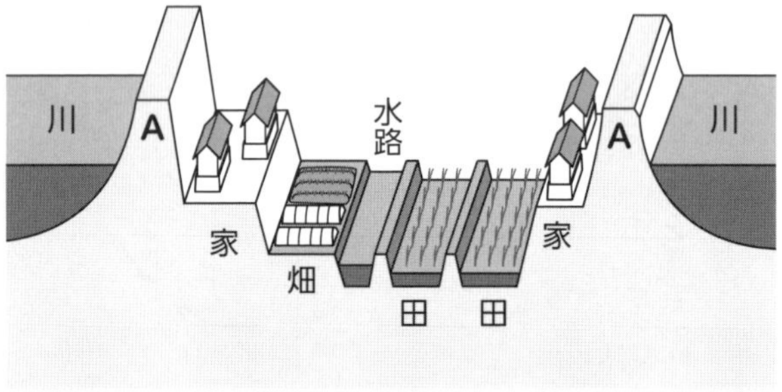

(2) 図中のAがつくられた目的として正しいものを，次から選び，記号で書きましょう。 (　　)

ア　強い風に備《そな》えるため。

イ　土砂《どしゃ》くずれを防《ふせ》ぐため。

ウ　こう水などの水害を防ぐため。

(3) 次の文中の①，②にあてはまることばを，あとからそれぞれ選び，記号で書きましょう。 ①(　　) ②(　　)

土地が低い海津市などでは，川の流れや（ ① ）を改良することで水害を防ぎ，水をくらしや産業に役立てるようにする（ ② ）が行われてきた。

ア　治水　　イ　水防《すいぼう》倉庫　　ウ　水路　　エ　水防演習《えんしゅう》

❷ 次の問いに答えましょう。 1つ12点【60点】

(1) 右のグラフは，群馬県嬬《つま》恋《ごい》村と東京の月別平均《へいきん》気温を示《しめ》したものです。嬬恋村について述《の》べた次の文中の①，②について，ア，イからあてはまることばをそれぞれ選び，記号で書きましょう。 ①(　　) ②(　　)

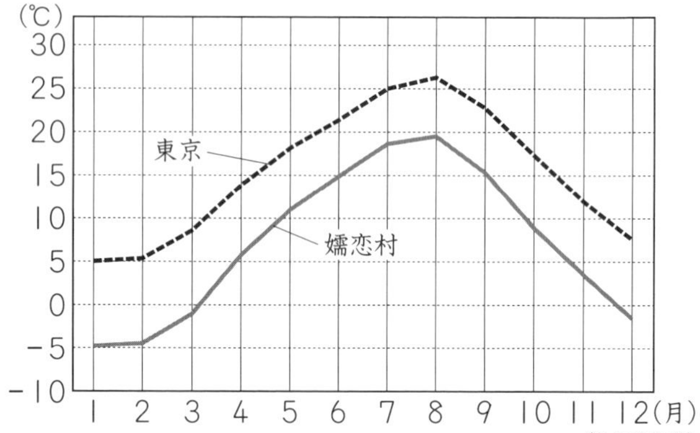

(気象庁資料)

- 夏は東京と比《くら》べると，月別平均気温が毎月，約①（ア　5℃　イ　10℃）低く，とてもすずしい。
- 冬は月別平均気温が②（ア　0℃近く　イ　0℃以下）になるので，寒さがとてもきびしい。

(2) 嬬恋村では，夏でもすずしい気候を生かしたキャベツなどのさいばいがさかんです。

① このような野菜を何といいますか。 (　　　　)

② キャベツのほか，①にあてはまるものを，次から2つ選び，記号で書きましょう。 (　　)(　　)

ア　なす　　イ　はくさい　　ウ　レタス　　エ　ピーマン

4 日本の気候の特色①

目標《もくひょう》時間 20分

学習した日　　月　　日

名前

得点

／100点

5092
解説→336ページ

❶ 次の問いに答えましょう。 1つ10点【30点】

(1) 右の図は,7月の日本の平均降《へいきんこう》水量《すいりょう》を示《しめ》しています。降水量が多い地域《ちいき》は，日本の北と南のどちらですか。（　　　）

(2) 6月中ごろから7月にかけて続く，雨の多い時期を何といいますか。（　　　）

(3) 夏から秋に日本に大雨や強風をもたらす現象《げんしょう》を何といいますか。（　　　）

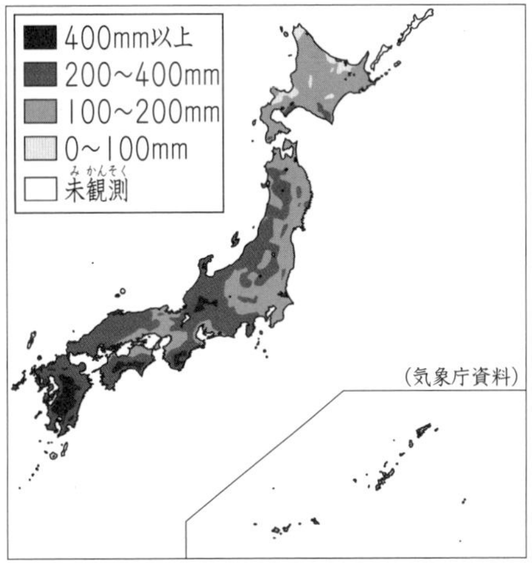

（気象庁資料）

❷ 右のグラフは，東京と新潟のいずれかの月別平均気温と月別降水量を示しています。これを見て，次の問いに答えましょう。 1つ15点【30点】

(1) 月別平均気温と月別降水量のうち，折れ線グラフが示しているのはどちらですか。（　　　）

(2) ア，イのうち，冬の降水量が多いのはどちらですか。記号で書きましょう。（　　　）

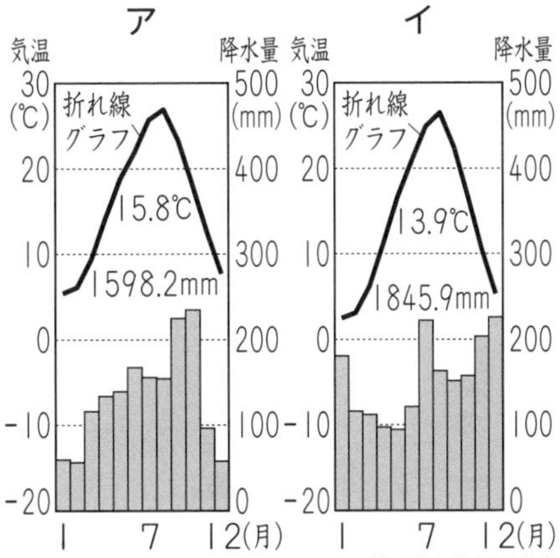

（「理科年表2022」）

❸ 次の図を見て，あとの問いに答えましょう。 1つ10点【40点】

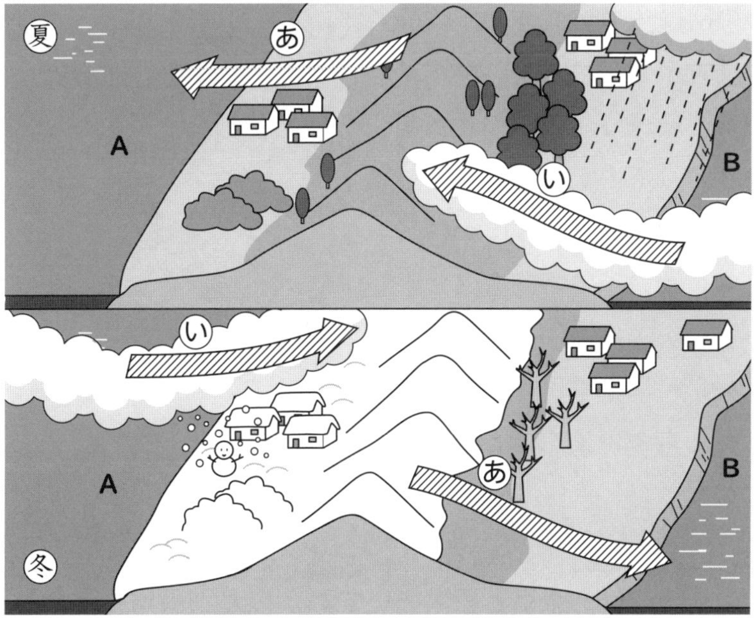

(1) 図中の▨▨⇒は，季節によってふく向きが変わる風を示しています。この風を何といいますか。（　　　）

(2) 図中のA，Bは，日本海，太平洋のいずれかです。日本海にあてはまるのはどちらですか。記号で書きましょう。（　　　）

(3) 図中のあ，いは，しめった風，かわいた風のいずれかです。しめった風にあてはまるのはどちらですか。記号で書きましょう。（　　　）

(4) 冬の東北地方の日本海側で特に多くふるのは，雨と雪のどちらですか。（　　　）

4 日本の気候の特色①

目標時間《もくひょう》 20分

学習した日　　月　　日

名前

得点　　／100点

らくらくマルつけ

5092

解説→336ページ

❶ 次の問いに答えましょう。

1つ10点【30点】

(1) 右の図は，7月の日本の平均降《へいきんこう》水量《すいりょう》を示《しめ》しています。降水量が多い地域《ちいき》は，日本の北と南のどちらですか。（　　　）

(2) 6月中ごろから7月にかけて続く，雨の多い時期を何といいますか。（　　　）

(3) 夏から秋に日本に大雨や強風をもたらす現象《げんしょう》を何といいますか。

（　　　）

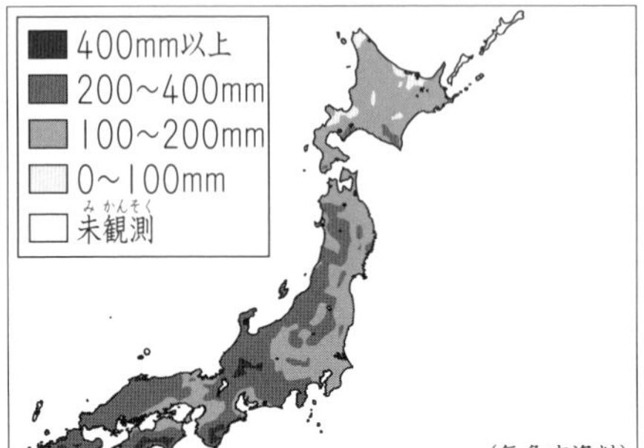

（気象庁資料）

❷ 右のグラフは，東京と新潟のいずれかの月別平均気温と月別降水量を示しています。これを見て，次の問いに答えましょう。

1つ15点【30点】

(1) 月別平均気温と月別降水量のうち，折れ線グラフが示しているのはどちらですか。

（　　　）

(2) ア，イのうち，冬の降水量が多いのはどちらですか。記号で書きましょう。（　　　）

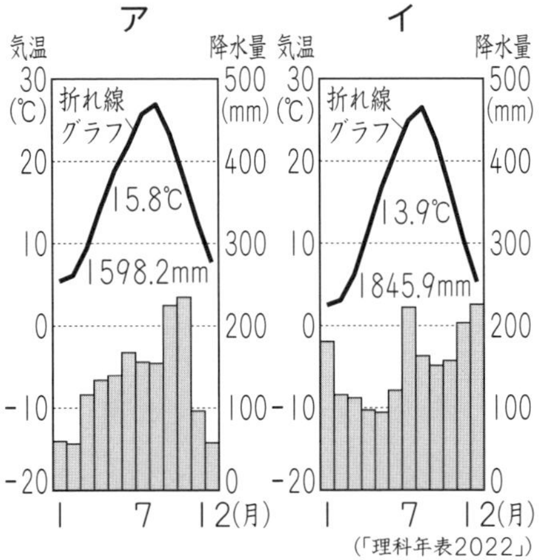

(「理科年表2022」)

❸ 次の図を見て，あとの問いに答えましょう。

1つ10点【40点】

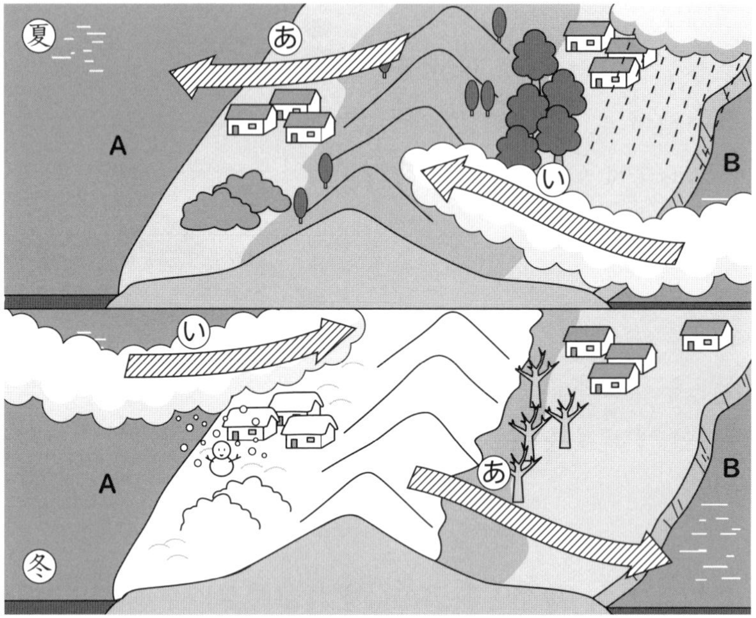

(1) 図中の⇒は，季節によってふく向きが変わる風を示しています。この風を何といいますか。（　　　）

(2) 図中のA，Bは，日本海，太平洋のいずれかです。日本海にあてはまるのはどちらですか。記号で書きましょう。（　　　）

(3) 図中のあ，いは，しめった風，かわいた風のいずれかです。しめった風にあてはまるのはどちらですか。記号で書きましょう。

（　　　）

(4) 冬の東北地方の日本海側で特に多くふるのは，雨と雪のどちらですか。（　　　）

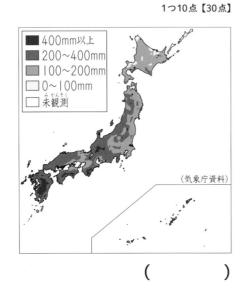

5 日本の気候の特色②

目標時間《もくひょうじかん》 20分

学習した日　月　日

名前

得点　／100点

5093
解説→336ページ

1 次の地図は，日本の気候のちがいを区分したものです。地図中のA～Eの地域《ちいき》で見られる気候について述《の》べている文を，あとからそれぞれ選び，記号で書きましょう。 1つ8点【40点】

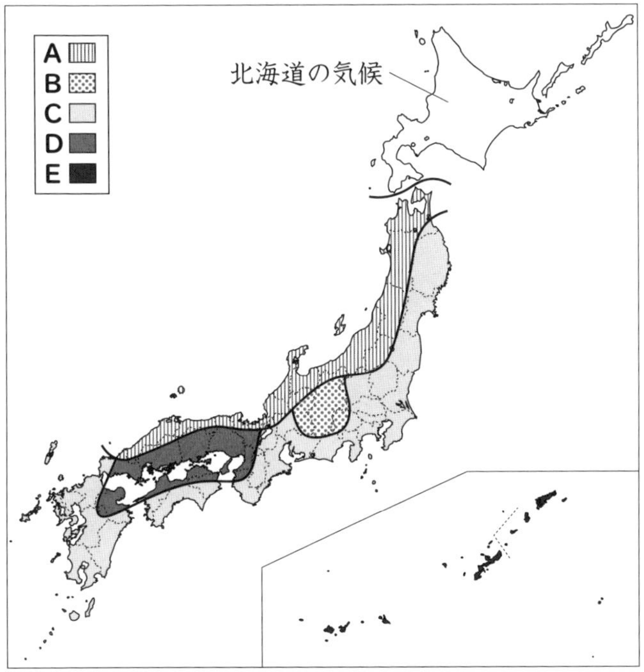

A（　　）B（　　）C（　　）

D（　　）E（　　）

ア　冬に雪が多くふる。

イ　1年を通して気温が高く，雨が多い。

ウ　夏はむし暑く雨が多くふるが，冬はかんそうする。

エ　降水量《こうすいりょう》が少なく，夏と冬の気温差が大きい。

オ　温暖《おんだん》で，1年を通して降水量が少ない。

2 右の地図とグラフを見て，次の問いに答えましょう。 1つ10点【60点】

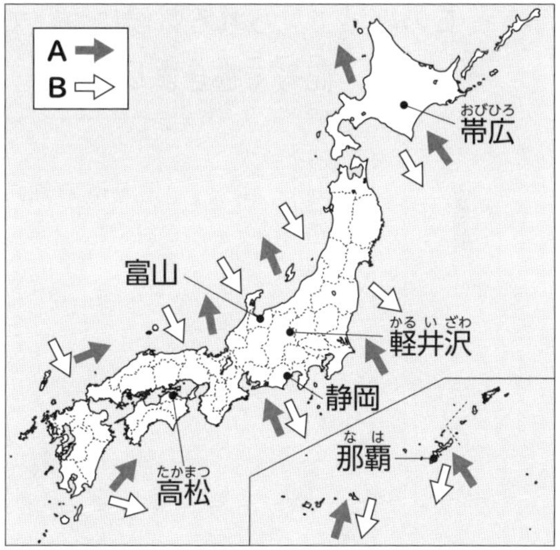

(1) 地図中のA，Bは，季節風がふく向きを示《しめ》しています。A，Bのうち，夏の季節風はどちらですか。記号で書きましょう。（　　）

(2) 地図中の都市のうち，降水量が少ない都市を2つ選び，書きましょう。

（　　　　）

（　　　　）

(3) 右のグラフは，2つの都市の月別平均《へいきん》気温と月別降水量を示したものです。①，②にあてはまる都市を，上の地図中からそれぞれ選び，書きましょう。　①（　　　）　②（　　　）

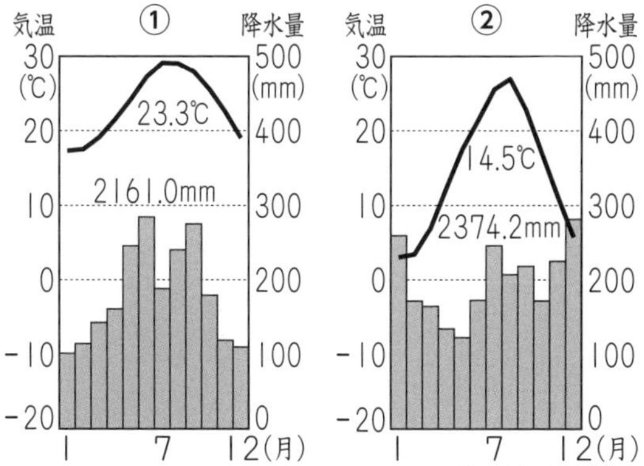

(『理科年表2022』)

(4) 土地が高い所では，気温は高くなるか低くなるか，どちらがあてはまりますか。　（　　　）くなる

5 日本の気候の特色②

目標《もくひょう》時間 20分

学習した日　　月　　日

名前

得点　　／100点

5093 解説→336ページ

らくらくマルつけ

❶ 次の地図は，日本の気候のちがいを区分したものです。地図中のA～Eの地域《ちいき》で見られる気候について述《の》べている文を，あとからそれぞれ選び，記号で書きましょう。　1つ8点【40点】

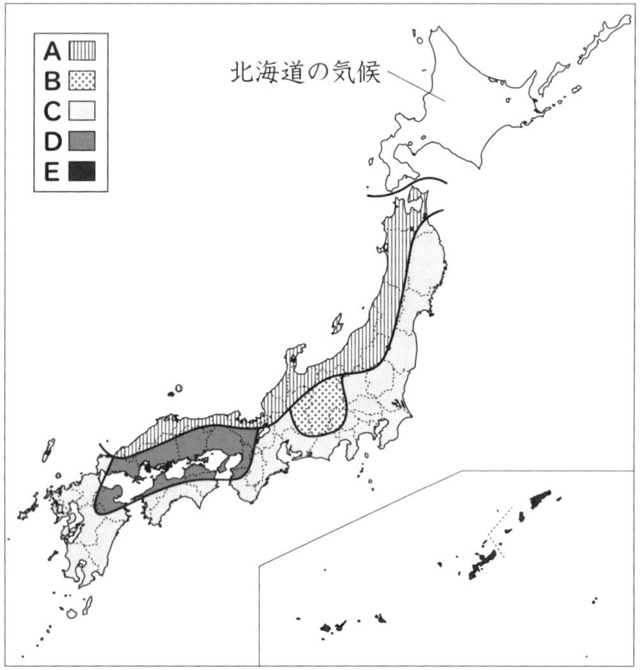

A（　　　）B（　　　）C（　　　）
D（　　　）E（　　　）

ア　冬に雪が多くふる。
イ　1年を通して気温が高く，雨が多い。
ウ　夏はむし暑く雨が多くふるが，冬はかんそうする。
エ　降水量《こうすいりょう》が少なく，夏と冬の気温差が大きい。
オ　温暖《おんだん》で，1年を通して降水量が少ない。

❷ 右の地図とグラフを見て，次の問いに答えましょう。　1つ10点【60点】

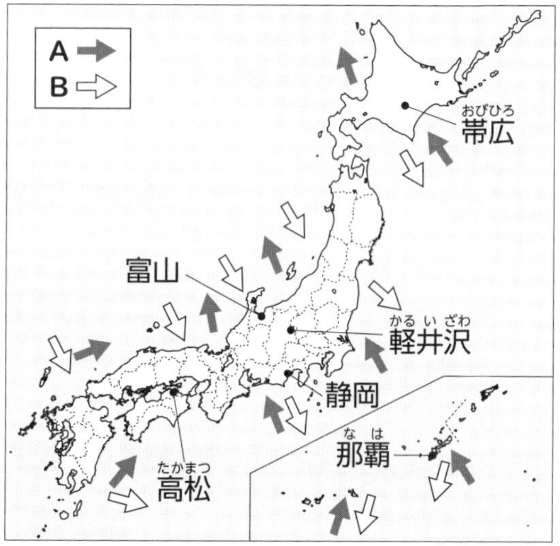

(1) 地図中のA，Bは，季節風がふく向きを示《しめ》しています。A，Bのうち，夏の季節風はどちらですか。記号で書きましょう。（　　　）

(2) 地図中の都市のうち，降水量が少ない都市を2つ選び，書きましょう。
（　　　　　）
（　　　　　）

(3) 右のグラフは，2つの都市の月別平均《へいきん》気温と月別降水量を示したものです。①，②にあてはまる都市を，上の地図中からそれぞれ選び，書きましょう。

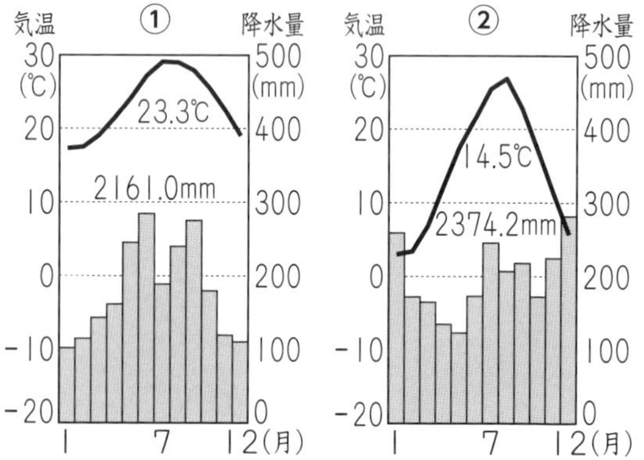

(「理科年表2022」)

①（　　　　　）②（　　　　　）

(4) 土地が高い所では，気温は高くなるか低くなるか，どちらがあてはまりますか。　（　　　）くなる

6 あたたかい土地と寒い土地

目標時間《もくひょうじかん》 20分

学習した日　　月　　日

名前

得点　　／100点

らくらくマルつけ

5094

解説→336ページ

❶ 沖縄県について，次の問いに答えましょう。

1つ10点【60点】

(1) 右の図は，沖縄県の伝統的《でんとうてき》な家を示《しめ》しています。図中のA～Cは，次のうちどちらにあてはまりますか。記号で書きましょう。

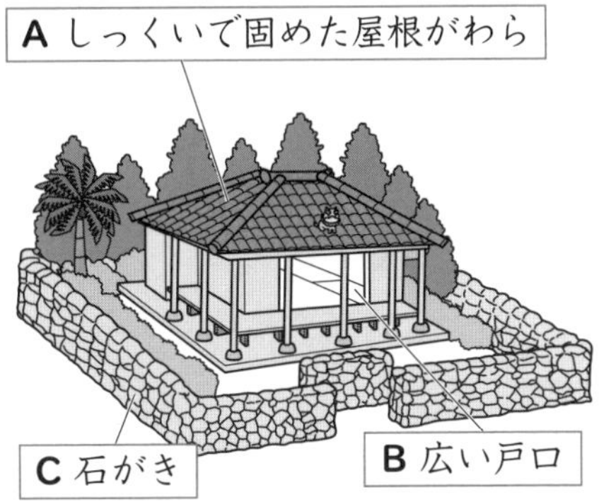

A（　　　）B（　　　）

C（　　　）

ア　暑さを防《ふせ》ぐくふう。　　イ　強い風を防ぐくふう。

(2) 東京都の市場に出荷された小ぎくの数を示した右のグラフを見て，次の文中の①～③について，ア，イからあてはまることばをそれぞれ選び，記号で書きましょう。

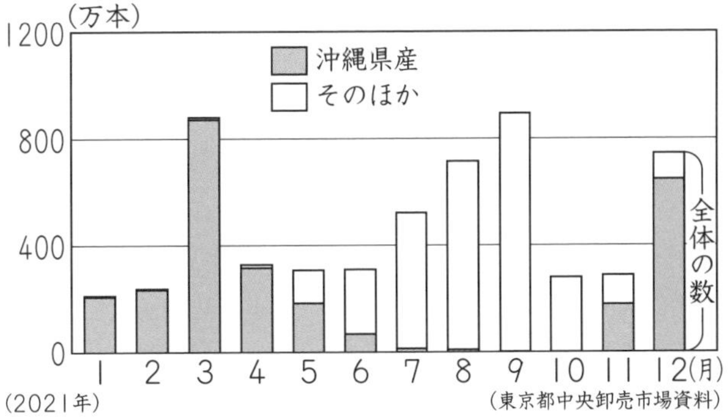

(東京都中央卸売市場資料)

①（　　　）②（　　　）③（　　　）

> 沖縄県では，①（ア　あたたかい　イ　すずしい）気候を生かし，ほかの産地で出荷量が②（ア　多い　イ　少ない）時期に小ぎくを出荷し，より③（ア　高い　イ　安い）値段《ねだん》で売っている。

❷ 北海道について，次の問いに答えましょう。

1つ8点【40点】

(1) 右の寒さに備《そな》えた家について，次のくふうを示している場所を，図中からそれぞれ選び，記号で書きましょう。

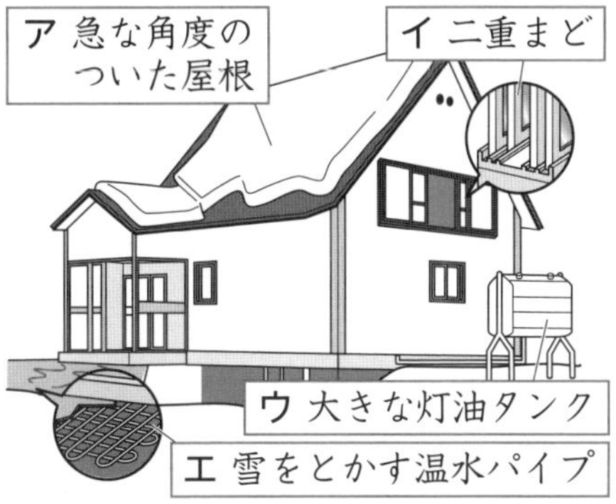

① 雪が落ちやすくするくふう。（　　　）

② 地面がこおらないようにするくふう。（　　　）

③ 室内の熱をにがさないようにするくふう。（　　　）

(2) 札幌《さっぽろ》市の観光客数を示した右のグラフからわかることを，次から2つ選び，記号で書きましょう。

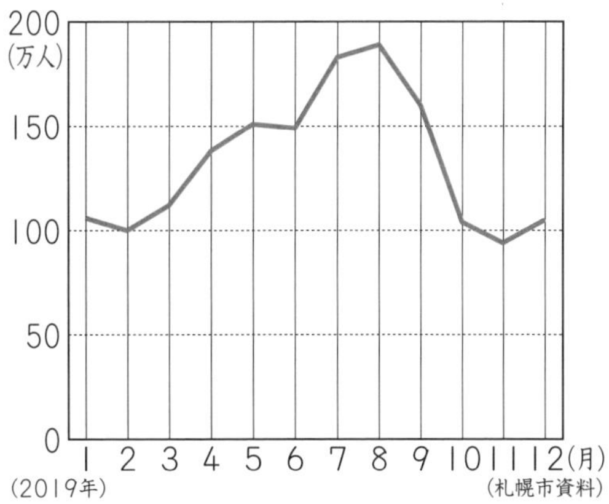

(札幌市資料)

（　　　）（　　　）

ア　札幌市に来た観光客数が最も多い月は8月である。

イ　6月に札幌市に来た観光客数は，2月に来た観光客数の約2倍である。

ウ　冬の時期よりも夏の時期のほうが観光客数が多い。

エ　札幌市に来た観光客数が最も少ない季節は春である。

6 あたたかい土地と寒い土地

目標《もくひょう》時間 20分

学習した日　　月　　日

名前

得点　　／100点

5094
解説→336ページ

らくらくマルつけ

❶ 沖縄県について，次の問いに答えましょう。　1つ10点【60点】

(1) 右の図は，沖縄県の伝統的《でんとうてき》な家を示《しめ》しています。図中のA～Cは，次のうちどちらにあてはまりますか。記号で書きましょう。

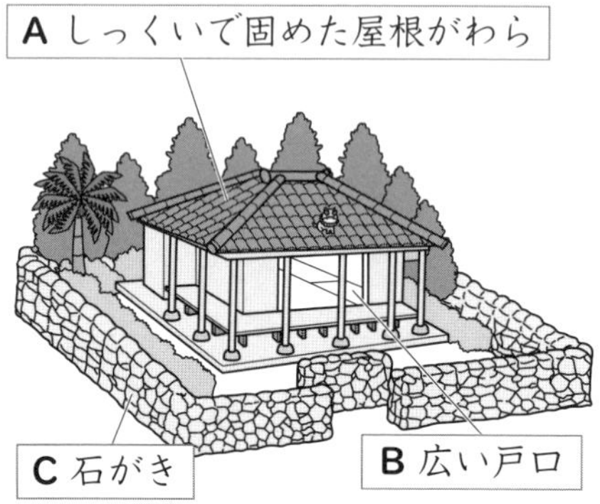

A（　　　）　B（　　　）

C（　　　）

ア　暑さを防《ふせ》ぐくふう。　　イ　強い風を防ぐくふう。

(2) 東京都の市場に出荷された小ぎくの数を示した右のグラフを見て，次の文中の①～③について，ア，イからあてはまることばをそれぞれ選び，記号で書きましょう。

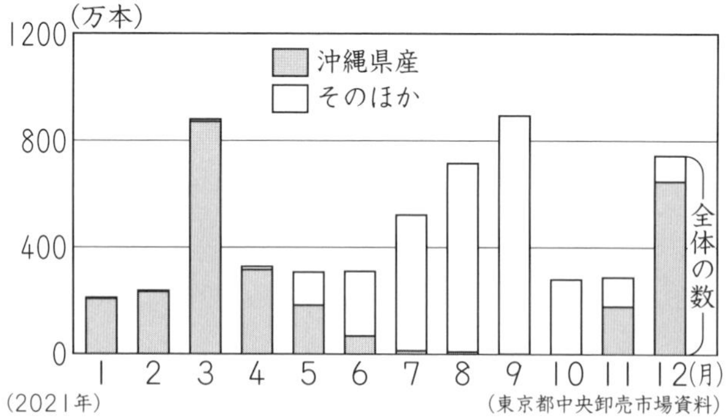

①（　　　）②（　　　）③（　　　）

> 沖縄県では，①（ア　あたたかい　イ　すずしい）気候を生かし，ほかの産地で出荷量が②（ア　多い　イ　少ない）時期に小ぎくを出荷し，より③（ア　高い　イ　安い）値段《ねだん》で売っている。

❷ 北海道について，次の問いに答えましょう。　1つ8点【40点】

(1) 右の寒さに備《そな》えた家について，次のくふうを示している場所を，図中からそれぞれ選び，記号で書きましょう。

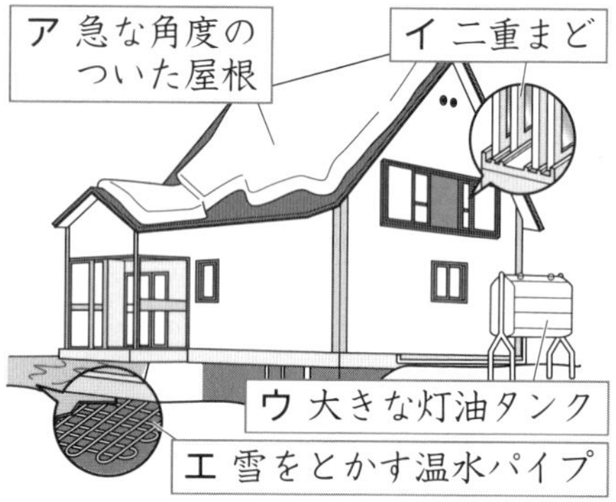

① 雪が落ちやすくするくふう。（　　　）

② 地面がこおらないようにするくふう。（　　　）

③ 室内の熱をにがさないようにするくふう。（　　　）

(2) 札幌《さっぽろ》市の観光客数を示した右のグラフからわかることを，次から2つ選び，記号で書きましょう。

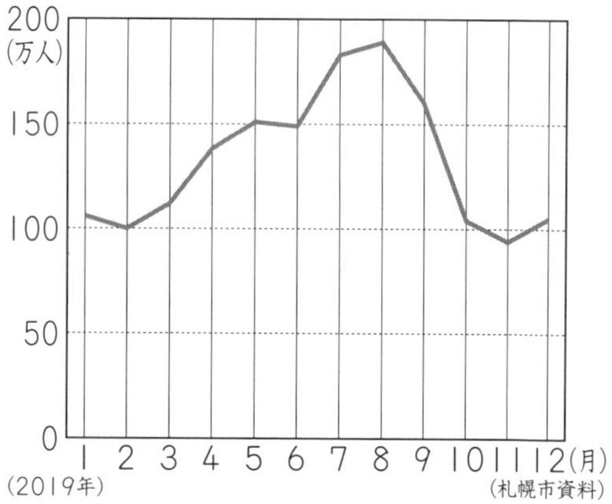

（　　　）（　　　）

ア　札幌市に来た観光客数が最も多い月は8月である。

イ　6月に札幌市に来た観光客数は，2月に来た観光客数の約2倍である。

ウ　冬の時期よりも夏の時期のほうが観光客数が多い。

エ　札幌市に来た観光客数が最も少ない季節は春である。

らくらくマルつけ

7 くらしと食料生産

目標《もくひょう》時間 20分

学習した日　　月　　日

名前

得点　　／100点

5095
解説→337ページ

1 次の問いに答えましょう。

1つ6点【60点】

(1) 右の食料品を，農作物，水産物，畜産《ちくさん》物に分け，それぞれ記号で書きましょう。

農作物 (　　　)(　　　)
水産物 (　　　)(　　　)
畜産物 (　　　)(　　　)

ア いか　　イ 米
ウ 牛乳《ぎゅうにゅう》　　エ ちくわ
オ ハム　　カ みかん

(2) 米の収穫《しゅうかく》量が特に多い地域《ちいき》を示《しめ》した右の地図を見て，米の生産量が多い都道府県を，上から順に２つ書きましょう。

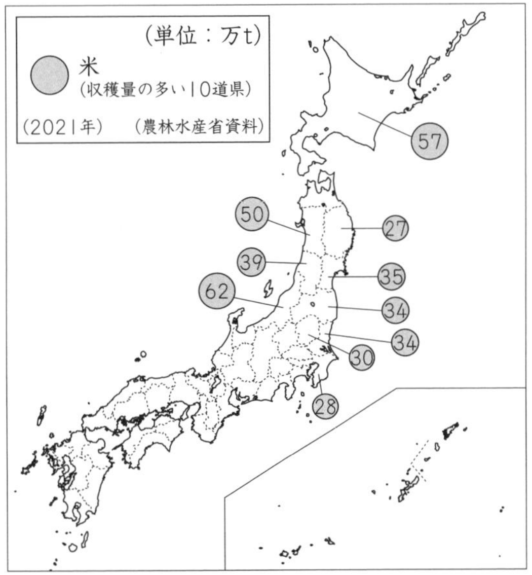

１位 (　　　　　)
２位 (　　　　　)

(3) 右のグラフは，地方別の米の収穫量のわりあいを示しています。グラフ中の①，②にあてはまる地方をそれぞれ書きましょう。

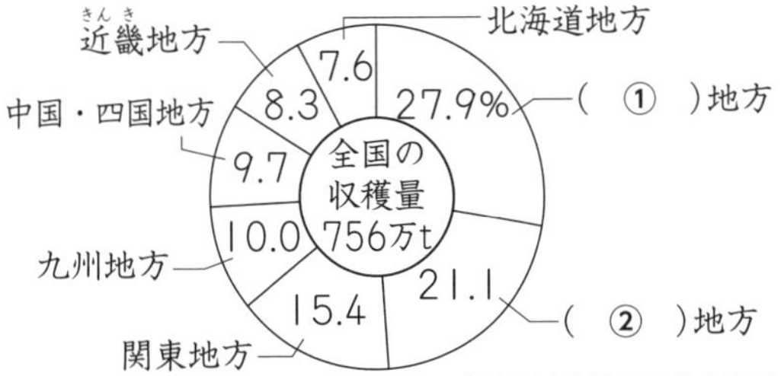

(2021年)(農林水産省資料)

① (　　　　　) 地方
② (　　　　　) 地方

2 次の問いに答えましょう。

1つ8点【40点】

(1) 右の都道府県別の果《くだ》物《もの》の生産量を示した右の地図を見て，①みかん，②りんご，③ももの生産量が最も多い県を，次からそれぞれ選び，記号で書きましょう。

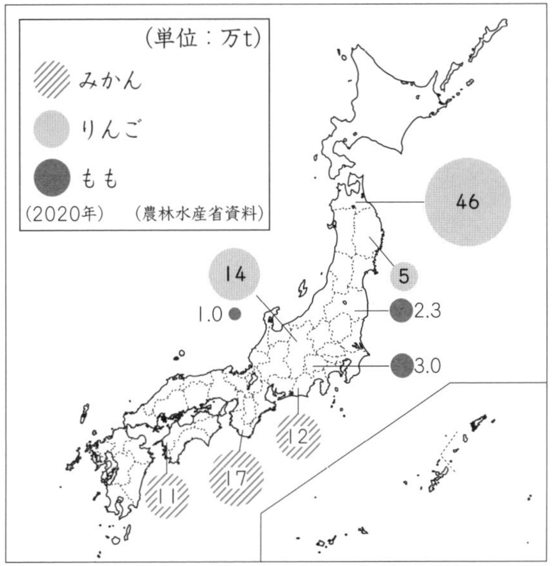

① (　　　)
② (　　　)
③ (　　　)

ア 愛媛県　　イ 青森県　　ウ 山梨県　　エ 和歌山県

(2) みかんは，どのような地域でさいばいがさかんですか。次から選び，記号で書きましょう。 (　　　)

ア 雨が少なく，すずしい気候の地域。
イ 広い平らな土地がある地域。
ウ あたたかい気候の地域。

(3) 畜産のうち，肉牛の飼育《しいく》がさかんな地方の組み合わせを，次から選び，記号で書きましょう。 (　　　)

ア 北海道・九州地方　　イ 北海道・関東地方
ウ 中部・九州地方　　エ 中部・近畿地方

社会

\ もう1回チャレンジ!! /

7 くらしと食料生産

目標時間《もくひょうじかん》 20分

学習した日　　月　　日	得点	らくらくマルつけ
名前	/100点	5095 解説→337ページ

❶ 次の問いに答えましょう。 1つ6点【60点】

(1) 右の食料品を，農作物，水産物，畜産物《ちくさん》に分け，それぞれ記号で書きましょう。

農作物（　　　）（　　　）

水産物（　　　）（　　　）

畜産物（　　　）（　　　）

ア　いか　　イ　米

ウ　牛乳《ぎゅうにゅう》　　エ　ちくわ

オ　ハム　　カ　みかん

(2) 米の収穫《しゅうかく》量が特に多い地域《ちいき》を示《しめ》した右の地図を見て，米の生産量が多い都道府県を，上から順に2つ書きましょう。

1位（　　　　　）

2位（　　　　　）

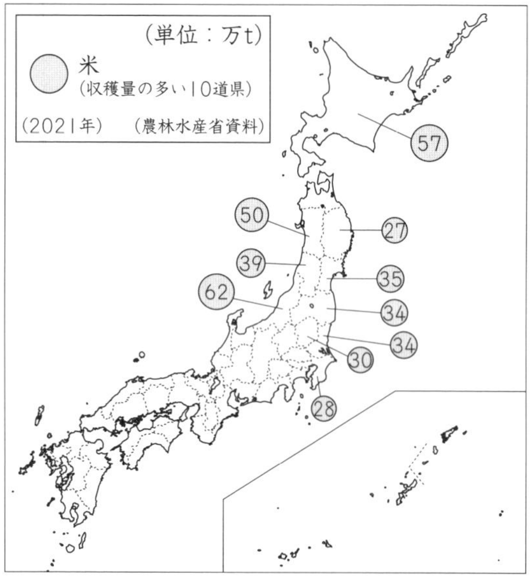

(3) 右のグラフは，地方別の米の収穫量のわりあいを示しています。グラフ中の①，②にあてはまる地方をそれぞれ書きましょう。

①（　　　　　）地方

②（　　　　　）地方

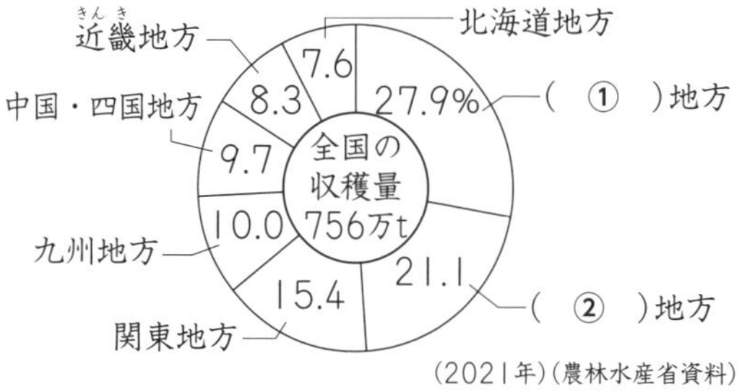

❷ 次の問いに答えましょう。 1つ8点【40点】

(1) 右の都道府県別の果《くだ》物《もの》の生産量を示した右の地図を見て，①みかん，②りんご，③ももの生産量が最も多い県を，次からそれぞれ選び，記号で書きましょう。

①（　　　）

②（　　　）

③（　　　）

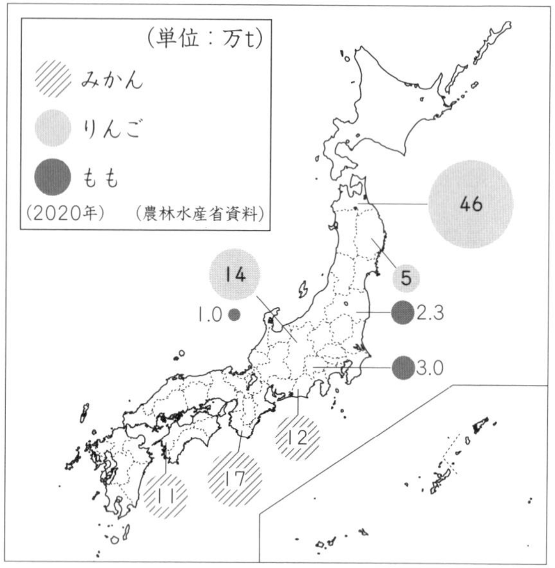

ア　愛媛県　　イ　青森県　　ウ　山梨県　　エ　和歌山県

(2) みかんは，どのような地域でさいばいがさかんですか。次から選び，記号で書きましょう。（　　　）

ア　雨が少なく，すずしい気候の地域。

イ　広い平らな土地がある地域。

ウ　あたたかい気候の地域。

(3) 畜産のうち，肉牛の飼育《しいく》がさかんな地方の組み合わせを，次から選び，記号で書きましょう。（　　　）

ア　北海道・九州地方　　イ　北海道・関東地方

ウ　中部・九州地方　　エ　中部・近畿地方

米づくりのさかんな地域《ちいき》①

目標《もくひょう》時間 20分

✎学習した日　　月　　日

名前

得点

／100点

らくらくマルつけ
5096
解説→337ページ

❶ 次の問いに答えましょう。

1つ10点【40点】

(1) 右の地図は，庄内《しょうない》平野の土地利用を示《しめ》しています。庄内平野の説明として正しいものを，次から２つ選び，記号で書きましょう。

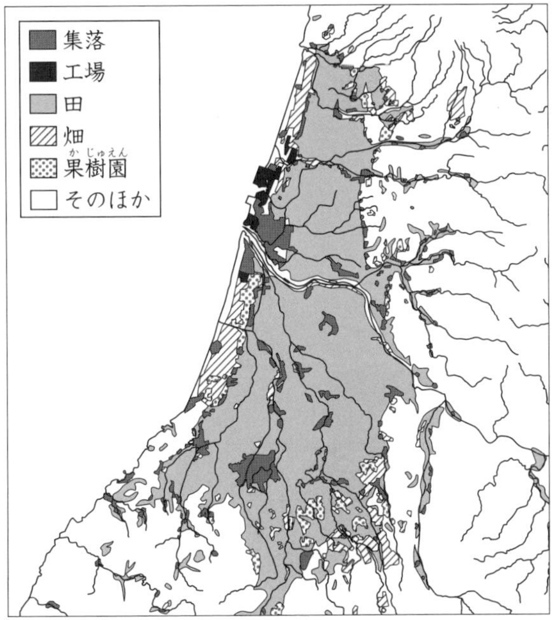

(　　　)(　　　)

ア　太平洋《たいへいよう》に面している。

イ　大きな川が流れ，米づくりに必要な水が豊富《ほうふ》にある。

ウ　米づくりに適《てき》した平地が広がっている。

エ　耕地《こうち》面積の80％以上を，畑がしめている。

(2) 次の文は，米づくりに適した気候の条件《じょうけん》についてまとめたものです。①，②について，ア，イからあてはまることばをそれぞれ選び，記号で書きましょう。

- 夏の昼と夜の気温差が①（ア　大きい　イ　小さい）こと。
- 春から秋にかけて日照時間が②（ア　長い　イ　短い）こと。

①（　　　）②（　　　）

❷ 次の米づくりカレンダーを見て，あとの問いに答えましょう。

1つ10点【60点】

3月	4月	5月	6月	7月	8月	9月	10月	11月
種まき	苗《なえ》づくり A 田おこし	B しろかき C 田植え	水の管理 中ぼし	草とり	D 農薬をまく	E 稲《いね》かり かんそう	もみすり	

(1) 次の①～④は，上のA～Eのうち，どの作業を示していますか。それぞれ選び，記号で書きましょう。

①

(　　　)

②

(　　　)

③

(　　　)

④

(　　　)

(2) (1)の①，②で使われている機械の名前を，次からそれぞれ選び，書きましょう。

①（　　　　　）②（　　　　　）

【　コンバイン　トラクター　田植え機　ヘリコプター　】

8 米づくりのさかんな地域《ちいき》①

目標《もくひょう》時間 20分

学習した日　月　日

名前

得点

／100点

らくらくマルつけ

5096
解説→337ページ

❶ 次の問いに答えましょう。 1つ10点【40点】

(1) 右の地図は，庄内《しょうない》平野の土地利用を示《しめ》しています。庄内平野の説明として正しいものを，次から2つ選び，記号で書きましょう。

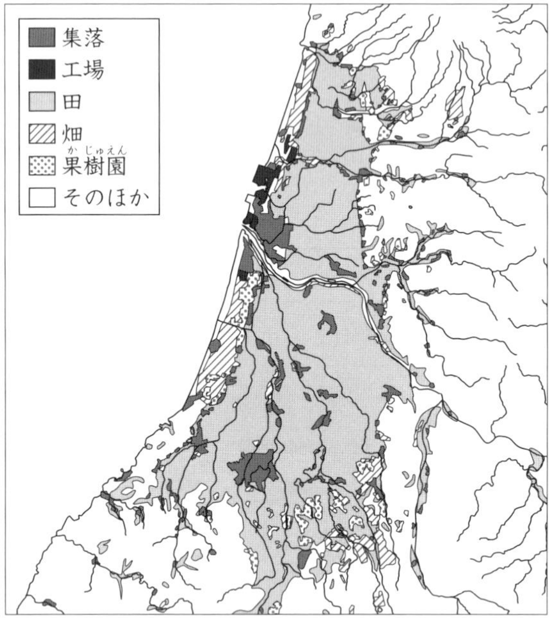

(　　)(　　)

ア　太平洋《たいへいよう》に面している。

イ　大きな川が流れ，米づくりに必要な水が豊富《ほうふ》にある。

ウ　米づくりに適《てき》した平地が広がっている。

エ　耕地《こうち》面積の80％以上を，畑がしめている。

(2) 次の文は，米づくりに適した気候の条件《じょうけん》についてまとめたものです。①，②について，ア，イからあてはまることばをそれぞれ選び，記号で書きましょう。

・夏の昼と夜の気温差が①（ア　大きい　イ　小さい）こと。
・春から秋にかけて日照時間が②（ア　長い　イ　短い）こと。

①（　　）②（　　）

❷ 次の米づくりカレンダーを見て，あとの問いに答えましょう。 1つ10点【60点】

3月	4月	5月	6月	7月	8月	9月	10月	11月
種まき	苗《なえ》づくり A 田おこし	B しろかき C 田植え	水の管理 中ぼし	草とり	D 農薬をまく	E 稲《いね》かり かんそう	もみすり	

(1) 次の①〜④は，上のA〜Eのうち，どの作業を示していますか。それぞれ選び，記号で書きましょう。

①

(　　)

②

(　　)

③

(　　)

④

(　　)

(2) (1)の①，②で使われている機械の名前を，次からそれぞれ選び，書きましょう。

①（　　　　）②（　　　　）

【 コンバイン　トラクター　田植え機　ヘリコプター 】

9 米づくりのさかんな地域《ちいき》②

目標《もくひょう》時間 20分

学習した日　月　日

名前

得点　／100点

5097
解説→337ページ

らくらくマルつけ

❶ 次の問いに答えましょう。 1つ10点【60点】

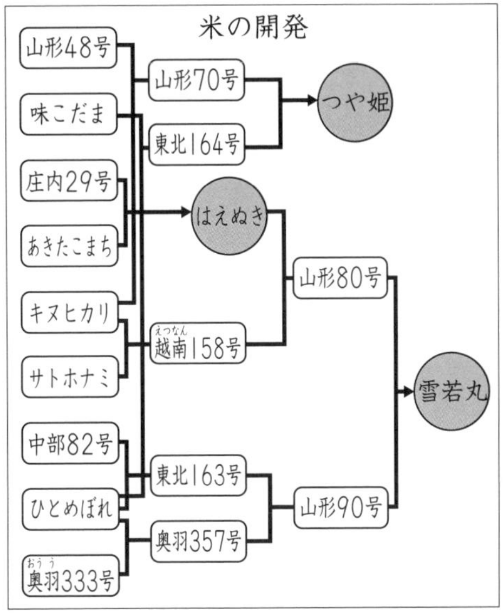

(1) 右の図のように，いろいろな品種をかけ合わせて新しい品種をつくり出すことを何といいますか。

（　　　　　　）

(2) (1)の研究をしているところはどこですか。

（　　　　　　）

(3) 次の品種を，右の図中からそれぞれ選び，書きましょう。

① 「庄内《しょうない》29号」と「あきたこまち」をかけ合わせてできた品種。（　　　　　　）

② 「山形80号」と「山形90号」をかけ合わせてできた品種。

（　　　　　　）

(4) 次の文中の①，②にあてはまることばを，それぞれ書きましょう。

①（　　　　　　）②（　　　　　　）

収穫《しゅうかく》された米の多くは，（　①　）エレベーターに集められ，ここで計量・かんそう・貯蔵《ちょぞう》されたあと，農業協同組合（J《ジェイ》A《エー》）の計画にしたがって全国各地へ（　②　）される。

❷ 次の問いに答えましょう。 1つ8点【40点】

(1) 右の農業で働く人数の変化を示《しめ》したグラフを見て，正しいものを次から2つ選び，記号で書きましょう。

（　　　）（　　　）

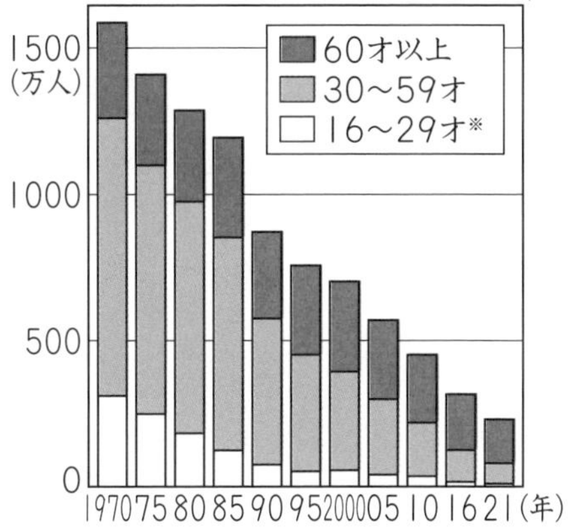

※1995年からは15～29才　（農業構造動態調査ほか）

ア　農業で働く人の数は，1970年から2021年までの間，減《へ》り続けている。

イ　2021年現在《げんざい》，農業で働く人の半分以上は「60才以上」の人である。

ウ　2021年現在，農業で働く「30～59才」の人のわりあいは，1970年のときより高くなった。

エ　農業で働く「29才以下」の人の数は，1970年から2021年までの間，あまり変化していない。

(2) 次の①～③の取り組みの目的を，あとからそれぞれ選び，記号で書きましょう。

① 種もみを水田に直《じか》まきする。（　　）

② 米を加工した食品を売り出す。（　　）

③ 稲《いね》のもみがらから肥料《ひりょう》をつくる。（　　）

ア　安全な米づくり　　イ　米の消費《しょうひ》量の増加《ぞうか》

ウ　農作業の効率化《こうりつか》　　エ　環境《かんきょう》にやさしい米づくり

9 米づくりのさかんな地域《ちいき》②

目標《もくひょう》時間 20分

学習した日　　月　　日

名前

得点　　／100点

らくらくマルつけ

5097
解説→337ページ

❶ 次の問いに答えましょう。　1つ10点【60点】

(1) 右の図のように，いろいろな品種をかけ合わせて新しい品種をつくり出すことを何といいますか。

(　　　　　　　　)

(2) (1)の研究をしているところはどこですか。

(　　　　　　　　)

(3) 次の品種を，右の図中からそれぞれ選び，書きましょう。

① 「庄内《しょうない》29号」と「あきたこまち」をかけ合わせてできた品種。 (　　　　　　)

② 「山形80号」と「山形90号」をかけ合わせてできた品種。

(　　　　　　)

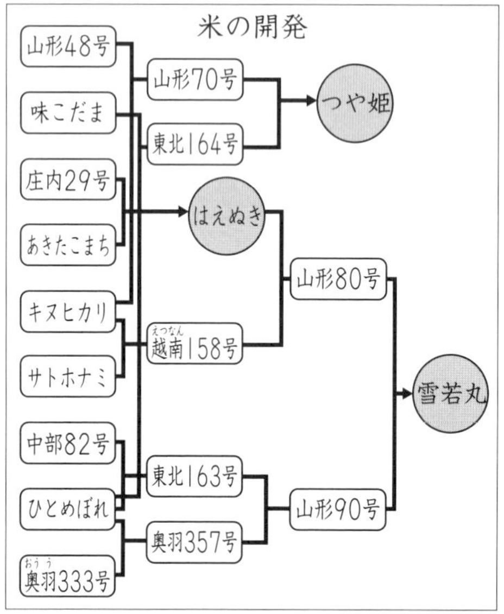

(4) 次の文中の①，②にあてはまることばを，それぞれ書きましょう。

① (　　　　　　)　② (　　　　　　)

> 収穫《しゅうかく》された米の多くは，（ ① ）エレベーターに集められ，ここで計量・かんそう・貯蔵《ちょぞう》されたあと，農業協同組合（J《ジェイ》A《エー》）の計画にしたがって全国各地へ（ ② ）される。

❷ 次の問いに答えましょう。　1つ8点【40点】

(1) 右の農業で働く人数の変化を示《しめ》したグラフを見て，正しいものを次から2つ選び，記号で書きましょう。

(　　　)(　　　)

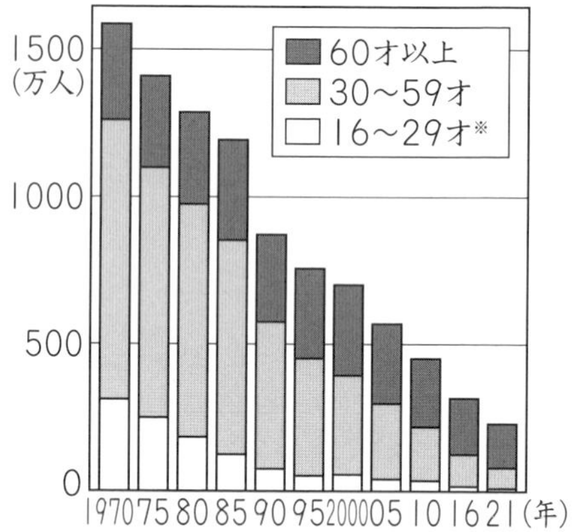

※1995年からは15～29才　(農業構造動態調査ほか)

ア 農業で働く人の数は，1970年から2021年までの間，減《へ》り続けている。

イ 2021年現在《げんざい》，農業で働く人の半分以上は「60才以上」の人である。

ウ 2021年現在，農業で働く「30～59才」の人のわりあいは，1970年のときより高くなった。

エ 農業で働く「29才以下」の人の数は，1970年から2021年までの間，あまり変化していない。

(2) 次の①～③の取り組みの目的を，あとからそれぞれ選び，記号で書きましょう。

① 種もみを水田に直《じか》まきする。 (　　)

② 米を加工した食品を売り出す。 (　　)

③ 稲《いね》のもみがらから肥料《ひりょう》をつくる。 (　　)

ア 安全な米づくり　イ 米の消費《しょうひ》量の増加《ぞうか》

ウ 農作業の効率化《こうりつか》　エ 環境《かんきょう》にやさしい米づくり

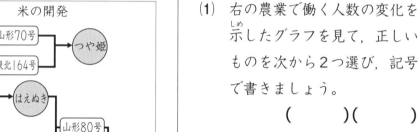

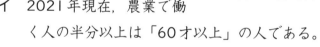

10 水産業のさかんな地域《ちいき》①

目標時間《もくひょう》 20分

学習した日　　月　　日

名前

得点　　／100点

5098
解説→338ページ

らくらくマルつけ

❶ 右の地図を見て，次の問いに答えましょう。 1つ10点【50点】

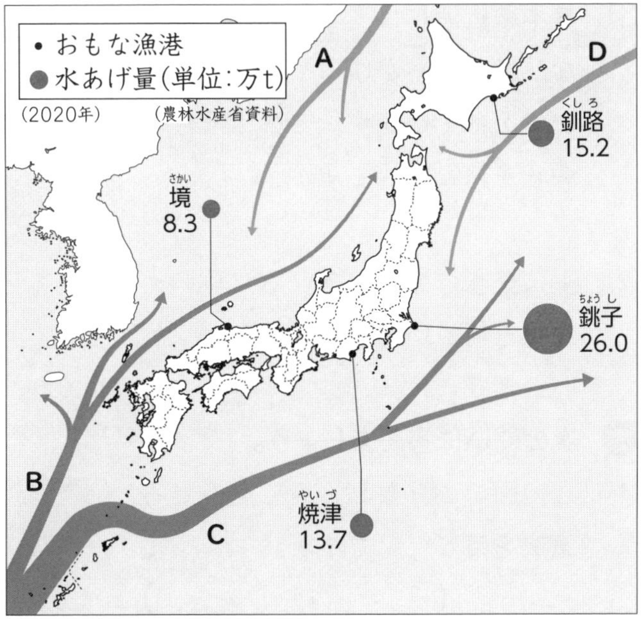

(1) 地図中のA～Dは，日本列島の近海を流れる海流を示《しめ》しています。A～Dのうち，暖流《だんりゅう》を２つ選び，記号で書きましょう。

(　　　)
(　　　)

(2) 地図中のDの海流を何といいますか。次から選び，記号で書きましょう。

ア　対馬《つしま》海流　　イ　黒潮《くろしお》（日本海流）　　(　　　)
ウ　リマン海流　　エ　親潮《おやしお》（千島《ちしま》海流）

(3) 水あげ量が最も多い漁港を，地図中から選び，書きましょう。

(　　　　)港

(4) 海や川などにいる生物をとったり増《ふ》やしたりする産業を何といいますか。　　(　　　　)

❷ 次の問いに答えましょう。 1つ9点【18点】

(1) 日本の近海には，右の図のような，けいしゃがゆるやかな海底が広がっています。このような海底を何といいますか。

(　　　　)

(2) (1)に豊富《ほうふ》に生息している，魚のえさにもなる，ひじょうに小さい生物を何といいますか。　　(　　　　)

❸ 次の問いに答えましょう。 1つ8点【32点】

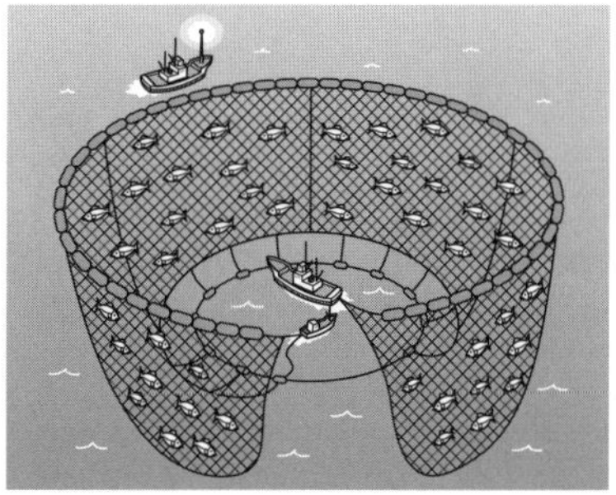

(1) 右の図のようなしくみで魚をとる漁法を何といいますか。

(　　　　)

(2) 次の①～③の説明にあてはまるものを，あとからそれぞれ選び，記号で書きましょう。

① 沿岸《えんがん》漁業（　　　）　② 遠洋漁業（　　　）
③ 沖合漁業（　　　）

ア　日本の近くの海で，数日がかりで行う漁業。
イ　遠くの海まで出かけて，長期間行う漁業。
ウ　魚や貝などを人の手で育ててからとる漁業。
エ　海岸やその近くで，小型船を用いて行う漁業。

＼もう１回チャレンジ!! ／

10 水産業のさかんな地域《ちいき》①

目標時間《もくひょう》 20分

学習した日　　月　　日

名前

得点　　／100点

5098
解説→338ページ

らくらくマルつけ

❶ 右の地図を見て，次の問いに答えましょう。 1つ10点【50点】

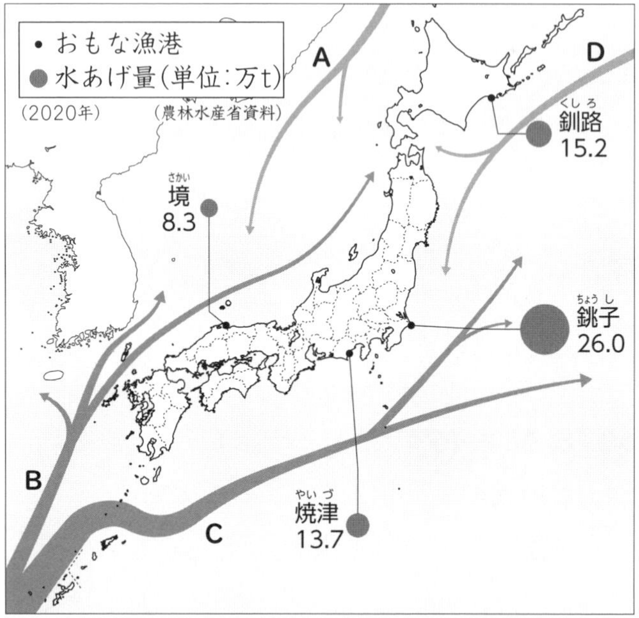

(1) 地図中のA～Dは，日本列島の近海を流れる海流を示《しめ》しています。A～Dのうち，暖流《だんりゅう》を２つ選び，記号で書きましょう。

(　　　)
(　　　)

(2) 地図中のDの海流を何といいますか。次から選び，記号で書きましょう。

ア　対馬《つしま》海流　　イ　黒潮《くろしお》（日本海流）　　(　　　)
ウ　リマン海流　　エ　親潮《おやしお》（千島《ちしま》海流）

(3) 水あげ量が最も多い漁港を，地図中から選び，書きましょう。

(　　　　)港

(4) 海や川などにいる生物をとったり増《ふ》やしたりする産業を何といいますか。　(　　　　)

❷ 次の問いに答えましょう。 1つ9点【18点】

(1) 日本の近海には，右の図のような，けいしゃがゆるやかな海底が広がっています。このような海底を何といいますか。

(　　　　　)

(2) (1)に豊富《ほうふ》に生息している，魚のえさにもなる，ひじょうに小さい生物を何といいますか。　(　　　　　)

❸ 次の問いに答えましょう。 1つ8点【32点】

(1) 右の図のようなしくみで魚をとる漁法を何といいますか。

(　　　　　)

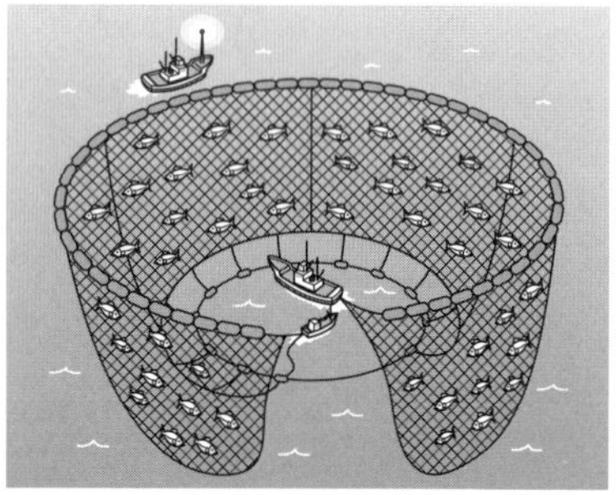

(2) 次の①～③の説明にあてはまるものを，あとからそれぞれ選び，記号で書きましょう。

①　沿岸《えんがん》漁業（　　　）　②　遠洋漁業（　　　）
③　沖合漁業（　　　）

ア　日本の近くの海で，数日がかりで行う漁業。
イ　遠くの海まで出かけて，長期間行う漁業。
ウ　魚や貝などを人の手で育ててからとる漁業。
エ　海岸やその近くで，小型船を用いて行う漁業。

らくらくマルつけ

11 水産業のさかんな地域②

目標時間《もくひょうじかん》 20分

学習した日　　月　　日

名前

得点　　／100点

5099
解説→338ページ

❶ 漁業別の生産量の変化を示《しめ》した次のグラフを見て，あとの問いに答えましょう。 1つ10点【70点】

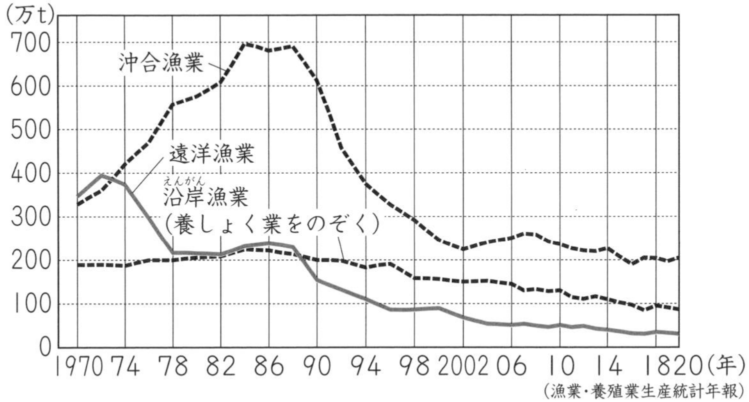

(漁業・養殖業生産統計年報)

(1) 次の①～④の文のうち，グラフを正しく読み取っているものには○，まちがっているものには×を書きましょう。

① 現在《げんざい》最も生産量が多い漁業は沖合漁業である。（　　　）

② 生産量の差が最も大きい漁業は遠洋漁業である。（　　　）

③ 現在最も生産量が少ない漁業は沿岸漁業である。（　　　）

④ 1970年に最も生産量が多い漁業は遠洋漁業である。（　　　）

(2) 沖合漁業や沿岸漁業の生産量が減《へ》った理由としてまちがっているものを，次から選び，記号で書きましょう。（　　　）

ア　漁業で働く人が増《ふ》えたため。

イ　漁場の環境《かんきょう》の悪化などで，魚の量が少なくなったため。

ウ　魚のとりすぎで，魚の量が少なくなったため。

エ　外国から輸入《ゆにゅう》される，魚などの水産物の量が増えたため。

(3) 日本の漁業について述《の》べた，次の文中の①，②にあてはまる数字やことばを，それぞれ書きましょう。

①（　　　　　）海里

②（　　　　　）漁業

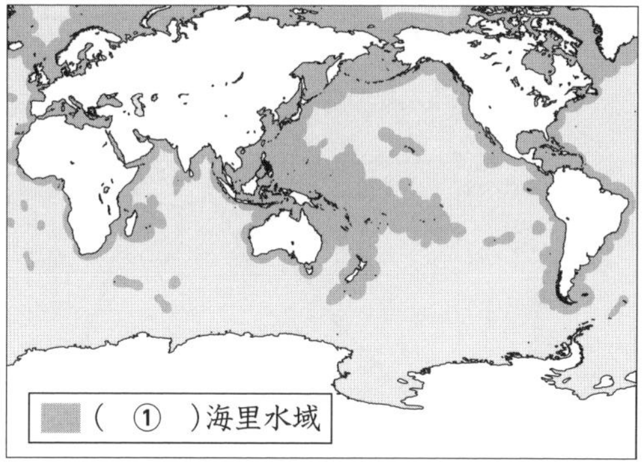

上の地図は，沿岸から（　①　）海里（約370km）の海域《かいいき》を示したものである。この海域では，1977年ごろから世界各国が自国の水産資源《しげん》を守るため，外国の船がとる魚の種類や量をきびしく制限《せいげん》するようになった。そのため，日本でも（　②　）漁業の生産量が減っていった。

❷ 次の問いに答えましょう。 1つ10点【30点】

(1) 育てる漁業のうち，魚などが大きくなるまで，いけすなどで育ててからとる漁業を何といいますか。（　　　　　　　）

(2) 育てる漁業のうち，(1)の漁業に対し，魚などのたまごをかえして，海や川に放流し，大きくなったものをとる漁業を何といいますか。

（　　　　　　　）

(3) 海中のプランクトンが異常《いじょう》に増えることで，海面が赤くそまって見える現象《げんしょう》を何といいますか。（　　　　　）

社会

11 水産業のさかんな地域②

目標時間《もくひょうじかん》 20分

学習した日　　月　　日

名前

得点

／100点

らくらくマルつけ

5099

解説→338ページ

❶ 漁業別の生産量の変化を示《しめ》した次のグラフを見て，あとの問いに答えましょう。

1つ10点【70点】

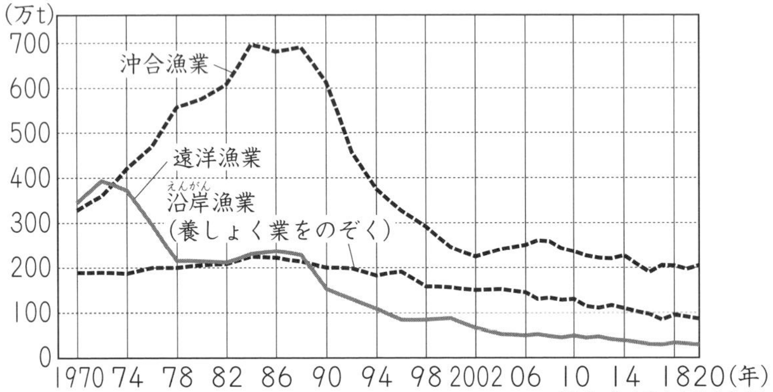

(漁業・養殖業生産統計年報)

(1) 次の①～④の文のうち，グラフを正しく読み取っているものには○，まちがっているものには×を書きましょう。

① 現在《げんざい》最も生産量が多い漁業は沖合漁業である。　(　　　)

② 生産量の差が最も大きい漁業は遠洋漁業である。　(　　　)

③ 現在最も生産量が少ない漁業は沿岸漁業である。　(　　　)

④ 1970年に最も生産量が多い漁業は遠洋漁業である。

(　　　)

(2) 沖合漁業や沿岸漁業の生産量が減《へ》った理由としてまちがっているものを，次から選び，記号で書きましょう。　(　　　)

ア 漁業で働く人が増《ふ》えたため。

イ 漁場の環境《かんきょう》の悪化などで，魚の量が少なくなったため。

ウ 魚のとりすぎで，魚の量が少なくなったため。

エ 外国から輸入《ゆにゅう》される，魚などの水産物の量が増えたため。

(3) 日本の漁業について述《の》べた，次の文中の①，②にあてはまる数字やことばを，それぞれ書きましょう。

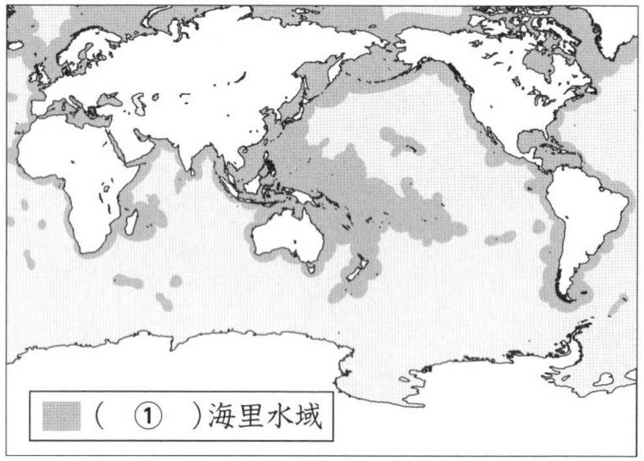

①(　　　　　)海里

②(　　　　　)漁業

上の地図は，沿岸から（　①　）海里（約370km）の海域《かいいき》を示したものである。この海域では，1977年ごろから世界各国が自国の水産資源《しげん》を守るため，外国の船がとる魚の種類や量をきびしく制限《せいげん》するようになった。そのため，日本でも（　②　）漁業の生産量が減っていった。

❷ 次の問いに答えましょう。

1つ10点【30点】

(1) 育てる漁業のうち，魚などが大きくなるまで，いけすなどで育ててからとる漁業を何といいますか。　(　　　　　)

(2) 育てる漁業のうち，(1)の漁業に対し，魚などのたまごをかえして，海や川に放流し，大きくなったものをとる漁業を何といいますか。

(　　　　　)

(3) 海中のプランクトンが異常《いじょう》に増えることで，海面が赤くそまって見える現象《げんしょう》を何といいますか。　(　　　　　)

12 これからの食料生産

目標《もくひょう》時間 20分

学習した日　月　日

名前

得点　／100点

らくらくマルつけ

5100
解説→338ページ

❶ 次の問いに答えましょう。　1つ10点【50点】

(1) 右のグラフで示《しめ》されている，わたしたちが食べている食料のうち，国内でつくられている食料のわりあいを何といいますか。

(　　　　　)

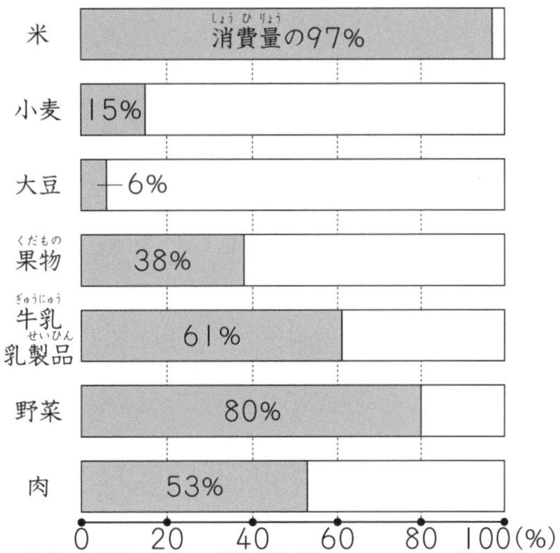

※重量から計算したもの　(2020年度)　(食料需給表)

(2) 次の①，②にあてはまる食料を，グラフからそれぞれ選び，書きましょう。

① 外国から輸入《ゆにゅう》されているわりあいが最も高い食料。　(　　　　)

② 国内の生産で，ほぼまかなえる食料。　(　　　　)

(3) 食料の輸入について述《の》べた文として正しいものを，次から2つ選び，記号で書きましょう。　(　　　)(　　　)

ア どの食料も，今後輸入できなくなるおそれはまったくない。

イ 食生活が変化したため，外国産の食料の輸入量が増加《ぞうか》した。

ウ さまざまな外国産の食料を買うことができるようになり，食生活が豊《ゆた》かになった。

エ 輸入された食料品が増《ふ》えると，食品のはいき量が減《へ》る。

❷ 次の問いに答えましょう。　1つ10点【50点】

(1) 農業の取り組みを示した次の①～③の目的を，あとからそれぞれ選び，記号で書きましょう。

① スーパーマーケットで売られている野菜に，生産者の名前をのせている。

② 農薬をあまり使わないようにして米をつくっている。

③ 生産や加工，販売《はんばい》などを地域《ちいき》で協力して行っている。

① (　　　)
② (　　　)
③ (　　　)

ア 消費者に安心して買ってもらうため。

イ 地域の生産をもり上げて，まちを活性化《かっせいか》するため。

ウ 環境《かんきょう》や人にやさしい農業を行うため。

(2) 次の文中の①，②にあてはまることばを，それぞれ書きましょう。

① (　　　　　　)　② (　　　　　　)

消費者が安心して買うことができるように，どこでどのように生産され，どのような経路《けいろ》で店にならんだのかなどを記録して明らかにするしくみを（　①　）という。また，地元でとれた野菜などの食材を地元で食べる（　②　）という取り組みも行われている。

12 これからの食料生産

目標時間《もくひょうじかん》 20分

学習した日　　月　　日

名前

得点　／100点

らくらくマルつけ

5100
解説→338ページ

❶ 次の問いに答えましょう。　1つ10点【50点】

(1) 右のグラフで示《しめ》されている，わたしたちが食べている食料のうち，国内でつくられている食料のわりあいを何といいますか。

(　　　　　　　　)

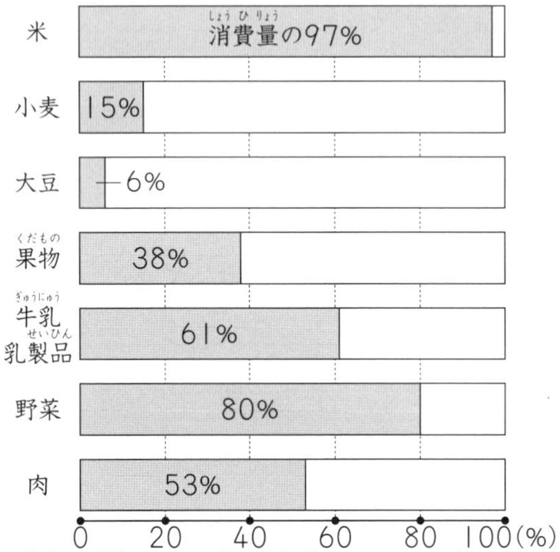

※重量から計算したもの（2020年度）　（食料需給表）

(2) 次の①，②にあてはまる食料を，グラフからそれぞれ選び，書きましょう。

① 外国から輸入《ゆにゅう》されているわりあいが最も高い食料。　(　　　　)

② 国内の生産で，ほぼまかなえる食料。　(　　　　)

(3) 食料の輸入について述《の》べた文として正しいものを，次から2つ選び，記号で書きましょう。　(　　　)(　　　)

ア どの食料も，今後輸入できなくなるおそれはまったくない。

イ 食生活が変化したため，外国産の食料の輸入量が増加《ぞうか》した。

ウ さまざまな外国産の食料を買うことができるようになり，食生活が豊《ゆた》かになった。

エ 輸入された食料品が増《ふ》えると，食品のはいき量が減《へ》る。

❷ 次の問いに答えましょう。　1つ10点【50点】

(1) 農業の取り組みを示した次の①～③の目的を，あとからそれぞれ選び，記号で書きましょう。

① スーパーマーケットで売られている野菜に，生産者の名前をのせている。

② 農薬をあまり使わないようにして米をつくっている。

③ 生産や加工，販売《はんばい》などを地域《ちいき》で協力して行っている。

①(　　　)
②(　　　)
③(　　　)

ア 消費者に安心して買ってもらうため。

イ 地域の生産をもり上げて，まちを活性化《かっせいか》するため。

ウ 環境《かんきょう》や人にやさしい農業を行うため。

(2) 次の文中の①，②にあてはまることばを，それぞれ書きましょう。

①(　　　　　　　　)　②(　　　　　　)

消費者が安心して買うことができるように，どこでどのように生産され，どのような経路《けいろ》で店にならんだのかなどを記録して明らかにするしくみを（ ① ）という。また，地元でとれた野菜などの食材を地元で食べる（ ② ）という取り組みも行われている。

らくらくマルつけ

13 くらしと工業生産

目標時間《もくひょうじかん》 20分

学習した日　　月　　日

名前

得点　　／100点

5101
解説→339ページ

❶ 次の問いに答えましょう。

1つ8点【64点】

(1) 工業生産額《がく》のわりあいの変化を示《しめ》した右のグラフ中のA～Eの工業のうち，せんい工業と機械工業を示したものをそれぞれ選び，記号で書きましょう。

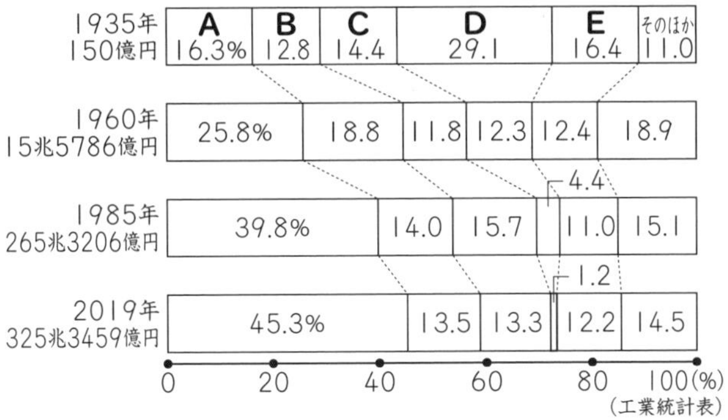

せんい工業（　　　）　機械工業（　　　）

(2) 次の工業製品《せいひん》を生産する工業を，上のグラフ中のA～Eからそれぞれ選び，記号で書きましょう。

① 衣服（　　　）　② かんづめ（　　　）

③ ねじ（　　　）　④ 薬（　　　）

(3) 工場のうち，働いている人の数が300人未満の工場を何といいますか。

（　　　　　　）

(4) 右のグラフ中のA, Bのうち，(3)を示しているのはどちらですか。

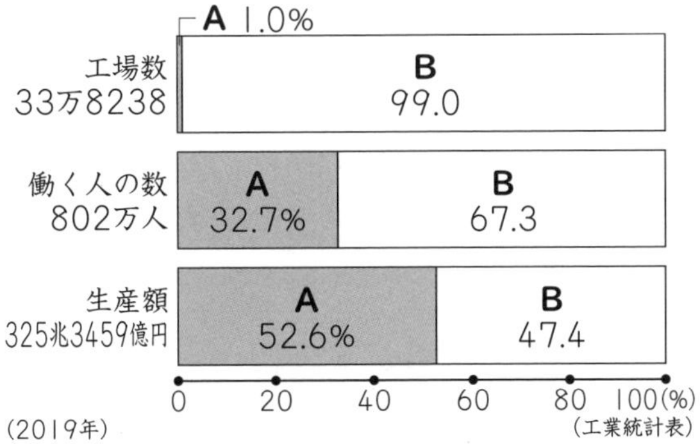

（　　　）

❷ 次の問いに答えましょう。

1つ6点【36点】

(1) 地図中のA～Cにあてはまる工業地帯・地域《ちいき》を，次からそれぞれ選び，記号で書きましょう。

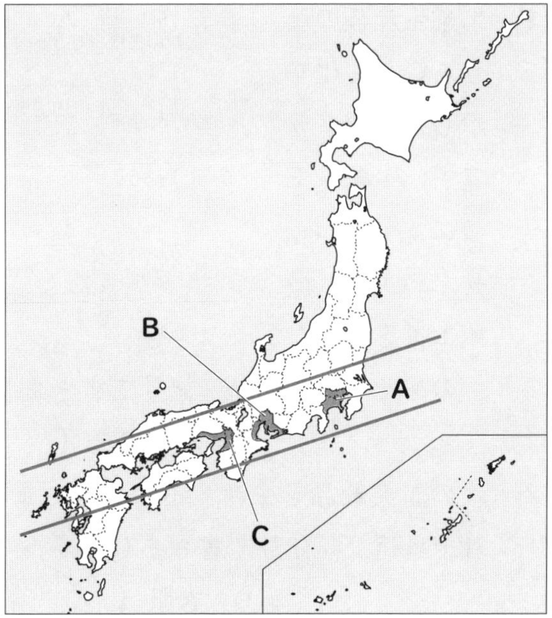

A（　　　）

B（　　　）

C（　　　）

ア 東海《とうかい》工業地域

イ 阪神《はんしん》工業地帯

ウ 京浜《けいひん》工業地帯

エ 中京《ちゅうきょう》工業地帯

(2) 地図中に══で示された，工業地帯・地域が帯のように広がっている地域を何といいますか。（　　　　　　）

(3) (2)で工業がさかんな理由として正しいものを，次から2つ選び，記号で書きましょう。（　　　）（　　　）

ア 製品を船で輸出《ゆしゅつ》するのに便利だから。

イ 石油などの原料が近くでとれるから。

ウ 原料や製品を外国から輸入するのに便利だから。

エ すずしく，すごしやすい気候だから。

社会

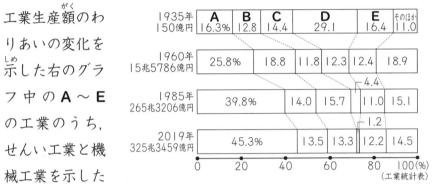

＼もう1回チャレンジ!!／

13 くらしと工業生産

目標《もくひょう》時間 20分

学習した日　　月　　日

名前

得点　　／100点

らくらくマルつけ　5101

解説→339ページ

❶ 次の問いに答えましょう。

1つ8点【64点】

(1) 工業生産額《がく》のわりあいの変化を示《しめ》した右のグラフ中のA～Eの工業のうち，せんい工業と機械工業を示したものをそれぞれ選び，記号で書きましょう。

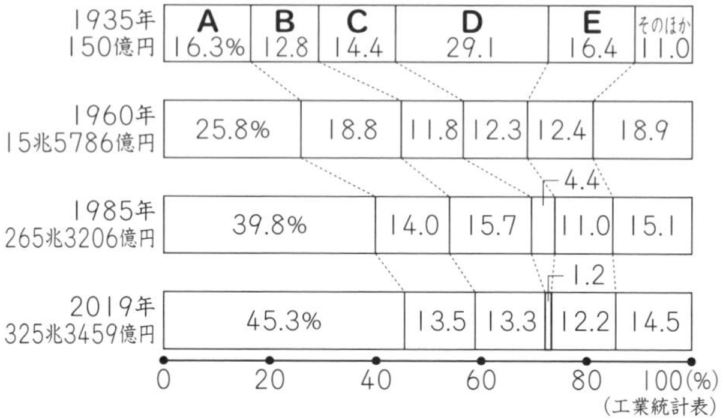

せんい工業（　　　）　機械工業（　　　）

(2) 次の工業製品《せいひん》を生産する工業を，上のグラフ中のA～Eからそれぞれ選び，記号で書きましょう。

① 衣服（　　　）　② かんづめ（　　　）

③ ねじ（　　　）　④ 薬（　　　）

(3) 工場のうち，働いている人の数が300人未満の工場を何といいますか。

（　　　　　　）

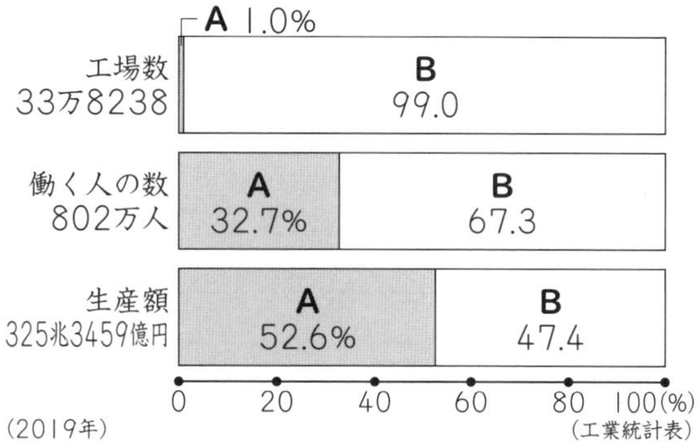

(4) 右のグラフ中のA，Bのうち，(3)を示しているのはどちらですか。（　　　）

❷ 次の問いに答えましょう。

1つ6点【36点】

(1) 地図中のA～Cにあてはまる工業地帯・地域《ちいき》を，次からそれぞれ選び，記号で書きましょう。

A（　　　）

B（　　　）

C（　　　）

ア 東海《とうかい》工業地域

イ 阪神《はんしん》工業地帯

ウ 京浜《けいひん》工業地帯

エ 中京《ちゅうきょう》工業地帯

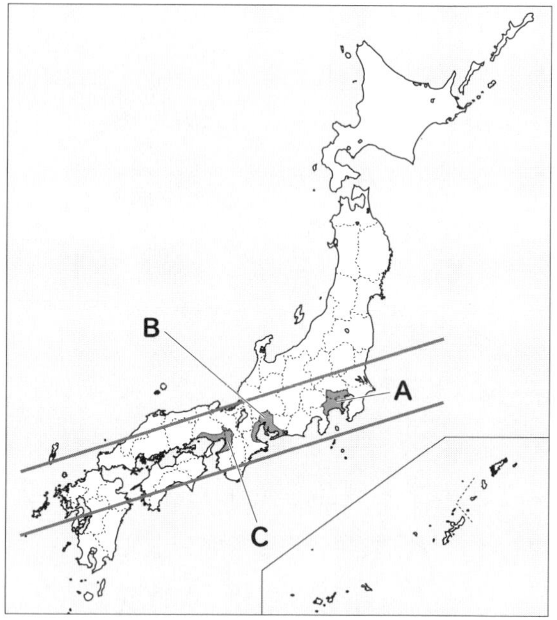

(2) 地図中に═══で示された，工業地帯・地域が帯のように広がっている地域を何といいますか。（　　　　　　）

(3) (2)で工業がさかんな理由として正しいものを，次から2つ選び，記号で書きましょう。（　　　）（　　　）

ア 製品を船で輸出《ゆしゅつ》するのに便利だから。

イ 石油などの原料が近くでとれるから。

ウ 原料や製品を外国から輸入するのに便利だから。

エ すずしく，すごしやすい気候だから。

14 自動車をつくる工業①

目標《もくひょう》時間 20分

学習した日　　月　　日

名前

得点　　／100点

らくらくマルつけ
5102
解説→339ページ

1 次のA～Dの図は，自動車工場での作業のようすを示《しめ》したものです。あとの問いに答えましょう。【60点】

A
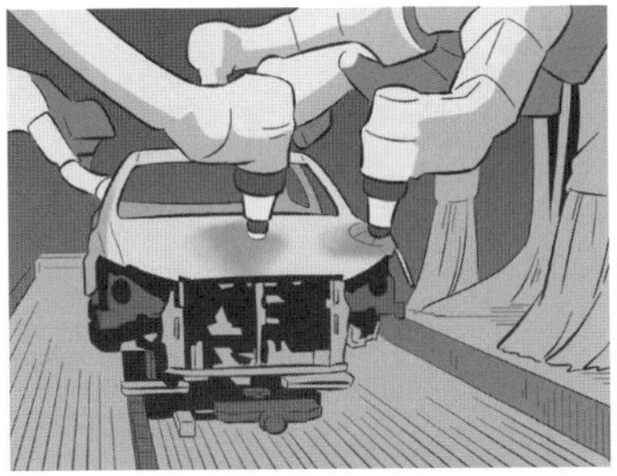

B

C

D

(1) A～Dにあてはまる作業を，次からそれぞれ選び，記号で書きましょう。1つ10点（40点）

A（　　）B（　　）C（　　）D（　　）

ア　部品をとかしてつなぎ合わせ，車体をつくる。
イ　鉄板を曲げたり打ちぬいたりして，ドアなどの部品をつくる。
ウ　エンジンやドアなどの部品を車体に取りつける。
エ　車体に色を複数《ふくすう》回ぬりつける。

(2) A～Dを，行われる順にならべかえ，記号で書きましょう。

（20点）（　　→　　→　　→　　）

2 右の図を見て，次の問いに答えましょう。1つ10点【40点】

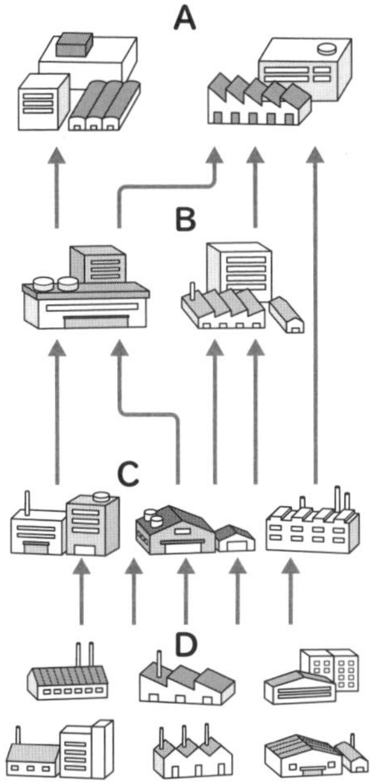

(1) 1台の自動車には，およそいくつの部品が使われていますか。次から選び，記号で書きましょう。（　　）

ア　約1千個《こ》
イ　約3千個
ウ　約3万個
エ　約10万個

(2) 自動車に必要な部品をつくってAにとどけている，B～Dの工場を何といいますか。（　　　　）

(3) 自動車生産についての説明として正しいものを，次から2つ選び，記号で書きましょう。（　　）（　　）

ア　部品をつくる工場が小さな部品をつくる工場に出荷し，小さな部品をつくる工場が細かな部品をつくる工場に出荷する。
イ　部品をつくる工場は，部品を必要な時間に必要な数だけ，組み立て工場にとどける。
ウ　部品をつくる工場が1つ生産が止まっただけで，自動車の生産にえいきょうが出る場合もある。
エ　組み立て工場は，部品をつくる工場の指示《しじ》にしたがって，自動車を組み立てる。

＼もう1回チャレンジ!!／

14 自動車をつくる工業①

目標時間《もくひょう》 20分

学習した日　月　日

名前

得点　／100点

らくらくマルつけ　5102　解説→339ページ

❶ 次のA～Dの図は，自動車工場での作業のようすを示《しめ》したものです。あとの問いに答えましょう。【60点】

A

B

C

D

(1) A～Dにあてはまる作業を，次からそれぞれ選び，記号で書きましょう。 1つ10点（40点）

A（　　　）B（　　　）C（　　　）D（　　　）

ア　部品をとかしてつなぎ合わせ，車体をつくる。
イ　鉄板を曲げたり打ちぬいたりして，ドアなどの部品をつくる。
ウ　エンジンやドアなどの部品を車体に取りつける。
エ　車体に色を複数《ふくすう》回ぬりつける。

(2) A～Dを，行われる順にならべかえ，記号で書きましょう。

（20点）（　　→　　→　　→　　）

❷ 右の図を見て，次の問いに答えましょう。 1つ10点【40点】

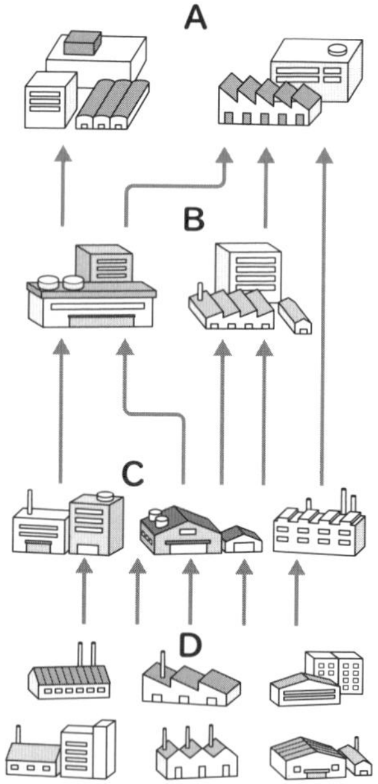

(1) 1台の自動車には，およそいくつの部品が使われていますか。次から選び，記号で書きましょう。

ア　約1千個《こ》　（　　）
イ　約3千個
ウ　約3万個
エ　約10万個

(2) 自動車に必要な部品をつくってAにとどけている，B～Dの工場を何といいますか。（　　　　）

(3) 自動車生産についての説明として正しいものを，次から2つ選び，記号で書きましょう。（　　）（　　）

ア　部品をつくる工場が小さな部品をつくる工場に出荷し，小さな部品をつくる工場が細かな部品をつくる工場に出荷する。
イ　部品をつくる工場は，部品を必要な時間に必要な数だけ，組み立て工場にとどける。
ウ　部品をつくる工場が1つ生産が止まっただけで，自動車の生産にえいきょうが出る場合もある。
エ　組み立て工場は，部品をつくる工場の指示《しじ》にしたがって，自動車を組み立てる。

15 自動車をつくる工業②

目標《もくひょう》時間 20分

学習した日　月　日

名前

得点

／100点

らくらくマルつけ

5103

解説→339ページ

❶ 新しい自動車について示《しめ》した次のA～Dの図を見て，あとの問いに答えましょう。 1つ8点【64点】

A　電気自動車

B　燃料電池自動車

C　車いすのまま乗りおりできる自動車

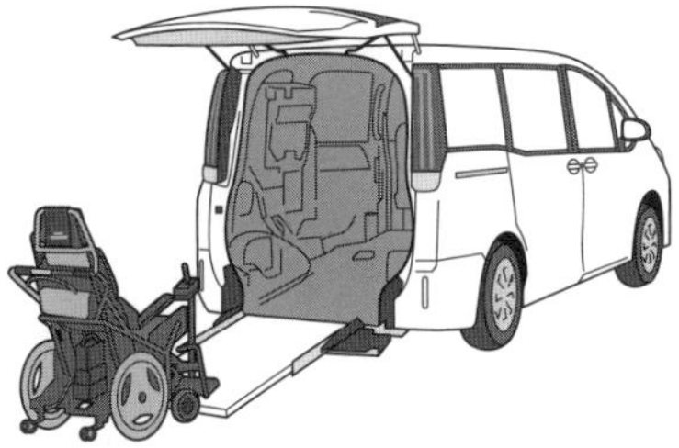

D　足を使わず，手だけで運転できる自動車

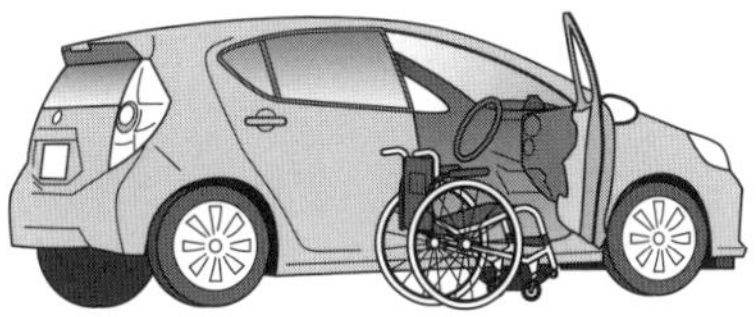

(1)　AとBについて説明した，次の文中の①～④にあてはまることばを，あとからそれぞれ選び，書きましょう。

①（　　　　　　）②（　　　　　　）

③（　　　　　　）④（　　　　　　）

A　バッテリーにたくわえた（　①　）でモーターを回して走る自動車で，走行時に（　②　）が出ない。

B　酸素《さんそ》と（　③　）を燃料《ねんりょう》として走る自動車で，排出《はいしゅつ》するのは（　④　）だけである。

【　水　　二酸化炭素　　電気　　水素　】

(2)　A～Dの自動車は，次の①，②のうちどれにあてはまりますか。それぞれ選び，記号で書きましょう。

①　高齢者《こうれいしゃ》や体の不自由な人にやさしい自動車　（　　）（　　）

②　環境《かんきょう》にやさしい自動車　（　　）（　　）

❷ 次の問いに答えましょう。 1つ9点【36点】

(1)　自動車がしょうとつしたとき，乗っている人をしょうげきから守る，右のA，Bのそうちをそれぞれ何といいますか。

A（　　　　　　）

B（　　　　　　）

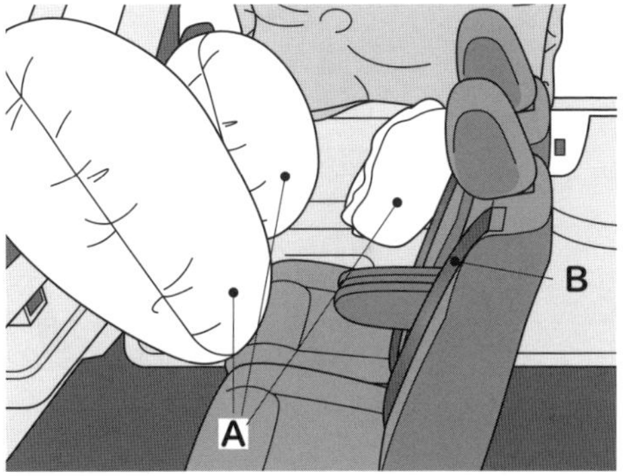

(2)　次の文中の①，②にあてはまることばを，それぞれ書きましょう。

①（　　　　　　）②（　　　　　　）

- 資源《しげん》を大切に使うため，使い終わったあとに（　①　）しやすい車づくりが進められている。
- 人がハンドルそうさを行わなくても運転できる（　②　）の技術《ぎじゅつ》開発が進められている。

社会

15 自動車をつくる工業②

目標時間《もくひょうじかん》 20分

学習した日　月　日

名前

得点　／100点

らくらくマルつけ

5103

解説→339ページ

❶ 新しい自動車について示《しめ》した次のA～Dの図を見て，あとの問いに答えましょう。 1つ8点【64点】

A　電気自動車

B　燃料電池自動車

C　車いすのまま乗りおりできる自動車

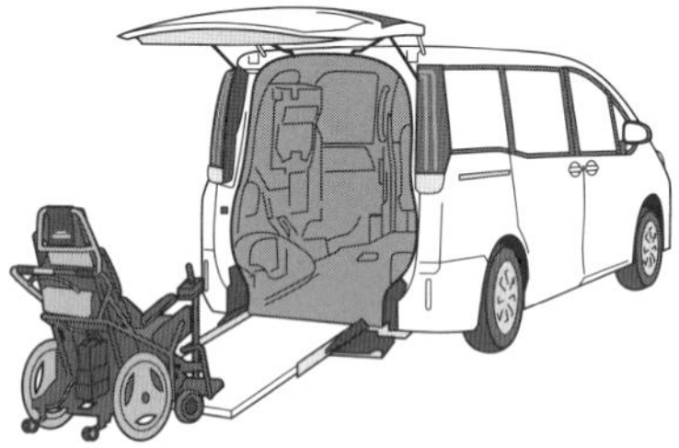

D　足を使わず，手だけで運転できる自動車

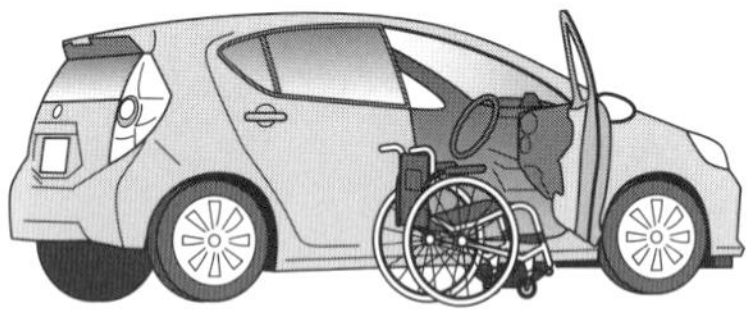

(1) AとBについて説明した，次の文中の①～④にあてはまることばを，あとからそれぞれ選び，書きましょう。

①（　　　　）②（　　　　）

③（　　　　）④（　　　　）

A　バッテリーにたくわえた（ ① ）でモーターを回して走る自動車で，走行時に（ ② ）が出ない。

B　酸素《さんそ》と（ ③ ）を燃料《ねんりょう》として走る自動車で，排出《はいしゅつ》するのは（ ④ ）だけである。

【 水　二酸化炭素　電気　水素 】

(2) A～Dの自動車は，次の①，②のうちどれにあてはまりますか。それぞれ選び，記号で書きましょう。

① 高齢者《こうれいしゃ》や体の不自由な人にやさしい自動車　（　　）（　　）

② 環境《かんきょう》にやさしい自動車　（　　）（　　）

❷ 次の問いに答えましょう。 1つ9点【36点】

(1) 自動車がしょうとつしたとき，乗っている人をしょうげきから守る，右のA，Bのそうちをそれぞれ何といいますか。

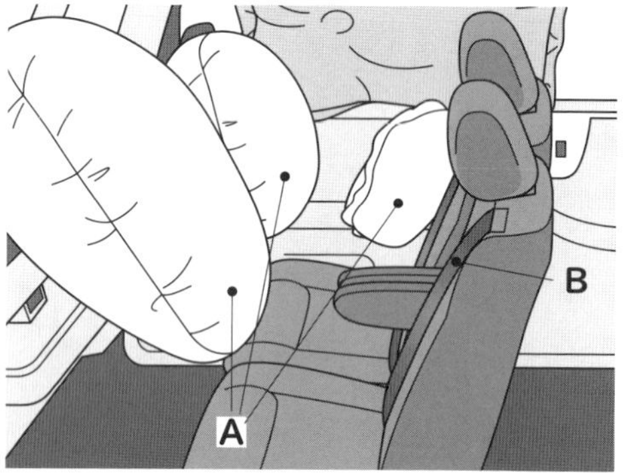

A（　　　　）

B（　　　　）

(2) 次の文中の①，②にあてはまることばを，それぞれ書きましょう。

①（　　　　）②（　　　　）

- 資源《しげん》を大切に使うため，使い終わったあとに（ ① ）しやすい車づくりが進められている。
- 人がハンドルそうさを行わなくても運転できる（ ② ）の技術《ぎじゅつ》開発が進められている。

らくらくマルつけ

16 工業生産と輸送《ゆそう》・貿易《ぼうえき》

目標時間《もくひょうじかん》 20分

学習した日　　月　　日	得点
名前	/100点

5104
解説→340ページ

❶ 次の問いに答えましょう。

1つ10点【60点】

(1) 右の図を説明した次の文中の①～③にあてはまることばを，あとからそれぞれ選び，書きましょう。

①（　　　　）②（　　　　）③（　　　　）

日本は部品や原料を（　①　）し，国内の工場で工業製品《せいひん》を（　②　）し，それを（　③　）している。

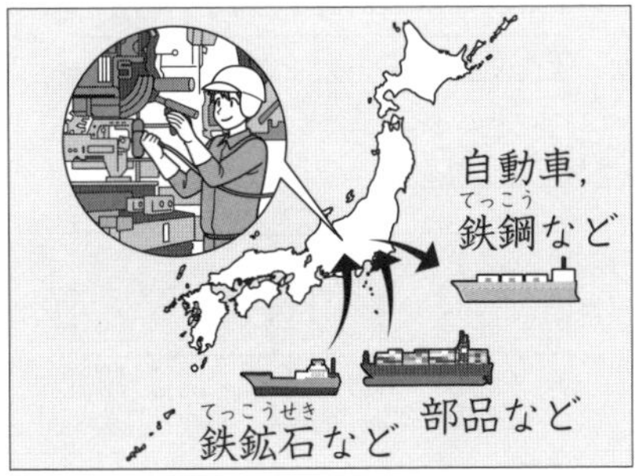

【 輸出《ゆしゅつ》　輸入　消費《しょうひ》　生産 】

(2) 日本の貿易《ぼうえき》相手国を示《しめ》した右の地図を見て，次の問いに答えましょう。

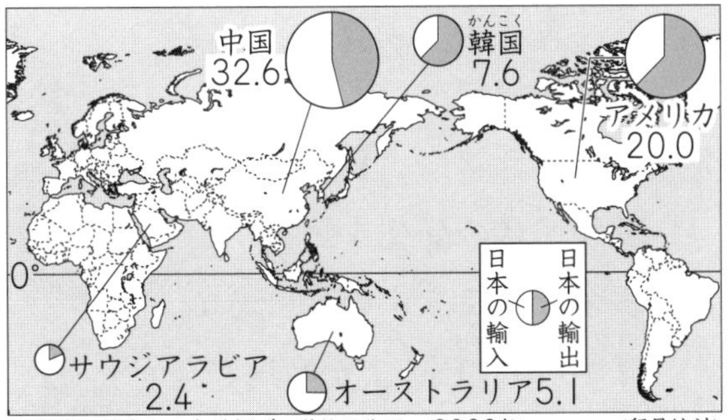

※数字は輸出入の合計額で，単位は兆円（2020年）　（貿易統計）

① 地図中の貿易相手国のうち，貿易額《がく》が最も大きい国を選び，書きましょう。

（　　　　）

② 日本にとって，輸入より輸出の方が大きくなっている国を2つ選び，書きましょう。（　　　　）（　　　　）

❷ 日本のおもな輸出品と輸入品の変化を示した次のグラフを見て，あとの問いに答えましょう。

1つ10点【40点】

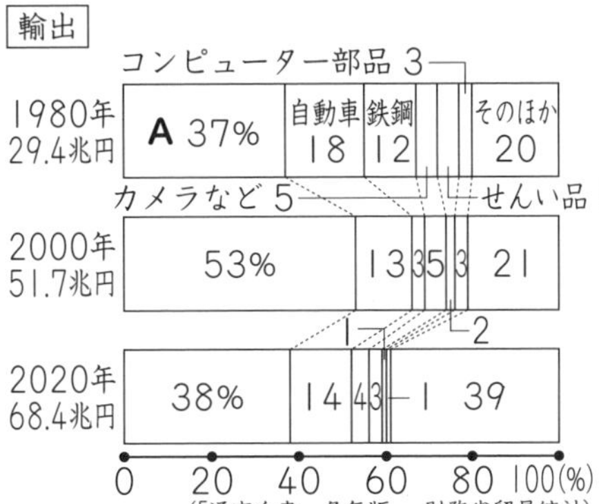

（「通商白書　各年版」，財務省貿易統計）

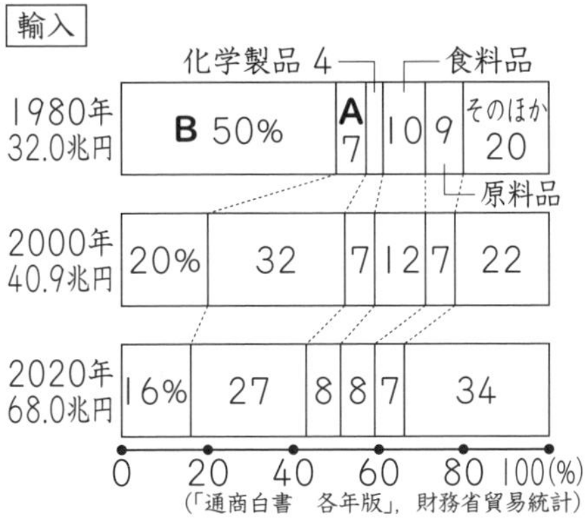

（「通商白書　各年版」，財務省貿易統計）

(1) 2020年の輸入額は，1980年の輸入額の約何倍に増《ふ》えていますか。整数で書きましょう。　約（　　）倍

(2) グラフ中のA，Bにあてはまるものを，次からそれぞれ選び，記号で書きましょう。　A（　　）B（　　）

ア　機械類　　イ　木材　　ウ　鉄鉱石　　エ　石油など燃料《ねんりょう》

(3) 右のグラフは，日本の国内貨物輸送の変化を示しています。グラフ中の①にあてはまるものを，次から選び，記号で書きましょう。

（　　）

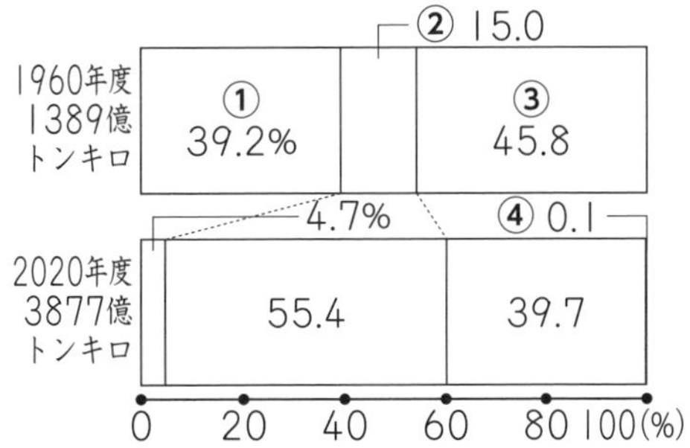

※1トンキロは，1tの荷物を1km運ぶことを示す。
（国土交通省資料）

ア　飛行機　　イ　船
ウ　鉄道　　　エ　自動車

社会

16 工業生産と輸送《ゆそう》・貿易《ぼうえき》

目標時間《もくひょう》 20分

学習した日　月　日

名前

得点　／100点

5104 解説→340ページ

らくらくマルつけ

❶ 次の問いに答えましょう。 1つ10点【60点】

(1) 右の図を説明した次の文中の①～③にあてはまることばを，あとからそれぞれ選び，書きましょう。

①（　　　）②（　　　）③（　　　）

日本は部品や原料を（　①　）し，国内の工場で工業製品《せいひん》を（　②　）し，それを（　③　）している。

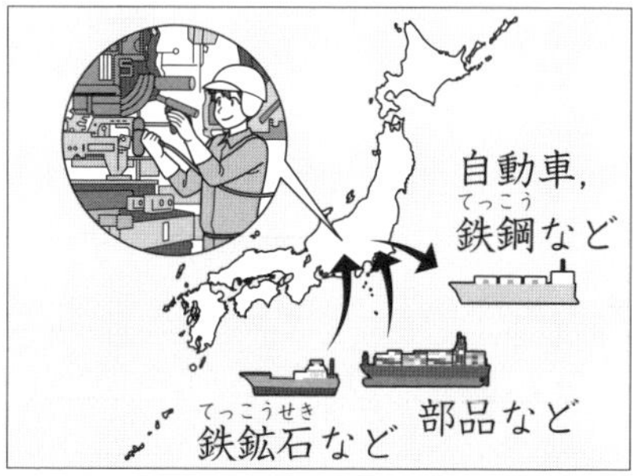

【　輸出《ゆしゅつ》　輸入　消費《しょうひ》　生産　】

(2) 日本の貿易《ぼうえき》相手国を示《しめ》した右の地図を見て，次の問いに答えましょう。

① 地図中の貿易相手国のうち，貿易額《がく》が最も大きい国を選び，書きましょう。

（　　　）

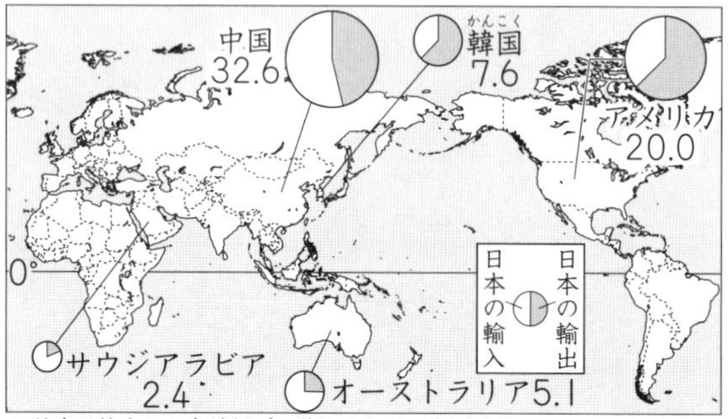

※数字は輸出入の合計額で，単位は兆円（2020年）　　（貿易統計）

② 日本にとって，輸入より輸出の方が大きくなっている国を2つ選び，書きましょう。（　　　）（　　　）

❷ 日本のおもな輸出品と輸入品の変化を示した次のグラフを見て，あとの問いに答えましょう。 1つ10点【40点】

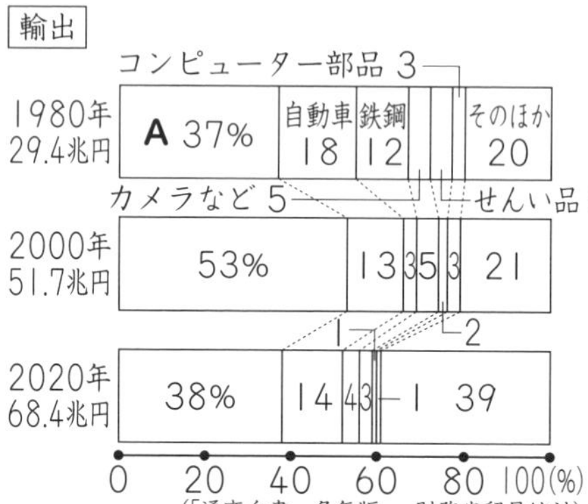

（「通商白書　各年版」，財務省貿易統計）

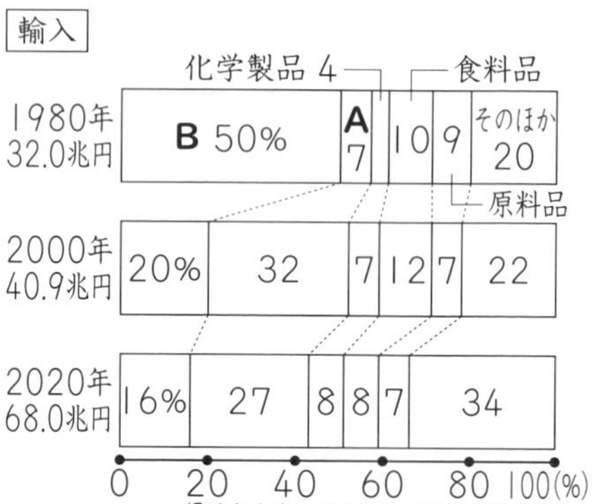

（「通商白書　各年版」，財務省貿易統計）

(1) 2020年の輸入額は，1980年の輸入額の約何倍に増《ふ》えていますか。整数で書きましょう。　約（　　）倍

(2) グラフ中のA，Bにあてはまるものを，次からそれぞれ選び，記号で書きましょう。　A（　　）B（　　）

ア　機械類　　イ　木材　　ウ　鉄鉱石　　エ　石油など燃料《ねんりょう》

(3) 右のグラフは，日本の国内貨物輸送の変化を示しています。グラフ中の①にあてはまるものを，次から選び，記号で書きましょう。

（　　）

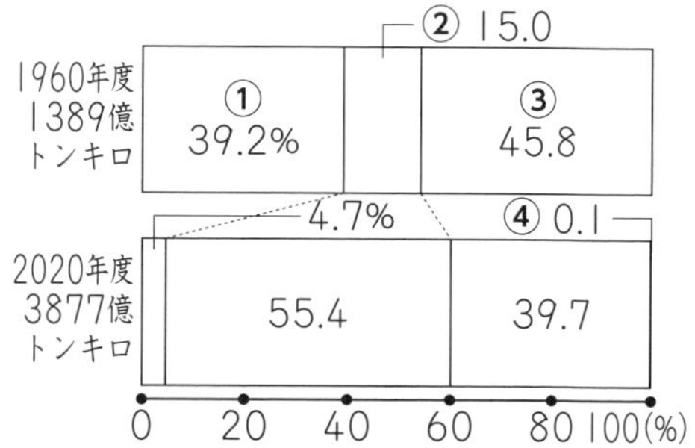

※1トンキロは，1tの荷物を1km運ぶことを示す。
（国土交通省資料）

ア　飛行機　　イ　船

ウ　鉄道　　エ　自動車

これからの工業生産

目標時間《もくひょうじかん》 20分

学習した日　月　日

名前

得点　／100点

らくらくマルつけ

5105
解説→340ページ

1 次のA，Bについて説明した文中の①，②にあてはまることばを，あとからそれぞれ選び，書きましょう。　1つ10点【20点】

A

B
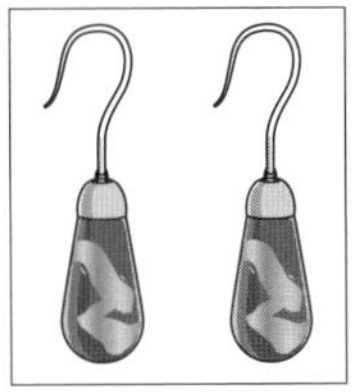

①（　　　　　　　）②（　　　　　　　）

> Aは（ ① ）を受けついでつくられた製品《せいひん》，Bは古くから受けつがれた高い技術《ぎじゅつ》を生かし，（ ② ）の生活に合うようにつくられた製品である。

【 伝統《でんとう》　寒い地域　現代《げんだい》　未来 】

2 右のグラフは，日本の自動車の生産台数の変化を示《しめ》しています。グラフ中のX，Yは国内生産と海外生産のどちらにあてはまりますか。それぞれ書きましょう。

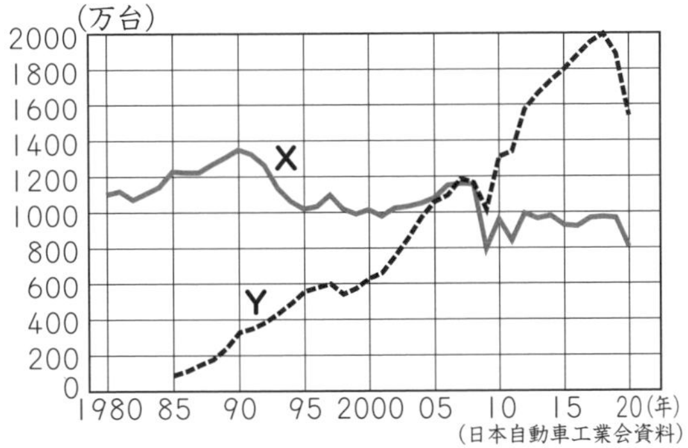

1つ10点【20点】

X（　　　　　　　）Y（　　　　　　　）

3 次の問いに答えましょう。　1つ10点【60点】

(1) 右の各工業の生産額《がく》にしめる中小工場と大工場のわりあいのグラフを見て，大工場よりも中小工場の生産額のわりあいが高い工業を，次から2つ選び，記号で書きましょう。（　　）（　　）

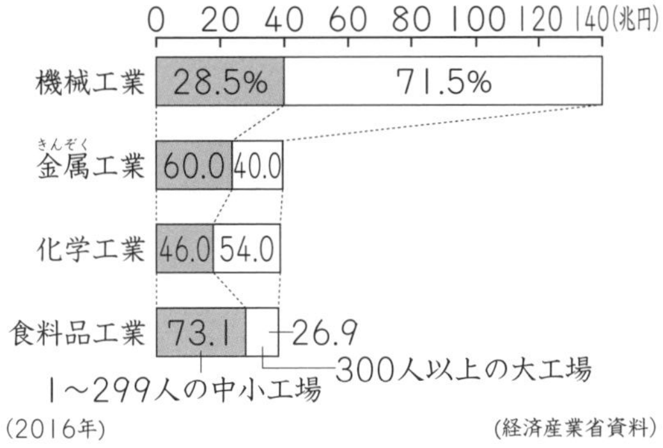

ア　化学工業　イ　機械工業　ウ　食料品工業　エ　金属工業

(2) 次の文中の①，②について，ア，イからあてはまることばをそれぞれ選び，記号で書きましょう。①（　　）②（　　）

> 中小工場は，高い技術をもっている近くの中小工場と協力し，①（ア　全員で同じ内容《ないよう》の仕事をする　イ　分担《ぶんたん》して仕事を行う　）ことで，②（ア　短い　イ　長い　）期間で高品質《こうひんしつ》の部品や工業製品をつくっている。

(3) これからの工業生産に大切であると考えられることを，次から2つ選び，記号で書きましょう。（　　）（　　）

ア　同じ製品を大量に生産し続けること。
イ　伝統的な技術を活用して，新しい技術を高めること。
ウ　さまざまな資源《しげん》を大切にしながら生産すること。
エ　外国製品の輸入《ゆにゅう》をやめ，日本製品だけを売ること。

社会

＼もう1回チャレンジ!!／

17 これからの工業生産

目標時間《もくひょう》 20分

学習した日　　月　　日

名前

得点　　／100点

らくらくマルつけ

5105
解説→340ページ

❶ 次のA，Bについて説明した文中の①，②にあてはまることばを，あとからそれぞれ選び，書きましょう。 1つ10点【20点】

A

B

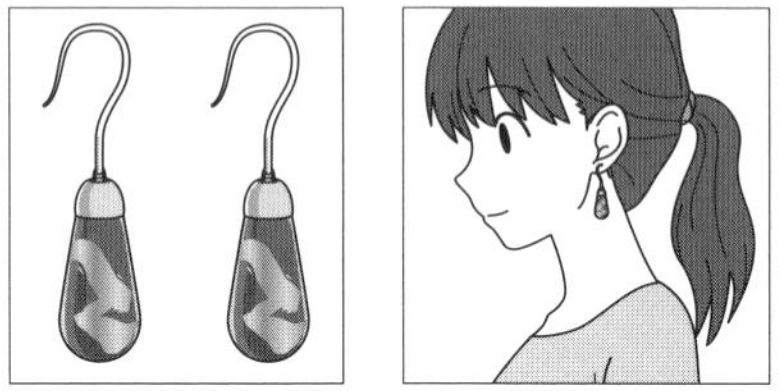

①（　　　　　　　　）②（　　　　　　　　）

> Aは（　①　）を受けついでつくられた製品《せいひん》，Bは古くから受けつがれた高い技術《ぎじゅつ》を生かし，（　②　）の生活に合うようにつくられた製品である。

【 伝統《でんとう》　寒い地域　現代《げんだい》　未来 】

❷ 右のグラフは，日本の自動車の生産台数の変化を示《しめ》しています。グラフ中のX，Yは国内生産と海外生産のどちらにあてはまりますか。それぞれ書きましょう。 1つ10点【20点】

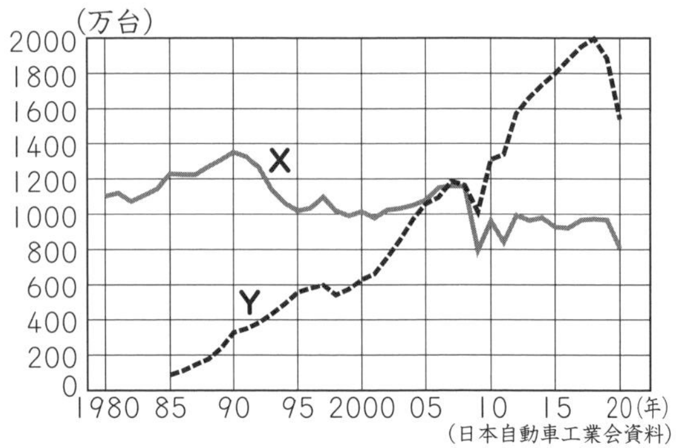

(日本自動車工業会資料)

X（　　　　　　　　）Y（　　　　　　　　）

❸ 次の問いに答えましょう。 1つ10点【60点】

(1) 右の各工業の生産額《がく》にしめる中小工場と大工場のわりあいのグラフを見て，大工場よりも中小工場の生産額のわりあいが高い工業を，次から2つ選び，記号で書きましょう。

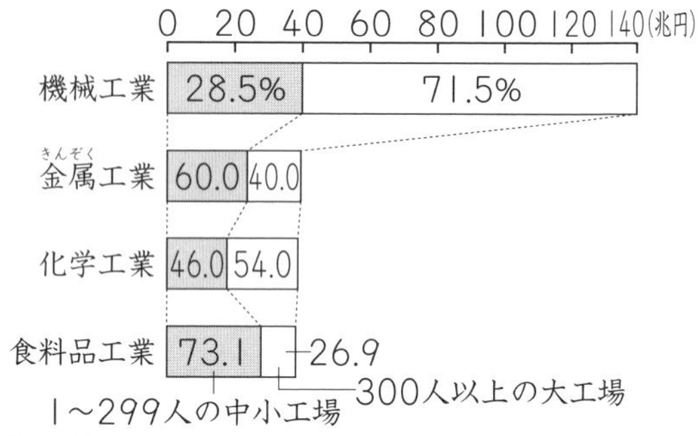

(経済産業省資料)

（　　　）（　　　）

ア　化学工業　イ　機械工業　ウ　食料品工業　エ　金属工業

(2) 次の文中の①，②について，ア，イからあてはまることばをそれぞれ選び，記号で書きましょう。 ①（　　　）②（　　　）

> 中小工場は，高い技術をもっている近くの中小工場と協力し，①（ア　全員で同じ内容《ないよう》の仕事をする　イ　分担《ぶんたん》して仕事を行う　）ことで，②（ア　短い　イ　長い　）期間で高品質《こうひんしつ》の部品や工業製品をつくっている。

(3) これからの工業生産に大切であると考えられることを，次から2つ選び，記号で書きましょう。 （　　　）（　　　）

ア　同じ製品を大量に生産し続けること。
イ　伝統的な技術を活用して，新しい技術を高めること。
ウ　さまざまな資源《しげん》を大切にしながら生産すること。
エ　外国製品の輸入《ゆにゅう》をやめ，日本製品だけを売ること。

18 情報《じょうほう》産業とくらし①

目標《もくひょう》時間 20分

学習した日　月　日

名前

得点

／100点

らくらくマルつけ

5106
解説→340ページ

❶ ニュースを得《え》るときに利用するメディアについてまとめた次の図を見て，あとの問いに答えましょう。 1つ10点【50点】

(1) 一度にたくさんの人々に情報《じょうほう》を伝えるメディアを何といいますか。　(　　　　)

(2) 次の説明にあてはまるものを，図中の**ア**～**エ**からそれぞれ選び，記号で書きましょう。

① 知りたい情報を自分で検《けん》さくして，すぐに調べることができる。　(　　)

② 情報を何度も読み返すことができたり，情報を切りぬいて保《ほ》存《ぞん》したりすることができる。　(　　)

③ 車の運転や家事をしながら情報を得ることができる。　(　　)

④ 番組の中で，世界中のできごとを，映像《えいぞう》と音声を通して知ることができる。　(　　)

❷ 次のア～ウは，ニュース番組をつくるようすを示《しめ》しています。これを見て，あとの問いに答えましょう。 1つ10点【50点】

(1) 次の①～③の仕事を表しているものを，**ア**～**ウ**からそれぞれ選び，記号で書きましょう。

① 現場《げんば》に行き，インタビューなどの取材をする。　(　　)

② 取材でさつえいした映像を編集《へんしゅう》する。　(　　)

③ 番組で伝えるニュースの内容《ないよう》や順番を決める。　(　　)

(2) スタジオのすぐ近くにあり，画面や字幕《じまく》の切りかえをしたり，番組を進行するための指示《しじ》を出したりして，放送を管理する場所を何といいますか。　(　　　　)

(3) ニュース番組を放送するときに大切なこととして，あてはまらないものを，次から選び，記号で書きましょう。　(　　)

ア 正確《せいかく》な情報を伝えること。

イ 見ている人にわかりやすく伝えること。

ウ 起こった事件《じけん》や事故《じこ》をすばやく伝えること。

エ できるだけむずかしいことばを使って伝えること。

18 情報《じょうほう》産業とくらし①

目標《もくひょう》時間 20分

学習した日　月　日

名前

得点

/100点

らくらくマルつけ

5106

解説→340ページ

❶ ニュースを得《え》るときに利用するメディアについてまとめた次の図を見て，あとの問いに答えましょう。　1つ10点【50点】

(1) 一度にたくさんの人々に情報《じょうほう》を伝えるメディアを何といいますか。　(　　　　)

(2) 次の説明にあてはまるものを，図中のア～エからそれぞれ選び，記号で書きましょう。

① 知りたい情報を自分で検《けん》さくして，すぐに調べることができる。　(　　)

② 情報を何度も読み返すことができたり，情報を切りぬいて保《ほ》存《ぞん》したりすることができる。　(　　)

③ 車の運転や家事をしながら情報を得ることができる。　(　　)

④ 番組の中で，世界中のできごとを，映像《えいぞう》と音声を通して知ることができる。　(　　)

❷ 次のア～ウは，ニュース番組をつくるようすを示《しめ》しています。これを見て，あとの問いに答えましょう。　1つ10点【50点】

(1) 次の①～③の仕事を表しているものを，ア～ウからそれぞれ選び，記号で書きましょう。

① 現場《げんば》に行き，インタビューなどの取材をする。　(　　)

② 取材でさつえいした映像を編集《へんしゅう》する。　(　　)

③ 番組で伝えるニュースの内容《ないよう》や順番を決める。　(　　)

(2) スタジオのすぐ近くにあり，画面や字幕《じまく》の切りかえをしたり，番組を進行するための指示《しじ》を出したりして，放送を管理する場所を何といいますか。　(　　　　)

(3) ニュース番組を放送するときに大切なこととして，あてはまらないものを，次から選び，記号で書きましょう。　(　　)

ア 正確《せいかく》な情報を伝えること。

イ 見ている人にわかりやすく伝えること。

ウ 起こった事件《じけん》や事故《じこ》をすばやく伝えること。

エ できるだけむずかしいことばを使って伝えること。

らくらくマルつけ

19 情報《じょうほう》産業とくらし②

目標時間《もくひょうじかん》 20分

学習した日　　月　　日

名前

得点　　／100点

5107
解説→341ページ

❶ 次の問いに答えましょう。　【55点】

(1) 情報通信技術《じょうほうつうしんぎじゅつ》のことをアルファベット３文字で何といいますか。

(8点) (　　　　　　　)

(2) 買い物をするとき，電子マネーとして使えるものを，次から２つ選び，記号で書きましょう。　1つ8点（16点）

(　　　)(　　　)

ア　スタンプカード　　イ　IC《アイシー》カード

ウ　スマートフォン　　エ　レシート

(3) 右の図は，コンビニエンスストアのレジなどで，商品情報を読み取るときに使われているものです。これを見て，次の問いに答えましょう。

9784578220558

① これを何といいますか。　(7点) (　　　　　　　)

② ①を読み取ってできることを，次から２つ選び，記号で書きましょう。　1つ8点（16点）(　　　)(　　　)

ア　商品にどのような成分がふくまれているのかを調べる。

イ　どの商品がいくつ売れたかを記録する。

ウ　商品がいつつくられたかを調べる。

エ　読み取った情報を本部に送る。

③ ②の情報を読み取り，商品の仕入れや売り上げなどを管理するしくみを，アルファベット３文字で何といいますか。　(8点)

(　　　　　　　) システム

❷ 次の問いに答えましょう。　1つ9点【45点】

(1) 次の説明があてはまることばを，アルファベットで書きましょう。

① 大量の情報を処理《しょり》し，人間のように知的な活動を行う機能《きのう》を備《そな》えたコンピューターやその技術。　(　　　　　)

② 友だちや同じしゅみをもつ人たちなどが交流するためのインターネット上のサービス。　(　　　　　)

(2) 情報通信機器を持っている家庭のわりあいの変化を示《しめ》した，右の図中のA～Dのうち，Bにあてはまるものを，次から選び，記号で書きましょう。

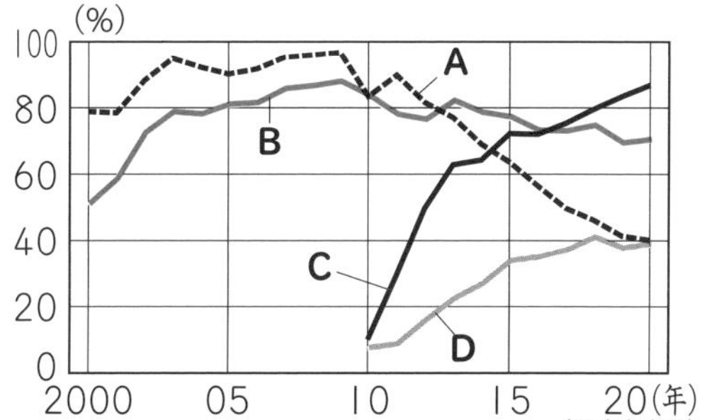

（総務省資料）

(　　　)

ア　携帯《けいたい》電話・PHS　　イ　パソコン

ウ　スマートフォン　　エ　タブレット型《がた》コンピューター

(3) インターネットの注意点について述《の》べた文として正しいものを，次から２つ選び，記号で書きましょう。　(　　　)(　　　)

ア　自分の住所や電話番号などは，インターネット上ではできるだけ明かさない。

イ　気に入った音楽を見つけたら，コピーしてみんなに送る。

ウ　他人の個人《こじん》情報は，インターネット上に絶対《ぜったい》流さない。

エ　自分に送られてきた電子メールは，だれから送られてきたものでも，すべて開いて返事を書く。

社会

19 情報《じょうほう》産業とくらし②

目標《もくひょう》時間 20分

学習した日　　月　　日

名前

得点　　／100点

らくらくマルつけ
5107
解説→341ページ

❶ 次の問いに答えましょう。　【55点】

(1) 情報《じょうほう》通信技術《ぎじゅつ》のことをアルファベット３文字で何といいますか。

(8点)（　　　　　）

(2) 買い物をするとき，電子マネーとして使えるものを，次から２つ選び，記号で書きましょう。　1つ8点（16点）

（　　）（　　）

ア　スタンプカード　　イ　IC《アイシー》カード
ウ　スマートフォン　　エ　レシート

(3) 右の図は，コンビニエンスストアのレジなどで，商品情報を読み取るときに使われているものです。これを見て，次の問いに答えましょう。

9784578220558

① これを何といいますか。　(7点)（　　　　　）

② ①を読み取ってできることを，次から２つ選び，記号で書きましょう。　1つ8点（16点）（　　）（　　）

ア　商品にどのような成分がふくまれているのかを調べる。
イ　どの商品がいくつ売れたかを記録する。
ウ　商品がいつつくられたかを調べる。
エ　読み取った情報を本部に送る。

③ ②の情報を読み取り，商品の仕入れや売り上げなどを管理するしくみを，アルファベット３文字で何といいますか。　(8点)

（　　　　　）システム

❷ 次の問いに答えましょう。　1つ9点【45点】

(1) 次の説明があてはまることばを，アルファベットで書きましょう。

① 大量の情報を処理《しょり》し，人間のように知的な活動を行う機能《きのう》を備《そな》えたコンピューターやその技術。（　　　）

② 友だちや同じしゅみをもつ人たちなどが交流するためのインターネット上のサービス。（　　　）

(2) 情報通信機器を持っている家庭のわりあいの変化を示《しめ》した，右の図中のA～Dのうち，Bにあてはまるものを，次から選び，記号で書きましょう。

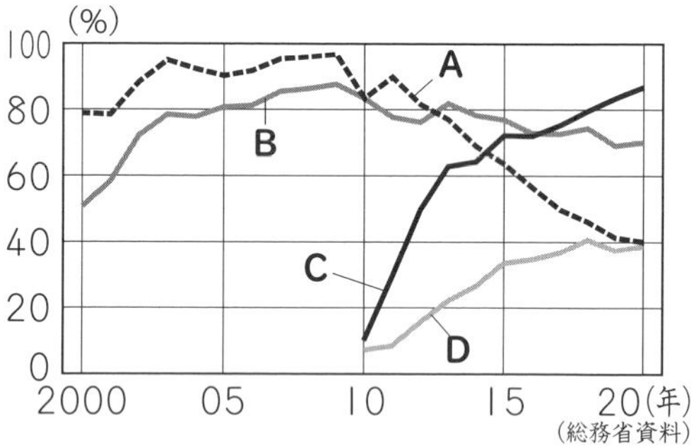

（総務省資料）

（　　）

ア　携帯《けいたい》電話・PHS　　イ　パソコン
ウ　スマートフォン　　エ　タブレット型《がた》コンピューター

(3) インターネットの注意点について述《の》べた文として正しいものを，次から２つ選び，記号で書きましょう。　（　　）（　　）

ア　自分の住所や電話番号などは，インターネット上ではできるだけ明かさない。
イ　気に入った音楽を見つけたら，コピーしてみんなに送る。
ウ　他人の個人《こじん》情報は，インターネット上に絶対《ぜったい》流さない。
エ　自分に送られてきた電子メールは，だれから送られてきたものでも，すべて開いて返事を書く。

20 くらしと環境《かんきょう》①

目標《もくひょう》時間 20分

学習した日　月　日

名前

得点　／100点

5108
解説→341ページ

らくらくマルつけ

❶ 次の問いに答えましょう。 1つ8点【40点】

(1) 地図中の▲で起こった自然災害《さいがい》を，次から選び，記号で書きましょう。

(　　　)

ア　大雪による被害《ひがい》
イ　豪雨《ごうう》による被害
ウ　噴火《ふんか》による被害
エ　台風《たいふう》による被害

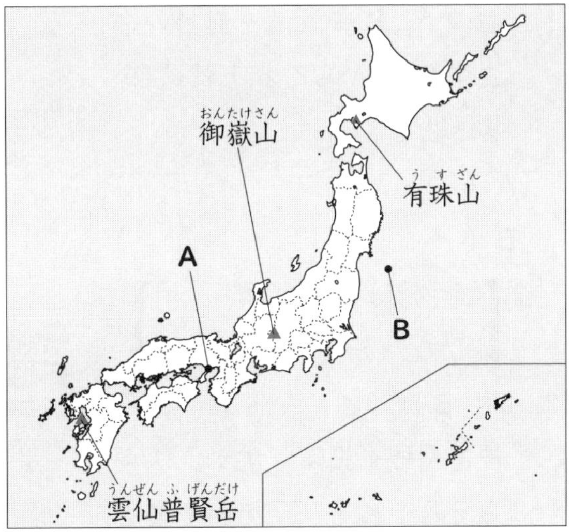

(2) 地図を見て，次の大《だい》震災《しんさい》の名前を，それぞれ書きましょう。

① 1995年にAの地域《ちいき》で起こった大震災

(　　　　　　　　)大震災

② 2011年にBの地点が震源《しんげん》となった大震災

(　　　　　　　　)大震災

(3) (2)②によって，海岸ぞいの地域に大きな被害をもたらした自然災害を何といいますか。(　　　)

(4) 地震の発生について述《の》べた，次の文中の（　　）にあてはまることばを書きましょう。(　　　　)

長い時間をかけ，地中の（　　）が出合う所にひずみがたまり，大地にずれが生じることで，地震が起こる。

❷ 次の問いに答えましょう。 1つ10点【60点】

(1) 右のA，Bの設備《せつび》を何といいますか。次からそれぞれ選び，書きましょう。

A (　　　　　　)
B (　　　　　　)

【砂防《さぼう》ダム　放水路
ひなんタワー　防潮堤《ぼうちょうてい》】

A

B

(2) A，Bは，どんな災害による被害を防《ふせ》ぐ設備ですか。次からそれぞれ選び，記号で書きましょう。

A (　　　) B (　　　)

ア　こう水　イ　地震　ウ　土砂《どしゃ》くずれ　エ　津波《つなみ》

(3) 次の文中の（　　）にあてはまることばを書きましょう。

(　　　　　　　　)

大きな地震が起こったとき，気象庁《きしょうちょう》は緊急《きんきゅう》の知らせである（　　）を出す。

(4) あらかじめ自然災害の被害が予測《よそく》されるはんいや，被害の大きさなどを示《しめ》した地図を何といいますか。

(　　　　　　　　)

社会

＼もう1回チャレンジ!!／

20 くらしと環境《かんきょう》①

目標《もくひょう》時間 20分

学習した日　月　日

名前

得点　／100点

らくらくマルつけ

5108
解説→341ページ

❶ 次の問いに答えましょう。　1つ8点【40点】

(1) 地図中の▲で起こった自然災害《さいがい》を，次から選び，記号で書きましょう。

(　　)

ア　大雪による被害《ひがい》

イ　豪雨《ごうう》による被害

ウ　噴火《ふんか》による被害

エ　台風《たいふう》による被害

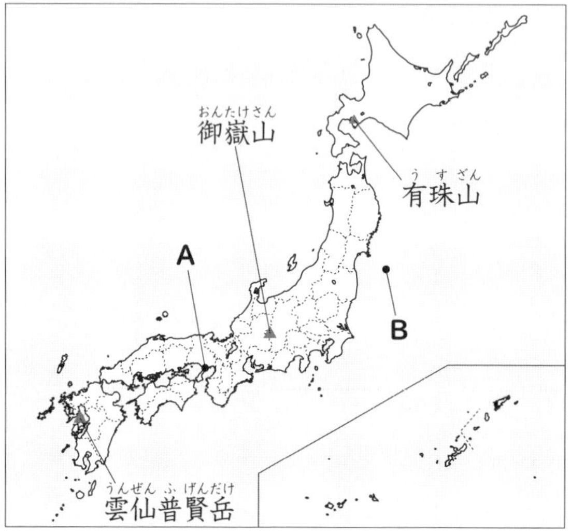

(2) 地図を見て，次の大《だい》震災《しんさい》の名前を，それぞれ書きましょう。

① 1995年にAの地域《ちいき》で起こった大震災

(　　　　　　　　) 大震災

② 2011年にBの地点が震源《しんげん》となった大震災

(　　　　　　　　) 大震災

(3) (2)②によって，海岸ぞいの地域に大きな被害をもたらした自然災害を何といいますか。　(　　　)

(4) 地震の発生について述《の》べた，次の文中の（　　）にあてはまることばを書きましょう。　(　　　　)

長い時間をかけ，地中の（　　）が出合う所にひずみがたまり，大地にずれが生じることで，地震が起こる。

❷ 次の問いに答えましょう。　1つ10点【60点】

(1) 右のA，Bの設備《せつび》を何といいますか。次からそれぞれ選び，書きましょう。

A (　　　　　　　　)

B (　　　　　　　　)

【砂防《さぼう》ダム　放水路　ひなんタワー　防潮堤《ぼうちょうてい》】

A

B

(2) A，Bは，どんな災害による被害を防《ふせ》ぐ設備ですか。次からそれぞれ選び，記号で書きましょう。

A (　　)　B (　　)

ア　こう水　イ　地震　ウ　土砂《どしゃ》くずれ　エ　津波《つなみ》

(3) 次の文中の（　　）にあてはまることばを書きましょう。

(　　　　　　　　)

大きな地震が起こったとき，気象庁《きしょうちょう》は緊急《きんきゅう》の知らせである（　　）を出す。

(4) あらかじめ自然災害の被害が予測《よそく》されるはんいや，被害の大きさなどを示《しめ》した地図を何といいますか。

(　　　　　　　　)

21 くらしと環境《かんきょう》②

目標《もくひょう》時間 20分

学習した日　　月　　日

名前

得点　　／100点

らくらくマルつけ

5109
解説→341ページ

❶ 次の問いに答えましょう。　1つ10点【40点】

(1) 次の文中の①，②について，ア，イからあてはまることばをそれぞれ選び，記号で書きましょう。　①（　　　）②（　　　）

> 日本の森林の面積は国土の①（ア　約3分の1　イ　約3分の2）で，世界の中でもわりあいが②（ア　高い　イ　低い）。

(2) 右のグラフは，天然林と人工林の面積の変化を示《しめ》しており，グラフ中のA，Bは天然林，人工林のいずれかです。天然林にあてはまるものを選び，記号で書きましょう。　（　　　）

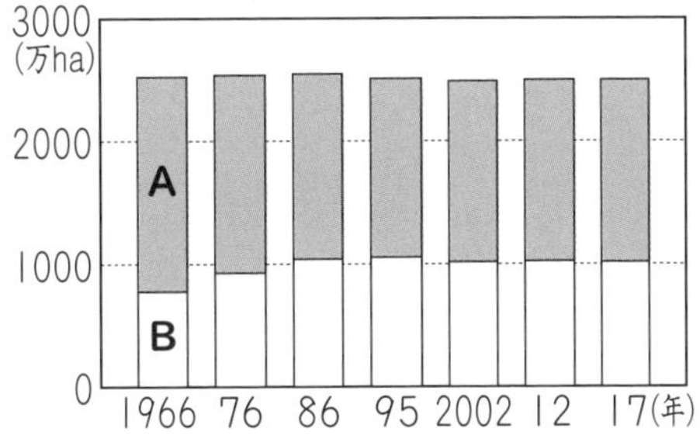

※天然林は，そのほかもふくむ。
（森林資源現況総括表ほか）

(3) 右のグラフは，林業で働く人の数の変化を示しています。グラフから読み取れることを次から選び，記号で書きましょう。（　　　）

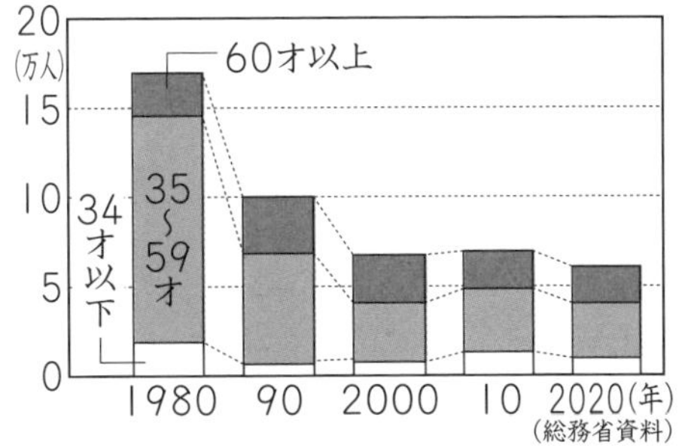

（総務省資料）

ア　林業で働く人は年々増《ぞう》加《か》している。

イ　どの年も60才以上のわりあいが最も高い。

ウ　34才以下の人の数が減《へ》り続けている。

エ　1980年から2020年にかけて，働く人は半分以下になった。

❷ 次の図を見て，あとの問いに答えましょう。　1つ10点【60点】

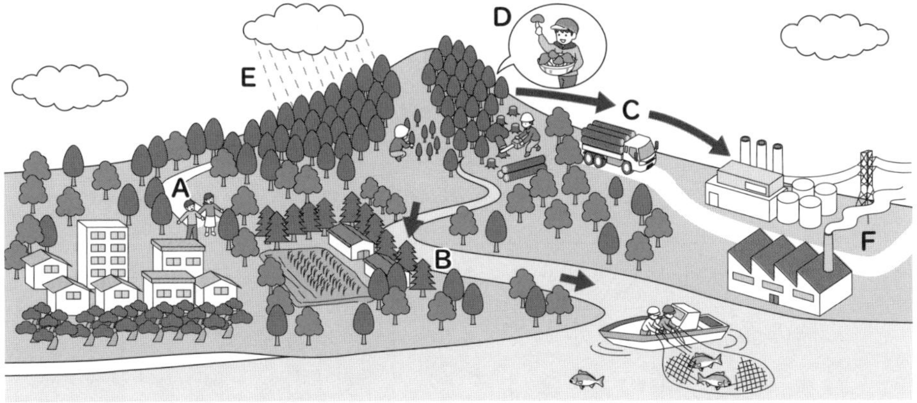

(1) 次は，図中のA～Eについて説明したものです。文中の①～⑤にあてはまることばを，あとからそれぞれ選び，記号で書きましょう。

A　（　①　）を取りこみきれいにする。　（　　　）

B　たくさんの（　②　）をたくわえて，少しずつ海に流す。　（　　　）

C　（　③　）を生産する。　（　　　）

D　きのこや木の実などの（　④　）をもたらす。　（　　　）

E　大雨がふっても，地面に張《は》った木々の根が（　⑤　）を防《ふせ》ぐ。　（　　　）

ア　空気　　イ　木材　　ウ　食料　　エ　土砂《どしゃ》くずれ

オ　噴火《ふんか》　　カ　雨水

(2) Fからのはいき物による汚染《おせん》など，産業の発展《はってん》による環境の悪化が原因《げんいん》となり，住民の生活や健康に被害《ひがい》が出ることを何といいますか。　（　　　）

社会

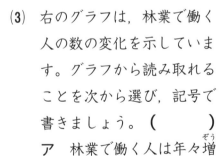

21 くらしと環境《かんきょう》②

目標《もくひょう》時間 20分

学習した日　月　日

名前

得点　／100点

5109

解説→341ページ

らくらくマルつけ

❶ 次の問いに答えましょう。 1つ10点【40点】

(1) 次の文中の①，②について，ア，イからあてはまることばをそれぞれ選び，記号で書きましょう。 ①（　　）②（　　）

> 日本の森林の面積は国土の①（ア　約3分の1　イ　約3分の2）で，世界の中でもわりあいが②（ア　高い　イ　低い）。

(2) 右のグラフは，天然林と人工林の面積の変化を示《しめ》しており，グラフ中のA，Bは天然林，人工林のいずれかです。天然林にあてはまるものを選び，記号で書きましょう。（　　）

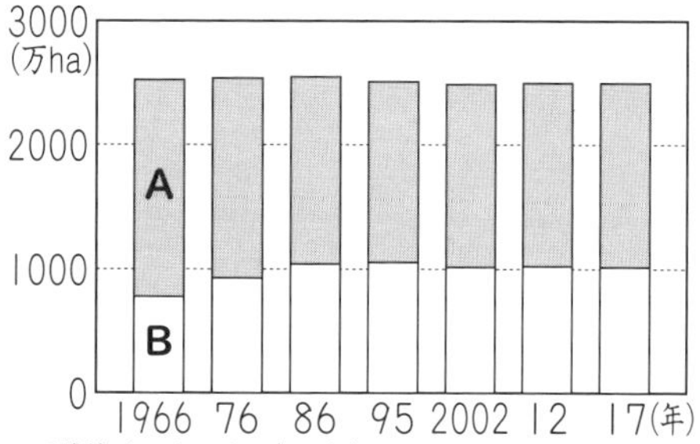

※天然林は，そのほかもふくむ。
（森林資源現況総括表ほか）

(3) 右のグラフは，林業で働く人の数の変化を示しています。グラフから読み取れることを次から選び，記号で書きましょう。（　　）

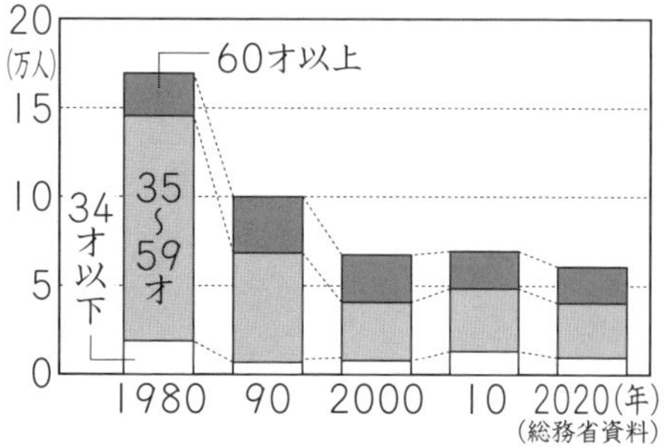

（総務省資料）

ア　林業で働く人は年々増《ぞう》加《か》している。

イ　どの年も60才以上のわりあいが最も高い。

ウ　34才以下の人の数が減《へ》り続けている。

エ　1980年から2020年にかけて，働く人は半分以下になった。

❷ 次の図を見て，あとの問いに答えましょう。 1つ10点【60点】

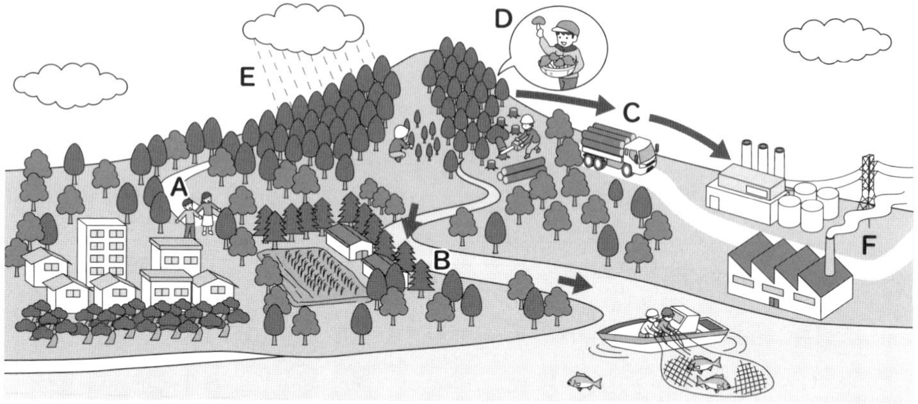

(1) 次は，図中のA～Eについて説明したものです。文中の①～⑤にあてはまることばを，あとからそれぞれ選び，記号で書きましょう。

A（　①　）を取りこみきれいにする。（　　）

B　たくさんの（　②　）をたくわえて，少しずつ海に流す。（　　）

C（　③　）を生産する。（　　）

D　きのこや木の実などの（　④　）をもたらす。（　　）

E　大雨がふっても，地面に張《は》った木々の根が（　⑤　）を防《ふせ》ぐ。（　　）

ア　空気　　イ　木材　　ウ　食料　　エ　土砂《どしゃ》くずれ

オ　噴火《ふんか》　　カ　雨水

(2) Fからのはいき物による汚染《おせん》など，産業の発展《はってん》による環境の悪化が原因《げんいん》となり，住民の生活や健康に被害《ひがい》が出ることを何といいますか。（　　）

らくらくマルつけ

22 まとめのテスト①

目標《もくひょう》時間 20分

学習した日　　月　　日

名前

得点　　／100点

5110
解説→342ページ

❶ 右の地図を見て，次の問いに答えましょう。　1つ8点【64点】

(1) 日本の領土《りょうど》である4つの大きな島のうち，地図中のAの島を何といいますか。

(　　　　)

(2) 地図中にBで示《しめ》した，北方領土にふくまれる島を，次から2つ選び，記号で書きましょう。

(　　　　)(　　　　)

ア　尖閣諸島《せんかくしょとう》　イ　択捉島《えとろふとう》

ウ　歯舞群島《はぼまいぐんとう》　エ　与那国島《よなぐにじま》

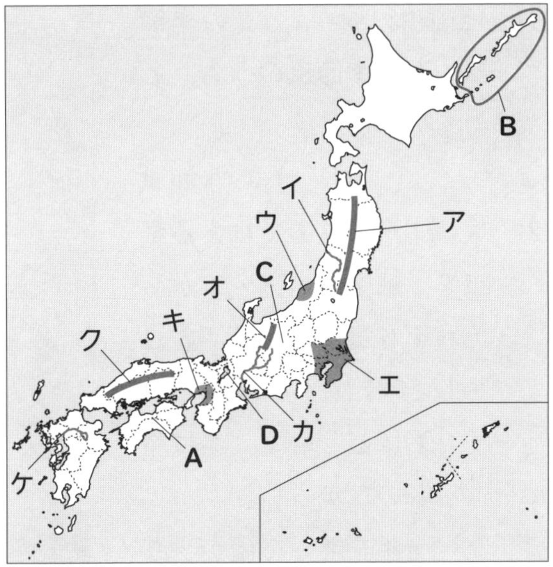

(3) 地図中のCの県などで見られる，まわりを山に囲《かこ》まれた平地を何といいますか。　(　　　　)

(4) 地図中のDで示した，日本で最も大きい湖の名前を書きましょう。　(　　　　)

(5) 次の①～③の川・山脈《さんみゃく》・平野の位置を，地図中のア～ケからそれぞれ選び，記号で書きましょう。

① 筑後《ちくご》川 (　　　)　② 飛騨《ひだ》山脈 (　　　)

③ 越後《えちご》平野 (　　　)

❷ 右の地図を見て，次の問いに答えましょう。　1つ6点【36点】

(1) 地図中の➡は，夏の季節風，冬の季節風のうち，どちらですか。

(　　　)の季節風

(2) 次の①，②にあてはまる都市を，地図中のア～エからそれぞれ選び，記号で書きましょう。

① 夏はむし暑く，冬は晴れの日が多い。　(　　　)

② 一年を通して雨が少なく，夏と冬の気温差が大きい。　(　　　)

(3) 地図中の沖縄県の伝統《でんとう》的な家で見られる，台風から家を守るためのくふうを，次から2つ選び，記号で書きましょう。

ア　戸やまどを広くしている。　(　　　)(　　　)

イ　しっくいで屋根を固めている。

ウ　家のまわりを石がきで囲っている。

エ　柱を太くしている。

(4) 地図中の北海道で生産がさかんな農作物を，次から選び，記号で書きましょう。　(　　　)

ア　じゃがいも　イ　パイナップル

ウ　マンゴー　エ　さとうきび

社会

＼もう１回チャレンジ!!／

22 まとめのテスト①

目標時間《もくひょうじかん》 20分

学習した日　　月　　日

名前

得点　　／100点

らくらくマルつけ

5110
解説→342ページ

❶ 右の地図を見て，次の問いに答えましょう。　1つ8点【64点】

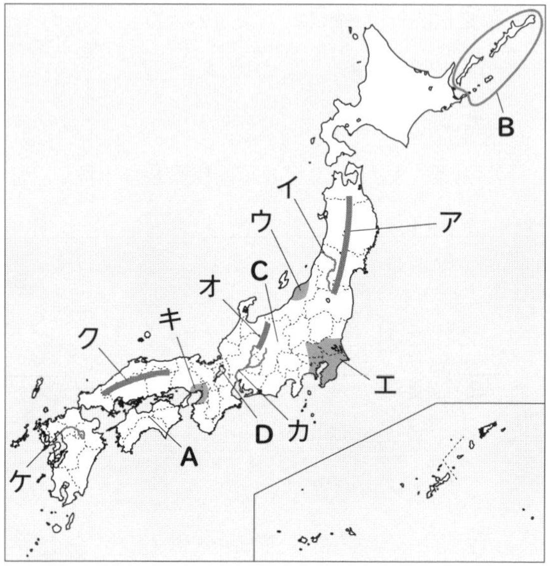

(1) 日本の領土《りょうど》である４つの大きな島のうち，地図中のAの島を何といいますか。

(　　　)

(2) 地図中にBで示《しめ》した，北方領土にふくまれる島を，次から２つ選び，記号で書きましょう。

(　　)(　　)

ア　尖閣諸島《せんかくしょとう》　　イ　択捉島《えとろふとう》

ウ　歯舞群島《はぼまいぐんとう》　　エ　与那国島《よなぐにじま》

(3) 地図中のCの県などで見られる，まわりを山に囲《かこ》まれた平地を何といいますか。　(　　　)

(4) 地図中のDで示した，日本で最も大きい湖の名前を書きましょう。　(　　　)

(5) 次の①～③の川・山脈《さんみゃく》・平野の位置を，地図中のア～ケからそれぞれ選び，記号で書きましょう。

①　筑後《ちくご》川 (　　)　　②　飛騨《ひだ》山脈 (　　)

③　越後《えちご》平野 (　　)

❷ 右の地図を見て，次の問いに答えましょう。　1つ6点【36点】

(1) 地図中の➡は，夏の季節風，冬の季節風のうち，どちらですか。

(　　　)の季節風

(2) 次の①，②にあてはまる都市を，地図中のア～エからそれぞれ選び，記号で書きましょう。

①　夏はむし暑く，冬は晴れの日が多い。　(　　)

②　一年を通して雨が少なく，夏と冬の気温差が大きい。　(　　)

(3) 地図中の沖縄県の伝統《でんとう》的な家で見られる，台風から家を守るためのくふうを，次から２つ選び，記号で書きましょう。

ア　戸やまどを広くしている。　(　　)(　　)

イ　しっくいで屋根を固めている。

ウ　家のまわりを石がきで囲っている。

エ　柱を太くしている。

(4) 地図中の北海道で生産がさかんな農作物を，次から選び，記号で書きましょう。　(　　)

ア　じゃがいも　　イ　パイナップル

ウ　マンゴー　　エ　さとうきび

23 まとめのテスト❷

目標時間《もくひょうじかん》 20分

学習した日　月　日

名前

得点　／100点

らくらくマルつけ

5111
解説→342ページ

❶ 次の問いに答えましょう。 1つ8点【24点】

(1) りんごとみかんの生産量のわりあいを示《しめ》した右のグラフ中の，A，B にあてはまる県の名前を，それぞれ書きましょう。

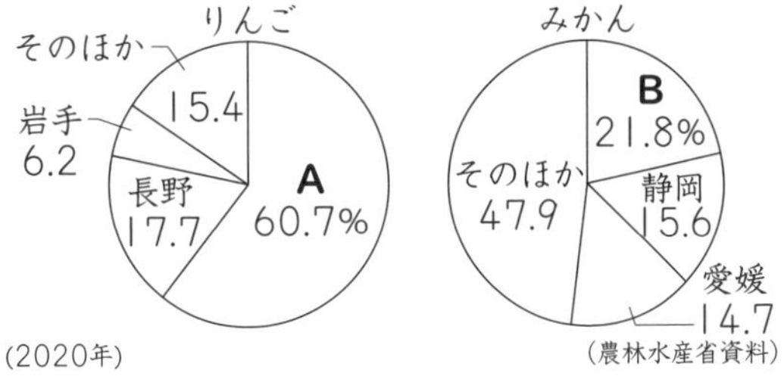

A (　　　　　　) 県　B (　　　　　　) 県

(2) 畜産物《ちくさんぶつ》にあてはまらないものを，次から選び，記号で書きましょう。 (　　　)

ア　ヨーグルト　　イ　チーズ

ウ　ソーセージ　　エ　かまぼこ

❷ 米づくりの作業の流れを示した次の図を見て，あとの問いに答えましょう。 1つ8点【40点】

A 田おこし → B しろかき → C 田植え → D 稲《いね》かり → かんそう

(1) A〜D で行われるのはどのような作業ですか。次からそれぞれ選び，記号で書きましょう。

A (　　　) B (　　　) C (　　　) D (　　　)

ア　収穫《しゅうかく》する。　　イ　田に水を入れ，平らにならす。

ウ　土を耕《たがや》す。　　エ　苗《なえ》を水田に植える。

(2) D のときに使う農業機械を何といいますか。

(　　　　　　)

❸ 次のグラフを見て，あとの問いに答えましょう。 1つ6点【36点】

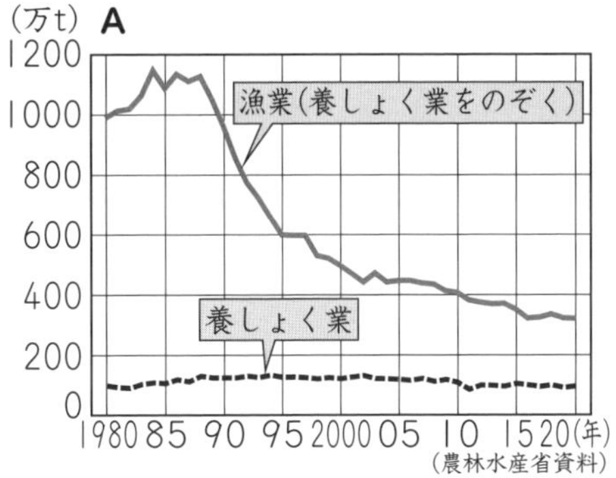

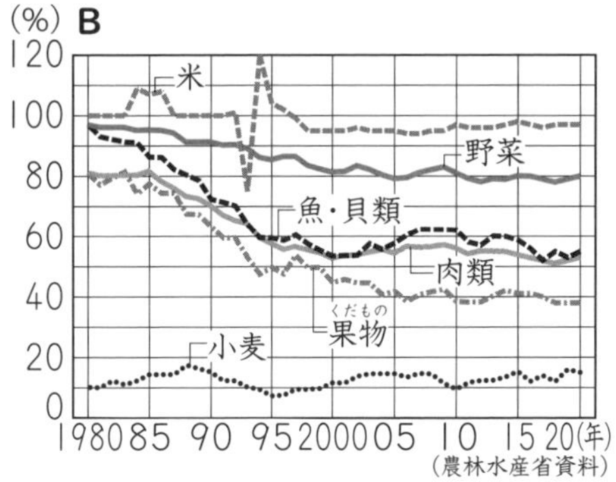

(1) 日本の漁業生産量を示した A のグラフについて，1980年代後半から生産量が大きく減《へ》っているのは，育てる漁業，とる漁業のうちどちらですか。 (　　　　) 漁業

(2) A について述《の》べた，次の文中の①，②について，ア，イからあてはまることばをそれぞれ選び，記号で書きましょう。

① (　　　) ② (　　　)

> ①（ア　沖合　イ　遠洋）漁業は1970年代から生産量が減ったが，それは世界各国が沿岸《えんがん》から②（ア　120海里《かいり》　イ　200海里）のはんいで，外国の漁船がとる魚の量を制限《せいげん》するようになったためである。

(3) B は日本のおもな食料の自給率《じきゅうりつ》の変化を示したものです。自給率が高い上位2品目を書きましょう。 (　　　　)(　　　　)

(4) B について，自給率が低いものは，そのほとんどを外国からの何にたよっていますか。 (　　　　)

23 まとめのテスト②

目標《もくひょう》時間 20分

学習した日　月　日

名前

得点

／100点

らくらくマルつけ

5111
解説→342ページ

❶ 次の問いに答えましょう。

1つ8点【24点】

(1) りんごとみかんの生産量のわりあいを示《しめ》した右のグラフ中の，A，Bにあてはまる県の名前を，それぞれ書きましょう。

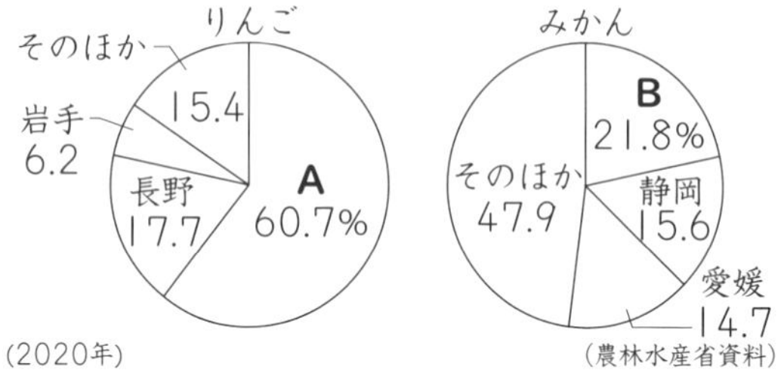

A（　　　　）県　B（　　　　）県

(2) 畜産物《ちくさんぶつ》にあてはまらないものを，次から選び，記号で書きましょう。（　　）

ア　ヨーグルト　　イ　チーズ

ウ　ソーセージ　　エ　かまぼこ

❷ 米づくりの作業の流れを示した次の図を見て，あとの問いに答えましょう。

1つ8点【40点】

A 田おこし → B しろかき → C 田植え → D 稲《いね》かり → かんそう

(1) A～Dで行われるのはどのような作業ですか。次からそれぞれ選び，記号で書きましょう。

A（　　）B（　　）C（　　）D（　　）

ア　収穫《しゅうかく》する。　　イ　田に水を入れ，平らにならす。

ウ　土を耕《たがや》す。　　エ　苗《なえ》を水田に植える。

(2) Dのときに使う農業機械を何といいますか。

（　　　　）

❸ 次のグラフを見て，あとの問いに答えましょう。

1つ6点【36点】

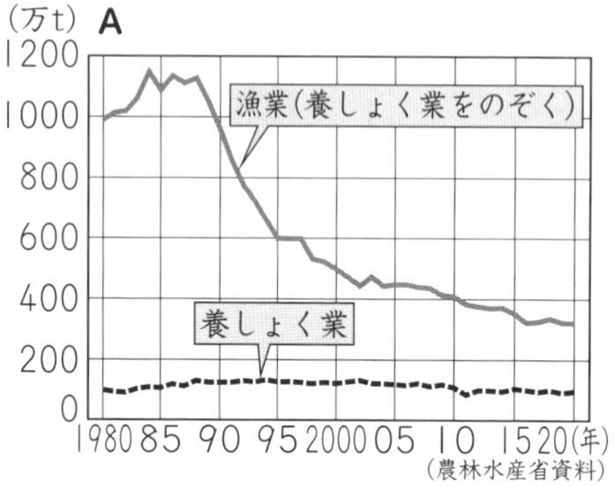

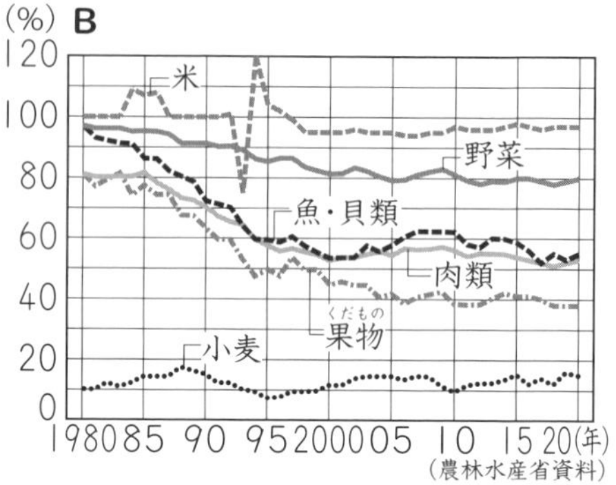

(1) 日本の漁業生産量を示したAのグラフについて，1980年代後半から生産量が大きく減《へ》っているのは，育てる漁業，とる漁業のうちどちらですか。（　　　）漁業

(2) Aについて述《の》べた，次の文中の①，②について，ア，イからあてはまることばをそれぞれ選び，記号で書きましょう。

①（　　）②（　　）

> ①（ア　沖合　イ　遠洋）漁業は1970年代から生産量が減ったが，それは世界各国が沿岸《えんがん》から②（ア　120海里《かいり》　イ　200海里）のはんいで，外国の漁船がとる魚の量を制限《せいげん》するようになったためである。

(3) Bは日本のおもな食料の自給率《じきゅうりつ》の変化を示したものです。自給率が高い上位2品目を書きましょう。（　　）（　　）

(4) Bについて，自給率が低いものは，そのほとんどを外国からの何にたよっていますか。（　　）

24 まとめのテスト③

目標《もくひょう》時間 20分

学習した日　　月　　日

名前

得点　　／100点

らくらくマルつけ 5112
解説→342ページ

❶ 次の問いに答えましょう。　【46点】

(1) 日本の工業生産額わりあいの変化を示《しめ》した右のグラフ中のA，Bにあてはまる工業を，次からそれぞれ選び，記号で書きましょう。　1つ8点（16点）

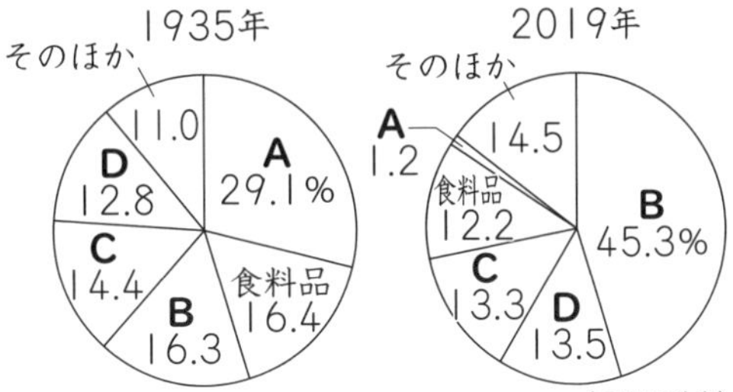

（工業統計表）

A（　　　）B（　　　）

ア　機械　　イ　金属《きんぞく》　　ウ　せんい　　エ　化学

(2) 2019年現在《げんざい》，工業生産額《がく》が最も多い工業地帯・地域《ちいき》を，次から選び，記号で書きましょう。　（6点）（　　　）

ア　京浜《けいひん》工業地帯　　イ　北九州《きたきゅうしゅう》工業地帯（地域）

ウ　阪神《はんしん》工業地帯　　エ　中京《ちゅうきょう》工業地帯

(3) 次のA～Dの作業を，自動車ができるまでの順にならべかえ，記号で書きましょう。　（全部できて10点）

（　　→　　→　　→　　）

A　とそう　　B　組み立て　　C　プレス　　D　ようせつ

(4) 環境《かんきょう》にやさしい自動車の説明を，次から2つ選び，記号で書きましょう。　1つ7点（14点）（　　　）（　　　）

ア　車いすで乗りおりしやすい。

イ　廃車《はいしゃ》にする際《さい》，リサイクルしやすい。

ウ　エアバッグが取りつけられている。

エ　ガソリンの代わりに電気を使う。

❷ 次の問いに答えましょう。　1つ9点【54点】

(1) 情報《じょうほう》の伝え方について，次の文中のA～Cにあてはまることばを，あとからそれぞれ選び，書きましょう。

- テレビは，（　A　）と音声で伝える。（　　　）
- 新聞は，（　B　）と写真で伝える。（　　　）
- ラジオは，（　C　）のみで伝える。（　　　）

【　文字　　映像《えいぞう》　　音声　】

(2) くらしと環境について，次の問いに答えましょう。

① 右の地図中の▲と×にあてはまることばを，それぞれ書きましょう。

▲（　　　）

×（　　　）

② 自然災害《さいがい》による被害《ひがい》を防《ふせ》ぐための取り組みを何といいますか。

（　　　）

社会

24 まとめのテスト③

目標時間《もくひょうじかん》 20分

学習した日　　月　　日

名前

得点　　／100点

らくらくマルつけ　5112　解説→342ページ

❶ 次の問いに答えましょう。 【46点】

(1) 日本の工業生産額わりあいの変化を示《しめ》した右のグラフ中のA，Bにあてはまる工業を，次からそれぞれ選び，記号で書きましょう。 1つ8点（16点）

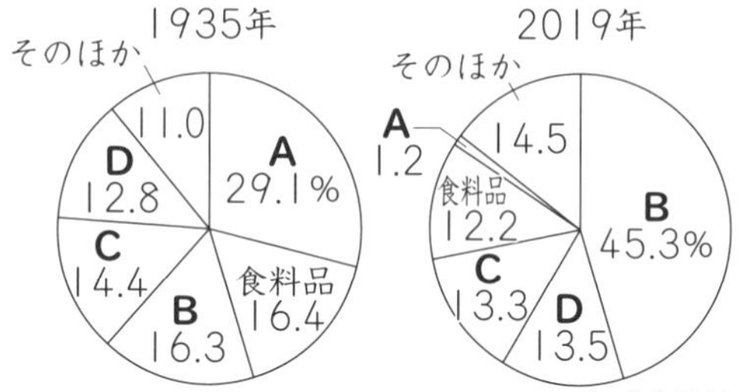

（工業統計表）

A（　　　）B（　　　）

ア　機械　　イ　金属《きんぞく》　　ウ　せんい　　エ　化学

(2) 2019年現在《げんざい》，工業生産額《がく》が最も多い工業地帯・地域《ちいき》を，次から選び，記号で書きましょう。 （6点）（　　　）

ア　京浜《けいひん》工業地帯　　イ　北九州《きたきゅうしゅう》工業地帯（地域）

ウ　阪神《はんしん》工業地帯　　エ　中京《ちゅうきょう》工業地帯

(3) 次のA～Dの作業を，自動車ができるまでの順にならべかえ，記号で書きましょう。 （全部できて10点）

（　　→　　→　　→　　）

A　とそう　　B　組み立て　　C　プレス　　D　ようせつ

(4) 環境《かんきょう》にやさしい自動車の説明を，次から２つ選び，記号で書きましょう。 1つ7点（14点）（　　　）（　　　）

ア　車いすで乗りおりしやすい。

イ　廃車《はいしゃ》にする際《さい》，リサイクルしやすい。

ウ　エアバッグが取りつけられている。

エ　ガソリンの代わりに電気を使う。

❷ 次の問いに答えましょう。 1つ9点【54点】

(1) 情報《じょうほう》の伝え方について，次の文中のA～Cにあてはまることばを，あとからそれぞれ選び，書きましょう。

- テレビは，（　A　）と音声で伝える。　（　　　　）
- 新聞は，（　B　）と写真で伝える。　（　　　　）
- ラジオは，（　C　）のみで伝える。　（　　　　）

【　文字　　映像《えいぞう》　　音声　】

(2) くらしと環境について，次の問いに答えましょう。

① 右の地図中の▲と×にあてはまることばを，それぞれ書きましょう。

▲（　　　　）

×（　　　　）

② 自然災害《さいがい》による被害《ひがい》を防《ふせ》ぐための取り組みを何といいますか。

（　　　　）

1

漢字①

学習した日　　月　　日

名前

得点

/100点

目標《もくひょう》時間 20分

らくらくマルつけ

解説↓
343ページ

5113

1 （　）に——線の読みがなを書きましょう。

1つ5点【50点】

(1) アメリカに留学する。（　　）

(2) 周囲をよく見わたす。（　　）

(3) 得意な分野で活やくする。（　　）

(4) 正しい場所に句点を打つ。（　　）

(5) 人類の祖先について調べる。（　　）

(6) テストの結果を報告する。（　　）

(7) 殺風景な部屋。（　　）

(8) 定期的に身長を測る。（　　）

(9) ゆったりとした時間を過ごす。（　　）

(10) ゆうしゅうな成績《せいせき》で学問を修める。（　　）

2 □に漢字を書きましょう。

1つ5点【50点】

(1) 最新の□□《ぎじゅつ》を学ぶ。

(2) 話の□□《ぶんみゃく》を理解《りかい》する。

(3) 書類の□□《ないよう》を確《たし》かめる。

(4) 漢字□□《けんてい》を受ける。

(5) 現実《げんじつ》をありのまま□□《きじゅつ》する。

(6) □□《おおぜい》の観客が見守る。

(7) □□《せいじ》について学ぶ。

(8) 今年もきれいな□《さくら》がさく。

(9) 黒いねこを□《か》う。

(10) 落ちないように手で□《ささ》える。

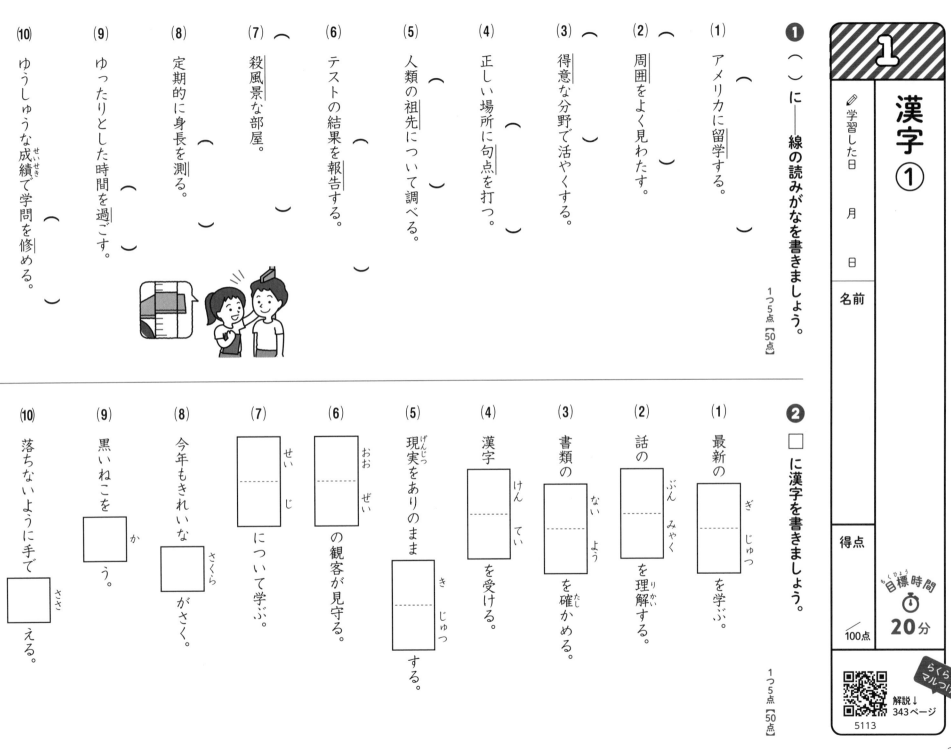

もう1回チャレンジ!!

1 漢字①

学習した日　　月　　日

名前

得点　　／100点

目標《もくひょう》時間 20分

らくらくマルつけ

解説↓ 343ページ

5113

❶ （　）に——線の読みがなを書きましょう。

1つ5点【50点】

(1) アメリカに留学する。（　　）
(2) 周囲をよく見わたす。（　　）
(3) 得意な分野で活やくする。（　　）
(4) 正しい場所に句点を打つ。（　　）
(5) 人類の祖先について調べる。（　　）
(6) テストの結果を報告する。（　　）
(7) 殺風景な部屋。（　　）
(8) 定期的に身長を測る。（　　）
(9) ゆったりとした時間を過ごす。（　　）
(10) ゆうしゅうな成績《せいせき》で学問を修める。（　　）

❷ □に漢字を書きましょう。

1つ5点【50点】

(1) 最新の□□《ぎじゅつ》を学ぶ。
(2) 話の□□《ぶんみゃく》を理解《りかい》する。
(3) 書類の□□《ないよう》を確《たし》かめる。
(4) 漢字□□《けんてい》を受ける。
(5) 現実《げんじつ》をありのまま□□《きじゅつ》する。
(6) □□《おおぜい》の観客が見守る。
(7) □□《せいじ》について学ぶ。
(8) 今年もきれいな□《さくら》がさく。
(9) 黒いねこを□《か》う。
(10) 落ちないように手で□《ささ》える。

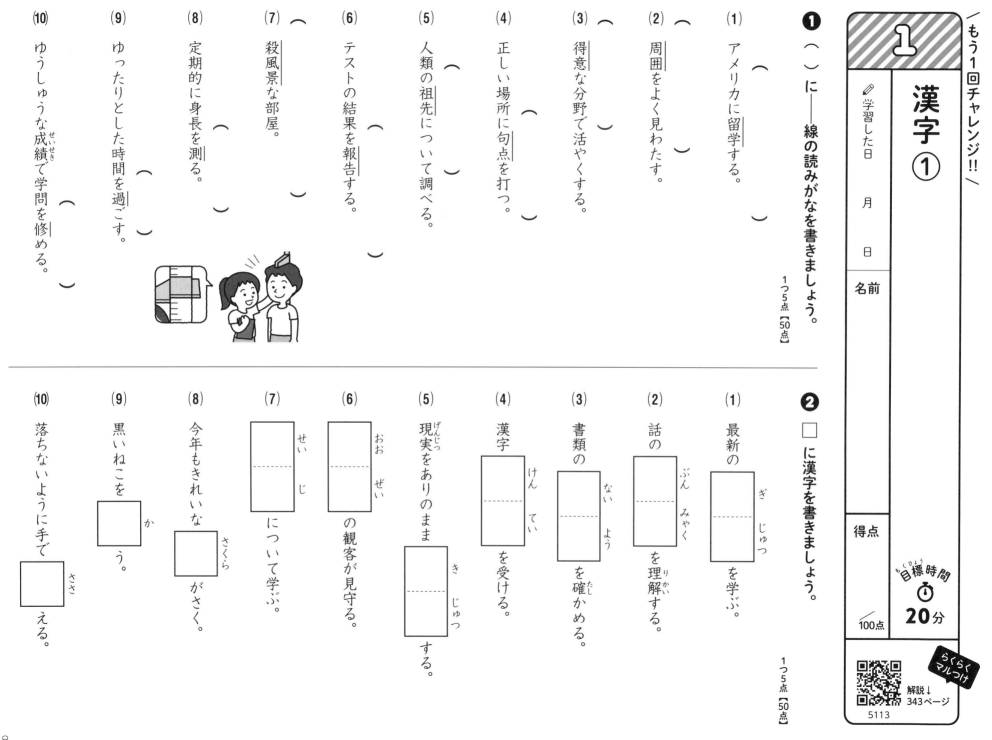

2 漢字②

学習した日　月　日

名前

得点　／100点

目標時間《もくひょうじかん》　20分

らくらくマルつけ

解説↓ 343ページ

5114

1 （　）に――線の読みがなを書きましょう。　1つ5点【50点】

(1) 暴風の前では人間は非力《ひりき》だ。（　）

(2) 約束の期限を守る。（　）

(3) 領地を治《おさ》める。（　）

(4) 遠足に弁当を持参する。（　）

(5) 確実な方法を選ぶ。（　）

(6) 今月は特別号が増刊される。（　）

(7) 生死の境をさまよう。（　）

(8) 豊かな自然を守る。（　）

(9) 快い風がふく。（　）

(10) めずらしい山菜を採る。（　）

2 □に漢字を書きましょう。　1つ5点【50点】

(1) 体内に□□《さんそ》を取りこむ。

(2) □□《さんせい》の人に挙手を求める。

(3) 望遠鏡で□□《ぎんが》を見る。

(4) □□《ふくすう》の案を提出《ていしゅつ》する。

(5) □□《ぶし》は帯に刀を差す。

(6) □《ほとけ》様におそなえをする。

(7) 余《あま》った□《ぬの》でバッグをつくる。

(8) □《かり》の予定を立てる。

(9) 友人を家に□《まね》く。

(10) 仲直りして相手を□《ゆる》す。

国語

もう1回チャレンジ!!

2 漢字②

学習した日　月　日

名前

得点　/100点

目標《もくひょう》時間　20分

らくらくマルつけ

解説↓ 343ページ

5114

❶ （　）に――線の読みがなを書きましょう。 1つ5点【50点】

(1) 暴風の前では人間は非力《ひりき》だ。（　）

(2) 約束の期限を守る。（　）

(3) 領地を治《おさ》める。（　）

(4) 遠足に弁当を持参する。（　）

(5) 確実な方法を選ぶ。（　）

(6) 今月は特別号が増刊される。（　）

(7) 生死の境をさまよう。（　）

(8) 豊かな自然を守る。（　）

(9) 快い風がふく。（　）

(10) めずらしい山菜を採る。（　）

❷ □に漢字を書きましょう。 1つ5点【50点】

(1) 体内に□《さんそ》を取りこむ。

(2) □《さんせい》の人に挙手を求める。

(3) 望遠鏡で□《ぎんが》を見る。

(4) □《ふくすう》の案を提出《ていしゅつ》する。

(5) □《ぶし》は帯に刀を差す。

(6) □《ほとけ》様におそなえをする。

(7) 余《あま》った□《ぬの》でバッグをつくる。

(8) □《かり》の予定を立てる。

(9) 友人を家に□《まね》く。

(10) 仲直りして相手を□《ゆる》す。

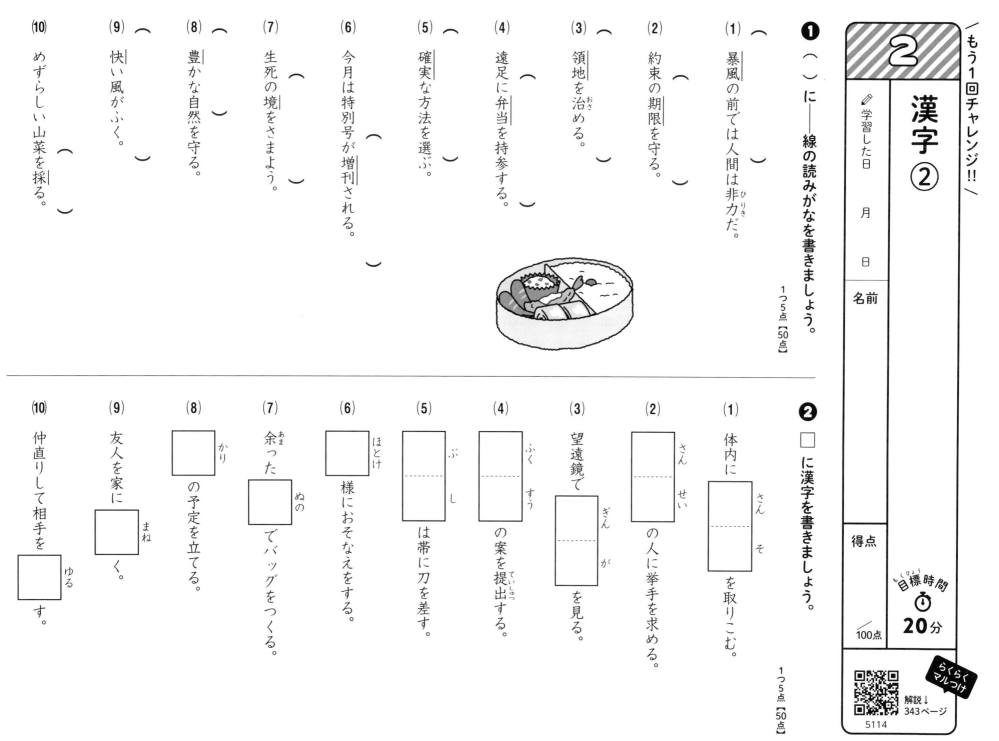

3 物語① 場面と心情《しんじょう》

学習した日　月　日

名前

得点　/100点

目標《もくひょう》時間 20分

らくらくマルつけ

解説↓ 343ページ

5115

❶ 次の文章を読んで、問題に答えましょう。

　肉眼《にくがん》でもスペース・シャトルは見える。

　テレビの受け売りではあったが、教室で最初にそれを言ったのは克之《かつゆき》君だった。シャトルが関東地方の上空を横切るのはただ一度。それが午後八時五十一分だった。ちょうど理科の時間で地球や星について学んでいたこともあり、教室は□なった。日本人飛行士《ひこうし》を乗せたスペース・シャトルだ。列島に差しかかれば、飛行士は眼下《がんか》に集中するだろう。だったらこちらからも見上げれば、地球と宇《う》宙《ちゅう》で目が合うのではないか。

　担任《たんにん》の先生までが身を乗り出したのは、そのあとでマル君が口にした「どんなふうに見えるの？」という言葉だった。（中略《ちゅうりゃく》）担任は迷《まよ》わず決めた。シャトルを肉眼でとらえ、それをレポートにして提出《ていしゅつ》すること。テストの二十点分になる。

　教室は沸《わ》いた。普通《ふつう》なら出るはずの「塾《じゅく》だから無理」だとか「雨降《あめふ》りだったらどうするの」といった声はまったくなかった。

　克之君は湧《わ》き上《あ》がるものを抑《おさ》えられず、自然と顔をほころばせた。自分が言いだしたことで流れができ、盛《も》り上《あ》がり、ついには全員参加のイベントになった。自分に宿った神秘《しんぴ》の力をつぶさに目撃《もくげき》したような気分になった。こっそりマル君に向かってV《ブイ》サインをしてみせた。マル君も微笑《ほほえ》み、何度もうなずいた。

（ドリアン助川《すけがわ》「多摩川《たまがわ》物語」より）

(1) □にあてはまることばを次から選び、記号で書きましょう。（10点）（　）

ア　にぎやかに　　イ　静かに

ウ　退屈《たいくつ》そうに

(2) 「担任の先生までが身を乗り出した」のは、何に対してですか。正しいものを次から選び、記号で書きましょう。（20点）（　）

ア　シャトルが関東地方の上空を横切ること。

イ　宇宙飛行士と目が合うだろうという話。

ウ　シャトルの見え方を気にする発言。

(3) 「教室は沸いた」とありますが、このときのみんなの気持ちとして正しいものを次から選び、記号で書きましょう。（20点）（　）

ア　先生のことばに反発する気持ち。

イ　先生のことばに興奮《こうふん》する気持ち。

ウ　先生のことばにがっかりする気持ち。

(4) 「自分が言いだしたこと」とありますが、それはどのようなことですか。文章から書きぬきましょう。（10点）

スペース・シャトルは□でも見ることができる、ということ。

(5) 「こっそり……Vサインをしてみせた」とありますが、このときの克之君の気持ちを説明した次の文の□にあてはまることばを文章から書きぬき、（　）にあてはまることばを考えて書きましょう。1つ20点（40点）

自分に□が宿ったようで、（　）気持ち。

もう1回チャレンジ!!

3 物語① 場面と心情《しんじょう》

学習した日　月　日

名前

得点　/100点

目標《もくひょう》時間 20分

らくらくマルつけ

解説↓343ページ

5115

❶ 次の文章を読んで、問題に答えましょう。

肉眼《にくがん》でもスペース・シャトルは見える。

テレビの受け売りではあったが、教室で最初にそれを言ったのは克之《かつゆき》君だった。シャトルが関東地方の上空を横切るのはただ一度。それが午後八時五十一分だった。ちょうど理科の時間で地球や星について学んでいたこともあり、教室は□なった。日本人飛行士《ひこうし》を乗せたスペース・シャトルだ。列島に差しかかれば、飛行士は眼下《がんか》に集中するだろう。だったらこちらからも見上げれば、地球と宇《う》宙《ちゅう》で目が合うのではないか。

担任《たんにん》の先生までが身を乗り出したのは、そのあとでマル君が口にした「どんなふうに見えるの？」という言葉だった。（中略《ちゅうりゃく》）担任は迷《まよ》わず決めた。シャトルを肉眼でとらえ、それをレポートにして提出《ていしゅつ》すること。テストの二十点分になる。

教室は沸《わ》いた。普通《ふつう》なら出るはずの「塾《じゅく》だから無理」だとか「雨降《あめふ》りだったらどうするの」といった声はまったくなかった。

克之君は湧《わ》き上《あ》がるものを抑《おさ》えられず、自然と顔をほころばせた。自分が言いだしたことで流れができ、盛《も》り上《あ》がり、ついには全員参加のイベントになった。自分に宿った神秘《しんぴ》の力をつぶさに目撃《もくげき》したような気分になった。こっそりマル君に向かってV《ブイ》サインをしてみせた。マル君も微笑《ほほえ》み、何度もうなずいた。

（ドリアン助川《すけがわ》「多摩川《たまがわ》物語」より）

(1) □にあてはまることばを次から選び、記号で書きましょう。(10点)（　）

ア にぎやかに　イ 静かに　ウ 退屈《たいくつ》そうに

(2) 「担任の先生までが身を乗り出した」のは、何に対してですか。正しいものを次から選び、記号で書きましょう。(20点)（　）

ア シャトルが関東地方の上空を横切ること。

イ 宇宙飛行士と目が合うだろうという話。

ウ シャトルの見え方を気にする発言。

(3) 「教室は沸いた」とありますが、このときのみんなの気持ちとして正しいものを次から選び、記号で書きましょう。(20点)（　）

ア 先生のことばに反発する気持ち。

イ 先生のことばに興奮《こうふん》する気持ち。

ウ 先生のことばにがっかりする気持ち。

(4) 「自分が言いだしたこと」とありますが、それはどのようなことですか。文章から書きぬきましょう。(10点)

スペース・シャトルは□でも見ることができる、ということ。

(5) 「こっそり……Vサインをしてみせた」とありますが、このときの克之君の気持ちを説明した次の文の□にあてはまることばを文章から書きぬき、（　）にあてはまることばを考えて書きましょう。1つ20点(40点)

自分に□が宿ったようで、（　）気持ち。

4 物語② 人物像《ぞう》と人物の関係

学習した日　月　日

名前

得点　/100点

目標時間《もくひょうじかん》 20分

らくらくマルつけ

解説↓ 343ページ

5116

❶ 次の文章を読んで、問題に答えましょう。

絵本のことを、広瀬《ひろせ》くんにうまく説明できるかどうか不安だった。

けれど、広瀬くんは本当に困《こま》りきった様子だったし、わたしでよければ力になりたかった。ちょっと息をすいこみ、ゆっくりと声を出した。

「あの……みんな……知っているお話が……いいと思う……。」

「みんながよく知っているお話ってことだよね。たとえば、どんな？」

広瀬くんは真剣《しんけん》な表情《ひょうじょう》でわたしを見ている。

「……三匹《さんびき》の子ぶたとか……赤ずきんとか……。さるかに合戦とか……。」

「そっか。確《たし》かにそれっていいかも……。一年生が知っている話だったら、こっちの読み方がへたでもちゃんと内容《ないよう》は伝わるってことだもんな。」

不思議なことに広瀬くんは、わたしがうまく伝えきれなかったことも、ちゃんとわかってくれていた。それがうれしかった。

じつは、このアドバイスはわたしのおばあちゃんから教えてもらったものだった。

背伸《せの》びなんかしなくてもいい。読みやすい、みんなが知っている本を読んであげればそれだけで大《だい》丈夫《じょうぶ》。あとは子どもたちひとりひとりが、自分の頭のなかでどんどん想像《そうぞう》して、どんどん楽しむことができるから……。

（中略《ちゅうりゃく》）

「わかったよ。ありがとう佐々野《ささの》さん。おれ、それ聞いて、ちょっと安心した。今からさがしてくるよ。」

そういうと広瀬くんは、そのまま図書室のなかに入っていった。

（福田隆浩《ふくだたかひろ》「香菜《かな》とななつの秘密《ひみつ》」より）

(1) 「うまく伝えきれなかったこと」とは、どんなことですか。文章から書きぬきましょう。 1つ20点（40点）

一年生の［　　　　　　］を使えば、上手に読めなくても、聞いている一年生は［　　　　］で想像して楽しんでくれるということ。

(2) 「アドバイス」を聞いた広瀬くんの様子について、［　］①・②にあてはまることばをあとから選び、記号で書きましょう。 1つ20点（40点）

どんな本を選べばよいか困っていたが、アドバイスによって［①］を得《え》られ、「わたし」に［②］している。

①（　　）　②（　　）

①ア 安心感　イ 親近感　ウ 充実感《じゅうじつかん》

②ア 感動　イ 謝罪《しゃざい》　ウ 感謝

(3) 「わたし」という人物の説明に合うものを次から選び、記号で書きましょう。 （10点）

ア 人前では何も言えない口べたな人物。

イ 困った人を放っておけない人物。

ウ 相手からの評価《ひょうか》を気にする人物。

（　　）

(4) 「広瀬くん」の説明として正しいものを次から選び、記号で書きましょう。 （10点）（　　）

ア 人の意見に耳を貸《か》さないがんこな人物。

イ 自分の考えを曲げない筋《すじ》のとおった人物。

ウ 相手の話をしっかりと聞く誠実《せいじつ》な人物。

4 物語②　人物像《ぞう》と人物の関係

学習した日　　月　　日

名前

得点　　／100点

目標《もくひょう》時間　20分

らくらくマルつけ

解説↓ 343ページ

5116

❶ 次の文章を読んで、問題に答えましょう。

絵本のことを、広瀬《ひろせ》くんにうまく説明できるかどうか不安だった。

けれど、広瀬くんは本当に困《こま》りきった様子だったし、わたしでよければ力になりたかった。ちょっと息をすいこみ、ゆっくりと声を出した。

「あの……みんな……知っているお話が……いいと思う……。」

「みんながよく知っているお話ってことだよね。たとえば、どんな？」

広瀬くんは真剣《しんけん》な表情《ひょうじょう》でわたしを見ている。

「……三匹《さんびき》の子ぶたとか……赤ずきんとか……。さるかに合戦とか……。」

「そっか。確《たし》かにそれっていいかも……。一年生が知っている話だったら、こっちの読み方がへたでもちゃんと内容《ないよう》は伝わるってことだもんな。」

不思議なことに広瀬くんは、わたしがうまく伝えきれなかったことも、ちゃんとわかってくれていた。それがうれしかった。

じつは、このアドバイスはわたしのおばあちゃんから教えてもらったものだった。

背《せ》伸《の》びなんかしなくてもいい。読みやすい、みんなが知っている本を読んであげればそれだけで大《だい》丈《じょう》夫《ぶ》。あとは子どもたちひとりひとりが、自分の頭のなかでどんどん想像《そうぞう》して、どんどん楽しむことができるから……。

（中略《ちゅうりゃく》）

「わかったよ。ありがとう佐《さ》々《さ》野《の》さん。おれ、それ聞いて、ちょっと安心した。今からさがしてくるよ。」

そういうと広瀬くんは、そのまま図書室のなかに入っていった。

（福田《ふくだ》隆浩《たかひろ》「香菜《かな》となつの秘密《ひみつ》」より）

(1) 「うまく伝えきれなかったこと」とは、どんなことですか。文章から書きぬきましょう。　1つ20点（40点）

一年生の［　　　　　　］を使えば、上手に読めなくても、聞いている一年生は［　　　　］で想像して楽しんでくれるということ。

(2) 「アドバイス」を聞いた広瀬くんの様子について、［　］①・②にあてはまることばをあとから選び、記号で書きましょう。　1つ20点（40点）

①（　　）②（　　）

どんな本を選べばよいか困っていたが、アドバイスによって［①］を得《え》られ、「わたし」に［②］している。

①ア　安心感　イ　親近感　ウ　充実感《じゅうじつかん》

②ア　感動　イ　謝罪《しゃざい》　ウ　感謝

(3) 「わたし」という人物の説明に合うものを次から選び、記号で書きましょう。　（10点）

（　　）

ア　人前では何も言えない口べたな人物。

イ　困った人を放っておけない人物。

ウ　相手からの評価《ひょうか》を気にする人物。

(4) 「広瀬くん」の説明として正しいものを次から選び、記号で書きましょう。　（10点）（　　）

ア　人の意見に耳を貸《か》さないがんこな人物。

イ　自分の考えを曲げない筋《すじ》のとおった人物。

ウ　相手の話をしっかりと聞く誠実《せいじつ》な人物。

5

漢字の成り立ち

学習した日　月　日

名前

得点　／100点

目標《もくひょう》時間　20分

解説↓344ページ

5117

らくらくマルつけ

1 次の漢字の成り立ちをあとからそれぞれ選び、記号で書きましょう。　1つ5点【20点】

(1) 岩（　　）

(2) 川（　　）

(3) 下（　　）

(4) 板（　　）

ア　象形《しょうけい》文字…物の形を絵のようにえがいた漢字

イ　指事文字…形の表しにくいことがらを記号で表した漢字

ウ　会意文字…意味を表す漢字を組み合わせた漢字

エ　形声文字…意味を表す漢字と音を表す漢字を組み合わせた漢字

2 次の会意文字のもとになった二つの漢字を書きましょう。　1つ3点【30点】

(1) 息　□＋□

(2) 相　□＋□

(3) 鳴　□＋□

(4) 音　□＋□

(5) 計　□＋□

3 次の形声文字の、音を表す部分を□に書き、音読みを（　）にカタカナで書きましょう。　1つ3点【30点】

(1) 河　音を表す部分 □　音読み（　　）

(2) 財　音を表す部分 □　音読み（　　）

(3) 飼　音を表す部分 □　音読み（　　）

(4) 銅　音を表す部分 □　音読み（　　）

(5) 週　音を表す部分 □　音読み（　　）

4 次のア〜エの漢字の中で、成り立ちの種類がちがうものを、記号で書きましょう。　1つ4点【20点】

(1) ア 犬　イ 馬　ウ 車　エ 際（　　）

(2) ア 日　イ 本　ウ 末　エ 上（　　）

(3) ア 林　イ 思　ウ 絵　エ 加（　　）

(4) ア 草　イ 洋　ウ 持　エ 明（　　）

(5) ア 魚　イ 三　ウ 耳　エ 鳥（　　）

国語

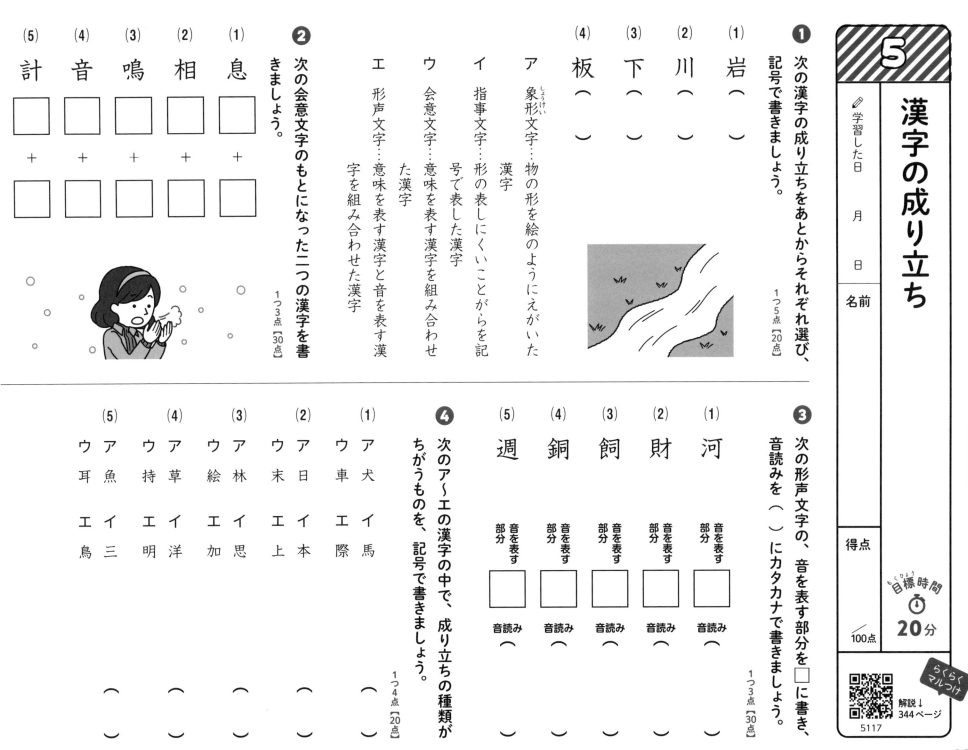

もう1回チャレンジ!!

5 漢字の成り立ち

学習した日　月　日

名前

得点

/100点

目標《もくひょう》時間 20分

らくらくマルつけ

解説↓344ページ

5117

❶ 次の漢字の成り立ちをあとからそれぞれ選び、記号で書きましょう。 1つ5点【20点】

(1) 岩（　）

(2) 川（　）

(3) 下（　）

(4) 板（　）

ア 象形《しょうけい》文字…物の形を絵のようにえがいた漢字

イ 指事文字…形の表しにくいことがらを記号で表した漢字

ウ 会意文字…意味を表す漢字を組み合わせた漢字

エ 形声文字…意味を表す漢字と音を表す漢字を組み合わせた漢字

❷ 次の会意文字のもとになった二つの漢字を書きましょう。 1つ3点【30点】

(1) 息 □＋□

(2) 相 □＋□

(3) 鳴 □＋□

(4) 音 □＋□

(5) 計 □＋□

❸ 次の形声文字の、音を表す部分を□に書き、音読みを（　）にカタカナで書きましょう。 1つ3点【30点】

(1) 河 音を表す部分 □ 音読み（　）

(2) 財 音を表す部分 □ 音読み（　）

(3) 飼 音を表す部分 □ 音読み（　）

(4) 銅 音を表す部分 □ 音読み（　）

(5) 週 音を表す部分 □ 音読み（　）

❹ 次のア〜エの漢字の中で、成り立ちの種類がちがうものを、記号で書きましょう。 1つ4点【20点】

(1) ア 犬　イ 馬　ウ 車　エ 際（　）

(2) ア 日　イ 本　ウ 末　エ 上（　）

(3) ア 林　イ 思　ウ 絵　エ 加（　）

(4) ア 草　イ 洋　ウ 持　エ 明（　）

(5) ア 魚　イ 三　ウ 耳　エ 鳥（　）

6 漢字の読みと使い方

学習した日　月　日

名前

得点　/100点

目標《もくひょう》時間 20分

らくらくマルつけ

解説↓ 344ページ

5118

国語

1 次の熟語《じゅくご》の□に共通して入る漢字をあとからそれぞれ選び、記号で書きましょう。

1つ5点【20点】

(1) 作□・天□・□化　（　　）

(2) 元□・□配・□球　（　　）

(3) □進・□列・旅□　（　　）

(4) 首□・□合・□会　（　　）

ア 行　イ 都　ウ 気　エ 文

2 次の――線の漢字と同じ読み方をする漢字をふくむ熟語をあとから選び、記号で書きましょう。

1つ5点【20点】

(1) 期日　（　　）

ア 日時　イ 祭日　ウ 日常　エ 日用

(2) 音楽　（　　）

ア 苦楽　イ 楽園　ウ 楽勝　エ 楽団

(3) 無事　（　　）

ア 無礼　イ 無理　ウ 無常　エ 無名

(4) 計画　（　　）

ア 画面　イ 画材　ウ 画家　エ 区画

3 次の――線の漢字の読み方を（　）にカタカナで書きましょう。

1つ5点【30点】

(1) ① 人生　（　　）　② 数人　（　　）

(2) ① 直後　（　　）　② 正直　（　　）

(3) ① 家庭　（　　）　② 家来　（　　）

4 次の□に漢字を書きましょう。

1つ6点【30点】

(1) □《あす》の予定を立てる。

(2) ボールを□《じょうず》に投げる。

(3) □《やおや》で買い物をする。

(4) □《ともだち》と遊ぶ。

(5) □《けしき》をながめる。

＼もう1回チャレンジ!!／

6 漢字の読みと使い方

学習した日　月　日

名前

得点　/100点

目標《もくひょう》時間　20分

らくらくマルつけ

解説↓344ページ

5118

❶ 次の熟語《じゅくご》の□に共通して入る漢字をあとからそれぞれ選び、記号で書きましょう。 1つ5点【20点】

(1) 作□・天□・□化　（　）

(2) 元□・□配・□球　（　）

(3) □進・□列・旅□　（　）

(4) 首□・□合・□会　（　）

ア 行　イ 都　ウ 気　エ 文

❷ 次の――線の漢字と同じ読み方をする漢字をふくむ熟語をあとから選び、記号で書きましょう。 1つ5点【20点】

(1) 期日　（　）
ア 日時　イ 祭日　ウ 日常　エ 日用

(2) 音楽　（　）
ア 苦楽　イ 楽園　ウ 楽勝　エ 楽団

(3) 無事　（　）
ア 無礼　イ 無理　ウ 無常　エ 無名

(4) 計画　（　）
ア 画面　イ 画材　ウ 画家　エ 区画

❸ 次の――線の漢字の読み方を（　）にカタカナで書きましょう。 1つ5点【30点】

(1) ① 人生　（　）　② 数人　（　）

(2) ① 直後　（　）　② 正直　（　）

(3) ① 家庭　（　）　② 家来　（　）

❹ 次の□に漢字を書きましょう。 1つ6点【30点】

(1) □《あす》の予定を立てる。

(2) ボールを□《じょうず》に投げる。

(3) □《やおや》で買い物をする。

(4) □《ともだち》と遊ぶ。

(5) □《けしき》をながめる。

7 漢字③

学習した日　月　日

名前

得点　/100点

目標《もくひょう》時間 20分

らくらくマルつけ

解説↓ 344ページ

5119

❶ （　）に――線の読みがなを書きましょう。 1つ5点【50点】

(1) 鉱石（　）についてくわしく調査《ちょうさ》する。

(2) 必要な書類を提示（　）する。

(3) 貯金（　）を大事に使う。

(4) 家族で墓（　）参りに行く。

(5) 日本には数多くの文化財（　）がある。

(6) 雑木林（　）で落ち葉を拾う。

(7) 身の潔白（　）を明らかにする。

(8) 画面がわれないように保護（　）する。

(9) 友人とおやつを持ち寄（　）る。

(10) 慣（　）れた手つきで料理をつくる。

❷ □に漢字を書きましょう。 1つ5点【50点】

(1) 国語の□《じゅぎょう》を受ける。

(2) エレベーターが□《ていし》する。

(3) バレエの□《こうえん》が行われる。

(4) □《てきせつ》な答えを選ぶ。

(5) 運動会の□《じゅんび》を終える。

(6) あこがれの□《しょく》につく。

(7) タンポポの□《わたげ》がまう。

(8) 道に□《まよ》う。

(9) マフラーを□《あ》む。

(10) よく□《こ》えた土に種をまく。

国語

もう1回チャレンジ!!

7

漢字③

学習した日　月　日

名前

得点

/100点

目標時間《もくひょうじかん》 20分

解説↓344ページ

5119

らくらくマルつけ

❶ （　）に——線の読みがなを書きましょう。

1つ5点【50点】

(1) 鉱石についてくわしく調査《ちょうさ》する。（　）

(2) 必要な書類を提示する。（　）

(3) 貯金を大事に使う。（　）

(4) 家族で墓参りに行く。（　）

(5) 日本には数多くの文化財がある。（　）

(6) 雑木林で落ち葉を拾う。（　）

(7) 身の潔白を明らかにする。（　）

(8) 画面がわれないように保護する。（　）

(9) 友人とおやつを持ち寄る。（　）

(10) 慣れた手つきで料理をつくる。（　）

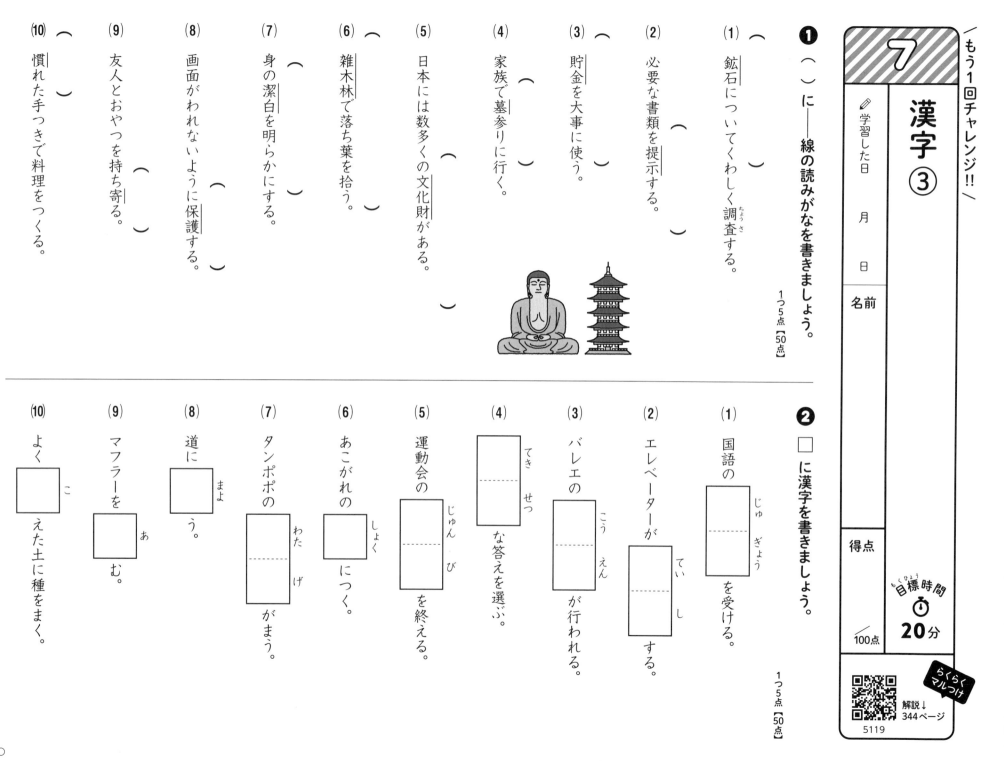

❷ □に漢字を書きましょう。

1つ5点【50点】

(1) 国語の□□《じゅぎょう》を受ける。

(2) エレベーターが□□《ていし》する。

(3) バレエの□□《こうえん》が行われる。

(4) □□《てきせつ》な答えを選ぶ。

(5) 運動会の□□《じゅんび》を終える。

(6) あこがれの□《しょく》につく。

(7) タンポポの□□《わたげ》がまう。

(8) 道に□《まよ》う。

(9) マフラーを□《あ》む。

(10) よく□《こ》えた土に種をまく。

8 漢字④

学習した日　月　日

名前

得点　／100点

目標《もくひょう》時間　20分

らくらくマルつけ

解説↓
344ページ

5120

国語

1 （　）に――線の読みがなを書きましょう。

1つ5点【50点】

(1) 食堂の店内が観光客で混《こ》み合う。（　　）

(2) 伝統的な行事に参加する。（　　）

(3) とても高価な品物をいただく。（　　）

(4) 農地を借りて耕作する。（　　）

(5) 木造の家を建てる。（　　）

(6) 絵の具を均一にぬる。（　　）

(7) 交通事故を未然に防《ふせ》ぐ。（　　）

(8) 社会の在り方を見直す。（　　）

(9) みんなの期待に応える。（　　）

(10) 長い年月を経て生物は進化する。（　　）

2 □に漢字を書きましょう。

1つ5点【50点】

(1) 五メートル□《ていど》の高さ。

(2) 船で太平洋《たいへいよう》を□《こうかい》する。

(3) 作品は□《えいきゅう》に残るだろう。

(4) □《れきし》のある町なみを歩く。

(5) □《せいぎ》の心をつらぬく。

(6) 国に□《ぜいきん》をおさめる。

(7) 友人の□《しゃざい》を受け入れる。

(8) □《ゆめ》に向かって努力する。

(9) 服がひっかかって□《やぶ》れる。

(10) りっぱな店を□《かま》える。

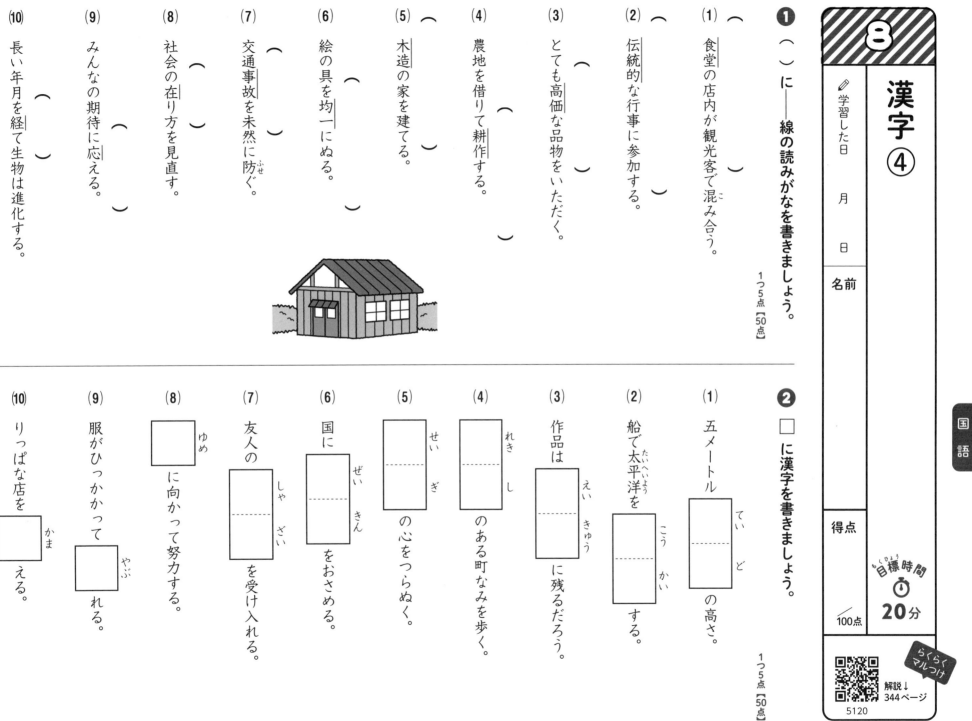

もう1回チャレンジ!!

8

漢字④

学習した日　月　日

名前

得点

/100点

目標《もくひょう》時間 20分

らくらくマルつけ

解説↓ 344ページ

5120

❶ （　）に——線の読みがなを書きましょう。

1つ5点【50点】

(1) 食堂の店内が観光客で混《こ》み合う。（　　）

(2) 伝統的な行事に参加する。（　　）

(3) とても高価な品物をいただく。（　　）

(4) 農地を借りて耕作する。（　　）

(5) 木造の家を建てる。（　　）

(6) 絵の具を均一にぬる。（　　）

(7) 交通事故を未然に防《ふせ》ぐ。（　　）

(8) 社会の在り方を見直す。（　　）

(9) みんなの期待に応える。（　　）

(10) 長い年月を経て生物は進化する。（　　）

❷ □に漢字を書きましょう。

1つ5点【50点】

(1) 五メートル□《てい》□《ど》の高さ。

(2) 船で太平洋《たいへいよう》を□《こう》□《かい》する。

(3) 作品は□《えい》□《きゅう》に残るだろう。

(4) □《れき》□《し》のある町なみを歩く。

(5) □《せい》□《ぎ》の心をつらぬく。

(6) 国に□《ぜい》□《きん》をおさめる。

(7) 友人の□《しゃ》□《ざい》を受け入れる。

(8) □《ゆめ》に向かって努力する。

(9) 服がひっかかって□《やぶ》れる。

(10) りっぱな店を□《かま》える。

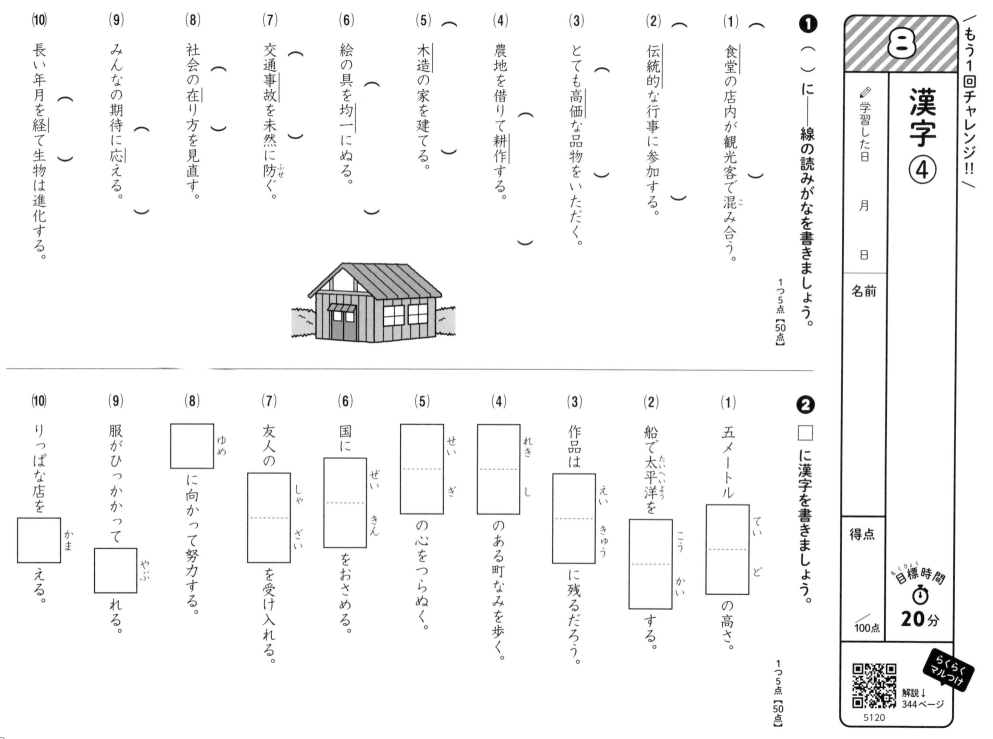

9

説明文①　文章の構成《こうせい》

学習した日　　月　　日

名前

得点　　／100点

目標《もくひょう》時間　20分

解説↓　345ページ

5121

らくらくマルつけ

1　次の文章を読んで、問題に答えましょう。

[1] イギリスの貴族《きぞく》は、子供《こども》をそだてるとき、まず、第一に

「楽天的であれ。決してあわててはいけない。」

と教えるという。□、すぐに現実《げんじつ》に反応《はんのう》して、顔色を変えるようでは、リーダーとしてみなのまえに堂々《どうどう》とたち、みなをひっぱっていけないからだ。

[2] 「なに、だいじょうぶ。きっとうまくいくさ。」

[3] そう考えて、よい方向にイメージをえがいて、内心あわてている自分をダマし、落ち着いて現実にむかいあわねばならない。

[4] 人はなぜウソをつくのか。それは人間だけが言葉をもち、その言葉によって、自分が直面している現実と、自分との間をうまく調節しようとするからである。

[5] 動物は、人間のようにウソをつかない。現実に直接的《ちょくせつてき》に反応するだけだ。もちろん、動物もある意味では言葉をもっている。カラスは、その鳴き声で、「あつまれ！」とか、「散れ！」とか、「にげろ！」とか、仲間にあいずをする、という。

[6] けれども、カラスの言葉と人間の言葉は、まったくちがう。人間は、自分の言葉でカラスの言葉を説明できるが、カラスは、自分の言葉で人間の言葉を説明することができるだろうか、できはしまい。

[7] 人間は、言葉によって、この世界に自分なりの意味と＊秩序《ちつじょ》をあたえて生きてゆくのである。

＊物事を行う場合の正しい順番や決まり。

（赤塚行雄《あかつかゆきお》「ウソをつく力」より）

(1) □にあてはまることばを次から選び、記号で書きましょう。（10点）（　　）

ア　なぜなら　イ　だから　ウ　ところで

(2) 「そう考えて」とありますが、どのように考えることを指していますか。文章から書きぬきましょう。（20点）

□□□□□と考えること。

(3) 「カラスの言葉と人間の言葉は、まったくちがう」とありますが、「人間の言葉」はどのような点でカラスとちがうのですか。文章から書きぬきましょう。1つ20点（40点）

□□□□□を使って

ものごとを□□できる点。

(4) [5]段落《だんらく》の働きとして正しいものを次から選び、記号で書きましょう。（10点）（　　）

ア　[4]段落の内容《ないよう》に反論《はんろん》している。

イ　[4]段落と対照的な内容を示《しめ》している。

ウ　[4]段落の内容を補足《ほそく》説明している。

(5) 文章全体を「初め」「中」「終わり」の三つに分けるとき、正しいものを次から選び、記号で書きましょう。（20点）（　　）

ア　[1]・[2]・[3]／[4]・[5]／[6]・[7]

イ　[1]・[2]／[3]・[4]・[5]／[6]・[7]

ウ　[1]・[2]・[3]／[4]・[5]・[6]／[7]

もう1回チャレンジ!!

9 説明文① 文章の構成《こうせい》

学習した日　月　日

名前

得点　／100点

目標《もくひょう》時間　20分

らくらくマルつけ

解説↓ 345ページ

5121

❶ 次の文章を読んで、問題に答えましょう。

[1]イギリスの貴族《きぞく》は、子供《こども》をそだてるとき、まず、第一に

「楽天的であれ。決してあわててはいけない。」

と教えるという。□、すぐに現実《げんじつ》に反応《はんのう》して、顔色を変えるようでは、リーダーとしてみなのまえに堂々《どうどう》とたち、みなをひっぱっていけないからだ。

[2]「なに、だいじょうぶ。きっとうまくいくさ。」

[3]そう考えて、よい方向にイメージをえがいて、内心あわてている自分をダマし、落ち着いて現実にむかいあわねばならない。

[4]人はなぜウソをつくのか。それは人間だけが言葉をもち、その言葉によって、自分が直面している現実と、自分との間をうまく調節しようとするからである。

[5]動物は、人間のようにウソをつかない。現実に直接的《ちょくせつてき》に反応するだけだ。もちろん、動物もある意味では言葉をもっている。カラスは、その鳴き声で、「あつまれ！」とか、「散れ！」とか、「にげろ！」とか、仲間にあいずをする、という。

[6]けれども、カラスの言葉と人間の言葉は、まったくちがう。人間は、自分の言葉でカラスの言葉を説明できるが、カラスは、自分の言葉で人間の言葉を説明することができるだろうか、できはしまい。

[7]人間は、言葉によって、この世界に自分なりの意味と*秩序《ちつじょ》をあたえて生きてゆくのである。

＊物事を行う場合の正しい順番や決まり。

（赤塚行雄《あかつかゆきお》「ウソをつく力」より）

(1) □にあてはまることばを次から選び、記号で書きましょう。（10点）（　　）

ア　なぜなら　　イ　だから　　ウ　ところで

(2) 「そう考えて」とありますが、どのように考えることを指していますか。文章から書きぬきましょう。（20点）

□□□□□と考えること。

(3) 「カラスの言葉と人間の言葉は、まったくちがう」とありますが、「人間の言葉」はどのような点でカラスとちがうのですか。文章から書きぬきましょう。（1つ20点（40点））

□□□□□を使って

ものごとを□□できる点。

(4) [5]段落《だんらく》の働きとして正しいものを次から選び、記号で書きましょう。（10点）（　　）

ア　[4]段落の内容《ないよう》に反論《はんろん》している。

イ　[4]段落と対照的な内容を示《しめ》している。

ウ　[4]段落の内容を補足《ほそく》説明している。

(5) 文章全体を「初め」「中」「終わり」の三つに分けるとき、正しいものを次から選び、記号で書きましょう。（20点）（　　）

ア　[1]・[2]・[3]／[4]・[5]／[6]・[7]

イ　[1]・[2]／[3]・[4]・[5]／[6]・[7]

ウ　[1]・[2]・[3]／[4]・[5]・[6]／[7]

10 説明文② 要旨《ようし》

学習した日　月　日

名前

得点　/100点

目標《もくひょう》時間　20分

らくらくマルつけ

解説↓345ページ

5122

国語

❶ **次の文章を読んで、問題に答えましょう。**

結果があらかじめ分かっていたり、かん単に予測《よそく》できたりしては物足りない。何も考えないうちから解答《かいとう》への近道を一方的に説明されても、そこには面《おも》白《しろ》さもおどろきも全く生まれない。

それはまるで、結果が分かっているスポーツの試合を観《み》ているようなものです。

少し脱線《だっせん》しますが、わたしはスポーツを観るのが大好きで、録画しておいた試合を毎日観ています。［　］、間ちがえてスキップのボタンをおしてしまい、結果が分かってしまうことがある。これほど悲さんなことはありません。

サッカーは九十分の間に一点か二点しか入らない。結果を知らないからこそ、点が入らない時間もドキドキしながら楽しめる。そして、このドキドキ感があるからこそ、ゴールシーンの感動や熱きょうが大きなものになるのです。

「学び」も同じです。答えが分からないからこそ、自分で苦労して考えて、あるとき、ふっと「分かった！」と気づく。もしくは、考えて考えて、考え続けた果てにようやく教わると、「なるほど！」とその答えがしみる。

そのいっしゅんの感動が大きくなるのは、それまでのプロセス*における苦労があるからこそです。「学び」を楽しめる人は、そのプロセスを楽しめる人でもあります。これも「学びのきほん」です。

これからどうなるか分からない中で手にした感動こそが、自らを確実《かくじつ》にこう新する。それこそが「学び」の面白さなのです。

*過程。

（齋藤孝《さいとうたかし》「人生が面白くなる　学びのわざ」より）

(1) 「そこ」とは、何を指していますか。文章から書きぬきましょう。(20点)

［　　　　　］

(2) ［　］にあてはまることばを次から選び、記号で書きましょう。(10点)（　）

ア　なぜなら　イ　だから　ウ　しかし

(3) 「これほど悲さんなことはありません」とありますが、なぜですか。文章から書きぬきましょう。(20点)

試合の結果が分かっているので、観ていても［　　　　］がないから。

(4) 筆者の意見をまとめた次の文にあてはまることばを、文章から書きぬきましょう。1つ20点(40点)

「学び」の面白さとは、自分で苦労して考え、その過程《かてい》で得《え》た［　　　　］ことを［　　］によって、自分を成長させることである。

(5) この文章の話題の中心となるものを次から選び、記号で書きましょう。(10点)（　）

ア　スポーツの楽しみ方について。

イ　苦労することの大切さについて。

ウ　いかに学びを楽しむかについて。

10 説明文② 要旨《ようし》

学習した日　　月　　日

名前

得点　　/100点

目標《もくひょう》時間 20分

らくらくマルつけ

解説↓ 345ページ

5122

❶ **次の文章を読んで、問題に答えましょう。**

結果があらかじめ分かっていたり、かん単に予測《よそく》できたりしては物足りない。何も考えないうちから解答《かいとう》への近道を一方的に説明されても、そこには面白《おもしろ》さもおどろきも全く生まれない。

それはまるで、結果が分かっているスポーツの試合を観《み》ているようなものです。

少し脱線《だっせん》しますが、わたしはスポーツを観るのが大好きで、録画しておいた試合を毎日観ています。□、間ちがえてスキップのボタンをおしてしまい、結果が分かってしまうことがある。これほど悲さんなことはありません。

サッカーは九十分の間に一点か二点しか入らない。結果を知らないからこそ、点が入らない時間もドキドキしながら楽しめる。そして、このドキドキ感があるからこそ、ゴールシーンの感動や熱きょうが大きなものになるのです。

「学び」も同じです。答えが分からないからこそ、自分で苦労して考えて、あるとき、ふっと「分かった！」と気づく。もしくは、考えて考えて、考え続けた果てにようやく教わると、「なるほど！」とその答えがしみる。

そのいっしゅんの感動が大きくなるのは、それまでの*プロセスにおける苦労があるからこそです。「学び」を楽しめる人は、そのプロセスを楽しめる人でもあります。これも「学びのきほん」です。

これからどうなるか分からない中で手にした感動こそが、自らを確実《かくじつ》にこう新する。それこそが「学び」の面白さなのです。

*過程。

（齋藤孝《さいとうたかし》「人生が面白くなる　学びのわざ」より）

(1) 「そこ」とは、何を指していますか。文章から書きぬきましょう。（20点）

□

(2) □にあてはまることばを次から選び、記号で書きましょう。（10点）（　　）

ア なぜなら　イ だから　ウ しかし

(3) 「これほど悲さんなことはありません」とありますが、なぜですか。文章から書きぬきましょう。（20点）

試合の結果が分かっているので、観ていても□がないから。

(4) 筆者の意見をまとめた次の文にあてはまることばを、文章から書きぬきましょう。1つ20点（40点）

「学び」の面白さとは、自分で苦労して考え、その過程《かてい》で得《え》た□ことを□によって、自分を成長させることである。

(5) この文章の話題の中心となるものを次から選び、記号で書きましょう。（10点）（　　）

ア スポーツの楽しみ方について。

イ 苦労することの大切さについて。

ウ いかに学びを楽しむかについて。

11

和語・漢語・外来語

学習した日　　月　　日

名前

得点　　／100点

目標《もくひょう》時間 20分

らくらくマルつけ

解説↓ 345ページ

5123

❶ 次の文が説明していることばの種類をあとからそれぞれ選び、記号で書きましょう。 1つ5点【15点】

(1) 主にヨーロッパなどの中国以外の国から伝わったことば。（　　）

(2) 日本で生まれ、日本人が昔から使っていたことば。（　　）

(3) 中国で生まれ、中国から伝わったことば。（　　）

ア 和語　イ 漢語　ウ 外来語

❷ 次のことばの種類をあとからそれぞれ選び、記号で書きましょう。 1つ5点【40点】

(1) 果実（　　）

(2) 泳ぐ（　　）

(3) チャイム（　　）

(4) 集める（　　）

(5) 体験（　　）

(6) スポーツ（　　）

(7) 目標（　　）

(8) 深い（　　）

ア 和語　イ 漢語　ウ 外来語

❸ 次の熟語《じゅくご》の和語と漢語での読み方を、ひらがなで書きましょう。 1つ3点【18点】

(1) 生物
和語（　　）
漢語（　　）

(2) 草原
和語（　　）
漢語（　　）

(3) 年月
和語（　　）
漢語（　　）

❹ 次のことばの種類をあとからそれぞれ選び、記号で書きましょう。 1つ3点【27点】

(1)
決まり（　　）
規則《きそく》（　　）
ルール（　　）

(2)
速度（　　）
スピード（　　）
速さ（　　）

(3)
オーダー（　　）
たのむ（　　）
注文（　　）

ア 和語　イ 漢語　ウ 外来語

もう1回チャレンジ!!

11 和語・漢語・外来語

学習した日　月　日

名前

得点　/100点

目標《もくひょう》時間 20分

らくらくマルつけ

5123

解説↓ 345ページ

❶ 次の文が説明していることばの種類をあとからそれぞれ選び、記号で書きましょう。 1つ5点【15点】

(1) 主にヨーロッパなどの中国以外の国から伝わったことば。（　　）

(2) 日本で生まれ、日本人が昔から使っていたことば。（　　）

(3) 中国で生まれ、中国から伝わったことば。（　　）

ア 和語　イ 漢語　ウ 外来語

❷ 次のことばの種類をあとからそれぞれ選び、記号で書きましょう。 1つ5点【40点】

(1) 果実（　　）

(2) 泳ぐ（　　）

(3) チャイム（　　）

(4) 集める（　　）

(5) 体験（　　）

(6) スポーツ（　　）

(7) 目標（　　）

(8) 深い（　　）

ア 和語　イ 漢語　ウ 外来語

❸ 次の熟語《じゅくご》の和語と漢語での読み方を、ひらがなで書きましょう。 1つ3点【18点】

(1) 生物　和語（　　）　漢語（　　）

(2) 草原　和語（　　）　漢語（　　）

(3) 年月　和語（　　）　漢語（　　）

❹ 次のことばの種類をあとからそれぞれ選び、記号で書きましょう。 1つ3点【27点】

(1) 決まり（　　）　規則《きそく》（　　）　ルール（　　）

(2) 速度（　　）　スピード（　　）　速さ（　　）

(3) オーダー（　　）　たのむ（　　）　注文（　　）

ア 和語　イ 漢語　ウ 外来語

12 文の組み立て①

学習した日　月　日

名前

得点　／100点

目標《もくひょう》時間 20分

らくらくマルつけ

解説↓ 346ページ

5124

❶ 次の文の主語をア〜エから選び、記号で書きましょう。

1つ5点【25点】

(1) ア わたしは　イ 毎朝　ウ ランニングを　エ する。（　　）

(2) ア ぼくの　イ 好きな　ウ 教科は　エ 体育だ。（　　）

(3) ア おさない　イ 子が　ウ 急に　エ 泣き出した。（　　）

(4) ア 鳥が　イ いっせいに　ウ 空を　エ 飛ぶ。（　　）

(5) ア あそこに　イ いる　ウ 人は　エ 校長先生だ。（　　）

❷ 次の文から主語と述語《じゅつご》を書きぬきましょう。

1つ5点【30点】

(1) わたしは 毎朝 パンを 食べる。

主語（　　　　）

述語（　　　　）

(2) これは 妹の 大切な 人形だ。

主語（　　　　）

述語（　　　　）

(3) 美しかった、さっき 見た 月は。

主語（　　　　）

述語（　　　　）

❸ 次の文の——線は主語・述語・修飾語《しゅうしょくご》のうちどれですか。あとからそれぞれ選び、記号で書きましょう。

1つ5点【20点】

(1) ぼくの父は小学校の先生だ。（　　）

(2) おもしろい本を読んだ。（　　）

(3) あの犬はとても大きい。（　　）

(4) かみなりがゴロゴロと鳴る。（　　）

ア 主語　イ 述語　ウ 修飾語

❹ 次の文の□が修飾することばをア〜エから選び、記号で書きましょう。

1つ5点【25点】

(1) ア ぼくは　イ 学校から　[急いで]　ウ 家に　エ 帰った。（　　）

(2) ア あの　[大きな]　イ 建物は　ウ 友人の　エ 家だ。（　　）

(3) [白い]　ア 花が　イ たくさん　ウ 庭に　エ さいた。（　　）

(4) ア 母の　[好きな]　イ 色は　ウ あわい　エ 水色だ。（　　）

(5) ア 休日は　イ 一人で　[ゆっくりと]　ウ 本を　エ 読む。（　　）

もう1回チャレンジ!!

12 文の組み立て①

学習した日　月　日

名前

得点　/100点

目標《もくひょう》時間 20分

らくらくマルつけ

解説↓ 346ページ

5124

❶ 次の文の主語をア～エから選び、記号で書きましょう。 1つ5点【25点】

(1) ア わたしは　イ 毎朝　ウ ランニングを　エ する。　（　　）

(2) ア ぼくの　イ 好きな　ウ 教科は　エ 体育だ。　（　　）

(3) ア おさない　イ 子が　ウ 急に　エ 泣き出した。　（　　）

(4) ア 鳥が　イ いっせいに　ウ 空を　エ 飛ぶ。　（　　）

(5) ア あそこに　イ いる　ウ 人は　エ 校長先生だ。　（　　）

❷ 次の文から主語と述語《じゅつご》を書きぬきましょう。 1つ5点【30点】

(1) わたしは 毎朝 パンを 食べる。

主語（　　　　）

述語（　　　　）

(2) これは 妹の 大切な 人形だ。

主語（　　　　）

述語（　　　　）

(3) 美しかった、さっき 見た 月は。

主語（　　　　）

述語（　　　　）

❸ 次の文の――線は主語・述語・修飾語《しゅうしょくご》のうちどれですか。あとからそれぞれ選び、記号で書きましょう。 1つ5点【20点】

(1) ぼくの父は小学校の先生だ。　（　　）

(2) おもしろい本を読んだ。　（　　）

(3) あの犬はとても大きい。　（　　）

(4) かみなりがゴロゴロと鳴る。　（　　）

ア 主語　イ 述語　ウ 修飾語

❹ 次の文の□が修飾することばをア～エから選び、記号で書きましょう。 1つ5点【25点】

(1) ア ぼくは　イ 学校から　急いで　ウ 家に　エ 帰った。　（　　）

(2) ア あの　大きな　イ 建物は　ウ 友人の　エ 家だ。　（　　）

(3) 白い　ア 花が　イ たくさん　ウ 庭に　エ さいた。　（　　）

(4) ア 母の　好きな　イ 色は　ウ あわい　エ 水色だ。　（　　）

(5) ア 休日は　イ 一人で　ゆっくりと　ウ 本を　エ 読む。　（　　）

13 漢字⑤

学習した日　月　日

名前

得点　／100点

目標《もくひょう》時間　20分

らくらくマルつけ

解説↓346ページ

5125

❶ （　）に――線の読みがなを書きましょう。　1つ5点【50点】

(1) 金属によってつくられた製品《せいひん》を買う。（　　）

(2) 国際化の進んだ社会になる。（　　）

(3) 学年集会の資料を用意する。（　　）

(4) かぜの典型的なしょう状《じょう》だ。（　　）

(5) 兄は温厚な性格《せいかく》だ。（　　）

(6) 独り言をつぶやく。（　　）

(7) クラスの団結が強まる。（　　）

(8) すばやく行動に移す。（　　）

(9) 駅の近くに会場を設ける。（　　）

(10) 試合に勝ってむねを張る。（　　）

❷ □に漢字を書きましょう。　1つ5点【50点】

(1) にげた□□《はんにん》がつかまる。

(2) □□□《しょうどくえき》を手に入れる。

(3) □□《のうりょく》を生かして働く。

(4) □□《しつもん》にはっきりと答える。

(5) 定められた□□《じょうけん》を満たす。

(6) 日本の□□《ぼうえき》について調べる。

(7) □《つま》と買いものに出かける。

(8) 兄弟の身長を□《くら》べる。

(9) 顔のよく□《に》た親子に出会う。

(10) 新しい薬で多くの命を□《すく》う。

国語

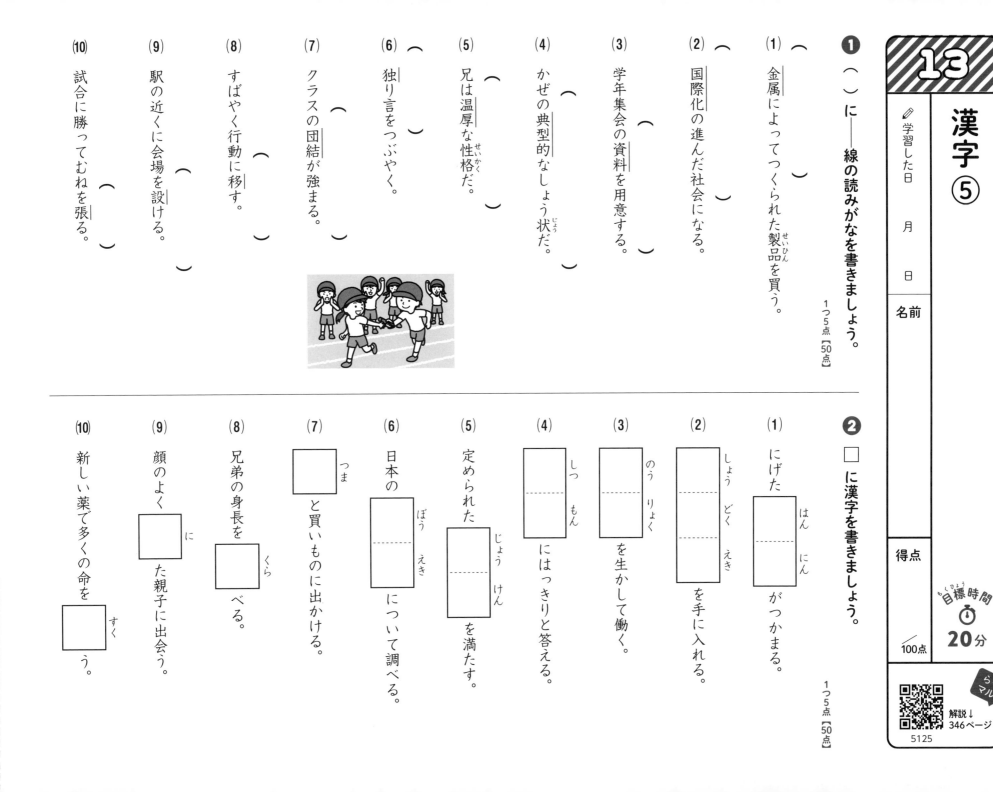

もう1回チャレンジ!!

13 漢字⑤

学習した日　月　日

名前

得点　/100点

目標《もくひょう》時間　20分

らくらくマルつけ

解説↓346ページ

5125

❶ （　）に——線の読みがなを書きましょう。

1つ5点【50点】

(1) 金属によってつくられた製品《せいひん》を買う。

(2) 国際化の進んだ社会になる。

(3) 学年集会の資料を用意する。

(4) かぜの典型的なしょう状《じょう》だ。

(5) 兄は温厚な性格《せいかく》だ。

(6) 独り言をつぶやく。

(7) クラスの団結が強まる。

(8) すばやく行動に移す。

(9) 駅の近くに会場を設ける。

(10) 試合に勝ってむねを張る。

❷ □に漢字を書きましょう。

1つ5点【50点】

(1) にげた□□《はんにん》がつかまる。

(2) □□□《しょうどくえき》を手に入れる。

(3) □□《のうりょく》を生かして働く。

(4) □□《しつもん》にはっきりと答える。

(5) 定められた□□《じょうけん》を満たす。

(6) 日本の□□《ぼうえき》について調べる。

(7) □《つま》と買いものに出かける。

(8) 兄弟の身長を□《くら》べる。

(9) 顔のよく□《に》た親子に出会う。

(10) 新しい薬で多くの命を□《すく》う。

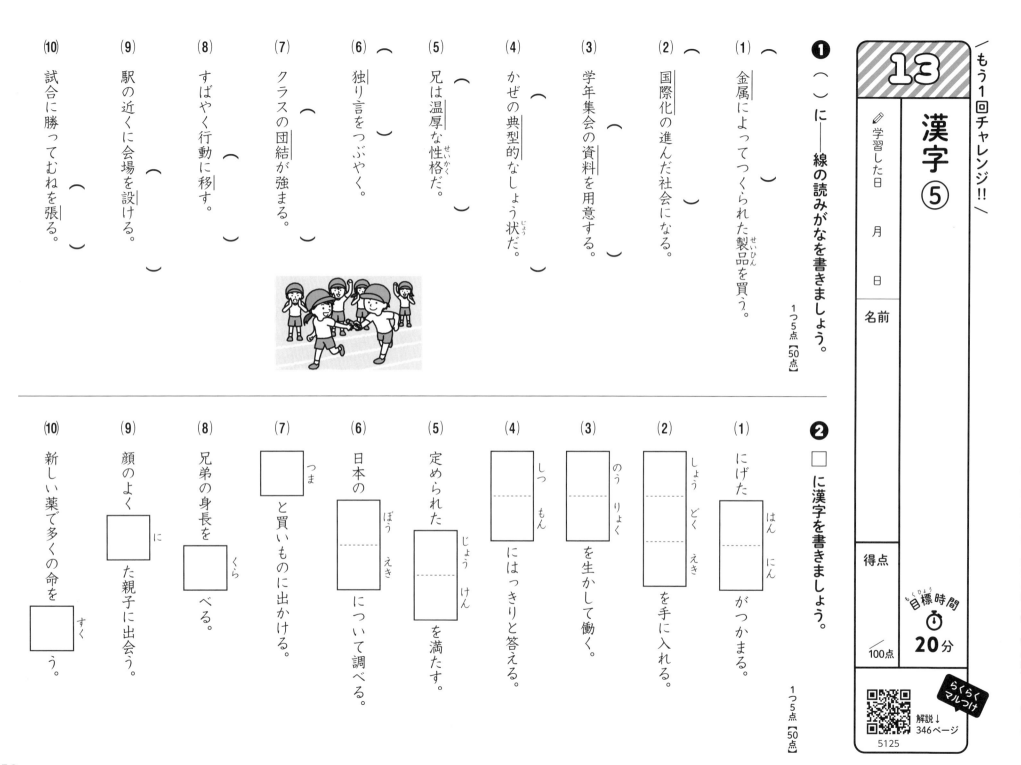

14 漢字⑥

学習した日　月　日

名前

得点　／100点

目標《もくひょう》時間　20分

らくらくマルつけ

解説↓346ページ

5126

国語

1 （　）に――線の読みがなを書きましょう。　1つ5点【50点】

(1) ひどい損害が出た要因《よういん》をさぐる。（　　）

(2) 大きな組織《そしき》を一人で率いる。（　　）

(3) 未来の世の中を想像する。（　　）

(4) 写生大会で銅賞をもらう。（　　）

(5) さまざまな知識を身につける。（　　）

(6) テレビのコードを接続する。（　　）

(7) 自分の志を最後までつらぬく。（　　）

(8) 家族で旅館を営む。（　　）

(9) 買いすぎて食材が余る。（　　）

(10) てきがすがたを現す。（　　）

2 □に漢字を書きましょう。　1つ5点【50点】

(1) 小学校で□□《ぼうさい》訓練を行う。

(2) □□《ねんりょう》を手に入れる。

(3) 品ものの売買で□□《りえき》を得《え》る。

(4) 他県に□□《てんきょ》する。

(5) 大学の□□《こうしゃ》を見学する。

(6) □□《こじん》的な意見を述《の》べる。

(7) 木の太い□《みき》にふれる。

(8) 兄に本を□《か》す。

(9) 妹に買いものを□《まか》せる。

(10) むずかしい問題を□《と》く。

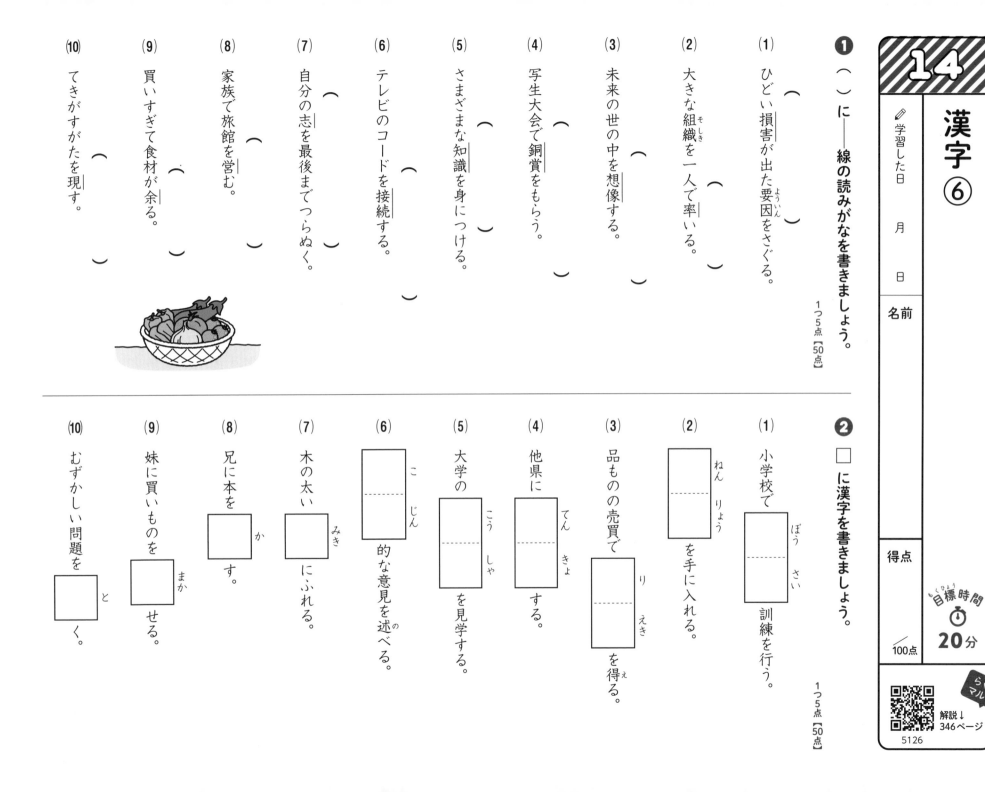

もう1回チャレンジ!!

14 漢字⑥

学習した日　　月　　日

名前

得点　　／100点

目標《もくひょう》時間　20分

らくらくマルつけ

解説↓346ページ

5126

❶ （　）に――線の読みがなを書きましょう。

1つ5点【50点】

(1) ひどい損害が出た要因《よういん》をさぐる。（　　）
(2) 大きな組織《そしき》を一人で率いる。（　　）
(3) 未来の世の中を想像する。（　　）
(4) 写生大会で銅賞をもらう。（　　）
(5) さまざまな知識を身につける。（　　）
(6) テレビのコードを接続する。（　　）
(7) 自分の志を最後までつらぬく。（　　）
(8) 家族で旅館を営む。（　　）
(9) 買いすぎて食材が余る。（　　）
(10) てきがすがたを現す。（　　）

❷ □に漢字を書きましょう。

1つ5点【50点】

(1) 小学校で□□《ぼうさい》訓練を行う。
(2) □□《ねんりょう》を手に入れる。
(3) 品ものの売買で□□《りえき》を得《え》る。
(4) 他県に□□《てんきょ》する。
(5) 大学の□□《こうしゃ》を見学する。
(6) □□《こじん》的な意見を述《の》べる。
(7) 木の太い□《みき》にふれる。
(8) 兄に本を□《か》す。
(9) 妹に買いものを□《まか》せる。
(10) むずかしい問題を□《と》く。

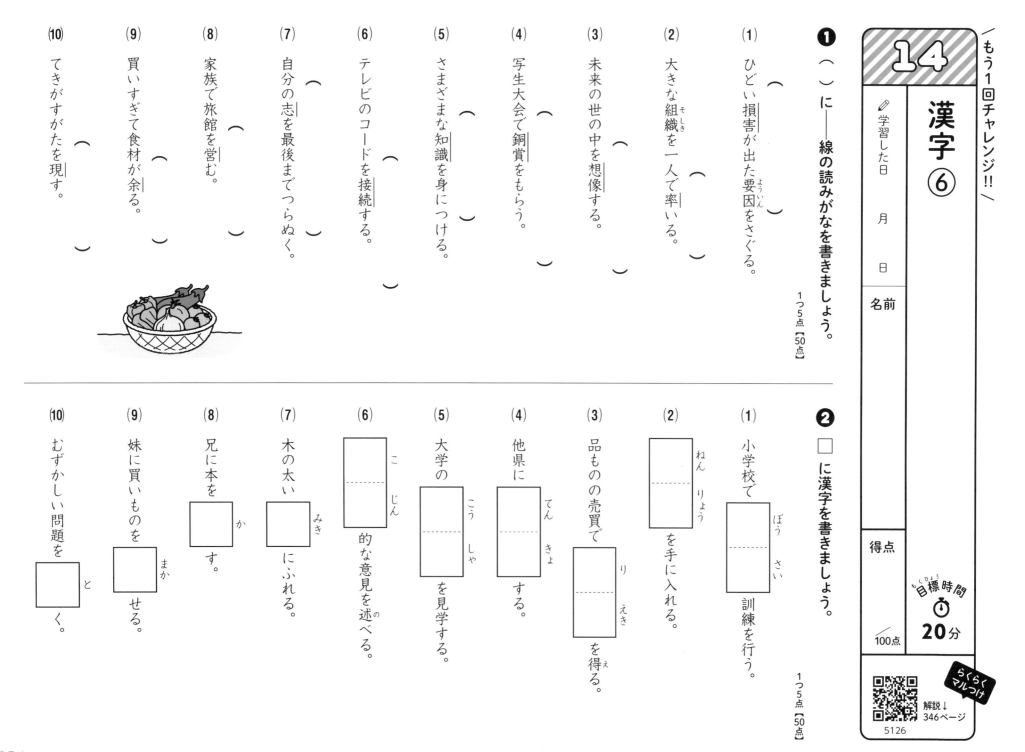

15

物語③ 場面と心情《しんじょう》の変化

学習した日　月　日

名前

得点　／100点

目標《もくひょう》時間 20分

らくらくマルつけ

解説↓ 346ページ

5127

国語

❶ 次の文章を読んで、問題に答えましょう。

［中学受験のためにサッカークラブでの活動を休んでいた和弥《かずや》は、サッカーチームの試合観戦に久々《ひさびさ》にやって来た。チームには、友人の春香《はるか》の弟も所属《しょぞく》しており、春香もグラウンドに来ていた。］

「和弥〜！」

春香がかけてきて、橋の上で追いつかれた。好きと言われたことを思い出し、目を合わせられない。

「来てくれたんだね」

春香のはずむような声に、和弥は「まぁ」とうなずいた。

「オレ、わかったんだ。サッカーが好きなのに、サッカーをあきらめるなんて、おかしいなって」

「もしかして、受験をやめるの？」

問いかけられて、首をふった。

「いや、受験する学校を変えた。サッカーを続けても受験できそうで、サッカー部が強いところを、ちゃんと自分で調べたんだ」

なんとなく受験することにしたから、親にまかせっぱなしだったことに気がついた。大切なのは、□、なのに。

和弥は顔を上げると、春香の大きな目をまっすぐに見た。

「好きなことを我《が》まんして、がんばるっていうのもアリだと思うけど、オレはちがうってわかったから」

（中略《ちゅうりゃく》）

今しかできないこともあって、それは決してむだじゃない。

（工藤純子《くどうじゅんこ》「ぬすまれた時間と金色のパン」より）

(1) 「来てくれたんだね」とありますが、このことばからわかる春香の気持ちを次から選び、記号で書きましょう。(20点)（　）

ア 和弥が会いに来たことに対するおどろき。

イ 和弥が元気そうなことに対する安ど。

ウ 和弥が来てくれたことに対する喜《よろこ》び。

(2) 「オレ、わかったんだ。……おかしいなって」とありますが、そのことによって和弥はどのような学校を受験することにしましたか。文章から書きぬきましょう。1つ20点(40点)

サッカーを続けながら［　　　　］［　　　　　］が強く、［　　］な学校。

(3) □にあてはまることばを次から選び、記号で書きましょう。(20点)（　）

ア 自分に何ができるか

イ 自分がどうしたいか

ウ 自分を信じられるか

(4) 「目を合わせられない」から「春香の大きな目をまっすぐに見た」へと和弥の様子が変化した理由を次から選び、記号で書きましょう。(20点)（　）

ア 春香と話すうちに、はずかしさよりも自分の考えに対する自信が強まったから。

イ 自分の考えを否定《ひてい》されたように感じ、春香に対してかっとなってしまったから。

ウ サッカーを続けようとする後ろめたい気持ちが、春香と話すことでうすれたから。

15 物語③ 場面と心情《しんじょう》の変化

学習した日　月　日

名前

得点　/100点

目標《もくひょう》時間 20分

らくらくマルつけ

解説↓ 346ページ

5127

❶ 次の文章を読んで、問題に答えましょう。

［中学受験のためにサッカークラブでの活動を休んでいた和弥《かずや》は、サッカーチームの試合観戦に久々《ひさびさ》にやって来た。チームには、友人の春香《はるか》の弟も所属《しょぞく》しており、春香もグラウンドに来ていた。］

「和弥〜!」

春香がかけてきて、橋の上で追いつかれた。好きと言われたことを思い出し、目を合わせられない。

「来てくれたんだね」

春香のはずむような声に、和弥は「まぁ」とうなずいた。

「オレ、わかったんだ。サッカーが好きなのに、サッカーをあきらめるなんて、おかしいなって」

「もしかして、受験をやめるの?」

問いかけられて、首をふった。

「いや、受験する学校を変えた。サッカーを続けても受験できそうで、サッカー部が強いところを、ちゃんと自分で調べたんだ」

なんとなく受験することにしたから、親にまかせっぱなしだったことに気がついた。大切なのは、［　　］、なのに。

和弥は顔を上げると、春香の大きな目をまっすぐに見た。

「好きなことを我《が》まんして、がんばるっていうのもアリだと思うけど、オレはちがうってわかったから」

（中略《ちゅうりゃく》）

今しかできないこともあって、それは決してむだじゃない。

（工藤純子《くどうじゅんこ》「ぬすまれた時間と金色のパン」より）

(1) 「来てくれたんだね」とありますが、このことばからわかる春香の気持ちを次から選び、記号で書きましょう。（20点）（　　）

ア 和弥が会いに来たことに対するおどろき。

イ 和弥が元気そうなことに対する安ど。

ウ 和弥が来てくれたことに対する喜《よろこ》び。

(2) 「オレ、わかったんだ。……おかしいなって」とありますが、そのことによって和弥はどのような学校を受験することにしましたか。文章から書きぬきましょう。1つ20点（40点）

［　　　　　］が強く、

サッカーを続けながら［　　　　］な学校。

(3) ［　　］にあてはまることばを次から選び、記号で書きましょう。（20点）（　　）

ア 自分に何ができるか

イ 自分がどうしたいか

ウ 自分を信じられるか

(4) 「目を合わせられない」から「春香の大きな目をまっすぐに見た」へと和弥の様子が変化した理由を次から選び、記号で書きましょう。（20点）（　　）

ア 春香と話すうちに、はずかしさよりも自分の考えに対する自信が強まったから。

イ 自分の考えを否定《ひてい》されたように感じ、春香に対してかっとなってしまったから。

ウ サッカーを続けようとする後ろめたい気持ちが、春香と話すことでうすれたから。

16

物語④ 情景《じょうけい》と表現《ひょうげん》の効果《こうか》

学習した日　月　日

名前

得点　／100点

目標《もくひょう》時間 20分

らくらくマルつけ

解説↓ 347ページ

5128

国語

❶ 次の文章を読んで、問題に答えましょう。

「南小から転校した先の学校で、新しい友人と楽しそうに野球をする三上《みかみ》くんの姿《すがた》にひどく傷《きず》ついた「少年」はその場を離《はな》れるが、三上くんはそのあとを追ってきた。」

三上くんはグローブを二つ持ってきていた。ボールもあった。「ちょっとだけでも、キャッチボールしよう」と笑って、自分が使っていたグローブを少年に差し出した。

少年が黙《だま》って受け取ると、三上くんは照れくさそうに笑った。少年も目を伏《ふ》せて笑い返す。

小走りに距離《きょり》をとった三上くんが、山なりのボールを放った。それを軽くキャッチしたときに、気づいた。

〈南小4年1組フォーエバー！〉

グローブの甲《こう》に、サインペンで書いてあった。

□書いたのだろう、黒い文字はうすれかかっていた。

へへっ、と少年は笑う。うれしいのか悲しいのかよくわからなかったが、自然と笑《え》みが浮《う》かんだ。

「なに？」とけげんそうに訊《き》く三上くんにはなにも答えず、ボールを投げ返した。

三上くんが「バス、来たぞ」と言った。振《ふ》り向《む》くと、道路の先のほうにバスの車体が小さく見えた。

「ラスト一球」――さっきより少し強いボールを、少年は右手をグローブに添《そ》えて捕《と》った。

〈南小4年1組フォーエバー！〉の文字の上を右手の親指でなぞると、うっすらと積もっていた砂埃《すなぼこり》が拭《ぬぐ》い取《と》られて、少しだけ、文字が鮮《あざ》やかになった。

（重松清《しげまつきよし》「南小、フォーエバー」より）

＊フォーエバー…永遠に。
＊けげん…不思議そうに。

(1) 「グローブを二つ持ってきていた」のは、なんのためですか。文章から書きぬきましょう。 1つ10点（20点）

少年が□に乗るまでの間、二人で□をするため。

(2) □にあてはまることばを次から選び、記号で書きましょう。 （20点）（　）

ア ここへ来る途中《とちゅう》で

イ 少年に見せるために

ウ 転校したてのころに

(3) 「うれしいのか悲しいのかよくわからなかった」とは、どういうことですか。文章から書きぬきましょう。 1つ20点（40点）

三上くんが南小□のことを大切に思っていたと知り、うれしくなったが、その思いが文字のように□いるようにも感じ、さみしくなっている。

(4) 「少しだけ、文字が鮮やかになった」ことから読み取れる「少年」の気持ちを次から選び、記号で書きましょう。 （20点）（　）

ア 三上くんとの消えそうな心のつながりを取りもどそうとする気持ち。

イ 三上くんとすごした、楽しかった日々をわすれようと苦しむ気持ち。

ウ 三上くんのことがきらいになりそうで落ちこむ気持ち。

16 物語④ 情景《じょうけい》と表現《ひょうげん》の効果《こうか》

学習した日　月　日

名前

得点　／100点

目標《もくひょう》時間　20分

らくらくマルつけ
解説↓347ページ
5128

❶ 次の文章を読んで、問題に答えましょう。

［南小から転校した先の学校で、新しい友人と楽しそうに野球をする三上《みかみ》くんの姿《すがた》にひどく傷《きず》ついた「少年」はその場を離《はな》れるが、三上くんはそのあとを追ってきた。］

三上くんはグローブを二つ持ってきていた。ボールもあった。「ちょっとだけでも、キャッチボールしよう」と笑って、自分が使っていたグローブを少年に差し出した。

少年が黙《だま》って受け取ると、三上くんは照れくさそうに笑った。少年も目を伏《ふ》せて笑い返す。

小走りに距離《きょり》をとった三上くんが、山なりのボールを放った。それを軽くキャッチしたときに、気づいた。

〈南小4年1組フォーエバー！〉

グローブの甲《こう》に、サインペンで書いてあった。

［　　］書いたのだろう、黒い文字はうすれかかっていた。

へへっ、と少年は笑う。うれしいのか悲しいのかよくわからなかったが、自然と笑《え》みが浮《う》かんだ。

「なに？」とけげんそうに訊《き》く三上くんにはなにも答えず、ボールを投げ返した。

三上くんが「バス、来たぞ」と言った。振《ふ》り向《む》くと、道路の先のほうにバスの車体が小さく見えた。

「ラスト一球」――さっきより少し強いボールを、少年は右手をグローブに添《そ》えて捕《と》った。

〈南小4年1組フォーエバー！〉の文字の上を右手の親指でなぞると、うっすらと積もっていた砂埃《すなぼこり》が拭《ぬぐ》い取《と》られて、少しだけ、文字が鮮《あざ》やかになった。

（重松清《しげまつきよし》「南小、フォーエバー」より）

＊フォーエバー……永遠に。
＊けげんそうに……不思議そうに。

(1) 「グローブを二つ持ってきていた」のは、なんのためですか。文章から書きぬきましょう。　1つ10点（20点）

少年が［　　］に乗るまでの間、二人で［　　　　　　］をするため。

(2) ［　　］にあてはまることばを次から選び、記号で書きましょう。　（20点）（　　）

ア　ここへ来る途中《とちゅう》で
イ　少年に見せるために
ウ　転校したてのころに

(3) 「うれしいのか悲しいのかよくわからなかった」とは、どういうことですか。文章から書きぬきましょう。　1つ20点（40点）

三上くんが南小［　　　　］のことを大切に思っていたと知り、うれしくなったが、その思いが文字のように［　　　　　　　］いるようにも感じ、さみしくなっている。

(4) 「少しだけ、文字が鮮やかになった」ことから読み取れる「少年」の気持ちを次から選び、記号で書きましょう。　（20点）（　　）

ア　三上くんとの消えそうな心のつながりを取りもどそうとする気持ち。
イ　三上くんとすごした、楽しかった日々をわすれようと苦しむ気持ち。
ウ　三上くんのことがきらいになりそうで落ちこむ気持ち。

17

同じ読み方をする漢字

学習した日　月　日

名前

得点

/100点

目標《もくひょう》時間

20分

らくらくマルつけ

解説↓ 347ページ

5129

国語

1 次の——線のひらがなにあてはまる漢字をあとから選び、記号で書きましょう。 1つ5点【25点】

(1) 逆上《さかあ》がりをしゅう得《とく》する。（　　）

ア 終　イ 周　ウ 習　エ 集

(2) 予算案がせい立する。（　　）

ア 整　イ 正　ウ 政　エ 成

(3) ドラマのだい本を読む。（　　）

ア 台　イ 代　ウ 題　エ 第

(4) 一点をせん取する。（　　）

ア 千　イ 戦　ウ 先　エ 選

(5) うまくいく予かんがする。（　　）

ア 観　イ 官　ウ 間　エ 感

2 次の——線のひらがなにあてはまる漢字をあとから選び、記号で書きましょう。 1つ5点【15点】

(1) おもに海で活動している。（　　）

ア 重　イ 思　ウ 主

(2) よの中がさわがしくなる。（　　）

ア 代　イ 世　ウ 予

(3) 真ん中の席があきそうだ。（　　）

ア 開　イ 空　ウ 合

3 次の——線のひらがなを漢字に直し、□に書きましょう。 1つ6点【36点】

(1)

① みんなできょうりょくする。

② きょうりょくな助けを得《え》る。

(2)

① 国語じてんで調べる。

② 今朝《けさ》のじてんでは問題なかった。

(3)

① 工場のきかいを点検《てんけん》する。

② 友人と再会《さいかい》するきかいを得る。

4 次の——線のひらがなを漢字に直し、□に書きましょう。 1つ6点【24点】

(1)

① 体重をはかる。

② 時間をはかる。

(2)

① 湯気がたつ。

② ビルがたつ。

／もう1回チャレンジ!!／

17 同じ読み方をする漢字

学習した日　月　日

名前

得点　／100点

目標《もくひょう》時間　20分

らくらくマルつけ

解説↓347ページ

5129

1 次の——線のひらがなにあてはまる漢字をあとから選び、記号で書きましょう。　1つ5点【25点】

(1) 逆《さか》上《あ》がりをしゅう得《とく》する。　（　　）
ア 終　イ 周　ウ 習　エ 集

(2) 予算案がせい立する。　（　　）
ア 整　イ 正　ウ 政　エ 成

(3) ドラマのだい本を読む。　（　　）
ア 台　イ 代　ウ 題　エ 第

(4) 一点をせん取する。　（　　）
ア 千　イ 戦　ウ 先　エ 選

(5) うまくいく予かんがする。　（　　）
ア 観　イ 官　ウ 間　エ 感

2 次の——線のひらがなにあてはまる漢字をあとから選び、記号で書きましょう。　1つ5点【15点】

(1) おもに海で活動している。　（　　）
ア 重　イ 思　ウ 主

(2) よの中がさわがしくなる。　（　　）
ア 代　イ 世　ウ 予

(3) 真ん中の席があきそうだ。　（　　）
ア 開　イ 空　ウ 合

3 次の——線のひらがなを漢字に直し、□に書きましょう。　1つ6点【36点】

(1)
① みんなできょうりょくする。
② きょうりょくな助けを得《え》る。

(2)
① 国語じてんで調べる。
② 今朝《けさ》のじてんでは問題なかった。

(3)
① 工場のきかいを点検《てんけん》する。
② 友人と再会《さいかい》するきかいを得る。

4 次の——線のひらがなを漢字に直し、□に書きましょう。　1つ6点【24点】

(1)
① 体重をはかる。
② 時間をはかる。

(2)
① 湯気がたつ。
② ビルがたつ。

18 文の組み立て②

学習した日　月　日

名前

得点　/100点

目標《もくひょう》時間 20分

らくらくマルつけ

解説↓ 347ページ

5130

国語

❶ 次の文から主語と述語《じゅつご》を書きぬきましょう。 1つ5点【40点】

(1) 昨日《きのう》食べたケーキはおいしかった。
主語（　　）
述語（　　）

(2) 小さな男の子が一人で公園にいる。
主語（　　）
述語（　　）

(3) ぼくも弟といっしょに公園に行った。
主語（　　）
述語（　　）

(4) 君こそぼくらのリーダーにふさわしい。
主語（　　）
述語（　　）

❷ 次の文の――線の働きとしてあてはまるものをあとからそれぞれ選び、記号で書きましょう。 1つ3点【15点】

(1) 今日《きょう》はかなり暑い一日だった。（　　）

(2) これは父が買ってきた本だ。（　　）

(3) きれいなにじが空にかかる。（　　）

(4) わたしも図書館に行きたい。（　　）

(5) 友人が書いた手紙を読む。（　　）

ア 主語　イ 述語　ウ 修飾語

❸ 次の文の□を直接《ちょくせつ》修飾することばをア～エからすべて選び、記号で書きましょう。 1つ5点【25点】

(1) アこの　イ美しい　[花を]　ウ母に　エあげよう。（　　）

(2) ア海を　イ背《せ》に　ウりっぱな　[ホテルが]　エ完成した。（　　）

(3) ア母が　イつくる　ウ料理は　エやはり　[おいしい]。（　　）

(4) アその　イ大きな　ウ白い　[箱は]　エなんですか。（　　）

(5) ア兄は　イいつも　ウたくさん　エ本を　[読む]。（　　）

❹ 次の文の□が修飾することばをア～エから選び、記号で書きましょう。 1つ4点【20点】

(1) ア母の　[好きな]　イ飲み物は　ウ温かい　エお茶だ。（　　）

(2) [楽しい]　ア時間は　イいつも　ウすぐに　エすぎる。（　　）

(3) アとても　[おだやかな]　イ笛の　ウ音を　エ聞いた。（　　）

(4) アぼくは　イ君の　[考えを]　ウもっと　エ知りたい。（　　）

(5) [庭には]　アいろんな　イ色の　ウ花が　エさく。（　　）

もう1回チャレンジ!!

18 文の組み立て②

学習した日　月　日

名前

得点　/100点

目標《もくひょう》時間 20分

らくらくマルつけ

解説↓ 347ページ

5130

❶ 次の文から主語と述語《じゅつご》を書きぬきましょう。 1つ5点【40点】

(1) 昨日《きのう》食べたケーキはおいしかった。

主語（　　　）

述語（　　　）

(2) 小さな男の子が一人で公園にいる。

主語（　　　）

述語（　　　）

(3) ぼくも弟といっしょに公園に行った。

主語（　　　）

述語（　　　）

(4) 君こそぼくらのリーダーにふさわしい。

主語（　　　）

述語（　　　）

❷ 次の文の――線の働きとしてあてはまるものをあとからそれぞれ選び、記号で書きましょう。 1つ3点【15点】

(1) 今日《きょう》はかなり暑い一日だった。（　　）

(2) これは父が買ってきた本だ。（　　）

(3) きれいなにじが空にかかる。（　　）

(4) わたしも図書館に行きたい。（　　）

(5) 友人が書いた手紙を読む。（　　）

ア 主語　イ 述語　ウ 修飾語

❸ 次の文の□を直接《ちょくせつ》修飾することばをア～エからすべて選び、記号で書きましょう。 1つ5点【25点】

(1) ア この　イ 美しい　**花を**　ウ 母に　エ あげよう。（　　）

(2) ア 海を　イ 背《せ》に　ウ りっぱな　**ホテルが**　エ 完成した。（　　）

(3) ア 母が　イ つくる　ウ 料理は　エ やはり　**おいしい**。（　　）

(4) ア その　イ 大きな　ウ 白い　**箱は**　エ なんですか。（　　）

(5) ア 兄は　イ いつも　ウ たくさん　エ 本を　**読む**。（　　）

❹ 次の文の□が修飾することばをア～エから選び、記号で書きましょう。 1つ4点【20点】

(1) ア 母の　**好きな**　イ 飲み物は　ウ 温かい　エ お茶だ。（　　）

(2) **楽しい**　ア 時間は　イ いつも　ウ すぐに　エ すぎる。（　　）

(3) ア とても　**おだやかな**　イ 笛の　ウ 音を　エ 聞いた。（　　）

(4) ア ぼくは　イ 君の　**考えを**　ウ もっと　エ 知りたい。（　　）

(5) **庭には**　ア いろんな　イ 色の　ウ 花が　エ さく。（　　）

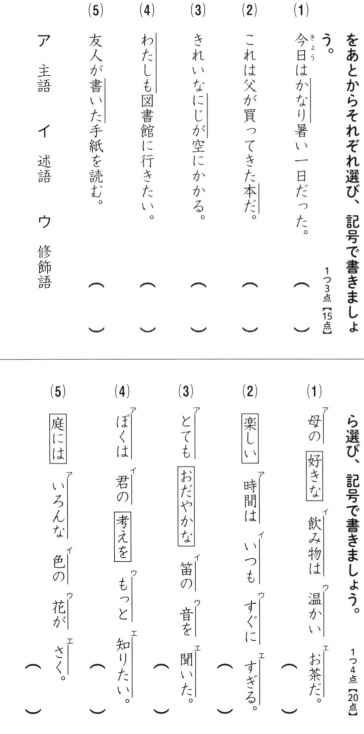

19 詩①

学習した日　月　日

名前

得点　/100点

目標時間《もくひょうじかん》 20分

らくらくマルつけ

解説↓ 348ページ

5131

国語

❶ 次の詩を読んで、問題に答えましょう。

A

星とたんぽぽ

金子《かねこ》みすゞ《(ず)》

青いお空の底ふかく、
海の小石のそのように、
夜がくるまでしずんでる、
昼のお星はめにみえぬ。
　見えぬけれどもあるんだよ、
見えぬものでもあるんだよ。

散ってすがれ*たたんぽぽの、
瓦《かわら》のすきに、だァまって、
春のくるまでかくれてる、
つよいその根は□。
　見えぬけれどもあるんだよ、
見えぬものでもあるんだよ。

*かれはじめた。

B

水平線

小泉周二《こいずみしゅうじ》

水平線がある
一直線にある
ゆれているはずなのに
一直線にある

水平線がある
はっきりとある
空とはちがうぞと
はっきりとある

水平線がある
どこまでもある
ほんとうの強さみたいに
どこまでもある

(1) **A**の詩は何音と何音のリズムで書かれていますか。漢数字で書きましょう。（全部できて10点）

□音と□音

(2) **A**の詩の□にあてはまることばを、詩の中から書きぬきましょう。（20点）

(3) **A**の詩の作者の思いが最も強くこめられている部分を、詩の中からひと続きの二行で書きぬきましょう。(句読点《くとうてん》もふくみます)（20点）

(4) **B**の詩はいくつのまとまりでできていますか。漢数字で書きましょう。（10点）

□つ

(5) **B**の詩に「はっきりとある」とありますが、水平線のどんな様子を表していますか。正しいものを次から選び、記号で書きましょう。（20点）（　）

ア　空よりも青くすき通って見える様子。
イ　空との境目《さかいめ》がくっきりしている様子。
ウ　空が海にうつりこんでかがやく様子。

(6) **B**の詩の作者は「水平線」がどこまでも続く様子を何にたとえていますか。詩の中から書きぬきましょう。（20点）

19 詩①

学習した日　月　日

名前

得点　／100点

目《もく》標《ひょう》時間 20分

らくらくマルつけ
解説↓ 348ページ
5131

❶ 次の詩を読んで、問題に答えましょう。

A

星とたんぽぽ

金子《かねこ》みすゞ《(ず)》

青いお空の底ふかく、
海の小石のそのように、
夜がくるまでしずんでる、
昼のお星はめにみえぬ。
　見えぬけれどもあるんだよ、
　見えぬものでもあるんだよ。

散ってすがれ*たたんぽぽの、
瓦《かわら》のすきに、だァまって、
春のくるまでかくれてる、
つよいその根は□。
　見えぬけれどもあるんだよ、
　見えぬものでもあるんだよ。

*かれはじめた。

B

水平線

小泉周二《こいずみしゅうじ》

水平線がある
一直線にある
ゆれているはずなのに
一直線にある

水平線がある
はっきりとある
空とはちがうぞと
はっきりとある

水平線がある
どこまでもある
ほんとうの強さみたいに
どこまでもある

(1) Aの詩は何音と何音のリズムで書かれていますか。漢数字で書きましょう。（全部できて10点）

□音と□音

(2) Aの詩の□にあてはまることばを、詩の中から書きぬきましょう。（20点）

(3) Aの詩の作者の思いが最も強くこめられている部分を、詩の中からひと続きの二行で書きぬきましょう。（句読点《くとうてん》もふくみます）（20点）

(4) Bの詩はいくつのまとまりでできていますか。漢数字で書きましょう。（10点）

□つ

(5) Bの詩に「はっきりとある」とありますが、水平線のどんな様子を表していますか。正しいものを次から選び、記号で書きましょう。（20点）

ア 空よりも青くすき通って見える様子。
イ 空との境目《さかいめ》がくっきりしている様子。
ウ 空が海にうつりこんでかがやく様子。

（　）

(6) Bの詩の作者は「水平線」がどこまでも続く様子を何にたとえていますか。詩の中から書きぬきましょう。（20点）

20

漢字⑦

学習した日　月　日

名前

得点　／100点

目標《もくひょう》時間　20分

らくらくマルつけ

解説↓ 348ページ

5132

国語

1 （　）に――線の読みがなを書きましょう。

1つ5点【50点】

(1) 読書の時間に紀行文を読む。（　　）

(2) 深海ではげしい水圧がかかる。（　　）

(3) 印象に残るお話を聞く。（　　）

(4) かれはこの場に不可欠な人物だ。（　　）

(5) 兄はやさしい性格だ。（　　）

(6) 婦人服を買いに行く。（　　）

(7) 校庭の木の枝が折れている。（　　）

(8) おたがいによい関係を築く。（　　）

(9) おやつの食べる量を減らす。（　　）

(10) よく効く目薬を眼科《がんか》で出してもらう。（　　）

2 □に漢字を書きましょう。

1つ5点【50点】

(1) けがの□□《じょうたい》がよくなる。

(2) きびしい□□《きそく》を守る。

(3) 旧友《きゅうゆう》との□□《さいかい》が楽しみだ。

(4) □□《せいど》の見直しを考える。

(5) □□《えいせい》面に注意して手を洗《あら》う。

(6) 新作の小説は□□《ひょうか》が高い。

(7) □《つね》に部屋をきれいにしておく。

(8) そんなに□《なさ》けない顔をするな。

(9) □《まず》しいくらしにたえる。

(10) 失敗を□《せ》めてはいけない。

／もう1回チャレンジ!!／

20 漢字⑦

学習した日　月　日

名前

得点　／100点

目標《もくひょう》時間　20分

らくらくマルつけ

解説↓ 348ページ

5132

❶ （　）に——線の読みがなを書きましょう。

1つ5点【50点】

(1) 読書の時間に紀行文を読む。（　　　）

(2) 深海ではげしい水圧がかかる。（　　　）

(3) 印象に残るお話を聞く。（　　　）

(4) かれはこの場に不可欠な人物だ。（　　　）

(5) 兄はやさしい性格だ。（　　　）

(6) 婦人服を買いに行く。（　　　）

(7) 校庭の木の枝が折れている。（　　　）

(8) おたがいによい関係を築く。（　　　）

(9) おやつの食べる量を減らす。（　　　）

(10) よく効く目薬を眼科《がんか》で出してもらう。（　　　）

❷ □に漢字を書きましょう。

1つ5点【50点】

(1) けがの□□《じょうたい》がよくなる。

(2) きびしい□□《きそく》を守る。

(3) 旧友《きゅうゆう》との□□《さいかい》が楽しみだ。

(4) □□《せいど》の見直しを考える。

(5) □□《えいせい》面に注意して手を洗《あら》う。

(6) 新作の小説は□□《ひょうか》が高い。

(7) □《つね》に部屋をきれいにしておく。

(8) そんなに□《なさ》けない顔をするな。

(9) □《まず》しいくらしにたえる。

(10) 失敗を□《せ》めてはいけない。

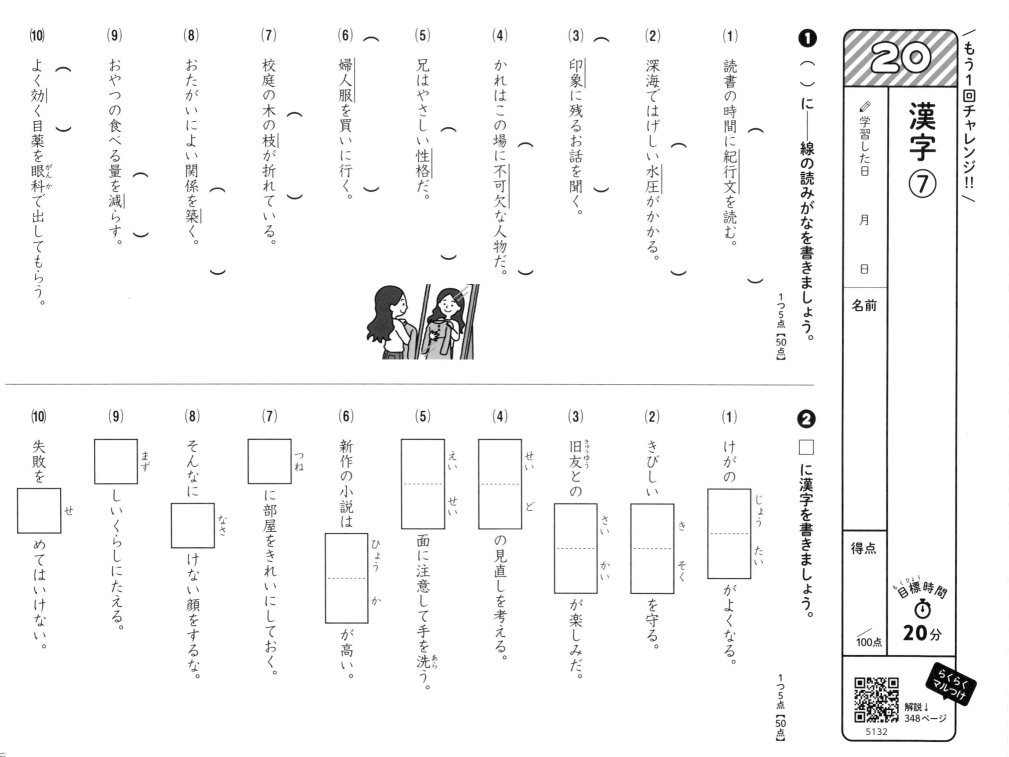

21

漢字⑧

学習した日　　月　　日

名前

得点

／100点

目標《もくひょう》時間 20分

らくらくマルつけ

5133

解説↓ 348ページ

国語

❶（　）に——線の読みがなを書きましょう。　1つ5点【50点】

(1) 精力的に生徒たちを指導《しどう》する。（　　）

(2) 先生の話に興味をひかれる。（　　）

(3) 学校までの往復の道のり。（　　）

(4) しっかりと戦略を練る。（　　）

(5) 総力を挙げて問題に取り組む。（　　）

(6) 輸出入の品目を取りまとめる。（　　）

(7) 図工の時間に版画を作製《さくせい》する。（　　）

(8) ケーキづくりのために小麦粉を用意する。（　　）

(9) 春のおとずれを喜ぶ。（　　）

(10) 険しい山の旧道《きゅうどう》を通って行く。（　　）

❷□に漢字を書きましょう。　1つ5点【50点】

(1) 英会話の□□《こうし》になりたい。

(2) 先生の□□《はんだん》にしたがう。

(3) 身の潔白《けっぱく》を□□《しょうめい》する。

(4) □□《きほん》を大切にする。

(5) □□《じゅんじょ》にそってならべる。

(6) 屋上に出るのを□□《きんし》する。

(7) □《ひたい》にあせをかいて働く。

(8) 学級会の司会を□《つと》める。

(9) 川の流れに□《さか》らう。

(10) 笑いの□《た》えない生活を送る。

＼もう1回チャレンジ!!／

21

漢字⑧

学習した日　　月　　日

名前

得点　　／100点

目《もく》標《ひょう》時間　20分

らくらくマルつけ

解説↓348ページ

5133

❶（　）に――線の読みがなを書きましょう。

1つ5点【50点】

(1) 精力的に生徒たちを指導《しどう》する。（　　）

(2) 先生の話に興味をひかれる。（　　）

(3) 学校までの往復の道のり。（　　）

(4) しっかりと戦略を練る。（　　）

(5) 総力を挙げて問題に取り組む。（　　）

(6) 輸出入の品目を取りまとめる。（　　）

(7) 図工の時間に版画を作製《さくせい》する。（　　）

(8) ケーキづくりのために小麦粉を用意する。（　　）

(9) 春のおとずれを喜ぶ。（　　）

(10) 険しい山の旧道《きゅうどう》を通って行く。（　　）

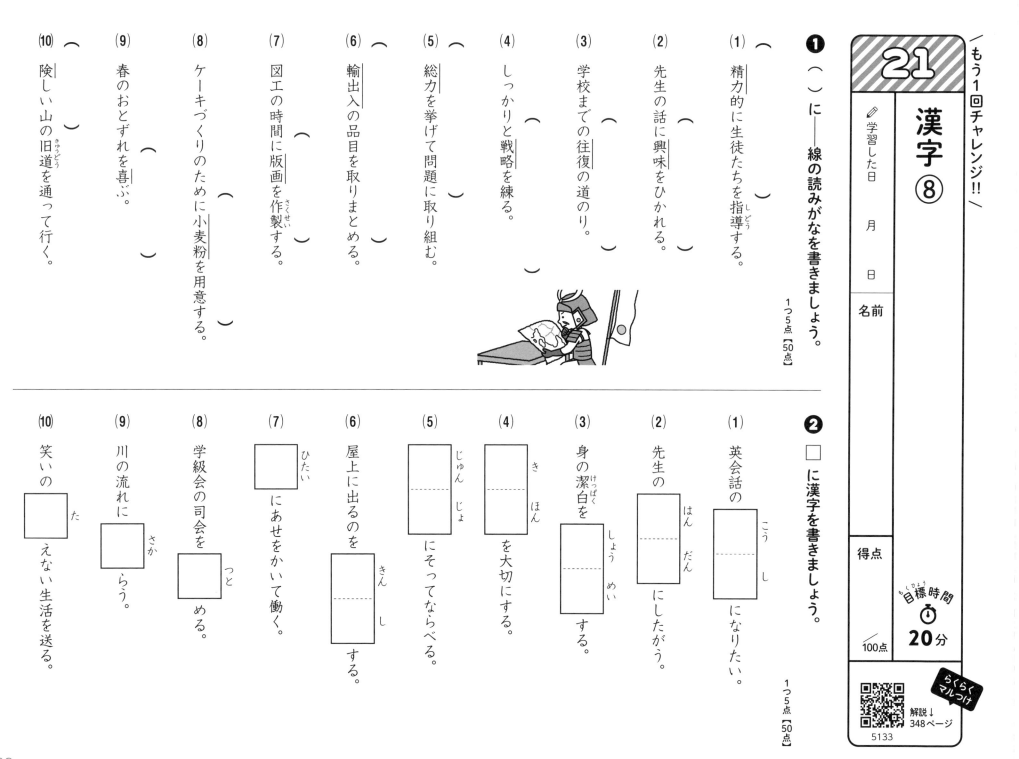

❷ □に漢字を書きましょう。

1つ5点【50点】

(1) 英会話の□□《こうし》になりたい。

(2) 先生の□□《はんだん》にしたがう。

(3) 身の潔白《けっぱく》を□□《しょうめい》する。

(4) □□《きほん》を大切にする。

(5) □□《じゅんじょ》にそってならべる。

(6) 屋上に出るのを□□《きんし》する。

(7) □《ひたい》にあせをかいて働く。

(8) 学級会の司会を□《つと》める。

(9) 川の流れに□《さか》らう。

(10) 笑いの□《た》えない生活を送る。

22 説明文③ 原因《げんいん》と結果

学習した日　月　日

名前

得点　/100点

目標《もくひょう》時間 20分

らくらくマルつけ

解説↓ 348ページ

5134

国語

❶ 次の文章を読んで、問題に答えましょう。

ほんの数十年前まで「ペットとして飼《か》っていたけどあきた」、あるいは「大きくなりすぎて、これ以上飼うことができない」といった生きものは、自然にかえすことがよいというような風ちょうがあった。

生きものの研究をしている人たちの間では、それは問題だと考えられていたのだろうけど、少なくとも世間では、それが生態系《せいたいけい》に悪いえいきょうをおよぼすとは思われていなかったし、自然の中でのびのび過《す》ごせて、生きものも幸せだと考えられていた。だからそうした生きものを自然の中ににがすことは、ごく当たり前のように行われてきた。

ところがこうしたことが原因《げんいん》で、数多くの外来生物が生み出された。今では、それがよくないことだということが理解《りかい》されている。

それはペットに限《かぎ》らず、つりを目的にした放流やつかまえた生きものを別の場所に放すことだって同じだ。

新たな外来生物のたん生を防《ふせ》ぐには、生きものを飼い始めたら最後まで飼育《しいく》し続ける、そしてよそから生きものを連れてきて自然の中ににがさない。守るべきはたったこれだけのことだ。

それはむずかしいことではないし、大げさなことでもない。ちょっと気をつければ、だれにでもできることなのだ。

（松沢陽士《まつざわようじ》「外国から来た魚」より）

(1) 「自然にかえすことがよいというような風ちょうがあった」のは、なぜですか。文章から書きぬきましょう。 1つ15点(30点)

①生態系に□えいきょうがあるとは思われていなかったから。

②生きものにとってそのほうが□だと考えられていたから。

(2) 「ごく当たり前のように行われてきた」とありますが、その結果、どのようなことが起きましたか。文章から書きぬきましょう。 (20点)

多くの□が生まれることとなった。

(3) 「これだけのこと」とは、どのようなことですか。文章から書きぬきましょう。 1つ15点(30点)

①生きものを□まで飼うこと。

②別のところから連れてきた生きものを□の中ににがさないこと。

(4) 文章の内容《ないよう》と合っているものを次から選び、記号で書きましょう。 (20点)（　）

ア 大きくなったペットはにがすとよい。

イ つった魚なら別の場所に放してもよい。

ウ 新たな外来生物のたん生を防ぎたい。

もう1回チャレンジ!!

22 説明文③ 原因《げんいん》と結果

学習した日　月　日

名前

得点　／100点

目標《もくひょう》時間 20分

らくらくマルつけ

解説↓ 348ページ

5134

❶ 次の文章を読んで、問題に答えましょう。

ほんの数十年前まで「ペットとして飼《か》っていたけれどあきた」、あるいは「大きくなりすぎて、これ以上飼うことができない」といった生きものは、自然にかえすことがよいというような風ちょうがあった。

生きものの研究をしている人たちの間では、それは問題だと考えられていたのだろうけど、少なくとも世間では、それが生態系《せいたいけい》に悪いえいきょうをおよぼすとは思われていなかったし、自然の中でのびのび過《す》ごせて、生きものも幸せだと考えられていた。だからそうした生きものを自然の中ににがすことは、ごく当たり前のように行われてきた。

ところがこうしたことが原因《げんいん》で、数多くの外来生物が生み出された。今では、それがよくないことだということが理解《りかい》されている。

それはペットに限《かぎ》らず、つりを目的にした放流やつかまえた生きものを別の場所に放すことだって同じだ。

新たな外来生物のたん生を防《ふせ》ぐには、生きものを飼い始めたら最後まで飼育《しいく》し続ける、そしてよそから生きものを連れてきて自然の中ににがさない。守るべきはたったこれだけのことだ。

それはむずかしいことではないし、大げさなことでもない。ちょっと気をつければ、だれにでもできることなのだ。

（松沢陽士《まつざわようじ》「外国から来た魚」より）

(1) 「自然にかえすことがよいというような風ちょうがあった」のは、なぜですか。文章から書きぬきましょう。　1つ15点（30点）

①生態系に［　　　］えいきょうがあるとは思われていなかったから。

②生きものにとってそのほうが［　　　］だと考えられていたから。

(2) 「ごく当たり前のように行われてきた」とありますが、その結果、どのようなことが起きましたか。文章から書きぬきましょう。（20点）

多くの［　　　　　］が生まれることとなった。

(3) 「これだけのこと」とは、どのようなことですか。文章から書きぬきましょう。　1つ15点（30点）

①生きものを［　　　］まで飼うこと。

②別のところから連れてきた生きものを［　　　］の中ににがさないこと。

(4) 文章の内容《ないよう》と合っているものを次から選び、記号で書きましょう。（20点）（　　）

ア 大きくなったペットはにがすとよい。

イ つった魚なら別の場所に放してもよい。

ウ 新たな外来生物のたん生を防ぎたい。

23 説明文④ 論《ろん》の進め方

学習した日　月　日

名前

得点　／100点

目標《もくひょう》時間 20分

らくらくマルつけ
解説↓ 349ページ
5135

1 次の文章を読んで、問題に答えましょう。

[1] 考えてみれば当たり前のことですが、人間以外のすべての動植物は、自分を取りまく環境《かんきょう》に、自分の体を直接《ちょくせつ》さらして生きています。そのためもし環境が変われば、その新しい環境に適応《てきおう》できるようにと、いま持っている体の形状《けいじょう》や性質《せいしつ》自体を変化変容《へんよう》させなければ、生きのびることができないのです。ところがもしそれに成功した場合には、元の種とは様々な点でことなった別の種の生物になってしまうのです。

[2] たとえば日本ではごくふつうの草でしかない菊《きく》の類《たぐい》は、アフリカの最高峰《さいこうほう》であるキリマンジャロのふもとのかんそう地帯では、ちょっと見ると巨大《きょだい》な柱サボテンかなと思うほど、くきが一面とげにおおわれた、まさにさばくでみるサボテンの仲間のような形をしているのです。花をくわしく見なければ、これが日本の菊の仲間だとはだれも思いません。

[3] この菊は太古の昔に、日本の菊と同じ先祖《せんぞ》から分かれたものが、この地の過《か》*こくな風土《ふうど》条件《じょうけん》に適応して、水分の蒸散《じょうさん》*を少なくするため皮をサボテンのように厚《あつ》くかたく変化させ、動物に食われないようにと葉の変形したとげを一面に生やし、[　　] 根は少ない水分を求めて、地下深く何メートルにもわたって広がっているのです。

[4] つまり自由には動けない植物が、環境の変化に順《じゅん》応《のう》して生きのびてゆくためには、自分の体の形や性質そのものを変えることが必要なのです。そしてこのように新たな環境に適応することに成功した時には、元の仲間とは性質やすがたかたちの全くちがう別の種に分化してしまうのです。

＊過こく…きびしい自然の条件。
＊蒸散…植物が、根からすい上げた水分を外に出すこと。

（鈴木孝夫《すずきたかお》「日本の感性が世界を変える」より）

(1) 「体の形状や性質自体を変化変容させなければ」とありますが、そのようにした結果、生物はどのようになりますか。文章から書きぬきましょう。　1つ20点（40点）

[　　　　] とはちがった、[　　　　] の生物になる。

(2) 「これ」とは、何を指していますか。文章から書きぬきましょう。　（20点）

[　　　　　　　　] のような形をしたアフリカの菊。

(3) [　　] にあてはまることばを次から選び、記号で書きましょう。　（10点）（　　）

ア なぜなら　イ つまり　ウ しかも

(4) 「自分の体の形や性質そのものを変える」とありますが、植物はなぜそのようにする必要があるのですか。次から選び、記号で書きましょう。　（10点）（　　）

ア 環境の変化に適応するため
イ 仲間の植物と助け合うため
ウ 他の動物に食べてもらうため

(5) 文章全体を「初め」「中」「終わり」の三つに分けるとき、正しいものを次から選び、記号で書きましょう。　（20点）（　　）

ア [1]／[2]／[3]・[4]
イ [1]／[2]・[3]／[4]
ウ [1]・[2]／[3]／[4]

もう1回チャレンジ!!

23 説明文④ 論《ろん》の進め方

学習した日　月　日

名前

得点　／100点

目標《もくひょう》時間 20分

らくらくマルつけ

解説↓ 349ページ

5135

❶ 次の文章を読んで、問題に答えましょう。

1 考えてみれば当たり前のことですが、人間以外のすべての動植物は、自分を取りまく環境《かんきょう》に、自分の体を直接《ちょくせつ》さらして生きています。そのためもし環境が変われば、その新しい環境に適応《てきおう》できるようにと、いま持っている体の形状《けいじょう》や性質《せいしつ》自体を変化変容《へんよう》させなければ、生きのびることができないのです。ところがもしそれに成功した場合には、元の種とは様々な点でことなった別の種の生物になってしまうのです。

2 たとえば日本ではごくふつうの草でしかない菊《きく》の類《たぐい》は、アフリカの最高峰《さいこうほう》であるキリマンジャロのふもとのかんそう地帯では、ちょっと見ると巨大《きょだい》な柱サボテンかなと思うほど、くきが一面とげにおおわれた、まさにさばくでみるサボテンの仲間のような形をしているのです。花をくわしく見なければ、これが日本の菊の仲間だとはだれも思いません。

3 この菊は太古の昔に、日本の菊と同じ先祖《せんぞ》から分かれたものが、この地の過《か》こく*な風土《ふうど》条件《じょうけん》に適応して、水分の蒸散《じょうさん》*を少なくするため皮をサボテンのように厚《あつ》くかたく変化させ、動物に食われないようにと葉の変形したとげを一面に生やし、□根は少ない水分を求めて、地下深く何メートルにもわたって広がっているのです。

4 つまり自由には動けない植物が、環境の変化に順《じゅん》応《のう》して生きのびてゆくためには、自分の体の形や性質そのものを変えることが必要なのです。そしてこのように新たな環境に適応することに成功した時には、元の仲間とは性質やすがたかたちの全くちがう別の種に分化してしまうのです。

＊過こく…きびしい自然の条件。
＊蒸散…植物が、根からすい上げた水分を外に出すこと。

（鈴木孝夫《すずきたかお》「日本の感性が世界を変える」より）

(1) 「体の形状や性質自体を変化変容させなければ」とありますが、そのようにした結果、生物はどのようになりますか。文章から書きぬきましょう。　1つ20点（40点）

□とはちがった、□の生物になる。

(2) 「これ」とは、何を指していますか。文章から書きぬきましょう。　（20点）

□のような形をしたアフリカの菊。

(3) □にあてはまることばを次から選び、記号で書きましょう。　（10点）（　）

ア なぜなら　イ つまり　ウ しかも

(4) 「自分の体の形や性質そのものを変える」とありますが、植物はなぜそのようにする必要があるのですか。次から選び、記号で書きましょう。　（10点）（　）

ア 環境の変化に適応するため

イ 仲間の植物と助け合うため

ウ 他の動物に食べてもらうため

(5) 文章全体を「初め」「中」「終わり」の三つに分けるとき、正しいものを次から選び、記号で書きましょう。　（20点）（　）

ア 1／2／3・4

イ 1／2・3／4

ウ 1・2／3／4

24

似《に》た意味や反対の意味の言葉

学習した日　月　日

名前

得点　/100点

目標《もくひょう》時間　20分

らくらくマルつけ

解説↓
349ページ

5136

❶ 次の熟語《じゅくご》と似《に》た意味の熟語をあとからそれぞれ選び、記号で書きましょう。 1つ6点【30点】

(1) 不平（　）

(2) 出世（　）

(3) 賛成《さんせい》（　）

(4) 進歩（　）

(5) 厚意《こうい》（　）

ア　発達
イ　不服
ウ　親切
エ　同意
オ　立身

❷ 次の熟語と似た意味の熟語をあとからそれぞれ選び、漢字に直して書きましょう。 1つ5点【20点】

(1) 的中

(2) 天然

(3) 手段《しゅだん》

(4) 消息

おんしん　しぜん
めいちゅう　ほうほう

❸ 次の熟語と反対の意味の熟語をあとからそれぞれ選び、記号で書きましょう。 1つ6点【30点】

(1) 単純《たんじゅん》（　）

(2) 精神《せいしん》（　）

(3) 許可《きょか》（　）

(4) 消費《しょうひ》（　）

(5) 理性《りせい》（　）

ア　肉体
イ　生産
ウ　複雑《ふくざつ》
エ　感情《かんじょう》
オ　禁止《きんし》

❹ 次の熟語と反対の意味の熟語をあとからそれぞれ選び、漢字に直して書きましょう。 1つ5点【20点】

(1) 自然

(2) 全体

(3) 原因《げんいん》

(4) 困難《こんなん》

ぶぶん　けっか
ようい　じんこう

国語

もう1回チャレンジ!!

24

似《に》た意味や反対の意味の言葉

学習した日　月　日

名前

得点　/100点

目標《もくひょう》時間　20分

らくらくマルつけ

解説↓ 349ページ

5136

1 次の熟語《じゅくご》と似《に》た意味の熟語をあとからそれぞれ選び、記号で書きましょう。　1つ6点【30点】

(1) 不平（　）

(2) 出世（　）

(3) 賛成《さんせい》（　）

(4) 進歩（　）

(5) 厚意《こうい》（　）

ア 発達　イ 不服　ウ 親切　エ 同意　オ 立身

2 次の熟語と似た意味の熟語をあとからそれぞれ選び、漢字に直して書きましょう。　1つ5点【20点】

(1) 的中

(2) 天然

(3) 手段《しゅだん》

(4) 消息

おんしん　しぜん　めいちゅう　ほうほう

3 次の熟語と反対の意味の熟語をあとからそれぞれ選び、記号で書きましょう。　1つ6点【30点】

(1) 単純《たんじゅん》（　）

(2) 精神《せいしん》（　）

(3) 許可《きょか》（　）

(4) 消費《しょうひ》（　）

(5) 理性《りせい》（　）

ア 肉体　イ 生産　ウ 複雑《ふくざつ》　エ 感情《かんじょう》　オ 禁止《きんし》

4 次の熟語と反対の意味の熟語をあとからそれぞれ選び、漢字に直して書きましょう。　1つ5点【20点】

(1) 自然

(2) 全体

(3) 原因《げんいん》

(4) 困難《こんなん》

ぶぶん　けっか　ようい　じんこう

25 敬語《けいご》①

学習した日　　月　　日

名前

得点　　／100点

目標《もくひょう》時間　20分

らくらくマルつけ

解説↓ 349ページ

5137

❶ 次の文が説明している敬語《けいご》の種類をあとからそれぞれ選び、記号で書きましょう。 1つ5点【15点】

(1) 「です」「ます」などを使って聞き手に敬意を示《しめ》すことば。（　　）

(2) 自分や身内の動作をけんそんして受ける者を高め、相手や話題中の人物に敬意を示すことば。（　　）

(3) 相手や話題中の人物のうち動作をする者を高め、敬意を示すことば。（　　）

ア　尊敬語《そんけいご》　　イ　謙譲語《けんじょうご》　　ウ　丁寧語《ていねいご》

❷ 敬語が正しく使われている文を選び、記号で書きましょう。 1つ5点【20点】

(1)
ア　母が教室にいらっしゃる。
イ　先生が母に電話でうかがう。
ウ　お客様が会場におこしになる。
（　　）

(2)
ア　お客様が話をお聞きする。
イ　あちらの方が庭をごらんになる。
ウ　祖母《そぼ》が学校にお見えになる。
（　　）

(3)
ア　市長が職員《しょくいん》とお話しになる。
イ　先生が写真を拝見《はいけん》する。
ウ　私《わたし》がベンチにおかけになる。
（　　）

(4)
ア　先生がぼくの家に参りました。
イ　先生がわたしに注意をお伝えした。
ウ　お客様を食事におまねきする。
（　　）

❸ 次の文の――線の尊敬語を、敬語を使わない言い方に直して書きましょう。 1つ10点【40点】

(1) お客様が花をくださった。（　　）

(2) 社長がお弁当《べんとう》をめしあがった。（　　）

(3) 先生がボランティア活動をなさった。（　　）

(4) あちらの方が着物をおめしになった。（　　）

❹ 次の文の――線の敬語の種類をあとからそれぞれ選び、記号で書きましょう。 1つ5点【25点】

(1) 入口はこちらでございます。（　　）

(2) お客様をご案内する。（　　）

(3) いつご出発なさいますか。（　　）

(4) おみやげをちょうだいする。（　　）

(5) 明日は雨になりそうです。（　　）

ア　尊敬語　　イ　謙譲語　　ウ　丁寧語

国語

＼もう1回チャレンジ!!／

25 敬語《けいご》①

学習した日　月　日

名前

得点　／100点

目標《もくひょう》時間　20分

らくらくマルつけ

解説↓ 349ページ

5137

❶ **次の文が説明している敬語《けいご》の種類をあとからそれぞれ選び、記号で書きましょう。** 1つ5点【15点】

(1) 「です」「ます」などを使って聞き手に敬意を示《しめ》すことば。（　）

(2) 自分や身内の動作をけんそんして受ける者を高め、相手や話題中の人物に敬意を示すことば。（　）

(3) 相手や話題中の人物のうち動作をする者を高め、敬意を示すことば。（　）

ア 尊敬語《そんけいご》　イ 謙譲語《けんじょうご》　ウ 丁寧語《ていねいご》

❷ **敬語が正しく使われている文を選び、記号で書きましょう。** 1つ5点【20点】

(1)
ア 母が教室にいらっしゃる。
イ 先生が母に電話でうかがう。
ウ お客様が会場におこしになる。
（　）

(2)
ア お客様が話をお聞きする。
イ あちらの方が庭をごらんになる。
ウ 祖母《そぼ》が学校にお見えになる。
（　）

(3)
ア 市長が職員《しょくいん》とお話しになる。
イ 先生が写真を拝見《はいけん》する。
ウ 私《わたし》がベンチにおかけになる。
（　）

(4)
ア 先生がぼくの家に参りました。
イ 先生がわたしに注意をお伝えした。
ウ お客様を食事におまねきする。
（　）

❸ **次の文の——線の尊敬語を、敬語を使わない言い方に直して書きましょう。** 1つ10点【40点】

(1) お客様が花をくださった。（　）

(2) 社長がお弁当《べんとう》をめしあがった。（　）

(3) 先生がボランティア活動をなさった。（　）

(4) あちらの方が着物をおめしになった。（　）

❹ **次の文の——線の敬語の種類をあとからそれぞれ選び、記号で書きましょう。** 1つ5点【25点】

(1) 入口はこちらでございます。（　）

(2) お客様をご案内する。（　）

(3) いつご出発なさいますか。（　）

(4) おみやげをちょうだいする。（　）

(5) 明日は雨になりそうです。（　）

ア 尊敬語　イ 謙譲語　ウ 丁寧語

26 表現《ひょうげん》のくふう

学習した日　月　日

名前

得点　／100点

目標《もくひょう》時間　20分

らくらくマルつけ

解説↓ 350ページ

5138

❶ 次の文に用いられている表現《ひょうげん》のくふうをあとからそれぞれ選び、記号で書きましょう。 1つ8点【40点】

(1) まるでわたがしのような雲が見える。（　　）

(2) 公園のベンチに忘《わす》れられたぼうしが泣いている。（　　）

(3) 夕日に赤く染《そ》まった海。（　　）

(4) 教室から聞こえる、すてきな歌声が。（　　）

(5) あの子はりんごのほおをしている。（　　）

ア　文末をものごとで止め、調子を強めたり余《よ》いんを残したりする。

イ　人でないものを人にたとえることで印象《いんしょう》を強める。

ウ　別のものにたとえることで、印象を強める。

エ　語順を入れかえることで、強調する。

❷ 次の文章を読んで、文末の（　　）に省略《しょうりゃく》されていることばを、文章から書きぬきましょう。 【15点】

長く続いた坂道をのぼり、私《わたし》はようやく目的地のケーキ店にたどりついた。チェリーパイがとてもおいしいと評判《ひょうばん》の、夢《ゆめ》にまでみたケーキ店に（　　）。

（　　）

❸ 次の文章の――線に用いられている表現のくふうをあとからそれぞれ選び、記号で書きましょう。 1つ15点【45点】

(1)

くもの糸の下の方には、数限《かぎ》りもない罪人《ざいにん》たちが、自分ののぼった後をつけて、まるでありの行列のように、やはり上へ上へ一心によじのぼって来るではございませんか。

（芥川龍之介《あくたがわりゅうのすけ》「蜘蛛《くも》の糸」より）

（　　）

(2)

「この大あらしに、船がなやんでいる。どこの船だろう……。」と、お父さんは、窓《まど》に立って見ながら気が気でありませんでした。

（小川未明《おがわみめい》「青いランプ」より）

（　　）

(3)

「百年、私の墓《はか》のそばにすわって待っていて下さい。きっとあいに来ますから」

（夏目漱石《なつめそうせき》「夢十夜《ゆめじゅうや》」より）

（　　）

ア　人でないものを人にたとえることで印象を強める。

イ　別のものにたとえることで、印象を強める。

ウ　語順を入れかえることで、強調する。

もう1回チャレンジ!!

26

表現《ひょうげん》のくふう

学習した日　月　日

名前

得点　／100点

目標《もくひょう》時間　20分

らくらくマルつけ

解説↓350ページ

5138

❶ **次の文に用いられている表現《ひょうげん》のくふうをあとからそれぞれ選び、記号で書きましょう。** 1つ8点【40点】

(1) まるでわたがしのような雲が見える。（　　）

(2) 公園のベンチに忘《わす》れられたぼうしが泣いている。（　　）

(3) 夕日に赤く染《そ》まった海。（　　）

(4) 教室から聞こえる、すてきな歌声が。（　　）

(5) あの子はりんごのほおをしている。（　　）

ア　文末をものごとで止め、調子を強めたり余《よ》いんを残したりする。

イ　人でないものを人にたとえることで印象《いんしょう》を強める。

ウ　別のものにたとえることで、印象を強める。

エ　語順を入れかえることで、強調する。

❷ **次の文章を読んで、文末の（　　）に省略《しょうりゃく》されていることばを、文章から書きぬきましょう。** 【15点】

長く続いた坂道をのぼり、私《わたし》はようやく目的地のケーキ店にたどりついた。チェリーパイがとてもおいしいと評判《ひょうばん》の、夢《ゆめ》にまでみたケーキ店に（　　）。

（　　）

❸ **次の文章の――線に用いられている表現のくふうをあとからそれぞれ選び、記号で書きましょう。** 1つ15点【45点】

(1)

くもの糸の下の方には、数限《かぎ》りもない罪人《ざいにん》たちが、自分ののぼった後をつけて、まるでありの行列のように、やはり上へ上へ一心によじのぼって来るではございませんか。

（芥川龍之介《あくたがわりゅうのすけ》「蜘蛛《くも》の糸」より）

（　　）

(2)

「この大あらしに、船がなやんでいる。どこの船だろう……。」と、お父さんは、窓《まど》に立って見ながら気が気でありませんでした。

（小川未明《おがわみめい》「青いランプ」より）

（　　）

(3)

「百年、私の墓《はか》のそばにすわって待っていて下さい。きっとあいに来ますから」

（夏目漱石《なつめそうせき》「夢十夜《ゆめじゅうや》」より）

（　　）

ア　人でないものを人にたとえることで印象を強める。

イ　別のものにたとえることで、印象を強める。

ウ　語順を入れかえることで、強調する。

学習した日　月　日

名前

得点　/100点

目標《もくひょう》時間　20分

らくらくマルつけ

解説↓350ページ

5139

❶ **次の詩を読んで、問題に答えましょう。**

今日からはじまる

高丸《たかまる》もと子《こ》

あなたに会えてよかった
空が青く
大きいことも
あなたがいて気づいた
この光もいま届《とど》いたばかり
一億五千万キロのかなたから
今日からはじまる
何かいいこと

□に会えてよかった
すてきなものが
そばにあること
みんながいて気づいた
いまもどこかで命が生まれる
子犬も小鳥も草の芽も
今日からはじまる
何かいいこと

わたしに会えてよかった
胸《むね》の鼓動《こどう》も
ときめきも
わたしがいて気づいた
だれも知らない音だけど
わたしの殻《から》をやぶる音
今日からはじまる
何かいいこと

(1) 「あなたに会えてよかった」とありますが、「あなた」の存在《そんざい》によって気づいたのはどのようなことですか。詩の中から書きぬきましょう。（20点）

□が青いことや大きいこと。

(2) □にあてはまることばを詩から書きぬきましょう。（20点）

□

(3) 「すてきなもの」とありますが、どのようなものですか。正しいものを次から選び、記号で書きましょう。（10点）（　）

ア　みんなとの友情《ゆうじょう》。
イ　命あるすべてのもの。
ウ　家族のような生きものたち。

(4) 「わたしの殻をやぶる音」は、「わたし」の何をたとえていますか。正しいものを次から選び、記号で書きましょう。（10点）（　）

ア　新しいわたしの誕生《たんじょう》の予感。
イ　生まれ変わろうとするあせり。
ウ　いやなことに向き合う態度《たいど》。

(5) この詩で作者が伝えたいことはどのようなことですか。詩から書きぬきましょう。1つ20点（40点）

今日から□が□予感がすること。

27 詩②

学習した日　月　日

名前

得点　/100点

目標時間《もくひょうじかん》 20分

らくらくマルつけ

解説↓350ページ

5139

1 次の詩を読んで、問題に答えましょう。

今日からはじまる

高丸《たかまる》もと子《こ》

あなたに会えてよかった
空が青く
大きいことも
あなたがいて気づいた
この光もいま届《とど》いたばかり
一億五千万キロのかなたから
今日からはじまる
何かいいこと

□に会えてよかった
すてきなものが
そばにあること
みんながいて気づいた
いまもどこかで命が生まれる
子犬も小鳥も草の芽も
今日からはじまる
何かいいこと

わたしに会えてよかった
胸《むね》の鼓動《こどう》も
ときめきも
わたしがいて気づいた
だれも知らない音だけど
わたしの殻《から》をやぶる音
今日からはじまる
何かいいこと

(1) 「あなたに会えてよかった」とありますが、「あなた」の存在《そんざい》によって気づいたのはどのようなことですか。詩の中から書きぬきましょう。(20点)

□が青いことや大きいこと。

(2) □にあてはまることばを詩から書きぬきましょう。(20点)

□

(3) 「すてきなもの」とありますが、どのようなものですか。正しいものを次から選び、記号で書きましょう。(10点)（　）

ア　みんなとの友情《ゆうじょう》。
イ　命あるすべてのもの。
ウ　家族のような生きものたち。

(4) 「わたしの殻をやぶる音」は、「わたし」の何をたとえていますか。正しいものを次から選び、記号で書きましょう。(10点)（　）

ア　新しいわたしの誕生《たんじょう》の予感。
イ　生まれ変わろうとするあせり。
ウ　いやなことに向き合う態度《たいど》。

(5) この詩で作者が伝えたいことはどのようなことですか。詩から書きぬきましょう。1つ20点(40点)

今日から□が□予感がすること。

28 伝記①

学習した日　　月　　日

名前

得点　　／100点

目標《もくひょう》時間　20分

らくらくマルつけ

解説↓ 350ページ

5140

❶ 次の文章を読んで、問題に答えましょう。

ある日、スメタナは、新聞で、『プラハ*に、仮劇《かりげき》場《じょう》がひらかれる』という記事を読みました。胸《むね》のなかが大きくゆれました。

仮劇場。それは、チェコ人の長いあいだの望みだった「チェコ語のオペラ*と、劇を上演《じょうえん》するための劇場」なのです。スメタナはもう、自分の心をおさえることができません。

（わたしは、帰らなければならない。どんなに苦しいことが待っているとしても、わたしは、祖国《そこく》のために、民族の音楽をつくらなければならない。それが、わたしの仕事なのだ。）

四年半の、スウェーデンでの活躍《かつやく》を終えて、スメタナは、プラハにもどりました。三十七歳《さい》のときのことです。

帰国後、スメタナは、自分をねたむ人びとにじゃまされながらも、仮劇場の指揮者《しきしゃ》として、またいくつものオペラの作曲家として、活躍の場を広げていきます。ところが五十歳のとき、大きな苦しみがスメタナをおそいました。音楽家にとって、とても大切な耳の病気です。

「なんということだ！」

耳の治療《ちりょう》を続けながら、スメタナは、祖国のためのオーケストラ曲を書きはじめました。それは、ボヘミア*のうつくしい自然と、歴史《れきし》をテーマにした、六曲からなる交響詩《こうきょうし》*です。「わが祖国」と名づけました。

＊プラハ……チェコの首都。
＊オペラ……音楽のついた劇。
＊ボヘミア……チェコを表す古い名前。
＊交響詩……詩や風景などをテーマにした曲。

（矢部美智代《やべみちよ》「スメタナ」より）

(1) 「仮劇場」とは、どのような劇場ですか。文章から書きぬきましょう。（20点）

□語によるオペラや劇を上演するための劇場。

(2) 「わたしの仕事」とは、どのような仕事ですか。文章から書きぬきましょう。（20点）

祖国のために□をつくること。

(3) スメタナが、プラハに帰国したのは何歳のときですか。文章から書きぬきましょう。（10点）

□歳のとき。

(4) この文章の中でスメタナが行ったことをまとめた次の文にあてはまることばを、文章から書きぬきましょう。1つ20点（40点）

□におそわれながらも、「□」というオーケストラ曲をつくったこと。

(5) 文章の話題の中心となるものを次から選び、記号で書きましょう。（10点）（　　）

ア　スメタナの曲の美しさ。
イ　スメタナの祖国への思い。
ウ　スメタナの成功のひけつ。

国語

もう1回チャレンジ!!

28 伝記①

学習した日　　月　　日

名前

得点　　/100点

目標《もくひょう》時間 20分

らくらくマルつけ　解説↓350ページ

5140

❶ 次の文章を読んで、問題に答えましょう。

　ある日、スメタナは、新聞で、『プラハ*に、仮劇《かりげき》場《じょう》がひらかれる』という記事を読みました。胸《むね》のなかが大きくゆれました。

　仮劇場。それは、チェコ人の長いあいだの望みだった「チェコ語のオペラ*と、劇を上演《じょうえん》するための劇場」なのです。スメタナはもう、自分の心をおさえることができません。

（わたしは、帰らなければならない。どんなに苦しいことが待っているとしても、わたしは、祖国《そこく》のために、民族の音楽をつくらなければならない。それが、わたしの仕事なのだ。）

　四年半の、スウェーデンでの活躍《かつやく》を終えて、スメタナは、プラハにもどりました。三十七歳《さい》のときのことです。

　帰国後、スメタナは、自分をねたむ人びとにじゃまされながらも、仮劇場の指揮者《しきしゃ》として、またいくつものオペラの作曲家として、活躍の場を広げていきます。ところが五十歳のとき、大きな苦しみがスメタナをおそいました。音楽家にとって、とても大切な耳の病気です。

「なんということだ！」

　耳の治療《ちりょう》を続けながら、スメタナは、祖国のためのオーケストラ曲を書きはじめました。それは、ボヘミア*のうつくしい自然と、歴史《れきし》をテーマにした、六曲からなる交響詩《こうきょうし》*です。「わが祖国」と名づけました。

*プラハ…チェコの首都。
*オペラ…音楽のついた劇。
*ボヘミア…チェコを表す古い名前。
*交響詩…詩や風景などをテーマにした曲。

（矢部《やべ》美智代《みちよ》「スメタナ」より）

(1) 「仮劇場」とは、どのような劇場ですか。文章から書きぬきましょう。（20点）

［　　　］語によるオペラや劇を上演するための劇場。

(2) 「わたしの仕事」とは、どのような仕事ですか。文章から書きぬきましょう。（20点）

祖国のために［　　　］をつくること。

(3) スメタナが、プラハに帰国したのは何歳のときですか。文章から書きぬきましょう。（10点）

［　　　］歳のとき。

(4) この文章の中でスメタナが行ったことをまとめた次の文にあてはまることばを、文章から書きぬきましょう。1つ20点（40点）

［　　　］におそわれながらも、「［　　　］」というオーケストラ曲をつくったこと。

(5) 文章の話題の中心となるものを次から選び、記号で書きましょう。（10点）（　　）

ア　スメタナの曲の美しさ。
イ　スメタナの祖国への思い。
ウ　スメタナの成功のひけつ。

29 伝記 ②

学習した日　月　日

名前

得点　/100点

目標《もくひょう》時間　20分

らくらくマルつけ　解説↓351ページ　5141

1 次の文章を読んで、問題に答えましょう。

「おうい、みんな、来てみろよ！　てんぐこぞうが、またへんなものをつくったぞ！」

村の子どもたちが、さわいでいます。

その中心に、ひとりのかしこそうな男の子が、一本のかけじくを持って立っています。

「今から、天神《てんじん》さまにおみきをあげるよ。さて、どうなるか、お楽しみ。」

*学問の神様。

「おみき」とは、神さまにそなえるお酒のことです。天神さまのかかれたかけじくの前に、おみきをそなえると……。

「ひゃあ！　天神さまの顔が赤くなった！」

「天神さまが酔《よ》っぱらった、酔っぱらった。」

じつは、このかけじくは、天神さまの顔のところだけ、紙がうすくなっていました。うしろのひもを引くと、うらにしかけた赤い紙が下がって、すけて見えるのです。

「あっはっは！　おどろいただろう。」

小さいころから、思いがけないことをしては、まわりの人たちをおどろかせていた、平賀源内《ひらがげんない》。ついたあだ名が「てんぐこぞう」。

平賀源内は、一七二八年、讃岐国《さぬきのくに》寒川郡《さむかわのごおり》志度浦《しどうら》でうまれました。お父さんの白石良房《しらいしよしふさ》は身分のひくいさむらいで、高松藩《たかまつはん》につかえていました。

*今の香川県。

源内のもとの名は、白石嘉次郎《しらいしかじろう》といいます。

嘉次郎は、見るもの聞くものにきょうみをもち、ふしぎに思ったことはわかるまで調べてたしかめなくては気がすみませんでした。

（間所《まどころ》ひさこ「平賀源内」より）

(1) 「てんぐこぞう」とは、だれを指していますか。文章から書きぬきましょう。（20点）

［　　　　］

(2) 「天神さまのかかれたかけじく」には、どのようなしかけがありましたか。文章から書きぬきましょう。（20点）

かけじくのうらの［　　　］によって、天神さまの顔色が変わるしかけ。

(3) 小さいころの源内についてまとめた次の文にあてはまることばを、文章から書きぬきましょう。1つ20点（40点）

［　　　　　　］ことをして、まわりの人たちをおどろかせた。

［　　　　　　］ことはわかるまで調べなければ気がすまなかった。

(4) 文章から読み取れる源内の特ちょうを次から選び、記号で書きましょう。（20点）

ア　子どもらしい素直《すなお》さ。

イ　好《こう》き心《しん》が強い性格《せいかく》。

ウ　機転がきくかしこさ。

（　　　）

29 伝記②

学習した日　月　日

名前

得点　／100点

目標《もくひょう》時間 20分

らくらくマルつけ

解説↓ 351ページ

5141

❶ 次の文章を読んで、問題に答えましょう。

「おうい、みんな、来てみろよ！　てんぐこぞうが、またへんなものをつくったぞ！」

　村の子どもたちが、さわいでいます。

　その中心に、ひとりのかしこそうな男の子が、一本のかけじくを持って立っています。

「今から、*天神《てんじん》さまにおみきをあげるよ。さて、どうなるか、お楽しみ。」

「おみき」とは、神さまにそなえるお酒のことです。天神さまのかかれたかけじくの前に、おみきをそなえると……。

「ひゃあ！　天神さまの顔が赤くなった！」

「天神さまが酔《よ》っぱらった、酔っぱらった。」

　じつは、このかけじくは、天神さまの顔のところだけ、紙がうすくなっていました。うしろのひもを引くと、うらにしかけた赤い紙が下がって、すけて見えるのです。

「あっはっは！　おどろいただろう。」

　小さいころから、思いがけないことをしては、まわりの人たちをおどろかせていた、平賀源内《ひらがげんない》。ついたあだ名が「てんぐこぞう」。

　平賀源内は、一七二八年、*讃岐国寒川郡志度浦《さぬきのくにさむかわのごおりしどうら》でうまれました。お父さんの白石良房《しらいしよしふさ》は身分のひくいさむらいで、高松藩《たかまつはん》につかえていました。

　源内のもとの名は、白石嘉次郎《しらいしかじろう》といいます。

　嘉次郎は、見るもの聞くものにきょうみをもち、ふしぎに思ったことはわかるまで調べてたしかめなくては気がすみませんでした。

*学問の神様。

*今の香川県。

（間所《まどころ》ひさこ「平賀源内」より）

(1) 「てんぐこぞう」とは、だれを指していますか。文章から書きぬきましょう。（20点）

□

(2) 「天神さまのかかれたかけじく」には、どのようなしかけがありましたか。文章から書きぬきましょう。（20点）

かけじくのうらの□によって、天神さまの顔色が変わるしかけ。

(3) 小さいころの源内についてまとめた次の文にあてはまることばを、文章から書きぬきましょう。（1つ20点）（40点）

□ことをして、まわりの人たちをおどろかせた。

□ことはわかるまで調べなければ気がすまなかった。

(4) 文章から読み取れる源内の特ちょうを次から選び、記号で書きましょう。（20点）

ア　子どもらしい素直《すなお》さ。

イ　好《こう》き心《しん》が強い性格《せいかく》。

ウ　機転がきくかしこさ。

（　　）

30

複合語《ふくごうご》

学習した日　　月　　日

名前

得点　　／100点

目標《もくひょう》時間　20分

らくらくマルつけ

解説↓351ページ

5142

1 次の二つのことばを組み合わせてできる複合《ふくごう》語《ご》を書きましょう。 1つ3点【24点】

(1) 交通＋安全　（　　　　）

(2) 走る＋回る　（　　　　）

(3) 青い＋空　（　　　　）

(4) 野球＋部　（　　　　）

(5) 皿＋あらう　（　　　　）

(6) 山＋登る　（　　　　）

(7) 地方＋大会　（　　　　）

(8) 電子＋ピアノ　（　　　　）

2 次の二つのことばを組み合わせてできる複合語の読み方をひらがなで書きましょう。 1つ6点【30点】

(1) 筆＋箱　（　　　　）

(2) 船＋旅　（　　　　）

(3) 前＋歯　（　　　　）

(4) 風＋向き　（　　　　）

(5) 雨＋雲　（　　　　）

3 次の複合語のもとになった二つのことばを書きましょう。 1つ3点【30点】

(1) デジタルカメラ　（　　　）＋（　　　）

(2) 柱時計　（　　　）＋（　　　）

(3) うす暗い　（　　　）＋（　　　）

(4) 見送る　（　　　）＋（　　　）

(5) すべりどめ　（　　　）＋（　　　）

4 次の（　）にあてはまることばをあとからそれぞれ選び、記号で書きましょう。ただし同じことばは二度使えません。 1つ4点【16点】

(1) 全力を使い（　　）。

(2) 犬が庭をかけ（　　）。

(3) 飛行機が飛び（　　）。

(4) その場から立ち（　　）。

ア 立つ
イ 去る
ウ 果たす
エ 回る

もう1回チャレンジ!!

30 複合語《ふくごうご》

学習した日　　月　　日

名前

得点

/100点

目標《もくひょう》時間 20分

らくらくマルつけ

解説↓ 351ページ

5142

❶ 次の二つのことばを組み合わせてできる複合《ふくごう》語《ご》を書きましょう。 1つ3点【24点】

(1) 交通＋安全（　　）

(2) 走る＋回る（　　）

(3) 青い＋空（　　）

(4) 野球＋部（　　）

(5) 皿＋あらう（　　）

(6) 山＋登る（　　）

(7) 地方＋大会（　　）

(8) 電子＋ピアノ（　　）

❷ 次の二つのことばを組み合わせてできる複合語の読み方をひらがなで書きましょう。 1つ6点【30点】

(1) 筆＋箱（　　）

(2) 船＋旅（　　）

(3) 前＋歯（　　）

(4) 風＋向き（　　）

(5) 雨＋雲（　　）

❸ 次の複合語のもととなった二つのことばを書きましょう。 1つ3点【30点】

(1) デジタルカメラ（　　）＋（　　）

(2) 柱時計（　　）＋（　　）

(3) うす暗い（　　）＋（　　）

(4) 見送る（　　）＋（　　）

(5) すべりどめ（　　）＋（　　）

❹ 次の（　）にあてはまることばをあとからそれぞれ選び、記号で書きましょう。ただし同じことばは二度使えません。 1つ4点【16点】

(1) 全力を使い（　　）。

(2) 犬が庭をかけ（　　）。

(3) 飛行機が飛び（　　）。

(4) その場から立ち（　　）。

ア 立つ
イ 去る
ウ 果たす
エ 回る

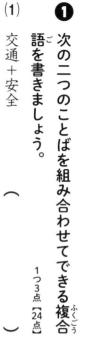

31

敬語《けいご》②

学習した日　月　日

名前

得点

/100点

目標《もくひょう》時間 20分

らくらくマルつけ

解説↓
351ページ

5143

1 次の文の――線の敬語《けいご》を正しく直して書きましょう。 1つ10点【40点】

(1) 先生は、明日、ご自宅《じたく》におりますか。 （　）

(2) それではおことばにあまえて、あたたかいうちにめしあがります。 （　）

(3) お客様がお庭をごらんになられる。 （　）

(4) その質問には、わたしがお答えになります。 （　）

2 「山本《やまもと》さんが西野《にしの》さんに本をあげた。」という文を、次の言い方で表現《ひょうげん》するとどのようになりますか。あてはまるものをあとからそれぞれ選び、記号で書きましょう。 1つ6点【18点】

(1) 山本さんに敬意を示《しめ》す場合。 （　）

(2) 西野さんに敬意を示す場合。 （　）

(3) 丁寧《ていねい》な表現で示す場合。 （　）

ア　山本さんが西野さんに本をあげました。

イ　山本さんが西野さんに本をくださった。

ウ　山本さんが西野さんに本をさしあげた。

3 次の文の□にあてはまることばをあとから選び、記号で書きましょう。 1つ6点【12点】

(1) 先生、大変です。今すぐ教室に□。 （　）

ア　いらっしゃい　イ　お参りください　ウ　来てください

(2) お客様はわたしのことを□。 （　）

ア　ごぞんじでしょうか　イ　知っておりますか　ウ　ぞんじあげていますか

4 次は田中《たなか》さんと先生の会話です。会話文中の□(1)～(3)にあてはまることばをあとから選び、記号で書きましょう。 1つ10点【30点】

先生「明日の田中さんの三者面談には、どなたが(1)予定ですか。」

田中「明日は、父と(2)。」

先生「それは楽しみですね。実は、お父さんとは、高校の同級生なのですよ。」

田中「久しぶりに先生にお会いできるのがうれしいと父も(3)おります。」

(1) ア　参られる　イ　うかがう　ウ　いらっしゃる （　）

(2) ア　参ります　イ　来られます　ウ　おこしです （　）

(3) ア　話されて　イ　申して　ウ　おっしゃって （　）

国語

もう1回チャレンジ!!

31 敬語《けいご》②

学習した日　月　日

名前

得点　/100点

目標《もくひょう》時間 20分

らくらくマルつけ

解説↓351ページ

5143

❶ 次の文の――線の敬語《けいご》を正しく直して書きましょう。　1つ10点【40点】

(1) 先生は、明日、ご自宅《じたく》におりますか。
（　　）

(2) それではおことばにあまえて、あたたかいうちにめしあがります。
（　　）

(3) お客様がお庭をごらんになられる。
（　　）

(4) その質問には、わたしがお答えになります。
（　　）

❷ 「山本《やまもと》さんが西野《にしの》さんに本をあげた。」という文を、次の言い方で表現《ひょうげん》するとどのようになりますか。あてはまるものをあとからそれぞれ選び、記号で書きましょう。　1つ6点【18点】

(1) 山本さんに敬意を示《しめ》す場合。（　　）

(2) 西野さんに敬意を示す場合。（　　）

(3) 丁寧《ていねい》な表現で示す場合。（　　）

ア　山本さんが西野さんに本をあげました。
イ　山本さんが西野さんに本をくださった。
ウ　山本さんが西野さんに本をさしあげた。

❸ 次の文の□にあてはまることばをあとから選び、記号で書きましょう。　1つ6点【12点】

(1) 先生、大変です。今すぐ教室に□。
ア　いらっしゃい
イ　お参りください
ウ　来てください
（　　）

(2) お客様はわたしのことを□。
ア　ごぞんじでしょうか
イ　知っておりますか
ウ　ぞんじあげていますか
（　　）

❹ 次は田中《たなか》さんと先生の会話文です。会話文中の□(1)～(3)にあてはまることばをあとから選び、記号で書きましょう。　1つ10点【30点】

先生「明日の田中さんの三者面談には、どなたが(1)予定ですか。」
田中「明日は、父と(2)。」
先生「それは楽しみですね。実は、お父さんとは、高校の同級生なのですよ。」
田中「久しぶりに先生にお会いできるのがうれしいと父も(3)おります。」

(1) ア　参られる　イ　うかがう　ウ　いらっしゃる　（　　）

(2) ア　参ります　イ　来られます　ウ　おこしです　（　　）

(3) ア　話されて　イ　申して　ウ　おっしゃって　（　　）

32

グラフ・表の読み取り①

学習した日　月　日

名前

得点　/100点

目標《もくひょう》時間　20分

らくらくマルつけ

解説↓352ページ

5144

国語

❶ 次の資料《しりょう》と文章を読んで、問題に答えましょう。【55点】

[1] 日本には「もったいない」ということばがある。特に、まだ食べられるものを捨《す》ててしまう食品ロスというのは本当にもったいないことである。

[2] 下のグラフは日本での食品ロスの発生量の移《うつ》り変わりを調べたものである。調査《ちょうさ》が始まった年から二〇二〇年までの間では、二〇一六年を頂《ちょう》点《てん》として、そこから食品ロスの発生量が［　　］ことがわかる。また、家庭系《けい》の食品ロスよりも、事業系の方が変化が大きいこともわかる。

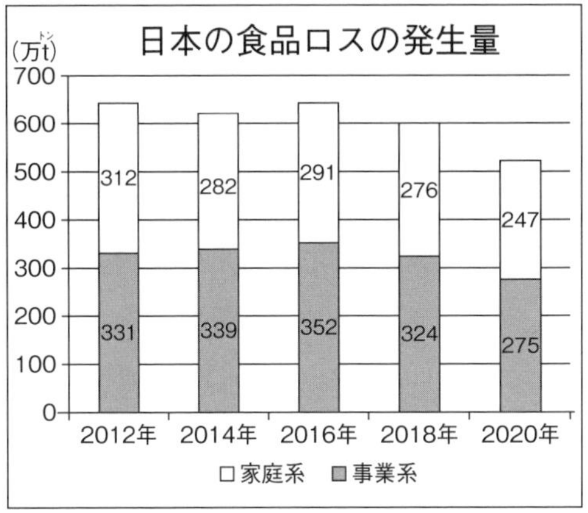

[3] これは、さまざまな企業《きぎょう》が食品ロスの問題をなくそうとして努力してきたからであろう。こういった努力は今後も続けてほしいと思う。

[4] 食品ロスの半数近くは家庭から発生している。それはわたしたち一人ひとりが防《ふせ》げることである。「もったいない」ということばをよりいっそう心がけた生活を送りたい。

(1) グラフの左側にある0～700の目もりの単位を書きましょう。（10点）

（　　　　）

(2) 「調査が始まった年」は何年ですか。漢数字で書きましょう。（10点）

（　　　　年）

(3) ［　　］にあてはまることばを次から選び、記号で書きましょう。（15点）

ア　ふえている
イ　へっている
ウ　変わっていない

（　　）

(4) グラフから読み取れる事実のみが書かれているのはどの段落《だんらく》ですか。1～4の数字で書きましょう。（20点）

［　　］段落

❷ 次のことがらを表すのに適《てき》しているグラフをあとからそれぞれ選び、記号で書きましょう。 1つ15点【45点】

(1) 一日の気温の変化のように、連続的な変化がわかりやすいグラフ。（　　）

(2) 週ごとの図書室の本の貸《か》し出し冊数《さっすう》のように、高さによって数量の大小を比《くら》べやすいグラフ。（　　）

(3) 日本を訪《おとず》れた外国人観光客の出身国のように、それぞれの割合《わりあい》をとらえやすいグラフ。（　　）

ア　棒《ぼう》グラフ
イ　折れ線グラフ
ウ　円グラフ

もう1回チャレンジ!!

32 グラフ・表の読み取り①

学習した日　月　日

名前

得点　/100点

目標《もくひょう》時間 20分

らくらくマルつけ

解説↓ 352ページ

5144

❶ 次の資料《しりょう》と文章を読んで、問題に答えましょう。【55点】

[1] 日本には「もったいない」ということばがある。特に、まだ食べられるものを捨《す》ててしまう食品ロスというのは本当にもったいないことである。

[2] 下のグラフは日本での食品ロスの発生量の移《うつ》り変わりを調べたものである。調査《ちょうさ》が始まった年から二〇二〇年までの間では、二〇一六年を頂《ちょう》点《てん》として、そこから食品ロスの発生量が□ことがわかる。また、家庭系《けい》の食品ロスよりも、事業系の方が変化が大きいこともわかる。

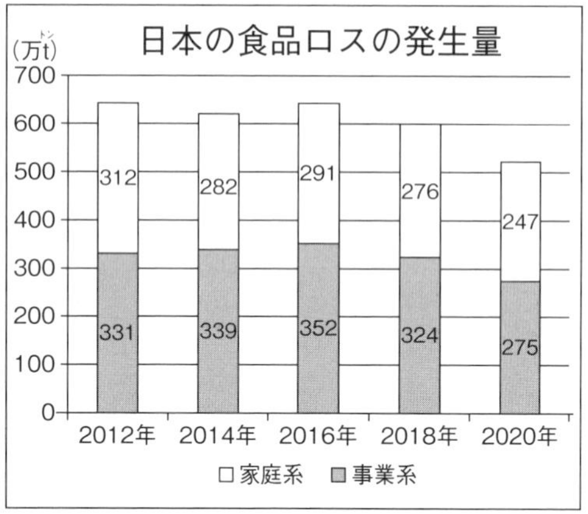

[3] これは、さまざまな企業《きぎょう》が食品ロスの問題をなくそうとして努力してきたからであろう。こういった努力は今後も続けてほしいと思う。

[4] 食品ロスの半数近くは家庭から発生している。それはわたしたち一人ひとりが防《ふせ》げることである。「もったいない」ということばをよりいっそう心がけた生活を送りたい。

(1) グラフの左側にある0〜700の目もりの単位を書きましょう。(10点)

（　　）

(2) 「調査が始まった年」は何年ですか。漢数字で書きましょう。(10点)

（　　年）

(3) □にあてはまることばを次から選び、記号で書きましょう。(15点)

ア ふえている

イ へっている

ウ 変わっていない

（　　）

(4) グラフから読み取れる事実のみが書かれているのはどの段落《だんらく》ですか。1〜4の数字で書きましょう。(20点)

□段落

❷ 次のことがらを表すのに適《てき》しているグラフをあとからそれぞれ選び、記号で書きましょう。 1つ15点【45点】

(1) 一日の気温の変化のように、連続的な変化がわかりやすいグラフ。（　　）

(2) 週ごとの図書室の本の貸《か》し出《だ》し冊数《さっすう》のように、高さによって数量の大小を比《くら》べやすいグラフ。（　　）

(3) 日本を訪《おとず》れた外国人観光客の出身国のように、それぞれの割合《わりあい》をとらえやすいグラフ。（　　）

ア 棒《ぼう》グラフ

イ 折れ線グラフ

ウ 円グラフ

33 グラフ・表の読み取り②

学習した日　月　日

名前

得点　/100点

目標《もくひょう》時間　20分

らくらくマルつけ

解説↓352ページ

5145

国語

❶ 次の資料《しりょう》と話し合いの様子を読んで、問題に答えましょう。

木村《きむら》　これは私《わたし》たちの住むA市の人口割合《わりあい》の移《うつ》り変わりを世代別に表したものです。このグラフを見て、気がついたことや考えたことを発表してください。

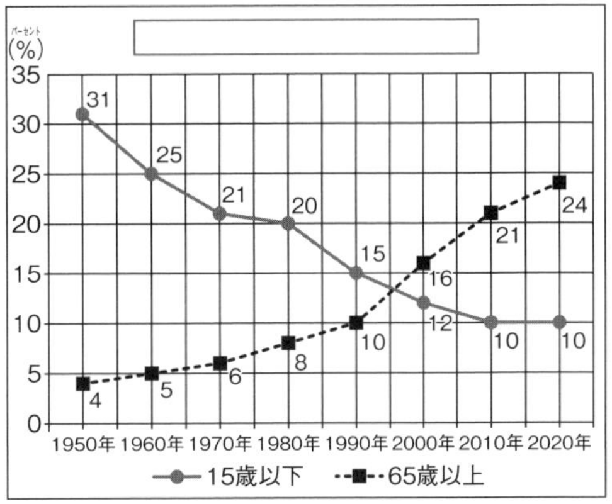

上田《うえだ》　昔は、子どもの割合がずいぶん多かったのだなと感じました。一九五〇年には、十五歳《さい》以下の人口が、六十五歳以上の人口の八倍近くいたというのはおどろきです。

山本《やまもと》　私の祖母《そぼ》は、私たちと同じ小学校の出身ですが、そのころは、ひとつの学年の学級数が十二クラスあったと話していました。

坂西《さかにし》　ぼくも、そういった話を祖父《そふ》から聞いたことがあります。でも、子どもがどんどん少なくなり、今は、ぼくたちの学年は二クラスになってしまいましたよね。

木村　このような状況《じょうきょう》が続くと、これからの社会はどうなっていくと考えますか。

山本　若《わか》い人が少なくなるということは、社会で働ける人が少なくなるということですから、いろいろな仕事で人手不足になるのではないかと心配しています。

（話し合いは続く）

(1) グラフのタイトルとして［　］にあてはまることばを次から選び、記号で書きましょう。（20点）（　　）

ア　A市の若者人口の割合

イ　A市の年齢《ねんれい》別人口の変化

ウ　A市の世代別人口割合の変化

(2) 「一九五〇年」の人口の十五歳以下の人口割合を数字で書きましょう。（20点）

［　　］%

(3) 「子どもがどんどん少なくなり」とありますが、十五歳以下の人口と六十五歳以上の人口の割合が入れかわったのはいつですか。あてはまるものを次から選び、記号で書きましょう。（20点）（　　）

ア　一九八〇年ごろ

イ　一九九五年ごろ

ウ　二〇一〇年ごろ

(4) 山本さんは、どのようなことを心配していますか。文章から書きぬきましょう。（20点）

［　　　　］になること。

(5) 話し合いの中で木村さんがつとめている役割を次から選び、記号で書きましょう。（20点）（　　）

ア　話し合いで出た意見をまとめている。

イ　話題の方向をはっきりさせている。

ウ　発表された意見を評価《ひょうか》している。

33 グラフ・表の読み取り②

学習した日　月　日

名前

得点　／100点

目標《もくひょう》時間 20分

らくらくマルつけ

解説↓352ページ

5145

❶ 次の資料《しりょう》と話し合いの様子を読んで、問題に答えましょう。

木村《きむら》　これは私《わたし》たちの住むA市の人口割合《わりあい》の移《うつ》り変わりを世代別に表したものです。このグラフを見て、気がついたことや考えたことを発表してください。

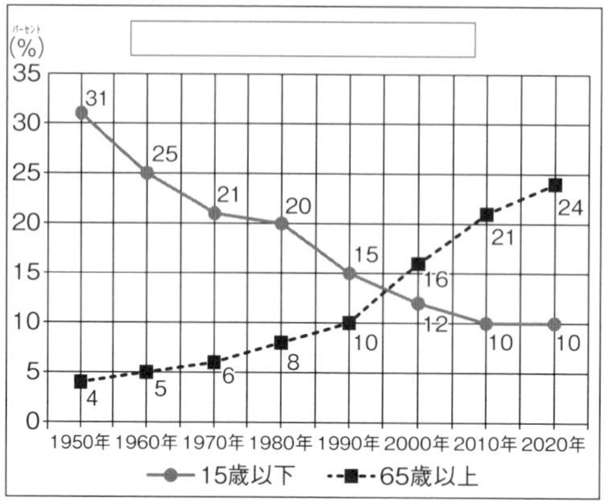

上田《うえだ》　昔は、子どもの割合がずいぶん多かったのだなと感じました。一九五〇年には、十五歳《さい》以下の人口が、六十五歳以上の人口の八倍近くいたというのはおどろきです。

山本《やまもと》　私の祖母《そぼ》は、私たちと同じ小学校の出身ですが、そのころは、ひとつの学年の学級数が十二クラスあったと話していました。

坂西《さかにし》　ぼくも、そういった話を祖父《そふ》から聞いたことがあります。でも、子どもがどんどん少なくなり、今は、ぼくたちの学年は二クラスになってしまいましたよね。

木村　このような状況《じょうきょう》が続くと、これからの社会はどうなっていくと考えますか。

山本　若《わか》い人が少なくなるということは、社会で働ける人が少なくなるということですから、いろいろな仕事で人手不足になるのではないかと心配しています。

（話し合いは続く）

---

(1) グラフのタイトルとして□にあてはまることばを次から選び、記号で書きましょう。（20点）（　　）

ア　A市の若者人口の割合
イ　A市の年齢《ねんれい》別人口の変化
ウ　A市の世代別人口割合の変化

(2) 「一九五〇年」の人口の十五歳以下の人口割合を数字で書きましょう。（20点）

□%

(3) 「子どもがどんどん少なくなり」とありますが、十五歳以下の人口と六十五歳以上の人口の割合が入れかわったのはいつですか。あてはまるものを次から選び、記号で書きましょう。（20点）（　　）

ア　一九八〇年ごろ
イ　一九九五年ごろ
ウ　二〇一〇年ごろ

(4) 山本さんは、どのようなことを心配していますか。文章から書きぬきましょう。（20点）

□になること。

(5) 話し合いの中で木村さんがつとめている役割を次から選び、記号で書きましょう。（20点）（　　）

ア　話し合いで出た意見をまとめている。
イ　話題の方向をはっきりさせている。
ウ　発表された意見を評価《ひょうか》している。

34 新聞

✎学習した日　月　日

名前

得点　／100点

目標《もくひょう》時間　20分

らくらくマルつけ　解説↓352ページ　5146

❶ 次の二つの新聞記事を読んで、問題に答えましょう。

「全国紙」の記事

「北野《きたの》　特大の［A］を打ちたい」

ジャガーズからドラフト*2位で指名された北野は、高校通算で22発のホームランを放ったバッター。「ぼくに期待されているのはホームラン。球場のみんながどよめくような特大のホームランを打ちたい」と目を輝《かがや》かせて語った。

身長185センチの長身に備《そな》わるパワーばかりに注目されがちだが、守備《しゅび》や走塁《そうるい》の評価《ひょうか》も高い。島元監督《しまもとかんとく》は「将来《しょうらい》は走攻守三拍子《そうこうしゅさんびょうし》そろったジャガーズの中心選手となってほしい」と期待を寄《よ》せた。

*選手を選ぶための会議。

「地方紙」の記事

「［B］との二人三脚《ににんさんきゃく》でつかんだ夢《ゆめ》」

ジャガーズからドラフト2位で指名された上《かみ》空高校《そらこうこう》の北野が、指名後、真っ先に口にしたのは父への感謝《かんしゃ》のことばだった。「プロ野球選手になることは親子二代の夢。ここまでずっと練習につき合ってくれた父には本当に感謝している」と語る北野の目には大粒《おおつぶ》の涙《なみだ》が光っていた。

上空駅前で文具店を営《いとな》む父の太一《たいち》さん（48）も、夏の甲子園《こうしえん》でベスト8まで勝ち進んだ元高校球児。ドラフトで指名される可能性《かのうせい》もあったが、右肩《みぎかた》のけがによりプロ入りの夢をたたれた。

小学校入学時から父と練習に明《あ》け暮《く》れた北野は「練習量だけは誰《だれ》にも負けない」と胸《むね》を張《は》る。努力がプロの世界で花を咲《さ》かせるときが来た。

(1) ［A］にあてはまることばを文章から書きぬきましょう。（15点）

(2) ［B］にあてはまることばを文章から漢字一字で書きぬきましょう。（15点）

(3) 「夢」とは、どのようなことですか。正しいものを次から選び、記号で書きましょう。（10点）

ア　ジャガーズに入ること。

イ　プロ野球選手になること。

ウ　甲子園で勝ち進むこと。

（　）

(4) 次に述《の》べた内容《ないよう》が、「全国紙」の記事に見られるものであれば**ア**、「地方紙」の記事に見られるものであれば**イ**を書きましょう。　1つ10点【60点】

① 北野選手個人《こじん》に興味《きょうみ》や関心の高い人に向けて書いている。（　）

② 北野選手の気持ちを中心にして伝えている。（　）

③ 北野選手の実績《じっせき》や選手としての特ちょうを具体的に伝えている。（　）

④ 北野選手の暮《く》らす場所になじみのある人たちに向けて書いている。（　）

⑤ 北野選手の家族にまつわるエピソードを伝えている。（　）

⑥ 北野選手がプロ野球選手として期待されていることを伝えている。（　）

国語

＼もう1回チャレンジ!!／

34 新聞

学習した日　月　日

名前

得点　／100点

目標《もくひょう》時間 20分

らくらくマルつけ

解説↓ 352ページ

5146

❶ 次の二つの新聞記事を読んで、問題に答えましょう。

「全国紙」の記事

「北野《きたの》　特大の A を打ちたい」

　ジャガーズからドラフト*2位で指名された北野は、高校通算で22発のホームランを放ったバッター。「ぼくに期待されているのはホームラン。球場のみんながどよめくような特大のホームランを打ちたい」と目を輝《かがや》かせて語った。

　身長185センチの長身に備《そな》わるパワーばかりに注目されがちだが、守備《しゅび》や走塁《そうるい》の評価《ひょうか》も高い。島元監督《しまもとかんとく》は「将来《しょうらい》は走攻守三拍子《そうこうしゅさんびょうし》そろったジャガーズの中心選手となってほしい」と期待を寄《よ》せた。

*選手を選ぶための会議。

「地方紙」の記事

「 B との二人三脚《ににんさんきゃく》でつかんだ夢《ゆめ》」

　ジャガーズからドラフト2位で指名された上《かみ》空高校《そらこうこう》の北野が、指名後、真っ先に口にしたのは父への感謝《かんしゃ》のことばだった。「プロ野球選手になることは親子二代の夢。ここまでずっと練習につき合ってくれた父には本当に感謝している」と語る北野の目には大粒《おおつぶ》の涙《なみだ》が光っていた。

　上空駅前で文具店を営《いとな》む父の太一《たいち》さん（48）も、夏の甲子園《こうしえん》でベスト8まで勝ち進んだ元高校球児。ドラフトで指名される可能性《かのうせい》もあったが、右肩《みぎかた》のけがによりプロ入りの夢をたたれた。

　小学校入学時から父と練習に明《あ》け暮《く》れた北野は「練習量だけは誰《だれ》にも負けない」と胸《むね》を張《は》る。努力がプロの世界で花を咲《さ》かせるときが来た。

(1) A にあてはまることばを文章から書きぬきましょう。（15点）

（　　　　　）

(2) B にあてはまることばを文章から漢字一字で書きぬきましょう。（15点）

（　）

(3) 「夢」とは、どのようなことですか。正しいものを次から選び、記号で書きましょう。（10点）

ア　ジャガーズに入ること。

イ　プロ野球選手になること。

ウ　甲子園で勝ち進むこと。

（　）

(4) 次に述《の》べた内容《ないよう》が、「全国紙」の記事に見られるものであれば**ア**、「地方紙」の記事に見られるものであれば**イ**を書きましょう。1つ10点【60点】

① 北野選手個人《こじん》に興味《きょうみ》や関心の高い人に向けて書いている。（　）

② 北野選手の気持ちを中心にして伝えている。（　）

③ 北野選手の実績《じっせき》や選手としての特ちょうを具体的に伝えている。（　）

④ 北野選手の暮《く》らす場所になじみのある人たちに向けて書いている。（　）

⑤ 北野選手の家族にまつわるエピソードを伝えている。（　）

⑥ 北野選手がプロ野球選手として期待されていることを伝えている。（　）

35

古典① 古文

学習した日　月　日

名前

得点　/100点

目標《もくひょう》時間　20分

らくらくマルつけ

解説↓ 353ページ

5147

国語

❶ 次の古文と現代語訳《げんだいごやく》を読んで、問題に答えましょう。

【古文】

今は昔、竹取《たけとり》の翁《＊おきな》といふ《(う)》ものありけり。野山にまじりて竹を取りつつ、よろづ《(ず)》のことに使ひ《(い)》けり。名をば、さぬきのみやつことなむ《(ん)》いひ《(い)》ける。

その竹の中に、もと光る竹なむ《(ん)》一筋《ひとすじ》ありける。あやしがりて、寄《よ》りて見るに、筒《つつ》の中光りたり。それを見れば、三寸《さんずん》ばかりなる人、いとうつくしう《(しゅう)》てゐ《(い)》たり。

＊おじいさん。

（「竹取物語」より）

【現代語訳】

今ではもう昔のことだが、竹取の翁という人がいた。（その人は、）野山に分け入って竹を取っては、（その竹を）いろいろなことに使っていた。名前を、さぬきのみやつことといった。

（ある日、）その竹の中に、根元が光っている竹が一本あった。ふしぎに思って、そばに寄って見てみると、（竹の）筒の中が光っている。それを見ると、三寸（約九センチメートル）くらいの人が、とてもかわいらしいすがたですわっている。

(1) 「竹取の翁」とありますが、この人物の名前を【古文】から書きぬきましょう。（20点）

(2) 「竹取の翁」とありますが、何をしていた人物ですか。【現代語訳】から書きぬきましょう。1つ10点（20点）

野山に分け入って［　］を取っては、［　　　　　　］に使っていた人物。

(3) 「あやしがりて」とありますが、どういう意味ですか。次から選び、記号で書きましょう。（20点）（　　）

ア　不気味に思って

イ　うらやましく思って

ウ　ふしぎに思って

(4) 「筒の中光りたり」とありますが、そこには、だれがいましたか。【現代語訳】から書きぬきましょう。1つ20点（40点）

大きさが［　　］くらいの、

とても［　　　　　　］すがたをしている人。

／もう1回チャレンジ!!／

35 古典① 古文

学習した日　月　日

名前

得点　／100点

目標《もくひょう》時間　20分

らくらくマルつけ　解説↓ 353ページ

5147

1 次の古文と現代《げんだい》語訳《ごやく》を読んで、問題に答えましょう。

【古文】

今は昔、竹取《たけとり》の翁《＊おきな》といふ《(う)》ものありけり。野山にまじりて竹を取りつつ、よろづ《(ず)》のことに使ひ《(い)》けり。名をば、さぬきのみやつことなむ《(ん)》いひ《(い)》ける。

その竹の中に、もと光る竹なむ《(ん)》一筋《ひとすじ》ありける。あやしがりて、寄《よ》りて見るに、筒《つつ》の中光りたり。それを見れば、三寸《さんずん》ばかりなる人、いとうつくしう《(しゅう)》てゐ《(い)》たり。

＊おじいさん。

（「竹取物語」より）

【現代語訳】

今ではもう昔のことだが、竹取の翁という人がいた。（その人は、）野山に分け入って竹を取っては、（その竹を）いろいろなことに使っていた。名前を、さぬきのみやつことといった。

（ある日、）その竹の中に、根元が光っている竹が一本あった。ふしぎに思って、そばに寄って見てみると、（竹の）筒の中が光っている。それを見ると、三寸（約九センチメートル）くらいの人が、とてもかわいらしいすがたですわっている。

(1) 「竹取の翁」とありますが、この人物の名前を【古文】から書きぬきましょう。（20点）

(2) 「竹取の翁」とありますが、何をしていた人物ですか。【現代語訳】から書きぬきましょう。1つ10点（20点）

野山に分け入って［　］を取っては、［　］に使っていた人物。

(3) 「あやしがりて」とありますが、どういう意味ですか。次から選び、記号で書きましょう。（20点）（　）

ア　不気味に思って
イ　うらやましく思って
ウ　ふしぎに思って

(4) 「筒の中光りたり」とありますが、そこには、だれがいましたか。【現代語訳】から書きぬきましょう。1つ20点（40点）

大きさが［　］くらいの、とても［　］すがたをしている人。

36

古典② 漢文

学習した日　月　日

名前

得点　/100点

目標《もくひょう》時間　20分

らくらくマルつけ

解説↓353ページ

5148

国語

❶ 次のAの漢詩・Bの漢文と、それぞれの現代語訳《げんだいごやく》を読んで、問題に答えましょう。

A

静夜思《せいやし》　　李《り》 白《はく》

牀前《しょうぜん》 月光を 看《み》る ①
疑《うたご》うらくは 是《こ》れ 地上の 霜《しも》かと ②
頭《こうべ》を 挙げて 山月を 望み ③
頭を 低《た》れて 故郷《こきょう》を 思う ④

（①～④は行番号を表します）

【現代語訳】
静かな夜のもの思い
寝台《しんだい》の前にさしこむ月光を見て、
地上におりた霜ではないかと思った。
頭をあげて、山のはしにかかる月をながめ、
頭をたれて、故郷のことを思った。

B

心焉《ここ》に在《あ》らざれば
視《み》れども見えず
聴《き》けども聞こえず
食らえども其《そ》の味を知らず

（「大学」より）

【現代語訳】
精神《せいしん》が集中していないと、
見ていても何も見えない、
聞いていても何も聞こえない、
食べていてもその味もわからない。

(1) Aの漢詩の「思」の意味を、【現代語訳】から書きぬきましょう。（10点）

(2) Aの漢詩では、似《に》たようなことばをならべているひと続きの二行があります。その部分を漢詩の中から探《さが》し、①～④の行番号で書きましょう。（全部できて10点）

　行目と　行目

(3) Aの漢詩をつくったときの作者の様子を、【現代語訳】から書きぬきましょう。1つ20点（40点）

　を見ながら、　のことを思いふけっている。

(4) Bの漢文の「心」の意味を、【現代語訳】から書きぬきましょう。（10点）

(5) Bの漢文の「ず」の意味を、【現代語訳】から書きぬきましょう。（10点）

(6) Bの漢文の教えを次から選び、記号で書きましょう。（20点）（　）

ア　物事はよく見聞きするべきである。
イ　味わって食べなければならない。
ウ　集中することが大切である。

36 古典② 漢文

学習した日　月　日

名前

得点　/100点

目標《もくひょう》時間　20分

らくらくマルつけ

解説↓353ページ

5148

❶ 次のAの漢詩・Bの漢文と、それぞれの現代語訳《げんだいごやく》を読んで、問題に答えましょう。

A

静夜思《せいやし》　李《り》　白《はく》

牀前《しょうぜん》　月光を　看《み》る　①
疑《うたご》うらくは　是《こ》れ　地上の　霜《しも》かと　②
頭《こうべ》を　挙げて　山月を　望み　③
頭を　低《た》れて　故郷《こきょう》を　思う　④

（①〜④は行番号を表します）

【現代語訳】
静かな夜のもの思い
寝台《しんだい》の前にさしこむ月光を見て、
地上におりた霜ではないかと思った。
頭をあげて、山のはしにかかる月をながめ、
頭をたれて、故郷のことを思った。

B

心焉《ここ》に在《あ》らざれば
視《み》れども見えず
聴《き》けども聞こえず
食らえども其《そ》の味を知らず

（「大学」より）

【現代語訳】
精神《せいしん》が集中していないと、
見ていても何も見えない、
聞いていても何も聞こえない、
食べていてもその味もわからない。

(1) Aの漢詩の「思」の意味を、【現代語訳】から書きぬきましょう。（10点）

(2) Aの漢詩では、似《に》たようなことばをならべているひと続きの二行があります。その部分を漢詩の中から探《さが》し、①〜④の行番号で書きましょう。（全部できて10点）

□行目と□行目

(3) Aの漢詩をつくったときの作者の様子を、【現代語訳】から書きぬきましょう。（1つ20点（40点））

□を見ながら、□のことを思いふけっている。

(4) Bの漢文の「心」の意味を、【現代語訳】から書きぬきましょう。（10点）

(5) Bの漢文の「ず」の意味を、【現代語訳】から書きぬきましょう。（10点）

(6) Bの漢文の教えを次から選び、記号で書きましょう。（20点）（　）

ア　物事はよく見聞きするべきである。
イ　味わって食べなければならない。
ウ　集中することが大切である。

37 まとめのテスト①

学習した日　月　日

名前

得点　/100点

目標《もくひょう》時間 20分

解説↓ 353ページ

らくらくマルつけ

5149

1 （　）に――線の読みがなを書きましょう。 1つ5点【20点】

(1) お肉屋さんに寄る。（　　）

(2) 貯金箱がいっぱいになった。（　　）

(3) ここが県と県の境目だ。（　　）

(4) 荷物を部屋に移す。（　　）

2 □に漢字を書きましょう。 1つ5点【20点】

(1) □《ぶんみゃく》を読み取る。

(2) 医者の治療《ちりょう》は□《てきせつ》だった。

(3) 国を□《ささ》える人物。

(4) きれいな色の□《ぬの》を買う。

3 次のことばの種類をあとからそれぞれ選び、記号で書きましょう。 1つ5点【35点】

(1) 大きい（　　）

(2) カルテ（　　）

(3) 手術《しゅじゅつ》（　　）

(4) 投げる（　　）

(5) 破《やぶ》く（　　）

(6) リュックサック（　　）

(7) 教室（　　）

ア　和語　イ　漢語　ウ　外来語

4 次の文の――線は主語・述語《じゅつご》・修飾語《しゅうしょくご》のうちどれですか。あとからそれぞれ選び、記号で書きましょう。 1つ5点【25点】

(1) ぼくは明日遊園地に行く。（　　）

(2) そろそろ動物が起きる。（　　）

(3) あっちで物音が聞こえた。（　　）

(4) 友達の好きな音楽が流れる。（　　）

(5) 兄も映画をよく見る。（　　）

ア　主語　イ　述語　ウ　修飾語

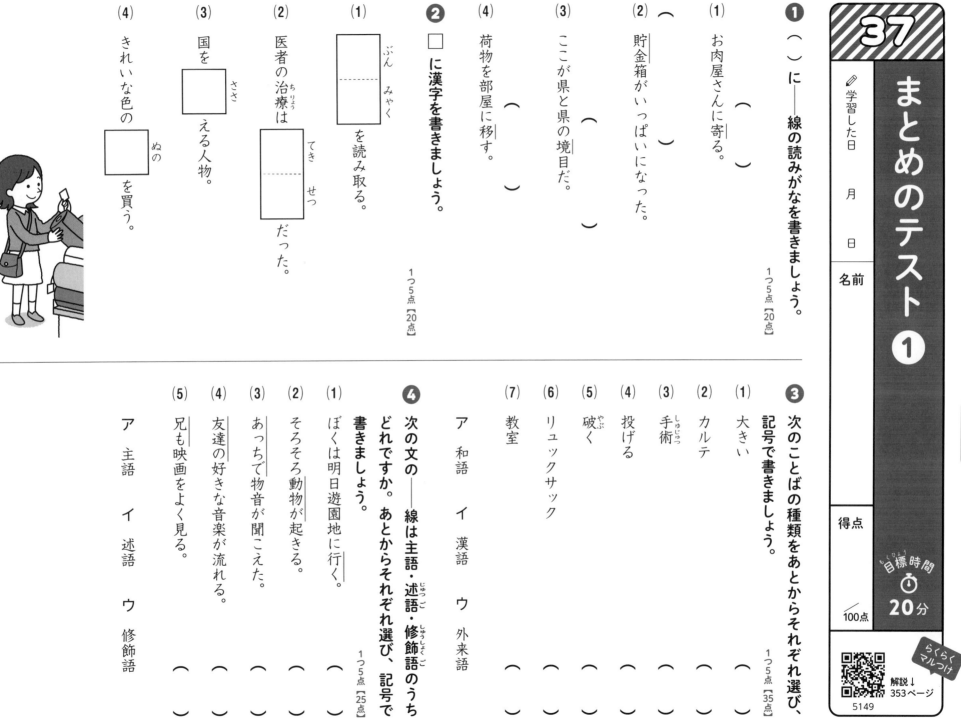

37 まとめのテスト 1

学習した日　月　日

名前

得点　／100点

目標《もくひょう》時間 20分

らくらくマルつけ

解説↓ 353ページ

5149

1 （　）に——線の読みがなを書きましょう。 1つ5点【20点】

(1) お肉屋さんに寄る。（　　）

(2) 貯金箱がいっぱいになった。（　　）

(3) ここが県と県の境目だ。（　　）

(4) 荷物を部屋に移す。（　　）

2 □に漢字を書きましょう。 1つ5点【20点】

(1) □□《ぶんみゃく》を読み取る。

(2) 医者の治療《ちりょう》は□□《てきせつ》だった。

(3) 国を□《ささ》える人物。

(4) きれいな色の□《ぬの》を買う。

3 次のことばの種類をあとからそれぞれ選び、記号で書きましょう。 1つ5点【35点】

(1) 大きい（　　）

(2) カルテ（　　）

(3) 手術《しゅじゅつ》（　　）

(4) 投げる（　　）

(5) 破《やぶ》く（　　）

(6) リュックサック（　　）

(7) 教室（　　）

ア 和語　イ 漢語　ウ 外来語

4 次の文の——線は主語・述語《じゅつご》・修飾語《しゅうしょくご》のうちどれですか。あとからそれぞれ選び、記号で書きましょう。 1つ5点【25点】

(1) ぼくは明日遊園地に行く。（　　）

(2) そろそろ動物が起きる。（　　）

(3) あっちで物音が聞こえた。（　　）

(4) 友達の好きな音楽が流れる。（　　）

(5) 兄も映画をよく見る。（　　）

ア 主語　イ 述語　ウ 修飾語

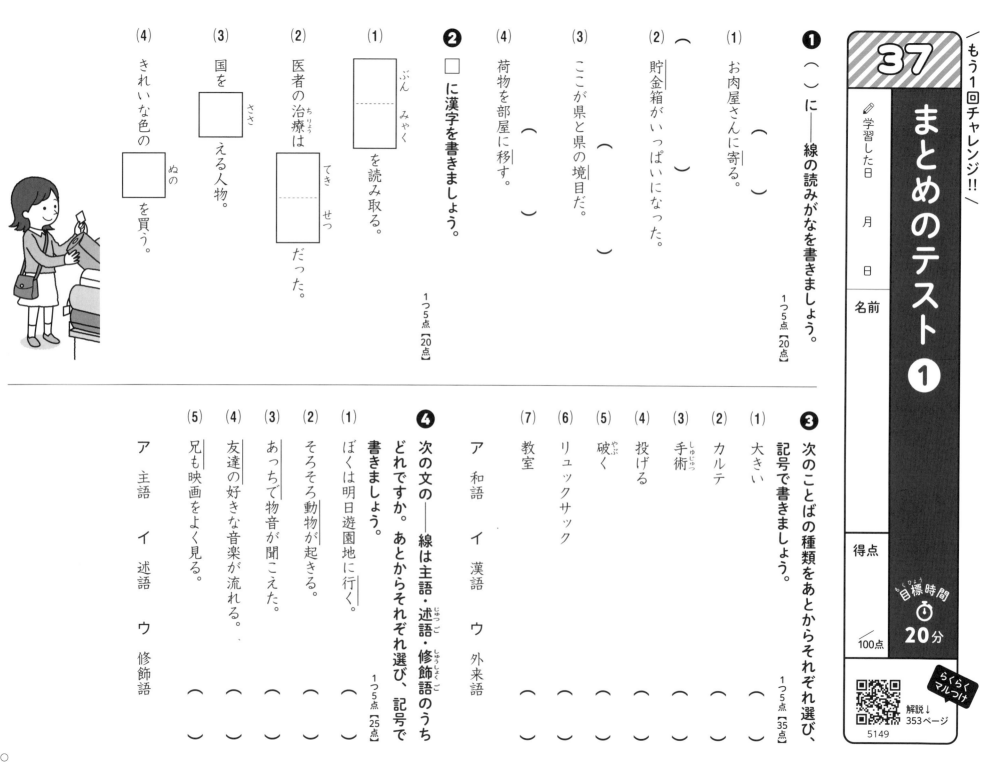

38 まとめのテスト ②

学習した日　　月　　日

名前

得点

／100点

目標《もくひょう》時間　20分

らくらくマルつけ

解説↓
354ページ

5150

国語

❶ （　）に――線の読みがなを書きましょう。　1つ5点【20点】

(1) 何年も勉強して英語を修める。（　　）

(2) 値段《ねだん》が均一の商品。（　　）

(3) ライオンが群《む》れを率いる。（　　）

(4) コンセントを接続する。（　　）

❷ □に漢字を書きましょう。　1つ5点【20点】

(1) カメラを□《かま》える人々。

(2) 非常《ひじょう》□□《てい　し》ボタンをおす。

(3) 追加点を□《ゆる》す。

(4) 直すところが□□《ふく　すう》ある。

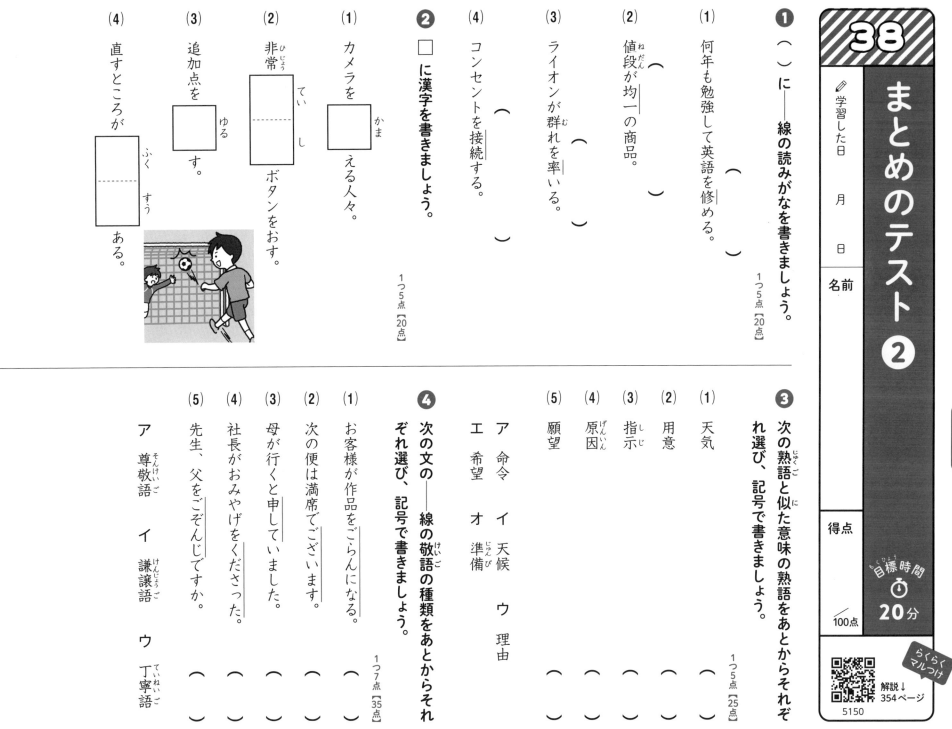

❸ 次の熟語《じゅくご》と似《に》た意味の熟語をあとからそれぞれ選び、記号で書きましょう。　1つ5点【25点】

(1) 天気（　　）

(2) 用意（　　）

(3) 指示《しじ》（　　）

(4) 原因《げんいん》（　　）

(5) 願望（　　）

ア 命令　イ 天候　ウ 理由

エ 希望　オ 準備《じゅんび》

❹ 次の文の――線の敬語《けいご》の種類をあとからそれぞれ選び、記号で書きましょう。　1つ7点【35点】

(1) お客様が作品をごらんになる。（　　）

(2) 次の便は満席でございます。（　　）

(3) 母が行くと申していました。（　　）

(4) 社長がおみやげをくださった。（　　）

(5) 先生、父をごぞんじですか。（　　）

ア 尊敬語《そんけいご》　イ 謙譲語《けんじょうご》　ウ 丁寧語《ていねいご》

もう1回チャレンジ!!

38 まとめのテスト 2

学習した日　月　日

名前

得点　/100点

目標《もくひょう》時間 20分

らくらくマルつけ

解説↓ 354ページ

5150

❶ （　）に——線の読みがなを書きましょう。 1つ5点【20点】

(1) 何年も勉強して英語を修める。（　　）

(2) 値段《ねだん》が均一の商品。（　　）

(3) ライオンが群《む》れを率いる。（　　）

(4) コンセントを接続する。（　　）

❷ □に漢字を書きましょう。 1つ5点【20点】

(1) カメラを□《かま》える人々。

(2) 非常《ひじょう》□□《ていし》ボタンをおす。

(3) 追加点を□《ゆる》す。

(4) 直すところが□□《ふくすう》ある。

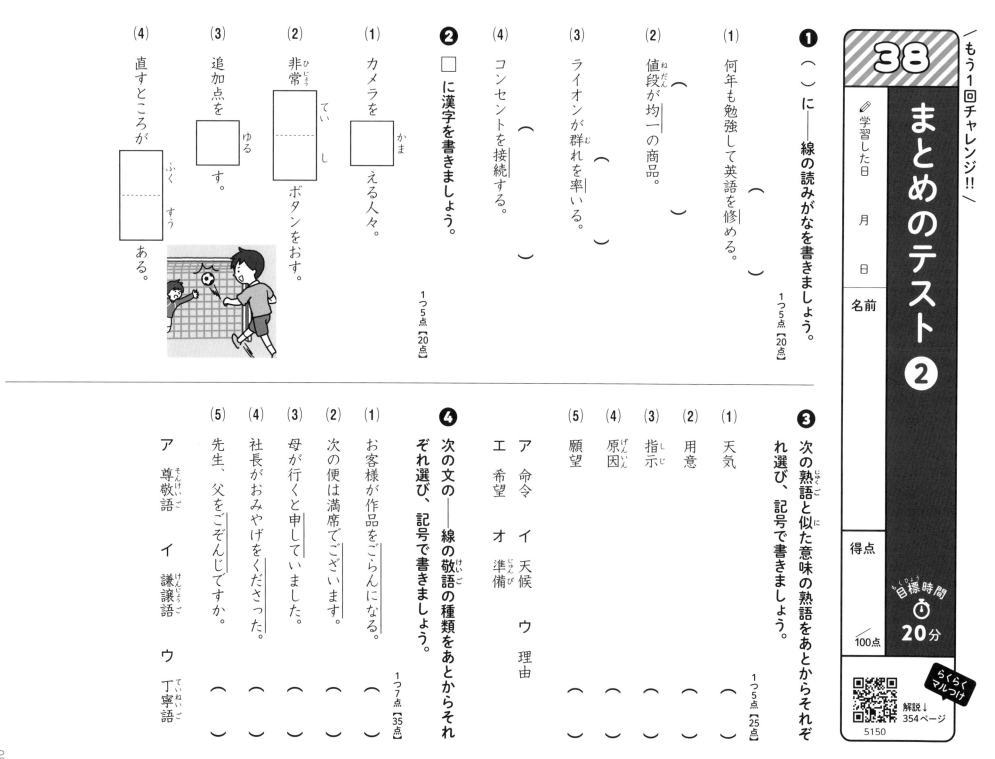

❸ 次の熟語《じゅくご》と似《に》た意味の熟語をあとからそれぞれ選び、記号で書きましょう。 1つ5点【25点】

(1) 天気（　　）

(2) 用意（　　）

(3) 指示《しじ》（　　）

(4) 原因《げんいん》（　　）

(5) 願望（　　）

ア 命令　イ 天候　ウ 理由

エ 希望　オ 準備《じゅんび》

❹ 次の文の——線の敬語《けいご》の種類をあとからそれぞれ選び、記号で書きましょう。 1つ7点【35点】

(1) お客様が作品をごらんになる。（　　）

(2) 次の便は満席でございます。（　　）

(3) 母が行くと申していました。（　　）

(4) 社長がおみやげをくださった。（　　）

(5) 先生、父をごぞんじですか。（　　）

ア 尊敬語《そんけいご》　イ 謙譲語《けんじょうご》　ウ 丁寧語《ていねいご》

39 まとめのテスト ③

✎学習した日　月　日

名前

得点　／100点

目標《もくひょう》時間　20分

らくらくマルつけ

解説↓ 354ページ

5151

国語

❶ 次の文章を読んで、問題に答えましょう。

「なんで、こんな時間にやってくれるんですか。しんりょう時間って九時からじゃ……」

先生はふっと笑って一度顔をあげた。

「最初に言っただろ、きみを大会に出せるようにぼくも努力するって」

そうだ、最初に来たとき大会の話をした。あのときオレは、絶対《ぜったい》に出るんだって必死で言った。もしもダメだと言われても出るつもりでいたけれど、そうしたら先生はため息をついて、松葉《まつば》づえを持ってきた。大げさだからいやだと言うと、「間にあわせたいなら言うことを聞け」と、静かな声でさとされた。そのあと、たしかにそう言った。

「よくがまんしたね。と中《ちゅう》で練習しちゃうんじゃないかと思ったけど、うん、よかった」

シュッ、シャク、足首のまわりに角度をかえたテーピングが巻《ま》かれていく。（中略《ちゅうりゃく》）

「歩いてみて」

そっと立ちあがると、大きく深呼吸《しんこきゅう》をして右足を出した。床《ゆか》についた右足に重心をかける。

「痛《いた》くない……、痛くないです！」

「だろ。わかってると思うけど、これは対処法《たいしょほう》だからね」

「はい。終わったらちゃんと治します」

先生はうんうんとうなずいて、ぽんとかたに手をあてた。

ゆるめていたスニーカーのひもをキュッとしめる。

「ありがとうございました」

接骨院《せっこついん》を出ると、冷たい風が足元からふきあげてきた。街路樹《がいろじゅ》のいちょうがざわざわと葉音をたてる。目を細めたまま顔をあげると、寒そうにふるえる木の葉の向こうに高い空が見えた。

（いとうみく「ぼくらの一歩　30人《にん》31脚《きゃく》」より）

(1) 本文にえがかれた場面の説明として正しいものを次から選び、記号で書きましょう。（20点）（　）

ア　足のけがをしたときの応急処置《おうきゅうしょち》について、「オレ」が先生から教わっている場面。

イ　足のけがの具合をみてもらいに、「オレ」が接骨院の先生を訪《たず》ねている場面。

ウ　足のけがが悪化したときのために、「オレ」が接骨院の先生に相談している場面。

(2) 「間にあわせたいなら言うことを聞け」とありますが、先生は「オレ」にどのような指示《しじ》をしましたか。次から選び、記号で書きましょう。（20点）（　）

ア　しばらくの間、練習をがまんすること。

イ　練習するときは、先生に相談すること。

ウ　足のテーピングを行い、練習すること。

(3) 「痛くない……、痛くないです！」とありますが、このときの「オレ」の気持ちを書きましょう。（40点）

［　　　　］

(4) 「高い空が見えた」から読み取れる「オレ」の気持ちを次から選び、記号で書きましょう。（20点）（　）

ア　大会に出場することへの不安。

イ　大会に出場できないことへの悲しみ。

ウ　大会に出場できることへの希望。

もう1回チャレンジ!!

39 まとめのテスト ③

学習した日　月　日

名前

得点　/100点

目標《もくひょう》時間　20分

らくらくマルつけ

解説↓ 354ページ

5151

❶ 次の文章を読んで、問題に答えましょう。

「なんで、こんな時間にやってくれるんですか。しんりょう時間って九時からじゃ……」

先生はふっと笑って一度顔をあげた。

「最初に言っただろ、きみを大会に出せるようにぼくも努力するって」

そうだ、最初に来たとき大会の話をした。あのときオレは、絶対《ぜったい》に出るんだって必死で言った。もしもダメだと言われても出るつもりでいたけれど、そうしたら先生はため息をついて、松葉《まつば》づえを持ってきた。大げさだからいやだと言うと、「間にあわせたいなら言うことを聞け」と、静かな声でさとされた。そのあと、たしかにそう言った。

「よくがまんしたね。」と中《ちゅう》で練習しちゃうんじゃないかと思ったけど、うん、よかった」

シュッ、シャク、足首のまわりに角度をかえたテーピングが巻《ま》かれていく。（中略《ちゅうりゃく》）

「歩いてみて」

そっと立ちあがると、大きく深呼吸《しんこきゅう》をして右足を出した。床《ゆか》についた右足に重心をかける。

「痛《いた》くない……、痛くないです！」

「だろ。わかってると思うけど、これは対処法《たいしょほう》だからね」

「はい。終わったらちゃんと治します」

先生はうんうんとうなずいて、ぽんとかたに手をあてた。

ゆるめていたスニーカーのひもをキュッとしめる。

「ありがとうございました」

接骨院《せっこついん》を出ると、冷たい風が足元からふきあげてきた。街路樹《がいろじゅ》のいちょうがざわざわと葉音をたてる。目を細めたまま顔をあげると、寒そうにふるえる木の葉の向こうに高い空が見えた。

（いとうみく「ぼくらの一歩　30人《にん》31脚《きゃく》」より）

(1) 本文にえがかれた場面の説明として正しいものを次から選び、記号で書きましょう。（20点）（　　）

ア　足のけがをしたときの応急処置《おうきゅうしょち》について、「オレ」が先生から教わっている場面。

イ　足のけがの具合をみてもらいに、「オレ」が接骨院の先生を訪《たず》ねている場面。

ウ　足のけがが悪化したときのために、「オレ」が接骨院の先生に相談している場面。

(2) 「間にあわせたいなら言うことを聞け」とありますが、先生は「オレ」にどのような指示《しじ》をしましたか。次から選び、記号で書きましょう。（20点）（　　）

ア　しばらくの間、練習をがまんすること。

イ　練習するときは、先生に相談すること。

ウ　足のテーピングを行い、練習すること。

(3) 「痛くない……、痛くないです！」とありますが、このときの「オレ」の気持ちを書きましょう。（40点）

（　　　　　　　　　　）

(4) 「高い空が見えた」から読み取れる「オレ」の気持ちを次から選び、記号で書きましょう。（20点）（　　）

ア　大会に出場することへの不安。

イ　大会に出場できないことへの悲しみ。

ウ　大会に出場できることへの希望。

40 まとめのテスト ④

学習した日　月　日

名前

得点　/100点

目標《もくひょう》時間 20分

らくらくマルつけ

解説↓ 354ページ

5152

国語

1 次の文章を読んで、問題に答えましょう。

1 縄文人《じょうもんじん》が文字さえもない狩猟《しゅりょう》と採集《さいしゅう》のまずしい生活をしていたのに対し、現代《げんだい》のわたしたちは電子機器にかこまれて快適《かいてき》で文化的な生活をして、知識《ちしき》もはるかに豊富《ほうふ》にもっていますが、わたしたちが昔の人たちよりもすぐれているのではありません。縄文人も子どものころから教育すれば、コンピューターを使いこなし、医者にもパイロットにもなれるでしょう。

2 チンパンジーは親のしぐさをみて学び、自分のものとして身につけますが、親が積極的に子どもに何かを教えるということはほとんどしないといわれています。言葉や経験《けいけん》を次世代と共有できる文字のような手段《しゅだん》のかく得《とく》、そのちがいが、いまのヒトとチンパンジーのちがいではないでしょうか。チンパンジーでは、それぞれの世代は、前の世代が始めたことをはじめからやりなおすので、いつまでもほぼ同じ状態《じょうたい》で止まってしまいます。

3 生きものたちのすべての進化情報《しんかじょうほう》は、遺伝子《いでんし》（DNA）の情報として保《ほ》ぞんされ、伝えられてきましたが、ヒトは遺伝子では伝えられないものを伝えることができる能力《のうりょく》をもった生きものなのです。個人《こじん》や集団《しゅうだん》が得《え》た知識や技術《ぎじゅつ》を言葉、文字、絵画、音楽などを通じて次の世代に伝え、それらをちく積し、種全体で共有することができる能力をかく得したのです。

4 前の世代の知的財産《ちてきざいさん》に、いまの世代がかく得したものを加えて、それを次の世代に伝えていき、世代が進むとともに文化財産がちく積されていく――これは、ヒト以外のあらゆる生きものたちがかつてもったことのない、高度な脳《のう》の発達によるすばらしい能力です。ヒトはこれまでにはなかった特しゅな生きものなのです。

（伊藤明夫《いとうあきお》「40億年、いのちの旅」より）

(1) 次の説明にあてはまる段落《だんらく》を選び、1～4の数字で書きましょう。（20点）

現代人が過去《かこ》の世代よりも特別にすぐれているのではないことを述べている。

□段落

(2) 「いつまでもほぼ同じ状態で止まってしまいます」とありますが、なぜですか。文章から書きぬきましょう。（20点）

チンパンジーは、世代が代わるたびに

最初から□ことをくりかえしているから。

(3) 「世代が進むとともに文化財産がちく積されていく」とありますが、それはどのような能力によるものですか。文章から書きぬきましょう。1つ20点（40点）

個人や集団が得た知識や技術をちく積し、

それらを□で□することができる能力。

(4) 「ヒトはこれまでにはなかった特しゅな生きものなのです」とありますが、そのように言えるのはなぜですか。文章から書きぬきましょう。（20点）

ヒトは遺伝子（DNA）の情報では□を伝えることができる能力をもっているから。

もう1回チャレンジ!!

40

まとめのテスト４

学習した日　月　日

名前

得点　／100点

目標《もくひょう》時間　20分

らくらくマルつけ

解説↓354ページ

5152

❶ 次の文章を読んで、問題に答えましょう。

1 縄文人《じょうもんじん》が文字さえもない狩猟《しゅりょう》と採集《さいしゅう》のまずしい生活をしていたのに対し、現代《げんだい》のわたしたちは電子機器にかこまれて快適《かいてき》で文化的な生活をして、知識《ちしき》もはるかに豊富《ほうふ》にもっていますが、わたしたちが昔の人たちよりもすぐれているのではありません。縄文人も子どものころから教育すれば、コンピューターを使いこなし、医者にもパイロットにもなれるでしょう。

2 チンパンジーは親のしぐさをみて学び、自分のものとして身につけますが、親が積極的に子どもに何かを教えるということはほとんどしないといわれています。言葉や経験《けいけん》を次世代と共有できる文字のような手段《しゅだん》のかく得《とく》、そのちがいが、いまのヒトとチンパンジーのちがいではないでしょうか。チンパンジーでは、それぞれの世代は、前の世代が始めたことをはじめからやりなおすので、いつまでもほぼ同じ状態《じょうたい》で止まってしまいます。

3 生きものたちのすべての進化《しんか》情報《じょうほう》は、遺伝子《いでんし》（DNA）の情報として保《ほ》ぞんされ、伝えられてきましたが、ヒトは遺伝子では伝えられないものを伝えることができる能力《のうりょく》をもった生きものなのです。個人《こじん》や集団《しゅうだん》が得《え》た知識や技術《ぎじゅつ》を言葉、文字、絵画、音楽などを通じて次の世代に伝え、それらをちく積し、種全体で共有することができる能力をかく得したのです。

4 前の世代の知的財産《ちてきざいさん》に、いまの世代がかく得したものを加えて、それを次の世代に伝えていき、世代が進むとともに文化財産がちく積されていく――これは、ヒト以外のあらゆる生きものたちがかつてもったことのない、高度な脳《のう》の発達によるすばらしい能力です。ヒトはこれまでにはなかった特しゅな生きものなのです。

（伊藤明夫《いとうあきお》「40億年、いのちの旅」より）

(1) 次の説明にあてはまる段落《だんらく》を選び、1〜4の数字で書きましょう。（20点）

現代人が過去《かこ》の世代よりも特別にすぐれているのではないことを述べている。

　　段落

(2) 「いつまでもほぼ同じ状態で止まってしまいます」とありますが、なぜですか。文章から書きぬきましょう。（20点）

チンパンジーは、世代が代わるたびに最初から　　　　ことをくりかえしているから。

(3) 「世代が進むとともに文化財産がちく積されていく」とありますが、それはどのような能力によるものですか。文章から書きぬきましょう。（1つ20点）（40点）

個人や集団が得た知識や技術をちく積し、それらを　　　　で　　　　することができる能力。

(4) 「ヒトはこれまでにはなかった特しゅな生きものなのです」とありますが、そのように言えるのはなぜですか。文章から書きぬきましょう。（20点）

ヒトは遺伝子（DNA）の情報では　　　　を伝えることができる能力をもっているから。

全科ギガドリル　小学５年

答え

わからなかった問題は，ポイントの解説をよく読んで，確認してください。

算数

1 整数と小数　3ページ

❶ (1)27.1　(2)271　(3)0.0271
❷ (1)100倍　(2)1000倍
❸ (1)$\frac{1}{10}$　(2)$\frac{1}{1000}$
❹ (上から順に)3，8，6，7
❺ (1)349.2　(2)2490　(3)9.28
(4)0.0653
❻ 式…$546\times\frac{1}{100}=5.46$　答え…5.46cm

ポイント

❶整数や小数を，10倍，100倍，1000倍すると，小数点は右にそれぞれ1つ，2つ，3つ移動《いどう》します。
また，$\frac{1}{10}$，$\frac{1}{100}$，$\frac{1}{1000}$にすると，小数点は左にそれぞれ1つ，2つ，3つ移動します。
(1)2.71の小数点を右の図のように右に1つ移動して27.1になります。

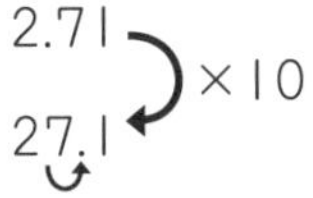

(3)2.71の小数点を右下の図のように左に2つ移動して0.0271になります。

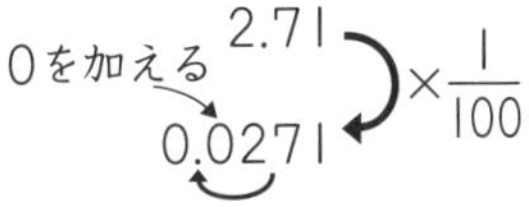

❷1.41から小数点が右にいくつ移動するのかを考えます。
(1)141は1.41の小数点を右に2つ移動した数なので100倍になります。
❸18.7から小数点が左にいくつ移動するのかを考えます。
(1)1.87は18.7の小数点を左に1つ移動した数なので$\frac{1}{10}$になります。
(2)0.0187は18.7の小数点を左に3つ移動した数なので$\frac{1}{1000}$になります。
❹38.67＝30＋8＋0.6＋0.07
＝10×3＋1×8＋0.1×6＋0.01×7
❺(1)小数点を右に1つ移動して，349.2
(3)小数点を左に1つ移動して，9.28
❻546を$\frac{1}{100}$にすると，小数点は左に2つ移動するので，5.46cmとなります。

2 体積① 5ページ

❶ (1)式…2×3×4＝24　答え…$24cm^3$
(2)式…6×6×6＝216　答え…$216cm^3$
(3)式…10×4×3＝120　答え…$120cm^3$
(4)式…4×5×5＝100　答え…$100m^3$
❷ (1)式…5×3×8＋5×3×4＝180
答え…$180cm^3$
(2)式…8×8×3－4×5×3＝132
答え…$132cm^3$

ポイント

❶直方体の体積＝たて×横×高さ
立方体の体積＝1辺×1辺×1辺
❷直方体や立方体をもとにして考えます。
(1)たて5cm，横3cm，高さ8cmの直方体と，たて5cm，横3cm，高さ4cmの直方体を組み合わせた立体とみると，
5×3×8＋5×3×4＝120＋60＝180(cm^3)
(2)たて8cm，横8cm，高さ3cmの直方体から，たて4cm，横5cm，高さ3cmの直方体をとりのぞいた立体とみると，
8×8×3－4×5×3＝192－60＝132(cm^3)

3 体積② 7ページ

❶ 式…5×6×3＝90　答え…$90cm^3$
❷ 式…5×10×7＝350
答え…$350cm^3$
❸ (1)500倍　(2)200000倍
❹ (1)㋐1　㋑100　㋒1
(2)100倍　(3)1000倍

ポイント

❶てん開図から，たて5cm，横6cm，高さ3cmの直方体になることがわかります。
❷厚《あつ》さ1cmの板でつくったので，容積《ようせき》のたては7－2＝5(cm)，横は12－2＝10(cm)，高さは8－1＝7(cm)になります。
❸(1)1L＝$1000cm^3$なので，1Lは$2cm^3$の1000÷2＝500(倍)になります。
❹(1)㋐1mL＝$1cm^3$　㋑1dL＝$100cm^3$
㋒1kL＝1000L＝$1000000cm^3$で
$1m^3$＝$1000000cm^3$なので，1kL＝$1m^3$
(2)正方形の1辺の長さが10cmの面積は
10×10＝100(cm^2)，
$1m^2$＝$10000cm^2$となるから，正方形の1辺の長さが10cmから1mと10倍になると，面積は10000÷100＝100(倍)になります。

4 比例　9ページ

❶ (1)18，27，36，45，54
(2)**比例する。**
(3)式…$9\times9=81$　答え…81g
(4)式…$9\times20=180$　答え…180g
❷ (1)16，20，24，28
(2)**比例しない。**
(3)12，16，20，24
(4)**比例する。**

ポイント

❶長さが1m増えると，重さは9g増えます。
(1)2mのはりがねの重さは$9+9=18$(g)
3mの重さは$18+9=27$(g)と9gずつ増えていくので，4mの重さは36g，5mは45g，6mの重さは54gとなります。
(2)はりがねの長さが2倍，3倍，…になると，それにともなってはりがねの重さが2倍，3倍，…になるので，はりがねの重さは長さに比例《ひれい》します。
(3)はりがねの長さが1mから9mと9倍になると，重さも9倍になるので，$9\times9=81$(g)
❷(1)正方形の数が1個増えると周りの長さは$2+2=4$(cm)ずつ増えていくので，正方形3個の周りの長さは$12+4=16$(cm)，4個の周りの長さは20cm，5個の周りの長さは24cm，6個の周りの長さは28cmとなります。
(2)正方形の数が1個から2個と2倍になると，周りの長さは$12\div8=1.5$(倍)となっているから，周りの長さは正方形の数に比例しません。
(3)正方形の数が1個増えると面積は
$2\times2=4$(cm²)ずつ増えていきます。
(4)正方形の個数が2倍，3倍，…になると，それにともなって面積が2倍，3倍，…になるので，面積は正方形の数に比例します。

5 小数のかけ算①　11ページ

❶ (1)102　(2)1680　(3)30
(4)2170
❷ (1)48　(2)1.4　(3)12　(4)63
❸ (1)**ウ，エ，カ**(順不同)　(2)**イ**
(3)**ア，オ**(順不同)
❹ 式…$400\times2.4=960$　答え…960円

ポイント

❶小数を整数に直して計算します。
(1)$60\times(1.7\times10)=60\times17=1020$なので，
$60\times1.7=60\times17\div10=1020\div10=102$
(2)$400\times(4.2\times10)=400\times42=16800$
なので，$400\times4.2=400\times42\div10$
$=16800\div10=1680$
❷(1)$800\times(0.06\times100)=800\times6=4800$
なので，$800\times0.06=800\times6\div100$
$=4800\div100=48$
(2)$20\times(0.07\times100)=20\times7=140$なので，
$20\times0.07=20\times7\div100=140\div100=1.4$
❸かける数が1より大きいと積はかけられる数より大きくなり，かける数が1と等しいと積はかけられる数と等しくなり，かける数が1より小さいと積はかけられる数より小さくなります。
(1)かける数が1より大きい式を選べばよいので，**ウ，エ，カ**となります。
(2)かける数が1の式を選べばよいので，**イ**となります。
(3)かける数が1より小さい式を選べばよいので，**ア，オ**となります。
❹1mのねだん×長さ＝代金　なので，式は
400×2.4となり，
$400\times2.4=(400\times24)\div10=9600\div10$
$=960$(円)となります。

6 小数のかけ算②　13ページ

❶ (1)0.24　(2)0.65　(3)0.051
(4)35.51
❷ (1)1.058　(2)26.52　(3)41.04
(4)85.26
❸ (1)10.773　(2)16.826
(3)130.41　(4)2.0501
❹ (1)式…$1.7\times0.4=0.68$　答え…0.68kg
(2)式…$1.7\times2.1=3.57$　答え…3.57kg

ポイント

❶整数に直して計算します。
(1)$0.6\times0.4=(0.6\times10)\times(0.4\times10)\div100$
$=6\times4\div100=24\div100=0.24$
❷筆算は小数点の位置に注意しましょう。

```
(1)    0.4 6 ←小数第2位
     ×   2.3 ←小数第1位
     ---------
       1 3 8
       9 2           2+1=3
     ---------
     1.0 5 8 ←小数第3位
```

❸筆算は小数点の位置に注意し，❷と同じように計算しましょう。
❹1mの重さ×長さ＝パイプの重さ　で求めることができます。

7 小数のかけ算③　15ページ

❶ (1)5.1　(2)1.2　(3)2.4　(4)11
❷ (1)0.0888　(2)0.0722
(3)0.147　(4)4.8
❸ (1)0.59　(2)0.83　(3)15
(4)5.1　(5)51.6　(6)11.76

ポイント

❶0を消すことを忘れないようにしましょう。

❷筆算は小数点の位置に注意しましょう。0をつけたしたり，0を消すことに注意しましょう。

```
(1)     0.3 7 ←小数第2位
      × 0.2 4 ←小数第2位
      -------
        1 4 8
        7 4         2+2=4
      -------
    0.0 8 8 8 ←小数第4位
    ↑
    0をつけたす
```

❸計算のきまりを使って，計算をくふうしましょう。

(1)□×○＝○×□を利用します。

0.5×5.9×0.2＝(0.5×0.2)×5.9

＝0.1×5.9＝0.59

(2)(○×□)×△＝○×(□×△)を利用します。

0.83×2.5×0.4＝0.83×(2.5×0.4)

＝0.83×1＝0.83

(3)□×△＋○×△＝(□＋○)×△を利用します。

0.8×7.5＋1.2×7.5＝(0.8＋1.2)×7.5

＝2×7.5＝15

(4)□×△－○×△＝(□－○)×△を利用します。

1.21×5.1－0.21×5.1

＝(1.21－0.21)×5.1＝1×5.1＝5.1

(5)(□＋○)×△＝□×△＋○×△を利用します。

17.2×3＝(17＋0.2)×3

＝17×3＋0.2×3＝51＋0.6＝51.6

8 小数のわり算① 17ページ

❶ (1)30 (2)40 (3)200 (4)240

❷ (1)50 (2)800 (3)300 (4)220

❸ (1)**イ，オ，カ**(順不同)

(2)**ウ**

(3)**ア，エ**(順不同)

❹ 式…144÷1.8＝80 答え…80円

ポイント

❶小数のわり算では，わる数が整数になるように小数点をずらし，わられる数の小数点も同じだけずらします。

(1)51÷1.7＝(51×10)÷(1.7×10)

＝510÷17＝30

❷わる数を整数に直して計算します。

(1)35÷0.7＝(35×10)÷(0.7×10)

＝350÷7＝50

(3)45÷0.15＝(45×100)÷(0.15×100)

＝4500÷15＝300

❸わる数が1より大きいと商はわられる数より小さく，わる数が1と等しいと商はわられる数と等しくなり，わる数が1より小さいと商はわられる数より大きくなります。

(1)わる数が1より大きい式を選べばよいので，**イ**，**オ**，**カ**となります。

❹代金÷長さ＝1mのねだん なので，

144÷1.8＝1440÷18＝80(円)となります。

9 小数のわり算② 19ページ

❶ (1)5 (2)4 (3)4 (4)0.7

❷ (1)1.4 (2)15.7 (3)8 (4)0.3

❸ (1)1.8 (2)2.5

❹ (1)1.5 (2)1.2

❺ (1)式…1.75÷0.7＝2.5 答え…2.5kg

(2)式…0.7÷1.75＝0.4 答え…$0.4m^2$

ポイント

❶小数のわり算では，わる数が整数になるように小数点をずらし，わられる数の小数点も同じだけずらします。

(1)8.5÷1.7＝85÷17＝5

(2)9.2÷2.3＝92÷23＝4

(3)0.3÷0.075＝300÷75＝4

(4)5.04÷7.2＝50.4÷72＝0.7

❷筆算でも，わる数を整数にしましょう。

```
(1)        1.4
     5.6)7.8.4 ←小数点を1つ右にずらす
         5 6
        -----
         2 2 4
         2 2 4
        -----
             0
```

❸(1)4.5÷2.5＝45÷25＝1.8

(2)0.7÷0.28＝70÷28＝2.5

❹わり進めていくときは0を加えていきます。

```
(1)          1.5
     7.2)1 0.8
           7 2
          -----
           3 6 0 ←最後に0を加える
           3 6 0
          -----
               0
```

(2)も同じように計算しましょう。

❺(1)重さ÷面積＝$1m^2$の重さ だから，

1.75÷0.7＝17.5÷7＝2.5(kg)となります。

(2)面積÷重さ＝1kgの面積 だから，

0.7÷1.75＝70÷175＝0.4(m^2)となります。

10 小数のわり算③ 21ページ

❶ (1)**7余《あま》り1.8** (2)**6余り0.3**

❷ (1)1.9 (2)4.4

❸ 式…17÷4.1＝4余り0.6

答え…**4まいできて0.6m余る**

❹ 式…3.9÷0.2＝19余り0.1

答え…**19人に配ることができて0.1L余る**

❺ 式…0.37÷0.3＝1.23… 答え…**約1.2kg**

ポイント

❶余りの小数点の位置は，わられる数のもとの小数点と同じところになります。

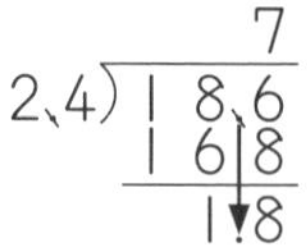

❷商の$\frac{1}{100}$の位を四捨五入して，$\frac{1}{10}$の位までの概数《がいすう》にします。

(1) 1.32÷0.7＝13.2÷7＝1.88…→1.9

(2) 4÷0.9＝40÷9＝4.44…→4.4

❸長さ÷1まいあたりの長さ＝まい数　です。

❹かさ÷1人あたりのかさ＝人数　です。

❺重さ÷かさ＝1Lの重さ　より，式は，0.37÷0.3となります。

11 小数の倍　23ページ

❶ (1) 3倍　(2) 40倍　(3) 0.7倍　(4) 0.15倍

❷ (1) 11.2kg　(2) 1.68kg　(3) 7kg　(4) 19.88kg

❸ (1) 式…3÷2.4＝1.25　答え…1.25倍
(2) 式…2.4÷1.5＝1.6　答え…1.6倍
(3) 式…1.5÷3＝0.5　答え…0.5倍

❹ 式…14.7÷0.7＝21　答え…21m

ポイント

❶「比《くら》べる量」を「もとにする量」でわることで，「何倍」になっているかを求めることができます。

(1)では，3.6が「比べる数」，問題文にある1.2が「もとにする数」になるので，

3.6÷1.2＝36÷12＝3(倍)となり，3.6は1.2の3倍，ということがわかります。

(2)(3)(4)もそれぞれの数を1.2でわることで，「何倍」になっているかを求めます。

❷もとにする量の2.8に長さをかけることで，その長さのときの重さを求めることができます。

(1) 2.8×4＝11.2(kg)

❸どの値を「比べる量」「もとにする量」にするかで，答えがまったくちがうので，問題文からしっかり読み取れるように練習しましょう。

(1)青のバケツの量÷赤のバケツの量

(2)赤のバケツの量÷黄のバケツの量

(3)黄のバケツの量÷青のバケツの量

❹ビルの高さをもとにしたときに，かげは0.7にあたる大きさとなります。

12 合同な図形①　25ページ

❶ エ

❷ ウ

❸ (1) 頂点D　(2) 辺EF　(3) 角C
(4) 2.3cm　(5) 31°

ポイント

2つの図形がぴったり重なるとき，これらの図形は合同であるといいます。

❶色をつけた三角形を回転させると，エの三角形とぴったり重なります。

❷色をつけた四角形を回転させると，ウの四角形とぴったり重なります。

❸三角形ABCはうら返すと，三角形DEFにぴったり重なります。

(1)重ねたとき，頂点《ちょうてん》Aは頂点Dと重なるので，頂点Aに対応《たいおう》する頂点は頂点Dです。

(2)重ねたとき，辺BCは辺EFと重なるので，辺BCに対応する辺は辺EFです。

(3)重ねたとき，角Fは角Cと重なるので，角Fに対応する角は角Cです。

(4)辺DFと対応する辺は辺ACなので，辺DFの長さは辺ACの長さの2.3cmです。

(5)角Eと対応する角は角Bなので，角Eの大きさは角Bの大きさの31°です。

13 合同な図形②　27ページ

❶

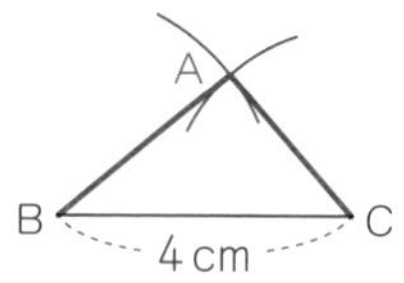

❷

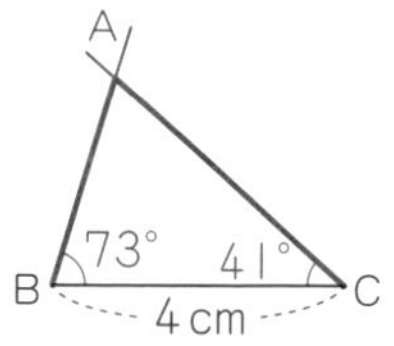

❸

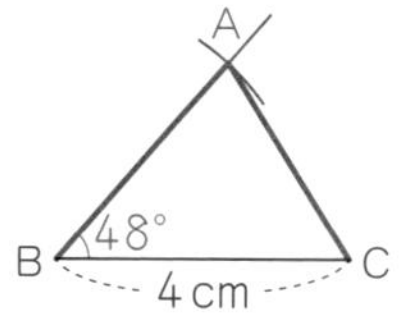

❹

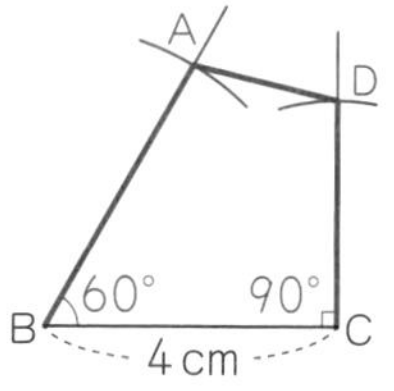

ポイント

❶コンパスを使って点Bを中心に半径3cmの円をかきます。次に，コンパスを使って点Cを中心に半径2.5cmの円をかきます。2つの円が交わった点を点AとしてB，Cとそれぞれむすぶと三角形ABCと合同な三角形をかくことができます。

❷分度器を使って点Bを分度器の中心，BCを0°の線にあわせて73°の直線をひきます。次に，分度器を使って点Cを分度器の中心，BCを0°の線にあわせて41°の直線をひきます。2つの直線が交わった点を点Aとすると三角形ABCと合同な三角形をかくことができます。

❸分度器を使って点Bを分度器の中心，BCを0°の線にあわせて48°の直線をひきます。次に，コンパスを使って点Bを中心に半径3.5cmの円をかきます。コンパスの線と直線が交わった点を点Aとして点Cとむすぶと三角形ABCと合同な三角形をかくことができます。

❹分度器を使って点Bを分度器の中心，BCを0°の線にあわせて60°の直線をひきます。次に，コンパスを使って点Bを中心に半径4cmの円をかいて交わった点を点Aとします。次に，点Cを分度器の中心，BCを0°の線にあわせて90°の直線をひきます。次に，コンパスを使って点Cを中心に半径3cmの円をかいて交わった点を点Dとします。点AとDをむすぶと四角形ABCDと合同な四角形をかくことができます。

14 三角形の角 29ページ

❶ (1)式…180°－(45°＋50°)＝85°
答え…85°
(2)式…180°－(40°＋80°)＝60°
答え…60°
(3)式…180°－(110°＋30°)＝40°
答え…40°
(4)式…180°－(90°＋60°)＝30°
答え…30°
❷ (1)式…180°－(25°＋45°)＝110°
180°－110°＝70°
答え…70°
(2)式…180°÷3＝60°　答え…60°
(3)式…180°－40°×2＝100°
答え…100°

ポイント

❶三角形の角の大きさの和は180°となります。
❷(1)三角形の残りの角の大きさは，
180°－(25°＋45°)＝110°となるので，
180°－110°＝70°になります。
(2)正三角形は3つの角の大きさが等しいです。
(3)二等辺三角形は2つの角の大きさが等しいので，角Cの大きさは40°となります。

15 四角形の角，多角形の角 31ページ

❶ (1)式…360°－(80°＋70°＋60°)＝150°
答え…150°
(2)式…360°－(100°＋80°＋120°)＝60°
答え…60°
(3)式…360°－(90°＋90°＋45°)＝135°
答え…135°
(4)式…360°－70°×2＝220°
220°÷2＝110°
答え…110°
❷ (1)式…180°×4＝720°　答え…720°
(2)式…180°×6＝1080°　答え…1080°
❸ (1)式…540°－(80°＋90°＋100°＋150°)
＝120°
答え…120°
(2)式…720°－(150°＋100°＋120°
＋130°＋90°)＝130°
答え…130°

ポイント

❶四角形の角の大きさの和は360°となります。
(4)平行四辺形の向かい合う角は等しいので，角Dの大きさは70°，角Aの大きさはⓐと等しくなり，角Aと角Cの角の大きさの和は，
360°－70°×2＝360°－140°＝220°となるので，220°÷2＝110°になります。
❷三角形に分けて考えます。

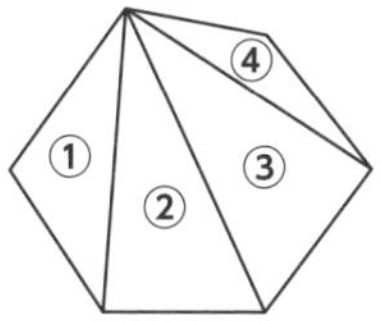

(1)六角形は三角形4個《こ》に分けることができるので，六角形の6つの角の大きさの和は，
180°×4＝720°となります。
❸(1)五角形の5つの角の大きさの和は，
180°×3＝540°なので，
ⓐ＝540°－(80°＋90°＋100°＋150°)＝120°

16 偶数と奇数 33ページ

❶ (1)○　(2)△　(3)△　(4)○
(5)△　(6)○　(7)○　(8)△
(9)○　(10)△
❷ (1)3　(2)8　(3)9　(4)11　(5)12
❸ 7，19，25(順不同)

ポイント

❶2でわり切れる整数を偶数《ぐうすう》，2でわり切れない整数を奇数《きすう》といいます。
(1)16÷2＝8より偶数です。
(2)23÷2＝11余り1より奇数です。
❷(1)7＝2×3＋1
(2)16＝2×8
❸○を整数として2×○で表される数は偶数，2×○＋1で表される数は奇数となるので，2×○＋1で表される数を考えると，❷より奇数は7，19，25となります。

17 倍数と公倍数 35ページ

❶ (1)6，12，18
(2)7，14，21
(3)12，24，36
❷ (1)14，28，42
(2)16，32，48
(3)30，60，90
❸ (1)12　(2)35　(3)20
(4)36　(5)12　(6)45
❹ 24cm

ポイント

❶(1)6に整数をかけてできる数は6の倍数《ばいすう》です。整数を小さい順にかけていきましょう。
6×1=6，6×2=12，6×3=18

❷(1)7の倍数は，7，14，21，28，35，42…で，その中で2の倍数は14，28，42…となります。
(2)16の倍数は，16，32，48，64，80…で，その中で8の倍数は16，32，48…となります。
(3)15の倍数は，15，30，45，60，75，90…で，その中で10の倍数は30，60，90…となります。

❸公倍数《こうばいすう》のうち，いちばん小さい数を最小公倍数《さいしょうこうばいすう》といいます。
(1)3と4の最小公倍数は12です。
(2)5と7の最小公倍数は35です。
(3)10と20の最小公倍数は20です。
(4)12と18の最小公倍数は36です。
(5)6と4の最小公倍数は12で，12と3の最小公倍数は12です。
(6)15と9の最小公倍数は45で，45と5の最小公倍数は45です。

❹6cmと8cmのテープが最初に長さが等しくなるのは，6と8の最小公倍数のときなので，24cmです。

18 約数と公約数　37ページ

❶ (1)1，2，4，8(順不同)　(2)1，11(順不同)
(3)1，2，4，7，14，28(順不同)

❷ (1)1，2(順不同)　(2)1，5(順不同)
(3)1，2，3，6(順不同)

❸ (1)7　(2)1　(3)6
(4)12　(5)10　(6)6

❹ 6人

ポイント

❶(1)8をわり切ることのできる整数は，1，2，4，8です。

❷(1)6の約数《やくすう》は1，2，3，6で，その中で14の約数でもあるのは1，2になります。

❸(1)7の約数の1，7のうち，21の約数でもある最大の整数は7です。
(3)12の約数の1，2，3，4，6，12のうち，18の約数でもある最大の整数は6です。

❹りんご30個とみかん42個を，それぞれ同じ数ずつ分けることができるのは，子どもの人数が30と42の公約数《こうやくすう》になるときです。30と42の公約数は1，2，3，6で，できるだけ多くの子どもに分けるとき，30と42の最大公約数《さいだいこうやくすう》となるので，6人となります。

19 分数①　39ページ

❶ (1)$\frac{4}{10}$，$\frac{6}{15}$(順不同)
(2)$\frac{6}{9}$，$\frac{10}{15}$(順不同)
(3)$\frac{1}{2}$，$\frac{3}{6}$(順不同)

❷ (1)$\frac{1}{3}$　(2)$\frac{3}{4}$　(3)$\frac{1}{2}$　(4)$\frac{2}{3}$
(5)$\frac{4}{5}$　(6)$\frac{2}{5}$　(7)$\frac{1}{3}$　(8)$\frac{3}{7}$

ポイント

❶分母と分子に同じ数をかけても，同じ数でわっても，分数の大きさは等しくなります。
(1)$\frac{2}{5}=\frac{2\times2}{5\times2}=\frac{4}{10}$，$\frac{2}{5}=\frac{2\times3}{5\times3}=\frac{6}{15}$
(3)$\frac{6}{12}=\frac{6\div6}{12\div6}=\frac{1}{2}$，$\frac{6}{12}=\frac{6\div2}{12\div2}=\frac{3}{6}$

❷分母と分子を，分母と分子の1以外の公約数《こうやくすう》でわっていきます。最終的に分母と分子がこれ以上われなくなるまでくり返しわっていきましょう。
(1)$\frac{3\div3}{9\div3}=\frac{1}{3}$　(2)$\frac{6\div2}{8\div2}=\frac{3}{4}$
(4)$\frac{14\div7}{21\div7}=\frac{2}{3}$　(5)$\frac{24\div6}{30\div6}=\frac{4}{5}$

20 分数②　41ページ

❶ (それぞれ左から順に)
(1)$\frac{5}{10}$，$\frac{6}{10}$　(2)$\frac{8}{12}$，$\frac{3}{12}$
(3)$\frac{6}{8}$，$\frac{5}{8}$　(4)$\frac{3}{9}$，$\frac{5}{9}$
(5)$\frac{4}{24}$，$\frac{21}{24}$　(6)$\frac{15}{18}$，$\frac{16}{18}$
(7)$\frac{20}{15}$，$\frac{18}{15}$　(8)$\frac{6}{12}$，$\frac{4}{12}$，$\frac{9}{12}$

❷ (1)$>$　(2)$<$　(3)$<$
(4)$=$　(5)$<$　(6)$>$

❸ (1)$\frac{1}{4}\rightarrow\frac{3}{8}\rightarrow\frac{1}{2}$　(2)$\frac{3}{5}\rightarrow\frac{2}{3}\rightarrow\frac{5}{6}$

ポイント

❶分母と分子に同じ数をかけても，同じ数でわっても，分数の大きさは等しくなるという分数のきまりを使って通分《つうぶん》します。通分するときは分母の最小公倍数《さいしょうこうばいすう》にそろえましょう。
(1)2と5の最小公倍数は10なので，
$\frac{1}{2}=\frac{1\times5}{2\times5}=\frac{5}{10}$，$\frac{3}{5}=\frac{3\times2}{5\times2}=\frac{6}{10}$

(3) 4と8の最小公倍数は8なので，

$\frac{3}{4}=\frac{3\times2}{4\times2}=\frac{6}{8}$，$\frac{5}{8}$は変わりません。

(8) 2と3と4の最小公倍数は12なので，

$\frac{1}{2}=\frac{1\times6}{2\times6}=\frac{6}{12}$，$\frac{1}{3}=\frac{1\times4}{3\times4}=\frac{4}{12}$，

$\frac{3}{4}=\frac{3\times3}{4\times3}=\frac{9}{12}$

❷2つの分数を通分《つうぶん》して比《くら》べます。

(1) $\frac{1}{3}=\frac{4}{12}$，$\frac{1}{4}=\frac{3}{12}$で，$\frac{4}{12}>\frac{3}{12}$なので，

$\frac{1}{3}>\frac{1}{4}$

(2) $\frac{1}{2}=\frac{7}{14}$，$\frac{4}{7}=\frac{8}{14}$で，$\frac{7}{14}<\frac{8}{14}$なので，

$\frac{1}{2}<\frac{4}{7}$

(4) $\frac{3}{6}=\frac{12}{24}$，$\frac{4}{8}=\frac{12}{24}$で，$\frac{12}{24}=\frac{12}{24}$なので，

$\frac{3}{6}=\frac{4}{8}$

❸3つの分数を通分して比べます。

(1) 2と4と8の最小公倍数は8で，$\frac{1}{2}=\frac{4}{8}$，$\frac{1}{4}=\frac{2}{8}$なので，小さい順に並べると，$\frac{1}{4}\to\frac{3}{8}\to\frac{1}{2}$

(2) 3と5と6の最小公倍数は30で，$\frac{2}{3}=\frac{20}{30}$，$\frac{3}{5}=\frac{18}{30}$，$\frac{5}{6}=\frac{25}{30}$なので，小さい順に並べると，

$\frac{3}{5}\to\frac{2}{3}\to\frac{5}{6}$

21 分数のたし算①

43ページ

❶ (1) $\frac{7}{10}$　(2) $\frac{13}{12}\left(1\frac{1}{12}\right)$　(3) $\frac{7}{8}$

(4) $\frac{17}{21}$　(5) $\frac{19}{12}\left(1\frac{7}{12}\right)$　(6) $\frac{19}{20}$

❷ (1) $3\frac{5}{6}\left(\frac{23}{6}\right)$　(2) $3\frac{13}{15}\left(\frac{58}{15}\right)$

(3) $4\frac{7}{12}\left(\frac{55}{12}\right)$　(4) $\frac{31}{20}\left(1\frac{11}{20}\right)$

❸ 式…$\frac{1}{6}+\frac{5}{9}=\frac{13}{18}$　答え…$\frac{13}{18}$L

ポイント

❶通分《つうぶん》してから計算します。

(1) $\frac{1}{2}+\frac{1}{5}=\frac{5}{10}+\frac{2}{10}=\frac{7}{10}$

(2) $\frac{1}{3}+\frac{3}{4}=\frac{4}{12}+\frac{9}{12}=\frac{13}{12}$

(3) $\frac{1}{4}+\frac{5}{8}=\frac{2}{8}+\frac{5}{8}=\frac{7}{8}$

❷(1) $1\frac{1}{2}+2\frac{1}{3}=1\frac{3}{6}+2\frac{2}{6}=3\frac{5}{6}$

(2) $2\frac{2}{3}+1\frac{1}{5}=2\frac{10}{15}+1\frac{3}{15}=3\frac{13}{15}$

(3) $2\frac{5}{6}+1\frac{3}{4}=2\frac{10}{12}+1\frac{9}{12}=3\frac{19}{12}=4\frac{7}{12}$

(4) $\frac{1}{2}+\frac{3}{4}+\frac{3}{10}=\frac{10}{20}+\frac{15}{20}+\frac{6}{20}=\frac{31}{20}$

❸ $\frac{1}{6}$Lと$\frac{5}{9}$Lを合わせると，

$\frac{1}{6}+\frac{5}{9}=\frac{3}{18}+\frac{10}{18}=\frac{13}{18}$(L)となります。

22 分数のたし算②

45ページ

❶ (1) $\frac{2}{3}$　(2) $\frac{5}{6}$　(3) $\frac{2}{5}$　(4) $\frac{5}{4}\left(1\frac{1}{4}\right)$

(5) $\frac{17}{15}\left(1\frac{2}{15}\right)$　(6) $\frac{19}{20}$

❷ (1) $3\frac{1}{2}\left(\frac{7}{2}\right)$　(2) $5\frac{2}{3}\left(\frac{17}{3}\right)$

(3) $2\frac{3}{10}\left(\frac{23}{10}\right)$　(4) $\frac{8}{9}$

❸ 式…$\frac{5}{12}+\frac{5}{6}+\frac{1}{8}=\frac{11}{8}\left(=1\frac{3}{8}\right)$

答え…$\frac{11}{8}$m$\left(1\frac{3}{8}\text{m}\right)$

ポイント

❶答えがでても安心してはいけません。必ず約分《やくぶん》できるか確認しましょう。それ以上約分できない分数が，正しい答えとなります。

(1) $\frac{1}{2}+\frac{1}{6}=\frac{3}{6}+\frac{1}{6}=\frac{4}{6}=\frac{2}{3}$

❷(1) $1\frac{1}{3}+2\frac{1}{6}=1\frac{2}{6}+2\frac{1}{6}=3\frac{3}{6}=3\frac{1}{2}$

(3) $2\frac{2}{15}+\frac{1}{6}=2\frac{4}{30}+\frac{5}{30}=2\frac{9}{30}=2\frac{3}{10}$

(4) $\frac{1}{2}+\frac{2}{9}+\frac{1}{6}=\frac{9}{18}+\frac{4}{18}+\frac{3}{18}=\frac{16}{18}=\frac{8}{9}$

❸ $\frac{5}{12}+\frac{5}{6}+\frac{1}{8}=\frac{10}{24}+\frac{20}{24}+\frac{3}{24}=\frac{33}{24}$

$=\frac{11}{8}\left(1\frac{3}{8}\right)$(m)

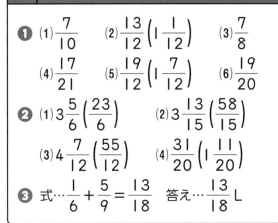

23 分数のひき算① 47ページ

❶ (1) $\frac{1}{6}$　(2) $\frac{3}{14}$　(3) $\frac{7}{12}$　(4) $\frac{11}{24}$

(5) $\frac{13}{40}$　(6) $\frac{23}{60}$

❷ (1) $1\frac{1}{15}\left(\frac{16}{15}\right)$　(2) $\frac{5}{6}$

(3) $1\frac{25}{72}\left(\frac{97}{72}\right)$　(4) $\frac{1}{12}$

❸ 式… $\frac{3}{4}-\frac{1}{10}=\frac{13}{20}$

答え…**ひろと，** $\frac{13}{20}$ kg

ポイント

❶通分《つうぶん》してから計算します。

(1) $\frac{1}{3}-\frac{1}{6}=\frac{2}{6}-\frac{1}{6}=\frac{1}{6}$

❷(1) $2\frac{2}{3}-1\frac{3}{5}=2\frac{10}{15}-1\frac{9}{15}=1\frac{1}{15}$

(2) $1\frac{1}{3}-\frac{1}{2}=1\frac{2}{6}-\frac{3}{6}=\frac{8}{6}-\frac{3}{6}=\frac{5}{6}$

(4) $\frac{5}{6}-\frac{1}{4}-\frac{1}{2}=\frac{10}{12}-\frac{3}{12}-\frac{6}{12}=\frac{1}{12}$

❸通分すると，$\frac{3}{4}=\frac{15}{20}$(kg)と$\frac{1}{10}=\frac{2}{20}$(kg)になるので，$\frac{3}{4}$kgの荷物のほうが重いです。その重さのちがいは，

$\frac{3}{4}-\frac{1}{10}=\frac{15}{20}-\frac{2}{20}=\frac{13}{20}$(kg)となります。

24 分数のひき算② 49ページ

❶ (1) $\frac{1}{3}$　(2) $\frac{1}{6}$　(3) $\frac{8}{15}$

(4) $\frac{1}{2}$　(5) $\frac{1}{10}$　(6) $\frac{9}{20}$

❷ (1) $1\frac{1}{2}\left(\frac{3}{2}\right)$　(2) $1\frac{1}{3}\left(\frac{4}{3}\right)$

(3) $1\frac{11}{20}\left(\frac{31}{20}\right)$　(4) $\frac{1}{6}$

❸ 式… $\frac{2}{3}-\frac{1}{6}=\frac{1}{2}$　答え… $\frac{1}{2}$ L

ポイント

❶答えが約分《やくぶん》できるときは，必ず約分しましょう。

(1) $\frac{5}{6}-\frac{1}{2}=\frac{5}{6}-\frac{3}{6}=\frac{2}{6}=\frac{1}{3}$

❷(1) $3\frac{4}{5}-2\frac{3}{10}=3\frac{8}{10}-2\frac{3}{10}=1\frac{5}{10}=1\frac{1}{2}$

25 平行四辺形・三角形の面積 51ページ

❶ (1)式…4×5＝20　答え…20cm²

(2)式…10×6＝60　答え…60cm²

(3)式…7×4＝28　答え…28cm²

(4)式…3×4＝12　答え…12cm²

❷ (1)式…4×2÷2＝4　答え…4cm²

(2)式…6×8÷2＝24　答え…24cm²

(3)式…20×12÷2＝120　答え…120cm²

(4)式…7×10÷2＝35　答え…35cm²

ポイント

❶平行四辺形の面積＝底辺《ていへん》×高さ　です。

❷三角形の面積＝底辺×高さ÷2　です。

26 いろいろな四角形の面積 53ページ

❶ (1)式…(2＋3)×4÷2＝10

答え…10cm²

(2)式…(12＋4)×8÷2＝64

答え…64cm²

(3)式…(6＋9)×4÷2＝30

答え…30cm²

(4)式…(5＋9)×7÷2＝49

答え…49cm²

❷ (1)式…8×10÷2＝40　答え…40cm²

(2)式…3×5÷2＝7.5　答え…7.5cm²

(3)式…7×4÷2＝14　答え…14cm²

(4)式…4×6÷2＝12　答え…12cm²

ポイント

❶台形の面積＝(上底《じょうてい》＋下底《かてい》)×高さ÷2　です。

❷ひし形の面積＝対角線×対角線÷2　です。

(4)対角線が垂直《すいちょく》に交わる四角形の面積は，ひし形と同じように対角線×対角線÷2でも求めることができます。

27 面積の求め方のくふう 55ページ

❶ (1)式…8×4÷2＋8×3÷2＝28

答え…28cm²

(2)式…10×2÷2＋10×5÷2＝35

答え…35cm²

(3)式…12×2÷2＋12×5÷2

＋10×4÷2＝62

答え…62cm²

❷ (1)21cm²　(2)42cm²

❸ (1)2，4，6，8，10

(2)**比例する。**

🔊 **ポイント**

❶次のようにいくつかの三角形に分けて考えます。

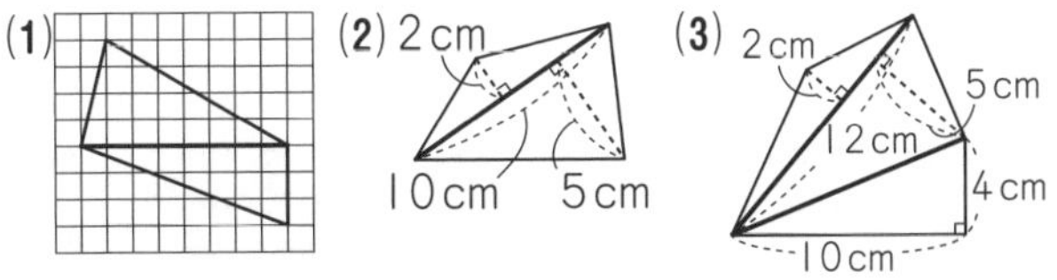

❷平行な２本の直線にはさまれた底辺の長さが等しい三角形の面積は等しくなります。また，底辺の長さが２倍になると面積も２倍になります。

(1)アの三角形の面積と等しくなり，$21cm^2$

(2)底辺の長さが２倍になると面積も２倍になるので，$21×2=42(cm^2)$になります。

❸(1)三角形の面積を求める公式にあてはめて，ていねいに計算をしましょう。

(2)高さが２倍，３倍，…になると，それにともなって面積が２倍，３倍，…になるので，面積は高さに比例《ひれい》します。

28 平均とその利用 57ページ

❶ 式…(103+108+92+105)÷4=102
答え…102g

❷ 式…(35+45+33+48+52+42+39)÷7=42
答え…42cm

❸ (1)式…(5+7+10+0+12+8)÷6=7
答え…**7点**
(2)式…(9+3+6+10+8)÷5=7.2
答え…**7.2点**
(3)**6月**

🔊 **ポイント**

❶❷平均《へいきん》＝合計÷個数《こすう》 です。

❸得点《とくてん》が０点のときも１試合として計算することに気をつけましょう。

29 単位量あたりの大きさ 59ページ

❶ (1)式…73000÷310=235.4…
答え…**235人**
(2)式…30000÷72=416.6…
答え…**417人**
(3)**B町**

❷ (1)式…975÷15=65 答え…**65円**
(2)式…660÷12=55 答え…**55円**
(3)式…65−55=10
答え…**Bの花束が10円安い**

❸ **バイクB**

🔊 **ポイント**

❸バイクAは１Lあたり，1140÷30=38(km)走ることができ，バイクBは１Lあたり，920÷20=46(km)走ることができます。

30 わり算と分数，分数と小数 61ページ

❶ (1)式…$11÷3=\frac{11}{3}$ 答え…$\frac{11}{3}$dL
(2)式…$8÷6=\frac{4}{3}$ 答え…$\frac{4}{3}$dL

❷ (1)0.4 (2)1.75 (3)0.125
(4)2.3

❸ (1)$\frac{9}{10}$ (2)$\frac{17}{100}$
(3)$\frac{9}{20}$ (4)$\frac{15}{4}\left(3\frac{3}{4}\right)$

❹ (1)$\frac{61}{70}$ (2)$\frac{1}{15}$
(3)$3\frac{2}{3}\left(\frac{11}{3}\right)$ (4)$\frac{1}{3}$

🔊 **ポイント**

❶わり算の商は，$○÷△=\frac{○}{△}$と分数で表すことができます。

❷$\frac{○}{△}=○÷△$として計算します。

(1)$\frac{2}{5}=2÷5=0.4$ (2)$\frac{7}{4}=7÷4=1.75$

❸0.1は$\frac{1}{10}$と表せ，0.01は$\frac{1}{100}$と表すことができます。

❹(1)$\frac{4}{7}+0.3=\frac{4}{7}+\frac{3}{10}=\frac{40}{70}+\frac{21}{70}=\frac{61}{70}$

(3)$1.4+2\frac{4}{15}=\frac{14}{10}+2\frac{4}{15}=\frac{42}{30}+2\frac{8}{30}$
$=2\frac{50}{30}=3\frac{20}{30}=3\frac{2}{3}$

31 割合① 63ページ

❶ (1)式…9÷15=0.6 答え…**0.6倍**
(2)式…18÷12=1.5 答え…**1.5倍**
(3)式…15÷20=0.75 答え…**0.75倍**

❷ (1)式…93÷155=0.6 答え…0.6
(2)式…0.6×100=60 答え…60%
(3)式…62÷155=0.4
0.4×100=40
答え…40%
(4)式…93÷62=1.5
1.5×100=150
答え…150%

ポイント

❶割合《わりあい》＝比《くら》べる量÷もとにする量

(1)比べる量…9
もとにする量…15だから
9÷15＝0.6(倍)

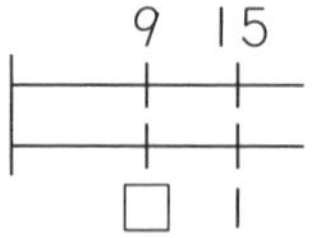

(2)比べる量…18
もとにする量…12だから
18÷12＝1.5(倍)

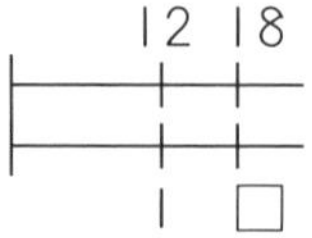

(3)比べる量…15
もとにする量…20だから
15÷20＝0.75(倍)

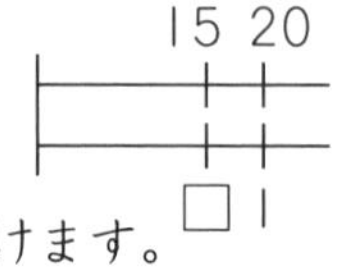

❷割合を％にするときは100をかけます。
(2)割合は0.6だから0.6×100＝60(％)
(3)比べる量…62
もとにする量…155だから
62÷155＝0.4

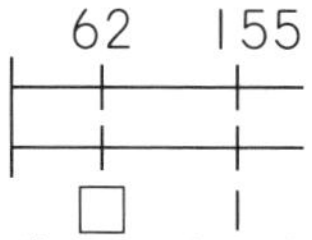

割合は0.4だから0.4×100＝40(％)となります。
また，(2)より100−60＝40(％)と求めることもできます。

32 割合② 65ページ

❶ 式…416×0.25＝104　答え…104人
❷ (1)0.53
(2)式…9100×0.53＝4823
答え…4823m^2
❸ (1)0.15
(2)式…1−0.15＝0.85
2500×0.85＝2125
答え…2125円
❹ 式…1＋0.05＝1.05
620×1.05＝651
答え…651人

ポイント

❶比《くら》べる量＝もとにする量×割合《わりあい》
416×0.25＝104(人)

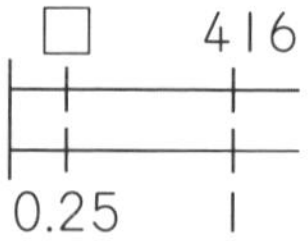

❷(2)9100×0.53＝4823(m^2)
❸代金がもとのねだんの何倍かを考えます。
(2)代金はもとのねだんの1−0.15＝0.85(倍)なので，2500×0.85＝2125(円)
❹5％＝0.05より，今年の人数は去年の人数の1＋0.05＝1.05(倍)なので，
620×1.05＝651(人)

33 割合③ 67ページ

❶ 式…72÷0.18＝400　答え…400m^2
❷ (1)式…65÷1.3＝50
答え…50人
(2)式…65−50＝15　答え…15人
❸ (1)0.3
(2)式…1−0.3＝0.7
1400÷0.7＝2000
答え…2000円
❹ 式…1＋0.25＝1.25
75÷1.25＝60
答え…60g

ポイント

❶もとにする量＝比《くら》べる量÷割合《わりあい》
72÷0.18＝400(m^2)

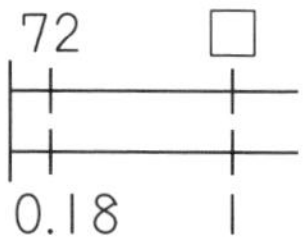

❷(1)130％＝1.3より，
65÷1.3＝50(人)
❸(2)買った代金は，もとのねだんの1−0.3＝0.7(倍)なので，1400÷0.7＝2000(円)になります。
❹25％＝0.25より，増量後《ぞうりょうご》は増量前の1＋0.25＝1.25(倍)なので，75÷1.25＝60(g)になります。

34 円と多角形① 69ページ

❶ (1)**いえない。**
(2)**いえる。**
(3)**いえない。**
❷ 式…360°÷8＝45°　答え…45°
❸

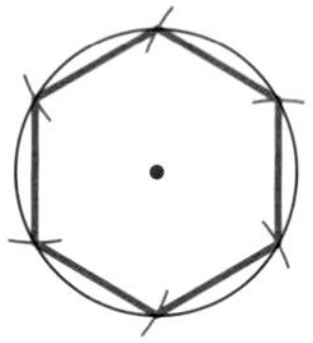

ポイント

❶辺の長さがすべて等しく，角の大きさもすべて等しい多角形を正多角形といいます。
(1)角の大きさがすべて等しくないので，アの図形は正多角形とはいえません。
(2)辺の長さがすべて等しく，角の大きさもすべて等しいので，イの図形は正多角形といえます。
(3)角の大きさがすべて等しくないので，ウの図形は正多角形とはいえません。
❷円の中心は360°で，正八角形は合同な8つの二等辺三角形がならんでいるので，360°÷8＝45°
❸図のように，円の半径と同じ長さに開いたコンパスで，円を6つの点で区切ります。次に，この6つの点を図のように結びます。円の中心から，この6つの点に線をひくと合同な正三角形が6つできます。よって，6つの辺の長さが等しくなり，6つの角の大きさも等しくなります。したがって，図の六角形は正六角形になります。

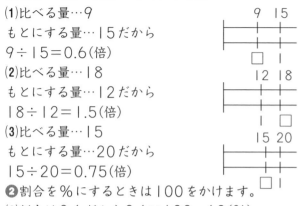

35 円と多角形② 71ページ

❶ (1)式…3×3.14=9.42　答え…9.42cm
(2)式…20×3.14=62.8
答え…62.8cm
(3)式…8×3.14=25.12　答え…25.12m
(4)式…40×3.14=125.6　答え…125.6m
❷ (1)式…15.7÷3.14=5　答え…5cm
(2)式…31.4÷3.14=10　答え…10cm
(3)式…21.98÷3.14=7　答え…7m
(4)式…1884÷3.14=600　答え…600m
❸ 式…100÷3.14=31.8…　答え…32m
❹ 式…10×3.14=31.4　20×2=40
31.4+40=71.4
答え…71.4cm

ポイント

❶円周=直径×円周率《えんしゅうりつ》　で求められます。直径の単位がcmかmかなど，単位をまちがえないように気をつけましょう。
(1)直径が3cmなので，3×3.14=9.42(cm)
❷直径=円周÷円周率　で求められます。
(1)円周が15.7cmなので，15.7÷3.14=5(cm)
❸直径=円周÷円周率　を使います。
❹右の図のまわりは，直径10cmの円周の半分が2つと20cmの直線2本でできているので，

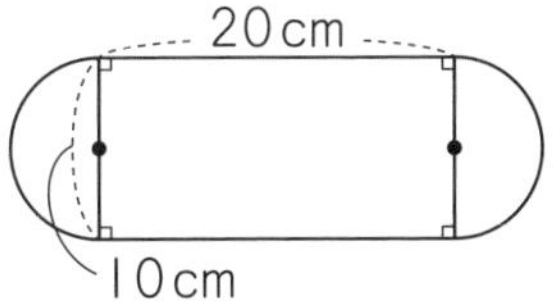

まわりの長さは，直径10cmの円周の半分が2つ分=直径10cmの円周=10×3.14=31.4(cm)
20cmの直線2本分=20×2=40(cm)
よって，まわりの長さは，31.4+40=71.4(cm)
になります。

36 割合とグラフ① 73ページ

❶ (1)26%　(2)15%　(3)9%
(4)1.8倍
❷ (1)0.38倍　(2)27，15，8，12
(3)

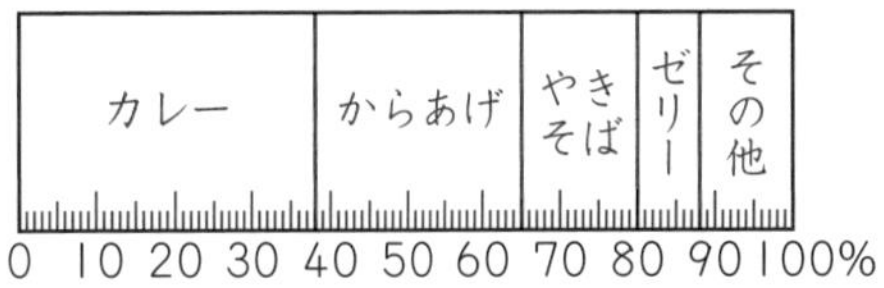

ポイント

❶文学より右にある本の種類の割合《わりあい》を数えまちがえないように注意しましょう。
(1)グラフより，26%です。
(2)目もりが44%から59%までなので，
59−44=15(%)です。
(3)目もりが59%から68%までなので，
68−59=9(%)です。
(4)歴史の割合は18%，芸術《げいじゅつ》は10%なので，歴史の本の数は芸術の本の数の18÷10=1.8(倍)
❷割合を求めてから百分率《ひゃくぶんりつ》で表します。
(1)38%=0.38
(2)54÷200=0.27→27%，
30÷200=0.15→15%，
16÷200=0.08→8%，
24÷200=0.12→12%
(3) (2)をもとに帯《おび》グラフに表します。カレーよりあとのメニューを帯グラフに表すときに，ひく線の位置をまちがえないように注意しましょう。また，その他はいちばんあとにかきます。

37 割合とグラフ② 75ページ

❶ (1)33%　(2)6%　(3)2倍
❷ (1)14，15，22，13，19，17
(2)

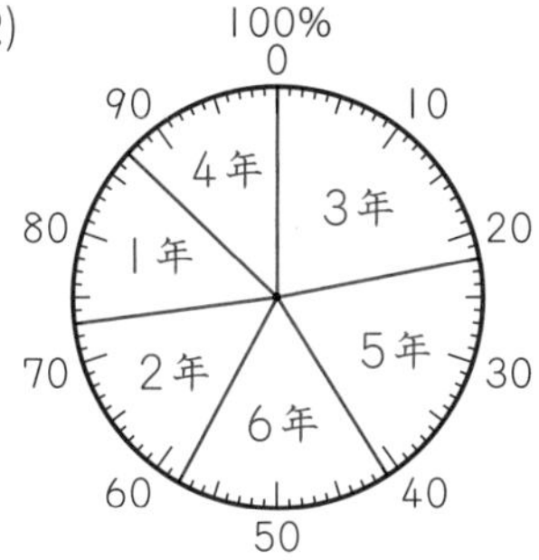

ポイント

❶帯《おび》グラフと同様に，長野県よりあとの都道府県の割合《わりあい》を数えまちがえないように注意しましょう。
(1)グラフより，33%です。
(2)目もりが59%から65%までなので，
65−59=6(%)です。
(3)群馬県の割合は10%，兵庫県の割合は5%なので，群馬県のしゅうかく量は兵庫県のしゅうかく量の10÷5=2(倍)です。
❷割合を求めてから百分率《ひゃくぶんりつ》で表します。
(1)56÷400=0.14=14%
60÷400=0.15=15%
88÷400=0.22=22%
52÷400=0.13=13%
76÷400=0.19=19%
68÷400=0.17=17%
(2) (1)をもとに円グラフに表します。割合の大きい3年，5年，6年，2年，1年，4年の順にかきます。

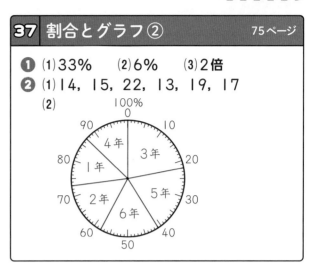

38 割合とグラフ③ 77ページ

❶ (1)20%
(2)21%
(3)**1年生のほうが10%大きい。**
(4)式…400×0.26＝104
答え…104人
(5)式…600×0.11＝66
答え…66人
(6)式…400×0.1=40
600×0.23=138
138÷40=3.45
答え…3.45倍

ポイント

❶(1)目もりが52%から72%までなので，72－52＝20(%)です。
(2)目もりが52%から73%までなので，73－52＝21(%)です。
(3)1年生の徒競走の割合《わりあい》は26%で，5年生の徒競走の割合は16%なので，1年生のほうが26－16＝10(%)大きいことがわかります。
(4)比《くら》べる量＝もとにする量×割合　で求められます。1年生の水泳の割合は26%なので，26%＝0.26で400×0.26＝104(人)です。
(5)5年生のなわとびの割合は11%なので，11%＝0.11で600×0.11＝66(人)と求められます。
(6)1年生のドッジボールの割合は10%より，人数は400×0.1＝40(人)で，5年生のドッジボールの割合は23%より，人数は600×0.23＝138(人)なので，5年生のドッジボールの人数は，1年生のドッジボールの人数の138÷40＝3.45(倍)です。

39 角柱と円柱① 79ページ

❶ (1)**三角柱**
(2)**四角柱**
(3)**円柱**
❷ (1)**六角柱**
(2)**ア，ク**(順不同)
(3)**イ，ウ，エ，オ，カ，キ**(順不同)
(4)12個
(5)18本

ポイント

❶問題のア，イのような立体を角柱といいます。角柱の名前は，2つある底面の形に注目するとわかります。
(1)底面が三角形の角柱なので，三角柱です。
(2)底面が四角形の角柱なので，四角柱です。
(3)底面が円なので，円柱です。
❷角柱や円柱の上下の面を底面，まわりの面を側面といいます。角柱や円柱の2つの底面は平行で，合同です。
(1)底面が六角形の角柱なので，六角柱です。
(2)底面は上下にある六角形の**ア，ク**です。
(3)側面はまわりの面の長方形である**イ，ウ，エ，オ，カ，キ**です。
(4)頂点《ちょうてん》の数は，底面の辺の数の2倍なので，6×2＝12(個《こ》)
(5)辺の数は，底面が2つと側面の辺を合わせた本数です。側面の辺の数は6本で，これは底面の辺の数と同じになります。なので，側面の辺の数の3倍だから，6×3＝18(本)と求めることができます。

40 角柱と円柱② 81ページ

❶ (1)
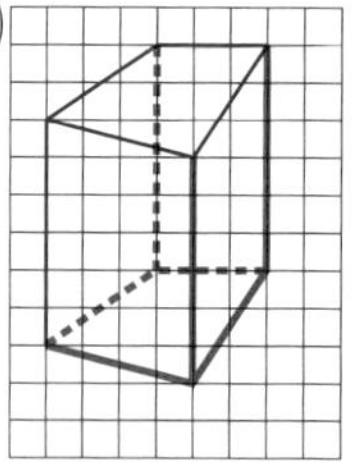
(2)
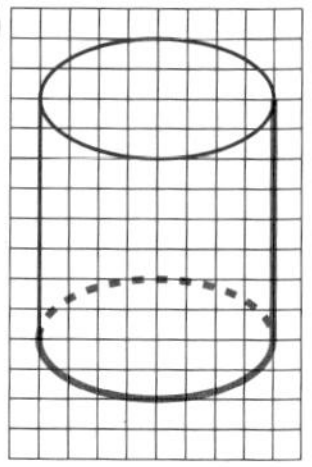
❷
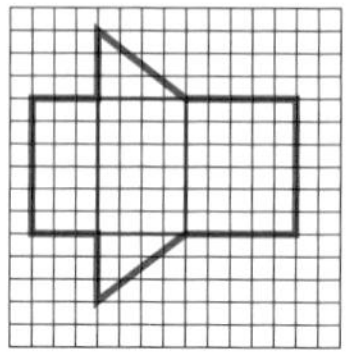
❸ (1)4cm　(2)5cm
(3)式…4×3.14＝12.56
12.56×5＝62.8
答え…62.8cm²

ポイント

❶(1)見取図は，見える線は実線で，見えない線は点線でかきます。また，もとの立体で平行な辺は，見取図でも平行になるようにかきます。
(2)見取図は，見える線は実線で，見えない線は点線でかきます。また，下の底面は見えている上の面と同じ形にかくようにしましょう。
❷てん開図をかいたあとに，自分で頭の中で組み立ててみて，もとの立体になるかかくにんするとよいでしょう。また，てん開図はほかのパターンもありますので，時間があれば考えてみましょう。
❸(1)目もりを数えまちがえないように注意しましょう。
(2)円柱の高さは，てん開図の側面の長方形のたての長さになります。

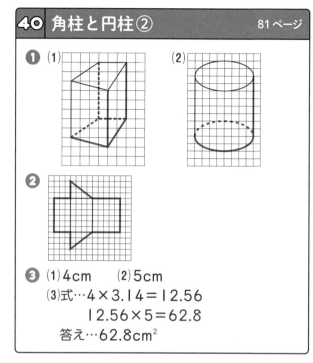

(3)側面の横の長さは，底面の円の円周の長さと同じなので，4×3.14＝12.56(cm)になります。たての長さは5cmですから，側面の面積は，12.56×5＝62.8(cm^2)になります。

41 速さ①

83ページ

❶ (1)式…150÷15＝10　答え…**10m**
(2)式…64÷8＝8　答え…**8m**
(3)式…1÷10＝0.1　答え…**0.1秒**
(4)式…1÷8＝0.125　答え…**0.125秒**
❷ (1)式…160÷4＝40　答え…**時速40km**
(2)式…270÷6＝45　答え…**時速45km**
(3)**電車B**
❸ 式…1800÷12＝150　答え…**分速150m**

ポイント

❶1秒あたりの進んだきょりを調べるには，きょり÷時間　で求めます。また，1mあたり何秒かかったかを調べるには，時間÷きょり　で求めます。
(1)ラジコンカーAは15秒で150m進んだから，1秒あたり，150÷15＝10(m)進みます。
(3)ラジコンカーAは1秒あたり10m進むから，1mあたり，1÷10＝0.1(秒)で走ります。
❷時速《じそく》は，1時間あたりに進む道のりで表した速さのことです。速さなので，
速さ＝道のり÷時間　で求めます。
(1)160÷4＝40　時速40km
(3) (1)(2)より電車Bのほうが1時間で進む道のりが大きいので，速いのは電車Bになります。
❸道のりを時間でわって求めます。

42 速さ②

85ページ

❶ (1)式…140÷2＝70　答え…**時速70km**
(2)式…70×3＝210　答え…**210km**
(3)式…70×5.5＝385
答え…**385km**
(4)式…280÷70＝4　答え…**4時間**
❷ 式…50×15＝750　答え…**750m**
❸ 式…96÷8＝12　答え…**12秒間**
❹ 式…450÷180＝2.5
答え…**2時間30分**

ポイント

❶速さ，道のり，時間を求める公式は，すぐに出せるようにくり返しかくにんしましょう。
(1)速さ＝道のり÷時間　より，
140÷2＝70　時速《じそく》70km
(2)道のり＝速さ×時間　で(1)より，
70×3＝210(km)になります。
(3)30分＝0.5時間なので，5時間30分＝5.5時間です。道のり＝速さ×時間　で(1)より，
70×5.5＝385(km)になります。
(4)時間＝道のり÷速さ　で(1)より，
280÷70＝4(時間)になります。
❷道のり＝速さ×時間　だから，
50×15＝750(m)になります。
❸時間＝道のり÷速さ　だから，
96÷8＝12(秒)になります。
❹時間＝道のり÷速さ　だから，
450÷180＝2.5(時間)で，0.5時間＝30分なので，2.5時間＝2時間30分になります。

43 速さ③

87ページ

❶ (1)式…3600÷40＝90　答え…**秒速90m**
(2)式…90×60＝5400
答え…**分速5400m**
(3)式…5400×60＝324000
答え…**時速324km**
(4)**F1カー**
❷ (1)キリン…15，900
ペンギン…330，19.8
(2)式…100÷15＝6.66…
答え…**6.7秒間**
(3)式…100÷5.5＝18.18…
答え…**18.2秒間**
(4)**キリンの走る速さ**

ポイント

単位に注意しましょう。たとえば，「時速《じそく》何kmですか？」という問いに，mの単位で答えるとまちがいになります。mからkmに直すときは，1000でわりましょう。時間の単位も同様に注意が必要です。
❶(1)速さ＝道のり÷時間　より，
3600÷40＝90　秒速《びょうそく》90m
(2)1分間は60秒だから，
90×60＝5400　分速《ふんそく》5400m
(3)1時間は60分だから，
5400×60＝324000で，
324000m＝324kmなので，時速324km
(4)ヘリコプターは分速5.2km＝分速5200mで，(2)よりF1カーは分速5400mなので，速いのはF1カーになります。

❷(1)キリンについて，1時間は60×60＝3600(秒)で，54km＝54000mだから，
54000÷3600＝15　秒速15m
また，1時間は60分だから，
54000÷60＝900　分速900m
ペンギンについて，1分間は60秒だから，
5.5×60＝330　分速330m
また，1時間は60×60＝3600(秒)だから，
5.5×3600＝19800で，
19800m＝19.8kmなので，時速19.8km
(2)時間＝道のり÷速さ　だから，
100÷15＝6.66…→6.7秒になります。
(3)時間＝道のり÷速さ　だから，
100÷5.5＝18.18…→18.2秒になります。
(4)表より，速いのはキリンです。

44 変わり方　89ページ

❶ (1)式…20÷2＝10
10−8＝2
答え…2cm
(2)○＋△＝10
(3)8，7，6，5，4，3
❷ 100×○＋150＝△
❸ 9，16，25，36

ポイント

❶たての長さ＋横の長さ＝まわりの長さ÷2
より求めます。
(1)たての長さと横の長さの和は，まわりの長さ÷2であるから，20÷2＝10(cm)になります。
たての長さを8cmにすると，横の長さは
10−8＝2(cm)になります。
(2)たての長さ＋横の長さ＝10　より，
○＋△＝10と表せます。
(3)○に2，3，4，5，6，7をあてはめて，
○＋△＝10が成り立つ△の数を求めます。
❷荷物1個《こ》の重さ×個数＋箱の重さ＝全体の重さより，100×○＋150＝△
❸三角形の個数を調べていくと，
1段目…1個＝1×1(個)
2段目…4個＝2×2(個)
3段目…9個＝3×3(個)
のように規則的《きそくてき》に増《ふ》えていきます。同じように考えると，○段目は○×○(個)の三角形があるので，
4段目…4×4＝16(個)
5段目…5×5＝25(個)
6段目…6×6＝36(個)
とわかります。

45 まとめのテスト❶　91ページ

❶ (1)9170　(2)0.0917
❷ (1)4.8　(2)4.94　(3)57.2
(4)40　(5)17.5　(6)3.75
❸ (1)式…30×30×30＝27000
答え…27000cm^3
(2)27L
❹ 式…26.1÷5.3＝4**余《あま》り**4.9
答え…4**まいできて，**4.9cm**余る**
❺ 式…17.1÷9.5＝1.8　答え…1.8**倍**

ポイント

❶整数や小数を，10倍，100倍，1000倍すると，小数点は右にそれぞれ1つ，2つ，3つ移動《いどう》し，
$\frac{1}{10}$，$\frac{1}{100}$，$\frac{1}{1000}$にすると，小数点は左にそれぞれ1つ，2つ，3つ移動します。
(1)91.7の100倍は小数点を右に2つ移動するので，9170になります。
(2)91.7の$\frac{1}{1000}$は小数点を左に3つ移動するので，0.0917になります。
❷(1)40×0.12＝40×12÷100＝480÷100
＝4.8
(2)3.8×1.3＝494÷100＝4.94
(4)228÷5.7＝2280÷57＝40
(6)3÷0.8＝30÷8＝3.75
❸(1)立方体の体積＝1辺×1辺×1辺　なので，
30×30×30＝27000(cm^3)になります。
(2)1000cm^3＝1Lなので，
27000cm^3＝27Lになります。
❹余りの小数点の位置は，わられる数のもとの小数点の位置で考えることに注意しましょう。
26.1÷5.3＝4余り4.9なので，4まいできて，4.9cm余ります。
❺17.1÷9.5＝1.8(倍)になります。

46 まとめのテスト❷　93ページ

❶ (1)$\frac{22}{21}\left(1\frac{1}{21}\right)$　(2)$5\frac{1}{4}\left(\frac{21}{4}\right)$
(3)$\frac{5}{18}$　(4)$\frac{3}{5}$
❷ (1)$\frac{1}{3}$　(2)(左から順に)$\frac{35}{60}$，$\frac{27}{60}$
❸ 1440°
❹ (1)33，41，81，105(順不同)
(2)72　(3)9
❺ (1)**辺DE**　(2)40°
(3)
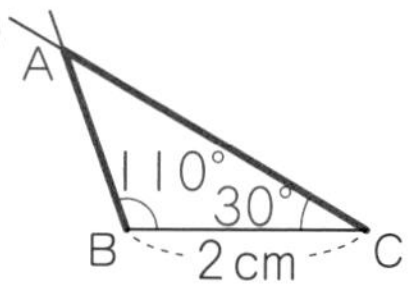

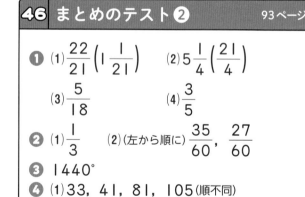

🔈 **ポイント**

❶分母をそろえて計算します。

(2) $2\frac{1}{6}+3\frac{1}{12}=2\frac{2}{12}+3\frac{1}{12}=5\frac{3}{12}=5\frac{1}{4}$

(4) $\frac{2}{3}-\frac{1}{15}=\frac{10}{15}-\frac{1}{15}=\frac{9}{15}=\frac{3}{5}$

❷(1) $\frac{12}{36}=\frac{12\div12}{36\div12}=\frac{1}{3}$

(2) 12と20の最小公倍数《さいしょうこうばいすう》は60なので，

$\frac{7}{12}=\frac{7\times5}{12\times5}=\frac{35}{60}$，$\frac{9}{20}=\frac{9\times3}{20\times3}=\frac{27}{60}$

❸十角形は三角形8個《こ》に分けることができるので，十角形の10個の角の大きさの和は，180°×8＝1440°となります。

❹(1)一の位の数が奇数《きすう》のとき，その数も奇数となります。一の位の数が奇数なのは，33，41，81，105です。

(2)36の倍数《ばいすう》は36，72，108，144，…であり，この中で24の倍数でもある数は，72，144，…となるので，最小公倍数は72になります。

(3)18の約数《やくすう》は1，2，3，6，9，18でこの中で81の約数でもある数は，1，3，9となるので，最大公約数《さいだいこうやくすう》は9です。

❺(1)頂点《ちょうてん》Aと頂点D，頂点Bと頂点Eが対応《たいおう》するので，辺ABと対応する辺は辺DEです。

(2)角Dと対応する角は，角Aです。

角A＝180°－(110°＋30°)

＝180°－140°＝40°になります。

(3)分度器を使って点Bを分度器の中心，BCを0°の線にあわせて110°の直線をひきます。次に，分度器を使って点Cを分度器の中心，BCを0°の線にあわせて30°の直線をひきます。2つの直線が交わった点を点Aとすると三角形ABCと合同な三角形をかくことができます。

47 まとめのテスト③ 95ページ

❶ (1) 1.6　(2) $\frac{11}{50}$

❷ (1)式…7×4÷2＝14　答え…14cm²

(2)式…(9＋14)×12÷2＝138

答え…138cm²

❸ 24cm²

❹ 式…800000÷1600＝500

答え…500人

❺ 式…(14＋17＋18＋16＋19)÷5

＝16.8

答え…16.8度

❻ (1)式…32÷20＝1.6　答え…1.6倍

(2)式…20×0.6＝12　答え…12人

(3)式…32÷0.8＝40　答え…40人

🔈 **ポイント**

❶(1) $\frac{○}{△}$＝○÷△を使うと，$\frac{8}{5}$＝8÷5＝1.6

(2) 0.01＝$\frac{1}{100}$だから，0.22＝$\frac{22}{100}$＝$\frac{11}{50}$

❷(1)三角形の面積＝底辺×高さ÷2　です。

(2)台形の面積＝(上底《じょうてい》＋下底《かてい》)×高さ÷2　です。

❸アとイの底辺は6cmで等しく，平行な2本の直線にはさまれているので高さも等しくなるので，アとイの面積は等しくなります。よって，イの面積はアの面積と同じ24cm²になります。

❹人口密度《じんこうみつど》＝人口÷面積　です。

❺平均《へいきん》＝合計÷個数《こすう》　です。

❻(1)割合《わりあい》＝比《くら》べる量÷もとにする量　です。

(2)比べる量＝もとにする量×割合　です。

(3)もとにする量＝比べる量÷割合　です。

48 まとめのテスト④ 97ページ

❶ (1)式…360°÷6＝60°　答え…60°

(2)式…6×3.14＝18.84

答え…18.84cm

❷ (1)**四角柱**　(2)

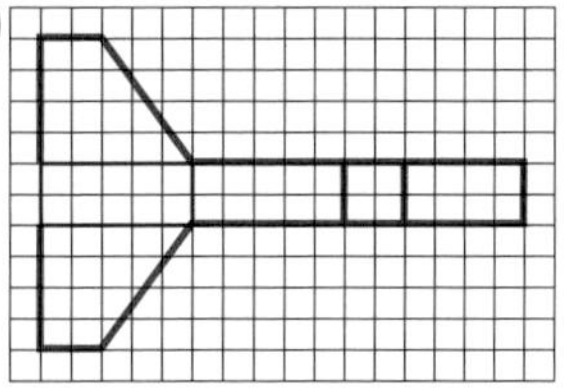

❸ (1) 19%

(2)式…70000×0.17＝11900

答え…11900人

❹ 100×○－30＝△

❺ (1)式…154÷11＝14　答え…秒速《びょうそく》14m

(2)式…14×60＝840　答え…分速《ふんそく》840m

🔈 **ポイント**

❶(1)正六角形は合同な6つの正三角形がならんでいるので，360°÷6＝60°になります。

(2)円周＝直径×円周率《えんしゅうりつ》　です。

❷(1)底面が四角形の角柱なので，四角柱です。

(2)それぞれの面の大きさに注意してかきましょう。

❸(1)目もりが51%から70%までなので，70－51＝19(%)になります。

(2)0～15才の割合《わりあい》は17%＝0.17です。

❹ボールペン1本のねだん×本数－クーポンのね引き料金＝代金となり，ボールペン1本のねだんは100円，本数は○本，クーポンのね引き料金は30円，代金は△円だから，

100×○－30＝△　と表せます。

❺(1)速さ＝道のり÷時間　です。

(2)1分間は60秒だから，

14×60＝840　分速840mになります。

英語

1 アルファベット　99ページ

❶ (1)O　(2)L　(3)u　(4)y
❷ (1)E→K→S　(2)P→D→W
(3)J→Y→C
❸ (1)j　(2)q　(3)d
(4)f　(5)a　(6)e
❹ (1)I，i　(2)N，n　(3)H，h
(4)R，r　(5)B，b　(6)G，g

♬読まれた英語
❶(1)O　(2)L　(3)u　(4)y
❷(1)EKS　(2)PDW　(3)JYC
❸(1)j　(2)q　(3)d　(4)f　(5)a　(6)e
❹(1)I　(2)N　(3)H　(4)R　(5)B　(6)G

ポイント
❷大文字はすべて，4線の第1線から第3線（基線）の間に書きます。
❸pとq，bとdはまちがえやすいので，しっかり区別して覚えましょう。g，j，p，q，yは第4線まで使って書きます。

2 自こしょうかいをしよう①　101ページ

❶ (1)イ　(2)エ　(3)ア　(4)ウ
❷ (1)Nancy　(2)David
❸ (1)ウ　(2)ア
❹ (1)color　(2)brown

♬読まれた英語と意味
❶(1)salad「サラダ」(2)skiing「スキー」(3)green「緑色」(4)rice ball「おにぎり」
❷(1)ケン：How do you spell your name?「あなたの名前はどのようにつづりますか」
ナンシー：N-A-N-C-Y, Nancy.「N-A-N-C-Y，ナンシーです」(2)メグ：How do you spell your name?「あなたの名前はどのようにつづりますか」
デイビッド：D-A-V-I-D, David.「D-A-V-I-D，デイビッドです」
❸ブライアン：Hi, I'm Bryan.「こんにちは，ぼくはブライアンです」
カホ：Hi, Bryan. I'm Kaho. How do you spell your name?「こんにちは，ブライアン。わたしはカホです。あなたの名前はどのようにつづりますか」
ブライアン：B-R-Y-A-N, Bryan.「B-R-Y-A-N，ブライアンです」
カホ：What sport do you like?「あなたは何のスポーツが好きですか」
ブライアン：I like volleyball.「ぼくはバレーボールが好きです」
❹(1)What color do you like?　(2)I like brown.

ポイント
❶(1)salad「サラダ」はサを強く読みます。
❷名前の最初の文字は大文字で書きます。
❸「わたしは～が好きです」と答えるときは，I like ～. と言います。

3 自こしょうかいをしよう②　103ページ

❶ (1)○　(2)×　(3)×　(4)○
❷ (1)イ　(2)ウ
❸ (1)7，2　(2)10，12
❹ (1)When　(2)August

♬読まれた英語と意味
❶(1)April「4月」(2)June「6月」(3)January「1月」(4)November「11月」
❷(1)ア　February 5th「2月5日」　イ　March 4th「3月4日」　ウ　May 4th「5月4日」
(2)ア　October 3rd「10月3日」
イ　December 11th「12月11日」
ウ　September 13th「9月13日」
❸サム：Hi, Meg. When is your birthday?「こんにちは，メグ。あなたのたん生日はいつですか」
メグ：My birthday is July 2nd. When is your birthday, Sam?「わたしのたん生日は7月2日です。あなたのたん生日はいつですか，サム」
サム：My birthday is October 12th.「ぼくのたん生日は10月12日です」
❹(1)When is your birthday?
(2)My birthday is August 9th.

ポイント
❶(2)「7月」はJuly，(3)「2月」はFebruaryで表します。
❷(2)thirteenth「13日」はアクセントに注意して聞き取りましょう。
❹(1)「いつ」はWhenで表します。(2)月を表すことばは，最初の文字を大文字で書きます。

4 たん生日にほしいものを言おう　105ページ

❶ (1)ア→イ　(2)イ→ウ→ア
❷ (1)イ　(2)ア
❸ (1)①What　②cap
(2)①Here　②Thank

♬読まれた英語と意味
❶(1)bike「自転車」，guitar「ギター」(2)gloves「手ぶくろ」，racket「ラケット」，watch「うで時計」

❷(1)What do you want for your birthday? 「あなたはたん生日に何がほしいですか」 I want a green T-shirt. 「わたしは緑色のTシャツがほしいです」 (2)This is for you. Here you are. 「これはあなたに，です。はい，どうぞ」 Thank you. 「ありがとう」

❸(1)女の子：What do you want for your birthday?
男の子：I want a blue cap.
(2)女の子：This is for you. Here you are.
男の子：Thank you.

ポイント

❸(2)①相手に何かをわたすときはHere you are.「はい，どうぞ」と言います。

5 何を勉強したい？ 107ページ

❶ (1)**ウ**　(2)**ア**　(3)**エ**　(4)**イ**
❷ (1)calligraphy　(2)English
❸ (1)**エ**　(2)**イ**
❹ (1)(上から順に) do, want, study
(2)to, math

読まれた英語と意味

❶(1)music「音楽」 (2)P.E.「体育」 (3)home economics「家庭」 (4)arts and crafts「図工」

❷(1)I like calligraphy. (2)I want to study English.

❸トム：I want to study science. What do you want to study, Suzan?「ぼくは理科を勉強したいです。スーザン，あなたは何を勉強したいですか」
スーザン：I want to study social studies.「わたしは社会を勉強したいです」

❹(1)What do you want to study?
(2)I want to study math.

ポイント

❷(2)English「英語」，Japanese「日本語」など言語を表すことばの最初の文字は大文字で書きます。

❸want to ～は「～したい」という意味です。

6 何になりたいかをたずねよう 109ページ

❶ (1)○　(2)○　(3)×　(4)×
❷ (1)**ウ**　(2)**イ**
❸ (1)dentist　(2)cook
(3)**歯医者**　(4)**コック**
❹ (1)want　(2)teacher

読まれた英語と意味

❶(1)singer「歌手」 (2)nurse「看護師《かんごし》」 (3)baker「パン焼き職人《しょくにん》」 (4)flight attendant「客室乗務員《じょうむいん》」

❷(1)ア　vet「じゅう医」 イ　soccer player「サッカー選手」 ウ　astronaut「宇宙飛行士《うちゅうひこうし》」
(2)ア　bus driver「バスの運転手」 イ　police officer「けい察官《さつかん》」 ウ　programmer「プログラマー」

❸カナ：Dennis, what do you want to be?「デニス，あなたは何になりたいですか」
デニス：I want to be a dentist. What do you want to be, Kana?「ぼくは歯医者になりたいです。カナ，あなたは何になりたいですか」
カナ：I want to be a cook. I like cooking.「わたしはコックになりたいです。わたしは料理が好きです」

❹(1)男の子：What do you want to be?
(2)女の子：I want to be a teacher.

ポイント

❶(3)「農家」はfarmer，(4)「消防士《しょうぼうし》」はfire fighterです。

❸want to be ～で「～になりたい」という意味になります。comedianは「お笑い芸人」，doctorは「医者」という意味です。

7 だれなのかをたずねよう 111ページ

❶ (1)**ア**　(2)**イ**
❷ (1)Who　(2)She　(3)brave
❸ (1)**花屋の店員**　(2)**料理**
❹ (1)Who is
(2)She is
(3)He is

読まれた英語と意味

❶(1)skating「スケート」 (2)strong「強い」

❷(1)Who is this? (2)She is my sister, Hana. (3)He is brave.

❸ルーシー：Tom, who is this?「トム，こちらはどなたですか」
トム：This is Suzan White. She is a florist. She is good at cooking.「こちらはスーザン・ホワイトです。かの女は花屋の店員です。かの女は料理が得意《とくい》です」

❹(1)Who is this? (2)She is an artist.
(3)He is a teacher.

ポイント

❶(1)イ「スキー」はskiingと言います。 (2)ウ「おかしい」はfunnyと言います。

❹(2)(3)She is ～.で「かの女は～です」，He is ～.で「かれは～です」という意味になります。

8 できることを伝えよう 113ページ

❶ (1)イ　(2)ア　(3)エ　(4)ウ
❷ (1)○　(2)×　(3)○
❸ (1)①ウ　②ア　(2)①エ　②イ
❹ (1)Yes, I can. / No, I can't.
　(2)Yes, I can. / No, I can't.

読まれた英語と意味

❶(1)eat「食べる」 (2)write「書く」 (3)bake「焼く」 (4)read「読む」

❷Hello, I'm Satoru. I can play the piano. I can't cook well. I can draw pictures well.「こんにちは，ぼくはサトルです。ぼくはピアノを演奏《えんそう》できます。ぼくは上手に料理をすることができません。ぼくは上手に絵をかけます」

❸(1)サナ：Hi, I'm Sana. I'm good at swimming.「こんにちは，わたしはサナです。わたしは水泳が得意《とくい》です」

フレッド：Hi, I'm Fred. I can't swim well. I can run fast.「こんにちは，ぼくはフレッドです。ぼくは上手に泳げません。ぼくは速く走れます」

(2)ケイト：This is my friend, Andy. He can't dance well.「こちらはわたしの友達のアンディです。かれは上手におどることができません」

ユウキ：I see. What can he do well?「なるほど。かれは何を上手にできますか」

ケイト：He can play soccer well.「かれは上手にサッカーをすることができます」

❹(1)Can you sing well?「あなたは上手に歌うことができますか」Yes, I can. / No, I can't.
(2)Can you drink coffee?「あなたはコーヒーが飲めますか」Yes, I can. / No, I can't.

ポイント

❷can ～は「～することができる」，can't ～は「～することができない」という意味になります。

❸(2)What can ～ do (well)?で「～は何が（上手に）できますか」という意味です。

❹それぞれの質問《しつもん》に対し，できるときはYes, I can.「はい，できます」，できないときはNo, I can't.「いいえ，できません」で答えます。

9 しせつの場所を伝えよう 115ページ

❶ (1)○　(2)×　(3)○　(4)×
❷ (1)Go　(2)left
❸ (1)エ　(2)ア
❹ right，park

読まれた英語と意味

❶(1)hospital「病院」 (2)stadium「スタジアム」 (3)aquarium「水族館」 (4)fire station「消防《しょうぼう》しょ」

❷(1)Go straight. (2)Turn left.

❸男の子：Excuse me. Where is the library?「すみません，図書館はどこですか」

女の子：Go straight for one block and turn right. You can see it on your left.「1区画まっすぐに行って，右に曲がってください。それは左に見えます」

男の子：OK. Where is the post office?「わかりました。ゆうびん局はどこですか」

女の子：Go straight for two blocks and turn left. You can see it on your right.「2区画まっすぐに行って，左に曲がってください。それは右に見えます」

男の子：I see. Thank you.「なるほど。ありがとうございます」

女の子：You're welcome.「どういたしまして」

❹Turn right at the park.

ポイント

❶(4)「けい察しょ」はpolice stationです。

❸rightは「右」，leftは「左」です。

10 ものがある場所を伝えよう 117ページ

❶ (1)イ　(2)ウ
❷ (1)○　(2)×　(3)×　(4)○
❸ (1)in　(2)on
❹ Where is

読まれた英語と意味

❶(1)ア　table「テーブル」　イ　basket「バスケット」　ウ　plastic bag「ビニールぶくろ」
(2)ア　marker「マーカー」　イ　stapler「ホチキス」　ウ　scissors「はさみ」

❷(1)The bat is by the desk.「バットはつくえのそばにあります」 (2)The dog is in the bed.「イヌはベッドの中にいます」 (3)The notebook is on the pencil.「ノートはえんぴつの上にあります」 (4)　The calendar is under the clock.「カレンダーは時計の下にあります」

❸(1)Where is the cat?「ネコはどこにいますか」It's in the box. (2)Where is the ruler?「定《じょう》規《ぎ》はどこにありますか」 It's on the book.

❹Where is the glue?

ポイント

❷by ～は「～のそばに」，in ～は「～の中に」，on ～は「～の上に」，under ～は「～の下に」です。

❸(1)「箱の中にいます」となるように，inを選びます。 (2)「本の上にあります」となるように，onを選びます。

11 注文しよう 119ページ

❶ (1)ア　(2)エ　(3)ウ　(4)イ
❷ (1)tea　(2)hot
❸ (1)ウ，エ(順不同)　(2)ア，カ(順不同)
(3)イ，オ(順不同)
❹ (1)What，like
(2)I'd，pancakes

読まれた英語と意味

❶(1)curry and rice「カレーライス」(2)soup「スープ」(3)juice「ジュース」(4)salad「サラダ」
❷(1)I'd like tea.　(2)It's hot.
❸(1)店員：Hello, what would you like?「こんにちは，何がほしいですか」
客：I'd like a pizza and spaghetti, please.「ぼくはピザとスパゲッティがほしいです」
(2)店員：Hello, what would you like?「こんにちは，何がほしいですか」
客：I'd like a hamburger and French fries, please.「わたしはハンバーガーとフライドポテトがほしいです」
(3)店員：Hello, what would you like?「こんにちは，何がほしいですか」
客：I'd like fried chickens and milk, please.「わたしはフライドチキンと牛にゅうがほしいです」
❹(1)What would you like?「何がほしいですか」
(2)I'd like pancakes.「わたしはパンケーキがほしいです」

ポイント

❸(1)I'd like ～.はI want ～.「～がほしい」のていねいな言い方です。

12 ねだんをたずねよう 121ページ

❶ (1)×　(2)○
❷
(1) onion
(2) melon
(3) orange

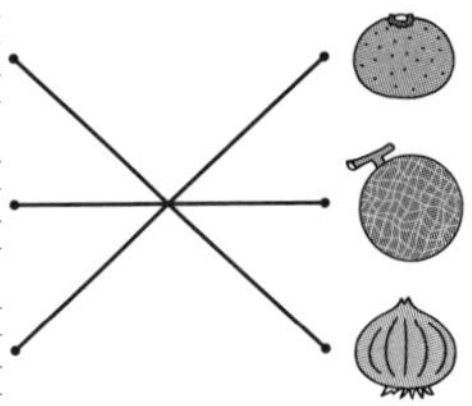

❸ (1)315　(2)2
❹ (1)much　(2)seventy　(3)many

読まれた英語と意味

❶(1)five hundred「500」(2)eight hundred and twenty「820」
❷(1)onion「タマネギ」(2)melon「メロン」(3)orange「オレンジ」
❸店員：Hello, what would you like?「こんにちは，何がほしいですか」
客：I'd like a hot dog.　How much is it?「わたしはホットドッグがほしいです。いくらですか」
店員：It's three hundred and fifteen yen.「315円です」
客：OK.　And I'd like ice creams.「わかりました。それと，アイスクリームがほしいです」
店員：How many ice creams do you want?「何個《なんこ》のアイスクリームがほしいですか」
客：Two, please.「2個お願いします」
❹(1)How much is it?　(2)It's seventy yen.
(3)How many flowers do you want?

ポイント

❶(2)百の位（～hundred）と十の位以下をandでつないで表します。

13 日本の行事や文化を説明しよう 123ページ

❶ (1)イ　(2)ウ
❷ (1)イ→ウ→ア　(2)ウ→ア→イ
❸ (1)ひな祭り　(2)ちらしずし
(3)ひなあられ
❹ (1)(上から順に)We have，in spring
(2)You can

読まれた英語と意味

❶(1)ア　cute「かわいい」　イ　great「すばらしい，すごい」　ウ　big「大きい」(2)ア　difficult「むずかしい」　イ　international「国際的《こくさいてき》な」　ウ　popular「人気のある」
❷(1)fall「秋」，summer「夏」，spring「春」
(2)Star Festival「七夕」，Halloween「ハロウィーン」，New Year's Day「元日」
❸ Hello, I'm Koharu.　We have Doll's Festival in spring.　You can eat *chirashizushi*.　I like *chirashizushi*.　You can eat *hinaarare*, too.「こんにちは，わたしはコハルです。春にはひな祭りがあります。ちらしずしを食べることができます。わたしはちらしずしが好きです。ひなあられも食べることができます」
❹(1)We have Children's Day in spring.
(2)You can see *kabuto*.

ポイント

❸(2)4文目のI like *chirashizushi*.を聞き取ります。(3)5文目のYou can eat *hinaarare*, too.を聞き取ります。
❹(1)季節を表す英語の前にinを置きます。
(2)canのあとに動作を表す語を続けて「～できる」という意味にします。

答え

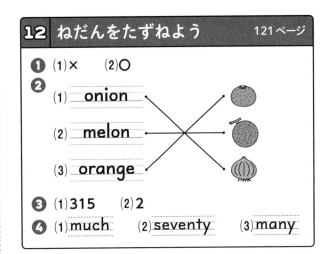

14 年中行事を説明しよう　125ページ

❶ (1)ウ　(2)イ　(3)ア
❷ (1)eat cake
(2)play *karuta*
❸ (1)夏祭り
(2)かき氷を食べる，(美しい)花火を見る(順不同)
❹ (1)(上から順に)What，Star Festival
(2)Why，fall

♫読まれた英語と意味

❶(1)kite「たこ」 (2)sports day「運動会」
(3)top spinning「こま回し」
❷(1)I eat cake on my birthday.
(2)I play *karuta* on New Year's Day.
❸ルーシー：What season do you like, Haruto?「ハルト，あなたはどの季節が好きですか」
ハルト：I like summer.「ぼくは夏が好きです」
ルーシー：Why do you like summer?「どうしてあなたは夏が好きなのですか」
ハルト：I can enjoy summer festivals.「ぼくは夏祭りを楽しむことができます」
ルーシー：Oh, really? What do you do in summer festivals?「ああ，本当ですか。夏祭りで何をしますか」
ハルト：I eat shaved ice and see beautiful fireworks.「ぼくはかき氷を食べて，美しい花火を見ます」
❹(1)What do you do on Star Festival?
(2)Why do you like fall?

ポイント

❸(1)ルーシーが2番目の発言でWhy「なぜ」とたずねているので，それに対するハルトの答えに注目します。(2)ルーシーが3番目の発言でWhat「何」とたずねているので，それに対するハルトの答えに注目します。

15 まとめのテスト❶　127ページ

❶ (1)ア　(2)ウ　(3)イ　(4)ア
❷ (1)イ　(2)ア
❸ (1)バスケットボール　(2)コック
❹ (1)tennis
(2)February

♫読まれた英語と意味

❶(1)ア zoo「動物園」 イ restaurant「レストラン」 ウ temple「寺」 (2)ア T-shirt「Tシャツ」 イ hat「ぼうし」 ウ socks「くつ下」
(3)ア two「2」 イ nine「9」 ウ eight「8」
(4)ア badminton「バドミントン」 イ skating「スケート」 ウ volleyball「バレーボール」
❷(1)Who is this?「こちらはどなたですか」 She is my sister.「かの女はわたしの妹です」
(2)What do you want to study? 「あなたは何を勉強したいですか」 I want to study science.「わたしは理科を勉強したいです」
❸タクミ：Hi, I'm Takumi. I like basketball.「こんにちは，ぼくはタクミです。ぼくはバスケットボールが好きです」
ジュリア：I'm Julia. I like reading.「わたしはジュリアです。わたしは読書が好きです」
タクミ：What do you want to be?「あなたは何になりたいですか」
ジュリア：I want to be a cook. I'm good at cooking.「わたしはコックになりたいです。わたしは料理が得意《とくい》です」
❹(1)What sport do you like?「あなたは何のスポーツが好きですか」 I like tennis.
(2)When is your birthday?「あなたのたん生日はいつですか」 My birthday is February 6th.

ポイント

❹(2)自分のたん生日を言うときは，My birthday isのあとに「月」「日にち」を言います。

16 まとめのテスト❷　129ページ

❶ (1)can't　(2)camping
(3)October
❷ (1)イ　(2)ア
❸ (1)swim　(2)in　(3)fifty

♫読まれた英語と意味

❶(1)I can't ski well. (2)I go camping.
(3)We have Halloween in October.
❷(1)Where is the supermarket?「スーパーマーケットはどこですか」 Go straight and turn left. (2)What would you like?「あなたは何がほしいですか」 I'd like a hamburger, please.
❸(1)What can he do well?「かれは何を上手にすることができますか」 He can swim well.
(2)Where is the cat?「ネコはどこにいますか」 It's in the basket. (3)How much is the glue?「のりはいくらですか」 It's one hundred and fifty yen.

ポイント

❸(2)「バスケットの中に」となるようにinを選びます。on ～は「～の上に」，by ～は「～のそばに」という意味です。(3)glue「のり」のねだんを聞かれているので，「150」となるようにfiftyを選びます。

理科

1 天気の変化①　131ページ

❶ (1)**エ**　(2)**くもり**　(3)**雨**
❷ (1)**ア，ウ**（順不同）
(2)①○　②×
❸ (1)**太陽**
(2)**晴れ**
(3)**エ**
(4)①**ア**　②**イ**

ポイント

❶(1)(2)雨や雪などがふっていない場合，空の広さを10としたとき，雲のしめる量が0～8のときの天気は晴れ，9～10のときの天気はくもりです。図では，空の広さを10としたときの雲のしめる量は9となり，天気はくもりです。
(3)雨がふっている場合の天気は，雲のしめる量にかかわらず雨です。
❷(1)雲は，雲ができる高さや形によって10種類に分けられます。
(2)①晴れとくもりは雲の量のちがいで決まります。雨や雪は雲の量が多いときにふることが多いです。
②雨をふらせる雲と雨をふらせない雲があります。
❸(1)太陽を直接《ちょくせつ》見て目をいためることがないようにします。
(2)雲の量が5なので，天気は晴れです。
(3)1日の雲のようすを調べるので，午前9時に1回目の観察を行った場合，2回目の観察は同じ日の数時間後に行います。
(4)雲は動きながら，量が増《ふ》えたり減《へ》ったりします。

2 天気の変化②　133ページ

❶ (1)**イ**
(2)**アメダス**
(3)①**イ**　②**ア**
(4)**ふっていない。**
❷ (1)**雲画像**《くもがぞう》　(2)**気象衛星**《きしょうえいせい》
(3)**B→A→C**
(4)（左から順に）**西，東**
(5)**B**

ポイント

❶(1)図のような雨量情報《じょうほう》は，インターネットやテレビを使って調べます。気象の見通しや大雨がふっている場所の雨量は，ラジオのニュースや気象予報番組でも放送されます。新聞では天気図や気象の見通しを見ることができます。
(2)アメダスは，全国各地の雨量や風速，風向，気温などのデータを自動的に計測《けいそく》し，そのデータをまとめるシステムです。
(3)雲画像や雨量情報を連続して数日分集めたあと，日付順にならべることで，雨がふった地いきの天気の変化などを調べることができます。
(4)東京では雨量が表示《ひょうじ》されていないので，雨はふっていません。
❷(1)(2)図のような画像を雲画像といいます。雲画像は気象衛星によってさつえいされ，白色の部分は雲があるところを表しています。
(3)(4)春のころの日本付近では雲が西から東へ向かって動いているので，雲がかかっている地いきが最も西にある**B**は1日目，雲がかかっている地いきが最も東にある**C**は3日目の雲画像を表しています。
(5)雲がかかっている地いきでは雨となることが多く，高知市に雲がかかっているのは**B**だけなので，この日に雨がふったと考えられます。

3 植物の発芽と成長①　135ページ

❶ (1)**発芽**
(2)①**イ**　②**イ**
(3)**エ**
❷ (1)**A，B**（順不同）
(2)①**A**　②**温度（適《てき》した温度）**
(3)**日光（光）**
(4)**水，空気，温度（適した温度）**（順不同）

ポイント

❶(1)植物の種子から芽が出ることを発芽といいます。
(2)**A**では水でしめらせただっし綿《めん》，**B**ではかわいただっし綿を使用していることから，**A**と比《くら》べたとき，**B**は水の条件《じょうけん》がちがっていて，ほかの条件は同じです。このように，調べたい条件だけを変えてほかの条件を同じにすると，植物の発芽と調べたい条件との関係を確《たし》かめることができます。
(3)**C**では種子を水にしずめているので，水はありますが，種子のまわりに空気がありません。
❷(1)(4)種子の発芽には水，空気，温度が必要なので，これらの3つの条件を満たした**A**，**B**で種子が発芽します。**C**は温度が低いため，種子は発芽しません。
(2)冷ぞう庫の中は光が当たらないので，**C**と箱をかぶせた**A**では，温度だけがちがって，それ以外の条件は同じになっています。**B**には箱をかぶせていないので，**C**と比べたとき，温度と光の2つの条件がちがっています。
(3)箱をかぶせた**A**と箱をかぶせていない**B**の両方で発芽することから，種子の発芽に日光は必要ないとわかります。

4 植物の発芽と成長② 137ページ

❶ (1)**ウ**
(2)**子葉**
(3)**B**
❷ (1)**エ**
(2)**Q**
(3)**P**
(4)**青むらさき色**
(5)**でんぷん**
(6)①**発芽**　②**イ**

ポイント

❶(1)Aは，発芽したあと根・くき・葉になる部分です。
(2)(3)Bの部分は子葉で，発芽するために必要な養分がたくわえられています。
❷(1)発芽する前の種子は水にひたしてやわらかくしてから切ります。
(2)発芽してしばらくした子葉はしぼんでいます。
(3)～(5)発芽する前の種子の子葉にはでんぷんが多くふくまれています。ヨウ素《そ》液《えき》はうすい茶色の液体で，でんぷんにつけるとこい青むらさき色に変化します。
(6)発芽する前の種子の子葉には多くのでんぷんがふくまれていますが，種子の発芽や成長のための養分としてでんぷんが使用されるため，発芽してしばらくした子葉にはでんぷんがほとんど残っていません。このため，発芽してしばらくした子葉の切り口にヨウ素液をかけても，色はほとんど変化しません。

5 植物の発芽と成長③ 139ページ

❶ (1)**イ**
(2)**空気**
(3)**A**
(4)①**イ**　②**ア**
❷ (1)**ア**
(2)**ウ**
(3)①**イ**　②**ア**
(4)**日光（光），肥《ひ》料《りょう》**（順不同）

ポイント

❶(1)２つのなえの成長を正確《せいかく》に比《くら》べるために，同じくらいの大きさに育ったなえを使います。
(2)実験ではA，Bで日光以外の条件《じょうけん》を同じにする必要があります。Bには日光が当たらないようにするために箱をかぶせ，地面と箱の間にすきまをつくって空気が出入りしやすくなるようにします。
(3)日光を当てたなえのほうがよく成長します。
(4)日光を当てなかったなえは，黄色っぽい葉が見られ，葉の数が少なく，全体的にあまり成長しません。
❷(1)Aには肥料をあたえており，Bには肥料をあたえていないので，肥料の条件がちがっています。
(2)Bには肥料をあたえていないので，Aと比べてあまり成長しません。
(3)肥料をあたえたAは，全体的に大きく成長し，くきが太くなります。また，葉の数が多く，こい緑色になります。
(4)日光と肥料は，植物の発芽に必要ないですが，植物の成長には必要な条件です。

6 メダカのたんじょう① 141ページ

❶ (1)①×　②○　③○　④×
(2)**ウ**
❷ (1)**解《かい》ぼうけんび鏡**
(2)記号…**D**　名前…**反しゃ鏡**
(3)記号…**B**　名前…**調節ねじ**
❸ (1)**そう眼《がん》実体けんび鏡**
(2) A…**接眼《せつがん》レンズ**
B…**調節ねじ**
C…**対物レンズ**
D…**ステージ**

ポイント

❶(1)水そうは，直しゃ日光が当たらない明るい場所に置きます。えさは，食べ残しが出ないくらいの量をあたえます。
(2)水そうにはくみ置きの水を入れます。水道水には，消毒《しょうどく》のための塩素《えんそ》というものがふくまれていて，魚の体によくありません。水がよごれたときには，半分くらいをくみ置きの水ととりかえます。水をすべてとりかえると，かん境《きょう》の変化が大きくメダカにとってよくありません。
❷(1)(2)解ぼうけんび鏡は，はじめに反しゃ鏡（D）の向きを変えて，明るく見えるようにします。
(3)観察するものをステージ（C）にのせたあと，調節ねじ（B）を回してレンズを観察するものに近づけてから，よく見えるようにピントを合わせます。
❸(1)そう眼実体けんび鏡は，厚《あつ》みのあるものを立体的に観察するのに適《てき》しています。
(2)接眼レンズ（A）と対物レンズ（C）の２種類のレンズを使って，観察します。ステージ（D）に観察するものをのせ，ピントを合わせるときには調節ねじ（B）を使います。

7 メダカのたんじょう② 143ページ

❶ (1)**A**
(2)**せびれ，しりびれ**（順不同）
(3)**ウ**
(4)①**イ**　②**ア**　③**精子《せいし》**
(5)**受精**
(6)**受精卵《じゅせいらん》**
❷ (1)**ア**
(2)**C→D→B→A**
(3)**目**
(4)**ウ**

ポイント

❶(1)(2)メダカのおすとめすでは，せびれとしりびれの形がちがいます。おすは，せびれに切れこみがあり，しりびれは平行四辺形に近い形をしています。めすは，せびれに切れこみがなく，しりびれは後ろが短く三角形に近い形をしています。
(3)メダカのめすは，水草にたまご（卵《らん》）をうみつけます。
(4)メダカのめすがうんだたまごに，おすが精子をかけます。
(5)(6)たまごと精子が結びつくことを受精，受精したたまごを受精卵といいます。
❷(1)メダカのたまごは，直径が約1mmです。
(2)(3)受精したばかりのたまごはあわのようなものが全体に広がっています（**C**）。やがて，あわのようなものが一方に移動《いどう》し（**D**），目ができて（**B**），たまごの中で大きくなり，体の形ができてきます（**A**）。この間，たまごの大きさは変わりません。
(4)たまごからかえったばかりの子メダカは，はらのふくろに入っている養分でしばらく育ちます。

8 台風と防災 145ページ

❶ (1)**C**
(2)**イ**
(3)①**イ**　②**ア**
(4)**イ**
❷ (1)**C→A→B**
(2)①**ア**　②**ア**
(3)風の強さ…例**強くなる。**
雨の量…例**多くなる。**
(4)**ア，ウ**（順不同）

ポイント

❶(1)雲画像《くもがぞう》では，台風は白い雲がうずをまいたように表されます。
(2)台風は，夏から秋にかけて日本に近づくことが多いです。
(3)台風は，日本のはるか南の海上で発生します。
(4)図では，台風は沖縄付近にあり雲がかかっているので，沖縄では雨がふっていると考えられます。
❷(1)(2)台風は，南の海上で発生し，日本の南側でふく風のえいきょうではじめに西へ動きます。日本付近では，日本の上空をふく風のえいきょうで北や東へ動くことが多いので，図では白い雲がうずをまいたものが南から北東へ移動する順に，**C→A→B**となります。
(3)台風が近づくと，風が強くなり大量の雨がふるなど，天気のようすが大きく変わることがあります。
(4)強風によって電柱や木がたおれたり，大量の雨によって土砂《どしゃ》くずれやこう水が起こったりすることがあります。

9 花から実へ① 147ページ

❶ (1)A…**花びら**　B…**おしべ**　C…**めしべ**
D…**がく**
(2)**花粉《かふん》**
(3)①**○**　②**○**　③**×**
(4)**A，D**（順不同）
❷ (1)P…**おばな**　Q…**めばな**
(2)A…**花びら**　B…**おしべ**　C…**がく**
D…**めしべ**
(3)**イ**
(4)**つぼみ**

ポイント

❶(1)花の最も外側にある**D**はがく，その内側から大きく広がる**A**は花びら，中心にある細長い**C**はめしべ，その外側に何本もある細長い**B**はおしべです。
(2)**B**（おしべ）では花粉がつくられます。
(3)めしべはアサガオの1つの花に1本だけあり，おしべでつくられた花粉がめしべの先についていることがあります。また，めしべのもとのほうはふくらんでいます。
(4)ツルレイシの2種類の花（おばな，めばな）の両方に花びら（**A**）とがく（**D**）があります。おしべ（**B**）とめしべ（**C**）は，それぞれ別々の花にあります。
❷(1)(2)**A**は花びら，**C**はがくです。**B**はおしべで，おしべのある花**P**をおばなといいます。**D**はめしべで，めしべのある花**Q**をめばなといいます。
(3)めしべのもとの部分は，やがて実になります。
(4)おばなのがくの下のほうについている**E**はつぼみで，やがて新しい花をさかせます。

10 花から実へ②　149ページ

❶ (1) A…**接眼《せつがん》レンズ**　B…**レボルバー**
C…**対物レンズ**　D…**調節ねじ**
E…**反しゃ鏡**
(2) **イ**
(3) ①**ア**　②**D**
(4) **600**
❷ (1) **C**
(2) **おしべ**
(3) **ウ**

ポイント

❶(1)(3)はじめに，レボルバー（**B**）を回転させて対物レンズ（**C**）をいちばん低い倍率《ばいりつ》にします（レボルバーとは，英語で「回転するもの」という意味です）。反しゃ鏡（**E**）の向きを変えて明るく見えるようにしたあと，観察するものをステージに置きます。続いて，調節ねじを回してステージを動かしてピントを合わせます。このとき，接眼レンズ（**A**）をのぞきながら対物レンズを近づけると，観察するものに当たってきずついてしまうことがあるため，横から見ながら対物レンズと観察するものをできるだけ近づけたあと，接眼レンズをのぞきながら対物レンズと観察するものを少しずつ遠ざけていき，はっきりと見えるところで止めます。
(2)けんび鏡で見ると，実物とは上下左右が逆《ぎゃく》向きに見えます。
(4)けんび鏡の倍率＝接眼レンズの倍率×対物レンズの倍率なので，15×40＝600倍です。
❷(1)アサガオの花粉《かふん》は**C**のように丸い形をしていて，とげのようなものがたくさんついています。
(2)花粉はおしべでつくられます。
(3)ヘチマの花にはおばなとめばなの2種類あり，おしべがあるのはおばなです。

11 花から実へ③　151ページ

❶ (1) **エ**
(2) **受粉《じゅふん》**
❷ (1) **めばな**
(2) **エ**
(3) **A**
(4) **種子**
(5) ①**ア**　②**イ**　③**ア**
(6) **ウ**

ポイント

❶(1)アサガオの花が開く前にはおしべの先にもめしべの先にも花粉はついていませんが，花が開くときにおしべがのびて先から花粉が出ます。このようにして，めしべの先に花粉がつきます。
(2)おしべでつくられた花粉がめしべの先につくことを受粉といいます。
❷(1)ヘチマにはおばなとめばなの2種類の花があり，おしべがあるのはおばな，めしべがあるのはめばなです。実験では，実ができるかを調べるので，めしべをもつめばなのつぼみを使います。
(2)受粉することで実ができるかどうかを調べるので，実験でつける花粉以外の花粉がついて受粉することを防《ふせ》ぐため，つぼみにふくろをかけます。
(3)受粉させたつぼみ**A**は，花がしおれたあと，めしべのもとの部分がふくらんで実ができます。
(4)実がじゅくすと，中には種子ができています。
(5)ヘチマの花とちがって，アサガオの花は，1つの花の中におしべとめしべがあり，花が開くときにおしべの先の花粉がめしべの先についてしまうので，つぼみのうちにおしべをすべてとっておき，ヘチマと同じように両方のつぼみにふくろをかけます。
(6)ヘチマの花粉は，ハチなどのこん虫によって運ばれます。

12 流れる水のはたらき①　153ページ

❶ (1) **しん食**
(2) **A**
(3) ①**運ぱん**　②**たい積**
(4) 例**速くなる。**
(5) 例**大きくなる。**
❷ (1) **ア**
(2) **R**
(3) **P**
(4) **しん食，運ぱん**（順不同）

ポイント

❶(1)流れる水が土などをけずることをしん食といいます。
(2)かたむきが小さい**B**よりも，かたむきが大きい**A**のほうが水の流れは速いです。
(3)しん食によってけずられた土がおし流されて運ばれることを運ぱんといいます。運ぱんされた土などを積もらせるはたらきをたい積といいます。
(4)流す水の量を増《ふ》やすと，**A**，**B**ともに流れは速くなります。
(5)流す水の量を増やすと，**A**，**B**ともにしん食や運ぱんのはたらきが大きくなります。
❷(1)(2)(3)川の曲がって流れる部分では，外側が最も流れが速く，しん食のはたらきが大きいため，川底が最も深くなり，外側（**B**）ががけになっていることが多いです。内側は最も流れがおそく，しん食のはたらきが小さいため，川底が最も浅くなり，内側（**A**）が川原になっていることが多いです。
(4)曲がって流れている部分の内側と比《くら》べて外側では，しん食と運ぱんのはたらきが大きくなっています。

13 流れる水のはたらき② 155ページ

❶ (1)B
(2)C
(3)B
(4)C→A→B
❷ (1)A
(2)B
(3)①ア　②イ
❸ (1)ア
(2)しん食
(3)ハザードマップ

ポイント

❶(1)(2)**A**は山から平地へ流れ出る川，**B**は川のはばが最も広い平地を流れる川，**C**は川のはばが最もせまい山の中を流れる川です。
(3)平地を流れる川では，たい積のはたらきが最も大きいです。
(4)山の中はかたむきが大きいため流れる川の流れが最も速く，平地は流れる川の流れが最もおそいです。
❷(1)(2)最も大きくて角ばっている石（**B**）は山の中を流れる川岸で見られます。最も小さくて丸みをもっている石（**C**）は平地を流れる川岸で見られます。**A**の石は，山から平地へ流れ出る川岸で見られます。
(3)山の中で見られる大きくて角ばった石は，流れる間にぶつかり合ってわれたりするため，平地に運ばれたときには，小さくて丸みを帯びています。
❸(2)川が曲がって流れているところの外側ではしん食のはたらきが大きく，水の量が多くなるとさらにしん食のはたらきが大きくなります。
(3)ハザードマップには，予想されるひ害のようすやひなん場所などがかかれています。

14 もののとけ方① 157ページ

❶ (1)水《すい》よう液《えき》
(2)イ，ウ（順不同）
(3)例見えない。
❷ (1)電子てんびん
(2)例水平なところ。
(3)0
(4)32
(5)92
(6)イ

ポイント

❶(1)水にものがとけたとうめいな液を水よう液といいます。
(2)水よう液は，コーヒーシュガーの水よう液のように色がついているものもありますが，すべてすきとおっています。牛乳《ぎゅうにゅう》やぼくじゅうは，水よう液ではありません。
(3)水にものがとけると，もののつぶは見えなくなります。
❷(1)図１の**P**を電子てんびんといい，ものをのせて重さをはかるときに使います。
(2)電子てんびんは水平なところに置いて使います。かたむいたところでは，正しくはかれません。
(3)重さをはかりたいものをのせる前に，電子てんびんの表示《ひょうじ》が「0」になっていることを確《たし》かめます。
(4)図１ではかった重さは，水の重さ，食塩の重さ，容器《ようき》の重さ，薬包紙の重さの合計で，水の重さは50g，食塩の重さは10gなので，92－（50＋10）＝32（g）
(5)食塩がとけても，食塩の重さはなくならないので，全体の重さは図１と同じ92gです。
(6)図３で容器に入っている液体は，食塩水です。

15 もののとけ方② 159ページ

❶ (1)メスシリンダー
(2)①○　②○　③×
(3)ア
❷ (1)増《ふ》える。
(2)12
(3)1
❸ (1)ウ
(2)高くする。（60℃にする。）

ポイント

❶(1)メスシリンダーは，液体《えきたい》の体積を正確《せいかく》にはかることができる器具です。
(2)メスシリンダーは水平なところに置きます。また，はかりたい体積の目もりより少し下まで（少し少なく）水を入れたあと，水を少しずつ加え，はかりたい体積の目もりに水面を合わせます。このとき，スポイトを使うと少しずつ水を加えることができます。
(3)液面のへこんだ部分を真横から読みとります。
❷(1)一定の水にとけるものの量は決まっています。水の量が増えると，とけるものの量も増えます。
(2)水の量を50mLの2倍である100mLにすると，とける量も2倍になります。食塩がとける量は，6×2＝12（はい）になると考えられます。
(3)水の量を50mLの半分である25mLにすると，とける量も半分になります。ミョウバンがとける量は，2÷2＝1（ぱい）になると考えられます。
❸(1)食塩のとける量は，水の温度が10℃，30℃，60℃でほとんど変わっていません。
(2)水50mLにミョウバンがとける量は，水の温度が10℃で最も少なく，60℃で最も多いことから，水の温度を高くするほどとける量が増えるとわかります。

16 もののとけ方③　161ページ

❶ (1)ろ過《か》
(2)ろうと
(3)①イ　②ア
(4)オ

❷ (1)A…68.5　B…78.7
(2)①ア　②イ
(3)40
(4)25.9

ポイント

❶(1)(4)図のようなそう置を使って，とけ残ったものをとり出す方法をろ過といいます。ろ過を行うと，とけ残ったものがろ紙の上に残り，とけているものは水といっしょにビーカーに集まります。

(2)(3)**P**はろうと，**Q**はろ紙です。ろ紙は折ってからろうとにはめて，水でぬらします。ビーカーの液体《えきたい》は，ガラスぼうを伝わらせて，ろ紙が重なっているところにゆっくり注ぎます。

❷(1)水よう液の重さは，水の重さととけたものの重さの和なので，ビーカー**A**にできた水よう液の重さは，50+18.5=68.5(g)，ビーカー**B**にできた水よう液の重さは，50+28.7=78.7(g)です。

(2)水50gにとける食塩の重さは0℃で17.8g，20℃で17.9g，40℃で18.2g，60℃で18.5gとほとんど変わっていません。そのため，水の温度を60℃から0℃まで下げても，とけきれなくなって出てくるつぶがほとんどありません。水を蒸発《じょうはつ》させて水の量を減《へ》らすと，とけきれなくなったつぶが多く出てきます。

(3)水50gにとけるミョウバンの重さは，40℃のときよりも0℃のときのほうが少ないので，40℃のときに出てくるつぶが少ないです。

(4)28.7−2.8=25.9(g)。

17 ふりこのきまり①　163ページ

❶ (1)ふりこ　(2)B
(3)ふれはば
(4)エ　(5)イ　(6)ウ

❷ (1)2　(2)38.4
(3)12.8　(4)1.3

ポイント

❶(1)糸やぼうなどにおもりをとりつけて，おもりが左右に自由にふれるようにしたものをふりこといいます。

(2)ふりこをとりつけているところからおもりの中心までの長さを，ふりこの長さといいます。

(3)ここではおもりが真下から左右にふれる角度**P**をふれはばといいます。おもりがいちばん左にふれたときと，いちばん右にふれたときの間の角の大きさをふれはばということもあります。

(4)**S**の位置にあったおもりを**R**の位置まで引いてはなすと，おもりは**S**の位置を通って反対側にふれ，**R**と同じ高さの**T**の位置まで動き，再《ふたた》び**S**の位置を通ってもとの**R**の位置までもどります。

(5)ふりこをふらせると，左右に同じくらいのはばでふれ続けます。

(6)おもりがふれる時間は，デジタルタイマーやストップウォッチを使って正確《せいかく》にはかります。理科室の時計は，秒針《びょうしん》が見にくく止めることができないので，実験で時間をはかる道具としては適《てき》していません。

❷(1)10往復する時間がいちばん長かったのは，2回目の13.4秒です。

(2)10往復する時間の合計は，12.2+13.4+12.8=38.4(秒)。

(3)10往復する時間の平均《へいきん》は，38.4÷3=12.8(秒)。

(4)1往復する時間の平均は，12.8÷10=1.28(秒)。小数第2位を四捨五入《ししゃごにゅう》して，1.3秒です。

18 ふりこのきまり②　165ページ

❶ (1)①ア　②ア
(2)A，C(順不同)
(3)B，C(順不同)

❷ (1)①D　②ふりこの長さ
(2)おもりの重さ，ふれはば(順不同)
(3)C　(4)例変わらない。

ポイント

❶(1)ふりこは糸をたるませずにまっすぐにしたままふらせます。また，スタンドがたおれないように，静かにふらせます。

(2)おもりの重さ以外の条件《じょうけん》が同じ**A**と**C**の結果を比《くら》べることで，ふりこが1往復《おうふく》する時間とおもりの重さとの関係を調べることができます。

(3)ふれはば以外の条件が同じ**B**と**C**の結果を比べることで，ふりこが1往復する時間とふれはばとの関係を調べることができます。

❷(1)表の**A**と比べたとき，同じ条件をもつのは**C**，**D**です。**C**はふれはばは**A**と同じですが，おもりの重さとふりこの長さがちがいます。**D**はおもりの重さとふれはばが**A**と同じで，ふりこの長さだけがちがうので，**A**と**D**を比べることで，ふりこの長さとふりこが1往復する時間との関係を調べることができます。

(2)**A**～**D**の中で，たがいに条件が1つだけちがって，ほか2つが同じという組み合わせは**A**と**D**だけなので，ふりこが1往復する時間とおもりの重さ，ふれはばとの関係を調べることはできません。

(3)ふりこが長いほど1往復する時間が長くなるので，最もふりこの長さが長い**C**の1往復する時間が最も長いです。

(4)おもりの重さを変えても，ふりこが1往復する時間は変わりません。

19 電磁石の性質① 167ページ

❶ (1)**コイル**
(2)**電磁石**《でんじしゃく》
(3)**鉄**
(4)例**引きつけられなくなる。**
❷ (1)**N**
(2)①**ア**　②**イ**
(3)**ウ**
❸ (1)**検流計**《けんりゅうけい》**（かんい検流計）**
(2)**電流の向き**

ポイント

❶(1)導線《どうせん》を同じ向きに何回もまいたものをコイルといいます。
(2)コイルの中に鉄心を入れて，電流を流したときに磁石のようなはたらきをするものを電磁石といいます。
(3)電磁石は，磁石と同じように，鉄でできたものを引きつけます。
(4)電流を流すのをやめると磁石のはたらきがなくなるので，鉄でできたゼムクリップは引きつけられなくなります。
❷(1)電磁石の両はしには極ができており，方位磁《じ》針《しん》のN極が図の左側にふれているので，電磁石の左はしとしりぞけ合っていることがわかります。よって，電磁石の左はしはN極です。
(2)電流を流したままにするとコイルが熱くなり危《き》険《けん》なので，調べるときだけかん電池をつなぎます。
(3)かん電池の＋極と－極を反対にすると，電磁石の両はしにできる極も反対になるので，電磁石の左はしの極はS極に変わり，方位磁針のN極は右側にふれます。
❸(1)(2)かんい検流計を使うと，電流の大きさや向きを調べることができます。

20 電磁石の性質② 169ページ

❶ (1)例**多くなる。**
(2)**A，D**（順不同）
　B，E（順不同）　（順不同）
(3)**C，D**（順不同）
(4)**C**　(5)①**イ**　②**イ**
❷ ①◎　②△　③◎　④△　⑤○　⑥×

ポイント

❶(1)電磁石《でんじしゃく》のはたらきが大きいほど，鉄でできたものを引きつける力が大きくなるため，多くのゼムクリップを引きつけます。
(2)コイルのまき数以外の条件《じょうけん》が同じ**A**と**D**，または**B**と**E**を比《くら》べることで，電磁石のはたらきとコイルのまき数との関係を調べることができます。
(3)電流の大きさ以外の条件が同じものをさがします。かん電池1個《こ》とかん電池2個のへい列つなぎでは，電磁石に流れる電流がほぼ同じなので，かん電池1個とかん電池2個を直列につないだもので，コイルのまき数が同じ**C**と**D**を比べます。
(4)コイルのまき数が多い100回まきで，かん電池2個を直列につないでいる**C**が，最も多くのゼムクリップを引きつけます。
(5)コイルのまき数が多く，電流が大きいほど，電磁石のはたらきは大きくなります。
❷①③磁石や電磁石にはN極とS極があり，鉄でできたものを引きつけます。
②④電磁石は，電流の大きさを変えると，磁石のはたらきの大きさが変わります。電磁石に流れる電流の向きを変えると，N極とS極が入れかわります。
⑤電磁石に電流を流していないとき，磁石のはたらきがなくなります。
⑥磁石も電磁石も，鉄とくっついていなくても磁石のはたらきがあります。

21 人のたんじょう 171ページ

❶ (1)**A**
(2)精子《せいし》…**男性**《だんせい》　卵《らん》…**女性**
(3)**受精**
❷ (1)**子宮**
(2) A…**たいばん**　B…**へそのお**
　C…**羊水**《ようすい》
(3)**C**
(4)**A**
❸ (1)**C→A→D→B**
(2)**ウ**

ポイント

❶(1)**A**は精子，**B**は卵（卵子）です。
(2)精子は男性の体の中でつくられ，卵は女性の体の中でつくられます。
(3)精子と卵が結びつくことを受精といい，受精によってできた卵を受精卵といいます。
❷(1)子ども（胎児《たいじ》）は，母親の子宮の中で育ちます。
(2)**A**はたいばん，**B**はへそのお，**C**は羊水です。
(3)子宮は羊水で満たされていて，外から受けるしょうげきから子どもを守るはたらきがあります。
(4)母親の体から送られてきた養分などと，子どものいらなくなったものなどは，たいばんで交かんされます。へそのおは，たいばんと子どもをつないでいて，養分やいらなくなったものなどは，へそのおを通ります。
❸(1)**C**のころには心ぞうが動き始め，しだいに顔がわかるようになり，よく動くようになります（**A→D→B**）。
(2)受精後，約38週間で子どもはたんじょうします。これは，約9か月強（10か月目に入るくらい）にあたります。

22 まとめのテスト① 173ページ

❶ (1)C
(2)ウ
(3)くもり
❷ (1)日光（光）
(2)A
(3)例こい。
❸ (1)①イ　②ア
(2)受精卵《じゅせいらん》
(3)イ，エ，オ（順不同）

ポイント

❶(1)春のころの日本では，雲は西から東へ移動《いどう》するので，日付順にB→C→Aとなります。
(2)雲の動きにともなって，天気も西から東へ変わっていきます。
(3)雨がふっていないとき，空の広さを10とした場合に雲のしめる量が0～8のときの天気は晴れ，9～10のときの天気はくもりです。
❷(1)A，Cは，日光の条件《じょうけん》だけがちがっていて，日光以外の条件が同じなので，植物の成長と日光との関係を調べることができます。
(2)(3)日光を当てて肥料《ひりょう》をあたえたAのなえは，葉の数が多く，緑色がこく，くきが太くなり，最もよく成長します。
❸(1)おすのメダカはAのせびれに切れこみがあり，Bのしりびれは平行四辺形に近い形をしています。めすのメダカは，せびれに切れこみがなく，しりびれは後ろが短く三角形に近い形をしています。
(2)めすのうんだたまご（卵《らん》ともいう）とおすが出した精子が結びつくことを受精といい，受精したたまごを受精卵といいます。
(3)メダカを水そうで飼《か》うときには，石やすな，くみ置きの水や水草を入れます。

23 まとめのテスト② 175ページ

❶ (1)台風
(2)①ア　②イ
❷ (1)P
(2)C
❸ (1)B
(2)たい積しやすいところ…P
最も流れが速いところ…R
❹ (1)8.0
(2)4.3

ポイント

❶(1)雲画像《くもがぞう》では，台風は，白い雲がうずをまいているように見えます。
(2)台風が近づくと，風が強く，雨の量が多くなり，災害《さいがい》が起こることがあります。
❷(1)受粉《じゅふん》したあと実ができるのは，めしべをもつめばな（P）です。おしべをもつおばな（Q）には実ができません。
(2)花粉は，おばな（Q）のおしべの先（C）でつくられます。
❸(1)川がまっすぐ流れているところでは中央の川底が最も深くなっていますが，川の曲がっているところでは，曲がっている外側の川底が最も深くなっているので，図2はBの断面図《だんめんず》です。
(2)川が曲がって流れているところの内側ではたい積のはたらきが大きく，外側では流れが速いです。
❹(1)30℃の水50gにとける食塩の重さは18.0gなので，18.0－10＝8.0より，あと8.0gの食塩がとけます。
(2)50℃の水50gにとけるホウ酸《さん》の重さは5.7gなので，10－5.7＝4.3より，4.3gのホウ酸がとけ残ります。

24 まとめのテスト③ 177ページ

❶ (1)0.9
(2)E，F（順不同）
(3)A，D（順不同）
❷ (1)電磁石《でんじしゃく》
(2)①ア　②ア　③イ
❸ (1)記号…B　名前…へそのお
(2)イ

ポイント

❶(1)8.7÷10＝0.87　小数第2位を四捨五入《ししゃごにゅう》して，0.9秒。
(2)ふりこの長さを変えるとふりこが10往復《おうふく》する時間が変わるのかどうか，変わるならどう変わるのかを調べたいので，ふりこの長さ以外の条件《じょうけん》が同じEとFを比《くら》べます。
(3)ふれはば以外の条件が同じAとDを比べることで，ふりこが10往復する時間とふれはばとの関係を調べることができます。
❷(1)コイルの中に鉄心を入れて，電流を流したときに磁石のはたらきをするものを電磁石といいます。
(2)コイルのまき数を多く，電流を大きくするほど電磁石のはたらきは大きくなります。
❸(1)Aはたいばんで，母親からの養分などと子どものいらなくなったものなどを交かんします。Bはへそのおで，子どもと母親をつなぎ，母親からの養分と子どものいらなくなったものなどの通り道になります。Cは羊水《ようすい》で，外から受けるしょうげきから子どもを守ります。
(2)受精《じゅせい》してから約4週間で子どもの心ぞうが動き始めます。このとき，子どもの大きさは，まだ約0.4cmです。

社会

1 世界のすがたと日本の国土 179ページ

❶ (1)A…**緯線《いせん》**　B…**経線《けいせん》**
(2)**赤道《せきどう》**
(3)**イギリス**

❷ ①**イ**　②**ア**　③**ウ**

❸ (1)A…**ウ**　B…**ア**　C…**エ**　D…**イ**
(2)**北方領土《ほっぽうりょうど》**
(3)①**竹島《たけしま》**　②**エ**

ポイント

❶(1)地球儀《ちきゅうぎ》や地図に引かれた横の線を緯線，たての線を経線といいます。
(2)緯度０度の緯線を赤道といい，地球を南半球と北半球に分けています。
(3)経度０度の経線は，イギリスの首都ロンドンの郊外《こうがい》を通っています。
❷①のフランスと③の中華《ちゅうか》人民共和国（中国）はユーラシア大陸，②のアメリカ合衆国《がっしゅうこく》は北アメリカ大陸にあります。
❸(1)日本の北のはしにある**A**の択捉島《えとろふとう》は北海道，東のはしにある**B**の南鳥島《みなみとりしま》と南のはしにある**C**の沖ノ鳥島《おきのとりしま》は東京都，西のはしにある**D**の与那国島《よなぐにじま》は沖縄県に属《ぞく》しています。
(2)北方領土は，択捉島，歯舞群島《はぼまいぐんとう》，色丹島《しこたんとう》，国後島《くなしりとう》からなり，現在《げんざい》ロシア連邦《れんぽう》によって不法に占拠《せんきょ》されています。
(3)地図中の**ア**はロシア連邦，**イ**は中国，**ウ**は朝鮮《ちょうせん》民主主義《みんしゅしゅぎ》人民共和国（北朝鮮），**エ**は大韓民国《だいかんみんこく》（韓国《かんこく》）です。中国は，日本固有の領土である尖閣諸島《せんかくしょとう》について領有権《りょうゆうけん》を主張《しゅちょう》しています。

2 日本の地形の特色 181ページ

❶ (1)①**盆地《ぼんち》**　②**平野**　③**山脈《さんみゃく》**
(2)**ア**
(3)**ア，エ**（順不同）

❷ (1)A…**カ**　B…**オ**　C…**ア**
D…**エ**　E…**イ**　F…**ウ**
(2)①**イ**　②**ア**

ポイント

❶(1)平らな土地である平地には，盆地，平野，台地があります。山が集まっている山地には，山脈，高地，高原，丘陵《きゅうりょう》があります。
(2)日本の国土面積のおよそ４分の３は山地で，平地は少なくなっています。
(3)**イ**…まわりより高くて平らな土地は台地といいます。高地は山地の１つです。**ウ**…表面がなだらかな土地は高地です。高原は，標高は高いものの，平らに広がっている土地です。
❷(1)**A**…奥羽《おうう》山脈は，東北地方の中央部を南北に走る山脈で，東北地方を日本海側と太平洋側に分けています。**B**…信濃《しなの》川は日本で最も長い川で，長野県から新潟県に流れています。**C**…利根《とね》川は流域《りゅういき》面積が最も広い川で，長さも信濃川に次いで長くなっています。**D**…濃尾《のうび》平野は岐阜県から愛知県に広がる平野です。**E**…琵琶《びわ》湖は日本で最も広い湖で，滋賀県にあります。**F**…中国山地は，兵庫県から山口県まで，東西に連なる，なだらかな山地です。
(2)日本の国土は山地が多く，その山地も海岸にせまっているため，川の上流から下流までのきょりが短くなっています。川の水は山地から海までの短いきょりをいっきに流れることから，流れが急になります。

3 低い土地と高い土地 183ページ

❶ (1)**堤防《ていぼう》**
(2)**ウ**
(3)①**ウ**　②**ア**

❷ (1)①**ア**　②**イ**
(2)①**高原野菜**　②**イ，ウ**（順不同）

ポイント

❶(1)図では，川よりも高さが低い土地が広がっています。そのため，こう水などの水害を防《ふせ》ぐため，堤防でまわりを囲《かこ》んでいます。
(2)堤防は，こう水などの水害を防ぐために，海岸や川岸につくられたかべのようなものです。こう水とは，大雨などによって川が増水《ぞうすい》し，川からあふれ出ることです。
(3)治水とは，堤防やダムをつくって川のはんらんを防いだり，水運や農業用の水路を確保《かくほ》したりするために，川を整備《せいび》することをいいます。
❷(1)気温は，グラフの左側にある単位が「℃」の目もりを読み取ります。群馬県嬬恋村《つまごいむら》は，ほとんどの地域《ちいき》が標高1000m以上の高原にあります。標高は高いほど気温が下がり，夏でもすずしい気候になっています。
(2)①夏のすずしい気候を利用して，高原でさいばいされる野菜を高原野菜といいます。高原野菜は，ほかの地域よりもおそい時期に農作物をさいばいする抑制《よくせい》さいばい（おそづくり）でつくられます。平地では夏は暑くなり，キャベツやレタスなどの生産が少なくなるので，この時期に出荷すると，高い値段《ねだん》で売ることができます。②高原野菜には，嬬恋村（群馬県）のキャベツのほか，野辺山原《のべやまはら》（長野県）のキャベツ，レタス，はくさいなどがあげられます。

4 日本の気候の特色① 185ページ

❶ (1)**南**
(2)**つゆ（梅雨）**
(3)**台風《たいふう》**

❷ (1)**月別平均《へいきん》気温**
(2)**イ**

❸ (1)**季節風**
(2)**A**
(3)**Ⓘ**
(4)**雪**

ポイント

❶(2)つゆは，北海道をのぞくほとんどの地域《ちいき》で見られます。梅雨《ばいう》前線とよばれる気温のちがう空気の集まりの境目《さかいめ》が，日本列島に停《てい》たいすることで発生します。

(3)台風は，太平洋の赤道《せきどう》付近で熱帯低気圧《ねったいていきあつ》として発生します。勢力《せいりょく》を強めながら北上して日本に接近《せっきん》，上陸すると，豪雨《ごうう》や強風をもたらすこともあります。

❷(1)ぼうグラフは，月別降水量《こうすいりょう》（雨や雪のふる量）を示《しめ》しています。単位が「mm」の目もりを読み取ります。

❸(1)(2)季節風は，季節によって決まった方向からふきます。夏の季節風は太平洋から日本に向かってふき，冬の季節風はユーラシア大陸から日本海をわたってふいてきます。

(3)図を見ると，Ⓘは山の手前で雨や雪をふらせているので，しめった風です。冬の季節風は，日本海をわたってくるときに水分を多くふくむため，しめっています。そして，山地にぶつかるとたくさんの雪をふらせ，山をこえると，かわいた風となって太平洋側にふいてきます。

5 日本の気候の特色② 187ページ

❶ A…**ア**　B…**エ**　C…**ウ**　D…**オ**　E…**イ**

❷ (1)**A**
(2)**軽井沢《かるいざわ》，高松《たかまつ》**（順不同）
(3)①**那覇《なは》**　②**富山**
(4)**低**

ポイント

❶日本の気候は，次の６つに区分されます。

気候区分	特ちょう
北海道の気候	夏でもすずしく，冬は寒さがきびしい。
太平洋《たいへいよう》側の気候	夏は南東の季節風のえいきょうで降水量《こうすいりょう》が多く，冬はかんそうして晴れの日が続く。
日本海側の気候	冬は北西の季節風のえいきょうで雪が多くふるため，降水量が多くなる。
中央高地の気候	季節風が山地にさえぎられるため，１年を通して降水量が少ない。また，夏と冬の気温の差が大きい。
瀬戸内《せとうち》の気候	季節風が山地にさえぎられるため，１年を通して降水量が少ない。冬でもほかと比《くら》べて，あたたかい。
南西諸島《なんせいしょとう》の気候	夏は気温が高く，冬でもあたたかい。１年を通して降水量が多い。

❷(1)夏の季節風は，太平洋から日本列島に向かってふいてきます。

(2)降水量が少ないのは，中央高地の気候に属《ぞく》する軽井沢と，瀬戸内の気候に属する高松です。

(3)①は１年を通して降水量が多く，冬でもあたたかいことから南西諸島の気候に属する那覇，②は冬の降水量が多いことから日本海側の気候に属する富山です。

6 あたたかい土地と寒い土地 189ページ

❶ (1)A…**イ**　B…**ア**　C…**イ**
(2)①**ア**　②**イ**　③**ア**

❷ (1)①**ア**　②**エ**　③**イ**
(2)**ア，ウ**（順不同）

ポイント

❶(1)**A・C**…沖縄県は台風《たいふう》の通り道になることが多いため，伝統的《でんとうてき》な家には強風から家を守るためのくふうが見られます。しっくいは，かべや天井などに使われる素材《そざい》ですが，沖縄では屋根がわらをとめるために多く使われてきました。**B**…広い戸は，風通しをよくするので，暑さを防《ふせ》ぐことができます。

(2)沖縄県では一年中あたたかい気候を生かして，ほかの地域《ちいき》の気温が低く生産が少ない冬に，多くの花をさいばいしています。きくやらんなどは，航空機《こうくうき》などを使って大都市に出荷されます。

❷(1)北海道は冬の寒さがきびしく，気温は0℃以下になります。そのため，まどやかべ，屋根のつくりをくふうし，冬の寒さや雪に備《そな》えてくらしています。まどを二重にすると，間に空気がふくまれるので熱がにげにくくなります。また，雪が積もっても出入りできるように，げんかんの位置を高くしている家が多くあります。

(2)**イ**…グラフから，６月に札幌《さっぽろ》市に来た観光客数は約150万人，２月に札幌市に来た観光客数は約100万人であることが読み取れます。よって，６月に来た観光客数は２月に来た観光客数の２倍にはなっていません。**エ**…札幌市に来た観光客数が最も少ない季節は冬です。

7 くらしと食料生産 191ページ

❶ (1)農作物…**イ，カ**（順不同）
　水産物…**ア，エ**（順不同）
　畜産物《ちくさんぶつ》…**ウ，オ**（順不同）
(2)1位…**新潟県**　2位…**北海道**
(3)①**東北**　②**中部**

❷ (1)①**エ**　②**イ**　③**ウ**
(2)**ウ**
(3)**ア**

ポイント

❶(1)農作物とは，米や小麦，野菜，果物《くだもの》などのことです。水産物とは，魚や貝，海そう，それらの加工品（ちくわや，かまぼこなど）のことをいいます。畜産物とは，牛（乳牛《にゅうぎゅう》や肉牛），ぶた，にわとりなどから生産された，牛乳や肉，たまご，それらの加工品（ハムやソーセージなど）のことをいいます。
(2)地図より，米の生産量が最も多いのは新潟県の62万t，次に多いのが北海道の57万tです。
(3)米の収穫量《しゅうかくりょう》のうち，30%近くを東北地方がしめています。東北地方には，秋田県や山形県，宮城県などがふくまれます。
❷(2)みかんは，あたたかい地域《ちいき》でさいばいがさかんで，和歌山県など西日本に産地が多くなっています。水はけがよく，日当たりのよい山のしゃ面などでさいばいされています。
(3)肉牛は北海道や鹿児島県など，ぶたとにわとりは鹿児島県や宮崎県などで飼育《しいく》がさかんです。

8 米づくりのさかんな地域① 193ページ

❶ (1)**イ，ウ**（順不同）
(2)①**ア**　②**ア**

❷ (1)①**E**　②**A**　③**C**　④**D**
(2)①**コンバイン**　②**トラクター**

ポイント

❶(1)ア…庄内《しょうない》平野は，山形県の北西部の日本海ぞいにあります。庄内平野にある鶴岡《つるおか》市や酒田《さかた》市は，山形県の中では県庁所在地《けんちょうしょざいち》の山形市の次に人口が多く，古くから米づくりが行われてきました。イ…庄内平野では冬に雪が多くふるため，春には雪どけ水が川に流れこみます。エ…地図を見ると，畑のわりあいは少なく，耕地《こうち》面積の約90%が田です。
(2)米づくりには，稲《いね》の穂《ほ》が出る夏に気温が高くなることと，日照時間が長いこと，昼と夜とで気温差が大きいことのほか，たくさんの水が必要です。
❷(1)②田おこしは，田をほりおこし，やわらかくする作業です。肥料《ひりょう》を混《ま》ぜながら行い，栄養分を行きとどかせます。③田植えは，現在《げんざい》は田植え機で行いますが，昔は人の手で1つ1つ苗《なえ》を植えていました。④農薬は，使いすぎると人の健康に悪いえいきょうをおよぼす心配があるため，農薬のかわりに雑草《ざっそう》や害虫を食べてくれる，かもなどを水田に泳がせている農家もあります。
(2)①コンバインは，育った稲のかりとりとだっこく（稲を茎《くき》からはずす作業）を同時に行います。コンバインを使うと短時間で多くかりとれます。
②田おこしや，しろかきでは，トラクターを使って作業します。

9 米づくりのさかんな地域② 195ページ

❶ (1)**品種改良**
(2)**（水田）農業試験場**
(3)①**はえぬき**　②**雪若丸《ゆきわかまる》**
(4)①**カントリー**　②**出荷**

❷ (1)**ア，イ**（順不同）
(2)①**ウ**　②**イ**　③**エ**

ポイント

❶(1)品種改良では，その土地の地形や気候に合わせて，おいしい品種や病気に強い品種などがつくり出されます。
(2)農業試験場には，国の農業試験場と都道府県ごとの農業試験場があります。
(3)「はえぬき」「雪若丸」ともに，山形県鶴岡《つるおか》市にある水田農業試験場で開発されました。
(4)カントリーエレベーターでは，稲《いね》をもみのままかんそうさせ，出荷されるまで，一定の温度やしつ度を保《たも》って保管《ほかん》します。
❷(1)ウ…2021年現在，農業で働く「30～59才」の人のわりあいは，50%にも満たないことが読み取れます。エ…「29才以下」の人の数も減《へ》っており，ほとんどいない状況《じょうきょう》になっています。農業で働く人が減っているのはもちろん，特に若《わか》い人が減っていることが農業にとって大きな課題になっています。
(2)①種もみの直《じか》まきとは，水田に種もみを直接《ちょくせつ》まく方法です。こうすることにより，苗《なえ》づくりの仕事を減らすことができます。③このような肥料《ひりょう》を用いた農業を有機農業といいます。

10 水産業のさかんな地域① 197ページ

❶ (1)**B，C**（順不同）
(2)**エ**
(3)**銚子《ちょうし》**
(4)**水産業**
❷ (1)**大陸だな**
(2)**プランクトン**
❸ (1)**まきあみ漁**
(2)①**エ**　②**イ**　③**ア**

ポイント

❶(1)暖流《だんりゅう》は日本の近海を北上する海流で，まわりの海より水温が高く，寒流は日本の近海を南下する海流で，まわりの海よりも水温が低くなっています。
(2)太平洋《たいへいよう》側を南に向かう海流は寒流の親潮《おやしお》（千島《ちしま》海流）です。**A**は寒流のリマン海流，**B**は暖流の対馬《つしま》海流，**C**は暖流の黒潮《くろしお》（日本海流）です。
(3)銚子港は千葉県にある漁港で，さば，いわし，さんまが多くとれます。
❷大陸だなは，陸地のまわりに広がる，深さ200mくらいまでのけいしゃのゆるやかな海底です。海水の栄養が豊《ゆた》かで，魚のえさとなるプランクトンも多いため，よい漁場になっています。
❸(1)まきあみ漁は，大きなあみで魚の群れをとり囲《かこ》み，あみの底をしぼるようにしてとる漁です。いわし，あじ，さばなど，群れをつくる魚をとります。
(2)①沿岸《えんがん》漁業は，海岸やその近くで小型船《こがたせん》を用いて行う漁業で，おもに日帰りで行います。②遠洋漁業は，遠くの海で大型船を用いて行う漁業で，数か月から1年くらいかけて行います。③沖合漁業は，日本近海で数日かけて行います。

11 水産業のさかんな地域② 199ページ

❶ (1)①○　②×　③×　④○
(2)**ア**
(3)①**200**　②**遠洋**
❷ (1)**養しょく業**
(2)**さいばい漁業**
(3)**赤潮《あかしお》**

ポイント

❶(1)①1974年以降《いこう》，生産量が最も多いのは沖合漁業なので○。②遠洋漁業の生産量の差はおよそ360万t，沖合漁業の生産量の差はおよそ500万tと生産量の差が最も大きいのは沖合漁業なので×。③現在《げんざい》の生産量は沿岸《えんがん》漁業がおよそ90万t，遠洋漁業がおよそ40万tと最も少ないのは遠洋漁業なので×。④1970年の生産量は，遠洋漁業，沖合漁業，沿岸漁業の順に多いので○。
(2)漁業で働く人は若《わか》い人のわりあいが減《へ》って高齢《こうれい》化が進み，その数は減り続けています。
❷(1)養しょくは，計画的に魚や貝などを育てて，値段《ねだん》の高いときに出荷《しゅっか》することができます。一方，赤潮などのえいきょうを受けやすい，えさ代がかかる，などといった欠点もあります。
(2)さいばい漁業を行うことで，水産資源《しげん》を増《ふ》やし，持続可能《じぞくかのう》な水産業をめざしています。
(3)海や湖でプランクトンが異常《いじょう》発生することで，海中の酸素《さんそ》が少なくなり，魚が死ぬなどの被害《ひがい》が出ることがあります。

12 これからの食料生産 201ページ

❶ (1)**食料自給率《じきゅうりつ》**
(2)①**大豆**　②**米**
(3)**イ，ウ**（順不同）
❷ (1)①**ア**　②**ウ**　③**イ**
(2)①**トレーサビリティ**　②**地産地消《ちさんちしょう》**

ポイント

❶(1)食料自給率は，(国内での生産量)÷(国内での消費量《しょうひりょう》)×100で求められます。日本では，外国産の安い農作物の輸入《ゆにゅう》が増《ふ》えていることや，農業で働く人が減《へ》っていることなどから，食料自給率が低くなっています。
(2)食料自給率が高いほど，国内で消費される分の食料を，国内の生産だけでまかなえることを示《しめ》しています。逆《ぎゃく》に，外国からの輸入が多いと食料自給率は低くなります。
(3)**ア**…天候が悪くなったり，災害《さいがい》や戦争が起こったりして，輸入相手国の農産物の収穫量《しゅうかくりょう》が大きく減った場合や，輸入相手国との関係が悪化した場合，輸入できなくなるおそれがあります。
イ・ウ…食料を輸入することは，消費者にとっては安い食料を手に入れられるという長所がありますが，生産者にとっては競争がはげしくなるという短所もあります。**エ**…輸入が増えて食生活が豊《ゆた》かになる一方で，売れ残った食品や食べ残しなどは「食品ロス」とよばれ，問題となっています。
❷(2)①牛肉や米，野菜などの商品を販売《はんばい》するときに，商品のシールで生産者などがわかるようになっているものもあります。②地産地消とは，地域《ちいき》で生産したものを同じ地域の中で消費することです。その地域の食料生産をさかんにするだけでなく，遠くまで食料を輸送しなくてよいので，環境《かんきょう》にやさしい取り組みとしても注目されています。

13 くらしと工業生産 203ページ

❶ (1)せんい工業…**D**　機械工業…**A**
(2)①**D**　②**E**　③**B**　④**C**
(3)**中小工場**
(4)**B**

❷ (1)A…**ウ**　B…**エ**　C…**イ**
(2)**太平洋《たいへいよう》ベルト**
(3)**ア，ウ**（順不同）

🔈 **ポイント**

❶(1)以前はせんい工業のわりあいが大きかったですが，近年は機械工業のわりあいが大きくなっています。**A**は機械工業，**B**は金属工業，**C**は化学工業，**D**はせんい工業，**E**は食料品工業のわりあいを示《しめ》しています。

(2)①の衣服はせんい工業で**D**，②のかんづめは食料品工業で**E**，③のねじは金属工業で**B**，④の薬は化学工業で**C**です。

(4)工場数，働く人の数ともに多いのは中小工場です。

❷(1)**A**…京浜《けいひん》工業地帯の「京浜」とは東京と横浜《よこはま》のことで，東京都と神奈川県にまたがる工業地帯です。**B**…中京《ちゅうきょう》工業地帯の「中京」は東京と京都の間という意味で，愛知県と三重県北部に広がる工業地帯です。工業生産額《がく》が日本一（2019年）で，自動車工業を中心として機械工業がさかんです。

C…阪神《はんしん》工業地帯の「阪神」は大阪と神戸《こうべ》のことで，大阪府と兵庫県にまたがる工業地帯です。

(2)関東地方の南部から九州地方の北部にかけて，海岸ぞいに帯（ベルト）のように連なっている，工業がさかんな地域《ちいき》を太平洋ベルトといいます。

(3)太平洋ベルトが広がる地域は，交通の便がよく，大きな港もあるため，原料・燃料《ねんりょう》やつくった製品《せいひん》の輸送《ゆそう》に便利です。

14 自動車をつくる工業① 205ページ

❶ (1)A…**エ**　B…**ウ**　C…**イ**　D…**ア**
(2)**C→D→A→B**

❷ (1)**ウ**
(2)**関連工場**
(3)**イ，ウ**（順不同）

🔈 **ポイント**

❶(1)(2)自動車づくりは，プレス→ようせつ→とそう→組み立ての順で行われます。プレスは鉄板から屋根やドアなどの部品をつくる作業，ようせつは部品をつなぎ合わせて，車体の形にする作業です。このあと，車体に色をぬるとそうが行われ，最後にいろいろな部品を取りつけていく組み立ての作業が行われます。組み立てられた自動車は，細かく検査《けんさ》されたあと，各地に出荷されていきます。なお，ようせつ，とそうなどの危険《きけん》な作業の際《さい》や重い部品をあつかう際には，ロボットが使われています。

❷(1)自動車は，エンジンやシート，ハンドルといった大きな部品から，ねじやボルト，バネなど小さな部品まで，合わせて約3万個《こ》の部品からできています。

(2)自動車工場（組み立て工場）からの注文に合わせて部品をつくる工場は，関連工場とよばれています。シートなど大きな部品をつくる関連工場の下には，シートの部品になる布《ぬの》やねじなど，さらに細かい部品をつくる別の関連工場があります。多くの関連工場は，組み立て工場の近くにあります。

(3)**ア**…細かな部品をつくる工場が小さな部品をつくる工場に出荷し，小さな部品をつくる工場が部品をつくる工場に出荷します。**エ**…組み立て工場が部品をつくる工場の指示《しじ》にしたがうのではなく，部品工場が組み立て工場からの注文にしたがって部品をつくっています。

15 自動車をつくる工業② 207ページ

❶ (1)①**電気**　②**二酸化炭素《にさんかたんそ》**
③**水素**　④**水**
(2)①**C，D**（順不同）　②**A，B**（順不同）

❷ (1)A…**エアバッグ**　B…**シートベルト**
(2)①**リサイクル**　②**自動運転**

🔈 **ポイント**

❶(1)**A**…電気自動車は，バッテリーにたくわえた電気を利用して走るので，ガソリンを使わず，二酸化炭素を排出《はいしゅつ》しません。**B**…燃料電池自動車は酸素と水素を利用して燃料電池で発電するので，水素をほじゅうするための水素ステーションが必要になります。

(2)②環境《かんきょう》にやさしい自動車としては，電気自動車，燃料電池自動車のほか，ハイブリッド車があげられます。これは，ガソリンで動くエンジンと電気で動くモーターを使い分けることができる自動車です。ガソリンの使用量が少なくてすむため，通《つう》常《じょう》の自動車よりも少ない燃料で長く走れます。また，二酸化炭素の排出量が少ない点も特ちょうです。

❷(1)エアバッグは，自動車がしょうとつしたときにふくらみ，乗っている人がハンドルやガラスなどにぶつかるしょうげきを和《やわ》らげるそうちです。

(2)①リサイクルとは，使い終わった製品《せいひん》を原料にもどして，新しい製品に利用することをいいます。車体やドアから鉄やアルミニウムをとり出して，ほかの工業製品に利用するなど，現在《げんざい》，自動車部品の95%以上がリサイクルされています。②危険《きけん》を察知すると自動的にブレーキがかかったり，ハンドルそうさを自動的に支《し》えんしたりする機能《きのう》を組みこんだ自動車がすでに実用化されています。

16 工業生産と輸送・貿易　209ページ

❶ (1)①**輸入《ゆにゅう》**　②**生産**　③**輸出**
(2)①**中国**　②**アメリカ，韓国《かんこく》**（順不同）

❷ (1)**2**
(2)A…**ア**　B…**エ**
(3)**ウ**

ポイント

❶(1)貿易《ぼうえき》のうち，品物を外国から買い入れることを輸入，外国へ売り出すことを輸出といいます。
(2)①貿易額《がく》は輸入額と輸出額を合わせたものです。地図中で輸入額と輸出額の合計を示《しめ》す円が最も大きい中国が，日本との貿易額の最も大きい国です。
②日本にとって輸出のほうが輸入より大きくなっている状態《じょうたい》を貿易黒字，輸入のほうが輸出より大きくなっている状態を貿易赤字といいます。
❷(1)2020年の輸入額は約68兆円，1980年の輸入額は約32兆円なので，68÷32で求めます。
(2)**A**…日本の輸出品の中心は機械類です。また，かつては石油などの燃料《ねんりょう》や工業製品《せいひん》の原料を多く輸入していましたが，近年は機械類の輸入が多くなっています。中国を始めとするアジアの国々から，安くて品質《ひんしつ》のよい工業製品を多く輸入しています。**B**…日本は石油の生産量がとても少ない国なので，その多くを外国からの輸入にたよっています。
(3)1960年度は船や鉄道のわりあいが高かったですが，2020年度には自動車のわりあいが最も高くなっています。

17 これからの工業生産　211ページ

❶ ①**伝統《でんとう》**　②**現代《げんだい》**

❷ X…**国内生産**　Y…**海外生産**

❸ (1)**ウ，エ**（順不同）
(2)①**イ**　②**ア**
(3)**イ，ウ**（順不同）

ポイント

❶**A**は石川県の伝統的工芸品である輪島塗《わじまぬり》で，**B**はその技術《ぎじゅつ》を生かしてつくられた，耳かざりです。伝統的工芸品とは，地域《ちいき》でとれる原材料を生かし，古くから受けつがれてきた技術をもとに，おもに手づくりでつくられる製品《せいひん》です。伝統的工芸品には，ぬり物（漆器《しっき》）のほか，茶わんなどの焼き物（陶磁器《とうじき》），着物などの織物《おりもの》，日本の伝統的な紙である和紙などがあります。
❷1980年代のなかばから生産が始まっていることから，**Y**が海外生産を示《しめ》しています。海外で生産して現地で売ることで，値段《ねだん》を安くすることができます。
❸(2)日本の中小工場は，その多くが高い技術をもっています。独自《どくじ》のすぐれた技術をもち，国内だけではなく，外国からの注文が来るような中小工場もあります。
(3)**ア**…同じ製品を生産し続けることも大切ですが，消費者《しょうひしゃ》の求める製品は時代ごとに変わってくるため，新しい製品を開発する必要があります。
エ…外国からの輸入をすべてやめるのではなく，世界との結びつきを考えて，工業生産を進めていくことが大切です。

18 情報産業とくらし①　213ページ

❶ (1)**マスメディア**
(2)①**イ**　②**ウ**　③**エ**　④**ア**

❷ (1)①**イ**　②**ア**　③**ウ**
(2)**副調整室**
(3)**エ**

ポイント

❶(1)情報《じょうほう》を伝える手段《しゅだん》や方法を「メディア」といい，そのうち，一度にたくさんの人に情報を伝えるメディアを「マスメディア」といいます。「マス」は「大勢《おおぜい》の集まり」という意味をもっています。似《に》たようなことばにマスコミ（マスコミュニケーション）がありますが，「マスメディア」は情報を伝える手段，「マスコミ」はマスメディアによって情報が伝えられることそのものをいいます。
(2)各メディアの特ちょうは次の通りです。

テレビ	音声と映像《えいぞう》で，わかりやすく情報を伝えることができる。
インターネット	知りたい情報をすぐに調べることができる。だれでも発信できる。
新聞	文字や写真などでくわしく伝えられる。記事を切りぬいて保存《ほぞん》できる。
ラジオ	家事や車の運転をしながら情報を得《え》ることができる。停電《ていでん》中でも使える。

❷(1)ニュース番組は，記者やカメラマンたちが，国内や海外で集めてきた情報をもとにしてつくられます。そのほかにも編集《へんしゅう》する人やアナウンサーなど，たくさんの人がかかわっています。
(3)ニュース番組では，人権《じんけん》や公平さなどに配りょし，ニュースを伝えることで傷《きず》つく人がいないようにすることも大切です。

19 情報産業とくらし② 215ページ

❶ (1)ICT《アイシーティー》
(2)**イ，ウ**（順不同）
(3)①**バーコード**　②**イ，エ**（順不同）　③**POS**《ポス》

❷ (1)①**AI**《エーアイ》　②**SNS**《エスエヌエス》
(2)**イ**
(3)**ア，ウ**（順不同）

ポイント

❶(1)ICT（情報通信技術《じょうほうつうしんぎじゅつ》）と似《に》たようなことばにIT（情報技術）があります。ICTの「C」は「コミュニケーション」の頭文字《かしらもじ》です。

(2)電子マネーは，ICカードやクレジットカード，スマートフォンなどを利用して，現金《げんきん》の代わりに支払《しはら》いができるものです。

(3)コンビニエンスストアやスーパーマーケットなどのレジでは，商品についているバーコードを読み取り，「いつ，どの商品が，いくらで，いくつ売れたか」といった情報をいっしゅんで記録しています。このしくみをPOSシステムといいます。

❷(1)AIは人工知能《ちのう》，SNSはソーシャル・ネットワーキング・サービスの略称《りゃくしょう》です。

(3)**ア・ウ**…個人《こじん》情報とは，名前や生年月日，年れい，住所，電話番号など，個人が特定できる情報のことです。個人情報がもれると，プライバシー（他人には知られたくない私生活《しせいかつ》のこと）がしん害されたり，トラブルにまきこまれたりするおそれがあります。**イ**…人がつくった音楽や絵，文章などには著作権《ちょさくけん》があります。つくった人の同意を得《え》ずに，勝手にコピーして使ったり，友だちなどに送ったりしてはいけません。**エ**…ウイルスに感染《かんせん》するおそれがあるため，知らない人からのメールは不用意に開かないようにしましょう。

20 くらしと環境① 217ページ

❶ (1)**ウ**
(2)①**阪神《はんしん》・淡路《あわじ》**　②**東日本《ひがしにほん》**
(3)**津波《つなみ》**
(4)**プレート**

❷ (1)A…**ひなんタワー**　B…**放水路**
(2)A…**エ**　B…**ア**
(3)**緊急地震速報《きんきゅうじしんそくほう》**
(4)**ハザードマップ**

ポイント

❶(1)有珠山《うすざん》や雲仙普賢岳《うんぜんふげんだけ》などの火山がある場所に▲が示《しめ》されているので，火山の噴火《ふんか》による被害《ひがい》があてはまります。

(2)1995年に近畿《きんき》地方で起こったのは阪神・淡路大《だい》震災《しんさい》，2011年に東北《とうほく》地方を中心に起こったのは東日本大震災です。

(3)津波は，大きな地震が海底で起きたときに海水が大きく動くことで発生します。

❷(1)(2)ひなんタワーは，津波が起きたときにすぐに高い所にひなんできるように設置《せっち》されている建物で，各地の海岸ぞいに建設《けんせつ》されています。放水路は，川のはんらんを防《ふせ》ぐための設備《せつび》で，大雨のときに川の水を地下へ取りこんで水量を調整します。また，砂防《さぼう》ダムは，大雨や地震で山やがけの土砂《どしゃ》がくずれて土砂災害が発生したとき，その土砂をせき止めるための設備です。防潮堤《ぼうちょうてい》は，津波や高潮《たかしお》に備《そな》えた設備で，海岸ぞいにつくられます。

(3)緊急速報には，緊急地震速報のほか，津波警報《けいほう》や噴火警報などがあります。

(4)自然災害の被害《ひがい》を減《へ》らす（減災《げんさい》）ためには，あらかじめ自分が住む地域《ちいき》のハザードマップをよく見て，ひなん経路《けいろ》やひなん場所を確認《かくにん》しておく必要があります。

21 くらしと環境② 219ページ

❶ (1)①**イ**　②**ア**
(2)**A**
(3)**エ**

❷ (1)①**ア**　②**カ**　③**イ**　④**ウ**　⑤**エ**
(2)**公害**

ポイント

❶(1)国土全体にしめる森林のわりあいを森林率《しんりんりつ》といい，日本の森林率は世界の平均《へいきん》である約3わりを大きく上回っています。

(2)天然林は人の手があまり入らず，自然にできた森林，人工林は人の手によって植えられた木々からなる森林です。人工林は，1951年から1970年にかけて大きく増《ふ》えました。これは，第二次世界大戦後，家をつくったり燃料《ねんりょう》として使ったりするために木材が必要になり，多くの森林が切りたおされ，その後，すぎやひのきといった生長が早く育てやすい木が植えられたからです。現在《げんざい》も，天然林のわりあいが人工林を上回っています。

(3)**ア**…林業で働く人は多くの年で減少《げんしょう》しています。**イ**…どの年も35～59才のわりあいが最も高くなっています。**ウ**…34才以下の人の数は1990年から2010年にかけて増加《ぞうか》しています。

❷(1)森林が減少すると，空気がよごれたり，土砂《どしゃ》くずれなどの災害《さいがい》が起こったりするおそれがあります。また，森林には，木や土にふくまれている栄養分を川や海へ流出させ，多くの魚や貝を育てる働きもあります。

(2)日本では，高度経済《けいざい》成長の時代に各地で公害が発生しました。

22 まとめのテスト❶ 221ページ

❶ (1)四国《しこく》

(2)**イ，ウ**（順不同）

(3)**盆地**《ぼんち》

(4)**琵琶湖**《びわこ》

(5)①**ケ**　②**オ**　③**ウ**

❷ (1)**夏**

(2)①**ウ**　②**イ**

(3)**イ，ウ**（順不同）

(4)**ア**

ポイント

❶(1)日本の4つの大きな島を面積が大きい順にならべると，本州，北海道，九州，四国の順となります。

(2)北方領土《ほっぽうりょうど》は，択捉島《えとろふとう》，歯舞群島《はぼまいぐんとう》，色丹島《しこたんとう》，国後《くなしり》島《とう》からなります。**ア**の尖閣諸島《せんかくしょとう》は沖縄県に属《ぞく》し，中国が領有権《りょうゆうけん》を主張《しゅちょう》している島々，**エ**の与那国島《よなぐにじま》は日本の西のはしにある島です。

(3)地図中の**C**は長野県を示《しめ》し，諏訪《すわ》盆地などがあります。

(5)①筑後《ちくご》川は，福岡県と佐賀県に広がる筑紫《つくし》平野を流れている川です。②飛騨山脈《ひださんみゃく》は，新潟・長野県，富山・岐阜県の県境《けんざかい》を南北に走っている山脈です。③越後《えちご》平野は，新潟県の北部から中部に広がる，日本海側に面した平野です。なお，地図中の**ア**は奥羽《おうう》山脈，**イ**は最上《もがみ》川，**エ**は関東平野，**カ**は木曽《きそ》川，**キ**は大阪《おおさか》平野，**ク**は中国《ちゅうごく》山地です。

❷(1)季節風は季節によってふく方向が変わる風で，夏は太平洋側から，冬はユーラシア大陸側からふいています。

(2)①は太平洋側の気候の説明なので**ウ**（静岡），②は中央高地の気候の説明なので**イ**（松本《まつもと》）を選びます。**ア**と**エ**は日本海側の気候にあてはまります。

(4)**イ**～**エ**の農作物は沖縄県で生産がさかんです。

23 まとめのテスト❷ 223ページ

❶ (1)A…**青森**　B…**和歌山**

(2)**エ**

❷ (1)A…**ウ**　B…**イ**　C…**エ**　D…**ア**

(2)**コンバイン**

❸ (1)**とる**

(2)①**イ**　②**イ**

(3)**米，野菜**（順不同）

(4)**輸入**《ゆにゅう》

ポイント

❶(1)りんごの生産量が最も多いのは青森県，みかんの生産量が最も多いのは和歌山県です。りんごはすずしい気候の地域《ちいき》，みかんはあたたかい気候の地域でさいばいがさかんです。

(2)**エ**は魚のすり身を練ったもので，水産物にあたります。

❷(1)**A**の田おこしは，田をほりおこし，やわらかくする作業です。**B**のしろかきは，田植えの前に田に水を入れ，土をくだいて平らにする作業です。

(2)コンバインは，稲《いね》のかりとりとだっこく（稲を茎《くき》からはずす作業）を同時に行います。

❸(1)沖合漁業，遠洋漁業などが，とる漁業にあたります。

(2)1970年代の中ごろまで，日本の漁船は世界中の海に出かけて遠洋漁業を行っていました。しかし，世界各国が200海里《かいり》水域を設《もう》けて外国の漁船による漁業を制限《せいげん》するようになったため，日本の遠洋漁業による生産量は大きく減少《げんしょう》しました。

(3)日本の食料自給率《じきゅうりつ》は，米は100%近くですが，小麦や大豆はかなり低くなっています。

24 まとめのテスト❸ 225ページ

❶ (1)A…**ウ**　B…**ア**

(2)**エ**

(3)**C→D→A→B**

(4)**イ，エ**（順不同）

❷ (1)A…**映像**《えいぞう》　B…**文字**　C…**音声**

(2)①▲…**火山**　×…**地震**《じしん》

②**防災**《ぼうさい》

ポイント

❶(1)かつての日本では，おもにせんいの原料を輸入《ゆにゅう》してせんい品を輸出していました。現在《げんざい》は，原料や燃料《ねんりょう》などを輸入して機械類をつくり，それを輸出するようになりました。

(2)中京《ちゅうきょう》工業地帯では，自動車工業を中心とする機械工業がさかんです。

(3)自動車づくりは，鉄の板を切りとってプレス機で折り曲げたり打ちぬいたりする「プレス」，プレスされた部品を熱でとかしてつなぎ合わせる「ようせつ」，ようせつされた車体をあらったあとに色をぬる「とそう」，車体にエンジンやタイヤ，シートなどをとりつける「組み立て」の作業の順でつくられます。

(4)**ア**は人にやさしい自動車，**ウ**は安全に配りょした自動車です。

❷(1)一方でインターネットは，映像・文字・音声・写真・絵など，ラジオや新聞などよりも，さまざまなものを使って情報《じょうほう》を伝えます。

(2)①日本は火山の多い国で，たびたび噴火《ふんか》による被害《ひがい》が出ています。また，震源《しんげん》とは地震が発生した場所のことです。ふつう震源地からはなれるほど，震度は小さくなります。②災害《さいがい》を完全に防《ふせ》ぐことは不可能《ふかのう》なため，できるだけ被害を減《へ》らす減災《げんさい》にも取り組む必要があります。

国語

1 漢字① 227ページ

❶ (1)**りゅうがく** (2)**しゅうい**
(3)**とくい** (4)**くてん**
(5)**そせん** (6)**ほうこく**
(7)**さっぷうけい** (8)**はか**
(9)**す** (10)**おさ**

❷ (1)技術 (2)文脈 (3)内容
(4)検定 (5)記述 (6)大勢
(7)政治 (8)桜 (9)飼 (10)支

ポイント

❶(8)「はか（る）」には，ほかにも「計る」「量る」「図る」などの同訓異字《どうくんいじ》があります。
(10)「おさ（める）」には，ほかにも「治める」「収《おさ》める」「納《おさ》める」などの同訓異字があります。
❷(1)「術」の部首は，「彳（ぎょうにんべん）」ではなく「行（ゆきがまえ・ぎょうがまえ）」です。
(2)「脈」の部首「月」は，「つきへん」ではなく「にくづき」です。

2 漢字② 229ページ

❶ (1)**ぼうふう** (2)**きげん**
(3)**りょうち** (4)**べんとう**
(5)**かくじつ** (6)**ぞうかん**
(7)**さかい** (8)**ゆた**
(9)**こころよ** (10)**と**

❷ (1)酸素 (2)賛成 (3)銀河
(4)複数 (5)武士 (6)仏
(7)布 (8)仮 (9)招 (10)許

ポイント

❶(7)「境」には，「キョウ」という音読みもあります。「境界線」「国境」などの熟語《じゅくご》で使われます。
(9)「快よい」と送りがなをまちがえやすいので，注意して覚えましょう。
(10)「採」には，「サイ」という音読みもあります。「手にとる」という場合は「取る」，「つみとる」という場合は「採る」，と使い分けます。
❷(3)「河」には，「かわ」という訓読みもあります。特別な読みとして，「河原《かわら》」という熟字訓があります。
(4)「複」には，ほかにも「副《ふく》」や字形のよく似《に》た「復《ふく》」などの同音異字《どうおんいじ》があるので，意味や形に注意して書きましょう。
(10)「許」には，「キョ」という音読みもあり，「許可《きょか》」「特許」などの熟語で使われます。

3 物語① 場面と心情 231ページ

❶ (1)**ア** (2)**ウ** (3)**イ** (4)**肉眼**
(5)（右から順に）**神秘の力，例うれしい**

ポイント

❶(1)直前に「ちょうど理科の……こともあり」とあるので，このときの話題は，教室のみんなにとって関心の高い内容《ないよう》であったことがわかります。そのため，教室のふんいきは「にぎやかに」なっていたと考えられます。
(2)「身を乗り出す」とは，「興味《きょうみ》や関心が強い物事に対して積極的になる様子」を表します。先生は，マル君の「（シャトルは）どんなふうに見えるの？」ということばを聞いて「身を乗り出し」ています。
(3)いつもなら出てくるような否定《ひてい》的な意見がなかったことから，先生のことばに対して教室のみんながプラスの感情《かんじょう》をもったことがわかります。
(4)本文冒頭《ぼうとう》の二文に着目しましょう。克之《かつゆき》君が「言いだしたこと」の内容がわかります。
(5)この場面での「V《ブイ》サイン」がどのような意味なのかを考えましょう。克之君が「顔をほころばせた」ことから，喜《よろこ》んでいることがわかります。

4 物語② 人物像と人物の関係 233ページ

❶ (1)**みんなが知っている本，頭のなか**
(2)①**ア** ②**ウ**
(3)**イ**
(4)**ウ**

ポイント

❶(1)直前の広瀬《ひろせ》くんの「一年生が知っている話だったら……ちゃんと内容《ないよう》は伝わる」という発言が，「わたしがうまく伝えきれなかったこと」です。ただし，解答らんの字数にあてはまることばがないので，広瀬くんの発言と対応《たいおう》する部分を探《さが》しましょう。おばあちゃんから教えてもらった内容に，「みんなが知っている本を読んであげれば……、自分の頭のなかでどんどん想像《そうぞう》して」とあります。
(2)広瀬くんは最後に「ありがとう佐々野《ささの》さん。おれ、それ聞いて、ちょっと安心した」と言っています。アドバイスをもらって，広瀬くんは「わたし」に感謝《かんしゃ》していることがわかります。
(3)困《こま》っている広瀬くんに対して，「うまく説明できるかどうか不安」はあるが，「わたしでよければ力になりたかった」とあります。また，おばあちゃんから教わったことを参考にアドバイスしている様子から，力になりたいという思いがわかります。
(4)広瀬くんが「わたし」の話を聞く態度《たいど》に着目しましょう。「……みんな……知っているお話が……」というたどたどしい「わたし」の話を，広瀬くんは「真剣《しんけん》な表情《ひょうじょう》」で聞いています。

5 漢字の成り立ち 235ページ

❶ (1)**ウ**　(2)**ア**
(3)**イ**　(4)**エ**

❷ (1)自，心　(2)木，目　(3)口，鳥
(4)立，日　(5)言，十（すべて順不同）

❸ (1)音を表す部分…可　音読み…**カ**
(2)音を表す部分…才　音読み…**ザイ**
(3)音を表す部分…司　音読み…**シ**
(4)音を表す部分…同　音読み…**ドウ**
(5)音を表す部分…周　音読み…**シュウ**

❹ (1)**エ**　(2)**ア**　(3)**ウ**
(4)**エ**　(5)**イ**

ポイント

❶(4)「板」は「木」が意味を，「反」が音を表した形声文字です。

❷(5)「計」は「言」と「十」の組み合わせで，「多くの数を集めて数える」という意味です。

❸(3)「飼」は「食」という部首と「シ」という音を表す「司」からできた形声文字です。

(4)「銅」は「金」という部首と「ドウ」という音を表す「同」からできた形声文字です。

❹(1)エのみが形声文字，ほかは象形《しょうけい》文字です。

(2)アのみが象形文字，ほかは指事文字です。

(3)ウのみが形声文字，ほかは会意文字です。

(4)エのみが会意文字，ほかは形声文字です。

(5)イのみが指事文字，ほかは象形文字です。

6 漢字の読みと使い方 237ページ

❶ (1)**エ**　(2)**ウ**　(3)**ア**　(4)**イ**

❷ (1)**イ**　(2)**エ**　(3)**ア**　(4)**エ**

❸ (1)①**ジン**　②**ニン**
(2)①**チョク**　②**ジキ**
(3)①**カ**　②**ケ**

❹ (1)明日　(2)上手　(3)八百屋
(4)友達　(5)景色

ポイント

❶(4)「都」は「みやこ」(人の集まる大きな町) の意味で使うときには「ト」と読み，「集まる」の意味から転じた「すべて」の意味で使うときには「ツ」と読むことが多いです。

❷(2)「楽」は「楽団《がくだん》」「楽曲」「洋楽」のように，「おんがく」の意味で使うときに「ガク」と読むことが多いです。

❸(3)「家」の訓読みは「いえ」「や」です。住居，家族，同じ血筋《ちすじ》の人たちなど，さまざまな意味をもちます。

❹(2)「じょうず」は特別な読み方です。ほかにも，「かみて」「うわて」など，複数《ふくすう》の読み方があります。

7 漢字③ 239ページ

❶ (1)**こうせき**　(2)**ていじ**
(3)**ちょきん**　(4)**はか**
(5)**ぶんかざい**　(6)**ぞうきばやし**
(7)**けっぱく**　(8)**ほご**
(9)**よ**　(10)**な**

❷ (1)授業　(2)停止　(3)公演
(4)適切　(5)準備　(6)職
(7)綿毛　(8)迷　(9)編　(10)肥

ポイント

❶(2)「示」には，「しめ(す)」という訓読みもあります。

(6)「雑」の部首は，右側の部分の「隹 (ふるとり)」です。

(10)「慣」には，「カン」という音読みもあります。「習慣」「慣例」などの熟語《じゅくご》で使われます。「慣」の部首は，左側の部分の「忄（りっしんべん)」です。

❷(3)「公演」は，「音楽や演芸《えんげい》などを公開の場で演じること」という意味の熟語です。ほかにも，「公園」「講演《こうえん》(多数を相手に，ある話題についての話をすること)」などの同音異義語《どうおんいぎご》があるので，意味に注意して書きましょう。

(10)「肥」には，「ヒ」という音読みもあり，「肥料」「肥満」などの熟語で使われます。

8 漢字④ 241ページ

❶ (1)**しょくどう**　(2)**でんとうてき**
(3)**こうか**　(4)**こうさく**
(5)**もくぞう**　(6)**きんいつ**
(7)**じこ**　(8)**あ**
(9)**こた**　(10)**へ**

❷ (1)程度　(2)航海　(3)永久
(4)歴史　(5)正義　(6)税金
(7)謝罪　(8)夢　(9)破　(10)構

ポイント

❶(8)「在」には，「ザイ」という音読みもあり，「在来」「実在」などの熟語《じゅくご》で使われます。

(9)「応」の部首は，「广 (まだれ)」ではなく，中の部分の「心 (こころ)」です。

(10)「経る」とは，「時がたつ」という意味です。「経」には，「ケイ」という音読みもあります。「経験」「神経」などの熟語で使われます。

❷(5)「義」は，同じ部分をふくむ「議」とまちがえないように注意しましょう。
(6)「税」は，右側の部分を「兄」と書かないように注意しましょう。
(9)「やぶ（れる）」には，ほかにも「敗れる」という同訓異字《どうくんいじ》があるので，注意して書きましょう。

9 説明文① 文章の構成 243ページ

❶ (1)**ア**　(2)**うまくいく**
(3)**自分の言葉，説明**
(4)**イ**　(5)**ウ**

ポイント

❶(1)[　　　]のふくまれる文の文末に「からだ」とあることから，理由を説明する接続語《せつぞくご》である「なぜなら」があてはまります。
(2)――線部に「そう」という指示語《しじご》がふくまれていることに着目しましょう。指示語の内容《ないよう》は直前の部分に書かれていることが多いので，字数に注意して書きぬきましょう。
(3)――線部の直後に「人間は、自分の言葉でカラスの言葉を説明できる」とあるので，この部分を書きぬきましょう。
(4)[5]段落《だんらく》は，[4]段落の「人はなぜウソをつくのか」という問いに対して，「動物は、人間のようにウソをつかない」と，対照的な内容になっています。
(5)この文章は，「人はなぜウソをつくのか」という問いについて，「初め」「中」「終わり」の構成《こうせい》で説明しています。文章の導入《どうにゅう》部分である「初め」は，[1]・[2]・[3]段落で，イギリスの貴族《きぞく》を題材にして話題を提示《ていじ》しています。文章を展開《てんかい》する「中」は，[4]・[5]・[6]段落で，人間と動物のちがいを説明しています。文章のまとめとなる「終わり」は，[7]段落で，これまでの説明をもとに結論《けつろん》づけています。

10 説明文② 要旨 245ページ

❶ (1)**解答への近道**
(2)**ウ**
(3)**ドキドキ感**
(4)**分からない，感動**
(5)**ウ**

ポイント

❶(1)指示語《しじご》の内容《ないよう》は直前に書かれていることが多いです。
(2)[　　　]の前後の内容に着目しましょう。直前の部分では，録画した大好きなスポーツの試合を毎日観《み》ているという内容ですが，直後ではそれが「悲さんなこと」とあります。前後でプラスの内容からマイナスの内容へと反対の内容になっているので「しかし」があてはまります。
(3)「悲さんなこと」の内容は直前の「結果が分かってしまうこと」なので，それによって何がなくなるのかを，このあとの文章から読み取りましょう。
(4)筆者は，学ぶことの面白《おもしろ》さについて具体例を挙げながら説明しています。「答えが分からない」ことを苦労して考えて分かったとき，もしくは教わったときに得《え》られる「感動こそが、自らを確実《かくじつ》にこう新する」と述《の》べています。
(5)最後の二つの段落《だんらく》の内容に着目しましょう。この文章ではスポーツ観戦の例を挙げながら，どのような「学び」が「楽しめる」ものなのか，またそのプロセスによる「面白さ」を中心に述べていることがわかります。

11 和語・漢語・外来語 247ページ

❶ (1)**ウ**　(2)**ア**　(3)**イ**
❷ (1)**イ**　(2)**ア**　(3)**ウ**
(4)**ア**　(5)**イ**　(6)**ウ**
(7)**イ**　(8)**ア**
❸ (1)和語…**なまもの**　漢語…**せいぶつ**
(2)和語…**くさはら**　漢語…**そうげん**
(3)和語…**としつき**　漢語…**ねんげつ**
❹ （すべて右から順に）
(1)**ア，イ，ウ**
(2)**イ，ウ，ア**
(3)**ウ，ア，イ**

ポイント

❶中国で生まれた漢語は音読みで，熟語《じゅくご》で多く使われます。
❷(1)「果実」は，「カジツ」と音読みするので，漢語です。
(3)「チャイム」は，外国から伝わった外来語で，カタカナで書き表します。
(8)「深い」は，「ふか（い）」と訓読みするので，和語です。
❸(1)「生物」は和語では「なまもの」と読みます。漢語の「せいぶつ」とは意味が異《こと》なります。「せいぶつ」と同じ意味の「いきもの」という和語がありますが，この場合は「生き物」と，「き」という送りがなが入るのがふつうです。
(2)「草原」を「くさっぱら」と読む場合は，「草っ原」と「っ（つまる音）」が入ります。
❹音読み，訓読み，カタカナ表記に注意して考えましょう。

答え

12 文の組み立て① 249ページ

❶ (1)ア　(2)ウ　(3)イ
(4)ア　(5)ウ

❷ (1)主語…わたしは　述語…食べる
(2)主語…これは　述語…人形だ
(3)主語…月は　述語…美しかった

❸ (1)ア　(2)ウ　(3)イ　(4)ウ

❹ (1)エ　(2)イ　(3)ア
(4)イ　(5)エ

ポイント

❶述語《じゅつご》は文末にあることが多いので，まずは述語を探《さが》し，それに対応《たいおう》する主語を探すとよいでしょう。

(2)「体育だ」が述語になるので，「何が」にあたる「教科は」が主語となります。

❷(3)ことばの順番が入れかわっている文です。もとの語順に直してみると，「月は」「美しかった」が主語と述語の関係になっているとわかります。

❸主語は「だれが」「何が」にあたることば，述語は「どうする」「どんなだ」「何だ」にあたることば，修飾語《しゅうしょくご》はほかのことばをくわしくすることばです。それぞれの役割《やくわり》を考えましょう。

❹つなげて読んでみて，意味のとおることばの組み合わせが，修飾の関係です。(1)(5)のように，はなれた部分をくわしくしていることもあるので，注意しましょう。

13 漢字⑤ 251ページ

❶ (1)きんぞく　(2)こくさいか
(3)しりょう　(4)てんけいてき
(5)おんこう　(6)ひと
(7)だんけつ　(8)うつ
(9)もう　(10)は

❷ (1)犯人　(2)消毒液　(3)能力
(4)質問　(5)条件　(6)貿易
(7)妻　(8)比　(9)似　(10)救

ポイント

❶(4)「典型的」は，「物事の特性《とくせい》をよく表しているさま」という意味を表す熟語《じゅくご》です。

(5)「温厚」は，「性格《せいかく》などが大人しいこと」という意味を表す熟語です。

(8)「うつ（す）」には，ほかにも「写す」「映《うつ》す」などの同訓異字《どうくんいじ》があります。

❷(1)「犯」の部首は，「犭（けものへん）」です。「扌（てへん）」とまちがえないように注意しましょう。

(7)「妻」には，「サイ」という音読みもあります。「妻子《さいし》」「夫妻《ふさい》」などの熟語で使われます。

14 漢字⑥ 253ページ

❶ (1)そんがい　(2)ひき
(3)そうぞう　(4)どうしょう
(5)ちしき　(6)せつぞく
(7)こころざし　(8)いとな
(9)あま　(10)あらわ

❷ (1)防災　(2)燃料　(3)利益
(4)転居　(5)校舎　(6)個人
(7)幹　(8)貸　(9)任　(10)解

ポイント

❶(2)「率」には，「リツ」という音読みもあります。「確率《かくりつ》」「勝率」などの熟語《じゅくご》で使われます。

(7)動作として用いる場合は，「こころざ（す）」と送りがなをつけます。

(10)「あらわ（す）」には，ほかにも「表す」「著《あらわ》す」などの同訓異字《どうくんいじ》があるので，使い方に注意しましょう。

❷(1)「防」には，「ふせ（ぐ）」という訓読みもあります。

(4)「居」には，「い（る）」という訓読みもあります。

(8)「貸（す）」と「借（りる）」は読み方がにているので，書きまちがいに注意しましょう。

(10)「解」には，「カイ」という音読みもあり，「解答《かいとう》」「理解」などの熟語で使われます。

15 物語③ 場面と心情の変化 255ページ

❶ (1)ウ
(2)サッカー部，受験できそう
(3)イ
(4)ア

ポイント

❶(1)直後に「春香《はるか》のはずむような声」とあることに着目しましょう。和弥《かずや》に好意をいだいている春香は，和弥がグラウンドに来たことを喜《よろこ》んでいます。

(2)中学受験のためにサッカークラブの活動を休んでいた和弥が，サッカーを続けるためにどのように考えたのか読み取りましょう。「受験をやめる」のではなく，「サッカーを続けても受験できそうで、サッカー部が強い」学校を調べたとあります。

(3)直前に「なんとなく受験することにした」受験について「親にまかせっぱなしだったことに気がついた」とあります。その態度《たいど》を改めたと読み取れるので，「自分がどうしたいか」があてはまります。

(4)好きと言われたことを思い出して「目を合わせられない」和弥の様子が，「春香の大きな目をまっすぐに見た」へと変化しているのは，和弥の中で気持ちの変化があったからです。それは，春香としっかりと話したことで，初めにあったはずかしさよりも，自分がどうしたいかを考え，「今しかできないこと」であるサッカーを続けることの自信のほうが上回ったのだと読み取れます。

16 物語④ 情景と表現の効果 257ページ

❶ (1)**バス，キャッチボール**
(2)**ウ**
(3)**4年1組，うすれかかって**
(4)**ア**

ポイント

❶(1)場面の様子を確認《かくにん》しましょう。三上《みかみ》くんは，「少年」がバスを待つ間，「ちょっとだけでも、キャッチボールしよう」と発言して，グローブを差し出していることに着目します。
(2)直後の「黒い文字はうすれかかっていた」から考えます。サインペンで書かれた文字がうすれかかっていることから，三上くんの転校により二人が別れてから時間がたっているということがわかります。
(3)「うれしいのか悲しいのかよくわからなかった」とあるので，プラスとマイナスの二つの心情《しんじょう》を読み取ることが重要です。直前のできごとから考えましょう。「少年」は，うすれかかった「南小4年1組フォーエバー！」という文字を見たとき，三上くんが「4年1組」での思い出を「フォーエバー！（永《えい》遠《えん》に）」と書いていたことを知ってうれしくなった反面，その文字のように気持ちもうすれてしまったのだと感じて悲しんでいます。
(4)物語では，登場人物の心情が風景や場面に重ねてえがかれることがあります。これを情景描写《びょうしゃ》といいます。三上くんのグローブに書かれた「南小4年1組フォーエバー！」という文字は，初め「うすれかかって」いました。この文字が，少しだけ鮮《あざ》やかになったという描写から，「少年」が三上くんと過《す》ごした日々がかけがえのないものであったという思いが鮮明《せんめい》になり，消えそうな心のつながりを取りもどそうとする気持ちが読み取れます。

17 同じ読み方をする漢字 259ページ

❶ (1)**ウ**　(2)**エ**　(3)**ア**
(4)**ウ**　(5)**エ**
❷ (1)**ウ**　(2)**イ**　(3)**イ**
❸ (1)①協力　②強力
(2)①辞典　②時点
(3)①機械　②機会
❹ (1)①量　②計
(2)①立　②建

ポイント

❶(1)「習得《しゅうとく》」とは，「学問や技《わざ》などを身につけること」という意味を表す熟語《じゅくご》です。
❷(3)「空く」は，ある空間を満たしていたものがなくなるという意味で使われます。「空き家」「空きびん」などのことばでも使われます。
❸(3)同音異義語《どうおんいぎご》は，ことばの意味に注意して使い分けましょう。「機会」は，「物事を行うのにちょうどよいこと」という意味を表す熟語です。
❹(1)「量る」は，体重を量るなど，重さ・かさ・量を調べるときのほか，気持ちを量るなど，人の思いをおし量るときにも使います。「計る」は，時間を計るなど数や時間を数えるときに使います。

18 文の組み立て② 261ページ

❶ (1)主語…**ケーキは**　述語…**おいしかった**
(2)主語…**男の子が**　述語…**いる**
(3)主語…**ぼくも**　述語…**行った**
(4)主語…**君こそ**　述語…**ふさわしい**
❷ (1)**ウ**　(2)**イ**　(3)**ア**
(4)**ア**　(5)**ウ**
❸ (1)**ア，イ**（順不同）　(2)**ウ**　(3)**エ**
(4)**ア，イ，ウ**（順不同）
(5)**イ，ウ，エ**（順不同）
❹ (1)**イ**　(2)**ア**　(3)**ウ**
(4)**エ**　(5)**エ**

ポイント

❶主語は，「～は」「～が」以外にも，「～も」「～こそ」などの形になる場合もあるので，覚えておきましょう。
(3)「行った」のはだれか，と考えましょう。
(4)「ふさわしい」のはだれか，と考えましょう。
❷(1)「かなり」は，程度《ていど》を表す修飾語《しゅうしょくご》で，直後の「暑い」にかかっています。
❸修飾語は，修飾されることばよりも前にあるので，□よりも前のことばから，修飾語を探《さが》しましょう。
❹(3)(4)(5)のように修飾語の直後ではなく，後のはなれた部分にあることもあるので，注意しましょう。

19 詩① 263ページ

❶ (1)**七，五**
(2)**めにみえぬ**
(3)**見えぬけれどもあるんだよ、見えぬものでもあるんだよ。**
(4)**三**
(5)**イ**
(6)**ほんとうの強さ**

ポイント

❶(1)すべての行が，「あおいおそらの（七）」「そこふかく（五）」というように，七音と五音で構成《こうせい》されています。この詩のように，音数に一定の決まりがある詩を「定型詩《ていけいし》」といいます。（決まりがない詩は「自由詩」。）

(2)二つの連が，同じような形式で書かれた対《つい》の関係になっていることに着目しましょう。「夜がくるまでしずんでる」の直後に，「昼のお星はめにみえぬ」とあります。この部分と対になっている，「春のくるまでかくれてる」の直後の「つよいその根は」のあとには「めにみえぬ」が入るとわかります。

(4)行間をあけて区切られた詩の中のまとまりを「連」といいます。この詩の場合，それぞれ「水平線がある」で始まる三つのまとまり（三連）でできています。

(5)――線部の直後に「空とはちがうぞと」とあることから，海と空の境界線《きょうかいせん》がはっきりしている様子を表していることがわかります。

(6)三つ目のまとまりに着目しましょう。「ほんとうの強さみたいに／どこまでもある」と，水平線がどこまでも続く様子を強さにたとえている部分があります。

20 漢字⑦ 265ページ

❶ (1)**きこうぶん** (2)**すいあつ**
(3)**いんしょう** (4)**ふかけつ**
(5)**せいかく** (6)**ふじんふく**
(7)**えだ** (8)**きず**
(9)**へ** (10)**き**

❷ (1)状態 (2)規則 (3)再会
(4)制度 (5)衛生 (6)評価
(7)常 (8)情 (9)貧 (10)責

ポイント

❶(4)「不可欠」とは，「なくてはならない」という意味の熟語《じゅくご》です。

(9)「減」には，「ゲン」という音読みもあります。「減少」「減点」などの熟語で使われます。

❷(1)「態」は，字形のよく似《に》た「熊」とまちがえないようにしましょう。

(5)「衛星《えいせい》」「永世《えいせい》」という同音異義語《どうおんいぎご》もあるので，意味に注意して書きましょう。

(8)「情」の部首は「忄（りっしんべん）」です。「ジョウ」という音読みもあり，「感情」「情報《じょうほう》」などの熟語で使われます。

21 漢字⑧ 267ページ

❶ (1)**せいりょく** (2)**きょうみ**
(3)**おうふく** (4)**せんりゃく**
(5)**そうりょく** (6)**ゆしゅつにゅう**
(7)**はんが** (8)**こむぎこ**
(9)**よろこ** (10)**けわ**

❷ (1)講師 (2)判断 (3)証明
(4)基本 (5)順序 (6)禁止
(7)額 (8)務 (9)逆 (10)絶

ポイント

❶(3)「往復」とは，「行きと帰り」という意味であり，反対の意味の漢字を組み合わせた熟語《じゅくご》です。

(10)「険」には，「ケン」という音読みもあります。また，字形の似《に》た「検《けん》」「験」という同音異字《どうおんいじ》があるので，使い方に注意しましょう。

❷(5)「序」の部首は「广（まだれ）」で，その中は3年生で学習した「予」です。「子」と書きまちがえないように気をつけましょう。

(7)「額」には，「ガク」という音読みもあります。「金額」「定額」などの熟語で使われます。

(8)「つと（める）」には，ほかにも「努める」「勤《つと》める」などの同訓異字があるので，注意しましょう。

22 説明文③　原因と結果 269ページ

❶ (1)①**悪い** ②**幸せ** (2)**外来生物**
(3)①**最後** ②**自然** (4)**ウ**

ポイント

❶(1)――線部の次の段落《だんらく》に書かれている二つの「それ」は，飼《か》うことができなくなったペットを「自然にかえすこと」という内容《ないよう》をさしています。一つ目の「それ」は，「それは問題だと考えられていた」と書かれているため，この部分に書かれていることは――線部の理由とはなりません。二つ目の「それ」が使われている部分は，――線部の理由になりますので，この部分から空らんにあてはまることばを探《さが》します。

(2)――線部の次の段落に「こうしたことが原因《げんいん》で」と書かれています。この「こうしたこと」は，――線部をふくむ一文の内容をさしています。つまり，この直後に書かれていることが，――線部の結果です。

(3)――線部の直前に書かれている内容から，空らんにあてはまることばを探《さが》します。「新たな外来生物」を生み出さないためには「生きものを飼い始めたら最後まで飼育《しいく》し続ける」，「よそから生きものを連れてきて自然の中ににがさない」とあります。

(4)アは，数十年前まではにがすとよいという風ちょうがありましたが，「今では、それがよくないことだということが理解《りかい》されている」とあるため，まちがっています。イは，「つかまえた生きものを別の場所に放すこと」はよくないと書かれているため，まちがっています。ウは，「新たな外来生物のたん生を防《ふせ》ぐ」ための守るべきことが述《の》べられ，それが「むずかしいことではない」とあることから，読者へよびかけることで，新たな外来生物のたん生を防ぎたいという筆者の思いが読み取れます。

23 説明文④　論の進め方　271ページ

❶ (1)（右から順に）**元の種，別の種**
(2)**サボテンの仲間**
(3)**ウ**　(4)**ア**　(5)**イ**

ポイント

❶(1)文章中の因果《いんが》関係（原因と結果）をつかみましょう。この文章では，結果が原因となるできごとと対《つい》になって書かれています。――線部のあとの部分に着目すると，「それに成功した場合には……生物になってしまう」とあります。

(2)指示語《しじご》が示《しめ》す内容《ないよう》は前の部分に書かれていることが多いです。空らんの直後にある「のような形」をヒントにしながら，書きぬきましょう。

(3)□の前では「皮」の変化と「葉」の変形を，そのあとでは「根」が深く広がっていったことを述《の》べています。このことから，内容をつけ加える働きの接続語《せつぞくご》「しかも」があてはまります。

(4)――線部の直前に，「環境《かんきょう》の変化に順応《じゅんのう》して生きのびてゆくために」とあります。「……ために」は目的を表すときに使うことばです。

(5)本文は，植物の体や性質《せいしつ》の変化変容について述べた「初め」，具体例としてアフリカの菊《きく》について述べた「中」，環境に適応《てきおう》するためにもとの仲間とは別の種になるというまとめの「終わり」という構《こう》成《せい》になっています。

24 似た意味や反対の意味の言葉　273ページ

❶ (1)**イ**　(2)**オ**　(3)**エ**
(4)**ア**　(5)**ウ**
❷ (1)命中　(2)自然
(3)方法　(4)音信
❸ (1)**ウ**　(2)**ア**　(3)**オ**
(4)**イ**　(5)**エ**
❹ (1)人工　(2)部分
(3)結果　(4)容易

ポイント

❶(2)「立身出世」というように，似《に》た意味の言葉（類義語《るいぎご》）を重ねた四字熟語《じゅくご》もあります。

(4)「進歩」に似た意味の熟語は「発達」以外にも「向上」「発展《はってん》」「進展」などがあります。

❷似た意味の熟語には，(1)や(2)のように一字が共通するものもあります。

❸(4)「消費《しょうひ》」とは，商品などを「使うこと」を表すので，その反対の「つくり出すこと」を表す「生産」を選びましょう。

❹反対の意味の言葉は，対《つい》になる言葉と合わせて「対義語」として覚えておくようにしましょう。

(1)「人口」と書かないように注意しましょう。

(2)反対の意味の熟語は「部分」以外に「個別《こべつ》」があります。

25 敬語①　275ページ

❶ (1)**ウ**　(2)**イ**　(3)**ア**
❷ (1)**ウ**　(2)**イ**　(3)**ア**　(4)**ウ**
❸ (1)**くれた**　(2)**食べた**
(3)**した**　(4)**着た**
❹ (1)**ウ**　(2)**イ**　(3)**ア**　(4)**イ**
(5)**ウ**

ポイント

❶(2)敬語《けいご》を使う際《さい》は，自分のほか，自分に関係のある人の行動でも謙譲語《けんじょうご》を使い，相手に敬意を表します。

❷(1)「おこしになる」は「来る」の尊敬語《そんけいご》です。「来る」の尊敬語には，「いらっしゃる」もあります。母親など，身内の人間の行動に尊敬語を使うことはありません。

(4)「お（ご）～する」という形で謙譲語になります。「お（ご）～になる」という形で尊敬語になります。「参る」とは，「来る」の謙譲語です。

❸(2)「めしあがる」は，「食べる」だけでなく，飲むなどの場合にも使用する尊敬語です。

(3)「なさる」は「する」の尊敬語です。ここでは過《か》去《こ》の形の「なさった」とあるため「した」が敬語を使わない言い方になります。

❹(1)「です」「ます」「ございます」は丁寧語《ていねいご》です。

(4)「ちょうだいする」は「もらう」の謙譲語です。「差し上げる」は「あげる」の謙譲語です。

26 表現のくふう　277ページ

❶ (1)ウ　(2)イ　(3)ア
(4)エ　(5)ウ

❷ たどりついた

❸ (1)イ　(2)ア　(3)ウ

ポイント

❶(1)雲をわたがしにたとえた表現《ひょうげん》です。別のものにたとえる場合には，「まるで……ようだ」という表現を用いることがあります。

(2)ぼうしは人ではありませんが，「泣いている」と表現することで，忘《わす》れられたぼうしの悲しそうな様子を表しています。

(3)文末を「海」で終えることで，夕日に染《そ》まった海の印象《いんしょう》を強めています。

❷同じことばをあえて省略《しょうりゃく》することで，印象を強める表現のくふうが用いられています。一文目の最後が「ケーキ店にたどりついた」とあることに着目すると，二文目の最後の「ケーキ店に」のあとにも「たどりついた」が入るとわかります。

❸(3)二文目が「きっとあいに来ますから」となっていることに着目しましょう。これを一文目の前にもってくると，「きっとあいに来ますから」「百年、私《わたし》の墓《はか》のそばにすわって待っていて下さい」という語順の整った一文になります。

27 詩②　279ページ

❶ (1)空
(2)みんな
(3)イ
(4)ア
(5)何かいいこと，はじまる

ポイント

❶(1)第一連に，「空が青く／大きいことも／あなたがいて気づいた」とあります。「あなた」の存在《そんざい》が，空の青さや大きさに気づくきっかけとなったことが読み取れます。

(2)すべての連で，1・4行目は「………に会えてよかった」「………がいて気づいた」という形で対応《たいおう》した表現になっています。したがって，□には第２連の４行目と同じことばの「みんな」があてはまります。

(3)「すてきなものが」の３行あとに「いまもどこかで命が生まれる」とあることに着目しましょう。

(4)「殻《から》をやぶる」には，「これまでの考えや習慣《しゅうかん》をこわし，新しくつくること」という意味があります。前の部分に「胸《むね》の鼓動《こどう》」「ときめき」とあることから，「わたし」がそれらを感じ，新しい「わたし」の誕生《たんじょう》を予感しています。別の物事にたとえることで印《いん》象《しょう》を強める表現技法を「比《ひ》ゆ」といいます。

(5)それぞれの連の最後でくりかえされている「今日からはじまる／何かいいこと」という部分に，作者の今日これからへの期待感がこめられています。同じことばをくりかえすことで，強調するはたらきをもつ表現技法を「反復法《はんぷくほう》」といいます。

28 伝記①　281ページ

❶ (1)チェコ
(2)民族の音楽
(3)三十七
(4)（右から順に）耳の病気，わが祖国
(5)イ

ポイント

❶(1)第二段落の「仮劇場《かりげきじょう》。それは……」のあとに着目しましょう。「仮劇場」とは，「チェコ人の長いあいだの望み」であった「チェコ語のオペラと、劇を上演《じょうえん》するための劇場」とあります。

(2)直前の「それ」がさしている内容《ないよう》に着目しましょう。祖国《そこく》チェコのために，「民族の音楽」をつくることがスメタナの仕事であるとわかります。

(3)「スウェーデンでの活躍《かつやく》を終えて、スメタナは、プラハにもどりました」とあり，その直後に，「三十七歳《さい》のときのこと」とあります。

(4)スメタナは，「音楽家にとって、とても大切な耳の病気」におそわれながらも「わが祖国」という曲名のオーケストラ曲をつくりました。

(5)この文章では，祖国のための音楽をつくることが自分の仕事だと考え，苦しみをのりこえながら曲をつくったスメタナの祖国への思いが中心になっています。

29 伝記② 283ページ

❶ (1)平賀源内
(2)赤い紙
(3)思いがけない，
ふしぎに思った
(4)イ

ポイント

❶(1)「小さいころから、……平賀源内《ひらがげんない》。ついたあだ名が『てんぐこぞう』」という部分から，「てんぐこぞう」は「平賀源内」をさすあだ名であることを読み取りましょう。
(2)天神《てんじん》さまの顔が赤くなったのは，「天神さまの顔のところだけ、紙がうすくなって」いて，「うしろのひもを引くと、うらにしかけた赤い紙が下がって、すけて見える」からだとあります。
(3)「見るもの聞くものにきょうみをもち、ふしぎに思ったことはわかるまで調べてたしかめなくては」気がすまなかった源内は，「小さいころから、思いがけないことをしては、まわりの人たちをおどろかせていた」という内容《ないよう》を読み取りましょう。
(4)「天神さまのかかれたかけじく」の話や，見るもの聞くものにきょうみをもっていたことから，平賀源内は，小さいころから好《こう》き心《しん》の強い性格《せいかく》であったことがわかります。

30 複合語 285ページ

❶ (1)交通安全　(2)走り回る
(3)青空　(4)野球部
(5)皿あらい　(6)山登り
(7)地方大会　(8)電子ピアノ
❷ (1)ふでばこ　(2)ふなたび
(3)まえば　(4)かざむき　(5)あまぐも
❸ (1)デジタル，カメラ　(2)柱，時計
(3)うすい，暗い　(4)見る，送る
(5)すべる，とめる（すべて順不同）
❹ (1)ウ　(2)エ　(3)ア　(4)イ

ポイント

❶(2)「走る」が「走り」と変化して，「走り回る」という一つのことばになります。
(3)「青空」は，「空」の読みが，「そら」から「ぞら」へと変化しています。
(5)「あらう」が「あらい」と変化して，「皿あらい」という一つのことばになります。
❷(2)「船旅」は，「船」の読みが「ふね」から「ふな」へと変化しています。
(4)「風向き」は，「風」の読みが「かぜ」から「かざ」へと変化しています。
(5)「雨雲」は，「雨」の読みが「あめ」から「あま」へと変化しています。
❸(5)「すべる」が変化した「すべり」と，「とめる」が変化した「どめ」で，「すべりどめ」という複合語《ふくごうご》になっています。
❹(1)「使い果たす」は，「全部使ってしまう」という意味です。
(4)「立ち去る」は，「いなくなる」という意味です。

31 敬語② 287ページ

❶ (1)例いらっしゃいますか
(2)例いただきます
(3)例ごらんになる
(4)例お答えします
❷ (1)イ　(2)ウ　(3)ア
❸ (1)ウ　(2)ア
❹ (1)ウ　(2)ア　(3)イ

ポイント

❶(1)「おります」は謙譲語《けんじょうご》です。相手に敬意《けいい》を表すときは，尊敬語《そんけいご》を使うので，「いらっしゃいますか」が正しいです。
(2)「めしあがる」は尊敬語です。自分の行動をへりくだって相手に敬意を表すときは謙譲語を使うので，「いただきます」が正しいです。
(3)「ごらんになられる」は，「ごらんになる」という尊敬語に「れる」という尊敬の意味を表すことばを重ねた二重敬語です。
(4)「お……になる」の表現《ひょうげん》も尊敬の意味を表します。主語は「わたし」なので，謙譲語の「お答えします」が正しいです。こちらは「お答えいたします」でも正しいです。
❸(1)「いらっしゃい」は正しい尊敬語ですが，この場合は相手が先生なので，命令形の表現は正しくありません。
❹(1)先生が田中《たなか》さんの保護者《ほごしゃ》に対する尊敬語を使って話しています。
(3)敬意を表す相手の前では，身内の人間の行動に，尊敬語を使いません。「おっしゃって」ではなく，「申して」が正しいです。

32 グラフ・表の読み取り① 　289ページ

❶ (1)万t　(2)二〇一二
(3)イ　(4)2
❷ (1)イ　(2)ア　(3)ウ

ポイント

❶(1)左上に万tと書かれています。
(2)一番左の項目《こうもく》が調査《ちょうさ》が始まった年です。
(3)食品ロスの発生量の合計は，2016年からはへり続けています。
(4)②段落《だんらく》ではグラフから読み取れるものが書かれ，その内容《ないよう》は事実のみです。
❷棒《ぼう》グラフ，折れ線グラフ，円グラフの使い方や利点を理解《りかい》しましょう。棒グラフは，複数《ふくすう》の数値《すうち》を比《くら》べることに適《てき》しており，数値が高い項目・低い項目を視覚的《しかくてき》にとらえることができます。折れ線グラフは，おもに時系列《じけいれつ》などの連続的な変化をとらえるときに使用するグラフで，数の変化の移《うつ》り変《か》わりがわかりやすいです。円グラフは，円全体を100％として，その中の項目の割合《わりあい》をおうぎ形で表したグラフで，その面積により割合の大きさが比べやすいです。
(1)気温の変化は，時間とともに連続して起きる変化です。
(2)一つひとつの数量の大小を比べるためには棒グラフが適しています。
(3)割合をとらえるときには円グラフが適しています。

33 グラフ・表の読み取り② 　291ページ

❶ (1)ウ　(2)31　(3)イ
(4)人手不足　(5)イ

ポイント

❶(1)話し合いの初めに木村《きむら》さんが「これは私《わたし》たちの住むA市の人口割合《わりあい》の移《うつ》り変《か》わりを世代別に表したもの」と説明しています。
(2)グラフの一番左の部分が，1950年における15歳《さい》以下と65歳以上の人口の割合を表しています。グラフの下に書かれている部分から，15歳以下のグラフは灰色の線であることがわかります。1950年の灰色の線の部分には「31」と書かれていますので，ここを答えます。
(3)グラフの灰色の線と破線《はせん》が交わっている部分が，15歳以下と65歳以上の人口の割合が同じになったころだと考えられます。1990年と2000年の間の部分で交わっているため，1995年ごろに，それぞれの人口の割合が入れかわったと考えることができます。
(4)山本《やまもと》さんは「いろいろな仕事で人手不足になるのではないかと心配しています」と述《の》べています。
(5)木村さんは，初めに「このグラフを見て、気がついたことや考えたことを発表してください」，次に「このような状況《じょうきょう》が続くと、これからの社会はどうなっていくと考えますか」と，話題の方向を定めようとしています。これは司会の大切な役割です。

34 新聞 　293ページ

❶ (1)ホームラン　(2)父　(3)イ
(4)①イ　②イ　③ア　④イ
⑤イ　⑥ア

ポイント

❶新聞には全国に住むさまざまな人たちに対して主要なできごとを伝えようとする「全国紙」と，ある地方に住む人たちにとって関心の高いできごとを中心に伝えようとする「地方紙」があります。それぞれの新聞が対象《たいしょう》とする読者が異《こと》なることから，全国紙では，どちらかというと広く行きわたる内容《ないよう》が書かれ，地方紙にはあるできごとを深くほり下げたことが書かれやすいです。
(1)北野《きたの》選手が「球場のみんながどよめくような特大のホームランを打ちたい」と語っていたことが，全国紙の中で書かれています。
(2)地方紙の中の最後から三行目に「父と練習に明《あ》け暮《く》れた」と書かれています。ここから，北野選手の二人三脚《ににんさんきゃく》の相手が父であることがわかります。
(3)北野選手は「プロ野球選手になることは、親子二代の夢《ゆめ》」と語っています。この親子二代とは，北野選手と父のことをさしています。
(4)①「地方紙」には，ジャガーズの反応《はんのう》については書かれておらず，北野選手個人《こじん》のことだけが書かれています。
③「全国紙」は，北野選手の実績《じっせき》がわかるように具体的な数字を用いて書いています。
④「地方紙」には，北野選手の高校名や父親が営《いとな》む文具店の場所などが書かれています。
⑥「全国紙」には北野選手の野球選手としての評価《ひょうか》やジャガーズの監督《かんとく》の談話《だんわ》が書かれています。

35 古典① 古文 295ページ

❶ (1)**さぬきのみやつこ**
(2)**竹，いろいろなこと**
(3)**ウ**
(4)**三寸，かわいらしい**

ポイント

❶(1)「竹取《たけとり》の翁《おきな》」については，二つあとの文に「名をば、さぬきのみやつことなむいひける」とあります。この部分は，現代語訳《げんだいごやく》では「名前をさぬきのみやつこといった」とあります。
(2)古文の「よろづのことに使ひけり」の部分は，現代語訳の「いろいろなことに使っていた」と対応しています。したがって，「よろづのこと」とは「いろいろなこと」という意味であるとわかります。
(3)古文の「あやしがりて、寄《よ》りて見るに」の部分は，現代語訳の「ふしぎに思って、そばに寄って見てみると」と対応しています。したがって，「あやしがりて」とは「ふしぎに思って」という意味だとわかります。古語の「あやし」は現代語の「あやしい」とは意味が異《こと》なり，ここでは「ふしぎだ」という意味です。
(4)現代語訳に「それを見ると、三寸《さんずん》（約九センチメートル）くらいの人が、とてもかわいらしいすがたですわっている」とあります。ここから，大きさとどのようなすがただったのかを書きぬいて答えます。

36 古典② 漢文 297ページ

❶ (1)**もの思い** (2)③，④（順不同）
(3)**月光，故郷** (4)**精神**
(5)**ない** (6)**ウ**

ポイント

❶漢詩・漢文のいずれも，現代語訳《げんだいごやく》としっかりと照らし合わせて読み取ることが大切です。
(1)Aの漢詩の題名である「静夜思《せいやし》」は，現代語訳では「静かな夜のもの思い」となっているので，「思」の意味は「もの思い」であると考えられます。
(2)似《に》たようなことばをならべて印象《いんしょう》を深める表現《ひょうげん》技法《ぎほう》を，「対句《ついく》」といいます。Aの漢詩では，「頭《こうべ》を挙げて／頭を低《た》れて」，「山月を望み／故郷《こきょう》を思う」というように，③行目と④行目に似ていることばをならべています。
(3)現代語訳と照らし合わせながら，作者の様子を読み取ります。現代語訳の1行目に「月光を見て」，とあるので，作者が見ているのは「月光」です。また，3～4行目に「月をながめ……故郷のことを思った」とあるので，その月光を見ながら思いふけっているのは「故郷」であることがわかります。
(4)Bの漢文の「心」は，現代語訳では「精神《せいしん》」と表されています。
(5)Bの漢文の3か所の行末「ず」には，すべて「ない」という現代語訳がつけられており，打ち消しの意味で使われています。
(6)Bの漢文では，見たり聞いたり食べたりするときのことを例に挙げながら，何事をするときでも，「精神が集中」していないといけない，という教えを伝えています。

37 まとめのテスト❶ 299ページ

❶ (1)**よ** (2)**ちょきん**
(3)**さかい** (4)**うつ**

❷ (1)文脈 (2)適切 (3)支
(4)布

❸ (1)**ア** (2)**ウ** (3)**イ** (4)**ア**
(5)**ア** (6)**ウ** (7)**イ**

❹ (1)**イ** (2)**ア** (3)**ウ**
(4)**ウ** (5)**ア**

ポイント

❶(1)「寄」には，「キ」という音読みもあります。「寄付」「寄宿舎《きしゅくしゃ》」などの熟語《じゅくご》で使われます。
(2)「貯」は，右側の上部を「宀」としないように注意しましょう。
❷(2)「適」は，字形のよく似《に》た「敵」とまちがえないようにしましょう。
(4)「布」には，「フ」という音読みもあります。「公布」などの熟語で使われます。
❸(4)「投げる」は，「な（げる）」と訓読みするので和語です。
❹(3)「あっちで」は，方向を示《しめ》す修飾語《しゅうしょくご》です。「聞こえた」を修飾しています。
(4)「友達の」は「好きな」を修飾し，「好きな」は「音楽が」を修飾しています。「友達の」を主語とまちがえないように注意しましょう。

38 まとめのテスト② 301ページ

❶ (1)おさ　(2)きんいつ
(3)ひき　(4)せつぞく

❷ (1)構　(2)停止　(3)許
(4)複数

❸ (1)イ　(2)オ　(3)ア
(4)ウ　(5)エ

❹ (1)ア　(2)ウ　(3)イ
(4)ア　(5)ア

ポイント

❶(2)「均」の右の部分は「匀」(たいらにそろえる意味の字) でできています。「勺」とまちがえないようにしましょう。

(4)「接」は，字形のよく似《に》た「採」や「授」とまちがえないようにしましょう。

❷(1)「構」は，同じ部分をふくむ「講」とまちがえないように注意しましょう。

(4)「複」の部首は，「ネ(ころもへん)」です。「ネ(しめすへん)」とまちがえないように注意しましょう。

❸(2)「用意」と似た意味の熟語《じゅくご》として「必要なものをそろえる」という意味の「支度《したく》」などもあります。

(3)「指示《しじ》」とは，人に「さしずすること」を表すので，似た意味の「言いつけること」を表す「命令」を選びましょう。

❹(4)「くださる」は，「くれる」の尊敬語《そんけいご》です。「もらう」の謙譲語《けんじょうご》「いただく」と混同《こんどう》しないよう注意しましょう。

(5)「ごぞんじ」は，「知っている」の尊敬語です。この場合は先生に対する敬意を表しています。

39 まとめのテスト③ 303ページ

❶ (1)イ　(2)ア
(3)[例]足の痛みがないことへのおどろきと喜び。
(4)ウ

ポイント

❶(1)場所が接骨院《せっこついん》であること，先生が「オレ」の足にテーピングを巻《ま》いていることに着目しましょう。「大会」に出たい「オレ」は，足のけがをみてもらっていることがわかります。

(2)先生の発言に「よくがまんしたね。と中《ちゅう》で練習しちゃうんじゃないかと思ったけど」とあります。この部分から，「オレ」は，「先生」から練習することを禁《きん》じられていたことがわかります。

(3)けがをした「オレ」は，「大きく深呼吸《しんこきゅう》をして」右足の状態《じょうたい》を確認《かくにん》しています。このことから，「オレ」は自分の足の状態に不安があったことがわかります。そのため，右足に重心をかけたとき，足の痛《いた》みがなくなっていたことに，おどろきや喜《よろこ》び，興《こう》奮《ふん》などを感じたのです。

(4)「寒そうにふるえる木の葉」と，対照的なその向こうに見える「高い空」が何を表しているのかを考えましょう。寒さにふるえる木の葉が，足の痛みにまつわる不安であるとすれば，その向こうに見える高い空は，大会に出られるかもしれないことへの希望を表していると読み取れます。

40 まとめのテスト④ 305ページ

❶ (1)1　(2)やりなおす
(3)種全体，共有
(4)伝えられないもの

ポイント

❶(1)[1]段落《だんらく》では，「縄文人《じょうもんじん》」と「現代《げんだい》のわたしたち」について対比《たいひ》して書いています。文章中で，「わたしたちが昔の人たちよりもすぐれているのではありません。」と書かれているため，[1]段落が答えにあてはまります。

(2)――線部の直前に「ので」とあることから，直前部分で「同じ状態《じょうたい》で止まって」しまう理由を述《の》べているとわかります。ことばや経験《けいけん》を次世代と共有できるヒトとちがい，チンパンジーは世代が代わるたびに「はじめからやりなおす」とあります。

(3)前の[3]段落に着目します。個人《こじん》や集団《しゅうだん》が得《え》た知《ち》識《しき》や技術《ぎじゅつ》を「ちく積し，種全体で共有することができる能力《のうりょく》」をかく得《とく》したとあります。世代が進むたびに新しい知識や技術が加わり，文化財産《ざいさん》がちく積されていくのだといえます。

(4)文章中の最終文である――線部は，文章中における結論《けつろん》であるといえます。ヒトが「これまでにはなかった」特しゅな生きものであるといえるのは，ほかの生きものが「かつてもったことのない」能力をもっていたからだと考えられます。それは，遺《い》伝子《でんし》の情報《じょうほう》では伝えられないことを知的財産のちく積と共有により，次世代に伝えることができる能力であるといえます。